간결하게, 명료하게, 쉽게 끝내기

한미영 보건행정

기출문제집

Compact
Simple
Easy

INTRO
들어가며

"시험 직전에 가장 필요한 문제집이 어떤 문제집일까?"

2024 문제집을 집필하는 동안 내내 고민했습니다. 많은 양의 이론이지만 핵심은 빠지지 않게 회독하면서 어려운 부분은 좀더 쉽게 이해하고 암기할 수 있는 문제집이면 좋을텐데...

보건행정이라는 과목이 외울 것도 많고 헷갈리는 원칙과 이론들이 많아 문제의 배열도 중요하고, 문제마다 요점정리에 이론 회독을 반복하는 것이 무엇보다 중요합니다.

'2024 한미영 보건행정 기출문제집'에서는 좀더 simple하고 easy하면서도 compact하게 정리해보았습니다.

첫째, 10개의 이론 PART와 감염병까지 부록으로 모두 담았습니다.
최신 기출문제 및 기존 기출문제들을 비슷한 유형으로 배열하여, 문제를 바라보는 시야를 넓혔습니다. 하나의 문제에 다른 유형의 문제를 이어서 풀어보고, 요점정리로 회독을 반복하면 여러 형태로 문제를 접하게 되기 때문에 좀더 효과적으로 암기가 가능합니다.
개정된 법령으로 요점정리를 하고, 어려워하는 감염병에 대해서도 부록에 담아 perfect하게 채웠습니다.

둘째, 문제 해설과 이론 회독을 한눈에 볼 수 있도록 담았습니다.
기존의 다른 문제집들은 대부분 문제에 대한 해설만 간단히 정리되어 있습니다. 하지만, 이론 강의를 정리하는 개념의 문제집이어야 하니까, 문제 해설은 이론 전체를 회독할 뿐 아니라 반복해서 다시 한번 이론을 정리해야 한다고 생각했습니다.
문제와 답만 맞춘다면, 조금만 어려워져도 당황할 수 있기 때문에 미영쌤의 문제 해설은 이론의 전체 정리와 암기노트를 한번에 만들어 채웠습니다.

> **셋째,** 각 PART마다 '채움문제'로 꽉 채웠습니다.
> 앞의 문제들로 기존에 출제되었던 기출문제와 유사문제를 반복하여 이해하고 암기했다면, 공부를 확인해야 할 문제도 필요하다고 생각됩니다.
> 중요한 포인트를 한번 더 문제로 짚어 내어, 한 파트가 끝날 때마다 꽉 채워서 마무리할 수 있도록 미영쌤만의 '채움문제'로 파트 정리를 마무리하도록 하였습니다.

'2024 한미영 보건행정 기출문제집'은 학습 시간을 단축하면서도, 이론은 꽉 채우고, 암기노트까지 완성할 수 있도록 노력했습니다.
어디까지, 어떻게, 공부해야 할지 고민하고, 힘들어 할 많은 수험생 선생님들께 힘이 되는 문제집이 되면 좋겠습니다.

마지막으로, 한 문제 한 문제 함께 풀어보고 고민해주신 메가공무원 출판부 선생님, 강의에 집중할 수 있도록 고민해주시고 지원해주시는 서효림 선생님께 감사드립니다.
사랑하는 가족과 친구들의 응원이 정말 큰 힘이 되었습니다. 감사합니다.

"보건행정은 미영쌤"이 될 수 있도록 더욱 열심히 강의하고, 준비하는 미영쌤이 되겠습니다.

언제나 파이팅!

여러분의 머릿속에 쏙쏙
미영쌤 드림

CONTENTS
차례

PART 1 보건행정의 역사
- 기출문제로 요점 확인 8
- 채움문제로 실력 향상 33

PART 2 보건행정의 이론과 일차보건의료
- 기출문제로 요점 확인 50
- 채움문제로 실력 향상 74

PART 3 보건의료서비스와 보건의료체계
- 기출문제로 요점 확인 86
- 채움문제로 실력 향상 129

PART 4 사회보장과 의료보장
- 기출문제로 요점 확인 150
- 채움문제로 실력 향상 222

PART 5 재무행정과 보건경제
- 새로 나오는 용어 정리 246
- 기출문제로 요점 확인 248
- 채움문제로 실력 향상 274

PART 6 보건의료조직

- 기출문제로 요점 확인 286
- 채움문제로 실력 향상 316

PART 7 보건기획과 보건의료정책이론

- 기출문제로 요점 확인 326
- 채움문제로 실력 향상 354

PART 8 보건행정 조직의 관리

- 기출문제로 요점 확인 370
- 채움문제로 실력 향상 415

PART 9 인사행정

- 기출문제로 요점 확인 434
- 채움문제로 실력 향상 456

PART 10 지역사회보건학과 보건사업

- 기출문제로 요점 확인 470
- 채움문제로 실력 향상 504

PART 11 부록 – 감염병 예방법

- 기출문제로 법규 정리 522

PART

1

보건행정의 역사

CHAPTER 1   서양의 공중보건의 역사

CHAPTER 2   우리나라의 공중보건의 역사

CHAPTER 3   공중보건과 건강의 개념

기출 문제로 요점 확인

PART 1 보건행정의 역사

CHAPTER 1 서양의 공중보건의 역사

001
2017. 강원

보건행정의 역사가 시대순으로 바르게 나열된 것은?

① 고대기 - 중세기 - 여명기 - 확립기 - 발전기
② 고대기 - 여명기 - 중세기 - 발전기 - 확립기
③ 고대기 - 중세기 - 여명기 - 발전기 - 확립기
④ 고대기 - 여명기 - 중세기 - 확립기 - 발전기

정답 ①

요점 보건행정의 발전과정

발전과정	특징
고대기	• 히포크라테스(4액체설, 장기설) • 함무라비 법전(의사의 지위, 제도, 진료, 보수, 과오에 대한 규정) • 상·하수도 시설 건설, 나환자의 격리, 노예등록법에 의한 인구조사 • 갈레누스는 장기설을 계승, 위생 용어 처음 사용 • 임산부 제왕절개술 최초 실시 • 3대 전염병 : 발진티푸스, 흑사병, 천연두
중세기 (암흑기) 500~ 1500년	• 기독교 지배 : 질병은 죄, 악마의 저주, 영적인 것 중시 • 모하메드 사망, 십자군 원정, 칭기즈칸의 유럽정벌의 인구의 대이동에 의한 전염병 발생(콜레라, 나병, 페스트) • 프랑스 마르세이유 최초의 검역법 통과로 검역소가 설치됨(페스트)
여명기 (근세기) 1500~ 1850년	• 산업혁명으로 근로자의 건강이 중시되면서 공중보건 발전 기반 마련 • 직업병에 관한 저서(라마치니), 종두법 개발(제너), 노동자의 위생상태보고서 작성(채드윅) • 1848년 세계 최초의 공중보건법 제정
확립기 (근대기) 1850~ 1900년대	• 공중보건학의 확립기초, 예방의학적 개념 확립 • 미생물학의 시대, 방문간호의 시작(라스본) • 사회보장제도 창시(비스마르크), 위생학 교실(페텐코퍼) • 역학조사에 의한 장기설이 쇠퇴해짐(스노우) • 근대의학의 창시자(파스퇴르), 세균학의 선구자(코흐)
발전기 (현대기) 1900년~ 현재	• 위생개혁과 세균학 발전, 포괄적 보건의료 필요 대두 • 1920년 윈슬로우가 공중보건의 정의 발표 • 인구폭발적 증가로 모자보건, 가족계획이 국가 시책사업으로 이루어짐 • 1942년 베버리지 보고서(복지정책의 기초가 됨), 1948년 세계보건기구 발족

002
2013. 인천

사회보험, 면역학, 예방의학이 발달한 시기는?

① 확립기
② 발전기
③ 근세기
④ 고대기

정답 ①

요점 확립기(1850~1900년대) - 근대기로 미생물, 세균학 발전 시기

① 존 스노우(영국, 1813~1858) : 『콜레라 전파에 대한 보고서』를 저술하면서 콜레라에 대한 역학조사를 통해 히포크라테스가 주장한 장기설의 허구성을 밝혀내면서, 전염병의 감염설을 입증하는 계기를 마련하였다.
② 라스본(영국) : 1862년 리버풀 시에서 최초의 방문간호사업을 실시하여 오늘날 보건소 제도의 시작점이 되었다.
③ 페텐코퍼(독일, 1818~1901) : 1866년 뮌헨대학에 최초로 위생학 교실을 열고, 위생학 전 분야를 실험실에서 연구하는 실험위생학의 기초를 확립하였다.
④ 파스퇴르(프랑스, 1822~1895) : 근대의학의 창시자로 감염병의 원인이 미생물이라는 것을 확인하면서 세균학과 면역학이 발전되고, 고온증기를 이용한 소독법과 저온살균법, 닭콜레라균 백신(1880년), 탄저병 백신(1881년), 광견병 백신(1895년) 등을 개발하였다.
⑤ 코흐(독일, 1843~1910) : 1876년에 탄저병을 발견, 1882년 결핵균 발견, 1883년 콜레라균을 발견하여 세균학의 선구자로 1905년 노벨 생리·의학상을 수상하였다.
⑥ 비스마르크(독일, 1815~1898) : 세계 최초의 사회보장제도의 창시자로 근로자 질병보호법(1883년)을 제정, 재해보험법(산재보호법, 1884년), 폐질·노령보험법(1889년) 제정 등 사회보장제도를 마련하였다.

003　　2012. 경북

다음은 서양 보건행정의 역사적 발전단계를 나타낸 것이다. 순서대로 옳게 나열한 것은?

> 가. 검역제도가 실시되었다.
> 나. 병인에 대해 장기설이 나왔다.
> 다. 세계 최초의 공중보건법이 제정되었다.
> 라. 세균학자들이 병원균을 발견하게 되었다.
> 마. 윈슬로우가 공중보건의 정의를 발표하였다.

① 가 - 나 - 다 - 라 - 마
② 가 - 다 - 라 - 마 - 나
③ 나 - 가 - 다 - 라 - 마
④ 나 - 라 - 마 - 가 - 다
⑤ 라 - 가 - 마 - 다 - 나

정답 ③
요점

나. 장기설 : 고대기(히포크라테스에 의해 제시되었으며, 나쁜 공기와 같은 환경요인이 질병을 일으킨다고 하였다.)
가. 검역제도 실시 : 중세기(1383년 프랑스 마르세이유에서 최초의 검역법 제정과 검역소가 설치·운영되었다.)
다. 세계 최초의 공중보건법 : 여명기(산업혁명으로 도시로 근로자들이 집중되면서 사회적 책임인식을 논의하면서 공중보건 사상이 생기는 계기가 되었으며, 1848 영국에서 최초의 공중보건법이 제정되었다.)
라. 병원균 발견 : 확립기(1880년대 코흐는 탄저병, 결핵균, 콜레라균을 발견하여 세균학의 선구자이며, 파스퇴르는 근대의학의 선구자로 고온증기를 이용한 소독법과 저온살균법, 닭콜레라균 백신, 탄저병 백신, 광견병 백신 등을 개발하였다.)
마. 윈슬로우의 공중보건학의 정의 - 발전기(1920년에 공중보건 정의 "조직적인 지역사회의 노력을 통하여 질병을 예방하고 수명을 연장시키며, 신체적·정신적 효율을 증진시키는 기술이며 과학이다"라고 하였다.)

004　　2015. 보건복지부

질병의 자연발생성을 부인하고 미생물 병인설을 주장했으며, 근대의학의 창시자로 불리는 사람은?

① 파스퇴르
② 그랜트
③ 코흐
④ 라마찌니

정답 ①
요점

① 파스퇴르(프랑스, 1822~1895) : 근대의학의 창시자로 감염병의 원인이 미생물이라는 것을 확인하면서 세균학과 면역학이 발전되고, 고온증기를 이용한 소독법과 저온살균법, 닭콜레라균 백신(1880년), 탄저병 백신(1881년), 광견병 백신(1895년) 등을 개발하였다.
② 존 그랜트(영국, 1620~1674) : 사망통계에 대한 책 『사망표에 관한 자연적, 정치적 제관찰』을 저술하였는데 최초의 보건통계(출생과 사망통계)로 사용되었다. 보건통계는 산업발전은 곧 노동력이기 때문에, 질병과 사망은 노동력의 손실로 국가적인 차원과 경제적 차원에서 중대한 문제였다. 국가에서는 좀더 효율적인 건강관리가 중요해지면서 보건문제에 관심을 갖게 되었다.
③ 코흐(독일, 1843~1910) : 1876년에 탄저병을 발견, 1882년 결핵균 발견, 1883년 콜레라균을 발견하여 세균학의 선구자로 1905년 노벨 생리·의학상을 수상하였다.
④ 라마치니(이탈리아, 1663~1714) : 노동자의 건강을 지켜 직업병을 예방하고자 하여 발간한 『직업인의 질병, 노동자 질병론』을 1700년에 발간하여 산업보건에 이바지하였다. 이는 노동자의 건강을 지키는 것이 중요하고, 어디서 일하는지에 따른 관리를 통해 노동자들의 건강을 지킴으로써 사회복지에 기여하는 것이 의학자의 의무라고 기술하였다.

005　　　2020. 호남권

보건행정의 역사상 세균학 시대로 불리며 최초의 사회보험법이 제정된 시기는 언제인가?

① 요람기
② 발전기
③ 확립기
④ 고대기

정답 ③
요점 확립기 – 비스마르크(독일, 1815~1898)
세계 최초의 사회보장제도의 창시자로 근로자 질병보호법(1883년)을 제정, 재해보험법(산재보호법, 1884년), 폐질·노령보험법(1889년) 제정 등 사회장 제도를 마련하였다.

006　　　2016. 서울

다음 중 검역제도의 기원이 된 감염병은?

① 콜레라
② 페스트
③ 결핵
④ 두창

정답 ②
요점
검역제도의 기원이 된 감염병은 페스트이다. 1383년 프랑스 마르세이유 최초의 검역법이 통과되었으며, 검역의 효과는 거의 없었지만, 전염병 관리 측면에서는 중요한 업적이라 할 수 있다.

007   2017. 강원

14세기 전 유럽을 휩쓸었던 페스트의 원인과 대책으로 올바르게 조합된 것은?

① 그리스도교의 십자군 원정과 신에게 기도하여 질병 치료
② 영적인 것을 중요시하는 사상과 시신의 썩는 냄새를 없애기 위해 향수를 사용함
③ 이슬람교도의 성지순례, 도로포장을 실시함
④ 징기스칸의 유럽정벌과 40일 간의 격리

정답 ④

요점 중세기(암흑기 500~1500년)

이 시기에는 종교(기독교)가 모든 분야를 지배한 암흑기로서 질병의 원인은 죄에 대한 벌이거나, 악마의 저주라고 하여 기도나 구원에 의해 치유될 수 있다고 믿었다. 영적인 것을 중요시하면서 목욕을 하지 않고 더러운 옷을 입고 다니면서 나쁜 냄새를 없애기 위해 향수를 사용하기도 했다.

중세 초기에는 인구의 대이동(모하메드 사망 순례행렬, 십자군 원정, 칭기즈칸의 유럽정벌)으로 인하여 전염병이 발생하는 배경이 되었으며, 그로 인해 콜레라, 나병, 페스트가 대유행을 하면서 1348년 이후 영국에서는 2년 동안 영국 인구의 1/3이 사망하기도 하였다.

1383년 프랑스 마르세이유 최초의 검역법이 통과되면서 검역소를 설치하였다.(페스트는 쥐벼룩이 원인으로 검역의 효과는 거의 없었지만, 전염병 관리 측면에서 중요한 업적이라 할 수 있다.)

참고

징기스칸의 유럽정벌로 인해 발생하였던 페스트로 인해 사망자가 많이 발생하자 페스트 유행지역에서 돌아오는 사람들에게 항구 밖의 일정한 장소에서 40일간 격리하여 검역하였다.

008   2021. 강원

공중보건의 역사상 공중목욕탕과 급수·하수 시설이 처음 존재했던 시기는 언제부터인가?

① 고대기
② 중세기
③ 여명기
④ 확립기

정답 ①

요점

고대기 – 로마 : 대부분은 고대 그리스 것을 그대로 계승하였으며, 대규모적인 상·하수도 시설이 건설되었고, 노예등록법에 따라 인구조사를 실시하였다.

009　　　　　　　　　　　　　　　　　　2017. 충북

산업혁명과 위생개혁운동과 관련된 인물에 해당되지 않는 역사적 인물은?

① 채드윅(E. Chadwick)
② 섀턱(L. Shattuck)
③ 페텐코퍼(M.Pettenkofer)
④ 피넬(P. Pinel)

정답 ④

요점

환경위생과 위생개혁운동은 1830년에서 1875년이다.

④ 피넬(P. Pinel)은 1789년 정신병원에 수용된 정신병 환자의 처우 개선에 힘썼으며, 정신병 환자를 쇠사슬로부터 해방시켰다.
① 에드윈 채드윅(1800~1890) : 산업화로 인해 런던에 많은 사람이 모이면서 열병으로 많은 사람들이 사망하는 것을 보고 노동자의 위생상태 보고서(1842)를 작성하여 위생개혁 및 보건행정기구 확립의 중요성을 강조하였다. 이를 계기로 도시빈민지역 생활환경을 조사하기 위한 특별위원회가 구성되고, 그후 공해방지법, 질병예방법, 도시개선법과 1848년 세계 최초의 공중보건법을 제정하여 공중보건국과 지방보건국이 설치되었다.
② 레뮤얼 섀턱(L. Shattuck, 미국, 1783~1859) : 『매사추세츠 주의 위생업무 보고서(1850년)』를 제출하여 영국에서 시작된 위생개혁 운동을 계승하면서 미국에서 위생개혁 운동을 주도하였다.
③ 페텐코퍼(독일, 1818~1901) : 1866년 뮌헨대학에 최초로 위생학 교실을 열고, 위생학 전 분야를 실험실에서 연구하는 실험위생학의 기초를 확립하였다.

010　　　　　　　　　　　　　　　　　　2020. 인천

다음 중 공중보건의 역사상 시기가 가장 빠른 것은?

① 라마치니는 이탈리아 의사로 직업병에 관해 집대성한 『De Morbis Artificum Diatriba, 직업인의 질병, 노동자의 질병론』을 발간하여 산업보건에 이바지하였다.
② 필립 피넬은 정신병원에 수용된 정신병 환자를 쇠사슬로부터 해방시키고 정신병 환자의 처우 개선에 힘썼다.
③ 시드넘은 유행병 발생의 자연사를 기록하였다.
④ 에드윈 채드윅은 '노동자 계층의 위생상태 보고서'라는 보고서를 작성하여 위생개혁의 긴요성, 지역 공중보건 활동의 중요성, 이를 위한 중앙·지방을 일괄하는 보건행정의 기구 확립의 중요성 등을 주장하였다.

정답 ③

요점

① 라마치니(이탈리아, 1663~1714) : 노동자의 건강을 지켜 직업병을 예방하고자 하여 발간한 『직업인의 질병, 노동자 질병론』을 1700년에 발간하여 산업보건에 이바지하였다. 이는 노동자의 건강을 지키는 것이 중요하고, 어디서 일하는지에 따른 관리를 통해 노동자들의 건강을 지킴으로써 사회복지에 기여하는 것이 의학자의 의무라고 기술하였다.
② 필립 피넬(프랑스, 1745~1826) : 1789년 정신병원에 수용된 53명의 정신병 환자를 해방시키고 정신병환자의 처우 개선에 힘쓴 의사로서 정신의학 창시자이다. '정신병의 의학 및 철학적 고찰'을 발표하였다. 피넬은 정신의료에서 환자에 대한 면밀한 관찰과 환자의 말을 증례기록에 처음으로 도입하였다.
③ 시드넘(영국, 1624~1689) : 유행병 발생의 자연사를 기록하였다. 유행병의 원인에 대하여는 여전히 히포크라테스로부터 계승된 대기의 장기설을 믿었다.
④ 에드윈 채드윅(1800~1890) : 산업화로 인해 런던에 많은 사람이 모이면서 열병으로 많은 사람들이 사망하는 것을 보고 노동자의 위생상태 보고서(1842)를 작성하여 위생개혁 및 보건행정기구 확립의 중요성을 강조하였다. 이를 계기로 도시빈민지역 생활환경을 조사하기 위한 특별위원회가 구성되고, 그후 공해방지법, 질병예방법, 도시개선법과 1848년 세계 최초의 공중보건법을 제정하여 공중보건국과 지방보건국이 설치되었다.

011

2014. 대전

공중보건학 발전사의 내용 중 확립기에 일어난 일이 아닌 것은?

① 제너 – 종두법 개발
② 파스퇴르 – 광견병 백신 개발
③ 윌리엄 래스본 – 영국 리버풀 시에서 방문간호사업 시행
④ 비스마르크 – 노동자 질병보호법 제정

정답 ①
요점 여명기
에드워드 제너(영국, 1749~1823) : 『우두의 원인과 효과에 관한 연구』에서 우두접종법을 개발(1798)하였다.

012

2021. 서울 7급

〈보기〉에서 설명하는 학자는?

― 보기 ―

독일의 병리학자로 슐레지엔 지역에서 유행한 발진티푸스에 대한 연구보고서를 통해 질병의 원인은 세균에 있지만, 질병의 확산과 개인의 감수성은 위생행정의 미비, 주거환경, 작업환경, 식생활 환경 등과 같은 사회경제적 요인에 의해 결정된다고 보았다. 또한 경제적 불평등과 봉건적 정치체계 등에 대한 혁명적 사회개혁의 필요성을 강조하였다.

① L. Pasteur(파스퇴르)
② R. Virchow(비르효)
③ J. Graunt(그랜트)
④ G. Fracastoro(프라카스토로)

정답 ②
요점
• 비르효(1821~1902)는 병리학의 기초를 이룬 많은 업적을 남긴 의학자로 병리학의 아버지로 불린다. 1847년 슐레지엔 지역에 발진티푸스가 유행한 지역을 방문한 후 질병의 예방은 개인에 대한 치료만으로는 이루어질 수 없으며, 사회의 근본적인 변혁이 필요함을 강조하여 사회의학을 창시하였으며, 사회적 변혁은 거대한 규모의 의학이라고 하였다.
• 존 그랜트(1620~1674) : 사망통계에 대한 책 『사망표에 관한 자연적, 정치적 제관찰』을 저술하였는데 최초의 보건통계(출생과 사망통계)로 사용되었다.
• 프라카스토로(1478~1553) : 『전염, 전염병 및 그 치료』에서 '본 적은 없지만 눈에 보이지 않는 무언가가 질병을 일으킨다.'라고 하여 눈에 보이지 않는 종의 존재를 제시하였다.

CHAPTER 2 우리나라의 공중보건의 역사

013　　　　　　　　　　　　　　　　2010. 서울

다음 중 고려시대 보건행정기관과 그에 대한 설명으로 옳은 것은?

① 혜민국 – 서민의료 담당
② 약전 – 의료행정 담당기관
③ 활인서 – 감염병 환자 치료
④ 혜민서 – 서민의 구료사업 담당
⑤ 상약국 – 의약교육 시행

정답 ①

요점 ▶ 고려시대의 공중보건

전염병의 피해가 컸으나, 전염병의 해결에 대한 과학적 지식이나 보건의료기술이 없었으며 전염병은 임금의 부덕에서 비롯된다고 여겨 정부차원의 제사 등이 행해졌다. 그러한 가운데 감염병 유행지역에 의원을 파견하고, 감염병으로 죽은 시체는 묻고, 감염병 유행지역의 사람들을 격리시키는 대책이 있었다.

① 중앙의료기관
　㉠ 태의감=대의감 : 왕실의 의약, 질병치료와 의료행정을 전체적으로 담당함. 문종 때 전의사로 개칭됨
　㉡ 상약국=상의국 : 왕실의 어약과 의료를 담당함. 문종때 봉의서로 개칭됨
　㉢ 상식국 : 궁중의 반찬감 및 수라상을 맡아보던 관아식의를 배치. 충렬왕 때 사선서로 개칭됨
② 서민의료기관 : 빈민구제와 질병치료, 방역구호가 주업무
　㉠ 제위보 : 백성의 구호 및 치료를 맡은 기관으로 조선시대의 제생원임
　㉡ 동서대비원 : 빈민구료, 의·식 공급, 의약 제공, 감염병으로 죽은 시체의 처리(고려시대 : 동서대비원 → 동서활인원 → 조선시대 : 동서활인서)
　㉢ 혜민국 : 감염병을 막고, 백성에게 무료로 약을 나누어 주던 서민을 위한 의료기관(조선시대 : 혜민서)
　㉣ 약점 : 지방의 경우에는 주, 부, 현의 행정말단 단위에 약점이 설치되었는데, 오늘날의 보건소 역할을 담당하였을 것으로 보임

014　　　　　　　　　　　　　　　　2020. 서울

왕실의 내용(內用) 및 사여(賜與) 의약을 담당하며 의학교육과 의과취재 등의 일반 의료행정을 수행한 조선시대 중앙의료기관은?

① 내의원
② 전의감
③ 활인서
④ 혜민서

정답 ②

요점 ▶ 조선시대의 의료기관

① 중앙의료기관
　㉠ 내의원 : 왕실의 의료를 담당
　㉡ 전의감 : 왕실의 의약과 임금이 하사하는 의약에 관한 일을 관장함, 의과고시를 담당
　㉢ 혜민서 : 조선시대에 의약과 일반 서민의 치료를 맡았던 기관(고려시대 : 혜민국)
　㉣ 제생원 : 조선초기 백성들의 질병치료를 하였으며, 의녀제도를 통해 제생원에서 근무하도록 함(고려시대 : 제위보)
　㉤ 동서활인서 : 감염병 환자의 치료 구호를 담당(고려시대 : 동서대비원)
　㉥ 전형서 : 의약을 담당하는 기관
② 지방의료기관
　'심약'은 각 지방에서 향약 채취를 담당하였다.

참고 ▶ 의녀의 활동

조선 후기에는 전문성에 따라 침의녀, 맥의녀, 약의녀로 구분하였으며, 업무는 간호, 조산, 침구, 명약 등이었다. 진찰법은 시진, 문진, 청진, 촉진 등이 있는데 의녀는 시진과 촉진을 하였으며, 의녀가 궁중의 여성을 진맥하여 의관에게 전하여 치료방법을 논하였다.

015   2014. 서울

조선시대 보건행정기관과 그 역할에 대한 연결로 옳은 것은?

① 태의감 - 의약행정 총괄
② 활인서 - 감염병 환자의 치료 및 관리
③ 혜민서 - 왕실의 의료담당
④ 약전 - 의약교육의 시행
⑤ 상식국 - 서민을 위한 구료제도

> **정답** ②
>
> **요점**
> ① 태의감(고려시대) : 왕실의 의약, 질병치료와 의료행정을 전체적으로 담당함. 문종 때 전의사로 개칭됨
> ③ 혜민서(조선시대) : 의약과 일반 서민의 치료
> ④ 약전(통일신라시대) : 의료행정을 담당하고, 처방에 쓸 약을 맡기도 하였으며, 의박사가 직접 의료에 종사함
> ⑤ 상식국(고려시대) : 궁중의 반찬감 및 수라상을 맡아보던 관아식의를 배치. 충렬왕 때 사선서로 개칭됨

016   2017. 인천

조선시대 의과고시를 담당했던 기관은?

① 내의원
② 전의감
③ 혜민서
④ 활인서

> **정답** ②
>
> **요점**
> ① 내의원 : 왕실의료 담당
> ② 전의감 : 왕실의 의약과 임금이 하사하는 의약에 관한 일을 관장함, 의과고시를 담당
> ③ 혜민서 : 의약과 일반서민 치료사업
> ④ 활인서 : 병자들을 돌보며, 전염병 질환 업무 담당

017   2014. 서울

조선시대 보건행정기관과 그 역할에 대한 연결로 옳은 것은?

① 대의감 – 의약행정 총괄
② 활인서 – 감염병 환자의 치료 및 관리
③ 혜민서 – 왕실의 의료담당
④ 약전 – 의약교육의 시행
⑤ 상식국 – 서민을 위한 구료제도

정답 ②
요점
① 대의감(태의감) : 고려시대, 의약행정 총괄
③ 혜민서 : 조선시대, 의약과 일반서민 치료사업
④ 약전 : 통일신라시대, 궁중의료 행정기관
⑤ 상식국 : 고려시대, 식의(食醫)가 배치되어 있음

018   2019. 서울7급

〈보기〉에서 설명하는 조선시대 의료기관으로 가장 옳은 것은?

― 보기 ―
- 무의탁한 환자들의 병치료와 보호를 위한 자선의료기관이었다.
- 주로 감염병 환자를 대상으로 하였다.
- 조선 건국 초기에는 대비원이라고 하였다.

① 제위보
② 전의감
③ 혜민서
④ 활인서

정답 ④
요점
① 제위보 : 고려시대, 무의탁 환자 및 빈민의 구호와 치료
② 전의감 : 조선시대, 의료행정, 의학교육 등의 사무를 맡았음
③ 혜민서 : 조선시대, 서민 의료 담당
④ 활인서 : 조선시대, 활인서는 병자를 돌보며, 특히 전염병 질환 업무를 맡음. 고려시대 동서대비원이 조선시대에 동서활인서로 변경됨

019 2017. 전남

고려시대 의료사업과 함께 의탁할 곳이 없는 어려운 사람들을 돌보는 구제기관으로서 조선이 건국된 다음에도 제도가 계승되어 조선 초기까지 같은 명칭을 사용한 기관은?

① 대의감
② 제위보
③ 동서대비원
④ 혜민국

정답 ③
요점 동서대비원
빈민구료, 의·식 공급, 의약 제공, 감염병으로 죽은 시체의 처리
(고려시대 : 동서대비원 → 동서활인원 → 조선시대 : 동서활인서)

020 2014. 서울

고려시대 보건기관과 그 기능으로 서로 알맞은 연결은?

① 혜민국 – 서민의료 담당
② 제위보 – 약제 담당
③ 상약국 – 전염병 치료 담당
④ 대비원 – 왕실의료 담당
⑤ 혜민서 – 서민의료 담당

정답 ①
요점
② 제위보(고려시대) : 구료기관으로 무의탁 환자 및 빈민구호 업무 담당
③ 상약국(고려시대) : 왕실의 어약 담당
④ 대비원(고려시대) : 의약행정 담당
⑤ 혜민서(조선시대) : 서민의료 담당

021 2021. 경기

우리나라의 보건행정 역사상 통일신라의 보건행정기관과 관장업무의 연결이 옳은 것은?

① 약전 – 의료행정을 담당하였다.
② 시의 – 약물취급과 의약업무를 총괄하였다.
③ 활인서 – 감염병환자의 치료 및 구호를 담당하였다.
④ 동서대비원 – 의약제공 및 감염병 사망자의 처리를 담당하였다.

정답 ①
요점
② 시의 : 고구려, 왕실치료 담당
③ 활인서 : 조선시대, 감염병 환자의 치료 및 구호를 담당
④ 동서대비원 : 고려시대, 의약제공 및 감염병 사망자의 처리를 담당

022 2018. 울산

우리나라 보건행정기관을 연대순으로 바르게 나열한 것은?

㉠ 약부(藥部)	㉡ 약전(藥典)
㉢ 대의감	㉣ 내의원
㉤ 위생국	

① ㉠ – ㉡ – ㉢ – ㉣ – ㉤
② ㉡ – ㉠ – ㉢ – ㉣ – ㉤
③ ㉢ – ㉠ – ㉡ – ㉣ – ㉤
④ ㉠ – ㉢ – ㉡ – ㉣ – ㉤

정답 ①
요점
- 약부 – 백제
- 약전 – 통일신라
- 대의감 – 고려
- 내의원 – 조선
- 위생국 – 조선말기(1894년)

참고
삼국시대(고구려·백제·신라) 및 통일신라시대 → 고려시대 → 조선시대 → 일제강점기 → 해방 이후부터 현재까지

023

2020. 충북

우리나라 보건행정 역사에 대한 설명으로 옳지 않은 것은?

① 백제 - 의박사는 의학을 담당하고, 채약사는 약초와 관련된 업무를 담당하였다.
② 통일신라 - 내공봉의사가 왕실의 질병을 진료하였다.
③ 고려 - 구제도감은 무의탁 환자 및 빈민의 구호와 치료를 담당한 상설구료기관이었다.
④ 조선 - 치종청에서 종기 등 외부질환의 치료를 담당하였다.

정답 ③
요점 **구제도감**
고려시대 유행병 치료를 목적으로 설치된 임시기관이다.

024

2015. 경기

다음 중 우리나라의 보건행정 담당기구 명칭을 시대순으로 올바르게 나열한 것은?

① 위생과 - 위생국 - 보건부 - 사회부 - 보건복지부 - 보건복지가족부
② 위생과 - 위생국 - 사회부 - 보건후생부 - 보건복지가족부 - 보건복지부
③ 위생국 - 위생과 - 보건후생부 - 사회부 - 보건부 - 보건복지부
④ 위생국 - 위생과 - 사회부 - 보건부 - 보건후생부 - 보건복지부

정답 ③
요점 **정부수립 후 공중보건의 발달 과정**
위생국(1894)-위생과(1910)-보건후생부(1946)-사회부(1948)-보건부(1949)-보건복지부(1994)
① 1948년 사회부(보건국)를 설치하여 사회부 안에 보건국을 두었다.
② 보건부(1949년) 독립 : 보건부가 독립되면서 1949년 세계보건기구에 65번째 회원국으로 가입하였다.
③ 보건사회부(1955년) 출범 : 보건사회부가 출범되면서 보건부와 사회부의 업무가 겹치면서 보건사회부로 통합되었다.
④ 보건복지부(1994년) 개편
⑤ 보건복지가족부(2008년) 개편 : 보건복지부와 여성가족부를 통합하여 개편하였다.
⑥ 보건복지부(2010년) 재개편 : 청소년 및 가족관련은 여성가족부로 이관하고, 보건복지정책 중심으로 사무를 관장하기 위해 보건복지부로 재개편하였다.

025

2018. 호남권

보건복지부 조직의 변천과정으로 옳은 것은?

① 보건부 – 사회부 – 보건복지부 – 보건사회부 – 보건복지가족부 – 보건복지부
② 사회부 – 보건부 – 보건사회부 – 보건복지부 – 보건복지가족부 – 보건복지부
③ 보건부 – 사회부 – 보건사회부 – 보건복지부 – 보건복지가족부 – 보건복지부
④ 사회부 – 보건부 – 보건복지부 – 보건사회부 – 보건복지가족부 – 보건복지부

정답 ②
요점 보건복지부 직제변경
위생국(1894) → 경찰국 위생과(1910) → 위생국(1945) → 보건후생국(1945) → 보건후생부(1946)→ 사회부(1948) → 보건부(1949) → 보건사회부(1955) → 보건복지부(1994) → 보건복지가족부(2008) → 보건복지부(2010.3)

CHAPTER 3 공중보건과 건강의 개념

026

2021. 서울

보건행정을 '공중보건의 목적을 달성하기 위해 행정 조직을 통하여 행하는 일련의 과정'이라고 정의할 때 내포된 특징으로 가장 옳지 않은 것은?

① 보건행정은 지역사회 주민의 건강증진에 중점을 둔다.
② 지역사회 주민의 욕구와 수요를 반영하여야 한다.
③ 지역사회 주민이 주도적으로 업무를 관장해야 한다.
④ 보건사업의 기획, 집행 및 통제를 통해 공중보건의 목적을 달성하기 위한 업무를 수행한다.

정답 ③
요점 공중보건학의 개념
공중보건은 환경위생의 개선, 전염병의 예방, 개인위생의 원리에 기초를 둔 위생교육, 질병의 조기진단과 예방적 치료를 위한 의료 및 간호 업무의 조직화, 지역사회의 모든 주민이 건강을 유지하기에 충분한 생활수준을 보장하는 사회기구와 발전을 겨냥하고 행하며, 지역사회의 노력을 통해서 질병을 예방하고, 생명을 연장하며, 건강과 인간적 능률의 증진을 위하는 과학이자 기술이다.(즉, 지역주민이 주도적으로 업무를 관장하기 어렵기 때문에 국가의 행정력을 사용하여 효율적으로 운영하고자 하는 것이다.)

027 2020. 서울

공중보건의 의미에 대한 설명으로 가장 옳은 것은?

① 질병을 치료하고 장애의 중증도를 낮추는 것에 중점을 둔다.
② 개인적인 노력이 가장 중요하다.
③ 위생적인 환경을 구축하여 건강행동을 실천한다.
④ 단일 조직의 전문적인 활동이 강조된다.

정답 ③

요점 공중보건학의 개념
- 질병의 조기진단 및 예방적 치료를 통해 생명을 연장하기 위함
- 지역사회의 노력으로 의료 및 간호 업무의 조직화로 환경위생, 개인위생의 개선, 전염병의 예방 중요
- 단일조직이 아닌 국가의 행정력을 사용하여 지역사회기구와 함께 활동하여 지역주민의 건강과 인간적 능률을 증진하기 위함

028 2021. 서울

앤더슨(Anderson)의 공중보건사업 수행의 3대 수단에 해당하지 않는 것은?

① 봉사행정
② 보건교육
③ 예방의료
④ 법규에 의한 통계행정

정답 ③

요점 Anderson 공중보건사업의 3대 수단
① 보건교육(조장행정)
  보건교육을 통한 조장행정으로, 가장 효과적이며 능률적인 공중보건사업의 접근방법이다.
② 보건행정(봉사행정)
  국가가 문제해결을 위한 서비스를 제공하는 봉사행정으로, 좀더 다양한 보건문제를 해결하도록 장치를 개발하고 집행한다.
③ 보건법규(통제행정)
  법규에 의한 통제행정이므로 강력한 통제를 한다. 후진국에서 효과적이다.

029 2020. 서울

앤더슨 모형(Anderson model)에 따른 개인의 의료이용에 영향을 미치는 요인 중 의료 인력과 시설의 분포, 건강보험과 같이 의료서비스를 이용할 수 있도록 하는 요인으로 가장 옳은 것은?

① 소인성 요인
② 가능성 요인
③ 강화 요인
④ 필요 요인

030 2016. 서울

라론드(Lalonde)의 건강결정요인 중 건강의 결정에 가장 큰 영향을 미치는 요인은?

① 문화적 요인
② 유전적 요인
③ 보건의료서비스
④ 개인의 생활습관

정답 ②
요점 앤더슨 모형

① 소인성 요인 : 질병의 발생 이전에 존재하는 것이다. 보건의료정책이나 보건사업에 관계없이 개인의 의료이용에 영향을 미치는 변수로써 성, 연령, 교육수준, 결혼상태 등을 말한다.
② 가능성 요인 : 개인의 의료이용을 가능하게 하여 의료서비스에 대한 필요를 충족시키는 요인이다. 소득, 의료보상 수혜 등의 개인적 변수와 의료기관과의 거리, 의료이용 소요시간 등의 지역변수들이 포함된다.
③ 필요 요인 : 개인이 인식하는 요구로 상병의 존재나 상병 발생을 인지하는 것을 말하는데, 이용상 가장 직접적인 요인이 될 수 있다.

정답 ④
요점

라론드(Lalonde)는 캐나다 보건성 장관의 라론드 보고서(1974년)를 통해 『건강의 장(Health Field)』 이론을 주장하였다.
건강결정의 4가지 요인은 '유전적 요인, 환경적 요인, 생활습관, 보건의료체계'이며, 사망에 미치는 여러 가지 요인 중 생활습관이 가장 중요하다고 강조하였다.

031

2012. 경기의료기술

캐나다의 보건성 장관이었던 라론드(Lalonde)가 1974년 『건강의 장(Health Field)』 이론에서 제시한 건강결정요인 4가지는?

① 생활습관 – 환경 – 병원체 – 보건의료체계
② 생활습관 – 환경 – 생물학적 요인 – 보건의료체계
③ 보건의료의 질 – 유전적 요인 – 환경 – 개인의 보건지식
④ 보건의료의 질 – 병원체 – 환경 – 개인의 감수성

정답 ②

요점
건강결정의 4가지 요인은 '유전적 요인, 환경적 요인, 생활습관, 보건의료체계'이며, 사망에 미치는 여러 가지 요인 중 생활습관이 가장 중요하다고 강조하였다.

032

2021. 강원

건강의 결정요인 중 환경요인에 해당하는 것은?

① 음주
② 흡연
③ 작업형태
④ 사회보장제도

정답 ④

요점 건강결정요인

① 유전적 요인 : 유전적 요인이 질병발생에 영향을 미친다는 연구보고는 많으나 대부분의 경우 다른 요인과의 상호작용을 통하여 영향을 미칠 수 있는 일종의 감수성 요인의 하나로 여겨지고 있다.
② 생활습관 및 건강행태 요인 : 흡연, 신체활동 및 운동, 일상생활, 음주, 식이, 자기관리, 사회활동, 작업형태 등은 질병발생의 중요한 결정요인이다.
③ 환경적 요인
  ㉠ 생물학적 환경 : 세균, 바이러스, 기생충 등의 병원체와 질병을 전파시키는 매개체 등
  ㉡ 물리적·화학적 환경 : 고열, 한랭, 공기, 물, 소음, 환경오염물질 등
  ㉢ 사회적 환경 : 보건의료체계, 사회보장 및 의료보험 제도, 사회적 안정성, 개인의 사회적 지지 정도, 사회적 관습, 대중매체 등
④ 보건의료체계 : 한 국가의 정치체계와 사회적, 경제적 상태는 보건의료체계에 영향을 미치며, 이는 전체 인구집단의 건강에 중요한 영향을 미친다.

033　2021. 경북

「보건의료기본법」상 국가와 지방자치단체의 책임으로 옳지 않은 것은?

① 국가와 지방자치단체는 모든 국민의 기본적인 보건의료 수요를 형평에 맞게 충족시킬 수 있도록 노력하여야 한다.
② 국가와 지방자치단체는 민간이 행하는 보건의료에 대하여 보건의료 시책상 필요하다고 인정하면 행정적·재정적 지원을 할 수 있다.
③ 국가와 지방자치단체는 각종 국민건강 위해요인으로부터 국민의 건강을 보호하기 위한 시책을 강구하도록 노력하여야 한다.
④ 국가와 지방자치단체는 국민의 건강을 보호·증진하는 데에 필요한 비용을 부담하여야 한다.

정답 ④

요점

- **국가와 지방자치단체의 책임(법 제4조)**
① 국가와 지방자치단체는 국민건강의 보호·증진을 위하여 필요한 법적·제도적 장치를 마련하고 이에 필요한 재원을 확보하도록 노력하여야 한다.
② 국가와 지방자치단체는 모든 국민의 기본적인 보건의료 수요를 형평에 맞게 충족시킬 수 있도록 노력하여야 한다.
③ 국가와 지방자치단체는 식품, 의약품, 의료기기 및 화장품 등 건강 관련 물품이나 건강 관련 활동으로부터 발생할 수 있는 위해를 방지하고, 각종 국민건강 위해요인으로부터 국민의 건강을 보호하기 위한 시책을 강구하도록 노력하여야 한다.
④ 국가와 지방자치단체는 민간이 행하는 보건의료에 대하여 보건의료 시책상 필요하다고 인정하면 행정적·재정적 지원을 할 수 있다.

- **보건의료에 관한 국민의 의무(법 제14조)**
① 모든 국민은 자신과 가족의 건강을 보호·증진하기 위하여 노력하여야 하며, 관계 법령에서 정하는 바에 따라 건강을 보호·증진하는 데에 필요한 비용을 부담하여야 한다.
② 누구든지 건강에 위해한 정보를 유포·광고하거나 건강에 위해한 기구·물품을 판매·제공하는 등 다른 사람의 건강을 해치거나 해칠 우려가 있는 행위를 하여서는 아니된다.
③ 모든 국민은 보건의료인의 정당한 보건의료서비스와 지도에 협조한다.

034　2020. 충남

WHO 헌장 전문의 건강 정의로 옳은 것은?

① 질병이 없거나 허약하지 않은 상태
② 신체적, 정신적으로 안녕한 상태
③ 신체적, 정신적, 사회적으로 안녕한 상태
④ 외부환경의 변화에 대하여 내부환경의 항상성이 유지된 상태

정답 ③

요점 WHO(세계보건기구)의 건강의 정의

1948년 WHO 헌장에 "건강은 질병이 없거나 허약하지 않을 뿐 아니라 육체적·정신적·사회적 안녕이 완전한 상태이다."로 정의하였다.
① 신체적 안녕은 질병에 대한 감수성, 신체기능, 회복능력, 특정 업무의 수행능력이 있는지
② 정신적 안녕은 합리적인 사고와 지적인 능력을 가지고 학습할 수 있는 능력이 있는지
③ 사회적 안녕은 사회 속에서 각자에게 부여된 기능과 역할을 충실히 수행하는지

035　　　　　　　　　　　　　2014. 서울

건강을 "외부환경의 변화에 대한 내부환경의 항상성 유지상태"로 정의한 사람은?

① Hippocrates
② Bernard
③ Pasteur
④ Parsons

정답 ②

요점
① 히포크라테스 : 『공기, 물 그리고 토지』라는 저서를 통해 장기설과 4체 액체설(4액체설)을 주장하였다. 특히 질병의 원인은 환경이며, 개인의 청결과 영양섭취 등이 중요하며, 병을 낫게 하는 것은 자연이라고 주장하였다.
② 베르나르(버나드) : 건강과 질병을 항상성을 기준으로 하였으며 내부환경을 유지하는 능력에 따라 외부 자극에 견딜 수 있다고 정의하였다. 그러므로 질병은 항상성이 깨진 상태를 말한다.
③ 파스퇴르 : 근대의학의 창시자로 감염병의 원인이 미생물이라는 것을 확인하면서 세균학과 면역학이 발전되고, 고온증기를 이용한 소독법과 저온살균법, 닭콜레라균 백신(1880년), 탄저병 백신(1881년), 광견병 백신(1895년) 등을 개발하였다.
④ 파슨스 : 사회적인 역할을 강조하여 개인이 사회적인 역할과 임무를 효과적으로 수행하는 최적의 상태가 건강하다고 정의하였다. 개인의 사회적 기능과 연결시켜 정의하여 WHO의 건강의 정의와 연관성이 높다고 할 수 있다.

036　　　　　　　　　　　　　2020. 경북

건강에 대한 개념의 변화 순서로 올바른 것은?

① 신체적 개념 - 정신적 개념 - 사회적 개념
② 물질적 개념 - 정신적 개념 - 사회적 개념
③ 물질적 개념 - 사회적 개념 - 신체적 개념
④ 정신적 개념 - 신체적 개념 - 사회적 개념

정답 ①

요점
건강에 대한 개념은 '신체적 개념 - 심신 개념 - 생활 개념 - 생활수단 개념'으로 변화되었다. 심신 개념은 신체적 건강과 정신적 건강을 함께 고려하는 개념으로서, 정신적 개념으로 발전하였다고 볼 수 있으며, 생활 개념은 사회적 건강의 개념에 해당된다.

037

2015. 울산

병인, 숙주, 환경이 평형을 이룰 때 건강이 유지된다고 설명하는 질병발생 모형은?

① 생태학적 모형
② 생의학적 모형
③ 총제적 모형
④ 웰니스 모형

038

2017. 지방7급

건강증진사업을 시행하는 데 있어서 건강에 미치는 영향이 가장 크고 지역사회와 개인의 노력을 통해 어느 정도 관리와 통제가 가능한 건강결정요인은?

① 유전적 요인
② 환경적 요인
③ 생활습관 요인
④ 보건의료체계 요인

정답 ①

요점 생태학적 모델

① 질병은 인간을 포함하여 생태계 각 구성요소들 간의 상호작용의 결과가 인간에게 나타난 것이라는 개념으로 병원체(병인), 숙주요인, 환경요인(3가지 요소)으로 구성된다.
② 병원체(병인), 숙주, 환경이 균형을 이룰 때 건강을 유지하게 하고, 균형이 깨지면 건강을 잃게 되지만, 그 중 환경요인이 가장 중요하다고 하였다.
  ㉠ 숙주 : 병원과의 접촉상태, 개인 또는 집단의 습관·체질·유전·방어기전·심리적·생물학적 특성을 지니고 있다.
  ㉡ 병원체(병인) : 병원체의 특성, 민감성에 대한 저항, 전파조건
  ㉢ 환경 : 물리·화학적 환경, 사회적 환경, 경제적 환경, 생물학적 환경으로 분류되며, 환경을 가장 중요한 요소라 하였다.
③ 비 감염성 질환은 설명하지 못했다.

정답 ③

요점 건강결정요인

현재 건강상태보다 좀더 나은 건강상태를 위하여 개인적인 노력으로 관리와 통제가 가능한 것은 생활습관 요인이다.

039   2021. 경기7급

건강결정요인 중 가장 중요성이 강조되는 요인은 무엇인가?

① 생물학적 요인
② 환경적 요인
③ 보건의료체계 요인
④ 생활습관 요인

정답 ④
요점 건강에 영향을 미치는 요인
생활방식(생활습관) 50%, 환경 20%, 유전 20%, 보건의료서비스 10% → 사망에 미치는 여러 가지 요인 중 생활습관이 가장 중요하다고 강조함

040   2022. 서울

〈보기〉의 요인이 질병발생에 영향을 미친다는 건강접근 모형은?

---보기---
- 숙주 요인
- 외부환경 요인
- 개인행태 요인

① 전인적 모형
② 생태학적 모형
③ 생의학적 모형
④ 사회생태학적 모형

정답 ④
요점
- 생태학적 모델(역학적 모형) : 병원체(병인), 숙주, 환경이 균형을 이룰때 건강을 유지하고, 균형이 깨지면 질병이며, 그중 환경요인이 가장 중요하다고 하였다.
- 사회생태학적 모형 : 숙주, 외부환경, 개인행태요인으로 구성되며 그중 개인의 생활습관을 강조하였다.
- 전인적 모형(총체적 모형) : 모든 요인이 역동적인 균형을 이룰 때 건강하며, 질병은 개인의 적응력이 감퇴하거나 조화가 깨질 때 발생한다고 하였다. 질병은 다양한 요인에 의해 발생된다고 하였으며, 구성요소는 환경, 생활습관, 인체생리, 보건의료시스템이다.

041　　2015. 인천

건강-질병 이론 중 총체적 모형(Holistic Model)에 대한 설명으로 옳은 것은?

① 건강증진을 위한 보건의료정책의 수단 개발 및 실천의 방향을 제시한다.
② 건강과 질병을 이분법적으로 설명한다.
③ 보건의료체계에서 예방적 요소만을 중점적으로 강조한다.
④ 심리적 환경은 생활습관 요인에 해당한다.

정답 ①
요점 전인적 모델(총체적 모델)
① 건강에 영향을 미치는 모든 요인들을 고려하여 총체적으로 관리할 때 효율적이고 효과적인 건강관리를 할 수 있다는 모델이다.
② 가장 현대적으로 발전된 모형으로 건강정책 분석을 위한 역학적 모형이다.
③ 인간은 복잡한 존재로 건강을 위해 모든 요인들이 역동적인 균형을 이루면 건강하다고 정의하였다. 그러므로 질병은 개인의 적응력이 감퇴하거나 조화가 깨질 때 발생한다.
④ 건강과 질병은 단순히 이분법적인 것이 아닌 연속선상에 있고, 질병은 다양한 복합 요인에 의해 발생된다고 하였다.
⑤ 건강의 주체는 개인 자신이며, 의료인은 개인이 질병을 극복하고 건강한 삶을 누릴 수 있도록 도와주는 역할을 할 뿐이다.
⑥ 구성요소
　㉠ 환경 : 물리적 환경뿐만 아니라 사회적·심리적 환경까지를 포함한다.
　㉡ 생활습관 : 여가활동, 소비패턴, 식생활 습관 등은 개인의 건강에 지대한 영향을 끼치고 있다.
　㉢ 인체 생리 : 유전적 소인 등과 같은 내적 요인은 질병 발생에 영향을 주는 중요한 요인 중 하나이다.
　㉣ 보건의료시스템 : 이 요소가 다른 모델과의 차이점이 되며, 보건의료시스템은 포괄적 개념으로, 예방적 요소, 치료적 요소, 재활적 요소 등을 포함한다.

042　　2017. 경남

건강과 질병은 단순히 이분법적인 것이 아니라 그 정도에 따라 연속선상에 위치하며 치료의 목적을 단순히 질병을 제거하는 데에만 두지 않고, 개인이 더 나은 건강을 성취할 수 있게끔 자리관리 능력을 향상시키는 개념을 포함한다는 개념의 건강모형은 무엇인가?

① 생태학적 모형
② 사회생태학적 모형
③ 전인적 모형
④ 생의학적 모형

정답 ③
요점 전인적 모델(총체적 모형)
① 건강에 영향을 미치는 모든 요인들을 고려하여 총체적으로 관리할 때 효율적이고 효과적인 건강관리를 할 수 있다는 모델이다.
② 가장 현대적으로 발전된 모형으로 건강정책 분석을 위한 역학적 모형이다.
③ 인간은 복잡한 존재로 건강을 위해 모든 요인들이 역동적인 균형을 이루면 건강하다고 정의하였다. 그러므로 질병은 개인의 적응력이 감퇴하거나 조화가 깨질 때 발생한다.
④ 건강과 질병은 단순히 이분법적인 것이 아닌 연속선상에 있고, 질병은 다양한 복합 요인에 의해 발생된다고 하였다.
⑤ 건강의 주체는 개인 자신이며, 의료인은 개인이 질병을 극복하고 건강한 삶을 누릴 수 있도록 도와주는 역할을 할 뿐이다.

043
2017. 서울

다음 글에서 설명하는 건강모형으로 옳은 것은?

- 정신과 신체의 이원성
- 특정 병인설
- 전문가 중심의 의료체계에 중점

① 생의학적 모형
② 생태학적 모형
③ 세계보건기구 모형
④ 사회·생태학적 모형

> **정답** ①
> **요점** 생의학적 모델(생물의학적 모형)
> ① 인간의 사회적·문화적·일상생활에 대한 설명을 배제하고, 단지 생물학적 구조와 과정에 발생하는 장애를 강조한 모형이다.
> ② 질병이 발생하는 기전은 모든 사람에게 똑같이 적용되며, 인간의 몸은 기계와 같아서 고장나면 질병이며, 치료는 고장수리에 해당되어 의사는 기계를 고치는 기술자의 역할을 수행하는 것으로 간주하였다.
> ③ 건강과 질병을 이분법적으로 분리하며, 병이 없으면 건강하다고 판정한다.
> ④ 예방보다는 치료를 더 중시하므로 질병의 개인적인 차원을 강조하였다.
> ⑤ 생의학적 모델은 질병을 설명할 때 사회적·환경적·심리적 요인을 상대적으로 무시함으로써 만성 퇴행성질환의 증가를 정확히 설명하지 못하였다.
> ⑥ 급성 감염성질환, 응급질환의 처치에 적용하였다.

044
2017. 경기

'건강이란 단지 질병의 부재를 의미하며 예방보다는 치료가 중요하다'는 입장을 강조한 모형은?

① 총체적 모형
② 생태학적 모형
③ 생의학적 모형
④ 사회생태학적 모형

> **정답** ③
> **요점**
> 생의학적 모형은 예방보다는 치료를 더 중시하므로 질병의 개인적인 차원을 강조하였다.

045　　2015. 보건복지부7급

다음 중 건강모형에 대한 설명으로 올바른 것은?

① 생의학적 모형 – 질병의 원인이 다양하다.
② 생태학적 모형 – 개인의 사회적, 심리학적, 행태적 요인을 중시한다.
③ 수레바퀴 모형 – 유전적 요인이 있다.
④ 총체적 모형 – 병인, 숙주, 환경 3요인으로 구성된다.
⑤ 사회생태학적 모형 – 정신과 육체를 분리하는 심신이원론에서 출발한다.

정답 ③

요점
① 생의학적 모형 : 건강과 질병은 이분법적이고, 인간의 몸은 기계와 같아서 고장나면 질병, 치료는 의사가 기계를 고치는 기술자의 역할이다.
② 생태학적 모형 : 병원체(병인), 숙주, 환경의 구성요소가 균형을 이루면 건강, 균형이 깨지면 질병이며, 그 중 환경요인이 가장 중요하다고 하였다.
③ 수레바퀴 모형 : 가장 중요한 핵심인 숙주요인에 유전적 요인을 포함하고 있으며, 그를 둘러싼 사회적 환경, 물리·화학적 환경, 생물학적 환경들이 서로간의 상호작용으로 발생한다.
④ 총체적 모형(전인적 모델) : 인간은 복잡한 존재로 모든 요인들이 역동적인 균형을 이루면 건강하다고 하였다. 질병은 다양한 복합 요인에 의해 발생된다고 하였으며, 구성요소는 환경, 생활습관, 인체생리, 보건의료시스템이며 환경과 생활습관을 강조하였다.

046　　2011. 서울

다인적 질병발생설 중 수레바퀴 모형의 구성요소가 아닌 것은?

① 생물학적 환경
② 유전적 요인
③ 사회적 환경
④ 숙주 요인
⑤ 병원체 요인

정답 ⑤

요점
사회적 환경, 물리·화학적 환경, 생물학적 환경들이 서로간의 상호작용으로 발생한다.

047　　　2018. 제주

거미줄 모형과 수레바퀴 모형의 공통점에 해당하는 것은?

① 질병발생의 다요인설을 뒷받침하는 모형이다.
② 유전적 요인을 강조한다.
③ 숙주와 환경의 상호작용을 강조한다.
④ 질병발생의 경로상 몇 가지를 차단하면 질병을 예방할 수 있다.

048　　　2015. 경북

레벨과 클라크(Leavell & Clark)의 질병 예방 단계에서 2차 예방활동에 해당하는 것은?

① 예방접종을 통한 전염병 예방
② 질병 조기검진을 통한 조기치료
③ 환경위생 강화
④ 재활치료를 통한 장애 최소화

정답 ①

요점

• **거미줄 모형**
① 질병 발생에 관여하는 여러 가지 직접적·간접적인 요인들이 거미줄처럼 서로 복잡하게 얽혀 있다.
② 병인, 숙주, 환경을 구분하지 않고 모두 질병발생에 영향을 주는 요인으로 파악하였으며, 그 요인을 제거하면 질병을 예방할 수 있다고 하였다.

• **수레바퀴 모형**
① 가장 중요한 핵심인 숙주요인과 그를 둘러싼 사회적 환경, 물리·화학적 환경, 생물학적 환경들의 서로간의 상호작용으로 발생한다고 주장하였다.
② 숙주요인에 유전적 요인을 포함하고 있으며, 숙주와 환경요인을 구분하여 역학적 분석에 유용하였다.

정답 ②

요점

① 예방접종을 통한 전염병 예방 – 1차 예방
③ 환경위생 강화 – 1차 예방
④ 재활치료를 통한 장애 최소화 – 3차 예방

049　2020. 경북

질병의 예방단계에 대한 설명으로 옳은 것은?

① 1차 예방은 질병이 없을 때 건강증진을 목표로 하는 것이다.
② 2차 예방은 재활이다.
③ 2, 3차 예방은 환경개선을 통한 위험요인 제거활동이다.
④ 3차 예방은 조기검진을 통한 질병의 조기발견이다.

정답 ①
요점
② 2차 예방은 질병을 조기발견하고, 조기치료한다.
③ 환경개선을 통한 위험요인 제거활동은 1차 예방이다.
④ 3차 예방은 재활이다.

050　2020. 강원

인구집단을 대상으로 하는 보건의료의 체계를 분류할 때 3차 보건의료에 해당하는 것은?

① 예방접종사업
② 환경위생사업
③ 모자보건사업
④ 만성질환관리사업

정답 ④
요점 보건의료
① 1차 보건의료 : 알마아타 선언에서 강조된 일차보건의료(예방사업)
② 2차 보건의료 : 주로 응급처치를 요하는 질병이나 사고로 인한 응급환자 관리, 급성질환의 관리사업과 병의원에 입원치료를 받아야 하는 환자 관리 사업 등(치료사업)
③ 3차 보건의료 : 회복기 환자의 재가 치료사업이나 재활을 요하는 환자 및 노인의 간호 등 장기요양이나 만성질환자의 관리사업 등(재활사업)

CHAPTER 1 서양의 공중보건의 역사

001
포괄적인 보건의료 개념이 정착된 시기로 맞는 것은?

① 고대기
② 중세기
③ 확립기
④ 발전기

정답 ④
요점
포괄보건의료란 예방, 진단, 치료, 건강증진, 재활, 사회복지 등을 총괄적으로 다루는 의료를 의미하며, 20세기 발전기에 근대보건이 급진적인 발전을 이룩하면서 정립된 개념이다.

002
질병의 발생설 중에서 나쁜 공기와 같은 환경요인이 질병을 일으킨다고 주장한 것은?

① 4액체설
② 장기설
③ 점성설
④ 특정병인론

정답 ②
요점
히포크라테스는 더러운 공기(독기)나 물 등의 주위환경(장기)이 질병을 발생시킨다고 주장하여 질병과 환경요인과의 연관성을 제기하였다.
① 4체액설 : 인체 내부에 혈액, 점액, 황담즙, 흑담즙의 네 가지 체액이 있는데, 체액이 균형 잡히면 건강하고, 균형을 잃게 되면 질병이 발생한다고 주장하였다.
② 장기설 : 고대기 히포크라테스가 나쁜 공기와 같은 환경요인이 몸의 질병을 일으킨다고 주장하였다.
③ 점성설 : 별자리의 움직임에 의하여 질병이 발생한다고 주장하였다.
④ 특정병인론 : 코흐는 세균학에서 특정 질병은 특정균에 의해 발병한다는 '특정병인론'을 주장하였다.

003

17세기 런던의 사망통계를 시행하여 '사망표에 관한 자연적, 정치적 제 관찰'을 저술한 사람은?

① John Graunt
② Phillppe Pinel
③ Edwin Chadwick
④ Sydenham

정답 ①

요점 존 그랜트(영국, 1620~1674)

사망통계에 대한 책 『사망표에 관한 자연적, 정치적 제 관찰』을 저술하였는데 최초의 보건통계(출생과 사망통계)로 사용되었다. 보건통계는 산업발전은 곧 노동력이기 때문에, 질병과 사망은 노동력의 손실로 국가적인 차원과 경제적 차원에서 중대한 문제였다. 국가에서는 좀더 효율적인 건강관리가 중요해지면서 보건문제에 관심을 갖게 되었다.

004

보건행정의 역사적 사건들을 시기순으로 바르게 나열한 것은?

> 가. 베살리우스 - 해부학 교재 발간
> 나. 라마찌니 - 직업병에 관한 저서 발간
> 다. 프랭크 - 최초의 보건학 저서 발간
> 라. 히포크라테스 - 장기설 주장

① 라 - 가 - 다 - 나
② 라 - 나 - 다 - 가
③ 라 - 가 - 나 - 다
④ 라 - 다 - 가 - 나

정답 ③

요점

① 히포크라테스의 장기설 : 고대기
② 베살리우스 : 1543년 해부학 교재 『인체의 구조에 대하여』 발간
③ 라마찌니 : 1700년 직업병에 관한 저서 『일하는 사람들의 질병』을 발간하였으며, 산업 보건에 이바지함
④ 프랭크 : 『전 의사 경찰 체계』라는 의사(위생) 행정에 관한 저서를 발간함

005

최초의 검역법 제정의 계기가 된 질병과 역사적 시기의 연결이 옳은 것은?

① 중세기 – 페스트
② 중세기 – 콜레라
③ 여명기 – 나병, 디프테리아
④ 여명기 – 폐결핵

정답 ①

요점
중세기인 1347~1348년 유럽지역에 페스트가 대유행하였고, 이후 1977년 이탈리아 로구사에서 페스트 유행 지역에서 온 여행자는 항구 밖 일정 장소에서 질병이 없어질 때까지 머물다가 입항하도록 허락하였으며, 이는 검역의 유래가 되고 있다. 이후 1383년 프랑스 마르세이유 최초의 검역법이 통과되어 검역소를 설치 운영하였으나, 페스트의 원인인 쥐벼룩은 검역의 효과가 크지 않았지만, 전염병 관리 측면에서는 중요한 업적이라 할 수 있다.

006

레뮤얼 새턱의 『매사추세츠 주의 위생업무 보고서』를 토대로 미국에서 위생개혁 운동을 주도하고 보고서를 발표하였다. 아래의 보고서 발표내용 중 틀린 것은?

① 중앙 및 지방보건국의 설치
② 보건정보 교환체계
③ 위생감시제도 확립
④ 정기 신체검사를 통한 치료사업

정답 ④

요점 『매사추세츠 주의 위생업무 보고서』 내용
- 중앙 및 지방보건국의 설치
- 보건정보 교환체계
- 위생감시제도 확립
- 매연 공해 대책
- 도심 및 건물위생관리
- 정기 신체검사
- 결핵 및 정신병원 관리
- 학교보건
- 보건교육
- 예방사업

007

인간환경 선언의 4대 원칙의 내용으로 틀린 것은?

① 인간은 좋은 환경에서 쾌적한 생활을 영위할 기본적 권리가 있다.
② 현재와 미래에 있어서 공기, 물 등의 자연생태계를 포함하여 지구의 천연자원이 적절하게 계획, 관리되어야 한다.
③ 유해물질의 배출 등으로 인해 인간의 건강을 해치지 않도록 한다.
④ 경제개발, 사회개발, 도시화 개획 등의 모든 계획은 환경의 보호와 향상을 고려하여 계획하여야 한다.

> **정답** ③
> **요점**
> 유해물질의 배출 등으로 인해 생태계가 회복될 수 없는 상태로 악화되지 않도록 한다.

008

발리 기후변화방지 협약 로드맵의 주요 내용이 아닌 것은?

① 온실가스에 대한 구체적 수치로 5.2~18%를 규정하여 목표에 합의하였다.
② 개발도상국에 대한 특수사항을 고려하여 온실가스 배출 억제를 위해 온실가스 측정, 보고, 확인 가능한 조치를 시행하고, 선진국은 이를 위한 과학기술의 이전, 금융지원, 투자를 증대시킨다.
③ 2013년부터 개발도상국의 자국 우림을 태우지 않음으로써 이산화탄소량을 판매하는 시스템을 운영하여 열대 우림 보호 인센티브를 시행하였다.
④ 탄소배출권 거래시 2%씩 떼내어 조성한 기금을 개발도상국 기후변화 피해극복 및 적응사업에 사용하기로 결정하였다.

> **정답** ①
> **요점**
> 온실가스에 대한 구체적 수치 설정 없이 '상당한 감축' 목표에 합의하였다.

009

국제회의와 내용이 다르게 연결된 것은?

① 1978년 알마아타회의 – 일차보건의료에 대한 회의로 양질의 의료를 주민 모두에게 공급하고자 하였다.
② 1992년 리우환경 회의 – 오존층 파괴물질인 염화불화탄소의 생산과 사용을 규제하려는 목적으로 냉장고나 에어컨 등의 제품의 수입을 비가입국에게는 제한하였다.
③ 1997년 교토의정서 – 지구 온난화 규제 및 방지의 국제협약으로 구체적인 이행방안으로 온실가스 감축 목표치(5.2~18%)를 규정하였다.
④ 2015년 파리협약 – 지구기온의 상승폭을 섭씨 2도보다 훨씬 낮게 유지하고, 더 나아가 온도 상승을 1.5도까지 제한하기 위한 노력을 추구한다고 합의하였다.

정답 ②

요점
- 1992년 리우환경 회의 : 국제연합 역사상 최대의 국제회의로 기후변화 협약, 생물다양성 협약 개발과 환경에 관한 선언, 산림보전 원칙 성명 등이 채택되었으며, 행동강령인 '의제21'이 채택되었다.(구체적인 실천계획)
- 1989년 몬트리올 의정서 : 오존층 파괴물질인 염화불화탄소의 생산과 사용을 규제하려는 목적에서 제정하였으며, 한국은 1992년에 가입하였다. 염화불화탄소를 사용한 냉장고나 에어컨 등의 제품은 1992년 5월 이후 비가입국으로부터 수입할 수 없게 되었다.

CHAPTER 2 우리나라의 공중보건의 역사

010

고려시대 서민들을 위한 구료제도 중 굶주린 병자나 행려자에게 치료 뿐 아니라 음식과 의복도 제공하고, 감염병 사망자의 사체처리를 담당했던 곳은?

① 제위보
② 혜민국
③ 활인서
④ 동서대비원

정답 ④

요점 고려시대의 의료기관

① 중앙의료기관
  ㉠ 태의감 = 대의감 : 왕실의 의약, 질병치료와 의료행정을 전체적으로 담당함. 문종 때 전의사로 개칭됨
  ㉡ 상약국 = 상의국 : 왕실의 어약과 의료를 담당함. 문종 때 봉의서로 개칭됨
  ㉢ 상식국 : 궁중의 반찬감 및 수라상을 맡아보던 관아식의를 배치. 충렬왕 때 사선서로 개칭됨

② 서민의료기관 : 빈민구제와 질병치료, 방역구호가 주업무
  ㉠ 제위보 : 백성의 구호 및 치료를 맡은 기관으로 조선시대의 제생원임
  ㉡ 동서대비원 : 빈민구료, 의·식 공급, 의약 제공, 감염병으로 죽은 시체의 처리(고려시대 : 동서대비원 → 동서활인원 → 조선시대 : 동서활인서)
  ㉢ 혜민국 : 감염병을 막고, 백성에게 무료로 약을 나누어 주던 서민을 위한 의료기관(조선시대 : 혜민서)
  ㉣ 약점 : 지방의 경우에는 주, 부, 현의 행정말단 단위에 약점이 설치되었는데, 오늘날의 보건소 역할을 담당하였을 것으로 보임

011

조선시대 담당 부서와 기능이 잘못 조합된 것은?

① 전의감 – 의약 담당
② 내의원 – 왕실의료 담당
③ 활인서 – 감염병 환자담당
④ 제생원 – 빈민치료와 미아보호

정답 ①
요점 ▶ 전의감
왕실의 의약과 임금이 하사하는 의약에 관한 일을 관장하였다.

012

통일신라시대 왕실의 질병을 진료하였던 시의는?

① 공봉복사
② 내공봉의사
③ 승의
④ 국의

정답 ②
요점 ▶ 통일신라시대 의료기관
① 약전 : 의료행정을 담당하고, 처방에 쓸 약을 맡기도 하였으며, 의박사가 직접 의료에 종사함
② 내공봉의사 : 왕실의 질병을 진료하는 시의
③ 공봉복사 : 백제의 주금사(주술사)와 같이 질병을 예방함
④ 국의 · 승의 : 어떤 의료기관에 소속된 직명이 아니고, 당시의 명의를 일컫는 용어
⑤ 제도화된 의학 교육은 효소왕 원년(691년)에 실시 : 교육은 본초경, 갑을경, 소문경, 맥경, 명담정, 난정 등을 2명의 박사가 실시함

013

최초의 서양식 국립의료기관은?

① 갑오경장
② 광혜원
③ 광제원
④ 대한병원

정답 ②

요점
① 갑오경장 : 최초의 근대적 의미의 보건행정기관으로, 전염병과 공중위생 업무를 담당하였다.
② 광혜원 : 미국 선교사 알렌에 의해 1885년 최초의 서양식 국립 의료기관이 설립되었다.(연세대 의과대학)
③ 광제원(1899) : 1899년 내부병원이 1900년 광제원에서 1907년 대한병원으로 개칭되었다. 광제원은 일반 환자뿐만 아니라 전염병 환자도 취급하였다.

014

지석영이 접종을 실시한 질병은?

① 결핵
② 말라리아
③ 홍역
④ 두창

정답 ④

요점 종두법
1879년 지석영에 의해 최초의 종두법이 실시되었으며, '천연두'를 한방에서 이르는 말이 두창이다. 우두를 사람에게 접종하는 예방법으로 천연두의 면역성을 갖게 하였다.

참고
두창의 증상으로는 초기에 발열, 구토, 요통, 복통 등이 나타나며, 중기에는 이마를 시작으로 붉은 반점이 온몸으로 퍼진다. 후기에는 반점이 고름으로 차면서 농포를 형성하고, 두창에 감염시 30%가 사망하였으며, 한국에서는 '마마'라고 불리었다.

015

일제강점기 시대의 보건행정에 대해 틀린 것은?

① 조선총독부에 경무총감부를 설치하였다.
② 위생국을 설치하여 공중위생업무, 의사 등의 면허업무, 병원 및 의약품 관리업무를 하였다.
③ 중앙이나 지방 경찰부서의 행정은 질병치료보다는 전염성 질환자의 감시와 격리에 주의를 기울였다.
④ 식민통치를 위한 자혜의원과 대한의원을 설립하였다.

정답 ②

요점
1910년 한·일 합병 후 조선총독부에 경무총감부를 설치하여 경찰국에 위생과를 두어 공중위생업무, 의사 등의 면허업무, 병원 및 의약품 등의 관리업무를 수행함으로써 보건행정을 경찰이 담당하였다.

016

우리나라의 WHO 가입시 보건행정 기관은?

① 보건국
② 위생국
③ 보건후생국
④ 보건부

정답 ④

요점 보건부(1949년)
보건부가 독립되면서 1949년 세계보건기구에 65번째 회원국으로 가입하였다.

017

오늘날 시범 보건소 제도의 형태가 시작된 연도는?

① 1940년
② 1946년
③ 1956년
④ 1976년

정답 ②

요점 미군정시기

1945년 8월 15일 해방과 더불어 미군청정이 위생국을 설치하고, 1946년 3월 보건후생국을 보건후생부로 개정하면서 보다 큰 조직으로 바뀌었다. 1946년 10월 서울에 시범 보건소가 설치되었으며, 오늘날 보건소의 효시가 되어 광의의 공중보건사업이 시작되었다.

CHAPTER 3 공중보건과 건강의 개념

018

WHO의 25차 회의에서 제시한 공중보건의 정의로 맞는 것은?

① 공중보건학은 주어진 시간과 환경에서 가용지식과 자원으로 육체적·정신적·사회적 안녕과 장수에 도달하도록 노력하는 학문이다.
② 지역사회의 노력을 통해서 질병을 예방하고, 생명을 연장하며, 건강과 인간적 능률의 증진을 꾀하는 과학이자 기술이다.
③ 공중보건학은 본질적으로 지역사회가 책임져야 하는 질병예방과 건강증진을 위하여 실시하는 사업에 관한 학문이다.
④ 조직적인 지역사회의 노력을 통해 질병을 예방하고 수명을 연장하며, 신체적, 정신적 효율을 증진시키는 기술과 과학이다.

정답 ②

요점
- 윈슬로우 : 조직적인 지역사회의 노력을 통해 질병을 예방하고 수명을 연장하며, 신체적, 정신적 효율을 증진시키는 기술과 과학이다.
- 할론 : 공중보건학은 주어진 시간과 환경에서 가용지식과 자원으로 육체적·정신적·사회적 안녕과 장수에 도달하도록 노력하는 학문이다.
- 스마일리 : 공중보건학은 본질적으로 지역사회가 책임져야 하는 질병예방과 건강증진을 위하여 실시하는 사업에 관한 학문이다.

019

현대적 의미의 건강상태란?

① 사회제도가 잘 되어 있는 상태
② 사회보험제도가 잘 갖추어져 있는 상태
③ 개인이 자기 역할을 충분히 수행할 수 있는 상태
④ 일차보건의료와 건강증진의 제도가 잘 지켜지고 있는 상태

정답 ③

요점
현대적 의미의 건강은 생활개념으로 정신적·신체적·사회적으로 완전한 안녕상태를 의미한다.

020

윈슬로우의 공중보건에서 조직적인 지역사회의 노력의 내용에 해당하지 않는 것은?

① 환경위생 관리
② 만성질병 관리
③ 개인위생에 관한 보건교육
④ 질병의 조기발견과 예방적 치료를 위한 의료 및 간호서비스의 조직화

정답 ②

요점
조직적인 지역사회의 노력을 통해 질병을 예방하고 수명을 연장하며, 신체적, 정신적 효율을 증진시키는 기술과 과학이다.

조직적인 지역사회의 노력 내용
- 환경위생 관리
- 전염병 관리
- 개인위생에 관한 보건교육
- 질병의 조기발견과 예방적 치료를 할 수 있는 의료 및 간호서비스의 조직화
- 자신의 건강을 유지하는 데 적합한 생활수준을 보장받도록 사회제도 발전

021

Parsons(파슨스)가 정의한 건강개념은?

① 신체적·사회적·정신적으로 안녕인 상태
② 사회적 안녕상태
③ 개개인의 사회적 역할과 임무수행을 잘 수행하는 상태
④ 항상성 유지상태

정답 ③
요점
① 신체적·사회적·정신적으로 안녕인 상태는 WHO의 건강의 정의이다.
④ 항상성 유지상태는 베르나르(버나드)의 건강의 정의이다.

022

Winslow의 공중보건의 목적을 달성하기 위한 구체적 노력에 해당하지 않는 것은?

① 질병치료를 위한 간호체계 조직
② 환경위생
③ 보건교육
④ 사회제도 개발

정답 ①
요점 윈슬로(Winslow, 1920)
조직적인 지역사회의 노력을 통해 질병을 예방하고 수명을 연장하며, 신체적, 정신적 효율을 증진시키는 기술과 과학이다.

참고 조직적인 지역사회의 노력의 내용
- 환경위생 관리
- 전염병 관리
- 개인위생에 관한 보건교육
- 질병의 조기발견과 예방적 치료를 할 수 있는 의료 및 간호서비스의 조직화
- 자신의 건강을 유지하는 데 적합한 생활수준을 보장받도록 사회제도 발전

023

헌법 제34조 국민건강권 보장의 내용이 아닌 것은?

① 모든 국민은 인간다운 생활을 할 권리를 가진다.
② 국가는 사회보장, 사회복지의 증진에 노력할 의무를 진다.
③ 국가는 여자의 복지와 권익의 향상을 위하여 노력하여야 한다.
④ 신체장애자 및 질병, 노령 기타의 사유로 생활능력이 없는 국민은 법률이 정하는 바에 의하여 국가의 보호를 받는다.
⑤ 모든 국민은 건강하고 쾌적한 환경에서 생활할 권리를 가지며, 국가와 국민은 환경보전을 위하여 노력하여야 한다.

정답 ⑤

요점

- **헌법 제10조**
모든 국민은 인간으로서의 존엄과 가치를 가지며, 행복을 추구할 권리를 가진다. 국가는 개인이 가지는 불가침의 기본적 인권을 확인하고 이를 보장할 의무를 진다.

- **헌법 제34조**
① 모든 국민은 인간다운 생활을 할 권리를 가진다.
② 국가는 사회보장, 사회복지의 증진에 노력할 의무를 진다.
③ 국가는 여자의 복지와 권익의 향상을 위하여 노력하여야 한다.
④ 국가는 노인과 청소년의 복지향상을 위한 정책을 실시할 의무를 진다.
⑤ 신체장애자 및 질병·노령·기타의 사유로 생활능력이 없는 국민은 법률이 정하는 바에 의하여 국가의 보호를 받는다.
⑥ 국가는 재해를 예방하고 그 위험으로부터 국민을 보호하기 위하여 노력하여야 한다.

- **헌법 제35조**
① 모든 국민은 건강하고 쾌적한 환경에서 생활할 권리를 가지며, 국가와 국민은 환경보전을 위하여 노력하여야 한다.
② 환경권의 내용과 행사에 관하여는 법률로 정한다.
③ 국가는 주택개발 정책 등을 통하여 모든 국민이 쾌적한 주거 생활을 할 수 있도록 노력하여야 한다.

- **헌법 제36조**
① 혼인과 가족생활은 개인의 존엄과 양성의 평등을 기초로 설립되고 유지되어야 하며, 국가는 이를 보장한다.
② 국가는 모성의 보호를 위하여 노력하여야 한다.
③ 모든 국민은 보건에 관하여 국가의 보호를 받는다.

024

공중보건학 정의가 틀리게 연결된 것은?

① 할론(Hanlon) - 공중보건학은 주어진 시간과 환경에서 가용지식과 자원으로 육체적·정신적·사회적 안녕과 장수에 도달하도록 노력하는 학문이다.
② 스마일리(Smillie) - 공중보건학은 본질적으로 지역사회가 책임져야 하는 질병예방과 건강 증진을 위하여 실시하는 사업에 관한 학문이다.
③ 윈슬로(Winslow) - 조직적인 지역사회의 노력을 통해 질병을 예방하고 수명을 연장하며, 신체적, 정신적 효율을 증진시키는 기술과 과학이다.
④ WHO(세계보건기구) - 신체적·정신적·사회적으로 안녕한 상태이다.

정답 ④

요점 WHO(세계보건기구)의 25차 회의에서 제시한 공중보건의 정의
지역사회의 노력을 통해서 질병을 예방하고, 생명을 연장하며, 건강과 인간적 능률의 증진을 꾀하는 과학이자 기술이다.

025

애쉬턴과 세이머(Ashton & Seymour)의 공중보건 4단계 설명으로 틀린 것은?

① 1차 단계(산업보건 대두시기) : 19세기 중반 산업화, 도시화로 보건문제 대처 단계이다.
② 2차 단계(개인위생 중점시기) : 1900년대 이후 개인중심의 개인위생과 예방접종 중요시기이다.
③ 3차 단계(치료의학 전성기) : 신의약품 개발로 감염성 질환이 급격히 감소하였다.
④ 4차 단계(신 공중보건 시기) : 노인인구의 증가로 만성질병의 증가로 국민의료비를 획기적으로 줄일 수 있는 방안은 질병발생을 근본적으로 줄이는 예방 보건서비스의 확충에 있음을 인식하게 되었다.

정답 ②
요점
2차 단계는 1870년 이후의 예방이 중요해진 시기로, 개인위생과 예방접종이 중요해진 시기이다.

026

구 공중보건사업과 신 공중보건사업의 비교로 틀린 것은?

① 구 공중보건사업은 의료가 중심으로 "건강은 질병없음"이라는 부정적, 소극적 건강개념과 질병예방에 초점을 두었다.
② 신 공중보건사업은 부문간 활동 중요성을 인식하면서, 의료는 일부분을 차지하고 질병예방과 건강증진, 적극적 건강 개념에 초점을 두었다.
③ 구 공중보건사업은 주로 인체의 감염, 토착적 건강위협에 관심을 가졌다.
④ 신 공중보건사업은 급성 및 정신질환을 포함, 지속 가능성과 생태환경의 건강영향에 관심을 가졌다.

정답 ④
요점
신 공중보건사업은 인구의 노령화가 되면서 만성병 중심으로 상병구조가 전환되자 국민의료비가 급증하게 되어 만성 및 정신질환을 포함, 지속 가능성과 생태환경에 관심을 가졌다.

027

공중보건학과 예방의학, 치료의학을 각각 비교한 것으로 틀린 것은?

① 공중보건학의 목적은 조직적인 지역사회의 노력을 통해 질병을 예방하고, 수명을 연장하며 신체적·정신적 효율을 증진시키는 기술이며 과학이다.
② 예방의학은 질병의 발생원인을 규명하여 그 예방에 중점을 두고 연구하는 학문이다.
③ 치료의학은 질병의 조기진단 및 조기치료를 통해 치료와 재활 불구예방을 위한 의학이다.
④ 예방의학의 연구대상은 개인과 환자이다.

정답 ④
- 공중보건학의 대상 : 지역사회, 국가, 인류 전체이며 책임은 국가와 지역사회이다.
- 예방의학의 대상 : 개인과 가정 전체로 책임은 각 개인과 가정이다.

028

〈보기〉는 다인적 질병 발생이론 중 어떤 모형인가?

---- 보기 ----
- 병인, 숙주, 환경의 3가지 요소간의 상호관계를 이용하여 설명하였으며, 생태학적 모형 중에서는 가장 널리 사용되어 왔다.
- 3가지 요소 중에 서로간의 상호작용에서 균형이 깨지면 질병이 발생하고, 균형이 잘 맞으면 건강한 상태로 본다.
- 하지만, 병원체가 정확한 경우(감염병)에는 설명하기 용이하지만, 병인자체가 불분명한 질병인 경우에는 적절하지 않다.(고혈압, 당뇨 등)

① 역학적 삼각형
② 수레바퀴 모형
③ 거미줄 모형
④ 전인적 모형

정답 ①

요점 다인적 질병 발생이론
① 역학적 삼각형 : 병인, 숙주, 환경의 상호관계를 삼각형 모양으로 설명(균형은 건강, 균형이 깨지면 질병)
② 수레바퀴 모형 : 숙주를 둘러싸고 있는 환경들간의 상호작용(숙주에 유전요인 포함)
③ 거미줄 모형 : 질병발생에 여러 가지 요인들이 거미줄처럼 얽혀있음(그 요인을 제거하면 질병 예방 가능)

029

레벨과 클라크(Leavell & Clark)의 질병의 자연사 과정 중 아직 증상이 명확하지는 않지만 병인의 자극에 숙주가 반응하는 조기 병적인 단계는 어느 단계인가?

① 비 병원성기
② 초기 병원성기
③ 불현성 질병기
④ 현성 질병기
⑤ 회복기

정답 ③

요점 레벨과 클라크의 질병의 자연사 과정

① 1단계 - 비 병원성기 : 숙주는 외부의 자극이나 병인에 대해 극복 가능한 단계로, 건강이 유지되는 단계이다.
② 2단계 - 초기 병원성기 : 숙주의 면역력이 외부의 병인 자극에 저항력을 갖는 단계로, 아직은 질병은 아니지만 자극은 계속 있는 상태이다.
③ 3단계 - 불현성 질병기 : 아직 증상이 명확하지는 않지만 병인의 자극에 숙주가 반응하는 조기 병적인 단계로, 전염병은 잠복기, 비전염성 질환은 자각증상이 없는 초기 단계에 속한다. 조기 발견이 중요한 시기이다.
④ 4단계 - 현성 질병기 : 임상적인 증상이 나타나며 적절한 치료를 하는 단계이다.
⑤ 5단계 - 회복기 : 질병 이후의 재활을 통해 잔여 기능을 최대한 재생시키는 노력이 필요한 단계이다.

PART

2

보건행정의 이론과 일차보건의료

CHAPTER 1　보건행정의 전반적 이해

CHAPTER 2　보건행정 과정

CHAPTER 3　일차보건의료의 이해

CHAPTER 4　WHO 및 보건관련 국제기구

기출 문제로 요점 확인

PART 2 보건행정의 이론과 일차보건의료

CHAPTER 1 보건행정의 전반적 이해

001 ☐☐☐ 2020. 경남

보건행정의 특징으로 옳지 않은 것은?

① 지역주민의 건강증진에 주안점을 두어야 한다.
② 지역사회주민의 욕구와 수요를 반영하여 시대와 환경의 변화에 부응하여야 한다.
③ 지역사회주민이 주도적으로 업무를 관장한다.
④ 국민의 건강증진을 달성하는 기능을 수행한다.

정답 ③

요점 보건행정의 정의

국민의 공동목표인 건강증진 및 삶의 질 향상(보건학적 목적)을 달성하기 위하여 정부, 지방자치단체, 민간기관 등을 통하여 행해지는 일련의 행정활동이다.(행정학적 원리 적용)
① 보건행정의 목적 : 지역사회 주민의 건강증진에 주안점을 두어야 한다.
② 지역사회 주민의 욕구와 수요를 반영하여야 한다.
③ 국가나 지방자치단체(정부)가 주도적으로 업무를 관장한다.
④ 보건의료사업을 기획·집행·통제함으로써 국민의 건강증진을 달성하는 기능을 수행한다.

002 ☐☐☐ 2019. 서울

보건행정에서 거버넌스(Governance)에 대한 설명으로 가장 옳은 것은?

① 시장체계 내에서 정부와 민간의 일이 엄격히 구분되는 것으로 본다.
② 정치권력 하에, 공공서비스의 생산과 공급을 정부가 독점한다.
③ 다양한 이해집단의 참여를 기초로 한 참여자 간 네트워크이다.
④ 이해관계자들 각각의 의견을 전적으로 반영한다.

정답 ③

요점 보건행정에서의 거버넌스(Governance) 개념

무수한 이해당사자들을 정부정책 결정과정에 참여시키는 새로운 정부 운영방식으로, 전통적인 정부 이미지와는 대조되는 새로운 방식의 통치를 가리키는 개념이다. 즉, 정부와 민간이 적절하게 협력하는 "네트워크 행정"을 의미한다.
① 사회가 직면하는 도전과 문제들이 점차 국민정부로부터 지역과 지방 커뮤니티의 책임으로 바뀌고 있다.
② 행정이란 공익목적을 달성하기 위한 공공문제의 해결 및 공공서비스의 생산, 분배와 관련된 정부의 제반활동과 상호작용이라고 말할 수 있다.

003

2013. 서울교육청

다음 중 거버넌스의 특징으로 옳지 않은 것은?

① 심각한 사회문제들을 해결하기 위한 정부의 공적 자금 투입 증가
② 지역과 지방 커뮤니티로의 권력 분산
③ 공기업의 민영화와 민간 분야로의 권력 이양
④ 공공서비스의 생산, 공급, 분배 과정에서 국민의 의견 존중

정답 ①

요점

심각한 사회문제들을 위해 정부의 공적자금 투입보다는 공공욕구를 충족하기 위하여 정책을 형성하고 집행하며 네트워크를 구축하였다.

거버넌스 관점에서 행정의 4가지 특성

① 규범적으로 행정은 공익을 지향한다. 공공 욕구를 충족하여 국민의 삶의 질을 증대하는 것을 말한다.(보건, 국방, 치안, 교육, 교통, 환경보호 등)
② 행정은 공공서비스의 생산, 공급, 분배와 관련된 모든 활동을 의미한다. 여기에는 정책의 형성 및 집행, 행정기관의 내부관리, 참여자 간 네트워크의 구축 및 관리를 포함한다.
③ 공공서비스의 생산 및 공급은 정부가 독점하지 않는다.(준정부기관 또는 민간부문과 상호작용 및 협력적 관계를 통해 공공서비스를 생산·공급·분배한다)
④ 행정은 정치 과정과 밀접하게 연계되어 있다. 행정은 공공문제의 해결 및 공공서비스의 생산·분배과정에서 국민의 의견을 존중하고 국민에 대한 책임을 진다.(정치 과정과 밀접한 연계성)

004

2021. 서울

보건행정을 '공중보건의 목적을 달성하기 위해 행정조직을 통하여 행하는 일련의 과정'이라고 정의할 때 내포된 특징으로 가장 옳지 않은 것은?

① 보건행정은 지역사회 주민의 건강증진에 중점을 둔다.
② 지역사회 주민의 욕구와 수요를 반영하여야 한다.
③ 지역사회 주민이 주도적으로 업무를 관장해야 한다.
④ 보건사업의 기획, 집행 및 통제를 통해 공중보건의 목적을 달성하기 위한 업무를 수행한다.

정답 ③

요점 보건행정의 정의

보건행정이란 지역사회 주민의 건강을 유지·증진시키고 정신적 안녕 및 사회적 효율을 도모할 수 있도록 하기 위해 국가나 지방자치단체가 주도적으로 수행하는 국민의 건강을 위한 제반활동이다.

005

2013. 경북

보건행정을 "공공기관 또는 사적기관이 사회복지를 위하여 공중보건의 원리와 기반을 응용하는 것"이라고 정의한 사람은?

① 원슬로우
② 스마일리
③ 우드로 윌슨
④ 베버

정답 ②

요점 스마일리(Smillie)의 보건행정의 정의

스마일리는 보건행정을 "공공기관 또는 사적 기관이 사회보건복지를 위하여 공중보건의 원리와 기법을 응용하는 것"이라고 정의하였다.

006

2014. 경남

다음 중 공공행정만의 특징으로 올바른 것은?

① 경영, 이윤 추구
② 도의적인 국민 비판
③ 고객에 대한 평등성은 약하게 적용
④ 국가 권력으로 강제 수단

정답 ④

요점 공공행정과 민간기업행정(경영)의 차이점

공공행정	· 공익을 추구하며, 국민에게 봉사하는 것을 추구함 · 모든 국민이 대상이며, 모든 국민은 법 앞에 평등함을 강하게 적용함 · 본질적으로 정치적 성격이 강하고, 엄격한 법적 규제 속에 행정이 경직화되어 있음(행정의 경직화) · 행정서비스의 질 저하의 우려로 인해 경쟁자기 없이 득점함(독점성) · 평가의 기준은 명확한 단일의 기준의 척도가 없기 때문에 비능률성이 커지기 쉬움(다원적 기준 : 능률성, 합법성, 민주성, 효과성)
민간기업행정(경영)	· 기업의 이윤추구를 극대화함을 추구함 · 고객관계 범위 내에서 자유로운 시장에 진입하여 경쟁을 하게 되어 고객 지향적 서비스를 추구함 · 정치로부터 분리되어 있으며, 강제력과 권력수단은 없음 · 직접적인 법적 규제 적용이 되지 않아 회사의 내규를 따르면 됨 · 평가의 기준은 단일적 기준으로 이윤, 즉 능률성이 평가의 기준이 됨

007　2019. 서울

지역사회주민의 자발적 참여 없이는 그 성과를 기대하기 어렵다는 보건행정의 특성은?

① 봉사성
② 공공성 및 사회성
③ 과학성 및 기술성
④ 교육성 및 조장성

정답 ④

요점
보건교육을 통해 스스로 질병예방과 건강증진 노력을 조정한다.

보건행정의 특성
① 공공성 및 사회성 : 공공행정은 국민의 건강을 유지·증진을 목표로 하는 행정이므로 이윤을 극대화하는 병원과는 다르게 사회 구성원 전체를 대상으로 공공복지·집단적 건강을 추구하는 목표를 가진다.
② 봉사성 : 현재는 복지국가라는 개념으로 변화되어 국가가 국민의 행복과 복지를 위해 직접 개입하여 간섭하고 봉사하게 되었다. 예를 들면, 사회보장과 의료보장에 관한 것이며, 넓은 의미에서 보건행정은 국민에게 적극적으로 봉사하는 서비스 행정을 말한다.
③ 교육성 및 조장성
　㉠ 보건행정은 국민들의 자발적인 참여가 있어야 목적달성이 가능하므로 가장 중요하다.
　㉡ 보건교육을 통해 국민 스스로가 질병예방과 건강증진을 위해 노력하도록 조장하므로 조장행정 혹은 교육행정이라고 한다.
④ 과학성 및 기술성
　㉠ 보건행정에서 응용되고 있는 과학적인 지식은 지역사회 건강증진을 위하여 이용되고 실천적이며 실제적인 기술로 제공되어야 하므로 과학행정인 동시에 기술행정이라고 할 수 있다.
　㉡ 보건행정에 이용되는 과학과 기술은 주민들이 쉽게 이용하고 적용이 쉬워야 하므로 가격이 비교적 저렴하고 장치도 간단하여 조작이 쉬워야 한다.
⑤ 건강에 관한 개인적 가치와 사회적 가치의 상충성 : 인간의 생명이 유일함에 따른 무한대의 서비스 욕구를 추구하는 개인의 가치와 한정된 서비스를 분배해야 하는 사회적 형평성이 상충하는 경우가 발생한다.
⑥ 행정대상의 양면성 : 소비자인 국민의 보건을 위해서는 규제가 필요하고, 보건의료산업의 보호를 위해서는 자율을 함께 고려하여야 하는 양면성이 존재한다.

008　2012. 교육청

보건행정의 특성에 대한 설명으로 옳지 않은 것은?

① 본질적으로 효율성과 민주성을 지니고 있다.
② 본질적으로 과학성과 기술성을 지니고 있다.
③ 공공 행정으로서 국민의 복지와 행복을 위한 봉사행정의 속성을 지니고 있다.
④ 국민 스스로 질병예방과 건강증진을 위해 노력하도록 하는 조장행정이라 할 수 있다.
⑤ 합리적인 이유없이 특정 개인이나 집단에게 보건행정 서비스를 유리하게 제공하는 것이 허용되지 않는다.

정답 ①

요점 보건행정의 4가지 특성
① 공공성 및 사회성
② 봉사성
③ 교육성 및 조장성
④ 과학성 및 기술성

009

2014. 경기

지역사회 주민의 자발적이고 적극적인 참여를 위해 보건교육을 중요한 수단으로 사용하는 보건행정의 특성은?

① 조장성
② 기술성
③ 공공성
④ 봉사성

정답 ①

요점
보건행정은 국민들의 자발적인 참여가 있어야 목적달성이 가능하므로 가장 중요하다. 보건교육을 통해 국민 스스로가 질병예방과 건강증진을 위해 노력하도록 조장하므로 조장행정 혹은 교육행정이라고 한다.

010

2015. 보건복지부

다음 중 보건행정의 특성을 연결한 것으로 올바른 것은?

> 가. 특별한 합리적인 이유 없이 특정 개인이나 집단에게 유리하게 제공하거나 서비스 제공의 부당한 거부 및 회피는 허용되지 않는다.
> 나. 정부의 적극적인 개입으로 사회보장과 의료보장을 실현하는 것이 복지국가의 이념이다.
> 다. 국민 스스로 질병예방과 건강증진을 위해 노력하도록 자율적이고 자발적인 참여를 유도한다.

① 공공성 - 사회성 - 봉사성
② 봉사성 - 사회성 - 조장성
③ 공공성 - 봉사성 - 교육성
④ 사회성 - 봉사성 - 조장성
⑤ 사회성 - 공공성 - 교육성

정답 ③

요점
가 : 공공성
나 : 봉사성
다 : 교육성

011 2016. 울산

국민의 요구와 기대에 부응하는 보건행정을 수행하는 능력 또는 환경변화에 얼마나 융통성 있게 대처해 나가느냐 하는 능력을 의미하는 보건행정의 이념은 무엇인가?

① 효과성
② 민주성
③ 대응성
④ 가외성

정답 ③

요점 보건행정의 이념

① 효과성(Effectiveness) : 보건행정이 추진하고 있던 정책들이 원래 의도하고 있던 목표를 달성했는지를 의미한다. 주어진 행정 집행 후 실질적으로 건강증진활동에 대한 실천 비율을 중심으로 측정하기 때문에 장기적인 특성평가이며, 효율성과 달리 비용은 고려하지 않는다.
② 민주성 : 정책과정에 국민의 참여를 확대시키고 여론을 반영하여 국민의 의사를 충분히 고려하는 것을 말한다.
③ 대응성(Responsiveness) : 국민의 요구에 부응하는 보건정책을 수행하였는가를 묻는 것으로 정책수혜자의 요구와 기대, 환경변화에 얼마나 융통성 있게 대처해 나가느냐 하는 능력이다. 정부가 제공하는 보건의료서비스에 대해 국민들이 얼마나 만족하고 있는지에 따라 평가하고 있다.
④ 가외성(Redundancy)
• 행정에 있어서 어느 정도의 여분을 두어야 하므로, 중첩이나 여과분을 의미한다.
• 불확실성의 환경에서 목적에 가장 적합한 수단을 확보해 주지는 못하지만 그럴듯한 방안을 채택하는 데 도움을 준다.
• 경제성과 능률성과는 상반되는 가치로 가외성이 상승하면 능률성은 낮아지므로 신뢰성과 적응성 확보를 위한 가치를 말한다.

012 2017. 충남

정책수혜자의 요구와 기대, 환경변화에 얼마나 융통성 있게 대처하는지의 능력을 의미하는 보건행정의 이념은 무엇인가?

① 효과성
② 참여성
③ 접근성
④ 대응성

정답 ④

요점 보건행정의 이념

① 효과성(Effectiveness) : 보건행정이 추진하고 있던 정책들이 원래 의도하고 있던 목표를 달성했는지를 의미한다. 주어진 행정 집행 후 실질적으로 건강증진활동에 대한 실천 비율을 중심으로 측정하기 때문에 장기적인 특성평가이며, 효율성과 달리 비용은 고려하지 않는다.
② 접근성(Accessibility) : 보건행정에서 접근가능성을 높이려면 어떠한 서비스가 있으며, 어떤 경로를 거쳐 다가가면 그 서비스를 제공받을 수 있는지에 따라 서비스의 활용에 대한 기대 효과가 높아질 것이다. 접근성은 형평성과 효과성을 높일 수 있는 유용한 수단이 된다.
③ 대응성(Responsiveness) : 국민의 요구에 부응하는 보건정책을 수행하였는가를 묻는 것으로 정책수혜자의 요구와 기대, 환경변화에 얼마나 융통성 있게 대처해 나가느냐 하는 능력이다. 정부가 제공하는 보건의료서비스에 대해 국민들이 얼마나 만족하고 있는지에 따라 평가하고 있다.

013　　2017. 서울

다음은 보건행정이 추구하는 목적 중 무엇에 대한 내용인가?

> 국민의 요구에 부응하는 보건정책을 수행하였는지를 묻는 것으로 정책수혜자의 요구와 기대, 그리고 환경변화에 얼마나 융통성 있게 대처해 나가느냐에 대한 능력을 의미한다.

① 대응성(Responsiveness)
② 형평성(Equity)
③ 능률성(Efficiency)
④ 효과성(Effectiveness)

정답 ①

요점 보건행정의 이념
① 대응성 : 정책수혜자의 요구와 기대, 그리고 환경변화에 얼마나 융통성있게 대처해 나가느냐 하는 능력을 의미한다.
② 형평성 : 같은 상황에 있는 사람에게 유사한 수준의 대우를 하는 것을 의미한다.
③ 능률성 : 능률이란 최소의 비용과 노력, 시간으로 최대의 성과, 산출을 얻는 비율, 즉 투입 대 산출의 비율을 말하는데, 보건행정에서도 적은 자원의 투입으로 산출을 극대화시키는 것이 필요하다.
④ 효과성 : 효과성은 의도하거나 기대한 것과 같은 소망스러운 상태가 나타나는 성향을 말한다.

014　　2018. 강원

보건행정의 이념에 대한 설명으로 옳지 않은 것은?

① 효과성은 행정활동 집행 후 목표달성의 정도를 의미한다.
② 능률성은 제한된 자원과 수단을 사용하여 산출의 극대화를 기하는 것을 의미한다.
③ 민주성은 국민의 요구에 부응하는 보건행정을 수행하였는가를 보는 것이다.
④ 형평성은 사회의 여러 상이한 집단과 개인 간의 가치배분과 관련하여 정책의 효과나 편익이 모든 사람에게 공정하게 배분되어 있는가를 분석하는 기준을 의미한다.

정답 ③

요점 보건행정의 이념
① 대응성 : 국민의 요구에 부응하는 보건행정을 수행하였는가를 보는 것
② 민주성 : 정책과정에 국민의 참여를 확대시키고 여론을 반영하여 국민의 의사를 충분히 고려하는 것

015 2019. 경기

"지역사회 주민이 건강하게 생활할 수 있도록 도와주어야 한다."는 내용은 보건행정의 특성 중 어느 항목과 가장 연관이 있는가?

① 조장성
② 사회성
③ 공공성
④ 봉사성

정답 ④

요점
넓은 의미의 보건행정은 국민에게 적극적으로 서비스하는 봉사기능을 갖고 있으며, 복지국가로써 국가가 국민의 행복과 복지를 위해 직접 개입하여 간섭하고 봉사하게 되었다.

016 2018. 서울

일반정책과 다른 보건정책의 특성으로 가장 옳은 것은?

① 국가 경쟁력에 영향을 받지 않는다.
② 인간생명을 다루어야 하는 위험의 절박성 때문에 효율성이 강조된다.
③ 보건의료부문은 구조적으로 단순한 연결고리를 가진다.
④ 보건정책의 대상은 국민 모두를 포함할 정도로 정책파급 효과가 광범위하다.

정답 ④

요점 보건정책의 특성
- 국가 경쟁력에 영향을 받는다.
- 인간생명을 다루어야 하는 위험의 절박성 때문에 효과성이 강조된다.
- 보건의료부문은 구조적으로 복잡한 연결고리를 가진다.

017　2020. 서울

의학지식과 의료기술의 발달, 보건의료산업의 발전과 더불어 대두된 보건행정의 중요성에 대한 설명으로 가장 옳지 않은 것은?

① 보건의료비 지출 증가
② 건강권에 대한 인식 증대
③ 보건의료자원의 절대적 부족
④ 보건의료의 효율성 제고에 대한 문제

정답 ③

요점 보건행정의 중요성

의학지식과 의료기술이 발달하면서 보건행정분야의 성장으로 인해 전반적인 건강수준 향상 및 보건의료의 접근성을 높였다고 할 수 있지만 그에 따른 문제점도 발생하였다.
① 건강권은 기본권으로 인식되어 국민 개인의 건강에 욕구가 매우 높으며, 국가는 건강권에 대한 대상을 국민 모두를 대상으로 하였다. 이에 국가에서는 보건의료서비스에 대한 규제 및 지원을 하고 있다.
② 보건의료가 발전하면서 지역간, 계층간의 보건의료자원의 분배가 불평등하게 되는 문제점이 발생하였다.
③ 보건의료기술이나 보건의료서비스에 투자되는 비용이 높은 반면에 과연 얼마나 비용 대비 효과가 있는지에 대한 문제점이 발생하였다. 따라서 양질의 보건의료서비스를 효율적으로 제공하는 노력이 필요하게 되었다.
④ 전반적인 보건의료비가 급격히 증가하였다. 따라서, 보건행정은 현재 가지고 있는 보건의료자원을 가장 효과적으로 활용하여 많은 인구에게 저렴한 가격으로 제공하는 정책과 방법을 찾아야 하므로 보건행정의 중요성이 점차 높아지고 있다.

018　2021. 부산

보건행정의 운영원리 중 조직활동을 감시하는 데 초점을 두고, 조직의 활동결과를 측정하는 기준을 결정하는 과정은?

① 통제과정
② 조직과정
③ 관리과정
④ 의사결정과정

정답 ①

요점 보건행정의 운영원리

① 관리과정 : 관리란 정해진 목표를 달성하기 위하여 인적, 물적자원을 활용하여 공식조직체 내에서 행해지는 과정의 상호과정의 집합으로, 다음과 같은 특성을 지닌다.
　㉠ 연속되는 과정이다.
　㉡ 상호 연관작용을 한다.
　㉢ 계속적이며 유동적이며 적응하는 속성을 지닌 동적성격이다.
② 의사결정과정 : 여러 대안들 중에서 선택하는 과정으로 동적이며 끊임없이 계속되는 중요한 과정이다.
　㉠ 의사결정을 해야 함을 인식한다.
　㉡ 문제를 정의한다.
　㉢ 관련 정보를 수집한다.
　㉣ 대안의 해결책을 개발한다.
　㉤ 각 대안을 평가한다.
　㉥ 가장 수용가능한 대안을 선택한다.
③ 기획과정 : 행동하기 전에 무엇을 어떻게 해야 하는지를 결정하는 것이며, 미래를 예측하는 것이다.
④ 조직과정 : 조직이란 일정한 환경에서 특정한 목표를 달성하기 위한 분업체계라고 정의할 수 있다. 즉, 공동의 목표를 달성하기 위하여 업무를 분담하는 과정을 의미한다.
⑤ 수행과정 : 조직 내에서 행동을 실제 추진하는 과정으로, 조직 내 인적자원을 다루는 데 필요한 활동을 포함한다.
⑥ 통제과정 : 조직활동을 감시하는 데 초점을 두고, 조직의 활동결과를 측정하는 기준을 결정하며, 이러한 평가기법과 변화가 필요할 때 수정·보완하는 활동을 포함한다.

019   2015. 서울

보건행정의 운영원리 중 공동의 목표를 달성하기 위하여 업무를 분담하는 과정은?

① 의사결정과정
② 조직화과정
③ 통제과정
④ 기획과정

> **정답** ②
> **요점** 조직(조직화)과정
> 조직이란 일정한 환경에서 특정한 목표를 달성하기 위한 분업체계라고 정의할 수 있다. 즉, 공동의 목표를 달성하기 위하여 업무를 분담하는 과정을 의미한다.

CHAPTER 2   보건행정 과정

020   2014. 대구

귤릭(Luther Gulick)의 기획과정을 연결한 것으로 옳지 않은 것은?

① 조직(Organizing) – 인적·물적 자원 및 구조를 편제하는 과정
② 지휘(Directing) – 목표달성을 위한 지침을 내리는 과정
③ 조정(Coordination) – 행동통일을 이룩하도록 집단적 활력을 결집시키는 활동
④ 기획(Planning) – 목표를 효율적으로 달성하기 위한 정적인 과정으로서의 수단

> **정답** ④
> **요점** 귤릭(Luther Gulick)의 7가지 행정과정 – POSDCoRB(포스콥)
> 귤릭은 최고관리자의 7가지 기능을 정리하였으며 기획(Planning), 조직(Organizing), 인사(Staffing), 지휘(Directing), 조정(Coordination), 보고(Reporting), 예산(Budgeting)으로 최고관리층(대통령이나 장관)의 하향적 지시에 의한 조직관리(분업) 방식으로 고전적 행정이나 행정관리설의 핵심적 모형이다.
> ① 기획(Planning) : 정해진 목표를 위한 사전 준비활동으로 행동하기 전에 무엇을 어떻게 해야 하는지를 결정하는 과정 및 목표를 설정
> ② 조직(Organizing) : 공동목표 달성을 위한 인적·물적 자원 및 구조를 만드는 과정
> ③ 인사(Staffing) : 조직내 인력에 대한 임용이나 배치·관리하는 모든 활동
> ④ 지휘(Directing) : 최고관리자의 계속적인 의사결정을 구체적인 형태로 명령, 지시하는 제반과정으로, 목표달성을 위해 지침을 내리는 과정
> ⑤ 조정(Coordination) : 공동목표를 위한 조화된 행동통일을 위해 하나로 행동을 결집시키는 과정
> ⑥ 보고(Reporting) : 업무 수행과정에서 상관에게 업무보고를 하는 것으로, 보고에 필요한 기록, 조사 등 포함
> ⑦ 예산(Budgeting) : 예산편성에 따라 최고경영자는 예산을 편성, 관리, 통제하는 활동

021   2017. 광주

귤릭(Luther Gulick)이 제시한 행정의 관리과정 순서를 바르게 나열한 것은?

① 기획 – 조직 – 인사 – 지휘 – 통제
② 기획 – 조직 – 지휘 – 통제
③ 기획 – 조직 – 인사 – 지휘 – 조정 – 보고 – 예산
④ 기획 – 조직 – 지휘 – 인사 – 조정 – 예산 – 보고

정답 ③
요점 귤릭(Luther Gulick)의 7가지 행정과정 – POSDCoRB(포스콥)
기획(Planning) – 조직(Organizing) – 인사(Staffing) – 지휘(Directing) – 조정(Coordination) – 보고(Reporting) – 예산(Budgeting)

022   기출변형

귤릭(Gulick)과 페이욜(Fayol)이 제시한 행정과정으로 공통된 항목에서 제외되는 것은?

① 예산
② 기획
③ 조직
④ 조정

정답 ①
요점 귤릭(Gulick)과 페이욜(Fayol)이 제시한 행정과정
① 귤릭 : 기획 – 조직 – 인사 – 지휘 – 조정 – 보고 – 예산
② 페이욜 : 기획 – 조직 – 지휘 – 조정 – 통제

023　2021. 서울

관리과정을 기획, 조직, 지휘, 통제로 분류하였을 때 〈보기〉의 특징에 해당하는 단계는?

보기

- 목표를 설정하고 이를 달성하기 위한 과정을 결정한다.
- 관련 자료를 수집 및 분석하여 문제점을 파악한다.
- 실현가능성, 형평성, 효과성 등을 고려하여 대안을 평가하며, 경제적 합리성, 정치적 합리성 등을 고려하여 최종 대안을 선택한다.

① 기획
② 조직
③ 지휘
④ 통제

정답 ①

요점 조직의 일반적인 업무순서(행정의 4단계) – POAC(PODC)

행정의 일반적인 업무순서 4단계는 아래와 같다.
① 기획(Planning)
② 조직(Organizing)
③ 실행(Activating / Directing)
④ 통제(Controlling, 관리)

024　2015. 충남

현대적 행정과정의 순서를 바르게 나열한 것은?

① 목표설정 – 정책결정 – 조직화 – 동기부여 – 통제
② 정책결정 – 기획 – 목표설정 – 동기부여 – 조직화 – 통제
③ 목표설정 – 정책결정 – 기획 – 동기부여 – 조직화 – 통제
④ 정책결정 – 목표설정 – 기획 – 조직화 – 동기부여 – 통제

정답 ①

요점 현대적 행정의 과정

① 목표설정 : 가장 창조적인 과정이며, 미래의 바람직한 상태를 설정하는 과정
② 정책결정 : 설정된 목표를 달성하기 위해 바람직한 대안을 결정하는 과정
③ 기획 : 목표와 정책을 보다 구체화하여 그것을 달성하기 위한 구체적인 세부 활동계획을 수립하는 과정
④ 조직화 : 조직을 구조적으로 편성하고 분업체계를 확립하거나 인적·물적 자원을 동원하고 효율적으로 관리하는 과정
⑤ 동기부여 : 조직이 계획대로 움직일 수 있도록 필요한 유인을 제공하고 규제하는 과정으로서 인간성을 존중하고 적극성과 창의성을 높이는 과정
⑥ 통제(평가) : 동기·유인·자극 등이 주어진다고 하여 모든 목표나 방안이 달성되는 것은 아니므로 실적과 성과를 목표 또는 기준과 비교하면서 심사·평가하는 과정
⑦ 환류 : 성과를 심사·평가하여 계획이나 기준대로 이루어지고 있지 않은 경우 시정·조치하는 과정

025
2017. 경기

보건행정의 운영원리에서 여러 대안 중 선택하는 것으로 일반적으로 끊임없이 계속되는 과정은?

① 관리과정
② 의사결정과정
③ 기획과정
④ 조직과정

026
2014. 서울

"행정을 정치 권력적 현상이 아닌 관리 기술로 보아야 한다."는 정치행정이원론을 주장한 학자는?

① 하비(Harvery)
② 존 조셉 핸론(Hanlon)
③ 윈슬로우(Winslow)
④ 우드로 윌슨(Wilson)

정답 ②

요점 현대적 보건행정의 운영원리

① 관리과정 : 관리란 정해진 목표를 달성하기 위하여 인적, 물적자원을 활용하여 공식조직체 내에서 행해지는 과정의 상호과정의 집합으로, 다음과 같은 특성을 지닌다.
  ㉠ 연속되는 과정이다.
  ㉡ 상호 연관작용을 한다.
  ㉢ 계속적이며 유동적이며 적응하는 속성을 지닌 동적성격이다.
② 의사결정과정 : 여러 대안들 중에서 선택하는 과정으로 동적이며 끊임없이 계속되는 중요한 과정이다.
  ㉠ 의사결정을 해야 함을 인식한다.
  ㉡ 문제를 정의한다.
  ㉢ 관련 정보를 수집한다.
  ㉣ 대안의 해결책을 개발한다.
  ㉤ 각 대안을 평가한다.
  ㉥ 가장 수용가능한 대안을 선택한다.
③ 기획과정 : 행동하기 전에 무엇을 어떻게 해야 하는지를 결정하는 것이며, 미래를 예측하는 것이다.
④ 조직과정 : 조직이란 일정한 환경에서 특정한 목표를 달성하기 위한 분업체계라고 정의할 수 있다. 즉, 공동의 목표를 달성하기 위하여 업무를 분담하는 과정을 의미한다.
⑤ 수행과정 : 조직 내에서 행동을 실제 추진하는 과정으로, 조직 내 인적자원을 다루는 데 필요한 활동을 포함한다.
⑥ 통제과정 : 조직활동을 감시하는 데 초점을 두고, 조직의 활동결과를 측정하는 기준을 결정하며, 이러한 평가기법과 변화가 필요할 때 수정·보완하는 활동을 포함한다.

정답 ④

요점 정치행정 이원론

정치와 행정을 그 본질이 서로 다른 활동이라고 보고, 양자를 명백히 구분하는 입장이다. 입법부(정치)에서 정책을 결정하면, 행정은 이를 효율적으로 집행한다.

① 우드로 윌슨(Wilson) : 정치와 행정의 분리를 강조하며, 행정의 능률성을 강조
② 귤릭(Gulick) : 최고관리층의 7가지 기능으로서 기획(Planning), 조직(Organizing), 인사(Staffing), 지휘(Directing), 조정(Coordination), 보고(Reporting), 예산(Budgeting)의 행정과정(POSDCoRB)을 제시하였으며, 행정의 '능률성'을 강조
③ 굿노(Goodnow) : '정치'를 '국가의지의 표명'으로, '행정'을 '국가의지의 집행'으로 정의
④ 화이트(White) : '행정'이란 권력현상이 아니라 '관리현상'임을 강조
⑤ 윌로비(Wiloughby) : 행정은 정치와는 다른 순수한 기술적 과정이며, 공행정과 사행정은 본질적 차이가 없음을 강조

027　　2017. 서울

보건의료체계의 투입-산출 모형에 관한 설명으로 옳지 않은 것은?

① 환경에는 사회체계와 국가정책이 포함된다.
② 삶의 질에 근거한 안녕상태는 최종산출에 해당한다.
③ 과정은 보건의료 공급자와 수요자간의 상호작용이다.
④ 소인성 요인과 필요요인은 투입요소 중 보건의료전달체계의 특성이다.

정답 ④

요점 보건행정과정의 체계의 투입-산출 모형
① 투입 : 인력, 시설, 물자, 자금, 지식, 시간 등이 투입되는 것
② 변환과정(행정과정) : 보건의료 공급자와 수요자인 환자와의 상호작용
　㉠ 기획 : 인사결정, 재무관리와 시간관리
　㉡ 조직 : 조직구조, 조직문화, 조직변화
　㉢ 지휘 : 리더십, 동기부여, 의사소통, 갈등 및 스트레스 관리
　㉣ 조정 : 업무와 직원 간의 관리, 목표를 존중
　㉤ 통제 : 의료의 질과 보건업무를 평가
③ 산출요소(결과물)
　㉠ 중간산출 : 효과성, 효율성, 형평성(실질적인 결과물)
　㉡ 최종산출 : 환자 및 직원의 만족도, 건강증진, 사망, 퇴원 등 (삶의 질, 안녕)
④ 환경 : 보건의료체계를 둘러싸고 있는 환경(물리적 환경, 사회체계, 국가정책)으로 하위 시스템인 보건의료체계에 영향을 미침
⑤ 분석 및 환류 : 산출과 목표와의 차이에 대한 평가 및 해결

참고
소인성, 필요, 가능성은 투입요소 중 보건의료 위험집단 특성이고, 가용성, 조직, 재정은 투입요소 중 보건의료전달체계의 특성이다.

028　　2015. 경북

보건의료체계의 체계모형 중 투입요소라 할 수 있는 것은?

① 사업의 비용분석
② 인구집단과 보건의료조직
③ 형평성, 효율성, 효과
④ 국가정책

정답 ②

요점
① 사업의 비용분석 - 환류
② 인구집단과 보건의료조직 - 투입
③ 형평성, 효율성, 효과 - 산출
④ 국가정책 - 환경

029 2015. 서울

에머슨(Emerson)의 보건행정범위에 해당하지 않는 것은?

① 보건시설의 운영
② 만성병 관리
③ 보건검사실 운영
④ 감염병 관리

030 2019. 서울7급

세계보건기구(WHO)와 에머슨(Emerson)의 보건행정범위에 모두 포함되는 것은?

① 보건검사실 운영
② 보건교육
③ 만성병 관리
④ 보건간호

정답 ①
요점
보건시설의 운영은 미국공중보건협회의 보건행정범위이다.

정답 ②

요점 WHO, 에머슨의 보건행정범위

WHO(세계보건기구)	에머슨(Emerson)
• 보건 관련하여 기록을 보존 • 보건교육을 실시 • 전염병 관리에 힘씀 • 환경위생에 힘씀 • 모자보건에 힘씀	• 보건통계를 실시 • 보건교육을 실시 • 환경위생에 힘씀 • 전염병 관리에 힘씀 • 모자보건에 힘씀
의료와 보건간호에 참여	만성병 관리와 보건검사실을 운영하여 예방관리에 힘씀

031　기출변형

WHO와 미국공중보건협회의 보건행정범위의 공통점이 아닌 것은?

① 보건기록 보존
② 보건교육
③ 감염병 관리
④ 환경위생

정답 ③

요점 WHO, 미국공중보건협회의 보건행정범위

WHO(세계보건기구)	미국공중보건협회
• 보건 관련하여 기록을 보존 • 보건교육을 실시 • 전염병 관리에 힘씀 • 환경위생에 힘씀 • 모자보건에 힘씀	• 보건자료의 기록과 분석 실시 • 보건교육과 홍보활동 실시 • 직접적인 환경 서비스 • 보건활동의 감독과 통제 • 개인보건서비스 실시
의료와 보건간호에 참여	• 보건시설의 운영으로 예방활동을 실시 • 사업 및 지원 간의 조정활동에 힘씀

CHAPTER 3 일차보건의료의 이해

032　2012. 경북교육청

일차보건의료의 접근 방법으로 옳은 것은?

① 질병 예방에 중점을 둔다.
② 국가가 문제를 파악하고 그 문제를 해결해야 한다.
③ 1차 보건의료는 보건의료 분야만 관련이 되어 있다.
④ 지역사회의 적극적인 참여가 이루어지지 않아도 된다.
⑤ 1차 보건의료를 이용하는 데 경제적 부담을 느끼는 범위에서도 의료수가를 결정할 수 있다.

정답 ①

요점 일차의료보건의 특징

① 일차보건의료란 꼭 필요한 필수적인 보건의료를 지역사회와 각 개인과 가족이 받아들일 수 있고(수용성), 비용 지불이 가능한 방법(지불부담능력)으로 그들의 참여(주민의 참여)하에 골고루 활용할 수 있도록 하는 실제적인 접근 방법(접근성)이다.
② 개인, 가족 및 지역사회를 위한 건강증진, 예방, 치료 및 재활 등의 서비스가 통합되어 예방과 치료가 통합된 포괄적 보건의료를 의미한다.
③ 일차보건의료의 서비스를 모든 사람에게 양질의 보건의료를 제공해야 한다.(형평성의 원칙)
④ 일차보건의료의 궁극적인 목표는 사회·경제적으로 생산적인 삶을 영위할 수 있도록 자립을 증진하는 데 그 목표를 두었다.(건강문제를 지역주민 스스로 해결)
⑤ 보건의료사업의 의사결정방법은 상향식 접근방법으로 주민의 참여를 통해 일차보건의료에서 의사결정하여 반영하는 방식을 가지고 있다.

033 2014. 경남

1978년 알마아타 선언의 내용에 해당하는 것은?

① 정부는 자국민의 건강에 대해 책임이 있다.
② 건강의 일차적 책임은 개인에게 있다.
③ 특정 질환을 가진 인구집단에 관심을 가져야 한다.
④ 건강증진을 위한 다양한 접근방법이 있다.

정답 ①

요점 알마아타 선언의 의미
① 일차보건의료는 과학적 방법으로 지역사회가 수용할 수 있어야 한다.
② 주민의 적극적인 참여 속에 개개인이나 가족 단위의 모든 주민이 쉽게 이용할 수 있어야 한다.
③ 국가나 지역사회가 재정적으로 부담이 가능한 방법이어야 한다.
④ 국가의 보건의료체계상 핵심으로써 지역사회 개발 정책의 일환으로 유지되어야 한다.
⑤ 일차보건의료는 질병의 치료나 예방활동, 신체적·정신적 건강 증진과 사회적 안녕 및 생활의 질적 향상을 실현할 수 있어야 한다.

034 2017. 지방

WHO가 "2000년까지 모든 인류에게 건강을(Health for All by Year 2000(HFA 2000)"이라는 의제로 일차보건의료에 관한 국제회의를 개최한 도시는?

① 캐나다 오타와
② 구소련 알마아타
③ 스웨덴 스톡홀름
④ 핀란드 헬싱키

정답 ②

요점 알마아타 선언
1978년 WHO 알마아타 선언은 WHO와 UNICEF가 세계 인구 건강상의 불평등에 대처하기 위하여 1978년 구소련 카자흐스탄 수도 알마아타에서 개최한 국제회의이다.

035　2014. 부산

알마아타 선언에서 제시한 일차보건의료의 내용으로 옳지 않은 것은?

① 식량공급과 적절한 영양증진
② 위생해충 퇴치
③ 가족계획을 포함한 모자보건사업
④ 주요 감염병에 대한 예방접종

정답 ②

요점 　일차보건의료의 필수사업
① 널리 퍼져 있는 주요 건강문제에 대한 예방 및 관리방법을 보건교육 실시
② 식량 및 적절한 영양공급
③ 안전한 식수의 공급과 기본적인 위생환경 조성
④ 가족계획을 포함한 모자보건사업
⑤ 주요 감염병에 대한 예방접종을 통한 면역강화
⑥ 지방풍토병의 예방과 관리
⑦ 흔한 질병과 외상의 적절한 조기발견과 조기치료
⑧ 필수의약품의 공급
⑨ 심신장애자의 사회의학적 재활 : 정신보건 증진 부분 추가됨

036　2020. 호남권

일차보건의료의 특성에 대한 설명으로 옳지 않은 것은?

① 지속성 : 관련 부서가 서로 협조하여 의료체계를 구축하여야 한다.
② 포괄성 : 기본적인 건강관리서비스가 모든 사람에게 필요한 서비스를 제공하여야 한다.
③ 유용성 : 지역주민들에게 꼭 필요하고 유용한 서비스여야 한다.
④ 접근성 : 지리적·경제적·사회적으로 지역주민이 쉽게 이용할 수 있어야 한다.

정답 ①

요점 　WHO의 일차보건의료의 접근원칙
① 접근성(Accessibility) : 모든 지역주민이 쉽게 이용할 수 있어야 하며, 보건의료 이용에 지역적, 지리적, 경제적, 사회적 이유 등으로 차별이 있어서는 안 된다. 특히 국가의 보건의료활동은 소외된 지역 없이 벽·오지까지 전달될 수 있어야 하며, 이러한 지역이 일차보건의료 활동의 핵심이다.
② 수용가능성(Acceptability) : 일차보건의료는 지역사회의 정서에 맞는 사업으로 구성되어야 한다. 즉, 지역주민들이 편안하게 수용할 수 있는 건강 프로그램을 제공해야 한다.
③ 주민참여(Active) : 일차보건의료 중심은 지역사회 주민으로 능동적, 적극적 참여가 이루어지도록 해야 한다. 보건의료전문가들은 지역사회와 동반자 관계 속에서 지역사회 주민들의 적극적인 참여를 유도하여 사업계획을 수립하고 수행, 평가하는 과정이 요구된다. 지역사회 참여는 일차보건의료사업에서 가장 중요하며 핵심적인 요소이다.
④ 지불부담능력(Affordable) : 지역사회의 지불능력에 맞는 보건의료수가로 사업이 제공되어야 한다. 이는 국가나 지역사회가 재정적으로 부담을 지는 방법으로 지역사회 내에서 이루어지는 것이 바람직하다.
⑤ 포괄성 : 기본적인 건강관리서비스는 모든 사람에게 필요한 서비스를 제공해야 한다.
⑥ 유용성 : 지역주민에게 꼭 필요하고 유용한 서비스여야 한다.
⑦ 지속성 : 기본적인 건강상태를 유지하기 위해 필요한 서비스를 지속적으로 제공할 수 있어야 한다.
⑧ 상호협조성 : 관련 부서가 서로 협조하여 의료체계를 구축하여야 한다.
⑨ 형평성(균등성) : 누구나 어떤 여건이든지 필요한 만큼의 서비스를 똑같이 받을 수 있어야 한다.

037

2020. 서울

일차보건의료의 4A에 대한 설명으로 가장 옳지 않은 것은?

① 접근성(Accessibility) : 소외된 지역없이 보건의료활동이 전달되어야 한다.
② 이용성(Available) : 과학적인 방법으로 접근해 건강문제를 해결해야 한다.
③ 수용가능성(Acceptability) : 지역사회가 쉽게 받아들일 수 있는 방법으로 제공되어야 한다.
④ 지불부담능력(Affordable) : 재정적으로 부담 가능한 방법으로 이루어져야 한다.

정답 ②

요점 일차보건의료의 접근원칙 4A
① 접근성(Accessibility)
② 수용가능성(Acceptability)
③ 주민참여(Active)
④ 지불부담능력(Affordable)

038

2018. 제주

일차보건의료의 핵심적 특성으로 옳은 것은?

① 전문가의 능동적인 의료서비스 제공이 중요하다.
② 지역사회의 지불부담능력에 맞는 서비스가 제공되어야 한다.
③ 보건의료기관의 경쟁을 통해 의료의 질을 향상시킨다.
④ 지역주민에게 무상으로 의료서비스를 제공한다.

정답 ②

요점 지불부담능력(Affordable)
지역사회의 지불능력에 맞는 보건의료수가로 사업이 제공되어야 한다. 이는 국가나 지역사회가 재정적으로 부담을 지는 방법으로 지역사회 내에서 이루어지는 것이 바람직하다.

039

2013. 서울

1978년 알마아타 선언 이후 우리나라에 만들어진 일차보건의료를 위한 시설은?

① 조산원
② 보건진료소
③ 보건의료원
④ 건강생활지원센터

정답 ②

요점 우리나라의 일차보건의료에서의 후속조치

우리나라는 주민의 보건의료문제를 해결하고 주민의 건강 수준 향상을 위해 1980년 「농어촌 보건의료를 위한 특별 조치법」을 제정하고, 여러 가지 정책을 개발하였다. 이 법에 의해 1981년부터 의료시설이 취약한 벽·오지에 보건진료소를 설치해서 보건진료 전담공무원을 배치하고, 읍·면 지역 보건지소에 공중보건의를 배치해서 보건의료 취약지역에 보건의료사업을 제공할 수 있는 기틀을 마련하였다.
이로써 농어촌 및 무의촌 지역주민들은 가까이에서 저렴한 비용으로 보건의료서비스를 받을 수 있게 되었다.

CHAPTER 4 WHO 및 보건관련 국제기구

040

2017. 서울보건직

세계보건기구(WHO)가 규정한 보건행정의 범위에 포함된 영역으로 묶이지 않은 것은?

① 보건교육 - 보건관련 기록보존
② 환경위생 - 감염병 관리
③ 노인보건 - 구강보건
④ 모자보건 - 보건간호

정답 ③

요점

노인보건과 구강보건은 WHO 보건행정 범위에 포함되지 않는다.(에머슨 보건행정 범위에 만성병 관리는 포함된다.)

WHO 보건행정의 범위
① 보건관련 기록보존
② 보건교육
③ 환경위생
④ 전염병 관리
⑤ 모자보건
⑥ 의료서비스
⑦ 보건간호

041   2015. 충북

WHO의 지역별 지역사무소가 위치한 도시로 바르게 짝지어진 것은?

① 범미주 지역 – 미국 워싱턴 D.C.
② 동남아시아 – 필리핀 마닐라
③ 서태평양 – 인도 뉴델리
④ 동지중해 – 덴마크 코펜하겐

정답 ①

요점 WHO 본부

지역	본부
동지중해 지역	이집트의 카이로
동남아시아 지역	인도의 뉴델리 – 북한 소속(1973, 138번째 가입)
서태평양 지역	필리핀의 마닐라 – 우리나라 소속(1949, 65번째 가입)
범미주 지역	미국의 워싱턴 D.C.
유럽 지역	덴마크의 코펜하겐
아프리카 지역	콩고의 브라자빌

042   2013. 경남

세계보건기구(WHO)에 대한 설명으로 옳지 않은 것은?

① 본부는 스위스 제네바에 위치해 있다.
② 1948년 4월 7일 UN 보건전문기관으로 발족했다.
③ 우리나라는 1949년 8월 65번째 회원국으로 가입하였다.
④ 우리나라는 일본 동경에 있는 서태평양 지역사무소에 소속되어 있다.

정답 ④

요점
우리나라는 1949년 8월 17일 65번째로 가입하였고, 서태평양 지역 필리핀의 마닐라 사무소에 소속되어 있다.

043　2013. 부산

WHO에 대한 설명으로 옳지 않은 것은?

① 1948년 정식으로 출범하였다.
② 북한은 1973년에 WHO에 가입하였다.
③ 범미주 지역의 지역본부는 미국 뉴욕에 있다.
④ 우리나라는 서태평양 지역사무소에 소속되어 있다.

정답 ③

요점

범미주 지역의 지역본부는 미국의 워싱턴 D.C.이다.

WHO 본부

지역	본부
동지중해 지역	이집트의 카이로
동남아시아 지역	인도의 뉴델리 - 북한 소속(1973, 138번째 가입)
서태평양 지역	필리핀의 마닐라 - 우리나라 소속(1949, 65번째 가입)
범미주 지역	미국의 워싱턴 D.C.
유럽 지역	덴마크의 코펜하겐
아프리카 지역	콩고의 브라자빌

044　2015. 부산

세계보건기구 헌장에 명시된 주요 임무에 해당하지 않는 것은?

① 역학, 통계 및 필요한 행정적, 기술적 서비스 지원
② 아동의 보건, 복지향상을 위한 원조사업
③ 모자보건 및 복지증진
④ 필요시 진단절차 표준화 마련

정답 ②

요점 WHO 헌장 제2조에 의한 기능

① 국제 검역대책
② 각종 보건문제에 대한 협의, 규제 및 권고안 제정
③ 진단방법의 표준화 및 식품, 약물, 생물학적 제재에 대한 국제적 표준화
④ 과학자 및 전문가들의 협력에 의한 과학의 발전 사업
⑤ 보건통계 자료 수집 및 의학적 조사 연구사업
⑥ 공중보건과 의료 및 사회보장 향상 사업
⑦ 회원국의 요청이 있을 경우에 의료봉사
⑧ 모자의 건강과 복리를 증진하고자 하는 모자보건사업
⑨ 풍토병 및 전염병, 다른 질병을 퇴치하기 위한 사업을 장려하고 촉진
⑩ 질병, 사인 및 공중위생업무에 관한 국제용어표를 작성하고 개정
⑪ 영양, 주택, 위생, 경제, 노무상의 조건 및 환경위생의 여러 측면에 대한 개선 촉진
⑫ 정신건강분야의 활동 육성
⑬ 보건요원의 훈련 및 기술협력사업

045 2017. 충남

세계보건기구의 주요 보건사업으로 옳은 것은?

① 결핵관리사업, 모자보건사업
② 영양개선사업, 영유아보건사업
③ 노인보건사업, 결핵관리사업
④ 말라리아 사업, 비만관리사업

정답 ①

요점 WHO의 주요 기능 및 보건사업

① 주요 기능
  ㉠ 해설 국제적인 보건사업의 조정적·지도적 기구로 활동
  ㉡ 회원국에 대한 기술지원 및 자료의 제공
  ㉢ 전문가의 파견에 의한 기술자문 활동 등
② 보건사업
  ㉠ 결핵관리사업
  ㉡ 모자보건사업
  ㉢ 영양개선사업
  ㉣ 환경위생사업
  ㉤ 보건교육사업
  ㉥ 성병·에이즈 사업
  ㉦ 말라리아 사업

046 2020. 충남

COVID-19와 같이 세계적으로 대유행하는 감염병이 발생했을 때, 환자가 발생한 국가가 신속하게 신고하여야 하는 국제기구는?

① 세계무역기구(WTO)
② 국제노동기구(ILO)
③ 경제협력개발기구(OECD)
④ 세계보건기구(WHO)

정답 ④

요점 보건과 관련된 국제기구의 주요업무

- 세계보건기구(WHO) : 전 인류의 건강 달성
- 유엔인구활동기금(UNFPA) : 인구 및 가족계획
- 국제노동기구(ILO) : 노동자의 노동조건 개선, 지위 향상
- 국제연합식량농업기구(FAO) : 세계식량 및 기아문제 개선
- 유엔인구활동기금(UNFPA) : 인구정책에 관련된 사업
- 유엔아동기금(UNICEF) : 아동의 보건 및 복지 향상
- 경제협력개발기구(OECD) : 회원국의 경제성장 촉진, 세계무역의 확대
- 국제연합환경계획(UNEP) : 환경 분야의 국제협력 및 정책

047   2017. 복지부7급

〈보기〉에서 제시된 업무를 담당하는 보건관련 국제기구는?

보기
생식보건, 양성평등, 인구 및 가족계획

① WHO
② UNFPA
③ UNICEF
④ UNAIDS
⑤ UNITAID

정답 ②

요점
① WHO(세계보건기구) : 국제보건사업 지도 조정
② UNFPA(유엔인구활동기금) : 생식보건, 양성평등, 인구와 개발, 가족계획
③ UNICEF(유엔아동기금) : 아동의 보건 및 복지향상
④ UNAIDS(유엔에이즈계획) : 에이즈에 대한 대응
⑤ UNITAID(국제의약품구매기구) : 3대 질병(에이즈, 결핵, 말라리아)에 대한 국제사회의 지원

048   2017. 광주

다음에서 설명에 관련된 것은?

- 국제보건사업의 지도 및 조정
- 6개의 지역사무소
- 국제질병, 사인의 분류 및 개정

① UNEP
② WHO
③ UNICEF
④ UNRRA

정답 ②

요점
① 국제연합환경계획(UNEP) : 케냐의 나이로비에 본부를 두고 있으며, 유엔환경계획의 목적은 환경 분야에서 국제협력의 추진, 유엔 기구의 환경 관련 활동 및 정책 작성, 세계의 환경 감시 등이다.
③ 유엔아동기금(UNICEF) : 주요 업무 영역은 아동의 생존과 발달, 기초 교육과 성평등, 소아의 에이즈 문제, 아동보호, 긴급구호, 영양 및 보건, 예방접종, 식수 및 환경개선, 보건 기초교육, 모유수유 권장 등에 이르기까지 다양하다. 아동의 보건 및 복지지향을 목적으로 활동한다.
④ 연합국 구제 부흥기관(UNRRA) : 제2차 세계대전으로 피폐된 국가들에게 원조를 공여했던 포괄적인 사회보장계획의 관리기구 (전쟁 후의 난민의 보호, 송환을 위해 수용소와 인력, 식량을 제공하기도 하였다)

채움 문제로 실력 향상

PART 2 보건행정의 이론과 일차보건의료

CHAPTER 1 보건행정의 전반적 이해

001 ☐☐☐

공공행정의 특징으로 틀린 것은?

① 국민의 삶의 질을 향상시키기 위해 공공문제의 해결과 공공욕구를 충족하는 공익과 이윤을 지향하는 성격을 가진다.
② 공공서비스의 생산과 공급·분배를 위한 모든 활동을 위해 정책을 형성·집행하고, 행정기관의 내부관리, 참여자 간의 네트워크 구축 및 관리를 포함한다.
③ 생산된 공공서비스의 원활한 생산 및 공급과 배급을 위해서는 민간부분, 준정부기관과 상호협력 및 협력적 관계를 유지한다.
④ 행정의 수행은 정치권력을 배경으로 이루어지고, 정부가 시행하므로 행정은 정치과정과 밀접하게 연계되어 있다.

> **정답** ①
> **요점**
> 공공행정은 국민의 삶의 질을 향상시키기 위해 공공문제의 해결과 공공욕구를 충족하는 공익을 지향하는 성격을 가진다.(이윤 추구 ×)

002 ☐☐☐

공공행정과 민간기업행정의 차이점에 대하여 틀린 것은?

① 공공행정은 공익을 추구하며, 국민에게 봉사하는 것을 추구한다.
② 민간기업행정은 기업의 이윤추구를 극대화함을 추구한다.
③ 공공행정의 대상은 모든 국민이며, 법 앞에 평등하다.
④ 민간기업행정은 고객범위 내에서 자유로운 시장에 진입하여 경쟁하며, 간접적인 법적 규제를 적용받으며 회사의 내규를 따르면 된다.

> **정답** ④
> **요점**
> 민간기업행정은 정치로부터 분리되어 있으며, 강제력과 권력수단은 없으며, 직접적인 법적 규제 적용이 되지 않아 회사의 내규를 따르면 된다.

003

보건행정의 목적으로 바른 것은?

① 지역사회 주민의 욕구를 모두 수용한다.
② 지역사회 주민의 건강증진에 주안점을 둔다.
③ 인간의 건강과 복리를 추구하기 위하여 보건의료와 관련된 모든 분야를 기초해 지속적으로 통제하는 모든 과정이다.
④ 공공기관 또는 사적 기관이 사회보건복지를 위하여 공중보건의 원리와 기법을 응용하는 것이다.

정답 ②
요점
보건행정은 지역사회 주민의 건강증진에 주안점을 두며, 지역사회 주민의 욕구와 수요를 반영한다.
① 지역사회 주민의 욕구를 모두 수용하는 것은 보건행정의 목적이 아니다.
② 보건행정의 목적 : 지역사회 주민의 건강증진에 주안점을 두어야 한다.
③ 양제모 정의 : 인간의 건강과 복리를 추구하기 위하여 보건의료와 관련된 모든 분야를 기초해 지속적으로 통제하는 모든 과정
④ 스마일리(Smillie) 정의 : 공공기관 또는 사적 기관이 사회보건복지를 위하여 공중보건의 원리와 기법을 응용하는 것

004

행정활동에 영향을 미치는 행정변수의 설명으로 틀린 것은?

① 구조 : 정부형태, 정부조직, 법과 제도의 통솔범위, 행정목표, 직무·권한·책임의 수직적·수평적 분담구조 등의 외부환경 등을 의미하는 것이다.
② 인간 : 인간의 행태(가치관, 태도, 성격, 동기·의사결정 등), 인간관계 등 사회적·심리적·비공식적 요인을 의미하는 것이다.
③ 환경 : 정치, 경제, 사회, 문화, 국민 등 행정의 외부적 요인을 말하는 것이다.
④ 기능 : 외형적인 법, 공식적인 제도, 구조가 실제 수행하는 것으로, 정부 업무를 의미하는 것이다.
⑤ 가치관적 태도 : 공무원의 가치관적 태도를 말하는 것으로, 변화에 대응능력을 지닌 공무원의 쇄신적, 창의적 태도를 의미한다.

정답 ①
요점
정부형태, 정부조직, 법과 제도의 통솔범위, 행정목표, 직무·권한·책임의 수직적·수평적 분담구조 등의 내부환경 등을 의미하는 것이다.

005

보건행정의 필요성에 대해 틀린 것은?

① 개인의 건강문제는 다른 사람의 건강상태에 많은 영향을 미치고 영향을 받기 때문에 개인의 건강이 단순히 개인의 문제뿐만 아니라 국가적인 차원의 문제이다.
② 단순한 치료뿐 아니라 예방 및 재활의 차원을 넘는 포괄적인 건강 접근인식이 필요하다.
③ 건강이 국민의 기본적인 권리라는 의식이 대두되면서 건강에 대한 사회나 국가의 책임이 강조되었다.
④ 지역사회 집단들이 모여 건강문제 인식의 필요성에 의해서 공중보건학이 전개되었고, 이를 행정적으로 뒷받침하기 위하여 새로운 개념의 보건행정이 대두되었다.
⑤ 의료기술이 발전함에 따라 치료의학적 접근방법으로 보건의료가 발전·전개되면서 보건행정 기법이 과학적이고 심도있게 요구되었다.

정답 ⑤
요점
의료기술이 발전함에 따라 전통의학적 접근방법에서 예방의학적 접근방법으로 바뀌고, 예방의학적 접근방법에서 공중보건학적 접근방법으로 보건의료가 발전·전개되면서 보건행정 기법이 과학적이고 심도있게 요구되었다.

006

보건행정의 기본원리로 잘못 연결된 것은?

① 사회국가의 권리 : 모든 국민은 인간다운 생활을 할 권리를 가졌으며, 법률에 따라 국가의 보호를 받는다.
② 법률적합성의 원칙 : 법률에 의한 행정으로, 법률에 위반되는 행위는 안된다.
③ 평등의 원칙 : 모든 국민에게 차별없이 균형있게 제공되어야 한다.
④ 과잉 급부 금지의 원칙 : 과도하게 보건의료서비스를 제공하여 납세자의 부담을 가중시키고, 정부의 지나친 간섭과 재정적자를 초래할 수 있으므로 적절한 범위 내에서 이루어지도록 한다.
⑤ 형평성의 원칙 : 법률관계의 당사자가 상대방의 이익을 위해 형평성에 어긋나게 하여 신뢰를 져버리지 말고 성실하게 임해야 한다.

정답 ⑤
요점
⑤는 법률관계의 당사자의 신의성실의 원칙과 신뢰보호의 원칙을 설명한 것이다.

007

COVID-19에 대한 예방 및 관리대책을 기획할 때 지켜야 할 원칙은?

① 불분명하지만 포괄적인 목적이 제시되어야 한다.
② 불필요한 수정은 피하고 일관성이 있도록 해야 한다.
③ 전문적인 용어를 많이 사용하는 것이 더 좋은 기획이 된다.
④ 기획수립에는 가능한 한 모든 자원을 동원하고 경제성은 고려하지 말아야 한다.

정답 ②
요점 감염병에 대한 예방 및 관리대책
① 분명하고 목표달성을 위한 구체적인 목적이 제시되어야 한다.
③ 전문적인 용어보다는 간결하고 평이한 용어가 필요하다.
④ 기획수립에는 가능한 한 모든 자원을 동원하고 경제성을 충분히 고려해야 한다.

CHAPTER 2 보건행정 과정

008

보건행정에서 조직관리의 순서로 옳은 것은?

① 기획 – 조정 – 조직 – 평가
② 기획 – 평가 – 조직 – 실행
③ 목적 – 조직 – 평가 – 실행
④ 기획 – 조직 – 실행 – 평가
⑤ 기획 – 목적 – 평가 – 통제

정답 ④
요점
행정에서 조직관리의 일반적인 과정은 기획 – 조직 – 실행 – 평가로 이루어진다.

009

기획에 대한 설명으로 옳지 않은 것은?

① 기획은 행동을 하기 전에 무엇을 어떻게 해야 하는지를 결정하는 것이며, 미래를 예측하는 것이다.
② 기획은 무의식적으로 최적수단을 탐색하고 선택하는 의사결정과정이다.
③ 기획은 계획을 작성하는 과정이며, 계획은 기획을 통해 산출된 결과이다.
④ 기획은 절차와 과정을 의미하고, 계획은 문서화된 행동목표와 수단이다.

정답 ②
요점 기획의 정의
기획은 미래 지향적·목표 지향적이며, 의식적으로 최적수단을 탐색하고 선택하는 의사결정과정으로 지속적인 과정이다.

010

조직의 일반적인 행정의 4단계로 올바른 것은?

① 기획 – 조직 – 실행 – 통제
② 조직 – 기획 – 실행 – 통제
③ 기획 – 실행 – 조직 – 통제
④ 조직 – 실행 – 기획 – 통제

정답 ①
요점 조직의 일반적인 업무순서(행정의 4단계) – POAC(PODC)
행정의 일반적인 업무순서 4단계는 아래와 같다.
① 기획(Planning)
② 조직(Organizing)
③ 실행(Activating / Directing)
④ 통제(Controlling, 관리)

011

보건행정가의 역할 중 대인관계 역할의 내용이 아닌 것은?

① 정부관리자의 역할
② 섭외자 역할
③ 지도자의 역할
④ 행정가의 역할
⑤ 의사결정자의 역할

정답 ⑤

요점 ▶ 대인관계 역할
① 정부관리자 : 공적·법적·사회적 기능 수행
  ㉠ 보건 관련 문제에 사회 전반의 이익과 권한을 대표
  ㉡ 각종 의례행사에 해당기관의 장이나 개인자격으로 참여
  ㉢ 자신의 행정영역과 조직에 관한 법률을 성실하고 공평하게 진행
  ㉣ 자신의 판단에 비추어 목표, 법률 및 자원의 필요 변화에 관하여 상사에게 주지
② 섭외자(연락자) 역할 : 외부인과의 상호작용
③ 지도자 : 부하직원과의 상호작용. 보건행정을 활용하고 보건사업을 지역사회에서 집행하는 지역사회 중심체의 역할
④ 행정가의 역할
  ㉠ 개념적 기술 : 최고 관리자(업무보다 개념을 우선시)
  ㉡ 인간적 기술 : 중간 관리자(인간관계 중시)
  ㉢ 업무적 기술 : 하위 관리자(업무를 중시)

012

할론(Hanlon)의 보건행정범위의 내용에 포함되지 않는 것은?

① 지역사회를 기반으로 실시되어야 하는 활동
② 질병, 불구 또는 미숙아 사망의 예방
③ 치료중심의 보건기획
④ 보건의료관련 기록의 수집, 분석, 보존, 활용
⑤ 개인과 지역사회에 대한 보건교육

정답 ③

요점 ▶
치료중심이 아닌 포괄적인 보건기획과 평가, 조직적 공공노력이 필요한 의학분야 및 연구

013

보건의료제도에서 투입요소가 아닌 것은?

① 보건인력
② 보건시설
③ 보건지식
④ 건강증진

014

보건행정의 행정과정론적 접근방식 중 변환과정으로 옳은 것은?

① 건강증진, 동기부여
② 기획, 조직, 명령, 통제
③ 자원, 재정, 교육, 시설
④ 치료, 진단, 투약 등

정답 ④
요점 ▶ 투입
인력, 시설, 물자, 자금, 지식, 시간 등이 투입되는 것
① 보건의료서비스 제공 여건(물적자원) : 자원, 조직, 재정 등
② 보건의료서비스의 대상(인적자원) : 인구집단, 환자

정답 ②
요점 ▶
① 건강증진 – 산출요소, 동기부여 – 변환과정
③ 자원, 재정, 교육, 시설 – 투입요소
④ 치료, 진단, 투약 – 보건행정의 투입과정이 아니라, 보건의료체계의 투입과정을 의미함

CHAPTER 3 일차보건의료의 이해

015 ☐☐☐

일차보건의료의 필수사업으로 알마아타 선언에서 제시한 내용이 아닌 것은?

① 널리 퍼져 있는 주요 건강문제에 대한 예방 및 관리방법을 보건교육 실시
② 주요 감염병에 대한 예방접종을 통한 면역강화
③ 심신장애자의 사회의학적 재활
④ 만성질병의 예방과 관리

정답 ④

요점 일차보건의료의 필수사업
① 널리 퍼져 있는 주요 건강문제에 대한 예방 및 관리방법을 보건교육 실시
② 식량 및 적절한 영양공급
③ 안전한 식수의 공급과 기본적인 위생환경 조성
④ 가족계획을 포함한 모자보건사업
⑤ 주요 감염병에 대한 예방접종을 통한 면역강화
⑥ 지방풍토병의 예방과 관리
⑦ 흔한 질병과 외상의 적절한 조기발견과 조기치료
⑧ 필수의약품의 공급
⑨ 심신장애자의 사회의학적 재활 : 정신보건 증진 부분 추가됨

016 ☐☐☐

우리나라 일차보건의료에서의 후속조치로 틀린 것은?

①「농어촌 보건의료를 위한 특별 조치법」을 제정하고, 보건소를 설치하여 여러 가지 정책을 개발하였다.
② 학교보건사업, 산업보건사업, 건강한 도시 가꾸기 사업 등에 일차보건의료 사업접근법이 사용되었다.
③ 우리나라의 일차보건의료의 핵심적인 역할은 지역보건소에서 담당하고 있다.
④ 현재 우리나라는 예방서비스보다는 치료위주의 의료서비스 공급이 이루어지다보니 원래의 일차보건의료 철학은 무너지게 되는 문제점을 가지고 있다.

정답 ①

요점 일차보건의료에 대한 후속조치
우리나라는 1980년 「농어촌 보건의료를 위한 특별 조치법」을 제정하고, 여러 가지 정책을 개발하였다. 이 법에 의해 1981년부터 의료시설이 취약한 벽·오지에 보건진료소를 설치해서 보건진료 전담공무원을 배치하고, 읍·면 지역 보건지소에 공중보건의를 배치해서 보건의료 취약지역에 보건의료사업을 제공할 수 있는 기틀을 마련하였다.

017

다음 중 일차보건의료의 접근방법으로 옳은 것을 모두 고른 것은?

> 가. 전문의에 의한 양질의 의료를 제공하여야 한다.
> 나. 지역사회의 적극적인 참여가 이루어져야 한다.
> 다. 예방적 접근보다 환자 질병 치료의 임상중심적 접근이어야 한다.
> 라. 지역사회가 쉽게 받아들일 수 있는 방법으로 사업이 제공되어야 한다.
> 마. 지역사회 지불능력에 맞는 보건의료 수가로 사업이 제공되어야 한다.

① 가, 나, 마
② 나, 라, 마
③ 가, 나, 라, 마
④ 나, 다, 라, 마

정답 ②

요점
- 일차수준의 문제해결에 필요한 기술과 인력이 활용되어야 한다.
- 치료중심이 아닌 예방적 접근이 필요하다.

018

전통적 기본의료와 일차보건의료의 차이로 옳지 않은 것은?

① 전통적인 기본의료의 대상은 환자이고, 일차보건의료의 대상은 지역사회이다.
② 전통적인 기본의료는 팀 개념이 희박하고, 일차보건의료는 팀 접근법이 중요하다.
③ 전통적인 의료의 목표는 질병의 치유, 건강의 회복이고 일차보건의료의 목표는 개인 및 지역사회의 잠재력 개발, 문제해결능력의 함양이다.
④ 전통적인 기본의료의 주체는 의료전문직이고, 일차보건의료의 주체는 지역사회의 일차진료의사이다.

정답 ④

요점
- 전통적인 기본의료의 주체 : 의료전문직
- 일차보건의료의 주체 : 지역사회주민

전통적인 기본의료와 일차보건의료의 비교

구분	전통적인 기본의료	일차보건의료
대상	질병을 가진 환자	지역사회주민 전체
접근방법	치료중심, 임상중심, 질병중심	건강유지·증진, 예방, 치료, 재활의 통합적인 접근, 건강문제를 해결하는 원인추구적 접근법
관계	제공자와 소비자	주민참여로 이루어지는 동반자 관계
팀 개념	거의 없음, 의료인력 간의 서비스만 협조하는 관계	팀 접근법(복지, 의료인 등)으로 부문 간 협조
목표	질병의 치유, 건강의 회복	개인 및 지역사회의 문제해결 해결능력을 키우는 것

CHAPTER 4 WHO 및 보건관련 국제기구

019

발생하면 WHO에 반드시 신고해야 하는 감염병이 아닌 것은?

① 두창
② 야생 폴리오 바이러스에 의한 폴리오
③ 신규아형으로 인한 인체감염 인플루엔자
④ 중증급성호흡기 증후군(SARS)
⑤ COVID-19

정답 ⑤
요점 발생하면 WHO에 반드시 신고해야 하는 감염병
두창, 야생 폴리오바이러스에 의한 폴리오, 신규아형으로 인한 인체감염 인플루엔자, 중증급성호흡기증후군(SARS) 등 4종 감염병이다.
참고
COVID-19 : 법정감염병 2급에서 4급으로 하향조정됨 (2023.8.31일 개정)

020

아래에서 설명하는 보건국제기구는 무엇인가?

> 주요활동은 각 국의 노동입법 수준을 발전시켜 노동조건을 개선하고 사회정책과 행정·인력 자원을 훈련시키며 기술을 지원한다. 그리고 협동조합과 농촌에 공장을 세우는 것도 지원한다. 이러한 활동을 하기 위하여 국제노동통계를 수집하고 불완전고용, 노사관계, 경제발전 등에 관해 연구한다.

① 세계보건기구(WHO)
② 국제노동기구(ILO)
③ 국제연합식량농업기구(FAO)
④ 유엔인구활동기금(UNFPA)

정답 ②
요점
① 세계보건기구(WHO) : 모든 인류의 건강달성을 목적으로 국제보건사업 및 감염병 예방, 건강증진, 취약계층의 건강증진을 위한 모든 활동을 한다.
③ 국제연합식량농업기구(FAO) : 세계 식량 및 기아 문제 개선을 목적으로 하는 국제연합산하 기구로 식량과 농산물의 생산 및 분배능률 증진, 농민의 생활수준 향상 등을 목적으로 한다.
④ 유엔인구활동기금(UNFPA) : 개발도상국의 인구정책과 가족계획을 위해 각 대상 국가에 적합한 방법으로 조직적이고 지속적인 원조를 제공하며, 가족계획의 인권적 측면에 관한 인식, 세계의 인구문제가 갖는 사회적·환경적 의미에 대한 인식을 제고하기 위한 전략을 개발한다.

PART
3

보건의료서비스와 보건의료체계

CHAPTER 1 보건의료서비스의 이해

CHAPTER 2 보건의료서비스

CHAPTER 3 의료기관 인증제도

CHAPTER 4 보건의료체계

CHAPTER 5 보건의료자원

CHAPTER 6 보건의료전달체계

기출 문제로 요점 확인

PART 3 보건의료서비스와 보건의료체계

CHAPTER 1 보건의료서비스의 이해

001
2009. 지방

보건의료서비스는 건강증진, 질병예방, 진단과 치료, 재활로 분류할 수 있다. 다음 중 건강증진에 해당하는 것만을 고른 것은?

> ㉠ 특정질병이 발생한 후 그 양상을 파악하고 정상적인 건강상태로 회복시키는 서비스
> ㉡ 질병치료 후에도 지속되는 신체적, 정신적 기능 저하를 정상적으로 되돌리기 위한 서비스
> ㉢ 특정질병이나 건강문제의 발생 위험성이 있는 사람을 관리하는 것
> ㉣ 생활양식을 건강의 관점에서 바람직하게 변화시키는 교육과 활동

① ㉠, ㉡
② ㉡, ㉢
③ ㉣
④ ㉡, ㉣

정답 ③

요점
㉠ 특정질병이 발생한 후 그 양상을 파악하고 정상적인 건강상태로 회복시키는 서비스 → 치료
㉡ 질병치료 후에도 지속되는 신체적, 정신적 기능 저하를 정상적으로 되돌리기 위한 서비스 → 재활
㉢ 특정질병이나 건강문제의 발생 위험성이 있는 사람을 관리하는 것 → 질병예방
㉣ 생활양식을 건강의 관점에서 바람직하게 변화시키는 교육과 활동 → 건강증진

002
2008. 제주

포괄적인 보건의료서비스가 아닌 것은?

① 질병예방서비스
② 재활서비스
③ 환경보건서비스
④ 건강증진서비스

정답 ③

요점
포괄적인 보건의료란 질병치료, 질병예방, 조기진단, 재활서비스, 건강증진 등을 포함하는 보건의료이다.

003 　　　　　　　　　　　　　　　　2020. 서울7급

'공급된 병상은 채워지기 마련이다'라는 표현으로 대표되며, 보건의료 부문에서 발생하는 공급에 의한 수요창출을 나타내는 용어는?

① 도덕적 해이
② 역선택
③ 로머의 법칙(Roemer's Law)
④ 우량재

정답 ③

요점
의료시장은 소비자와 공급자 간의 정보가 불균등하게 분포되어 있어 소비자의 무지가 존재한다. 건강상태에 대한 무지, 제공되는 보건의료서비스의 내용에 대한 무지, 가격정보에 대한 무지, 치료결과에 대한 무지가 있다. 제공되는 서비스의 종류나 범위의 선택에서 소비자는 공급자인 의료인에게 의존할 수 밖에 없다. 그로 인해 공급자의 도덕적 해이로 인해 공급자의 유인으로 인한 수요가 발생할 수 있다.
① 세이의 법칙(Say's Law) : 공급은 그 스스로의 수요를 창출한다.(공급이 수요를 창출한다)
② 로머의 법칙(Roemer's Law) : 병원은 일단 세워지기만 하면 이용되어지는 경향이 있다.(공급된 병상은 채워지기 마련이다)
③ 우량재(가치재)는 인간의 생존에 필수적인 의식주, 기초교육, 의료서비스를 말하며, 이는 보건권을 기본권으로 헌법에서도 규정하고 있다.
④ 역선택 : 정보의 비대칭이 있을 때, 거래의 당사자 중 한쪽에만 정보가 있는 상황에서 정보가 없는 쪽은 바람직하지 못한 상대방과 거래할 가능성이 큰 것을 의미한다.(예를 들면, 생명보험 시장에서 건강한 사람은 보험에 가입하지 않고, 건강하지 않은 사람들만 생명보험에 가입하는 현상 등)

004 　　　　　　　　　　　　　　　　2011. 지방

제한된 보건의료자원으로 양질의 의료를 공급하기 위한 방법으로 가장 적절한 것은?

① 저렴한 의료수가
② 종별 의료기관의 기능 정립
③ 소득계층간 균등한 의료 제공
④ 의료기관의 추가적 설립

정답 ②

요점
제한된 자원을 효율적으로 활용하여 양질의 의료를 제공할 수 있는 방안은 효과적인 의료전달체계의 확립이며, 종별 의료기관의 기능 정립 등이다.

005
2018. 대전

마이어스(Myers)가 제시한 양질의 보건의료서비스 요건에 대한 설명으로 옳은 것은?

① 질적 적정성 – 개인중심의 진료, 중점적인 의료제공, 서비스의 조정
② 지속성 – 개인적 접근성, 포괄적 서비스, 양적인 적합성
③ 접근 용이성 – 질적 적합성, 전문적 능력, 개인적 수용성
④ 효율성 – 평등한 재정, 적정한 보상, 효율적 관리

정답 ④

요점 마이어스(Myers)가 제시한 양질의 보건의료서비스 요건

① 질적 적정성(좋은 보건의료의 질) : 전문적인 자격, 개인적 수용성, 질적인 적합성
  ㉠ 의료 공급자는 보건의료의 최저 수준이 보장되어야 하므로 전문적인 기술이나 지식수준이 높아야 한다.
  ㉡ 질적 보건의료를 위한 구성요건
    • 의료제공자는 지식과 기술면에서 전문적 능력을 가져야 한다.(의학적 적정성)
    • 국가나 사회의 최소 수준을 보장하면서 일정수준의 질을 보장하기 위한 사회적 통제기전이 마련되어야 한다.(사회적 적정성)
② 지속성(의료서비스의 계속성) : 개인중심의 진료, 중점적인 의료제공, 서비스의 조정
  환자의 계속적인 진료를 위해 각종 의료서비스 간의 상호 조정과 계획이 있어야 하고, 서로 관련된 의료서비스 및 보건의료 영역 간의 연계성을 높이기 위한 조정이 필요하다. 그러므로 보건의료의 계속성이 유지되어야 한다
③ 접근 용이성(보건의료에 접근의 용이성) : 개인적 접근성, 포괄적 서비스, 양적인 적합성
  보건의료 수요자가 보건의료 공급자와 보건의료 공급기관에 쉽게 접근할 수 있어야 양질의 보건의료라고 할 수 있다. 그러므로 적절한 시기에, 편리한 장소에서 보건의료에의 접근이 가능해야 한다.
④ 효율성(경제적 합리성) : 평등한 재정, 적정한 보상, 효율적 관리
  양질의 보건의료가 되기 위해서는 다음과 같은 효율성이 충족되어야 한다.
  ㉠ 질병예방과 치료가 적절한 시기에 이루어져야 한다.
  ㉡ 보건의료 공급자에게 충분하고 적절한 수준의 보상이 이루어져야 한다.
  ㉢ 인력, 자재, 서비스의 적절한 조정관리를 통해 효율적 관리가 이루어져야 한다.

006
2015. 서울

마이어스(Myers)의 보건의료서비스 요건 중 한 병원에서 진료를 받다가 상급병원으로 이송될 경우 중복된 의료서비스를 배제하고 신속히 다음 단계의 의료서비스를 제공받는 것은 어떤 요건에 해당하는가?

① 접근 용이성
② 질적 적정성
③ 지속성
④ 효율성

정답 ③

요점

의료 이용자들에게 공급되는 의료서비스의 제공이 예방, 진단 및 치료, 재활에 이르기까지 총괄적으로 이루어지는 것으로, 지속성에 대한 설명이다.
① 접근 용이성 : 의료서비스를 필요로 하고, 이용할 의사가 있을 때 언제, 어디서라도 이용할 수 있어야 한다는 개념이다.
② 질적 적정성 : 의사들은 충분한 지식과 기술을 지니고 있어야 하며, 각종 연수교육, 학술잡지, 학술모임 등을 통해 나날이 발전하는 의학을 계속 공부하여 자신의 능력을 향상시켜야 한다는 것이다.
④ 효율성 : 경제적 합리성을 말하며, 의료보험을 통한 대처 등이 해당된다.

007 2016. 서울

다음 의료의 질을 구성하는 속성 중 의료의 효과에 대한 환자와 환자 가족의 기대를 나타내는 속성은?

① 효과성
② 수용성
③ 적정성
④ 효율성

정답 ②

요점

- **의료의 질의 구성요소**
① 기술적 부문 : 의학기술을 개인의 건강문제에 적용하는 것
② 대인관계 부문 : 환자와 치료자 간의 사회적·심리적 상호 작용을 관리하는 것
③ 쾌적함 : 쾌적한 대기실, 편안하고 따뜻한 진찰실, 깨끗한 입원실 침대와 침상 옆 전화, 좋은 음식 등

- **의료의 질의 속성**

효능성	보건의료의 과학과 기술을 가장 바람직한 환경에서 사용하였을 때 건강을 향상시키는 능력		
효과성	의료서비스를 제공하는 일상적인 환경에서 성취할 수 있는 건강수준 향상 능력		
효율성	특정 건강수준을 획득하는 데 사용한 비용을 측정하는 것		
적정성	비용에 대한 상대적인 의료의 효과 또는 편익		
수용성	의료의 효과에 대한 환자와 환자 가족의 기대	접근성	환자에게 의료서비스를 쉽고 편리하게 제공하는 능력
		환자 – 의료 제공자 관계	의료서비스를 제공하는 과정에서 환자와 의료제공자가 맺게 되는 관계로, 환자만족도에 중요함
		쾌적한 환경	편리하고 안락한 의료환경
		의료의 효과에 대한 환자 선호도	환자가 인지하는 의료서비스의 효과로, 의료인이 판단하는 의료의 효과와 항상 일치하는 것은 아님
		의료의 비용에 대한 환자 선호도	환자가 인지하는 의료서비스의 비용
합법성	사회적 선호도(윤리적 원칙, 가치, 법, 규제)와 개인의 수용성의 일치 정도		
형평성	의료서비스의 분포와 의료의 편익이 인구 집단에게 얼마나 공평하게 제공되는가의 정도		

008 2023. 지방

도나베디안(Donabedian)의 보건의료서비스 질 평가 중 구조적 접근은?

① 면허제도
② 고객만족도
③ 임상진료지침
④ 의료이용도 조사

정답 ①

요점

고객만족도 – 결과적 접근
임상진료지침 – 과정적 접근
의료이용도 조사 – 과정적 접근

개념적 접근방법
도나베디안(A. Donabedian)은 구조, 과정, 결과로 3가지 측면으로 제안하며, 가장 일반적인 접근 방법이다.
① 구조적 접근(사회적 수단)
  ㉠ 투입요소 : 물리적 구조, 시설, 장비
  ㉡ 조직체계 : 관리, 인력, 재정
    • 신임제도 : 의료기관 서비스 평가시범사업과 병원표준화 심사처럼 정부기관이나 민간조직기구가 보건의료기관들이 미리 설정된 표준에 도달하였는지 평가하는 제도이다.
    • 면허제도와 자격부여제도 : 의료인력의 구조적 요건을 관리하는 방법으로 정부나 전문조직이 개인에게 일정한 수준의 능력을 갖추었음을 증명해 줌으로써 특정한 직업에 종사할 수 있도록 허가해 주는 제도이다.

장점	평가지표는 시설이나 재정 등으로 변화의 여지가 적기 때문에 측정이 용이하고 안정적임
단점	지속적인 평가자료로는 부적당하며, 대형의료기관에 대한 과대평가의 가능성이 있음

② 과정적 접근(의료인의 환자 관리활동)
  ㉠ 실제로 환자를 진료하는 과정과 행위의 적절성을 평가하는 직접적인 의료의 질 평가이다. 적절한 약품 사용 같은 기술적 측면부터 환자에게 바람직한 태도를 취하였는가와 같은 인간관계 문제도 모두 포함한다.
  ㉡ 의료감사 : 환자의 의무기록을 정기적·조직적으로 검토하여 환자진료의 질을 평가하고 문제점을 확인하여 해결하도록 조치함으로써 진료의 질적 향상을 추구하는 프로그램이다.
  ㉢ 의료전문인들의 상호감시 : 동료 의사에 의한 심사이다.
  ㉣ 의무기록조사 : 진료표준을 설정하여 표준의 충족여부를 의무기록조사위원회에서 조사한다.
  ㉤ 의료이용도조사 : 보험자에게 제출하는 진료비 청구명세서나 의무기록 등을 이용하여 환자에게 제공된 의료서비스가 필수적인지, 서비스가 적정한 수준과 비용으로 제공되었는지를 조사한다.
  ㉥ 임상진료지침 : 특정한 임상상황에서 임상의사와 환자의 의사결정을 돕기 위해 근거자료에 기반하여 체계적으로 정리한 자료로, 진료행위가 설정된 지침에 따라 수행되었는지 검토하는 프로그램이다.
  ㉦ 보수교육 : 신의료기술이나 실지식 등 보건의료전문인들이 시대에 뒤떨어지지 않게 하기 위해 필요하며, 진료 시 발견된 문제점을 고치기 위해서도 보수교육이 필요하다.

장점	결과평가보다 비용과 시간이 덜 소요되며, 평가결과를 진료행위 교정에 바로 적용 가능함
단점	매뉴얼대로 하더라도 상황에 맞게 달라져야 하지만 과학적 기준 설정이 매우 어려움. 또한, 교육병원같은 대학병원은 의료서비스의 질에 대해 과대평가가 가능함

③ 결과 측면의 접근
  ㉠ 실제 제공된 의료서비스에 대해 건강상태의 어떤 변화가 생겼는지가 중요하며, 이에 따른 결과는 의료행위의 궁극적인 목표가 양질의 의료가 제공되었음을 보증하는 전제에서 시작된다.
  ㉡ 건강상태의 변화로 결과를 측정하다 보니 의료행위 이외의 다른 요소들에 의해서도 영향을 받을 수 있기 때문에 과정평가보다 간접적인 지표이다.
  ㉢ 결과측정 : 의료서비스를 받은 후 개인이나 집단·지역사회의 건강 변화와 건강수준의 변화(환자의 만족도, 신체적·사회적·심리적 요소)로 측정한다.
  ㉣ 이환율, 사망률, 합병증 등의 지표를 산출하여 의료소비자에게 제공하고, 의료소비자가 의료기관 선택시 정보로 활용하기도 한다.

장점	의료의 질을 포괄적으로 보여줄 수 있는 지표
단점	측정하기 어렵고 시간과 비용이 많이 소요

009 □□□ 2016. 지방

도나베디안(Donabedian)이 주장한 양질의 의료요소에 해당하지 않는 것은?

① 합법성
② 효율성
③ 포괄성
④ 형평성
⑤ 수용성

정답 ③

요점
도나베디안은 양질의 의료란 "진료의 모든 과정에서 예상되는 이익과 손해의 균형을 맞춘 상태에서 환자의 복지를 가장 높은 수준으로 높일 수 있는 것으로 예상되는 의료"라고 하였다.

도나베디안과 마이어스 비교

도나베디안(Donabedian)		마이어스(Myers)	
·효능성	·효과성	·접근성	·질적 적정성
·효율성	·적정성	·포괄성	·지속성
·수용성	·합법성	·효율성	
·형평성			

010 기출변형

도나베디안(Donabedian)의 양질의 의료에 대한 설명 중 비용에 상관없이 현재의 의학기술이 제공할 수 있는 최대한의 서비스를 제공하는 것은?

① 사회적 정의
② 기초적 정의
③ 절대적 정의
④ 상대적 정의

정답 ③

요점 도나베디안(Donabedian)의 양질의 보건의료서비스의 요건

절대적 정의 (전문가 중심)	전문가인 의사의 의학적인 기술을 제공하는 능력에 관심을 두고, 건강에 대한 위험과 편익이 가장 적절하게 균형을 이룰 수 있는 진료과정을 양질의 의료라 정의하였다.(의사의 능력에 관심을 두고 최대한의 의료서비스에 대해 비용과 상관없이 제공함)
사회적 정의 (인구 중심)	자원의 배분을 사회적으로 정당하게 감안하였으며, 편익이 전체인구 중에서 많은 사람들에게 돌아갈 때 양질의 의료라 하였다.(지역사회 집단의 건강과 진료비용에도 관심을 둠)
개인적 정의 (의료이용자 중심)	의료서비스를 제공받는 사람의 비용과 편안함을 중심으로 많은 사람들에게 편익이 돌아가는 경우를 양질의 의료라 하였다.(지역사회 집단의 건강과 진료비용에 관심을 둠)

011 2014. 서울

의료서비스 질 측정에 주로 사용되는 Servqual에 관한 설명으로 잘못된 것은?

① 신뢰성 : 모든 고객에게 동일한 서비스를 일관성있게 제공하는 능력
② 유형성 : 시설, 장비, 인원 등 물리적 자원의 구비 수준
③ 반응성 : 고객을 기꺼이 도우려는 자세와 즉각적인 서비스를 제공하는 능력
④ 확신성 : 서비스 제공자의 지식과 고객에 대한 예의, 고객에게 믿음을 줄 수 있는 능력
⑤ 공감성 : 고객에게 개별적으로 관심을 보이는 정도

정답 ①

요점 의료서비스의 질 측정

Servqual(서브퀄)은 Service Quality의 합성어로, 서브퀄은 파라슈라만(Parasuraman) 등이 1988년에 기업의 서비스 품질에 대한 고객의 인식을 측정하기 위해 5개 차원(신뢰성, 확신성, 유형성, 공감성, 대응성)과 22개 항목으로 구성하여 제시한 다항척도로 서비스 행위에 대한 고객의 기대와 실제로 고객이 경험한 서비스에 대한 인식을 비교해서 일치하는 정도와 방향을 측정하여 서비스 품질을 관리하기 위함이다.

① 신뢰성(Reliability) : 서비스에 대한 신뢰를 바탕으로 정확하게 업무를 수행하는 능력
② 확신성(보증성, Assurance) : 서비스 제공자의 지식과 고객에 대한 예의, 고객에게 믿음과 신뢰를 전달할 수 있는 능력
③ 유형성(Tangible) : 시설, 장비, 인원 등 물리적 자원의 구비수준
④ 공감성(Empathy) : 고객에게 제공하는 개별적인 배려와 관심을 보이는 정도
⑤ 대응성(반응성, Responsiveness) : 고객을 기꺼이 도우려는 자세와 즉각적인 서비스를 제공하는 능력

012

2002. 보건복지부

다음 중 의료의 질 관리(QA)를 위해 사용되는 방안이 아닌 것은?

① 입원보험(Hospital Insurance)
② 의료이용심사(Utilization Review)
③ 진료비 청구심사(Claims Review)
④ 의료감사(Medical Audit)
⑤ 동료의사심사(Peer Review)

정답 ①
요점 질 보장(QA)
진료 행위에 대한 통제의 느낌이 강한 측면에서 '질 관리'라는 용어를 사용하고 있으며, 의료이용심사, 진료비 청구심사, 의료감사, 동료의사심사 등이 사용된다.

013

2017. 인천

QC(Quality control)에 대한 설명으로 가장 적절한 것은?

① 의료서비스의 질 보장 활동
② 의료서비스의 질 관리 활동
③ 의료서비스의 질 향상 활동
④ 의료서비스의 총체적 품질관리 활동

정답 ②
요점
① QA(질 보장) : 의료서비스의 질 보장 활동
② QC(질 관리(통제)) : 의료서비스의 질 관리 활동
③ QI(질 향상) : 의료서비스의 질 향상 활동
④ TQM(총체적 품질관리) : 의료서비스의 총체적 품질관리 활동

014

2022. 6. 지방

다음에서 설명하는 보건사업 내용을 아래의 평가 유형에서 모두 고르면?

- 사업의 목적과 목표를 달성하였는가?
- 사업 진행상 의도치 않은 결과는 없는가?
- 사업의 진행정도가 목표대비 의도한 대로 실행되고 있는가?

| ㉠ 구조평가 | ㉡ 과정평가 | ㉢ 결과평가 |

① ㉠
② ㉡
③ ㉠, ㉡
④ ㉡, ㉢

정답 ④

요점 도나베디안(Donabedian)의 양질의 보건의료서비스
① 구조평가: 면허·자격부여제도, 신임평가, 병원표준화심사, 인증평가제도
② 과정평가: 의료이용도 조사, 의료전문인들의 상호감시, 임상진료지침, 의료감사, 보수교육
③ 결과평가: 고객만족도 조사, 의료서비스 평가, 진료결과 평가, 이환율, 사망률, 합병증 등의 지표

015

2014. 경기

Donabedian이 제시한 보건의료의 질 평가 중 과정평가에 해당하는 것은?

① 의료이용도 조사
② 의료기관 신임제도
③ 환자만족도
④ 면허와 자격인증

정답 ①

요점
- 의료기관 신임제도, 면허와 자격인증제도 - 구조평가
- 환자만족도 조사 - 결과평가

도나베디안(Donabedian)의 양질의 보건의료서비스
① 구조평가: 면허·자격부여제도, 신임평가, 병원표준화심사, 인증평가제도
② 과정평가: 의료이용도 조사, 의료전문인들의 상호감시, 임상진료지침, 의료감사, 보수교육
③ 결과평가: 고객만족도 조사, 의료서비스 평가, 진료결과 평가, 이환율, 사망률, 합병증 등의 지표

016

2014. 복지부

다음 글에서 설명하는 보건의료서비스 질 평가는 무엇인가?

> 보험자가 의료기관의 진료비 청구명세서를 이용하여 환자에게 제공된 의료서비스가 필수적인지, 서비스가 적정한 수준과 강도, 비용으로 제공되었는지를 조사한다.

① 의료기관 신임제도
② 의료감사
③ 임상진료지침
④ 의료이용도 조사
⑤ 의료전문인들 상호감시

정답 ④

요점

① 의료기관 신임제도 : 의료기관서비스 평가시범사업과 병원표준화 심사처럼 정부기관이나 민간조직기구가 보건의료기관들이 미리 설정된 표준에 도달하였는지 평가하는 제도이다. – 구조적 평가
② 의료감사 : 환자의 의무기록을 정기적·조직적으로 검토하여 환자진료의 질을 평가하고 문제점을 확인하여 해결하도록 조치함으로써 진료의 질적 향상을 추구하는 프로그램이다. – 과정적 평가
③ 임상진료지침 : 특정한 임상상황에서 임상의사와 환자의 의사결정을 돕기 위해 근거자료에 기반하여 체계적으로 정리한 자료로, 진료행위가 설정된 지침에 따라 수행되었는지 검토하는 프로그램이다. – 과정적 평가
④ 의료이용도 조사 : 보험자에게 제출하는 진료비 청구명세서나 의무기록 등을 이용하여 환자에게 제공된 의료서비스가 필수적인지, 서비스가 적정한 수준과 비용으로 제공되었는지를 조사한다. – 과정적 평가
⑤ 의료전문인들 상호감시 : 동료 의사에 의한 심사이다. – 과정적 평가

017

2017. 경기·충남

도나베디안의 의료의 질 평가 중 결과평가에 해당하는 것은?

① 면허제도, 자격부여제도
② 예산의 집행과 효율성, 서비스의 질과 만족도
③ 의료이용도 조사, 의료감시
④ 신임제도, 병원표준화 심사

정답 ②

요점

① 면허제도, 자격부여제도 – 구조평가
③ 의료이용도 조사, 의료감시 – 과정평가
④ 신임제도, 병원표준화 심사 – 구조평가

018
2020. 서울7급

보건의료서비스 질 관리 방법 중 의료기관에서 환자 입원의 타당성, 재원기간의 적절성, 과잉·과소진료 여부를 평가하는 접근법은?

① 구조적 접근
② 과정적 접근
③ 결과적 접근
④ 간접규제

정답 ②
요점
① 구조적 접근 : 보건의료 인력, 장비, 시설, 재정, 정책 등
② 과정적 접근 : 보건의료서비스가 제공되는 과정에 대한 평가
③ 결과적 접근 : 서비스 제공 이후 결과평가(효과성, 회복률, 만족도 등)

019
2017. 서울

리와 존스(Lee & Jones)의 양질의 의료서비스 요건에 해당하지 않는 것은?

① 의과학에 기초
② 전인간적인 진료
③ 국소적 치료의 강조
④ 사회복지사업과 연계

정답 ③
요점
국소적 치료가 아닌 예방을 강조하였다.
리와 존스(Lee & Jones)의 양질의 보건의료
① 정의 : 리와 존스(Lee & Jones)는 "양질의 의료란 지역사회나 인구집단에서 사회, 문화 그리고 전문 분야의 발전에 즈음하여 의료계의 지도자들에 의해서 서비스되고 가르쳐지는 것이다."라고 정의하였다.
② 양질의 의료서비스 요건
  ㉠ 의과학에 근거한 합리적인 의료
  ㉡ 예방의료
  ㉢ 전인적 진료(전인간인 진료)
  ㉣ 의사와 환자 간의 지속적이고 긴밀한 인간관계의 유지
  ㉤ 사회복지사업과의 긴밀한 연계
  ㉥ 다양한 보건의료서비스의 협조
  ㉦ 필요 충족에 요구되는 모든 보건의료서비스의 제공

CHAPTER 2 보건의료서비스

020   2021. 서울

〈보기〉에서 설명하는 보건의료의 사회경제적 특성으로 가장 옳은 것은?

― 보기 ―
국가는 모든 국민들에게 지불 용의와 능력에 관계없이 기본적인 보건의료를 제공함으로써 국민들의 건강권을 보장해야 한다.

① 정보의 비대칭성
② 외부효과
③ 공급의 독점성
④ 가치재

정답 ④

요점
① 정보의 비대칭성(소비자 무지) : 질병발생시 치료방법이나 의약품 등에 대한 지식과 정보가 매우 전문적이므로 의료인력을 제외하고 소비자는 거의 알지 못하는 경우가 대부분이다.
② 외부효과 : 공급자의 이익이나 손해와는 관계없이 타인에게 이익을 주거나 손해를 주는 것을 말하며, 감염병인 경우 일단 발생하면 큰 영향을 미치므로 외부효과라 할 수 있다.
③ 의료서비스 제공자(생산자)의 면허제도에 의한 독점 : 면허제도는 의료시장에서 법적 독점권을 가지고 있으며 관련학과 졸업자만 가능하므로 의료시장의 공급시장에 대한 진입장벽을 높일 수 있다.
④ 우량재(가치재) : 우량재는 인간의 생존에 필수적인 의식주, 기초교육, 의료서비스를 우량재라고 하며, 이는 보건권을 기본권으로 헌법에서도 규정하고 있다. 모든 국민에게 필수적이므로 국가에서 담당하여야 한다.

021   2014. 경남

보건의료서비스의 사회 · 경제적 특성으로 옳지 않은 것은?

① 수요에 대한 예측이 용이하다.
② 정보가 비대칭적으로 분포되어 있다.
③ 면허권자에 의해 독점적으로 공급한다.
④ 가격 변동에 대해 비탄력적이다.

정답 ①

요점
① 질병의 예측 불가능성 : 개인적으로 볼 때 불균등적이며, 예측이 불가능하고, 긴급을 요하는 상황이나 집단적으로 볼 때 경험적 · 확률적으로 추정이 가능하다.
② 정보의 비대칭성(소비자 무지) : 질병발생시 치료방법이나 의약품 등에 대한 지식과 정보가 매우 전문적이므로 의료인력을 제외하고 소비자는 거의 알지 못하는 경우가 대부분이다.
③ 의료서비스 제공자(생산자)의 면허제도에 의한 독점 : 면허제도는 의료시장에서 법적 독점권을 가지고 있으며 관련학과 졸업자만 가능하므로 의료시장의 공급시장에 대한 진입장벽을 높일 수 있다.
④ 비영리적 동기 : 보건의료 분야는 영리 추구에 우선순위를 두고 있지 않다.

022   2020. 서울

예방접종과 관계가 깊은 보건의료서비스의 사회·경제적 특성으로 가장 옳은 것은?

① 외부효과
② 정보의 비대칭성
③ 수요의 불확실성
④ 공급의 법적 독점

023   2010. 지방

보건의료의 사회·경제적인 특성으로 옳은 것은?

① 응급의료는 탄력적이다.
② 의료공급자인 의사는 질병을 예측할 수 있다.
③ 의료는 사유재로서 보건봉사이다.
④ 성형외과 서비스는 탄력적이다.

정답 ①

요점
① 예방접종은 긍정적 외부효과이다.
② 정보의 비대칭성(소비자 무지) : 질병발생시 치료방법이나 의약품 등에 대한 지식과 정보가 매우 전문적이므로 의료인력을 제외하고는 소비자는 거의 알지 못하는 경우가 대부분이다.
③ 수요의 불확실성 : 질병은 예측이 불가능하여 불확실성, 불규칙성에 대한 집단적 대응을 위해 보험이 발생한다.
④ 공급의 법적 독점 : 면허제도는 의료시장에서 법적 독점권을 가지고 있으므로 관련학과 졸업자만 가능하므로 의료시장의 공급시장에 대한 진입장벽을 높일 수 있다.

외부효과
① 확산효과, 이웃효과라고도 한다.
② 공급자의 이익이나 손해와는 관계없이 타인에게 이익을 주거나 손해를 주는 것을 말하며, 감염병인 경우 일단 발생하면 큰 영향을 미치므로 외부효과라 할 수 있다.
③ 외부효과가 존재하는 경우 시장에 맡겨두면 외부효과가 제대로 제거되지 않아 많은 문제가 발생하므로 정부의 개입이 필요하다.(국가방역체계 운영, 국가예방접종사업 실시 등)
  ㉠ 부정적 외부효과 : 공해 유발산업, 간접흡연
  ㉡ 긍정적 외부효과 : 의학기술의 발전, 예방접종

정답 ④

요점
① 응급의료는 수요와 공급이 모두 비탄력적이다.
② 의료공급자인 의사도 질병을 예측하기 어렵다.
③ 의료가 공공재이기 때문에 면허제도는 의료시장에서 법적 독점권을 가지고 있으며 관련학과 졸업자만 가능하다.
④ 성형외과는 필수의료 수요가 아니며 미관용 수술이므로 가격에 민감하여 탄력적이다.

024 2017. 부산

의료서비스에 대한 설명으로 옳지 않은 것은?

① 의료인력은 고급인력이며, 공급의 탄력성이 매우 크다.
② 누구에게나 필수적으로 요구되는 특성을 갖고 있다.
③ 필요할 때 즉시 제공해야 하고, 저장이 불가능하다.
④ 노동집약적인 대인봉사이기 때문에 대량생산이 불가능하다.
⑤ 소비자의 지식결여가 의료공급자의 독점성을 유발하기도 한다.

정답 ①
요점
의료인력은 고급인력을 양성하여 공급 때까지 시간과 비용이 많이 소요되므로 탄력성이 매우 작다.

025 2014. 서울

다음 중 보건의료서비스의 사회·경제적 특징 중 일반적으로 수용되는 것이 아닌 것은?

① 지위재
② 공공재
③ 불확실성
④ 정보의 비대칭성
⑤ 노동집약

정답 ①
요점
① 지위재 : 재화 또는 서비스 자체의 기능과 품질보다는 그 재화 등이 가지는 이미지, 상황 등에 의해 거래되는 재화로 정의한다. 수입차나 명품가방 등이 지위재이다.
② 공공재 : 모든 사람이 함께 소비하는 재화로 모든 소비자에게 골고루 편익이 돌아가야 하는 재화 및 서비스의 성격을 갖고 있다. 하지만, 개인이 해당 재화에 대하여 비용을 지불할 인센티브가 없기 때문에 무임승차의 문제가 나타나며, 공공재는 필수적인 우량재(가치재)와 달리 비경합성, 비배제성을 가지고 있다.
  ㉠ 비경합성 : 타인의 소비로 자신의 소비가 영향을 받지 않는다.
  ㉡ 비배제성 : 불특정 다수인에게 공급되므로 특정인에게 이를 이용하는 데 배제되지 않는다. 예 공유재 - 공원, 도로, 정부예산, 지하수, 공공재 - 의료, 국방, 방송 등
  ㉢ 무임승차성 : 비용부담을 하지 않은 국민도 행정서비스 혜택을 받는 데 있어 불이익을 받지 않는다.
③ 치료의 불확실성 : 치료결과의 불확실성으로 인해 환자들에게는 의료서비스의 질적·양적 향상에 대한 욕구가 존재한다. 의료인은 환자에게 치료결과의 불확실성에 대하여 정확히 인지시켜야 할 의무가 있다.
④ 정보의 비대칭성(소비자 무지) : 질병발생시 치료방법이나 의약품 등에 대한 지식과 정보가 매우 전문적이므로 의료인력을 제외하고 소비자는 거의 알지 못하는 경우가 대부분이다. 소비자의 무지는 공급유인수요현상을 창출해 국민의료비가 상승하는 경우가 많다.
⑤ 자본집약적인 동시에 노동집약적인 성격 : 병원같은 의료시설을 갖출 때 막대한 자본집약적인 성격을 띠면서, 보건의료서비스를 제공할 때는 다양한 직종의 협력이 필요한 노동집약적인 성격을 띤다.

026　　2018. 지방

보건의료서비스에서 정보의 비대칭성이 생기는 이유로 옳지 않은 것은?

① 정보 수집에 비용이 많이 든다.
② 제때 치료하지 않으면 생명에 위협이 될 수도 있다.
③ 선택의 폭이 단순하다.
④ 의료인이 항상 선한 대리인 역할을 한다.

정답 ④
요점 정보의 비대칭성(소비자 무지)
① 질병 관리에 관한 대중의 지식 수준이 거의 무지상태에 있다.
② 질병발생시 치료방법이나 의약품 등에 대한 지식과 정보가 매우 전문적이므로 의료인력을 제외하고 소비자는 거의 알지 못하는 경우가 대부분이다.
③ 소비자의 무지는 공급유인수요현상을 창출해 국민의료비가 상승하는 경우가 많다.

027　　2012. 지방

다음의 〈보기〉에 해당하는 보건의료서비스의 특성으로 옳은 것은?

---보기---
의료기관별 항생제 처방률, 심장관련 수술의 사망률, 수술 후 합병증 발생률을 소비자에게 공개한다.

① 공공재
② 수요 예측의 불확실성
③ 공급의 가격 비탄력성
④ 정보의 비대칭성

정답 ④
요점 정보의 비대칭성(소비자의 무지)
보건의료 소비자는 보건의료서비스에 대한 지식이 없으므로 제공되는 서비스의 종류나 범위의 선택에 있어 의료기관이나 의사에게 크게 의존할 수 밖에 없다.

028

2006. 보건복지부9급

공급자 위주의 전문가 지배현상이 나타나게 되는 보건의료서비스의 사회·경제적 특성은?

① 외부효과
② 생활필수품
③ 정보의 비대칭성
④ 치료의 불확실성
⑤ 보건의료서비스의 교육의 공동생산

정답 ③
요점
공급자 위주의 전문가 지배현상은 소비자의 무지를 초래함으로써 공급자와 수요자 사이의 정보 비대칭성으로 인한 시장의 실패를 가져온다.

029

2002. 부산

규제와 간섭과 관련이 깊은 보건의료서비스의 사회·경제적 특성은?

① 공급자의 독점성
② 외부효과
③ 비탄력성
④ 정보의 비대칭성

정답 ①
요점
공급자의 독점성 때문에 의료기관에 사회적 의무를 부과하고, 각종 법적 규제와 사회적 간섭을 하게 된다.

030　　　　　　　　　　　　　　　2016. 지방

건강보험제도의 필요성과 관련이 높은 보건의료서비스의 특성은?

① 노동집약적 성격
② 외부효과
③ 수요의 불확실성
④ 법적인 공급 독점

> **정답** ③
> **요점** 수요의 불확실성(불가능성)
> 수요의 불확실성과 불규칙성에 집단적으로 대응하기 위해 건강보험이 필요하게 된다.

031　　　　　　　　　　　　　　　2014. 서울7급

공공재와 관련된 특성이 아닌 것은?

① 사회재(Social goods)
② 배제성(Excludability)
③ 소비의 집단성(Collective consumption)
④ 무임승차자 문제(Free-rider Problem)
⑤ 비경합성(Non-rivalry)

> **정답** ②
> **요점** 공공재
> 공공재는 모든 소비자에게 골고루 편익이 돌아가야 하는 재화 및 서비스의 성격을 가지고 있는 재화로 배제성이 아닌 비배제성과 비경합성의 특성을 갖는다.

032　　　　　　　　　　　2020. 충북

국가가 보건의료시장에 개입해야 하는 이유로 옳지 않은 것은?

① 시장실패로 인한 문제점 극복을 위해 정부가 규제정책과 촉진정책을 실시한다.
② 건강은 생존권적 기본권의 하나로 국가가 보장할 책임이 있다.
③ 건강의 영향요인은 주로 개인적 요인에 의해 영향을 받는다.
④ 보건의료의 잠재적 유효성이 매우 크다.

정답 ③

요점 보건의료서비스에 국가가 개입되어야 하는 이유

① 보건의료공급자에 대한 규제자의 역할(시장기능의 실패) : 보건의료를 시장에 맡겨두면 이윤의 극대화로 인하여 소비자의 과도한 의료비가 지출되고, 고수익 보건의료서비스에만 집중되어 효율적인 자원의 배분이 어렵기 때문에 국가가 개입되어야 한다.
② 국민의 질병의 예방·치료가 국가의 생산성 및 경쟁력을 강화시키므로 건강한 삶은 개인의 행복과 동시에 국가의 잠재적 유효성(장기적인 효과)을 가져오게 된다. 정부는 국민에게 보건의료에 대한 지식과 정보를 제공한다.
③ 의료기관 인증제도를 시행하여 환자의 알 권리, 의료기관 선택권, 의료기관은 서비스의 질을 향상하도록 한다.(건강의 총체적 특성)
④ 보건의료서비스를 국가가 제공함으로써 경찰병원·보훈병원 등의 건립을 통해 보호자나 가족에 대해서도 보건의료서비스를 무료 또는 저렴한 가격에 제공하고, 의료취약지역에 공공병원을 건립하거나 무의촌 지역에 공중보건의를 파견한다.(의료의 공공재적 성격)
⑤ 우리나라는 국민건강보험공단이 보험자역할을 함으로써 국가가 전 국민을 상대로 강제적 보험을 실시하여 역선택 문제에 대처할 수 있다. 건강은 정치·경제·사회·문화·개인적 요인 등 다차원적인 영향요인에 의해 결정되므로 건강향상을 위해서는 개인적 노력과 국가의 개입이 필요하다.(건강권의 대두)

CHAPTER 3　의료기관 인증제도

033　　　　　　　　　　　2023. 지방

「의료법」상 의료기관 인증제도에 대한 설명으로 옳은 것은?

① 의료기관의 인증신청은 의무적이다.
② 의료기관인증위원회의 위원장은 보건복지부차관이다.
③ 인증의 유효기간은 3년이며, 조건부인증의 유효기간은 1년이다.
④ 의료기관 인증 평가 결과에 대한 이의신청은 평가 결과를 통보받은 날부터 90일 이내에 하여야 한다.

정답 ②

요점

의료기관의 인증신청은 자율적이며, 요양병원은 의무적 신청이다.
인증의 유효기간은 4년, 조건부인증의 유효기간은 1년이다.
의료기관 인증 평가결과에 대한 이의신청은 통보받은 날부터 30일 이내에 하여야 한다.

- 의료기관의 인증은 의료의 질과 환자 안전의 수준을 높이기 위하여 병원급 의료기관 및 대통령령이 정하는 의료기관에 대해 인증을 자율적으로 신청할 수 있으나, 요양병원은 장애인 복지법에 따른 의료재활시설로 의무적으로 인증을 신청해야 한다.
- 의료기관인증위원회는
  ① 보건복지부장관은 의료기관 인증에 관한 주요정책을 심의하기 위하여 보건복지부장관 소속으로 의료기관인증위원회를 둔다.
  ② 위원회는 위원장 1명을 포함한 15명 이내의 위원으로 구성한다.
  ③ 위원회의 위원장은 보건복지부차관으로 하고, 위원회의 위원은 다음 각 호의 사람 중에서 보건복지부장관이 임명 또는 위촉한다.
  　㉠ 의료인 단체 및 의료기관단체에서 추천하는 자
  　㉡ 노동계, 시민단체(비영리 민간단체), 소비자단체에서 추천하는 자
  　㉢ 보건의료에 관한 학식과 경험이 풍부한 자
  　㉣ 시설물 안전진단에 관한 학식과 경험이 풍부한 자
  　㉤ 보건복지부 소속 3급 이상 공무원 또는 고위공무원단에 속하는 공무원
- 인증등급은 의료기관에 대한 조사 및 평가 결과에 따라 인증, 조건부인증, 불인증의 3개의 등급으로 분류된다.
  ① 인증 : 해당 의료기관이 모든 의료서비스 제공에서 환자의 안정과 적정 수준의 질을 달성하기 위하여 필수항목에서 '하'가 없는 상태 - 인증 유효기간 4년
  ② 조건부인증 : 일부 영역에서 노력은 하였으나 인증수준에는 다소 못 미치는 기관으로, 나중에 부분적 노력이 필요하여 조사항목 평균 점수는 조금 낮으나, 필수항목에서 '하'가 없는 경우
  ③ 불인증 : 필수항목에서 기준 충족률이 60% 미만인 '하' 영역이 1개 이상 있는 경우(필수항목에서 '하'가 1개라도 있으면 불인증)

034
2021. 강원

의료기관의 시설, 구조, 인력, 서비스 등을 평가하여 의료기관으로 하여금 환자안전과 의료의 질 향상을 위한 자발적이고 지속적인 노력을 유도하여 의료소비자에게 양질의 의료서비스를 제공하기 위해서 현재 우리나라에서 시행하고 있는 제도는 무엇인가?

① 심사평가제도
② 의료기관 인증제도
③ 요양기관 심사제도
④ 병원표준화 심사제도

정답 ②

요점
① 심사평가제도 : 건강보험심사평가원에서 요양급여비용 심사와 요양급여의 적정성 평가업무를 수행하는 보건복지부 산하 위탁 집행형 준정부기관(심평원)
② 의료기관 인증제도 : 의료기관이 환자 안전와 의료의 질 향상을 위해 자발적이고 지속적인 노력을 하도록 하여, 국민에게 양질의 의료서비스를 제공하도록 하는 제도
③ 요양기관 심사제도 : 거짓청구에 대한 요양기관에 대한 심사제도
④ 병원표준화 심사제도 : 병원신임평가로 명칭 변경되어 인증평가, (질)성과평가, 자격평가 등을 실시하여 진료기능에 초점을 두고 평가하는 제도(의료기관 인증제도와 기능 중복)

035
2017. 서울

「의료법」상 의료기관 인증기준에 포함되는 것으로만 묶은 것은?

㉠ 환자의 권리와 안전
㉡ 직원만족도
㉢ 의료서비스의 제공과정 및 성과
㉣ 신의료기술의 안전성에 대한 평가

① ㉠, ㉡
② ㉠, ㉢
③ ㉠, ㉣
④ ㉡, ㉣

정답 ②

요점 「의료법」제58조 3
'의료기관을 인증하는 기준 및 방법'은 아래와 같다.
① 환자의 권리와 안전
② 의료기관의 의료서비스 질 향상 활동
③ 의료서비스의 제공 과정 및 성과
④ 의료기관의 조직·인력 관리 및 운영
⑤ 환자만족도

036 2017. 경남

「의료법」에서 명시하고 있는 의료기관 인증기준으로 옳지 않은 것은?

① 재무관리의 건전성
② 환자 권리와 안전
③ 의료서비스 제공과정 및 성과
④ 의료기관 조직인력의 관리와 운영

정답 ①

요점

재무관리의 건전성은 포함되지 않는다.

「의료법」 제58조 3
'의료기관을 인증하는 기준 및 방법'은 아래와 같다.
① 환자의 권리와 안전
② 의료기관의 의료서비스 질 향상 활동
③ 의료서비스의 제공 과정 및 성과
④ 의료기관의 조직·인력 관리 및 운영
⑤ 환자만족도

037 2018. 서울

우리나라 의료기관 인증제도에 대한 설명으로 가장 옳지 않은 것은?

① 의료기관 인증제는 모든 의료기관을 대상으로 하고 있으며, 모든 의료기관은 3년마다 의무적으로 인증신청을 하여야 한다.
② 요양병원은 의무적으로 인증신청을 하도록 의료법에 명시되어 있다.
③ 상급종합병원으로 지정받고자 하는 병원급 의료기관은 인증을 받아야 한다.
④ 전문병원으로 지정받고자 하는 병원급 의료기관은 인증을 받아야 한다.

정답 ①

요점

- 의료기관의 인증은 의료의 질과 환자 안전의 수준을 높이기 위하여 병원급 의료기관 및 대통령령이 정하는 의료기관에 대해 인증을 자율적으로 신청할 수 있으나, 요양병원은 장애인 복지법에 따른 의료재활시설로 의무적으로 인증을 신청해야 한다.
- 인증유효기간이 만료된 이후에는 인증서와 인증마크를 계속 사용할 수 있으며 4년 후 다시 인증받아야 한다.(조건부인증은 1년 후)

038　　　2017. 서울

우리나라 의료기관 인증제도에 대한 설명으로 옳은 것은?

① 인증등급은 인증, 조건부인증으로만 구분한다.
② 인증의 유효기간은 4년, 조건부인증의 경우에는 1년이다.
③ 인증은 종합병원급 이상 의료기관이 자율적으로 인증을 신청한다.
④ 인증전담기관의 장은 의료기관 인증 신청을 접수한 날부터 15일 내에 해당 의료기관의 장과 협의하여 조사 일정을 정하고 이를 통보해야 한다.

정답 ②

요점
① 인증등급은 인증, 조건부인증, 불인증으로 구분한다.
③ 인증은 병원급 이상 의료기관이 자율적으로 인증을 신청한다.(단, 요양병원과 정신병원은 의무인증 대상이다)
④ 인증전담기관의 장은 의료기관 인증 신청을 접수한 날부터 30일 내에 해당 의료기관의 장과 협의하여 조사일정을 정하고 이를 통보해야 한다.

039　　　2018. 대구

우리나라의 의료기관 인증제도에 대한 설명으로 옳은 것은?

① 의료기관의 장은 인증을 받고자 하는 경우 자율적으로 신청할 수 있다.
② 인증등급은 인증, 조건부인증으로 구분한다.
③ 필수항목에서 '하'가 1개 이상이면 조건부인증에 해당한다.
④ 인증등급에 이의가 있는 의료기관은 통보받은 날로부터 지체없이 인증등급 이의신청을 해야 한다.

정답 ①

요점
① 병원급 의료기관은 인증을 받고자 하는 시기를 정하여 자율적으로 인증조사를 신청할 수 있다.
② 인증등급은 인증, 조건부인증, 불인증으로 구분한다.
③ 필수항목에서 '하'가 1개 이상이면 불인증에 해당한다.
④ 인증등급에 이의가 있는 의료기관은 통보받은 날로부터 30일 이내에 인증등급 이의신청을 할 수 있다.

인증결과 이의신청 및 최종판정
① 인증등급에 이의가 있는 의료기관은 이를 통보받은 날로부터 30일 이내에 인증등급 이의신청을 할 수 있다.
② 인증심의위원회는 해당기관의 이의신청내용 또는 이의신청 소위원회의 검토내용을 토대로 그 적합성 여부를 심의하고 최종 인증등급을 결정한다.

040　　　　　　　　　　　　　　　2019. 울산

의료기관 인증기준의 평가영역에 해당하지 않는 것은?

① 기본가치체계
② 환자진료체계
③ 성과관리체계
④ 의료전달체계

CHAPTER 4　보건의료체계

041　　　　　　　　　　　　　　　2020. 서울

보건의료자원에 해당하지 않는 것으로 가장 옳은 것은?

① 보건의료인력
② 보건의료시설
③ 보건의료지식
④ 건강보험재정

정답 ④

요점 2019~2022년 의료기관 인증조사기준

기본가치체계	환자의 안전 보장 활동
환자진료체계	㉠ 수술 및 마취 진정관리 ㉡ 의약품 관리 ㉢ 진료전달체계와 평가 ㉣ 환자권리 존중 및 보호 ㉤ 환자 진료
조직관리체계	㉠ 감염관리 ㉡ 경영 및 조직 운영 ㉢ 시설 및 환경 관리 ㉣ 의료정보 / 의무기록 관리 ㉤ 인적자원 관리 ㉥ 질 향상 및 환자안전 활동
성과관리체계	성과 관리

정답 ④

요점 보건의료자원
보건의료인력, 보건의료시설, 보건의료지식, 보건의료장비 및 물자

042

2022. 6. 지방

다음에서 설명하는 보건의료자원에 대한 평가요소는?

> 2019년 우리나라 병상 수는 인구 1,000명당 12.4병상으로 OECD 회원국 평균 4.4병상에 비해 약 2.8배 많았다.

① 효율성(efficiency)
② 통합성(integration)
③ 양적 공급(quantity)
④ 분포(distribution coverage)

정답 ③

요점 보건의료자원 평가요소

① 양적 공급 : 흔히 인구당 자원의 양으로 표시한다.
② 질적수준 : 보건의료인력의 주요 기능 수행능력과 기술 수준, 시설의 규모와 적정시설의 구비정도를 말한다.
③ 분포의 형평성 : 시설, 직종, 전문 과목별 자원의 지리적 분포가 주민의 필요성에 상응하게 분포되어 있는가를 의미한다.
④ 효율성 : 개발된 보건의료자원으로 얼마나 보건의료서비스를 산출할 수 있느냐 또는 보건의료자원을 개발하는 데 얼마나 많은 자원이 소요되었는지를 의미한다.
⑤ 적합성 : 공급된 보건의료서비스의 역량이 대상 주민들의 보건의료 필요에 얼마나 적합한가를 의미한다.
⑥ 계획성 : 장래에 필요한 보건의료자원의 종류와 양을 얼마나 체계적이고 정확하게 계획하는가 하는 문제이다.
⑦ 통합성 : 보건의료자원 개발의 주요 요소인 계획, 실행, 관리 등이 보건의료서비스 개발과 얼마나 통합적으로 이루어지는가의 문제이다.

043

2014. 서울

다음 중 대부분 국가의 보건의료체계에서 일반적으로 간주되는 5개 구성요소에 해당하지 않는 것은?

① 보건의료자원
② 보건의료조직
③ 보건의료관리
④ 보건의료서비스 제공
⑤ 보건의료서비스 유형의 개발

정답 ⑤

요점 보건의료체계의 하부구성요소

① 보건의료자원의 개발(자원의 개발) : 시설, 인력, 장비 및 물자, 지식 및 기술
② 보건의료조직(자원의 조직적 배치) : 중앙정부, 의료보험조직, 기타정부기관(노동자의 건강관리 - 고용노동부, 학교보건업무 - 교육부, 군인의 건강관리 - 국방부), 자발적 민간단체, 민간부문의 조직이 있다.
③ 경제적 재원(WHO 보건의료서비스 재원조달에 대한 분류) : 공공재원, 지역사회 기여, 조직화된 민간기관, 외국의 원조, 개인지출
④ 보건행정(정부의 통제·관리) : 지도력(리더십), 의사결정, 규제
⑤ 보건의료서비스의 전달(서비스 전달체계)
  ㉠ 보건의료서비스의 목적에 따른 분류
    • 1차 예방 : 건강증진, 예방
    • 2차 예방 : 치료
    • 3차 예방 : 재활
  ㉡ 보건의료서비스의 복잡성 정도에 따른 분류 : 1차 의료, 2차 의료, 3차 의료로 분류하며, 우리나라의 경우 보건의료전달체계가 개념적으로는 1차, 2차, 3차로 나누어져 있으나, 실제로는 1차·2차 의료와 3차 의료의 두 단계로 나뉜다.

044

2020. 호남권

보건의료체계의 구성요소 중 리더십, 의사결정, 규제가 포함되는 요소는?

① 보건의료조직
② 보건의료자원
③ 보건의료재정
④ 보건의료관리

정답 ④
요점 보건의료관리
- 지도력
- 의사결정(기획, 수행 및 구체화, 감시 및 평가, 정보제공)
- 규제·통제

045

2017. 보건복지부7급

WHO 국가보건의료체계 하부구성요소 중 관리(management)의 내용에 해당하는 것은?

① 공공재원, 지역사회 기여
② 리더십, 의사결정, 규제
③ 인력, 시설, 장비 및 물자, 지식
④ 중앙정부, 의료보험조직
⑤ 1차 의료, 2차 의료, 3차 의료

정답 ②
요점
① 공공재원, 지역사회 기여 – 보건의료재정
③ 인력, 시설, 장비 및 물자, 지식 – 보건의료자원
④ 중앙정부, 의료보험조직 – 보건의료조직
⑤ 1차 의료, 2차 의료, 3차 의료 – 보건의료서비스

보건행정(정부의 통제·관리)
보건의료관리는 조직의 궁극적 결과에 맞게 기회를 선택하고, 문제를 해결하며, 변화를 도모하고, 실행을 수립하는 과정이라 할 수 있다.
① 의사결정 : 자원을 배치하는 방법과 의사결정과정, 의사결정에 대한 책임한계 등에 따라 다양하게 나타난다. 의사결정구조의 네 가지 측면은 다음과 같다.
  ㉠ 기획 : 체계적이고 지속적인 과정으로 의사결정자에게 예측이나 선택권 제공
  ㉡ 실행 및 실현 : 세부계획이나 프로그램을 집행하고 계획대로 진행되고 있는지 확인하기 위해 추후 관리
  ㉢ 감사 및 평가 : 보건의료체계의 프로그램들이 어느 정도까지 달성되었는지 결정하고 가능한 한 계량화된 평가가 이루어질 수 있도록 노력
  ㉣ 정보지원 : 기획, 정책입안, 감시 및 평가에 필요한 관련 정보 입수
② 지도력(리더십) : 사람에 대한 지휘, 동기부여, 동원을 바람직한 변화로 이끌고 갈 수 있는 관리지도기능이다.
③ 규제 : 시장실패로 인하여 형평성과 효율성에 어긋나는 문제의 해결을 위해 필요하다.

046　　　　　　　　　　　　　　　　2013. 경남

국가보건의료체계를 구성하는 5가지 하부구조의 구성요소로 옳지 않은 것은?

① 1, 2, 3차 의료서비스
② 사회적 지원
③ 보건의료인력
④ 의료보험조직

> **정답** ②
> **요점**
> ① 1, 2, 3차 의료서비스 – 보건의료서비스 제공
> ③ 보건의료인력 – 보건의료자원
> ④ 의료보험조직 – 보건의료조직

047　　　　　　　　　　　　　　　　2021. 강원

다음 중 보건의료체계의 하부구성요소 중 공공재원이 해당되는 요소는 무엇인가?

① 보건의료자원
② 보건의료조직
③ 보건의료서비스
④ 보건의료재정

> **정답** ④
> **요점** 경제적 재원(WHO 보건의료서비스 재원조달에 대한 분류)
> 보건의료서비스 제공이 가능하기 위해서는 경제적인 지원이 뒤따라야 한다.
> ① 공공재원 : 중앙정부, 지방자치단체, 의료보험기구(정부에서 지원)
> ② 민간 기업 : 기업주의 일부부담 및 근로자에 대한 서비스 제공
> ③ 조직화된 민간기관 : 자선단체, 민간보험
> ④ 지역사회에 의한 지원
> ⑤ 외국의 원조 : 정부나 자선단체 차원의 원조(종교단체)
> ⑥ 개인 지출 : 의료 이용 시 국민에 의한 직접 부담
> ⑦ 기타 재원 : 복권판매 수익금, 기부금

CHAPTER 5 보건의료자원

048 2013. 인천

보건의료자원에 대한 설명으로 옳지 않은 것은?

① 보건의료인력 – 의사, 치과의사, 한의사, 조산사, 간호사 등
② 보건의료시설 – 의원, 치과의원, 한의원, 조산원 등
③ 보건의료지식 – 질병예방 및 치료 등에 대한 제반 지식
④ 보건의료재정 – 의료이용 시 개인지출

> **정답** ④
> **요점**
> 보건의료재정은 보건의료체계의 하부구성요소 중 하나로 구분한다.

049 2013. 경북

보건의료인력의 특성으로 옳지 않은 것은?

① 보건의료팀원을 필요시 적재적소에 즉시 투입·배치할 수 있다.
② 직종 간의 폐쇄성으로 인해 업무의 기능조화를 통한 효율성 제고의 한계가 있다.
③ 대체의료인력 활용의 제약과 직종 간 기능조화를 통한 효율성 제고의 한계가 있다.
④ 과잉공급은 과다경쟁 및 유인수요 창출로 사회적 비용증가를 유발하며, 과소공급은 의료시장의 경쟁 저하 및 의료이용의 접근성 저하를 초래한다.

> **정답** ①
> **요점** 보건의료인력
> ① 국민의 필요와 요구에 대한 보건의료서비스를 공급하기 위하여 보건의료분야에 종사하거나 훈련 중인 개개인을 말한다.
> ② 보건의료와 관련된 업무에 종사하는 인력은 국민의 건강과 생명을 보호할 책임이 있으므로 국가에서 법령으로 자격·임무 등을 정하고 있다.
> ③ 보건의료서비스 산업은 노동집약적이기 때문에 보건의료인력은 보건의료자원 중 가장 중요한 부분을 차지한다.
> **참고**
> 보건의료인력은 다양한 전문직으로 구성되어 있으며 업무의 전문성으로 인하여 수련기간을 필요로 하기 때문에 적재적소에 즉시 투입·배치하기 곤란하다.

050   2022. 서울

「보건의료인력지원법」에서 규정한 보건의료인력에 해당하지 않는 것은?

① 「의료법」에 따른 의료인 및 간호조무사
② 「국민건강증진법」에 따른 보건교육사
③ 「응급의료에 관한 법률」에 따른 응급구조사
④ 「의료기사 등에 관한 법률」에 따른 의료기사, 보건의료정보관리사 및 안경사
⑤ 「의료법」에 따른 약사

정답 ⑤
요점 「보건의료인력지원법」에 따른 보건의료인력의 분류
① 「의료법」에 의한 의료인 : 의사, 치과의사, 한의사, 간호사, 조산사
② 「의료기사 등에 관한 법률」에 의한 의료기사 : 임상병리사, 방사선사, 물리치료사, 작업치료사, 치과기공사, 치과위생사
③ 「의료기사 등에 관한 법률」 : 보건의료정보관리사, 안경사
④ 「약사법」 : 약사 및 한약사
⑤ 「의료법」 : 간호조무사
⑥ 「국민영양관리법」 : 영양사
⑦ 「국민위생관리법」 : 위생사
⑧ 「국민건강증진법」 : 보건교육사

051   2022. 지방

「의료기사 등에 관한 법률」상 의료기사에 해당하지 않는 것은?

① 작업치료사
② 치과기공사
③ 안경사
④ 치과위생사

정답 ③
요점
① 「의료기사 등에 관한 법률」에 의한 의료기사 : 임상병리사, 방사선사, 물리치료사, 작업치료사, 치과기공사, 치과위생사
② 「의료기사 등에 관한 법률」 : 보건의료정보관리사, 안경사

052　　2020. 인천

「의료법」에서 제시하고 있는 간호사 업무로 옳지 않은 것은?

① 환자의 간호 요구에 대한 관찰, 자료수집
② 간호 요구자에 대한 교육 상담
③ 모자보건전문가가 행하는 모자보건 활동
④ 의사지도하에 행하는 보건지도

> **정답** ④
> **요점** 간호사의 업무
> 가. 환자의 간호 요구에 대한 관찰, 자료수집, 간호판단 및 요양을 위한 간호
> 나. 의사·치과의사, 한의사의 지도하에 시행하는 진료의 보조
> 다. 간호 요구자에 대한 교육·상담 및 건강증진을 위한 활동의 기획과 수행, 그 밖의 대통령령으로 정하는 보건활동
> 라. 간호조무사가 수행하는 업무보조에 대한 지도

053　　2018. 서울

보건의료인에 대한 설명 중 가장 옳지 않은 것은?

① 응급구조사가 되려는 사람은 보건복지부장관의 면허를 받아야 한다.
② 치과기공사가 되려는 사람은 보건복지부장관의 면허를 받아야 한다.
③ 보건교육사가 되려는 사람은 보건복지부장관의 자격증을 교부받아야 한다.
④ 간호조무사가 되려는 사람은 보건복지부장관의 자격인정을 받아야 한다.

> **정답** ①
> **요점** 면허취득과 자격인정
> ① 의료인(의료법): 의사·치과의사, 한의사, 조산사 및 간호사 – 보건복지부장관의 면허
> ② 의료기사 등(의료기사 등에 관한 법률): 보건의료정보관리사, 안경사, 의료기사(방사선사, 물리치료사, 작업치료사, 임상병리사, 치과기공사, 치과위생사) – 보건복지부장관의 면허
> ③ 약사(약사법) – 보건복지부장관의 면허
> ④ 간호조무사(의료법) – 보건복지부장관의 자격인정
> ⑤ 의료유사업자(의료법): 접골사, 침사, 구사 – 시·도지사의 자격인정
> ⑥ 한지의료인(의료법): 한지의사, 한지치과의사, 한지한의사 – 보건복지부장관의 면허
> ⑦ 안마사(의료법) – 시·도지사의 자격인정
> ⑧ 응급구조사(응급의료에 관한 법률) – 보건복지부장관의 자격인정
> ⑨ 보건교육사(국민건강증진법) – 보건복지부장관의 자격증 교부

054

2019. 호남권

「의료기사 등에 관한 법률」에 따라 의료기사 등이 업무상 알게 된 비밀을 누설한 경우의 벌칙으로 옳은 것은?

① 300만원 이하의 벌금
② 2년 이하의 징역이나 2천만원 이하의 벌금
③ 3년 이하의 징역이나 3천만원 이하의 벌금
④ 10년 이하의 징역이나 1억원 이하의 벌금

정답 ③

요점 「의료기사 등에 관한 법률」(비밀누설의 금지)
의료기사 등은 이 법 또는 다른 법령에 특별히 규정된 경우를 제외하고는 업무상 알게 된 비밀을 누설하여서는 아니된다.
제30조(벌칙)
① 다음 각 호의 어느 하나에 해당하는 사람은 3년 이하의 징역 또는 3천만원 이하의 벌금에 처한다.
　1. 의료기사 등의 면허 없이 의료기사 등의 업무를 한 사람
　2. 다른 사람에게 면허를 대여한 사람
　3. 업무상 알게 된 비밀을 누설한 사람

055

2013. 경남

의료인의 자격이 정지되는 경우가 아닌 것은?

① 면허증을 대여한 경우
② 진단서 또는 검안서를 거짓으로 작성한 경우
③ 의료인의 품위를 심하게 손상시키는 행위를 한 경우
④ 태아 성 감별 행위를 한 경우

정답 ①

요점
의료인의 면허를 대여한 경우 : 면허취소

의료인의 자격 정지
1. 의료인의 품위를 심하게 손상시키는 행위를 한 때
2. 의료기관 개설자가 될 수 없는 자에게 고용되어 의료행위를 한 때
3. 의료인과 의료기관의 장의 의무를 위반한 때
4. 진단서·검안서 또는 증명서를 거짓으로 작성하거나 고의로 사실과 다르게 추가 기재·수정한 때
5. 태아 성 감별 행위 등 금지를 위반한 경우
6. 의료기사가 아닌 자에게 의료기사의 업무를 하게 하거나 의료기사에게 그 업무 범위를 벗어나게 한 때
7. 관련 서류를 위조·변조하거나 속임수 등 부정한 방법으로 진료비를 거짓 청구한 때

056　　2016. 지방7급

「의료법」상 의원급 의료기관만을 모두 고른 것은?

> ㉠ 치과의원
> ㉡ 조산원
> ㉢ 한의원
> ㉣ 요양병원

① ㉠, ㉡
② ㉠, ㉢
③ ㉠, ㉡, ㉢
④ ㉡, ㉢, ㉣

정답 ②
요점
조산원은 조산사가 조산과 임산부 및 신생아를 대상으로 보건활동과 교육·상담을 하는 의료기관으로 반드시 지도의사를 두어야 하며, 의원급 의료기관은 의사, 치과의사 또는 한의사가 주로 외래환자를 대상으로 각각 그 의료행위를 하는 의원, 치과의원, 한의원을 말한다.

057　　2013. 인천

「의료법」에 의한 의료기관에 대한 설명으로 옳지 않은 것은?

① 병원은 20개 이상의 병상, 종합병원은 100개 이상의 병상을 갖추어야 한다.
② 조산원은 조산사가 조산과 임산부 및 신생아를 대상으로 보건활동과 교육·상담을 하는 의료기관을 말한다.
③ 종합병원 중에서 중증질환에 대하여 난이도가 높은 의료행위를 전문적으로 하는 종합병원은 보건복지부장관에 의해 상급종합병원으로 지정될 수 있다.
④ 보건복지부장관은 병원급 의료기관 중에서 특정 진료과목이나 특정 질환 등에 대하여 난이도가 높은 의료행위를 하는 병원을 전문병원으로 지정할 수 있다.

정답 ①
요점 「의료법」에 의한 의료기관
① 병원·치과병원·한방병원 및 요양병원은 30개 이상의 병상(병원·한방병원만 해당한다) 또는 요양병상(요양병원만 해당하며, 장기입원이 필요한 환자를 대상으로 의료행위를 하기 위하여 설치한 병상을 말한다)을 갖추어야 한다.
② 종합병원은 다음의 요건을 갖추어야 한다.
　㉠ 100개 이상의 병상을 갖출 것
　㉡ 100병상 이상 300병상 이하인 경우 : 내과·외과·소아청소년과·산부인과 중 3개 진료과목, 영상의학과, 마취통증의학과와 진단검사의학과 또는 병리과를 포함한 7개 이상의 진료과목을 갖추고 각 진료과목마다 전속하는 전문의를 둘 것
　㉢ 300병상을 초과하는 경우 : 내과·외과·소아청소년과·산부인과·영상의학과·마취통증의학과·진단검사의학과 또는 병리과, 정신건강의학과 및 치과를 포함한 9개 이상의 진료과목을 갖추고 각 진료과목마다 전속하는 전문의를 둘 것
③ 전문병원의 요건은 특정 질환별·진료과목별 환자의 구성비율 등이 보건복지부령으로 정하는 기준에 해당하여야 하며, 보건복지부령으로 정하는 수 이상의 진료과목을 갖추고 각 진료과목마다 전속하는 전문의를 두어야 한다.

058

2012. 지방

300병상을 초과하는 종합병원에서 설치해야 할 필수 진료과목을 모두 고르면?

㉮ 영상의학과	㉯ 피부과
㉰ 산부인과	㉱ 치과
㉲ 비뇨기과	㉳ 응급의학과
㉴ 정신건강의학과	㉵ 소아청소년과

① ㉮, ㉯, ㉰, ㉱, ㉵
② ㉮, ㉰, ㉱, ㉴, ㉵
③ ㉮, ㉰, ㉲, ㉳, ㉴
④ ㉯, ㉱, ㉲, ㉳, ㉴, ㉵

정답 ②

요점 300병상을 초과하는 종합병원에서 설치해야 할 필수 진료과목

내과·외과·소아청소년과·산부인과·영상의학과·마취통증의학과·진단검사의학과 또는 병리과, 정신건강의학과 및 치과를 포함한 9개 이상의 진료과목을 갖추고 각 진료과목마다 전속하는 전문의를 둘 것

059

2020. 호남

다음 중 의료법에 의해 규정된 의료기관에 해당하지 않는 것은?

① 치과의원
② 병원
③ 조산원
④ 보건진료소

정답 ④

요점
- 보건진료소는 공공보건 의료기관으로 지방행정기관이다.
- 의료기관은 의료인이 공중 또는 특정 다수인을 위하여 의료·조산의 업을 하는 곳을 말하며, 의원, 치과의원, 한의원, 조산원, 병원, 치과병원, 한방병원, 요양병원, 정신병원, 종합병원이다. 보건진료소는 지방보건의료기관으로 의료취약지역에 보건복지부령의 승인을 받아 설치할 수 있다.

060　2020. 서울

「의료법」상 우리나라 보건의료기관 시설과 인력 기준에 대한 설명으로 가장 옳은 것은?

① 상급종합병원은 9개 이상의 진료과목이 개설되어야 한다.
② 치과병원과 요양병원은 30병상 이상의 입원시설이 필요하다.
③ 100병상을 초과하는 종합병원에는 반드시 치과가 포함되어야 한다.
④ 종합병원에 설치되는 필수진료과목에는 전속하는 전문의가 있어야 한다.

정답 ④

요점

- **상급종합병원의 지정(제3조의 4)**
보건복지부장관은 다음의 요건을 갖춘 종합병원 중에서 중증질환에 대하여 난이도가 높은 의료행위를 전문적으로 하는 종합병원을 상급종합병원으로 지정할 수 있다.
  - 보건복지부령으로 정하는 20개 이상의 진료과목을 갖추고 각 진료과목마다 전속하는 전문의를 둘 것
  - 전문의가 되려는 자를 수련시키는 기관일 것
  - 보건복지부령으로 정하는 인력·시설·장비 등을 갖출 것
  - 질병군별 환자구성 비율이 보건복지부령으로 정하는 기준에 해당할 것

- **병원**
병원·치과병원·한방병원 및 요양병원은 30개 이상의 병상(병원·한방병원만 해당한다) 또는 요양병상(요양병원만 해당하며, 장기입원이 필요한 환자를 대상으로 의료행위를 하기 위하여 설치한 병상을 말한다)을 갖추어야 한다.

- **종합병원**
  - 100개 이상의 병상을 갖출 것
  - 100병상 이상 300병상 이하인 경우 : 내과·외과·소아청소년과·산부인과 중 3개 진료과목, 영상의학과, 마취통증의학과와 진단검사의학과 또는 병리과를 포함한 7개 이상의 진료과목을 갖추고 각 진료과목마다 전속하는 전문의를 둘 것
  - 300병상을 초과하는 경우 : 내과·외과·소아청소년과·산부인과·영상의학과·마취통증의학과·진단검사의학과 또는 병리과, 정신건강의학과 및 치과를 포함한 9개 이상의 진료과목을 갖추고 각 진료과목마다 전속하는 전문의를 둘 것

061　2017. 서울

「의료법」에 규정되어 있는 의료기관에 관한 내용으로 옳은 것은?

① 의원급 의료기관은 주로 입원환자를 대상으로 한다.
② 조산원은 조산사가 조산과 임산부 및 신생아를 대상으로 보건활동과 교육, 상담을 하는 곳이다.
③ 상급종합병원은 보건복지부령으로 정하는 10개 이상의 진료과목을 갖추면 된다.
④ 의원급 의료기관은 의사 및 치과의사만이 개설할 수 있다.

정답 ②

요점

① 의원급 의료기관은 주로 외래환자를 대상으로 한다.
③ 상급종합병원은 보건복지부령으로 정하는 20개 이상의 진료과목을 갖추면 된다.
④ 의원급 의료기관은 의사, 치과의사, 한의사가 주로 외래환자를 대상으로 각각 그 의료행위를 하는 의료기관으로 의원, 치과의원, 한의원이 있다.

062

2018. 교육청

「의료법」에 따라 요양병원에 입원할 수 있는 사람을 모두 고른 것은?

- ㉠ 만성질환자
- ㉡ 노인성 치매환자
- ㉢ 정신질환자
- ㉣ 감염병 환자

① ㉠, ㉡　　② ㉠, ㉢
③ ㉡, ㉣　　④ ㉢, ㉣

정답 ①
요점
요양병원 입원가능한 대상 : 만성질환자, 노인성 치매환자

063

2013. 지방7급

「의료법」 제48조에 따른 의료법인 설립허가 등에 대한 내용으로 옳지 않은 것은?

① 의료법인을 설립하려는 자는 시·도지사의 허가를 받아야 한다.
② 의료법인은 그 법인이 개설하는 의료기관에 필요한 시설이나 시설을 갖추는 데에 필요한 자금을 보유하여야 한다.
③ 의료법인이 재산을 처분하려면 시장·군수·구청장의 허가를 받아야 한다.
④ 이 법에 따른 의료법인이 아니면 의료법인이나 이와 비슷한 명칭을 사용할 수 없다.

정답 ③
요점 「의료법」 제48조(설립허가 등)
① 의료법인을 설립하려는 자는 대통령령으로 정하는 바에 따라 장관과 그 밖의 서류를 갖추어 그 법인의 주된 사무소의 소재지를 관할하는 시·도지사의 허가를 받아야 한다.
② 의료법인은 그 법인이 개설하는 의료기관에 필요한 시설이나 시설을 갖추는 데에 필요한 자금을 보유하여야 한다.
③ 의료법인이 재산을 처분하거나 정관을 변경하려면 시·도지사의 허가를 받아야 한다.
④ 이 법에 따른 의료법인이 아니면 의료법인이나 이와 비슷한 명칭을 사용할 수 없다.

064　　　2018. 서울

진료기록부 등의 보존기간이 모두 옳은 것은?

① 처방전(2년), 진료기록부(5년), 조산기록부(5년)
② 환자명부(5년), 진단서(3년), 간호기록부(5년)
③ 수술기록부(5년), 처방전(3년), 방사선 사진 및 소견서(5년)
④ 진단서(3년), 검사내용 및 검사소견기록(3년), 수술기록부(10년)

> **정답** ②
> **요점** 「의료법」 제15조(진료기록부 등의 보존)
> 의료인이나 의료기관 개설자는 법 제 22조 2항에 따른 진료기록부 등을 다음 각 호에 정하는 기간 동안 보존하여야 한다. 다만, 계속적인 진료를 위하여 필요한 경우에는 1회에 한정하여 다음 각 호에 정하는 기간의 범위에서 그 기간을 연장하여 보존할 수 있다.
> 1. 환자 명부 : 5년
> 2. 진료기록부 : 10년
> 3. 처방전 : 2년
> 4. 수술기록 : 10년
> 5. 검사내용 및 검사소견기록 : 5년
> 6. 방사선 사진 및 그 소견서 : 5년
> 7. 간호기록부 : 5년
> 8. 조산기록부 : 5년
> 9. 진단서 등의 부본 : 3년

065　　　2020. 호남

다음 중 기록의 보존기간이 다른 것은?

① 간호기록부
② 방사선 사진
③ 진단서
④ 검사내용

> **정답** ③
> **요점**
> • 진단서 : 3년
> • 간호기록부, 방사선 사진, 검사내용 및 검사소견기록 : 5년

066
2021. 서울7급

「의료법」에 따라 한의사를 두어 한의과 진료과목을 추가로 운영할 수 없는 병원은?

① 종합병원
② 정신병원
③ 치과병원
④ 병원

정답 ②

요점 진료과목 등(「의료법」 제43조)
① 병원·치과병원 또는 종합병원은 한의사를 두어 한의과 진료과목을 추가로 설치·운영할 수 있다.
② 한방병원 또는 치과병원은 의사를 두어 진료과목을 추가로 설치·운영할 수 있다.
③ 병원·한방병원·요양병원 또는 정신병원은 치과의사를 두어 치과 진료과목을 설치·운영할 수 있다.
④ 제1항부터 제3항까지의 규정에 따라 추가로 설치한 진료과목을 포함한 의료기관의 진료과목은 보건복지부령으로 정하는 바에 따라 표시하여야 한다. 다만, 치과의 진료과목은 종합병원과 치과병원에 한하여 표시할 수 있다.

067
2021. 경남

다음 중 「의료법」에 의한 의료인으로 옳은 것은?

① 의사, 약사, 한의사
② 의사, 간호사, 조무사
③ 의사, 치과의사, 조산사
④ 의사, 한의사, 방사선사

정답 ③

요점 의료인(의료법)
의사·치과의사, 한의사, 조산사 및 간호사 - 보건복지부장관의 면허

068

2017. 전북

우리나라의 보건의료인력 현황에 대한 설명으로 옳지 않은 것은?

① 거의 모든 직종의 의료인력이 도시에 집중되어 있다.
② 의료인력에 대한 장기적인 인력수급계획이 체계적으로 마련되어 있다.
③ 보건의료인력 수급계획이 이원화되어 있다.
④ 우리나라의 임상간호사 수는 OECD 평균보다 적다.

정답 ②

요점 우리나라 보건의료인력의 현황

① 의료인력의 지역적 불균형 : 거의 모든 직종의 의료인력이 도시에 집중되어 있다.
② 높은 전문의 비중, 개원전문의 과다 : 1차 의료기관에 전문의가 진료함으로써 의료비 상승, 의사인력 간의 중복의 문제 등이 발생한다.
③ 전문과목별 전문의 구성비율의 불균형 : 우리나라 보험수가 체계나 의료분쟁의 가능성 등에 따라서 일부 전문과목별 전문의의 구성비율이 증가하거나 감소하는 문제가 발생한다.
④ 의료인력에 대한 장기적인 인력수급계획 미비 : 의료인력을 양성하는 데는 많은 시간과 비용이 요구된다. 따라서 합리적인 근거하에 수요분석에 따른 의료인력에 대비해야 한다.(현재 보건복지부와 행정안전부로 이원화되어 있다)

참고

한국은 의료인력이 적은 반면 환자들의 의료이용이 많으며, 2020년 인구 1000명당 임상의사는 한국이 2.5명으로 OECD내에서 멕시코에 이어 두번째로 적었다. 간호사 역시 1000명당 4.4명으로 OECD 평균(8.4명)의 절반을 조금 넘었다. 그런데도 국민 한 명당 외래진료는 14.7회로 가장 많았다. 적은 의료인력으로 많은 환자를 보고 있으며 한국은 보건의료 지출 총액을 뜻하는 경상의료비가 최근 10년간 90.7% 상승하였다.

CHAPTER 6 보건의료전달체계

069

2023. 지방

의료전달체계의 목적이 아닌 것은?

① 건강보험의 재정 안정 도모
② 의료자원의 효율적 이용
③ 고급화된 의료서비스 제공 추진
④ 지역 및 의료기관 간의 균형적인 발전 도모

정답 ③

요점

고급화된 의료서비스 제공추진은 의료전달체계의 목적이 아니다.

보건의료전달체계의 목적

① 가장 중요한 목적으로는 의료자원간의 효율성을 도모하는 것이다. (간단한 건강문제는 1차 의료기관에서 해결하고, 꼭 필요한 중증인 경우만 2차, 3차 의료기관을 이용하도록 한다)
② 지역 간 의료기관의 균형적인 발전을 도모한다.
③ 효율적인 의료기관을 이용함으로써 국민의료비가 감소된다.
④ 국민의료비의 억제로 인해 보험재정은 안정을 도모한다.

070
2011. 지방

우리나라 보건의료체계에서 정부의 역할로 옳지 않은 것은?

① 보건의료소비자로서의 역할
② 국민에 대한 정보제공자로서의 역할
③ 보건의료공급자로서의 역할
④ 보건의료공급자에 대한 규제자로서의 역할

정답 ①

요점 보건의료체계에서 정부의 역할
- 규제자로서의 역할
- 서비스제공자로서의 역할
- 재원 조달 및 지불자로서의 역할
- 정보제공자로서의 역할

참고
보건의료소비자로서의 역할은 환자의 역할이다.

071
2017. 인천

의료전달체계의 목적으로 옳지 않은 것은?

① 보건의료자원의 효율성 도모
② 보건의료서비스의 무상공급
③ 의료기관의 지역 간 균형적 발전
④ 보험재정의 안정 도모

정답 ②

요점
보건의료서비스의 무상공급은 의료전달체계와는 무관하다.

보건의료전달체계의 목적
① 가장 중요한 목적으로는 의료자원간의 효율성을 도모하는 것이다.(간단한 건강문제는 1차 의료기관에서 해결하고, 꼭 필요한 중증인 경우만 2차, 3차 의료기관을 이용하도록 한다)
② 지역 간 의료기관의 균형적인 발전을 도모한다.
③ 효율적인 의료기관을 이용함으로써 국민의료비가 감소된다.
④ 국민의료비의 억제로 인해 보험재정은 안정을 도모한다.

072 — 2013. 인천

보건의료전달체계가 달성하고자 하는 목표로 적절하지 않은 것은?

① 의료이용의 편의 제공
② 의료보장의 재정 안정
③ 국민의료비 증가
④ 지역간, 의료기관간 균형 발전

정답 ③

요점
국민의료비의 증가가 아닌 억제로 보험재정의 안정을 도모한다.

보건의료전달체계의 목적
① 가장 중요한 목적으로는 의료자원간의 효율성을 도모하는 것이다.(간단한 건강문제는 1차 의료기관에서 해결하고, 꼭 필요한 중증인 경우만 2차, 3차 의료기관을 이용하도록 한다)
② 지역 간 의료기관의 균형적인 발전을 도모한다.
③ 효율적인 의료기관을 이용함으로써 국민의료비가 감소된다.
④ 국민의료비의 억제로 인해 보험재정은 안정을 도모한다.

073 — 2019. 충남

보건의료전달체계에 대한 설명으로 옳은 것은?

① 감염병 위험으로부터 건강을 지키기 위해 필요 이상 과도한 투자가 필요하다.
② 도슨은 1차 의료와 2차 의료로 구분하여 단계화 방안을 제시하였다.
③ 종합병원의 환자집중은 자원의 효율적 활용을 가능하게 한다.
④ 우리나라 의원급 의료기관은 병실과 고가장비 보유가 가능하다.

정답 ④

요점
① 감염병 위험으로부터 건강을 지키기 위한 투자가 필요하지만, 필요 이상 과도한 투자는 옳지 않다.
② 도슨은 지역화 모델에서 인구 규모와 지리적 특성을 고려하여 일정한 지리적 범위를 1차 의료, 2차 의료, 3차 의료 수준으로 계층화하여 보건의료서비스 제공과 행정관리 단위로 구획을 나누었다.
③ 종합병원의 환자집중은 자원의 효율적 활용을 저해한다.

074 2020.서울

〈보기〉에서 설명하는 보건의료체계로 가장 옳은 것은?

보기
- 건강권의 개념이 보편화되어 있는 국가에서 채택하고 있는 유형이다.
- 보건의료서비스 수혜자는 전체 국민이다.
- 모든 보건의료서비스는 무료이며, 재원은 조세에서 조달된다.

① 공적부조형
② 복지국가형
③ 의료보험형
④ 국민보건서비스형

정답 ④

요점

- **국민보건서비스형(베버리지형)**
  ① 영국의 사회보장제도의 기틀을 마련한 베버리지가 주장
  ② 전 국민에게 거의 무료로 보건의료서비스를 제공
  ③ 보건의료기관은 국가가 소유하고, 공공의료기관이 대부분 차지
  ④ 재원은 정부의 조세로 충당(세금이 소득의 40% 차지)
  ⑤ 해당국가 : 영국, 뉴질랜드, 이탈리아

- **공적부조형**
저소득층의 의료서비스를 정부의 일반재정에 의존하는 형으로, 공중보건 및 1차 의료 중심의 서비스가 제공된다.

- **복지국가형**
사회보험이나 조세에 의해 보건의료서비스를 제공하며, 보건의료서비스 제공의 많은 부분이 민간에 의하지만 질과 비용의 통제에 관해서는 정부가 개입한다.

- **의료보험형**
의료보험을 통한 재원조달을 하는 형으로, 독일, 프랑스, 일본, 한국 등이 대표적이다.

075 2010. 지방

보건의료서비스 제공 체계 유형 중 사회보장형(영국)에 비해 자유방임형(미국)이 갖는 장점을 모두 고르면?

㉠ 의료서비스의 질
㉡ 의사의 재량권
㉢ 선택의 자유
㉣ 의료 균점

① ㉠, ㉡, ㉢
② ㉡, ㉢, ㉣
③ ㉡, ㉣
④ ㉠, ㉡, ㉢, ㉣

정답 ①

요점

자유방임형의 장점과 단점
① 장점
  ㉠ 의료인과 의료기관 선택에 대한 자유재량권이 있다.
  ㉡ 의료기관도 자유경쟁의 원칙 하에 효율적으로 운영되기 때문에 의료서비스의 질적 수준이 높다.
  ㉢ 의료인에게 의료의 내용, 범위 및 수준 결정에 관한 재량권을 부여한다.
② 단점
  ㉠ 의료자원의 지역간 불균형 현상이 심하고, 의료자원의 불균형 분포로 의료비는 매우 높다.
  ㉡ 의료의 수요와 공급이 자유시장 원칙에 의해 운영되기 때문에 의료라는 공공재적 특성이 무시될 가능성이 크다.

참고
균점 : 고르게 이익이나 혜택을 받음

076 ◻◻◻ 2016. 부산

보건의료체계의 여러 유형 중 우리나라의 의료체계에 해당하는 유형 및 방식으로 옳지 않은 것은?

① 프라이(Fry) – 자유방임형
② 경쟁과 규제에 따른 유형 – 경쟁위주형
③ OECD 보건의료체계 유형 – 국가보건서비스형
④ 진료보수 지불방식 – 행위별 수가제

정답 ③

요점 우리나라 보건의료체계 유형

OECD 보건의료체계	국가보건서비스형, 사회보험형, 사회주의형 중 사회보험형
프라이(Fry) 보건의료체계	자유방임형, 사회보장형, 사회주의형 중 자유방임형
로머(Roemer) 보건의료체계	자유기업형, 복지지향형, 포괄적 보장형, 사회주의형 중 복지지향형
경쟁과 규제에 따른 유형	경쟁위주형, 경쟁과 정부규제 혼합형, 국가규제형 중 경쟁위주형

077 ◻◻◻ 2019. 서울

로머(M. Roemer)가 제시한 보건의료체계 분류에서 의료서비스는 개인의 구매력에 의해 좌우되며, 보건의료비가 개인적으로 조달되는 것이 특징인 점을 강조한 유형은?

① 자유기업형
② 복지국가형
③ 저개발국가형
④ 사회주의국가형

정답 ①

요점 로머(M. Roemer)의 보건의료체계 분류(1976년)

① 자유기업형(시장지향형)
  ㉠ 정부의 개입이 최소화되어 수요, 공급, 가격이 시장에 의존하면서 고도로 산업화되어 있는 나라에서 주로 볼 수 있다.
  ㉡ 보건의료비는 개인의 책임, 정부의 최소 개입으로 대부분은 개인이 알아서 해결한다.
  ㉢ 의료시설의 대부분이 민간이 주도하고, 민간의료보험이 활발해지면서, 의료에 대한 이윤동기가 발생되고 의료남용문제 등의 부작용으로 의료비가 상승한다.
  ㉣ 해당국가 : 미국, 우리나라의 전국민의료보험 실시 전

② 복지국가형(복지지향형)
  ㉠ 보건의료서비스를 모든 국민에게 혜택을 주는 기본요건으로, 사회보험이나 조세에 의해 제공된다.
  ㉡ 보건의료서비스의 형평적인 배분을 유지하고, 보건의료서비스의 많은 부분이 민간에 의하지만 질과 비용의 통제에서는 정부가 개입한다.
  ㉢ 남용의 문제가 발생하여 의료비가 상승할 수 있다.
  ㉣ 해당국가 : 영국, 독일, 프랑스

③ 저개발국가형
  ㉠ 경제적 낙후로 인해 인구의 대부분이 보건의료비의 지출능력이 없는 아시아 및 아프리카 저개발국가의 보건의료체계이다.
  ㉡ 전문보건의료인과 보건의료시설의 부족으로 보건의료서비스의 혜택이 극소수의 지배계층에만 국한된다.
  ㉢ 해당국가 : 아시아 및 아프리카의 저개발국가

④ 개발도상국형
  ㉠ 경제개발이 성공적으로 이루어진 국가로 자유기업형과 복지국가형의 혼합형태의 변이형이다.
  ㉡ 개발이 중심으로 이루어지면서 근로자의 건강을 중요시하여 대부분 근로자 중심의 사회보험제도가 도입되었다.
  ㉢ 소비자의 보건의식수준이 낮고 보건의료투자도 낮다.
  ㉣ 경제개발이 진행되면서 보건의료자원에 대한 개발이 활발하고 투자도 증가하고 있다.
  ㉤ 해당국가 : 아시아 및 남미의 개발도상국가

⑤ 사회주의국가형
  ㉠ 사유재산을 인정하지 않아 보건의료기관·인력을 국가가 관장하고, 보건의료서비스를 국가가 모든 책임을 지고 제공한다.
  ㉡ 형평적인 배분이 장점이다.
  ㉢ 보건의료서비스 수준이 낮고 낮은 생산 효율성이 단점이다.
  ㉣ 해당국가 : 북한, 쿠바 등

078 2019. 대구

로머(M. Roemer)의 보건의료체계 유형에 대한 설명으로 옳지 않은 것은?

① 자유기업형은 정부의 개입이 최소화되고 의료시설의 대부분이 민간에 의해 주도된다.
② 복지국가형은 보건의료서비스의 보편적 수혜를 기본요건으로 하여 보건의료서비스는 사회보험이나 조세의 의해 제공된다.
③ 사회주의국가형은 모든 보건의료인이 국가에 고용되고 보건의료시설도 국유화되어 있다.
④ 저개발국가형은 대부분 근로자 중심의 사회보험제도를 도입한다.

정답 ④

요점
저개발국가형은 경제적 낙후로 인해 전문보건의료인과 보건의료시설의 부족 및 지역적 편중이 크고 국민의 낮은 소득수준으로 전통의료나 민간의료에 의존하는 경향이 크다. 보건의료는 공적부조의 차원에서 이루어진다.

참고
근로자 중심의 사회보험제도는 개발도상국형이다.

079 2015. 지방

M. Roemer(1991)에 의한 국가보건의료체계 유형으로 옳은 것은?

① 자유방임형, 사회보장형, 사회주의형
② 자유기업형, 복지지향형, 보편적 포괄주의형, 사회주의 중앙계획형
③ 사회보험, 공공부조, 공공서비스
④ 공적부조형, 의료보험형, 국민보건서비스

정답 ②

요점
로머는 1976년 이후 경제적 요소와 정치적 요소를 기준으로 시장개입 정도에 따라 매트릭스 모형으로 재분류하였다.

로머(M. Roemer)의 매트릭스(Matrix) 보건의료체계(1991년)

유형	특징	해당국가
자유기업형 (시장지향형)	• 민간의료의 자율성이 존중되어 의료의 질은 높다. • 의료비를 개인적으로 책임져야 하기 때문에 민간보험에 의존한다. • 정부의 개입이 거의 없다.	미국
복지지향형 (복지국가형)	• 사회보험에 의하여 재정을 조달한다. • 정부나 제3자 지불자들이 다양한 방법으로 민간보건의료시장에 개입한다.	한국, 독일, 일본
보편적 포괄주의 (전국민 포괄형)	• 모든 국민에게 의료보장을 적용한다. • 병원은 정부의 소유, 의료의 질과 의료비용을 통제하기 위해 정부가 적극적으로 개입한다. • 재원은 정부의 일반재정에서 조달한다.	영국, 뉴질랜드
사회주의 (중앙계획형)	• 보건의료서비스를 국가가 모든 책임을 지고 무상으로 제공한다. • 모든 보건의료인은 국가에 고용되어 있으며, 보건의료시설은 국유화이다. • 의료공급의 생산효율이 낮고 의료서비스의 질이 떨어지며, 소비자의 의료선택권도 없다.	북한, 쿠바

080
2022. 지방

로머의 국가보건의료체계 분류를 따를 때, 북한이 속하는 유형은?

① 복지지향형
② 시장지향형
③ 중앙계획형
④ 개발도상국형

정답 ③

요점 사회주의국가형
① 사유재산을 인정하지 않아 보건의료기관·인력을 국가가 관장하고, 보건의료서비스를 국가가 모든 책임을 지고 제공한다.
② 형평적인 배분이 장점이다.
③ 보건의료서비스 수준이 낮고 낮은 생산 효율성이 단점이다.
④ 해당국가 : 북한, 쿠바 등

081
2019. 서울

존 프라이(John Fry)의 의료전달체계 분류 중 자유방임형의 장점으로 가장 옳지 않은 것은?

① 국민에게 의료인이나 의료기관을 선택할 권리가 보장된다.
② 공급자 측의 경쟁에 따라 보건의료서비스 수준이 향상된다.
③ 자유경쟁에 따른 의료기관의 효율적인 운영이 가능하다.
④ 의료자원의 효율적인 활용이 가능하다.

정답 ④

요점
소비자의 의료기관 선택과 의료서비스 제공에 따라 분류하였다.

자유방임형 의료체계(자유기업형)
① 개인의 자유와 능력을 최대한 존중하여 정부의 통제나 간섭이 최소화되고, 민간부문에 의하여 자율적으로 이루어지는 형태이다.
② 국민이 의료인이나 의료기관을 선택할 수 있으며, 보건의료는 상품으로 취급된다.
③ 보험료를 부담스러워하는 어려운 계층은 국가의 일반재정에 의해 사회부조방식으로 의료보호제도가 시행되고 있다.
④ 국민건강보험제도를 통해 질병이 발생했을 때를 대비해 의료비와 소득상실을 보험방식으로 공동부담하고 있다.
⑤ 장·단점

장점	의사와 의료기관은 자율경쟁으로 인해 효과적으로 운영되기 때문에 의료서비스의 질적 수준이 높다.
단점	• 의료자원의 지역간 불균형 현상이 심하다. • 병원의 이익을 위한 예방보다 치료에 중점적이다. • 개인과 국가의 의료비가 상승한다. • 의료의 수요와 공급이 자유시장 원칙에 의해 운영되므로 의료라는 공공재적 성격이 무시될 가능성이 크다.

⑥ 해당국가 : 한국, 미국, 일본

082　　　2019. 전북

다음 중 존 프라이의 보건의료체계 분류에 대한 설명으로 옳은 것은?

① 자유방임형은 보건의료의 질적수준이 향상된다.
② 사회보장형은 개인에게 선택의 자유가 없다.
③ 사회주의형은 예방보다 치료에 집중한다.
④ 자유방임형은 의료이용과 의료비의 통제가 가능하다.

정답 ①

요점

- **사회보장형 의료체계**
① 개인의 자유를 조금 보장하는 사회주의형으로 국민건강관리의 주체는 국가이다.
② 국가는 질병의 치료뿐만 아니라, 보건교육, 예방, 재활에 이르기까지 건강에 관련된 모든 서비스를 포괄적으로 제공하며, 의료기관을 국가가 직접 관리하는 국민보건서비스(NHS ; National Health Service) 형식을 취한다.
③ 재원은 세금이나 의료보험으로 의료시설은 정부와 민간에서 공급한다.
④ 장·단점

장점	• 소득수준에 관계없이 포괄적인 의료서비스를 균등하게 보장할 수 있다. • 예방을 중요시하여 의료비의 통제가 가능하다. • 사회구성원 전체의 공공재로서의 보건의료개념이다.
단점	• 의료이용시 자유선택권을 제한하므로 불만이 생길 수 있다. • 의사에 대한 인센티브 부족으로 의료의 질이나 생산성이 떨어진다. • 국가재정부담의 가중과 정부예산의 팽창에 따른 문제점이 발생한다.

⑤ 해당국가 : 영국, 뉴질랜드

- **사회주의형 의료체계**
① 개인사유재산을 인정하지 않는 사회주의국가에서 채택하고 있는 형태로 의료자원과 의료서비스의 균등한 분포와 균등한 기회제공에 있으므로 개인의 의료서비스 선택권은 존재하지 않는다.
② 재원은 세금으로 조달하며, 의료시설도 정부에서 공급한다.
③ 누구에게나 무료로 제공된다.
④ 장·단점

장점	• 포괄적 보건의료서비스 제공으로 질병예방을 중시한다. • 의료전달이 조직적이고 체계적이어서 관리와 통제가 용이해져 의료비가 절감된다.(정부가 직접 통제)
단점	• 국민의 보건의료서비스 이용의 자유선택권이 박탈된다. • 의료인에 대한 인센티브 결여로 의료서비스의 생산성과 질이 떨어진다.

⑤ 해당국가 : 북한

083　　　2018. 대구

테리스(Terris)가 분류한 보건의료체계의 유형으로 옳은 것은?

① 자유방임형, 사회보장형, 사회주의형
② 국민보건서비스형, 사회보험형, 소비자주권형
③ 공적부조형, 의료보험형, 국민보건서비스형
④ 사회보험형, 복지지향형, 자유기업형

정답 ③

요점

① 자유방임형, 사회보장형, 사회주의형 – 존 프라이
② 국민보건서비스형, 사회보험형, 소비자주권형 – OECD 유형

084
2018. 경기

테리스(Terris)의 보건의료체계 유형에 해당하지 않는 것은?

① 복지지향형
② 공적부조형
③ 의료보험형
④ 국민보건서비스형

정답 ①

요점

① 복지지향형 : 로머의 매트릭스 보건의료체계(1991년) – 사회보험에 의하여 재정을 조달하며, 정부나 제3자 지불자들이 다양한 방법으로 민간보건의료시장에 개입한다.(한국, 독일, 일본)

테리스의 보건의료체계

테리스는 1980년 의료보장 재원의 종류를 중심으로 보건의료체계를 보건의료 제공하고, 유형별로 공적부조형, 건강보험형, 국민보건서비스형의 3가지로 구분하였다.

① 공적부조형
  ㉠ 보건의료서비스를 위한 재원을 정부의 조세에 의존(국민이 보건의료비를 조달할 능력이 없기 때문)
  ㉡ 정부가 제공하는 서비스는 일차보건의료 중심의 서비스(넉넉하지 못한 정부재원 때문)
  ㉢ 해당국가 : 아시아, 아프리카, 남미 등
② 의료보험형
  ㉠ 국민 스스로 의료비를 조달할 수 있는 제도(국민이 납부한 보험료가 재원)
  ㉡ 의료보험(건강보험)을 통해 이루어짐(높은 소득수준 덕분에 가능)
  ㉢ 해당국가 : 한국, 독일, 프랑스 등
③ 국민보건서비스형
  ㉠ 건강권을 국민의 생존권적 기본권 중의 하나로 생각하는 국가에서 채택(국가에서 책임)
  ㉡ 보건의료서비스의 수혜자는 전 국민이며, 원칙적으로 모든 보건의료서비스는 무료(재원은 조세)
  ㉢ 보건의료자원의 국유화
  ㉣ 해당국가 : 영국, 이탈리아, 스웨덴 등

085
2020. 서울

앤더슨 모형에 따른 개인의 의료이용에 영향을 미치는 요인 중 의료인력과 시설의 분포, 건강보험과 같이 의료서비스를 이용할 수 있도록 하는 요인으로 가장 옳은 것은?

① 소인성 요인(predisposing factor)
② 가능성 요인(enabling factor)
③ 강화 요인(reinforcing factor)
④ 필요 요인(need factor)

정답 ②

요점 앤더슨 모형

필요 요인 (need factor)	보건의료서비스에 대한 요구
가능성 요인 (enabling factor)	• 보건의료 자원의 접근성 : 의료서비스를 이용할 수 있도록 하는 요인 • 가족자원 : 가구의 소득, 재산, 의료보험의 적용여부 등 • 지역사회 자원 : 의료자원, 의료기관까지 가는 데 걸리는 시간, 대기시간 등
소인성 요인 (predisposing factor)	• 어떤 현상이 나타나게 하는 요인들 • 인구학적 요인 : 성, 연령, 결혼상태 등 • 사회구조적 요인 : 직업, 교육, 정도, 인종 등 • 건강믿음 : 질병과 보건의료에 대한 태도 등

채움 문제로 실력 향상

PART 3 보건의료서비스와 보건의료체계

CHAPTER 1 보건의료서비스의 이해

001 ☐☐☐

보건의료서비스의 개념으로 틀린 것은?

① 대한민국 헌법 제36조 : 혼인과 가족생활은 개인의 존엄과 양성의 평등을 기초로 성립되고 유지되어야 하며, 국가는 이를 보장한다.
② WHO 헌장전문(1946년) : 인종, 종교, 정치적 신념, 경제적 혹은 사회적 조건에 따른 차별없이 최상의 건강수준을 유지하는 것이 기본권이다.
③ 세계인권선언(1948년) 제25조 : 모든 사람은 의식주, 의료 및 필요한 사회복지에 의해 자신과 가족의 건강 및 복지에 충분한 생활수준을 유지할 권리를 가지며, 실업, 질병, 심신 장애, 배우자의 사망, 노령 기타 불가항력에 의한 생활불능의 경우에는 보장을 받을 권리를 가진다.
④ 지역사회주민의 건강문제 발생을 예방하고 건강유지 및 증진을 위한 내용으로 이는 지역사회개발에 직·간접적으로 영향을 미칠 수 있어야 한다.

> **정답** ④
> **요점**
> ④ 일차보건의료의 사업의 필수사업 내용이다.

002 ☐☐☐

의료공급의 특징으로 틀린 것은?

① 의료가격이 상승하면 공급량이 증가하고, 가격이 하락하면 공급량이 줄어든다.
② 의료의 생산성은 면허가 주어진 사람에게만 한정되어 있으므로 법률적으로 독점이 형성되어 있다.
③ 의사에 의해 공급이 주도되고, 공급이 수요를 창출한다.
④ 의료서비스는 종합적이면서도 복합적인 서비스의 형태이다.

> **정답** ①
> **요점**
> 의료가격이 상승하면 공급량이 증가하고, 가격이 하락하면 공급량이 줄어든다는 공급의 법칙에서 제외된다.(일반적인 공급은 가격 하락 시 공급량이 줄어들지만, 의료의 공급은 가격이 올라가던, 낮아지던 의료가 필요한 사람에게 제공되기 때문에 제외된다)

003

뷰오리(Vuori H.)의 의료의 질의 구성요소에 해당하지 않는 것은?

① 효과성
② 효율성
③ 적합성
④ 과학적(기술의 질)
⑤ 수용성

정답 ⑤

요점 뷰오리(Vuori H.)의 양질의 보건의료서비스의 요건

의료의 질이란 의료 제공과정이 끊임없이 변화하고 있고, 수준이 높은 의료와 수준이 낮은 의료가 공존하기 때문에 현재 처한 환경의 조건 하에서 적절한 의학지식과 기술을 적용하는 것으로 유연하게 정의하였다.

① 효과성 : 한 서비스가 이상적인 상황에서 잠재적인 영향을 모두 발휘했을 경우와 비교하여 운영체계 내에서 실제로 영향을 미친 정도를 보는 것
② 효율성 : 한 서비스가 생산비에 미치는 실제적인 영향의 관계를 나타낸 개념
③ 적합성 : 인구집단의 요구와 이용 가능한 서비스와의 관계로서 수적·분배적 두 측면을 가짐
④ 과학적(기술의 질) : 현재 이용 가능한 의학지식과 기술을 실제에 적용하는 정도

004

다음 중 도나베디언의 의료의 질 평가 중 과정적 접근에 해당하는 것은?

① 임상진료지침
② 의료기관 신임제도
③ 사망률
④ 면허제도

정답 ①

요점

② 의료기관 신임제도 : 구조적 접근
③ 사망률 : 결과적 접근
④ 면허제도 : 구조적 접근

도나베디언의 의료의 질 평가과정
- 구조적 접근 : 신임제도, 면허제도, 자격부여제도
- 과정적 접근 : 의료이용도 조사(UR), 의료전문인들의 상호감시(PRO), 임상진료지침, 의료감사, 전문가 표준 검토기구(PSRO), 내부·외부평가
- 결과적 접근 : 고객만족도 조사, 의료서비스 평가, 진료결과 평가, 이환율, 사망률, 합병증 등의 지표

005

다음 글에 해당하는 보건의료서비스 질 평가는?

> 특정한 임상상황에서 임상의사와 환자의 의사결정을 돕기 위해 근거자료에 기반하여 체계적으로 정리한 자료로, 진료행위가 설정된 지침에 따라 수행되었는지 검토하는 프로그램

① 의료이용도 조사
② 의료전문인들의 상호감시
③ 임상진료지침
④ 의료감사

정답 ③

요점 ▶ 임상진료지침
특정한 임상상황에서 임상의사와 환자의 의사결정을 돕기 위해 근거자료에 기반하여 체계적으로 정리한 자료로, 진료행위가 설정된 지침에 따라 수행되었는지 검토하는 프로그램이다. – 과정적 평가

006

보건의료서비스의 질 관리 활동에 대한 다양한 평가가 이루어지고 있다. 도나베디안은 의료의 질 평가에 있어서 구조, 과정, 결과의 세 가지 측면에서 접근할 것을 제안하였다. 그 중 과정평가에 대한 설명으로 옳지 않은 것은?

① 의료제공자가 실제로 환자를 진료하는 과정과 행위를 평가한다.
② 가장 직접적인 의료의 질 평가 방법이다.
③ 의료서비스의 기술적 측면 뿐만 아니라 환자에 대한 인간관계문제도 모두 포함한다.
④ 의료의 질을 포괄적으로 보여줄 수 있는 지표이다.

정답 ④

요점
④ 의료의 질을 포괄적으로 보여줄 수 있는 지표는 결과적 접근에 해당된다.
'과정평가'는 의료제공자가 실제로 환자를 진료하는 과정과 행위의 적절성을 평가하는 가장 직접적인 의료의 질 평가이며, 적절한 약품 사용같은 기술적 측면부터 환자에게 바람직한 태도를 취하였는가와 같은 인간관계 문제도 모두 포함한다.

007

"의사는 충분한 지식과 기술을 지니고 있어야 하며, 각종 연수교육, 학술잡지, 학술모임 등을 통해 나날이 발전하는 의학을 계속 공부하여 자신의 능력을 향상시켜야 한다."는 것은 마이어스가 주장한 양질의 의료서비스 구성요소 중 어떤 요건을 의미하는가?

① 질적 적정성(Quality)
② 효율성(Efficiency)
③ 지속성(Continuity)
④ 접근 용이성(Accessibility)

> 정답 ①
>
> 의학을 계속 공부하여 자신의 능력을 향상시켜 질적 적정성을 보장해야 한다는 의미이다.
>
> **요점 좋은 보건의료의 질**
> ① 의료 공급자는 보건의료의 최저 수준이 보장되어야 하므로 전문적인 기술이나 지식수준이 높아야 한다.
> ② 질적 보건의료를 위한 구성요건
> 　㉠ 의료제공자는 지식과 기술면에서 전문적 능력을 가져야 한다.(의학적 적정성)
> 　㉡ 국가나 사회의 최소 수준을 보장하면서 일정수준의 질을 보장하기 위한 사회적 통제기전이 마련되어야 한다.(사회적 적정성)

CHAPTER 2 보건의료서비스

008

보건의료서비스의 경제학적 특성이 아닌 것은?

① 공급자의 무지
② 생산의 독점
③ 외부효과
④ 비탄력성
⑤ 불확실성

> 정답 ①
>
> **요점**
> 공급자의 무지가 아닌 소비자의 무지(정보의 비대칭성)이다. 이는 공급자 위주의 전문가 지배현상에서 발생한다.

009

코로나바이러스감염증의 유행을 막기 위해 '사회적 거리두기 캠페인'을 시행하고 있는 것은 보건의료서비스의 사회·경제적 특성 중 무엇과 관련있는가?

① 공공재
② 투자재
③ 예측 불가능성
④ 외부효과

정답 ④

요점
공급자의 이익이나 손해와는 관계없이 타인에게 이익을 주거나 손해를 주는 것을 말하며, 감염병인 경우 일단 발생하면 큰 영향을 미치므로 외부효과라 할 수 있다.

010

현대 보건의료서비스의 과제로서 틀린 것은?

① 경제적 능력이 아닌 건강상의 필요에 의해 보건의료서비스를 제공받아야 한다.
② 경제적·지리적 장벽은 국가에 의해서 제거되어야 한다.
③ 보건의료의 효율성을 높이기 위해 자원의 개발 및 운영, 조직의 운영, 의료전달 체계의 확립 등을 적정하게 이루고 관리하여야 한다.
④ 보건의료의 비효율적인 문제를 해결하기 위해 투자를 늘린다.

정답 ④

요점 현대 보건의료서비스의 당면 과제
① 자원 배분의 불평등성 : 인간은 경제적 능력이 아닌 오로지 건강상의 필요에 의하여 보건의료서비스를 제공받아야 하며, 이에 따르는 경제적·지리적 장벽은 국가에 의해 제거되어야 한다.
② 비효율성
  ㉠ 보건의료의 비효율적인 이용으로 인한 문제 : 보건의료비의 급격한 상승, 투자에 비해 의료의 질이 그다지 높지 못함, 의료에 대한 국민의 불만 증가
  ㉡ 보건의료의 효율성을 높이기 위하여 자원의 개발 및 운영, 조직의 운영, 의료전달체계의 확립 등이 적정하게 이루어지고 관리되어야 함
③ 지나친 의료비 상승의 문제

CHAPTER 3 의료기관 인증제도

011

우리나라의 의료기관 인증제도에 대한 설명으로 옳지 않은 것은?

① 의료기관 조건부인증의 유효기간은 2년이다.
② 의료기관 인증제도는 보건복지부가 주관한다.
③ 의료기관 인증기준에 의료서비스 제공과정 및 성과를 포함한다.
④ 의료기관 인증기준에 의료서비스 질 향상 활동을 포함한다.

정답 ①

요점

• **의료기관 인증제도**
보건복지부 주관으로 의료기관평가인증원에서 인증제의 개발 및 시행, 조사위원 교육, 결과의 분석, 종합 및 평가결과의 공표 등을 수행한다.

• **의료기관을 인증하는 기준 및 방법**
① 환자의 권리와 안전
② 의료기관의 의료서비스 질 향상 활동
③ 의료서비스의 제공 과정 및 성과
④ 의료기관의 조직·인력 관리 및 운영
⑤ 환자 만족도

• **인증등급 분류**
① 인증 : 해당 의료기관이 모든 의료서비스 제공에서 환자의 안정과 적정 수준의 질을 달성하여 필수항목에서 '하'가 없는 상태 – 인증 유효기간 4년
② 조건부인증 : 일부 영역에서 노력은 하였으나 인증수준에는 다소 못 미치는 기관으로, 나중에 부분적 노력이 필요하여 조사항목 평균 점수는 조금 낮으나, 필수항목에서 '하'가 없는 경우
③ 불인증 : 필수항목에서 기준 충족률이 60% 미만인 '하' 영역이 1개 이상 있는 경우(필수항목에서 '하'가 1개라도 있으면 불인증)

012

「의료법」에 따른 의료기관 인증의 취소의 경우로 틀린 것은?

① 거짓이나 그 밖의 부정한 방법으로 인증 또는 조건부인증을 받은 경우
② 인증기준을 충족하지 못하게 된 경우
③ 의료기관의 종별 변경 등 인증 또는 조건부인증의 전제나 근거가 되는 중대한 사실이 변경된 경우
④ 인증마크의 사용정지 또는 시정명령을 위반한 경우
⑤ 의료기관의 개설허가를 받은 경우

정답 ⑤

요점

⑤ 의료기관 개설 허가가 취소되거나 폐쇄명령을 받은 경우

013

의료의 질과 환자 안전수준을 제고하기 위해 의료기관을 대상으로 각종 평가업무를 수행하는 기관은?

① 의료기관 진흥원
② 의료기관 평가 인증원
③ 건강보험심사평가원
④ 한국보건산업진흥원

정답 ②
요점 의료기관 평가 인증원
의료기관 인증제도 및 의료기관을 대상으로 실시하는 각종 평가 업무를 통합·수행하여 의료의 질과 환자안전 수준을 제고함으로써 국민 건강의 유지·증진에 기여한다.

CHAPTER 4 보건의료체계

014

보건의료체계의 하부구성요소와 내용의 연결이 옳지 않은 것은?

① 보건의료자원 - 시설, 인력, 안경
② 보건의료서비스 제공 - 1차 의료, 기술
③ 보건의료조직 - NGO, 국방부, 고용노동부
④ 보건의료관리 - 규제, 독재적 지도력, 의사결정

정답 ②
요점
① 보건의료자원 : 시설, 인력, 장비 및 물자, 지식 및 기술(안경은 보건의료 장비 및 물자에 해당된다)
② 보건의료서비스 제공 - 1차, 2차, 3차 의료서비스 제공, 기술은 보건의료자원에 해당

015

다음 중 보건의료체계의 하부 구성요소와 내용으로 옳지 않은 것은?

① 보건의료자원 – 인력, 시설, 재정
② 보건의료서비스 제공 – 1차, 2차, 3차 의료서비스
③ 보건의료조직 – 중앙정부, 민간부문
④ 보건의료관리 – 리더십, 의사결정, 규제

정답 ①

요점 보건의료자원

① 보건의료인력 : 의사, 치과의사, 한의사, 조산사, 간호사, 약사, 임상병리사, 방사선사, 재활치료사, 영양사, 위생사, 보건행정요원 및 기타인력
② 보건의료시설 : 병원, 의원, 약국, 치과의원, 한의원, 보건소, 실험시설을 비롯한 폐수처리시설, 상수처리공정을 포함한 위생시설 등
③ 보건의료장비 및 물자 : 질병의 예방, 진단, 치료 및 재활에 필요한 장비 및 공급물로서 방사선의학장비, 심전도, 생화학적 분석기구 등을 비롯하여 의약품, 백신, 안경, 보청기, 의수족 등
④ 보건의료지식 : 보건의료 및 질환, 질환예방, 치료, 재활의 다양한 방법에 관한 제반지식과 기술

016

보건의료자원의 평가요소의 설명으로 틀린 것은?

① 질적 수준 : 보건의료인력의 주요 기능 수행능력과 기술 수준, 시설의 규모와 적정시설의 구비 정도를 말한다.
② 분포의 형평성 : 시설, 직종, 전문 과목별 자원의 지리적 분포가 주민의 필요성에 상응하게 분포되어 있는가를 의미한다.
③ 효율성 : 개발된 보건의료자원으로 얼마나 보건의료서비스를 산출할 수 있느냐 또는 보건의료자원을 개발하는 데 얼마나 많은 자원이 소요되었는지를 의미한다.
④ 계획성 : 장래에 필요한 보건의료자원의 종류와 양을 얼마나 체계적이고 정확하게 계획하는가 하는 문제이다.
⑤ 적합성 : 보건의료자원 개발의 주요 요소인 계획, 실행, 관리 등이 보건의료서비스 개발과 얼마나 통합적으로 이루어지는가의 문제이다.

정답 ⑤

요점 보건의료자원의 평가요소

① 양적 공급 : 흔히 인구당 자원의 양으로 표시한다.
② 적합성 : 공급된 보건의료서비스의 역량이 대상 주민들의 보건의료 필요에 얼마나 적합한가를 의미한다
③ 통합성 : 보건의료자원 개발의 주요 요소인 계획, 실행, 관리 등이 보건의료서비스 개발과 얼마나 통합적으로 이루어지는가의 문제이다.

CHAPTER 5 보건의료자원

017

보건의료자원을 가장 단순한 형태로 표현한 것으로 틀린 것은?

① 보건의료인력 – 지적자원
② 보건의료시설 – 물적자원
③ 보건의료장비 및 물자 – 물적자원
④ 보건의료지식과 기술 – 지적자원

정답 ①
요점
① 보건의료인력 – 인적자원

018

보건의료자원 중 가장 중요한 부분을 차지하는 것은?

① 보건의료장비 및 물자
② 보건의료지식과 기술
③ 보건의료인력
④ 보건의료시설

정답 ③
요점
보건의료서비스 산업은 노동집약적이기 때문에 보건의료인력은 보건의료자원 중 가장 중요한 부분을 차지한다.

019

의료인의 임무는 국민보건향상을 이루고 국민의 건강한 생활확보에 이바지하는 것이다. 의료인의 임무로 틀린 것은?

① 의사는 의료와 보건지도를 임무로 한다.
② 치과의사는 치과 의료와 구강보건 지도를 임무로 한다.
③ 한의사는 한방 의료와 한방 보건 지도를 임무로 한다.
④ 조산사는 환자의 간호 요구에 대한 관찰, 자료수집, 간호 판단 및 요양을 위한 간호를 임무로 한다.

정답 ④

요점

조산사는 조산과 임산부 및 신생아에 대한 보건과 양호 지도를 임무로 한다.

간호사의 임무
- 환자의 간호 요구에 대한 관찰, 자료수집, 간호판단 및 요양을 위한 간호
- 의사·치과의사, 한의사의 지도하에 시행하는 진료의 보조
- 간호 요구자에 대한 교육·상담 및 건강증진을 위한 활동의 기획과 수행, 그 밖의 대통령령으로 정하는 보건활동
- 간호조무사가 수행하는 업무보조에 대한 지도

020

「보건의료기본법」상 관련용어로 틀린 것은?

① '보건의료'란 국민의 건강을 보호·증진하기 위하여 국가, 지방자치단체, 보건 의료기관 또는 보건의료인 등이 행하는 모든 활동을 말한다.
② '보건의료서비스'란 국민의 건강을 보호·증진하기 위하여 보건의료인이 행하는 모든 활동을 말한다.
③ '보건의료인'이란 보건의료 관계법령에서 정하는 바에 따라 자격·면허 등을 취득하거나 보건의료서비스에 종사하는 것이 허용된 자를 말한다.
④ '보건의료기관'이란 보건의료인이 공중 또는 특정 다수인을 위하여 보건의료서비스를 행하는 보건기관, 의료기관, 약국 그 밖에 대통령령으로 정하는 기관을 말한다.
⑤ '공공보건의료기관'이란 국가, 지방자치단체, 그 밖의 공공단체가 설립·운영하는 보건의료기관을 말한다.
⑥ '보건자료'란 보건의료와 관련한 지식 또는 부호·숫자·문자·음성·음향·영상 등으로 표현된 모든 종류의 자료를 말한다.

정답 ⑥

요점

⑥은 '보건의료정보'의 정의이다.

021

공공보건의료기관의 설치기준으로 틀린 것은?

① 보건소는 시·군·구별로 1개씩 설치한다. 다만, 지역주민의 보건의료를 위하여 특별히 필요하다고 인정되는 경우에는 필요한 지역에 보건소를 추가로 설치·운영할 수 있다.
② 보건지소는 읍·면(보건소가 설치된 읍·면은 제외한다)마다 1개씩 설치할 수 있다.
③ 보건소 중 「의료법」에 따른 병원의 요건을 갖춘 보건소는 보건의료원이라는 명칭을 사용할 수 있다.
④ 지방자치단체는 보건소의 업무 중에서 특별히 지역주민의 급성질환과 감염병 예방 및 건강한 생활습관 형성을 지원하는 건강생활지원센터를 대통령령으로 정하는 기준에 따라 해당 지방자치단체의 조례로 설치할 수 있다.

> **정답** ④
> **요점** 건강생활지원센터의 설치
> 지역주민의 만성질환 예방 및 건강한 생활습관 형성을 지원한다.

022

「의료법」에서 병원을 개설할 때 거쳐야 할 절차는?

① 시·도지사에게 신고
② 시·도지사에게 허가
③ 시장·군수·구청장에게 신고
④ 시장·군수·구청장에게 허가

> **정답** ②
> **요점**
> ① 의원·치과의원·한의원 또는 조산원을 개설하려는 자는 보건복지부령으로 정하는 바에 따라 시장·군수·구청장에게 신고하여야 한다.
> ② 종합병원·병원·치과병원·요양병원 또는 정신병원을 개설하려면 시·도 의료기관개설위원회의 심의를 거쳐 보건복지부령으로 정하는 바에 따라 시·도지사의 허가를 받아야 한다.

023

의료장비의 특징으로 틀린 것은?

① 의료행위에 사용되는 제품의 종류가 다양하다.
② 의료장비는 대량생산하여 이용대상이 불편을 느끼지 않도록 한다.
③ 고가의 제품 및 유지 관리에 비용이 많이 든다.
④ 전문적 지식과 기술만으로는 의료장비의 생산이 어렵다. 의료장비는 자연과학, 공학, 의학 등의 복합적인 지식과 기술이 절대적으로 필요하다.

정답 ②
요점
의료장비는 이용대상이 한정되어 있어 대량생산이 어렵다.(소량생산)

024

고가의료장비의 범람의 이유로 틀린 것은?

① 우리나라의 경우 의료보험 실시 이후 의료수요가 증폭됨으로써 의료기관 간에 고가장비 구입경쟁이 본격화되었다.
② 고가장비가 범람하게 된 결정적 이유는 비급여 항목이기 때문이다.
③ WTO(세계무역기구) 체제 이후 수입규제함으로써 수입이 어려워졌다.
④ 우리나라의 자유방임과 민간 위주의 의료체계도 원인이 된다.

정답 ③
요점
③ WTO(세계무역기구) 체제 이후 수입규제가 곤란해져 수입이 쉬워졌다.(규제가 풀리면서 수입이 쉬워짐)

025

현대의료기술의 특징으로 틀린 것은?

① 치료보다 진단기술이 느리다.
② 치료가 발전되어야 하므로 치료가 전제되지 않은 진단은 무의미하다.
③ 의료기술의 발달로 적절한 치료를 통해 의료비를 감소시킬수 있다.
④ 현존하는 의료기술보다 더 효율적이고 생산적인 대체기술을 개발하여 소비자의 비용을 감소시키고 생산자의 이익을 증가시킬 수 있다.

정답 ①
요점
① 치료보다 진단기술이 빠르다.

026

보건의료정보의 내용이 틀리게 연결된 것은?

① 처방전달시스템(OCS) : 의사의 처방을 컴퓨터 전달망을 통해 전달함으로써 진료 및 처방에 소요되는 시간을 대폭 줄이며, 처방내용을 저장해 두고, 환자 진단시에 손쉽게 조회할 수 있어 진료의 질을 높일 수 있는 의료 정보시스템이다.
② 의료영상저장전송시스템(PACS) : 의사가 직접 컴퓨터에 환자의 임상진료에 관한 모든 정보를 입력하여 환자의 진료기록을 찾아서 진료실에 전달하고, 다시 처방전을 받아 조제하는 과정을 컴퓨터 네트워크를 이용하여 처리한다.
③ 진료정보시스템(CIS) : 환자에 대한 과거부터 현재까지의 진료기록을 관리하는 시스템으로, 환자병력관리, 의사처방관리, 각종 의료영상관리 등으로 의사나 간호사, 전문기사들을 위한 시스템이다.
④ 간호정보시스템(NIS) : 간호업무의 모든 과정에서 발생하는 자료를 정보통신기술을 이용여 효율적으로 처리하고, 유용한 정보를 제공하기 위한 시스템이다.

정답 ②
요점
②는 전자의무기록(EMR)에 대한 내용이다.
- 의료영상저장전송시스템(Picture Archiving And Communication System, PACS) : 의료영상을 기존 필름 대신에 디지털 형태로 저장하고, 통신망을 통해 의료진들에게 전송하는 장치를 말한다.(CT, X선, MRI, 핵의학진단 시스템, 초음파 진단시스템 등)
- 전자의무기록(Electronic Medical Record, EMR) : 의사가 직접 컴퓨터에 환자의 임상진료에 관한 모든 정보를 입력하여 환자의 진료기록을 찾아서 진료실에 전달하고, 다시 처방전을 받아 조제하는 과정을 컴퓨터 네트워크를 이용하여 처리한다.

027

우리나라 보건의료자원이 공공부문보다 민간부문에 집중되어 있다. 이에 따른 문제점에 대한 설명으로 가장 옳지 않은 것은?

① 의료기관의 도시지역 편중
② 국민의료비의 과도한 상승
③ 예방중심의 보건의료서비스
④ 보건정책 추진의 어려움

정답 ③
요점
우리나라는 치료중심의 보건의료서비스가 제공되고 있다.

028

WHO(1982년)에서 제시한 보건의료자원 개발 정도를 평가할 때 적용할 수 있는 요소의 내용으로 틀린 것은?

① 질적수준 : 의료인력의 주요기능 수행능력과 기술, 지식수준, 시설의 규모, 적정시설의 구비의 정도를 의미하며, 건강수준이나 삶의 질, 부작용의 결과를 질적수준의 주요 지표로 사용함
② 효율성 : 일정한 의료서비스를 생산하기 위하여 얼마나 많은 자원이 필요한가, 개발된 의료자원으로 얼마만큼의 의료서비스를 산출해 내는가를 평가
③ 통합성 : 공급된 의료서비스가 주민의 의료 필요에 얼마나 적합한가를 평가
④ 계획성 : 장래에 필요한 보건의료자원의 종류와 양을 얼마나 체계적이고 정확하게 계획하는가를 평가

정답 ③
요점

양적공급	인구당 필요한 의료자원의 양
질적수준	의료인력의 주요기능 수행능력과 기술, 지식수준, 시설의 규모, 적정시설의 구비의 정도를 의미하며, 건강수준이나 삶의 질, 부작용의 결과를 질적수준의 주요 지표로 사용함
분포	• 인력자원 : 지리적, 직종간, 전문과목별 분포 • 시설자원 : 지리적, 기능별, 규모별 분포가 주민의 의료 필요에 상응하게 분포되어 있는가를 평가
효율성	일정한 의료서비스를 생산하기 위하여 얼마나 많은 자원이 필요한가, 개발된 의료자원으로 얼마만큼의 의료서비스를 산출해 내는가를 평가
적합성	공급된 의료서비스가 주민의 의료 필요에 얼마나 적합한가를 평가
계획성	장래에 필요한 보건의료자원의 종류와 양을 얼마나 체계적이고 정확하게 계획하는가를 평가
통합성	보건의료서비스의 개발과 계획, 실행, 관리 등이 얼마나 통합적으로 이루어지는가를 평가

029

다음 중 「의료기사 등에 관한 법률」에 의하여 보건복지부장관 면허를 취득하는 보건의료인이 아닌 것은?

① 치과위생사
② 보건의료정보관리사
③ 안경사
④ 위생사

정답 ④

요점 보건의료인별 자격구분 정리

관련법규		보건의료인력 종별	자격 구분	교부처
의료법	제80조	간호조무사	자격	보건복지부
의료기사 등에 관한 법률	제1조	보건의료 정보관리사, 안경사	면허	보건복지부
	제2조	의료기사(임상병리사, 방사선사, 물리치료사, 작업치료사, 치과기공사, 치과위생사)	면허	보건복지부
응급의료에 관한 법률 제36조		응급구조사 (1·2급)	자격	보건복지부
국민건강증진법 제12조의 2		보건교육사 (1·2·3급)	자격	보건복지부

CHAPTER 6 보건의료전달체계

030

의료전달체계가 대두된 가장 큰 이유로 옳은 것은?

① 의사와 의료기관의 요구로 인하여 대두되었다.
② 세계 보건계의 흐름에 맞추어 대두되었다.
③ 의료기관 간의 경쟁을 억제하기 위하여 대두되었다.
④ 전 인류의 복지사회 건설을 위하여 대두되었다.
⑤ 보건의료자원의 효율적 활용을 하기 위하여 대두되었다.

정답 ⑤

요점
보건의료전달체계란 가용자원을 최대한 활용하여 효과적·효율적으로 활용함으로써 의료보장대상자들에게 필요할 때 적시에, 적절한 의료기관에서, 적합한 의료인에게 적정 서비스를 받을 수 있도록 제도화한 것이다.

031

보건의료전달체계의 구성요소와 내용이 틀린 것은?

① 적절성 : 보건의료서비스는 과도 또는 과소하게 제공되어서는 안된다. 언제나 적절한 시기에 적절한 정도로 제공되어야 한다는 것이 적절성의 원칙이다.
② 전문성 : 모든 국민에게 적절하고 합당한 보건의료서비스를 제공하기 위하여 보건의료 제공자가 갖추어야 하는 것이 전문성이다. 보건의료체계 제공자는 의료소비자의 욕구 파악과 진단, 치료 등에 전문적인 능력을 보유해야 한다.
③ 접근성 : 국가가 국민의 건강에 대해 책임을 져야 한다는 것이 근대 이후의 건강관이며, 현대 복지 국가에서의 책임성은 더 크다.
④ 통합성 : 의원과 병원은 경쟁관계가 아니라 보완적 상생관계로 변화되어야 1차 의료기관은 '진정한 문지기' 역할을 수행할 수 있다. 보건의료체계의 통합성은 자원의 낭비를 극복하고 자원을 효율적으로 활용하는 원칙이다.

정답 ③

요점
① 접근성 : 보건의료서비스를 이용하고자 하는 사람은 자신이 편리한 시간에 편리한 장소에서 편리한 절차를 통해 서비스를 제공받아야 한다.
② 책임성 : 국가가 국민의 건강에 대해 책임을 져야 한다는 것이 근대 이후의 건강관이며, 현대 복지 국가에서의 책임성은 더 크다.

032

보건의료체계의 단계의 설명으로 틀린 것은?

① 1차 의료 : 지역사회에 흔한 건강문제로 80~90%의 치료와 예방조치로 구성되어 있다.
② 1차 의료기관으로는 의원이 외래업무를 담당한다.
③ 2차 의료 : 시·도지사의 개설허가를 받은 병원급으로, 좀 더 전문적인 치료를 요구하는 문제를 다룬다.
④ 3차 의료 : 대학병원, 암수술 전문병원 등으로 고도의 전문화된 진료를 요구하는 문제를 다루며, 의료의 기술적 측면에서는 최상의 단계이다.

정답 ②

요점
1차 의료기관은 의원, 보건소, 보건지소와 보건진료소가 해당된다.

033

앤더슨(G. Anderson)의 투입 – 산출 모형의 과정 내용으로 틀린 것은?

① 환경 : 환경에는 물리적인 환경(기후, 수질), 사회체계(문화, 지식), 국가의 정책이 포함되며, 보건의료체계를 둘러싸고 있는 부분이다.

② 투입 : 의료체계의 목적을 달성하기 위한 생산요소로는 의료의 가용성과 재정이 있으며, 의료서비스의 대상인 인구집단 또는 환자이다.

③ 과정 : 실제적인 의료전달 과정에 있어서 환자와 보건의료 공급자 간의 상호작용이 일어나는 것을 말한다.

④ 산출 : 투입과 과정을 통한 결과를 의미하며, 산출의 최종산출은 형평성, 효율과 효과이다.

⑤ 분석 및 환류 : 산출결과가 목표와 어떤 차이가 있는지 평가하고 그 원인을 찾아서 해결하여 다음 사업에 반영하는 부분이다.

정답 ④

요점
산출은 투입과 과정을 통한 결과를 의미한다.
① 중간산출 : 형평성, 효율(투입대비 산출), 효과
② 최종산출 : 국민건강증진과 삶의 질이 상승하였는지의 정도

참고
형평성과 효율, 효과는 중간산출물이다.

034

보건의료서비스의 목적에 따른 분류의 내용으로 틀린 것은?

① 1차 예방은 질병이 없는 사람을 대상으로 질병의 발생 가능성을 줄이는 것이다.

② 2차 예방은 아직 질병에 걸리지 않은 사람을 대상으로 선별검사를 통해 조기발견하여 치료하는 것이다.

③ 3차 예방은 질환 치료 후 사회적 지지를 제공하여 삶의 질을 높이고, 신체 기능의 장애를 줄이는 것이다.

④ 당뇨환자를 위한 식이요법, 결핵진단을 위한 정기적 X선 검사는 2차 예방에 속한다.

정답 ②

요점
질병에 걸렸지만 증상이 없는 사람을 대상으로 선별검사를 통해 조기발견하여 치료하는 것이다.

035

아래 〈보기〉는 보건의료 재원조달 형태 중 어떤 보건의료전달체계인가?

> **보기**
> - 의료보험기구를 정부에서 조직하여 사회부 양성, 강제가입, 평균율 보험료제 등 사회보험의 원칙에 따라 운영한다.
> - 정부(보험자)의 비용의 일부 부담이 행하여지는 경우가 많다.

① 사회보험형
② 국가예산형
③ 조세형
④ 민간보험형

정답 ①

요점

의료보험기구를 정부에서 조직하여 사회부 양성, 강제가입, 평균율 보험료제 등 사회보험의 원칙에 따라 운영하는 보건의료제도는 사회보험형 보건의료제도이다.

- **사회보험형 보건의료제도**
① 해당 국가 : 한국, 일본, 독일, 캐나다 등의 자본주의 국가, 폴란드, 유고슬라비아 등 일부 사회주의 국가
② 장·단점
 ㉠ 의료보장의 형평성이 보장된다.
 ㉡ 특정 목적에 의하여 기금이 운영되어 기금의 상대적인 안정성을 확보할 수 있다.
 ㉢ 의료비의 상승이 나타난다.

- **조세형(국가예산형, 국가재정형) 보건의료제도**
① 특징 : 조세로 충당되는 국가의 재정에 의한 의료비를 부담하는 형태이다.
② 해당 국가 : 대부분의 사회주의 국가로, 영국, 뉴질랜드 등 서구 복지국가이다.
③ 장·단점
 ㉠ 형평성을 가장 중시하는 의료보장제도이다.
 ㉡ 의료비 통제가 상대적으로 용이하다.
 ㉢ 의료부분에 대한 재원 분배의 우선순위 저하로 재정 부족에 시달릴 수 있으며, 제공되는 의료서비스가 국민의 요구에 미흡한 경우가 많다.

- **민간보험형 보건의료제도**
① 특징
 ㉠ 민간에 의해 설립되어 각 개인 보호주의, 임의가입, 위험률 보험료제 등을 특징으로 하여 재원을 조달하는 제도이다.
 ㉡ 보건의료에 소요되는 비용은 원칙적으로 개인이 부담한다.
 ㉢ 보험의 형태에 따라 보험료, 급여내용, 급여수준 등이 다양하다.
② 해당 국가
 ㉠ 미국이 대표적인 나라이다.
 ㉡ 19세기 말까지 유럽에서도 민간 보험제도가 주종을 이루어 왔으나, 대부분 사회보험의 형태로 대치되었다.
 ㉢ 사회보험 형태를 채택하고 있는 국가들 중 일부 국가에서 사회보험의 보완기능으로 민간 의료보험을 일부 운영하고 있다.
③ 장·단점
 ㉠ 개인의 능력에 의해 보험가입이 결정되며, 전 국민에 대한 의료보장이 어렵다. 이러한 단점을 보완하기 위해 저소득층에 대한 공적 부조 등이 실시된다.
 ㉡ 민간 의료보험회사와 의료기관 간에 의료비 지급관계가 이루어지므로 정부의 통제가 미약하며, 따라서 의료비의 증가현상이 나타난다.

MEMO

PART

4

사회보장과 의료보장

CHAPTER 1　사회보장

CHAPTER 2　의료보장

CHAPTER 3　우리나라의 의료보장제도

CHAPTER 4　우리나라의 의료급여제도

기출 문제로 요점 확인

PART 4 사회보장과 의료보장

CHAPTER 1 사회보장

001 □□□
2022. 서울

베버리지(Beveridge)가 정의한 사회보장에 대한 설명으로 가장 옳지 않은 것은?

① 노령으로 인한 퇴직, 타인의 사망으로 인한 부양상실에 대비해야 한다.
② 실업이나 질병, 부상으로 소득이 중단되었을 때를 대처해야 한다.
③ 출생, 사망, 결혼 등과 관련된 특별한 지출을 감당하기 위한 소득보장이다.
④ 모든 국민이 다양한 사회적 위험에서 벗어나 행복하고 인간다운 생활을 할 수 있도록 자립을 지원한다.

정답 ④

요점
④는 사회보장에 대한 내용이다.

베버리지(Beveridge)의 정의
"실업이나 질병 또는 부상으로 인하여 소득이 중단되었을 때를 대처하고 노령으로 인한 퇴직이나 타인의 사망으로 인한 부양 상실에 대비하며 출생, 사망, 결혼 등과 관련된 특별한 지출을 감당하기 위한 소득보장을 의미한다."라고 사회보장을 정의하고, 국가가 빈곤, 질병, 무지, 불결, 나태(사회의 5대악)에 대하여 적극적으로 개입하여야 한다고 하였다.

참고 우리나라의 정의
사회보장기본법 제3조 '사회보장'이란 출산, 양육, 실업, 노령, 장애, 질병, 빈곤 및 사망 등의 사회적 위험으로부터 모든 국민을 보호하고 국민 삶의 질을 향상시키는 데 필요한 소득서비스를 보장하는 사회보험, 공공부조, 사회서비스를 말한다.

002 □□□
2013. 서울

모든 국민이 인간다운 생활을 할 수 있도록 국가가 책임지고 보장하는 사회보장에 관한 설명으로 옳은 것은?

① 사회보장의 실시방법으로는 사회보험, 공적부조 및 공공서비스가 있다.
② 사회보장은 근로 능력의 유무와 취업, 유무에 따라 달라진다.
③ 공적 부조와 공공서비스 제공에 필요한 재원은 보험료 수입으로 조달한다.
④ 영국의 국민보건 사업은 사회보험의 한 종류이다.

정답 ①

요점
② 근로 능력의 유무와 취업, 유무에 따라 달라지는 것은 공적부조이다.
③ 사회보험의 필요한 재원은 보험료 수입으로 조달한다.
④ 영국의 국민보건 사업은 사회서비스의 한 종류이다.

003　2021. 강원

다음 중 사회보장제도의 확장·보급을 위해 노력하는 국제 기구는?

① UNICEF
② FAO
③ ILO
④ WHO

정답 ③
요점 국제노동기구(ILO)
1919년 베르사유조약의 제13편(노동편)을 근거로 창설하여 사회보장제도의 확립.보급을 위해 활발하게 노력하는 기구로, 국가는 모든 국민에 대하여 국민 하나하나의 사회구성원이 살면서 겪게 되는 모든 위험과 사고(질병, 노령, 실업, 장애, 사망, 출산, 빈곤 등)로부터 보호하고, 최저생활을 보장하는 총체적 보장조치라 하였다.
① UNICEF : 국제연합아동기금
② FAO : 국제식량농업기구
④ WHO : 세계보건기구

004　2020. 대전

ILO의 사회보장 원칙에 해당하지 않는 것은?

① 대상자 보편주의 원칙
② 급여수준의 적절성 원칙
③ 대상자 분류의 원칙
④ 비용부담 공평성의 원칙

정답 ③
요점
① 대상의 보편성 원칙 : 사회보장은 전 국민을 포괄적으로 적용대상으로 한다는 원칙이다. 사회보장이 각국에서 처음으로 시작한 때는 한동안 근로자 계층의 전용으로 되어 왔지만 제2차 세계대전을 전후로 하여 전 국민을 대상으로 하여 생활대비 수단으로 등장하였다.
② 비용부담의 공평적 원칙 : 비용부담은 기여금 또는 조세로 충당하되 재산수준이 낮은 자에게 지나치게 과중한 부담을 주지 말도록 한다. 피보험자의 부담금은 50%를 초과할 수 없으며, 각출료는 피보험자를 위해서만 지불되어야 한다는 원칙이다.
③ 급여수준의 적절성 원칙 : 급여수준은 각 개인의 생활수준에 상응해야 하며, 최저수준까지는 누구에게나 동액 급여를 지급하고, 최저생활이 보장되도록 해야 한다.

005   2020. 대구

다음 중 베버리지의 사회보장 원칙에 대한 내용으로 옳지 않은 것은?

① 정액급여의 원칙 : 근로자나 사용자가 지불하는 기여금은 소득수준에 관계없이 동일한 금액으로 부담해야 한다.
② 행정책임 통합의 원칙 : 운영기관을 하나로 통일해야 한다.
③ 급여 적절성의 원칙 : 급여의 수준은 최저생계를 보장하기에 적절해야 하며 지급기간은 욕구가 존재하는 한 지급되어야 한다.
④ 피보험자 분류의 원칙 : 단일화되고 포괄적인 사회보험이지만 지역사회 내의 다양한 삶의 형태를 고려해야 한다.

정답 ①

요점 베버리지의 사회보장 원칙

① 균일한 생계급여의 원칙(정액급여의 원칙) : 실업, 장애, 퇴직으로 인한 소득상실의 경우 이전 소득수준에 관계없이 급여의 액수가 모든 국민에 대해서 동일하게 지급되어야 한다는 원칙이다.(최저생활 보장)
② 행정적 책임의 통일화 원칙(관리 책임의 단일화 원칙) : 경비절감과 부처 및 제도 간의 상호 효율성과 경제성을 고려하여 행정체계를 단일화, 통일화해야 한다는 원칙이다. 당시 영국은 소득보장과 관련하여 7개 정부부처가 각각 독립적으로 소득보장을 실시했다. 그에 따라 재원조달 방식이 통일되어 있지 않아서 서비스가 중복되거나 서비스 대상에서 제외되는 등의 문제가 있었다.
③ 급여의 적절성의 원칙(급여수준의 적정화 원칙) : 급여의 양과 시기에 대해 급여의 금액은 국민들이 최저생활을 보장하기에 충분해야 하며, 급여기간이 보장되어야 한다는 원칙이다. 급여는 우발적 사고를 제외하고 근로소득과 작업중단의 장기화에 따라 조건과 대책이 달라져야 하며, 필요가 계속되는 한 무제한으로 지급되어야 한다는 것이다.
④ 분류의 원칙 적용(적용대상의 계층화 원칙) : 사회보험의 대상자는 모든 국민을 대상으로 하지만, 최저생활의 차이, 발생사고의 종류에 따라 구분하여 급여를 조정해야 한다는 원칙이다.
⑤ 적용범위의 포괄성 원칙 : 사회보장제도가 전 인구의 기본적이고 예측 가능한 모든 욕구를 보장해 주어야 한다는 원칙이다. 신분이나 수입에 관계없이 전 국민이 대상이 되어야 하는 것과 대상자의 모든 요구를 포괄해야 하는 것을 모두 포함한다.
⑥ 균일한 기여금의 원칙(기여갹출의 원칙) : 근로자, 사용자가 지불하는 기여금은 소득수준에 상관없이 동일해야 한다는 원칙이다. 부자이든 가난한 사람이든 똑같이 내고, 똑같이 받는다는 것으로 급여가 동일하므로 갹출도 균일해야 한다는 것이다.

006   2016. 경기

베버리지(Beveridge)가 제시한 사회보장의 원칙에 해당하지 않는 것은?

① 적용인구와 적용사고는 포괄적이어야 한다.
② 기여금은 소득수준에 관계없이 동일금액으로 납부한다.
③ 지역사회 내의 다양한 삶의 형태를 고려해야 한다.
④ 경비절감과 부처 및 제도 간의 효율성을 위해 운영기관을 다양화해야 한다.

정답 ④

요점

① 적용인구와 적용사고는 포괄적이어야 한다. - 포괄성의 원칙
② 기여금은 소득수준에 관계없이 동일금액으로 납부한다. - 정액 기여의 원칙
③ 지역사회 내의 다양한 삶의 형태를 고려해야 한다. - 피보험자 분류의 원칙
④ 경비절감과 부처 및 제도 간의 상호모순을 없애기 위해 운영기관을 통일해야 한다. - 행정책임통합의 원칙 제시

007 2013. 인천

'요람에서 무덤까지(from the cradle to grave)'라는 구호로 사회보장제도가 잘 유지되고 있는 나라는?

① 스웨덴
② 노르웨이
③ 미국
④ 영국

정답 ④
요점
1942년 영국에서 '사회보험과 관련서비스'라는 베버리지 보고서에 복지국가란 '요람에서 무덤까지' 국민의 건강과 복지에 대하여 책임져 주는 국가라는 개념을 나타낸 표현이다.

008 2020. 경기

다음 중 사회보장의 기능 및 원칙에 대한 설명으로 옳은 것은?

① ILO는 노동자를 대상으로 국한하여 사회보장제도를 주장하였다.
② 사회보장은 소득재분배 기능을 가진다.
③ 베버리지는 대상자의 균일성을 주장하였다.
④ 사회보장제도는 지역사회별 차별화가 가능하게 한다.

정답 ②
요점
① ILO(국제노동기구) 사회보장 정의 : 사람들이 살아가다가 직면하는 여러 가지 위험요인들, 즉 질병, 노령, 실업, 장애, 사망, 출산, 빈곤 등으로 인해 소득이 일시적으로 중단되거나 소득이 장기적으로 없어지거나 지출이 크게 증가하여 사람들이 이전의 생활을 못할 경우, 이전의 사회생활을 할 수 있도록 하는 국가의 모든 프로그램이다.
② 소득재분배 기능 : 집단 간 격차를 줄이고자, 고소득층에게는 세금 부담을 키우고, 저소득층에게는 세금의 부담을 줄여주는 정책으로, 사회보험, 공공부조 등이 소득 재분배를 위한 수단으로 활용된다.
③ 베버리지 사회보장 원칙 : 정액급여의 원칙, 정액기여의 원칙, 행정책임 통합의 원칙, 급여 적절성의 원칙, 포괄성의 원칙, 피보험자 분류의 원칙(지역사회 내의 다양한 삶의 형태를 고려해야 한다는 원칙)이 있다.
④ 사회보장제도는 지역사회별 차별을 두지 않는다.

009　　　2013. 지방7급

공적연금제도에서 부과방식(Pay – as – you – go)으로 재정이 조달되는 경우 기대할 수 있는 소득재분배는?

① 세대 간 재분배
② 수평적 재분배
③ 수직적 재분배
④ 역진적 재분배

> **정답** ①
> **요점** 소득재분배 기능
> paygo(페이고 원칙) : "현금으로 지불하다"라는 뜻으로, 정부가 경기부양 등의 목표를 위해 지출계획을 짤 때 재원 확보안까지 마련하도록 한 원칙이다.(경기부양 효과가 적은 일반 경직성 부문은 과감하게 삭감(pay)하는 대신 큰 쪽으로 몰아준다(go)는 원칙이다)
> ① 수직적 재분배 : 고소득계층으로부터 저소득계층으로의 재분배(공적부조)
> ② 수평적 재분배 : 동일 소득계층 간의 재분배로 건강한 사람으로부터 질병자에게로, 취업자로부터 실업자에게로 소득이 재분배되는 형태(사회보험)
> ③ 세대 간 재분배 : 현 세대와 미래 세대 간의 소득을 재분배하는 형태(공적연금제도로 국민연금제도)

010　　　2018. 강원

사회보장제도에 따른 소득의 재분배 유형 중에서 공적연금제도에서 나타날 수 있는 재분배는?

① 세대 간 재분배
② 사회적 재분배
③ 수직적 재분배
④ 수평적 재분배

> **정답** ①
> **요점** 세대 간 재분배
> 현 세대와 미래 세대 간의 소득을 재분배하는 형태(공적연금제도로 국민연금제도)

011　2019. 전북

사회보장제도에는 보편주의와 선별주의 원칙이 있다. 다음 중 선별주의에 대한 설명으로 옳은 것은?

① 전 국민이 수혜자이므로 비용이 많이 들어간다.
② 궁핍을 미연에 방지하기 위해 최저 소득을 보장해 주어야 한다.
③ 빈곤의 덫 문제가 발생하기 쉽다.
④ 사회정책에 대한 소득재분배 효과가 감소한다.

정답 ③

요점

● **선별주의**
① 사회서비스가 개인적 욕구에 근거를 두고 제공되며, 자산 조사에 의하여 결정된다는 원리이다.
② 도움을 가장 필요로 하는 사람에게 집중적으로 사회서비스를 제공해 줌으로써 자금·자원의 낭비가 적어 경비가 적게 들고, 불필요한 의존심을 키워주지 않는다.
③ 불필요한 사람에게는 서비스를 제공하지 않는다는 점에서 비용-효과성을 강조한다.
④ 자산 조사가 낙인 효과를 주어 수급률을 낮추게 될 가능성이 높다.

● **보편주의**
① 전 국민에게 사회복지서비스가 사용될 수 있어야 한다는 원리로 균일성을 보장한다.
② 궁핍을 미연에 방지하기 위하여 최저 소득을 보장해 주어야 하며, 인권 침해를 하지 않아야 하고, 행정과 시행절차가 간단하여야 한다.
③ 시민의 구매력을 일정 수준으로 유지시킴으로써 경제적 안정과 성장에 이바지한다.
④ 사회적 일체성(주는 자와 받는 자라는 두 집단으로 구분하지 않는다)과 인간 존엄성의 보존이라는 사회적 효과성을 강조한다.
⑤ 비용이 많이 들며, 사회정책에 의한 소득 재분배 효과가 감소된다.

012　2019. 충남

사회보장의 순기능으로 옳지 않은 것은?

① 인간의 존엄성을 유지할 수 있는 기본조건을 마련해 주어 최저 생활을 보장하는 기능
② 보험료의 공동갹출과 공동사용이라는 위험분산 기능을 통해 사회적 연대 기능
③ 한 집단으로부터 다른 개인이나 집단으로 이전되는 소득 재분배 기능
④ 과도한 사회보장으로 인한 근로의욕 감소 기능

정답 ④

요점

과도한 사회보장으로 인한 근로의욕 감소는 역기능에 해당된다.

● **사회보장의 긍정적 기능(순기능)**
① 소득재분배 기능
　㉠ 수직적 재분배 : 고소득계층으로부터 저소득계층으로의 재분배(공적부조)
　㉡ 수평적 재분배 : 동일 소득계층 간의 재분배로 건강한 사람으로부터 질병자에게로, 취업자로부터 실업자에게로 소득이 재분배되는 형태(사회보험)
　㉢ 세대 간 재분배 : 현 세대와 미래 세대 간의 소득을 재분배하는 형태(공적연금제도로 국민연금제도)
② 사회적 연대 기능 : 개개인의 생활 중에 위험분산에 대한 기능으로 보험료의 공동갹출과 공동사용으로 사회적 연대가 일어난다.
③ 경제적 기능 : 소득의 상실시 실업수당이나 연금 등의 소득보장을 통해 경기회복에 기여한다.
④ 정치적 기능 : 취약계층이나 빈곤한 계층에 대한 기본 수요를 충족시켜줌으로써 정치적 안정을 도모한다.
⑤ 자동안전화 장치의 기능
　㉠ 경기 후퇴 : 실업급여를 통해 상품구입을 위한 유효수요창출
　㉡ 경기 과열 : 실업보험을 통해 유효수요를 삭감하여 경기억제

● **사회보장의 부정적 기능(역기능)**
① 사회보장을 통해 개인은 소득이 보장되고 생활이 안정됨에 따라 개인주의 경향을 만연시키고 있다. 이는 전통적 대가족제도의 와해를 국가가 재정적으로 뒷받침해 주고 있는 것이다.(부모를 모시지 않고 요양시설로 보내는 자식들)
② 과도한 사회보장은 근로의욕을 감퇴시키거나, 무위도식을 하게 되어 '사회의 기생충'이라고 혹평하기도 한다.(자발적 실업 증대의 원인)
③ 사용자의 사회보장비 부담이 과도할 경우 이를 벗어나기 위해 임시적, 시간제 근무 등 왜곡되거나 암시장이 형성되어 건전한 국민경제발전에 장애요인으로 작용되기 쉽다.
④ 과도한 사회보장은 국가의 재정 적자를 악화시킬 수 있다.
⑤ 사회보장으로 일반 국민에게 재정이 풀림으로써 인플레이션의 원인이 되기도 한다.

013

2019. 대구

사회보장에 관한 부정적 의미가 아닌 것은?

① 개인주의 경향 초래
② 경기불황 유발
③ 실업률 증가
④ 도덕적 해이

정답 ②

요점 **사회보장의 부정적 기능**
사회보장 비용의 증가, 근로의욕 감소, 빈곤의 함정, 도덕적 해이 등을 유발하며, 사회보장의 부정적 기능으로 불황기에 보험료 인상으로 인해 불황을 더욱 심화시키는 문제가 있을 수 있으나 사회보장 자체가 경기불황을 유발하는 부정적 기능을 가졌다고 보기는 어렵다.

014

2014. 서울

우리나라 건강보험의 연혁에서 직장가입자와 지역가입자의 재정 통합 연도와 노인장기요양보험 실시 연도가 순서대로 바르게 연결된 것은?

① 1989년 – 2000년
② 2000년 – 2003년
③ 2000년 – 2008년
④ 2003년 – 2008년
⑤ 2003년 – 2011년

정답 ④

요점 **국민건강보험의 연혁**

연도	내용
1963년	의료보험법 제정
1977년	500인 이상 사업장 강제적용 실시
1979년	공무원 및 (사립학교) 교직원 적용
1988년	농어촌 지역주민 적용
1989년	약국의료보험 실시
1989년	도시지역주민 적용확대
1998년	국민의료보험관리공단 출범(1차 통합)
1999년	국민건강보험법 제정 – 2000년 시행
2001년	의료보호법에서 의료급여법으로 개정(10월 1일 시행)
2003년	직장재정과 지역재정 통합
2007년	의료급여 1종 외래 본인 일부부담제 도입
2007년	노인장기요양보험법 재정
2008년	노인장기요양보험 실시
2011년	사회보험 징수·통합
2012년	포괄수가제 병·의원급 의료기관 당연적용(7개 질병군 입원환자)
2013년	중증질환 재난적 의료비 지원사업 실시
2015년	간호·간병통합 서비스 보험급여 적용
2019년	외국인 지역가입자 당연적용 실시

015

2015. 충남

각 국의 의료보장제도의 역사로 옳지 않은 것은?

① 영국은 전 국민을 대상으로 하는 사회보험방식의 의료보장을 실시하고 있다.
② 프랑스는 전 국민을 포괄하는 사회보험방식을 채택하고 있다.
③ 미국은 전 국민을 포괄하는 사회보험시스템이 없다.
④ 우리나라는 1989년부터 전 국민을 대상으로 하는 사회보험방식의 의료보장을 실시하고 있지만 보장성이 낮은 문제점이 있다.

정답 ①

요점

① 영국은 전 국민을 대상으로 하는 의료보장제도로 국가보건서비스 제도를 실시하고 있다.
② 프랑스는 전 국민을 대상으로 사회보험방식인 의료보험제도를 실시하고 있다.
③ 미국은 1929년 10월에 시작된 세계대공황으로 인한 대량실업과 빈곤이 사회문제화되자 루즈벨트 행정부는 뉴딜정책의 일환으로 1935년 사회보장법을 제정하였고, '사회보장'이라는 용어를 최초로 사용하였다. 사회보장법은 사회보험과 공공부조, 사회복지서비스에 대해 규정하였으며, 사회보험에는 실업보험과 노령연금제도가 포함되었다. 하지만, 전국적 차원의 의료보험제도는 의사들의 반대로 수립되지 못하고 민간보험으로 대체되었다.
전국을 포괄하는 사회보험시스템은 없고 노인이나 장애인을 대상으로 하는 사회보험방식과 저소득층을 대상으로 하는 공공부조방식을 실시하고 있다.
④ 우리나라는 1977년 의료보험이 도입되고 1989년 전 국민을 대상으로 확대적용되고 있지만 비급여항목이 많고 급여항목 중에서 본인부담금이 있기 때문에 보장성이 낮은 문제점이 있다.

016

2014. 복지부

영국 사회보장제도의 기틀을 마련한 보고서는?

① 베버리지 보고서
② 라론드 보고서
③ 마못리뷰
④ 에치슨 보고서
⑤ 블랙 보고서

정답 ①

요점 베버리지 보고서

1942년 베버리지 보고서(요람에서 무덤으로) "태어나서 죽을 때까지 국가에서 보장해 준다."는 의미로 1941년 6월에 창설된 '사회보험 및 관련사업에 관한 각 부처의 연락위원회' 위원장이었던 베버리지의 보고서로 당시 비합리적인 사회보장제도의 구조나 효율성을 재점검하고 필요한 개선책을 권고하였으며, '사회보험과 관련 서비스'가 정식 명칭이다.

017　　2016. 울산

엘리자베스 구빈법에 대한 설명으로 옳지 않은 것은?

① 빈민구제에 대한 국가적 책임인식이 있었다.
② 빈민구제에 세금재원이 활용되었다.
③ 균일한 생계급여의 원칙에 따라 빈민에 대한 구분 없이 균등한 처우를 제공하였다.
④ 노령, 불구, 모자세대 등의 노동능력이 없는 빈민은 구빈원에 입소시켜 집단수용하였다.

정답 ③

요점

1601년 엘리자베스 여왕 때 없는 사람들을 위한 구빈법을 만들었다.
① 봉건사회 붕괴와 양모산업으로 인해 유랑민과 걸인으로 인하여 사회적 무질서가 초래되는 것에 대응하기 위해 구빈법을 도입하였다.
② 빈민구제에 대한 국가적 책임 인식이나 기본적으로 빈민에 대한 억압과 빈민통제 및 격리 목적이 본질이었다.
③ 노동 능력이 있는 빈민(자격 있는 빈민으로 강제노역에 종사시킴)과 노동 능력이 없는 무능력자(집단수용 또는 거택보호를 실시)를 구분하여 노동 능력자에 대한 노동 동기를 강제하려는 법이었다.
④ 최초의 중앙 정부 통제를 가능하게 했던 법으로, 빈민구제에 대한 국가적 책임을 인식함으로써 오늘날 공공부조의 기초를 확립시켰다.
⑤ 세금 재원의 활용 : 교구 단위로 주민의 구빈세를 재원으로 활용하였다.

018　　2019. 서울

〈보기〉에서 우리나라의 사회보험제도 중 의료보장에 해당하는 것을 모두 고른 것은?

―― 보기 ――
㉠ 건강보험　　㉡ 고용보험
㉢ 국민연금　　㉣ 산재보험

① ㉠
② ㉠, ㉡
③ ㉠, ㉣
④ ㉠, ㉡, ㉢, ㉣

정답 ③

요점

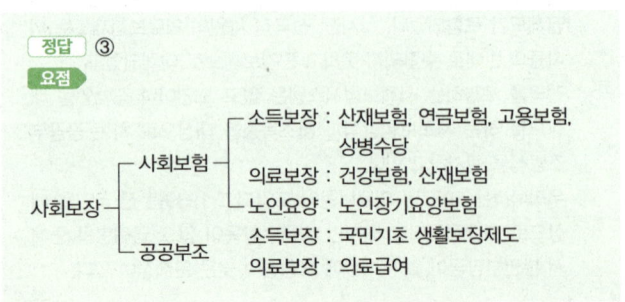

019   2017. 서울

우리나라 사회보장체계의 분류에서 국민건강보험이 해당되는 것은?

① 사회보험 중 의료보장
② 사회보험 중 소득보장
③ 공공부조 중 소득보장
④ 공공부조 중 의료보장

정답 ①

요점
- 국민건강보험 : 사회보험 중 의료보장
- 국민연금 : 사회보험 중 소득보장
- 기초생활보장 : 공공부조 중 소득보장
- 의료급여 : 공공부조 중 의료보장

020   2023.6월 지방

사회보장제도 중 소득보장이 아닌 것은?

① 의료급여
② 국민연금
③ 고용보험
④ 국민기초생활보장

정답 ①

요점
의료급여는 의료보장이며, 소득보장에는 산재보험, 연금보험, 고용보험, 상병수당이 있다.

021　　2017. 서울

의료보장제도의 궁극적인 목표가 아닌 것은?

① 의료혜택의 균등분배
② 국민의료비의 적정수준 관리
③ 첨단의료기술의 개발
④ 과중한 의료비 부담의 경감

> **정답** ③
> **요점**
> 의료보장제도는 전 국민을 대상으로 하는 필수 혹은 기본수준의 의료이므로, 첨단의료기술의 개발과는 거리가 멀다.

022　　2014. 서울

사회보험의 특징이 아닌 것은?

① 최저생계를 보장한다.
② 보험가입은 강제성을 지닌다.
③ 보험료 부담은 공동 부담이 원칙이다.
④ 사회적 형평성을 추구한다.
⑤ 보험료 지불능력이 없는 저소득층을 대상으로 한다.

> **정답** ⑤
> **요점**
> 보험료 지불능력이 없는 저소득층은 공공부조의 대상이 된다.
>
> **사회보험의 특성**
> ① 사회성 : 개인이나 어떤 집단의 개별적 이익을 추구하기보다는 사회구성원 전체를 대상으로 공익을 추구하는 사회적 제도이다.
> ② 보험성 : 보험의 원리에 근거를 두고 우발적 사고에 대비하기 위해 공동부담의 원칙을 갖는다.
> ③ 강제성 : 국민의 기본욕구 충족의 목적을 두고 있기 때문에 보험제도의 혜택을 받으려면 누구나 강제로 가입되어야 하는 보편적 원칙을 살리기 위해 당연 적용이라는 강제성을 가지고 있다.
> ④ 부양성 : 사회보험 재원의 일부분은 보조금의 형식으로 국가나 지방자치단체가 부담하게 된다는 사회보험의 부양성의 원칙이다.

023

2020. 호남권

사회보험의 기능으로 가장 적절하지 않은 것은?

① 사회적 연대 기능
② 위험분산 기능
③ 소득재분배 기능
④ 사회불안의 통제 기능

정답 ④

요점

사회통제 기능은 공공부조제도의 특징으로, 사회적 불안기에 수혜대상자를 증가시켜 불만계층의 욕구를 해소시킴으로써 사회적 불안을 통제한다.

사회보험의 원리
① 최저생활보장의 원리 : 연금으로 최저생활 가능
② 소득재분배의 원리 : 수직적 재분배로 많이 벌면 많이 내고, 적게 벌면 적게 내지만 받는 혜택은 같음
③ 보편주의 원리 : 소득이 있는 누구나 보험료 대상임
④ 보험료 분담의 원리
⑤ 강제가입의 원리 : 소득이 있으면 강제로 가입
⑥ 국가관리의 원리 : 국가에서 보험료 관리(공공부조는 국가책임의 원리)
⑦ 국고부담의 원리 : 국가가 세금을 이용해서 재원을 지원

024

2016. 지방

사회보험의 특징에 관한 설명으로 옳지 않은 것은?

① 단일화된 관리기구로 운영된다.
② 최저수준의 의료서비스를 제공한다.
③ 가입 시 본인의 의사가 존중된다.
④ 보험료는 소득에 비례 납부한다.

정답 ③

요점

사회보험은 강제가입이다.

025　2014. 서울7급

사회보험과 민간보험에 대한 설명으로 옳은 것은?

① 민간보험은 강제가입이다.
② 사회보험의 성격은 개별보험이다.
③ 사회보험료 부담 방식은 정액제이다.
④ 민간보험의 재원 부담은 능력비례 부담방식이다.
⑤ 사회보험은 최저생계보장 또는 기본적 의료보장이 목적이다.

정답 ⑤

요점
- 민간보험은 임의가입이며, 개별의 능력에 따른다.
- 사회보험의 성격은 집단보험이다.
- 사회보험료 부담방식은 정률제이다.
- 민간보험의 재원부담은 정액제이다.

026　2017. 울산

사회보험과 민간보험의 성격에 대한 설명으로 옳지 않은 것은?

① 사회보험은 최저생계 보장을 목적으로 하지만, 민간보험은 개인적 필요에 따른 보장이 제도의 목적이다.
② 사회보험은 법적으로 수급권을 보장하지만, 민간보험은 계약에 의해 수급권이 보장된다.
③ 사회보험과 민간보험 모두 공동부담의 원칙을 기본으로 한다.
④ 사회보험과 민간보험 모두 위험분산을 통한 보험기능을 수행한다.

정답 ③

요점
사회보험은 공동부담의 원칙이지만, 민간보험은 본인부담 위주이다.

027　2021. 서울

우리나라 사회보장체계에서 사회보험에 해당하는 것은?

① 복지서비스
② 국민연금제도
③ 국민기초생활보장제도
④ 의료급여제도

정답 ②
요점 5대 사회보험
① 산업재해보상보험(1964년) : 최초로 시행된 사회보험제도
② 의료보험(1977년) : 강제 가입 시작(500인 이상 사업장부터 시작됨)
③ 국민연금(1988년)
④ 고용보험(1995년)
⑤ 노인장기요양보험(2008년) : 2007년 노인보호법 제정. 노인 부양이 사회적 문제가 되면서 국가에서 부양문제를 해결

028　2015. 경북

우리나라 사회보험제도 도입 시기가 순서대로 바르게 나열된 것은?

① 산재보험 → 의료보험 → 고용보험 → 국민연금 → 노인장기요양보험
② 의료보험 → 산재보험 → 고용보험 → 국민연금 → 노인장기요양보험
③ 산재보험 → 의료보험 → 국민연금 → 고용보험 → 노인장기요양보험
④ 의료보험 → 산재보험 → 국민연금 → 고용보험 → 노인장기요양보험

정답 ③
요점

산재보험(1964년) → 건강보험(1977년) → 국민연금(1988년) → 고용보험(1995년) → 노인장기요양보험(2008년)

029　　　　　　　　　　　　　　2021. 경기

다음 중 우리나라의 사회보험제도에 해당하지 않는 것은?

① 고용보험
② 노인장기요양보험
③ 국민기초생활보장제도
④ 산재보험

정답 ③
요점 공공부조제도
국민기초생활보장제도, 의료급여제도

030　　　　　　　　　　　　　　2021. 경기7급

건강을 보장해 주는 우리나라의 사회보험제도에 해당하지 않는 것은?

① 국민건강보험
② 노인장기요양보험
③ 산재보험
④ 의료급여

정답 ④
요점 우리나라의 5대 사회보험
산업재해보상보험, 의료보험, 국민연금, 고용보험, 노인장기요양보험

031 · 2013. 서울

산업재해보상의 종류에 대한 설명으로 옳지 않은 것은?

① 유족급여는 사망자의 유족에 지급되는 것으로서 연금 또는 일시금으로 지급된다.
② 요양급여는 업무상 재해로 4일 이상의 요양을 필요로 하는 부상 또는 질병에 대해 지급한다.
③ 장례비는 장례를 지낸 사람에게 평균임금의 180일분을 지급한다.
④ 장해급여는 업무상 부상이나 질병이 완치된 후에 이와 관련되어 장해가 남을 경우 연금 또는 일시금 형식으로 지급한다.
⑤ 휴업급여는 요양으로 인해 취업하지 못하는 기간이 4일 이상인 근로자에 대하여 1인당 평균임금의 70%에 해당하는 금액을 지급한다.

정답 ③
요점
장례비는 평균임금의 120일분을 지급한다.

산재보험 급여 종류별 수급 요건 및 급여 수준

급여 종류		수급 요건	급여 수준
요양급여		산재로 인한 부상 또는 질병의 치료를 위해 요양비 지불(3일 이내에 치유되는 부상, 질병일 경우 산재보험 급여를 지급하지 않고 「근로기준법」에 의하여 사용자가 재해보상)	요양비 전액으로 본인부담금 없음
휴업급여		산재로 인한 휴일 기간 중 지급(요양급여와 같이 '3일 이내'라는 예외규정을 둠)	1일당 평균 임금의 70%의 월급을 지급
장해급여	연금	산재로 인한 부상, 질병의 치유 후 장해가 남아 있으며 그 정도가 장해 등급 1~3급인 경우, 4~7급은 연금·일시금 중 선택	329일분(1급)~138일분(7급)
	일시금	재해 노동자 사망 시 유가족에게 연금 또는 일시금으로 지급	1012일분(4급)~55일분(14급)
유족급여	연금	재해 노동자 사망 시 유가족에게 연금 또는 일시금으로 지급	47%(유족 1인)를 기본으로 1인당 5% 증가 : 상한 한도 67% - 300일분
	일시금		1300일분
장례비(장의비)		재해 노동자 사망 시 지급	평균 임금의 120일분
상병보상 연금		2년 이상 장기 요양을 하는 재해 노동자가 폐질자로 판정된 경우, 요양급여와 함께 지급(휴업급여와 병급 불가)	장해 급여 1~3급과 동일
특별급여		보험 가입자의 고의, 과실로 인한 재해시 재해 노동자에게 산재보험법에 의한 보상에 더하여 민사 배상에 갈음하여 유족특별 급여, 장해특별 급여 지급	라이프니츠방식으로 산정한 특별급여액을 보험급여에 추가지급
간병급여		요양 급여를 받은 자가 치유 후 상시 또는 수시로 간병이 필요한 경우	상시 간병 : 1일 41170원(단, 전문간병인 44760원) 수시 간병 : 1일 27450원(단, 전문간병인 29840원)
직업재활		제1급~제12급의 산재 장해인, 미취업자, 다른 훈련 미해당자	• 직업훈련 비용 및 직업훈련 수당 • 직장복귀 지원금, 직장적응 훈련비 및 재활운동비

032

2020. 부산

다음 중 산업재해보상보험의 보상내용으로 옳지 않은 것은?

① 휴업급여는 업무상 사유로 부상을 당하거나 질병에 걸린 근로자에게 요양으로 취업하지 못한 기간에 대하여 평균임금의 100분의 50에 상당하는 금액을 지급한다.
② 장례비는 근로자가 업무상의 사유로 사망한 경우에 평균임금의 120일분에 상당하는 금액을 지급한다.
③ 간병급여는 요양급여를 받는 자 중 치유 후 의학적으로 간병이 필요하여 실제로 간병을 받는 사람에게 지급한다.
④ 요양급여는 근로자가 업무상의 사유로 부상을 당하거나 질병에 걸린 경우 그 근로자에게 지급하나 부상 또는 질병이 3일 이내의 요양으로 치유될 수 있다면 지급하지 않는다.

정답 ①

요점
휴업급여는 업무상 사유로 부상을 당하거나 질병에 걸린 근로자에게 요양으로 취업하지 못한 기간에 대하여 평균임금의 100분의 70에 상당하는 금액을 지급한다.

033

2016. 경기

산재보험에 대한 설명으로 옳지 않은 것은?

① 근로자의 건강증진을 위한 제도이다.
② 소득과 의료를 동시에 보장한다.
③ 보험료는 사업주가 전액 부담한다.
④ 정률보상방식이다.

정답 ①

요점 산업재해보상보험(산재보험)
① 공업화가 진전되면서 급격히 증가하는 산업재해 근로자를 보호하기 위하여 1965년 도입된 우리나라 최초의 사회보험제도이다.
② 사업주는 보험에 자진 신고 및 자진 납부원칙에 따라 자발적으로 가입하고, 보험료도 스스로 납부해야 한다(강제성). 이는 산재 근로자와 그 가족의 생활을 보장하기 위해 국가가 책임을 지는 의무보험이다.
③ 무과실 책임주의에 따라 산업재해로부터 근로자를 보호하기 위해서는 산업재해 자체를 예방하는 것이 가장 바람직한 것이나, 이미 발생한 산업재해로 인하여 부상이나 사망한 경우 그 피해 근로자나 가족을 보호, 보상해 주기 위해 산재보험이 중요한 의미를 포함한다. 그러므로 근로자의 업무상 재해에 대하여 사용자에게는 고의·과실의 유무를 불문한다.
④ 정률보상제도에 따라 국가가 사업주로부터 소정액의 보험료를 징수하여 그 재정으로 사업주를 대신 산재 근로자에게 보상을 해주는 제도이다. 산재보험급여는 재해발생에 따른 손해 전체를 보상하는 것이 아닌 평균임금을 기초로 하는 정률보상방식이다.
⑤ 사업주가 100% 부담하고 수급자는 가입된 사업장의 산재 근로자이며, 국가는 보험사업의 사무 집행에 소요되는 비용을 부담한다.
⑥ 타 보험과 달리 개별보험자 단위가 아니라, 산재보험은 사업장 중심의 관리가 이루어지고 있다. 그러므로 개별근로자들의 관리는 이루어지지 않는다.
⑦ 산재보험은 소득보장과 의료보장의 기능을 동시에 한다.

034

2017. 충남

우리나라의 공적연금제도인 국민연금이 도입된 시기는 언제인가?

① 1964년
② 1977년
③ 1988년
④ 1995년

정답 ③

요점

산재보험(1964년) → 건강보험(1977년) → 국민연금(1988년) → 고용보험(1995년) → 노인장기요양보험(2008년)

035

2020. 부산

다음 중 국민연금기금의 운용 원칙이 아닌 것은?

① 안전성의 원칙
② 공공성의 원칙
③ 수익성의 원칙
④ 형평성의 원칙

정답 ④

요점 국민연금기금의 운용 원칙

수익성	국민연금기금은 가입자의 보험료 부담, 특히 미래세대 부담을 억제하고 기금의 실질가치를 유지하도록 기금의 장기적 안정성을 해치지 않는 범위 내에서 가능한 한 높은 수익을 추구하여야 한다.
안전성	국민연금기금은 투자하는 자산의 전체 수익률 변동성과 손실위험이 허용되는 범위 안에 있도록 안정적으로 운용하여야 한다.
공공성	국민연금은 전 국민을 대상으로 하는 제도이고, 적립 규모가 국가경제에서 차지하는 비중이 크므로 국가경제 및 금융시장에 미치는 파급효과를 감안하여 운용하여야 한다.
유동성	국민연금기금은 연금급여의 지급이 원활하도록 유동성을 고려하여 운용하여야 하며, 특히 투자한 자산의 처분 시 금융시장 충격이 최소화되는 방안을 사전에 강구하여야 한다.
지속가능성	국민연금기금은 투자자산의 지속 가능성 제고를 위하여 환경, 사회, 지배구조 등의 요소를 고려하여 신의를 지켜 성실하게 운영하여야 한다.
운용독립성	국민연금기금은 상기원칙에 따라 운용하여야 하며, 다른 목적을 위하여 이러한 원칙이 훼손되지 않도록 관리·운용하여야 한다.

036

「노인장기요양보험법」상 노인장기요양보험사업의 보험자는?

① 국민연금공단
② 근로복지공단
③ 국민건강보험공단
④ 건강보험심사평가원

정답 ③

요점 ▶ 노인장기요양보험

65세 이상의 노인 또는 65세 미만의 자로서 치매, 뇌혈관성 질환 등 대통령령으로 정하는 노인성 질병을 가진 자가 6개월 이상 일상생활을 혼자서 수행하기 어려운 노인 등에게 신체활동 또는 가사활동 지원 등의 장기요양급여를 제공하여 노후의 건강증진 및 생활안정을 도모하고 그 가족의 부담을 덜어줌으로써 국민의 삶의 질을 향상하도록 함을 목적으로 시행하는 사회보험제도로 노인장기요양보험의 보험자는 국민건강보험공단이다.

037

2013. 경기·충북

다음 중 노인장기요양보험제도에 의한 재가급여가 아닌 것은?

① 시설급여
② 방문간호
③ 방문요양
④ 단기보호

정답 ①

요점

- 시설급여는 장기요양기관에 장기간 입소한 수급자에게 신체활동 지원 및 심신 기능의 유지·향상을 위한 교육·훈련 등을 제공하는 장기요양급여이다.
- 재가급여는 방문하여 지원하는 요양서비스이다.

재가급여의 종류

방문요양	장기요양 요원이 수급자의 가정 등을 방문하여 신체활동 및 가사활동 등을 지원하는 장기요양급여
방문목욕	장기요양 요원이 목욕 설비를 갖춘 장비를 이용하여 수급자의 가정 등을 방문하여 목욕을 제공하는 장기요양급여
방문간호	장기요양 요원인 간호사 등이 의사, 한의사 또는 치과의사의 지시서에 따라 수급자의 가정 등을 방문하여 간호, 진료의 보조, 요양에 관한 상담 또는 구강위생 등을 제공하는 장기요양급여
주·야간보호	수급자를 하루 중 일정한 시간 동안 장기요양기관에 보호하여 신체 활동 지원 및 심신기능의 유지·향상을 위한 교육·훈련 등을 제공하는 장기요양급여
단기보호	수급자를 보건복지부령으로 정하는 범위 안에서 일정 기간 동안 장기요양기관에 보호하여 신체활동 지원 및 심신 기능의 유지·향상을 위한 교육·훈련 등을 제공하는 장기요양급여
기타 재가급여	수급자의 일상생활·신체활동 지원 및 인지 기능의 유지·향상에 필요한 용구를 제공하거나 가정을 방문하여 재활에 관한 지원 등을 제공하는 장기요양급여로서 대통령령으로 정하는 것

038

2013. 인천

노인장기요양보험 사업의 등급판정 기준 등 2등급에 대한 설명으로 옳은 것은?

① 50점 이상 70점 미만으로 일상생활에서 부분적으로 다른 사람의 도움이 필요한 상태
② 75점 이상 95점 미만으로 일상생활에서 상당 부분 다른 사람의 도움이 필요한 상태
③ 55점 이상 75점 미만으로 일상생활에서 부분적으로 다른 사람의 도움이 필요한 상태
④ 70점 이상 90점 미만으로 일상생활에서 상당 부분 다른 사람의 도움이 필요한 상태

정답 ②

요점 등급판정 기준

장기요양등급	심신의 기능상태	장기요양 인정 점수
1등급	일상생활에서 전적으로 다른 사람의 도움이 필요한 자	95점 이상
2등급	상당 부분 다른 사람의 도움이 필요한 자	75점 이상 95점 미만
3등급	일상생활에서 부분적으로 다른 사람의 도움이 필요한 자	60점 이상 75점 미만
4등급	일상생활에서 일정 부분 다른 사람의 도움이 필요한 자	51점 이상 60점 미만
5등급	노인성 치매환자	45점 이상 51점 미만
장기요양 인지지원 등급	노인성 치매환자	45점 미만인 자

참고
장기요양 유효기간은 2년이며, 갱신된 장기요양 유효기간은 1등급 4년, 2등급부터 4등급 3년, 5등급 및 인지지원등급은 2년이다.

039

2016. 경기

사회보장제도 중 사회보험과 공공부조에 대한 설명이다. 옳지 않은 것은?

① 소득재분배 기능은 사회보험보다 공공부조에서 더 강하게 이루어진다.
② 사회보험은 국민에 대한 국가책임의 원리를, 공공부조는 국민에 대한 국가 관리의 원리를 따른다.
③ 사회보험은 제1사회안전망의 역할을 하며 공공부조는 보충적 제도로 제2사회안전망 역할을 한다.
④ 사회보험은 자격을 갖춘 사람에게 급여를 지급하고 공공부조는 대상자의 보장청구가 필요하다.

정답 ②

요점
사회보험은 국민에 대한 국가 관리의 원리를 공공부조는 국민에 대한 국가 책임의 원리를 따른다.

공공부조와 사회보험의 구분

구분	공공부조	사회보험
기원	빈민법에서 기원함	공제조합에서 기원함
목적	빈곤의 완화 역할	빈곤을 예방하고, 모든 계층의 경제적 비보장 부분에 대한 경감
재정 예측성	예측이 곤란함	강제적이라 예측이 용이함
자산조사	반드시 필요	불필요
지불능력 여부	보험료 지불능력이 없는 국민을 대상으로 함	보험료 지불능력이 있는 대상자
개별성	의료, 질병, 실업, 노동재해, 폐질 등을 종합하여 하나의 제도로 행하고 있음	의료, 질병, 실업, 노동재해, 폐질 등을 개별적으로 제도화함
재원	조세로 재정확보	가입자의 보험료
대상	일정기준에 해당하는 자(적음)	모든 참여자(많음)
급여수준	기준에 해당하는 사람에게 지급하지만, 최저 필요범위 내에서만 한정함	자격을 갖춘 사람에게 급여지급함
사회보장에서의 위치	사회보장의 보완장치	사회보장의 핵심역할

040   2021. 서울

우리나라의 공공부조의 재원에 해당하는 것은?

① 보험료
② 일반조세
③ 기여금
④ 재정보조금

[정답] ②

요점 공공부조의 특징
① 공적 프로그램으로 국가에서 저소득층을 대상으로 하는 최저생활보장의 경제부조이다.
② 선별적 프로그램 : 엄격한 자산 조사와 상황 조사를 거쳐 선별한 다음 지원한다.
③ 보충적 제도 : 사회보험은 제1차적인 사회안전망 역할을 하며, 공공부조는 제2차적인 사회안전망 역할을 한다.
④ 최저생활을 유지할 수 있도록 보호해 주는 제도이다.
⑤ 재원은 일반 조세수입(세금)이다.
⑥ 구분처우 : 근로능력이 있는 자와 없는 자를 구분해서 각기 다른 혜택을 준다.
⑦ 사회불안의 통제 역할 : 사회적 불안기에 수혜 대상자를 증가시켜 불만 계층의 욕구를 해소시켜 주어 사회적 불안을 통제한다.
⑧ 빈곤의 함정 : 대상자의 소득이 증가하면 공공부조의 대상에서 제외되어 오히려 수입이 감소되고, 이로 인해 빈곤을 벗어나기 위한 노력을 하지 않는 현상을 말한다. 즉, 낭떠러지 효과가 나타난다.

041   2013. 충북

우리나라의 공공부조의 제도의 종류로 알맞은 것은?

① 의료부조
② 의료급여
③ 의료서비스
④ 의료구호

[정답] ②

요점
공공부조의 의료급여는 수급자에게 건강한 생활을 유지하는 데 필요한 각종 검사 및 치료 등을 지급하는 것으로 한다.
① 우리나라 공공부조 제도 : 기초생활보장제도(소득보장), 의료급여제도(의료보장)
② 기초연금제도(노후보장과 복지향상을 위해 65세 이상의 소득 하위 70%의 기준에 맞는 어르신에게 일정 금액을 지급)

042　2017. 대전

우리나라의 공공부조제도 중 의료보장에 해당하는 것은?

① 건강보험
② 의료급여
③ 기초연금
④ 국민기초생활보장

정답 ②

요점
- 건강보험 : 사회보험(의료보장)
- 기초연금, 국민기초생활보장 : 공공부조(소득보장)
- 산재보험 : 사회보험(의료 + 소득보장)

043　2015. 경북

우리나라의 대표적 공공부조제도인「국민기초생활보장법」에 의한 급여내용에 해당하는 것은?

가. 생계급여	나. 요양급여
다. 주거급여	라. 장제급여
마. 해산급여	바. 교육급여
사. 의료급여	아. 자활급여
자. 휴업급여	차. 장해급여

① 가, 나, 다, 라, 마, 바, 아
② 가, 다, 마, 바, 사, 아, 차
③ 가, 다, 라, 마, 바, 사, 아
④ 가, 다, 마, 바, 아, 자, 차

정답 ③

요점 급여내용

① 생계급여
　㉠ 생계 급여의 내용 : 생계급여는 수급자에게 의복, 음식물 및 연료비와 그 밖에 일상생활에 기본적으로 필요한 금품을 지급하여 그 생계를 유지하게 하는 것으로 한다.
　㉡ 생계 급여의 방법 : 생계 급여는 금전을 지급하는 것으로 한다. 다만, 금전으로 지급할 수 없거나 금전으로 지급하는 것이 적당하지 아니하다고 인정하는 경우에는 물품을 지급할 수 있다.
② 주거급여 : 주거급여는 수급자에게 주거 안정에 필요한 임차료, 수선유지비, 그 밖의 수급품을 지급하는 것으로 한다.
③ 교육급여 : 교육 급여는 수급자에게 입학금, 수업료, 학용품비, 그 밖의 수급품을 지급하는 것으로 하되, 학교의 종류·범위 등에 관하여 필요한 사항은 대통령령으로 정한다.
④ 의료급여 : 의료급여는 수급자에게 건강한 생활을 유지하는 데 필요한 각종 검사 및 치료 등을 지급하는 것으로 한다. 의료급여에 필요한 사항은 따로 법률에서 정한다.
⑤ 해산급여 : 조산, 분만전과 분만후의 필요한 조치와 보호를 행하는 것으로 한다.
⑥ 장제급여 : 수급자가 사망한 후 사체의 검인·운반·화장 또는 매장·기타 장제 조치를 행하는 것으로 한다.
⑦ 자활급여 : 수급자의 자활을 돕기 위하여 다음의 급여를 실시한다.
　㉠ 자활에 필요한 금품의 지급 또는 대여
　㉡ 자활에 필요한 근로 능력의 향상 및 기능 습득의 지원
　㉢ 취업 알선 등 정보의 제공
　㉣ 자활을 위한 근로 기회의 제공
　㉤ 자활에 필요한 시설 및 장비의 대여
　㉥ 창업교육, 기능 훈련 및 기술·경영 지도 등 창업지원
　㉦ 자활에 필요한 자산 형성 지원
　㉧ 그 밖에 대통령령으로 정하는 자활을 위한 각종 지원

044 2015. 경기

우리나라의 건강보험제도의 특성으로 거리가 먼 것은?

① 재원의 조세주의 원칙
② 제3자 지불의 원칙
③ 급여의 적정성 원칙
④ 가입의 강제성 원칙

정답 ①

요점

공공부조의 주 재원은 조세이며, 사회보험의 주 재원은 보험료이다.

건강보험제도의 특성
① 강제성 : 건강보험은 정부가 법에 의하여 국민복지를 증진시키고자 실시하는 제도이기 때문에 법률이 정하는 일정한 요건에 해당하는 사람은 누구나 의무적으로 가입해야 한다는 강제성이 있다.
② 형평성 : 건강보험급여는 그 대상자의 성, 연령, 직업, 거주지 등 개인적 여건에 관계없이 수요에 따라 급여가 제공되는 것을 원칙으로 하고 있다.
③ 예산의 균형성 : 건강보험은 단기보험이기 때문에 회계연도를 기준으로 수입과 지출을 예정하여 보험료를 계산하며, 지급조건과 지급액도 보험료 납입기간과는 상관없고 지급기간이 단기이다.
④ 수익자부담의 원칙 : 건강보험의 경우 그 비용은 수익자(보험가입자)가 부담하고 이익도 수익자에게 환원되는 수익자 부담 원칙에 입각한다.
⑤ 부담의 재산. 소득비례 원칙 : 재원 조달은 수익자의 재산과 소득에 따라 정률제(차등부과)를 택하고 있다.
⑥ 급여 우선의 원칙 : 건강보험급여는 인간의 생명과 고통에 직결되므로 그 발생과정이나 요인이 어떠하든 간에 급여시행을 우선적으로 하여야 한다. 즉, 중대한 자기귀책사유가 있다 하여도 의료의 필연성과 필수성에 따라 적시에 적정급여를 시행하고 사후에 그 책임을 분명히 하게 된다.
⑦ 적정급여의 원칙 : 의료는 인체의 생명과 직결되므로 가장 필요하고 적정한 급여가 제공되어야 한다.
⑧ 사후치료의 원칙 : 건강보험은 적극적 의미의 건강관리, 즉 질병예방이 아닌 사후 치료적 영역에 속한다.
⑨ 3자 지불의 원칙 : 현행 건강보험제도 하에서는 급여시행자, 급여수령자, 비용지급자가 상이한데, 이러한 3자 관계의 성립에 따라 급여비용 심사제도가 나타나게 된다.
⑩ 발생주의 원칙 : 건강보험대상자의 자격 취득과 상실은 현실적으로 사후 확인에 의해 그 권리 행사가 가능하지만 근본적으로 확인 행위 이전에 자격을 취득하였다고 보아야 한다.(치료 먼저 하고 자격은 사후에 확인)

045 2014. 서울

다음 중 미국에서 정부의 예산으로 운영하며, 빈곤자를 대상으로 하는 공적 의료보장제도는?

① Medicare
② Blue Shield
③ HMO
④ Medicaid
⑤ PSRO

정답 ④

요점

① Medicare : 노인, 장애인, 중증질환자 대상의 공적 의료보장제도
② Blue Shield : 민간의료보험 외래진료(비영리단체)
③ HMO : 건강유지기구 포괄적 보건의료
④ Medicaid : 빈곤층(저소득층) 대상의 공적 의료보장제도
⑤ PSRO : 의료전문표준심사기구(의료심사기구)

046　　　　　　　　　　2018. 서울

미국에서 65세 이상 노인을 대상으로 시행하는 공적 의료보험에 해당하는 것으로 가장 옳은 것은?

① Medicaid
② Medicare
③ HMO
④ PPOs

정답 ②
요점
④ PPOs : 미국의료보장센터

CHAPTER 2　의료보장

047　　　　　　　　　　2016. 서울

다음 중 우리나라의 의료보장제도에 대한 설명으로 옳지 않은 것은?

① 국민건강보험은 장기보험의 특성을 가지고 있다.
② 의료급여제도의 재원을 충당하기 위해 의료급여기금을 설치·운영한다.
③ 노인장기요양보험의 급여는 재가급여, 시설급여, 특별현금급여로 구성되어 있다.
④ 국민건강보험 가입자는 1단계 요양급여를 받은 후 2단계 요양급여를 받아야 한다.

정답 ①
요점
국민건강보험은 단기보험의 특성을 가지고 있다.

048

2010. 지방

우리나라 건강보험이 지향하는 기본원칙으로 옳지 않은 것은?

① 대상의 보편주의 원칙
② 저부담 – 저급여
③ 비용부담의 공평성
④ 급여 수준의 적절성

정답 ②
요점 부담의 재산 · 소득비례 원칙
재원 조달은 수익자의 재산과 소득에 따라 정률제(차등부과)를 택하고 있다.(우리나라 건강보험이 지향하는 기본 원칙은 적정부담 – 적정급여 원칙이다.)

049

2015. 경기·전북·경남·충북

다음 중 우리나라 건강보험제도가 지니고 있는 사회보험으로서의 원칙적인 성격 중 타당하지 않은 것은?

① 장기보험
② 사회보험
③ 전 국민 대상
④ 강제보험

정답 ①
요점
건강보험은 단기보험이기 때문에 회계연도를 기준으로 수입과 지출을 예정하여 보험료를 계산하며, 지급조건과 지급액도 보험료 납입기간과는 상관없고 지급기간이 단기이다.

050　2014. 충북

건강보험의 통합주의 원칙에 대한 설명으로 옳지 않은 것은?

① 피보험자의 자격관리가 쉽다.
② 위험분산의 기능이 크다.
③ 관리운영비를 절감할 수 있다.
④ 지역단위 의료체계를 구축할 수 있다.

정답 ④

요점

국가보건서비스의 의료보장제도를 시행하는 국가는 정부(중앙정부, 지방정부)에 의해 관리·운영한다. 사회보험 또는 민간보험 제도를 시행하는 국가의 건강보험에 관한 관리·운영은 보험자에 의해 이루어진다.

건강보험의 관리운영방법

① 통합주의(통합체계)

보험 대상자(전 국민)을 한데 묶어 건강보험을 하나의 조직체(공단)로 관리·운영하는 방식을 말한다. 우리나라는 국민건강보험은 2000년부터 통합방식으로 운영하고 있다.(재정은 2003년 통합)

장점	• 위험분산효과가 크다. • 통합관리함으로써 관리운영비를 절감하고, 피보험자의 자격관리가 쉽다. • 급여수준의 형평성(모두가 동일한 혜택)과 소득재분배 효과가 있다. • 다른 사회보장제도와 연계가능성이 용이하다.(장기요양보험료와 연계되어 있다)
단점	• 전국적 단위로 관리조직의 거대화·관료화로 관리운영이 비효율적이다. • 지역에 대한 형평성 있는 보험료 부과체계를 마련하기 어렵기 때문에 부담의 불형평성을 초래할 가능성이 있다. • 보험료 조정 및 징수에도 문제가 생길 수 있다.(보험료 인상시 국민의 저항) • 정부의 개입과 책임증대로 정부의 재정부담이 늘어날 가능성이 있으며, 적자시 정부재정을 압박할 수 있다. • 관리운영비의 감소에 대해서도 인력 감축이 쉽지 않고, 실질적인 관리운영비 감소를 이루는 데도 어렵다.

② 조합주의(조합체계)

㉠ 보험대상자를 소득의 형태나 소득 파악률 등에 따라 집단별로 분류하여 각기 다른 건강보험 조합을 구성하여 관리·운영하는 방식이다.
㉡ 임금소득자와 비임금 소득자로 구분하여 각각 조합을 설립하여 운영하며, 보험 재정을 조합별로 분리하여 운영한다.

장점	• 조합 간 특성을 고려하고, 대상별·지역별 보험료 부담의 형평성과 보험재정이 안정될 수 있다. • 조합원(주민)이 직접 조합 운영에 참여(자치적 운영)할 가능성이 있다. - 보험료 자율결정, 보험료 인상에 대한 저항 감소 • 조합 간 선의의 상호 경쟁도 가능하며, 조합별로 고유 상황에 맞추어 적절한 사업을 전개할 수 있다. • 건강보험 분쟁을 극소화하고, 조합 간 운영 및 경영 비교 평가로 제도 운영의 효율성을 높일 수 있다.
단점	• 조합 간 재정 격차 문제, 조합 간 빈부차 및 갈등으로 인해 급여 수준에 차등이 발생할 우려가 있다. • 위험분산 범위가 조합 내에 국한되어 위험분산 효과가 제한적이다. • 퇴거·거주지 이전 등으로 소속 조합이 변경될 경우 자격관리가 어렵다.

051 2019. 전북

건강보험의 적용을 받는 입장에서의 장점으로 옳지 않은 것은?

① 의료비로 인한 개인 및 가계의 경제적 부담이 경감된다.
② 소득수준이 낮은 사람도 동일한 건강보험의 혜택을 받을 수 있다.
③ 경제제도로부터 야기되는 소득의 불평등을 교정하고 소득재분배를 실현한다.
④ 통상의 가계지출을 넘는 과도한 의료비로 인한 가정의 충격을 완화시켜 준다.

정답 ③
요점 경제제도로부터 야기되는 소득의 불평등을 교정하는 기능은 아니다.

052 2017. 복지부7급

다음의 설명에 해당하는 건강보험재정관리의 원칙은?

> 보험료로 갹출된 재원은 보험급여로만 활용되어야 한다.

① 보험료 불가침의 원칙
② 보험재정 수지상등의 원칙
③ 보험료 부담 공평성의 원칙
④ 보험료 비용분담의 원칙
⑤ 양출제입의 원칙

정답 ①
요점 건강보험 재정관리의 원칙

보험재정 수지상등(균형)의 원칙 (급부·반대급부 균등의 원칙)	보험료의 총액과 보험급여의 총액이 균등해야 한다는 원칙(1년 예산이 잘 맞아야 함)
보험료 부담 공평성의 원칙	능력비례에 따라 보험료를 산정하여야 한다는 원칙
보험료 비용분담의 원칙	직접적인 수익자 이외에 사회구성원 모두에게 보험료 등을 분담시킨다는 원칙(사회나 국가에서 지원)
보험료 불가침의 원칙	보험료로 갹출된 재원은 피보험자와 피부양자를 위한 보험급여로만 활용되어야 한다는 원칙(보험료가 많아도 다른 기관에 빌려주면 안됨)

053　2021. 서울

「국민건강보험법」상 우리나라의 건강보험에 대한 설명으로 가장 옳지 않은 것은?

① 본인부담액의 연간 총액이 개인별 상한액을 넘는 경우 건강보험심사평가원에서 초과액을 환급하며, 이를 '본인부담환급금제도'라고 한다.
② 공단은 임신, 출산 진료비 등 부가급여를 실시할 수 있으며, 해당 비용을 결재할 수 있는 이용권을 발급할 수 있다.
③ 경제성 또는 치료 효과성이 불확실하여 추가적인 근거가 필요하거나 경제성이 낮아도 가입자와 피부양자의 건강회복에 잠재적 이득이 있는 경우, 선별급여로 지정하여 실시할 수 있다.
④ 「의료법」제35조에 따라 개설된 부속의료기관은 요양 기관에서 제외할 수 있다.

정답 ①

요점

- **본인일부부담제** : 환자가 진료를 받은 후 보험자가 부담하는 금액을 제외한 본인이 직접 지불하는 비용이다. 건강보험에서 본인부담을 하는 이유로는 도덕적 해이를 줄이고, 불필요한 보건의료서비스 이용을 방지하여 보험재정의 안정을 도모하기 위해서이다. 이는 의료자원 이용의 효율을 증가시킨다.
- **급여상한제** : 일정 수준을 초과하는 급여 기간 상한선을 정해 놓고 그 이하의 의료비에 대해서는 보험급여를 적용해 주지만, 상한선이 초과된 의료비는 환자가 부담하는 방식이다.
  - 예 연간 100만원까지는 의료보험 급여대상, 그 이상은 환자가 부담하며, 고액의료서비스 또는 사치성 의료서비스를 건강보험 급여대상에서 제외하고 전액을 본인이 부담하게 함으로써 의료비 증가를 억제할 수 있다.
- **본인부담보상제** : 수급권자의 기초의료보장에 대한 본인부담금이 일정한 기준금액을 초과하게 되는 경우, 초과 금액만큼 100분의 50에 해당하는 금액을 공단이 대신 지불해 주는 제도이다.
- **본인부담상한제** : 본인부담상한제는 고액, 중증질환의 과다한 의료비 지출로 인한 가계의 경제적 부담을 덜어주기 위해 일정 기준을 넘으면 그 초과금액을 건강보험공단에서 부담하는 제도를 말한다. 본인부담금에서 비급여, 선별급여, 전액본인부담, 임플란트, 2~3인실 입원료, 추나요법, 상급종합병원 경증질환 외래 진료 등은 제외된다.

054　2012. 경기의료기술

의료보장제도의 일차적 기능에 해당하는 것은?

① 위험분산의 기능
② 경제적 부담을 느끼지 않는 범위에서 필수의료 확보
③ 소득 재분배 기능
④ 최저생활 보호 기능

정답 ②

요점 의료보장의 기능의 구분

① 1차적인 기능 : 국민이 경제적 어려움을 느끼지 않는 범위 내에서 필수의료를 확보해 주는 기능
② 2차적인 기능
　㉠ 사회적 연대성 제고 기능 : 국민계층간 사회적 연대를 통한 사회통합을 도모하는 기능
　㉡ 소득재분배 기능 : 균등한 급여를 통해 질병발생 시 경제적 부담을 경감함
　㉢ 비용의 형평성 기능 : 필요한 비용을 개인별 부담능력과 형편에 따라 공평하게 부담하는 기능
　㉣ 급여의 적정성 기능 : 피보험자 모두에게 기본적 의료를 균등하게 적정한 수준까지 보장함
　㉤ 위험분산의 기능 : 많은 인원을 집단화하여 위험분산 기능을 수행함

055

2017. 지방7급

의료보장제도의 궁극적인 목표가 아닌 것은?

① 의료혜택의 균등 분배
② 국민의료비의 적정수준 관리
③ 첨단의료기술의 개발
④ 과중한 의료비 부담의 경감

정답 ③

요점 의료보장의 목적
① 예기치 못한 의료비의 부담으로부터 국민을 경제적으로 보장한다. → 의료비로 인한 가정경제의 파탄 방지
② 국민 간의 보건의료서비스를 균등하게 분배한다. → 의료혜택의 균등 분배
③ 보건의료사업의 극대화를 추구한다. → 국민의료의 효과성과 능률성 제고
④ 보건의료비의 적정수준을 유지한다. → 국민의료비의 증가 억제
⑤ 국민건강의 유지·증진을 목적으로 한다.

056

2023.6월 지방

비급여와 선별급여 등을 제외한 연간 본인부담금의 총액이 소득에 따른 일정 기준금액을 초과하는 경우, 그 차액을 국민건강보험공단이 부담하는 제도는?

① 급여상한제
② 정액수혜제
③ 본인일부부담제
④ 본인부담상한제

정답 ④

요점 본인일부 부담제 요점정리
- 본인부담상한제 : 고액. 중증질환의 과다한 의료비 지출로 인한 가계의 경제적 부담을 덜어주기 위해 일정 기준을 넘으면 그 초과 금액을 건강보험공단에서 부담하는 제도를 말한다. 본인부담금에서 비급여, 선별급여, 전액본인부담, 임플란트, 2~3인실 입원료, 추나요법, 상급종합병원 경증질환 외래 진료 등은 제외된다.

- **급여상한제** : 일정 수준을 초과하는 급여 기간 상한선을 정해 놓고 그 이하의 의료비에 대해서는 보험급여를 적용해 주지만, 상한선이 초과된 의료비는 환자가 부담하는 방식이다.

장점	고액이면서 치료의 효과가 불분명한 의료서비스의 수요를 억제시키는 데 효과적이다.
단점	설정된 상한선을 넘어서는 의료서비스가 꼭 필요한 것이었다면, 접근성이 제한될 수도 있다.

- **정액수혜제** : 의료서비스 건당 일정액만을 보험자가 부담하고, 나머지는 환자가 지불하는 제도이다.
  ① 보험자가 일정액만을 부담하기 때문에 수요억제 효과가 클 것이다.
  ② 보험자의 부담액이 적을 경우 환자의 부담이 클 것이며, 의료서비스에 대한 접근성을 떨어뜨리는 단점이 발생할 수 있다.
- **정액부담제**
  ① 의료이용의 내용과 관계없이 이용하는 의료서비스 건당 일정액만 의료서비스 이용자가 부담하고, 나머지는 보험자가 부담하는 제도이다.
  ② 소액의 의료서비스를 과다하게 이용하는 것을 억제하는 데 효과가 있다.
- **본인부담정률제** : 보험자(제3자 지불단체)가 의료비의 일정비율을 지불해 주고, 본인이 나머지 부분을 부담하는 방식이다 (우리나라에서 입원비는 환자가 20%, 국민건강보험공단이 80%를 부담하고 있다.)

장점	• 환자 본인의 비용 의식을 높임으로써 의료이용을 억제한다. • 의료서비스를 이용하는 사람은 가격이 상대적으로 저렴한 의료기관을 선택하여 본인부담을 줄이려고 할 것이다.
단점	• 비용이 지불로 인한 의료이용의 접근도를 제한할 수 있다. 즉, 필요한 의료서비스의 이용에 제한이 된다. • 본인부담분에 대한 부분에 추가적인 민간보험을 구매할 수 있다.(실비보험)

- **일정금액공제제** : 의료비가 일정 수준에 이르기까지는 전혀 보험급여를 해 주지 않는 방법으로, 일정액까지는 피보험자가 비용을 지불하고 그 이상의 비용만 보험 급여로 인정하는 것이다

장점	• 환자의 비용의식을 높임으로써 의료서비스 이용을 억제한다. • 소액청구가 삼소하면서 행정비용이 감소될 수 있다. 그로 인해 의료비를 억제할 수 있다.(가벼운 질환의 의료이용 억제) • 저렴한 대체 서비스 이용을 유도할 수 있다.
단점	일정액 비용의 한도가 소득수준과 무관할 경우 저소득층은 경제적 부담으로 인해 의료서비스에 대한 접근성이 떨어질 수 있다.

- **본인부담보상제** : 수급권자의 기초의료보장에 대한 본인부담금이 일정한 기준금액을 초과하게 되는 경우, 초과 금액만큼 100분의 50에 해당하는 금액을 공단이 대신 지불해 주는 제도이다.

057

2016. 서울

〈보기〉에 해당하는 본인부담금제도(Cost sharing system)는?

보기
의료비가 일정 수준에 이르기 전에는 전혀 보험급여를 해주지 않고, 그 이상에 해당되는 의료비만 보험급여의 대상으로 인정한다.

① 정률 부담제(coinsurance)
② 정액 부담제(copayment)
③ 급여상한제(limit)
④ 일정액 공제제(deductible clause)

정답 ④

요점

① 정률 부담제 : 발생된 진료비 중 일정비율만 보험자가 부담하고, 나머지는 이용자가 부담하는 제도
② 정액 부담제 : 의료 종류에 관계없이 이용하는 의료서비스 건당 일정액만 이용자가 부담하는 제도
③ 급여상한제 : 최고금액을 설정한 후 정해진 최고액을 초과하는 비용에 대해서는 이용자가 부담하는 제도

058   2013. 인천

의료이용의 내용에 관계없이 사전에 결정된 진료비를 환자가 부담하고 나머지 부분은 보험자가 부담하는 본인부담금 유형은?

① 공제제(deductible)
② 정률제(coinsurance)
③ 정액제(copayment)
④ 급여상한제(limit)

> 정답 ③
> 요점 정액 부담제
> ① 의료이용의 내용과 관계없이 이용하는 의료서비스 건당 일정액만 의료서비스 이용자가 부담하고, 나머지는 보험자가 부담하는 제도이다.
> ② 소액의 의료서비스를 과다하게 이용하는 것을 억제하는 데 효과가 있다.

059   2015. 지방

우리나라 민영보험에서 운영되는 실손형 급여 보상방법은?

① 국민보건서비스
② 지방보건서비스
③ 제3자 지불제도
④ 상환제

> 정답 ④
> 요점
> ① 상환제 : 민영의료보험은 국민건강보험이 보장하지 않는 부분을 보장하는 보험상품으로 실제로 지출된 의료비만큼을 지급한다. 환자가 의료비용을 병원에 지불한 후 보험회사에 이를 청구해 되돌려 받는 상환제 방식으로 운영되고 있다.
> ② 제3자 지불제도 : 병원이 공단이나 민영보험회사로부터 직접 의료비를 지급받는 제도이다. 환자와 의료비 지급자가 다르기 때문에 의료기관이 의료서비스를 과잉공급하거나 부당청구할 가능성이 높다.

060　　2011. 지방

건강보험제도 하에서 소비자의 의료이용 과정에 나타날 수 있는 도덕적 해이를 방지하기 위해 도입된 제도가 아닌 것은?

① 본인부담금 상환제
② 본인부담 정액제
③ 본인부담 정률제
④ 급여상한제

정답 ①

요점
본인부담금 상환제는 본인부담금을 넘는 부분에 대해서는 본인이 부담하지 않기 때문에 의료이용 과정에서 도덕적 해이가 발생할 수 있다.

참고 도덕적 해이
법과 제도적 허점을 이용하여 자기 책임을 소홀히 하거나 집단적인 이기주의를 나타내는 상태나 행위

061　　2011. 지방

병원 내부의 자원을 효율적으로 활용하고 내원 환자 수의 일시적인 집중현상을 해소하기 위한 제도는?

① 선택진료제
② 진료비 대납 제도
③ 진료예약제
④ 포괄수가제

정답 ③

요점
진료예약제는 예약된 시간에 신속한 진료를 통해 환자의 대기시간을 단축시켜 고객의 불만을 줄이고, 만족을 증대시켜 줄 수 있다.

062　2020. 서울

국가보건서비스(NHS ; National Health Services) 방식 대비 국민건강보험(NHI ; National Health Insurance)이 갖고 있는 특성으로 옳지 않은 것은?

① 관리기구는 보험자 중심으로 운영
② 정부의 일반조세로 운영
③ 의료비 억제기능이 취약
④ 치료중심적인 급여

063　2019. 서울7급

국민건강보험방식(NHI ; National Health Insurance)에 대한 설명 중 가장 옳지 않은 것은?

① 비스마르크형 의료보장이라고도 한다.
② 처음에는 노동자를 중심으로 보험집단이 형성되었으나 제도가 성숙하면서 점차 그 적용이 국민전체로 확대되어 오늘에 이르고 있다.
③ 영국, 스웨덴, 한국 등에서 실시되고 있다.
④ 1차적으로 국민의 보험료에 의해 재원을 조달하고 국가는 2차적 지원과 후견적 지도기능을 수행한다.

정답 ②

요점 사회보험형(NHI ; National Health Insurance)
　　　－ 비스마르크 방식

① 한국, 독일, 일본, 프랑스가 대표적인 국가이다.
② 대상자 모두가 강제로 가입되며, 피보험자, 보험자, 의료공급자가 존재한다.
③ 의료비에 대한 국민의 자기 책임의식을 견지하되 이를 사회화하여 정부기관이 아닌 보험자가 보험료로써 재원을 마련하는 의료보장 방식으로 독일의 비스마르크가 창시하여 비스마르크 방식이라고도 한다.
④ 의료비는 1차적으로 국민이 부담하고, 국가는 2차적 지원과 후견적 지도를 통해 국민의 정부 의존을 최소화할 수 있다.

정답 ③

요점
한국, 독일, 일본, 프랑스가 대표적인 국가이다.

064　　2018. 서울

의료보장제도 중 사회보험방식(NHI)과 국가보건서비스방식(NHS)에 대한 설명으로 가장 옳지 않은 것은?

① 영국, 스웨덴 등은 국가보건서비스 방식을 채택하고 있다.
② 국가보건서비스 방식은 첨단의료기술 발전에 긍정적이며, 양질의 의료제공이 가능하다.
③ 사회보험방식의 재원조달은 보험료를 기본으로 하며, 일부 국고에서 지원한다.
④ 우리나라에서는 사회보험방식을 채택하고 있다.

정답 ②

요점

첨단의료기술 발전과 양질의 의료제공은 사회보험방식(국민건강보험방식)이다. 우리나라는 사회보험방식을 취하면서 전 국민(의료급여 제외)을 대상으로 단일한 보험자(국민건강보험공단)가 운영하는 국민건강보험방식(NHI)이다.

국민보건서비스형(NHS ; National Health Services)

① 영국, 스웨덴, 이탈리아 등이 대표적인 국가이다.
② 일명 조세방식 또는 베버리지 방식으로 국민의 의료문제는 국가가 책임져야 한다는 관점으로 모든 국민에게 무상으로 의료를 제공하는 방식이다.
③ 재원은 중앙정부의 일반재정이지만, 국가에 따라서는 지방정부 재정, 사회보험료, 그리고 기타 재원에서도 일부 충당된다.
④ 국가가 대부분의 병원을 운영하고, 가정의는 지역주민 3,500명 이내를 등록받아 외래진료를 담당, 입원 치료가 필요한 경우 가정의를 통해 의뢰한다.
⑤ 개원의에 대한 진료보수는 인두제, 병원급은 봉급제를 실시한다.

065　　2020. 경남

국가보건서비스방식(NHS)와 사회보험방식(NHI)의 의료제도 중 사회보험방식(NHI)의 특징으로 옳은 것은?

① 의료비에 대한 국가책임견지
② 전 국민 일괄적용
③ 보험자중심 자율운영
④ 의료비 통제효과 강함

정답 ③

요점

사회보험방식은 보험자가 납입한 보험료가 주 재원이며, 보험자 중심으로 자율적으로 운영한다.

국가보건서비스방식(NHS)과 사회보험방식(NHI)의 비교

구분	국가보건서비스방식(NHS)	사회보험방식(NHI)
적용대상	전 국민을 일괄적으로 적용	국민을 임금 소득자, 공무원, 자영업자 등으로 구분 관리
급여내용	예방 중심적	치료 중심적
의료보수 신청방법	• 일반 개원의 : 인두제 • 병원급 : 봉급제	행위별 수가제
기본철학	• 국민의료비에 대한 국가 책임 견지 • 전 국민 보편 적용(국민의 정부의존 심화)	의료비에 대한 국민의 1차적 자기책임의식 견지 (국민의 정부의존 최소화)
국민의료비	의료비 통제효과 강함 (의료비↓)	의료비 억제기능 취약 (의료비↑)
의료서비스	• 의료의 질 저하, 입원대기환자의 급증 • 민간보험 가입의 증가로 국민의 이중부담 초래	• 상대적으로 양질의료 제공 • 첨단 의료기술 발전에 긍정적인 영향 끼침
관리기구	정부 기관(사회보험청 등)	보험자(조합 또는 금고)

066

2020. 호남권

의료보장제도 중 NHS에 대한 설명으로 가장 옳은 것은?

① 의료의 질 저하를 초래할 수 있다.
② 보험조합이나 금고에서 재정을 관리한다.
③ 첨단의료기술 발전에 긍정적이다.
④ 의료에 대한 국민의 정부 의존화를 최소화한다.

정답 ①

요점

국가보건서비스방식은 1차 의료를 인두제로 실시하고 전 국민에게 국가가 일괄적으로 적용하므로 의료서비스의 질이 낮을 수 있는 단점이 있다.

국민보건서비스형(NHS ; National Health Services)
① 영국, 스웨덴, 이탈리아 등이 대표적인 국가이다.
② 일명 조세방식 또는 베버리지 방식으로 국민의 의료문제는 국가가 책임져야 한다는 관점으로 모든 국민에게 무상으로 의료를 제공하는 방식이다.
③ 재원은 중앙정부의 일반재정이지만, 국가에 따라서는 지방정부 재정, 사회보험료, 그리고 기타 재원에서도 일부 충당된다.
④ 국가가 대부분의 병원을 운영하고, 가정의는 지역주민 3,500명 이내를 등록받아 외래진료를 담당, 입원 치료가 필요한 경우 가정의를 통해 의뢰한다.
⑤ 개원의에 대한 진료보수는 인두제, 병원급은 봉급제를 실시한다.

067

2017. 경남

영국의 의료보장제도에 대한 설명으로 옳지 않은 것은?

① 국민건강보험방식(NHI)
② 모든 거주자가 적용대상
③ 정부 일반 조세가 주 재원
④ 인두제

정답 ①

요점

영국은 국가보건서비스방식(NHS)의 제도로 조세가 재원이며, 진료보수지불제도는 인두제를 기본으로 적용하고 있다. 현물급여의 적용대상은 모든 거주자로서 국적이나 세금 납부 여부와 무관하게 영국 내 거주 여부만 평가하여 제공한다.

068 2017. 경남

포괄수가제에 해당하는 질병군만을 모두 고르면?

> ㉠ 수정체 수술
> ㉡ 갑상샘 수술
> ㉢ 편도 및 아데노이드 절제술
> ㉣ 서혜 및 대퇴부 탈장 수술

① ㉠, ㉡
② ㉢, ㉣
③ ㉠, ㉢, ㉣
④ ㉡, ㉢, ㉣

정답 ①

요점

포괄수가제

① 포괄수가제는 의사에게 환자 1인당 또는 질병별 혹은 요양일수별 단가를 정하여 보상하는 방법으로 입원인 경우 진단군에 따라 중증도, 진료과목 등을 고려하여 포괄적으로 수가를 적용하게 된다.
② 입원하는 환자를 대상으로 입원에서 퇴원할때까지 발생하는 진료에 대하여 질병마다 미리 정해진 금액을 내는 제도이다. 우리나라는 현재 7개 질병군에서 적용 중이며, 의료비의 급격한 상승 억제를 위한 지불제도로 사용되고 있다.

- **우리나라 포괄수가제 적용 질환(4대 진료과, 7개 질병군)**
- 안과 : 수정체 수술(백내장 수술)
- 이비인후과 : 편도 및 아데노이드 수술
- 일반외과 : 항문 및 항문주위 수술(치질수술), 서혜 및 탈장수술, 충수돌기염 수술(맹장염 수술)
- 산부인과 : 자궁 및 자궁부속기 수술(악성종양 제외), 제왕절개 분만

장점	• 행정적으로 간편하여 행정비용이 절감된다. • 의료기관의 생산성을 증대시킨다.(의료자원의 활용에 의료인의 관심이 증대되어 경제적 진료를 유도) • 부분적으로도 적용이 가능하다.(병용) • 진료의 표준화를 유도한다.(입원 · 처치 · 퇴원까지)
단점	• 과소진료의 우료, 서비스의 최소화 경향이 있다. • 진료직에 대한 행정직의 지나친 간섭이 증가한다. • 합병증 발생 시에는 적용하기 곤란한다. • 신규 의학 기술에는 비용이 포함되지 않아 적용이 곤란하다.

069 2012. 지방

질병군별 포괄수가제에 대한 설명으로 옳은 것은?

① 신의료기술의 도입에 유리하다.
② 제공되는 의료서비스의 양을 최대화한다.
③ 수술환자의 재원기간 단축을 유도할 수 있다.
④ 일차 예방을 중시한다.

정답 ③

요점

- 신의료기술의 도입에 유리한 것은 행위별수가제이다.
- 제공되는 의료의 양을 최소화함으로써 제공되는 의료의 질이 저하될 수 있다.
- 이차 예방을 중요시한다.

070

2015. 지방

우리나라는 일부 의료행위에 대해 질병군별 포괄수가제로 진료비를 보상하고 있다. 다음 중 포괄수가제로 진료비가 보상되는 의료행위가 아닌 것은?

① 백내장 수술
② 충수절제술
③ 슬관절치환술
④ 제왕절개 분만

정답 ③

요점

- **슬관절치환술**
  퇴행성 관절염 또는 다른 원인 질환에 의해 닳아 망가진 관절면을 특수 금속과 고강도 플라스틱을 이용해 관절면을 바꾸는 수술
- **우리나라 포괄수가제 적용 질환(4개 진료과, 7개 질병군)**
  - 안과 : 수정체 수술(백내장 수술)
  - 이비인후과 : 편도 및 아데노이드 수술
  - 일반외과 : 항문 및 항문주위 수술(치질수술), 서혜 및 탈장 수술, 충수돌기염 수술(맹장염 수술)
  - 산부인과 : 자궁 및 자궁부속기 수술(악성종양 제외), 제왕절개 분만

071

2014. 서울

진료보수 지불제도에 대한 설명으로 옳지 않은 것은?

① 행위별 수가제 - 서비스의 양과 질을 최대화하는 경향이 있다.
② 인두제 - 등록된 환자 또는 사람 수에 따라 일정액을 보상받는다.
③ 봉급제 - 서비스가 관료적인 형태로 제공된다.
④ 포괄수가제 - 진료비 청구방법이 간편화된다.
⑤ 총액계약제 - 의료소비자의 자율적 규제가 가능하다.

정답 ⑤

요점 **총액계약제(Negotiation System)**

① 독일에서 적용하고 있으며, 지역별 보험조합과 의사조합이 1년치 계약을 한다.
② 의료비 지불자 측과 의료공급자 측 간에 진료보수총액에 대하여 사전에 계약을 체결하는 방식이다.
③ 진료 측의 단체는 그 총액의 범위 내에서 진료를 담당하고, 지불자는 진료비에 구애받지 않고 보건의료서비스를 이용하는 제도이다.

장점	• 과잉진료와 과잉청구가 감소하여 총 의료비의 억제가 가능하다. • 의료비 지출의 사전 예측이 가능하여 보험재정이 안정적으로 운영된다.
단점	• 매년 진료비 계약을 둘러싼 교섭의 어려움으로 의료공급의 혼란을 초래할 우려가 있다. • 의료서비스가 과소진료, 규격화로 의료의 질 관리가 어렵다.

072
2011. 지방

보수 지불제도 중 총액계약제에 대한 설명으로 옳지 않은 것은?

① 일종의 서비스 묶음에 대해 지불이 이루어지는 방식이다.
② 의료공급자단체의 독점성 보장으로 인한 폐해가 우려된다.
③ 진료비 과잉청구의 시비가 줄어들 수 있다.
④ 요양기관들 사이에 진료비 배분을 두고 갈등이 발생할 수 있다.

정답 ①

요점

①은 포괄수가제이다.

포괄수가제(DRG)
① 우리나라 7개 질병군, 미국에서 의료비의 급격한 상승 억제를 위한 지불제도를 사용한다.
② 입원하는 환자를 대상으로 입원에서 퇴원할 때까지 발생하는 진료에 대하여 질병마다 미리 정해진 금액을 내는 제도이다.

장점	• 행정적으로 간편하여 행정비용이 절감된다. • 의료기관의 생산성을 증대시킨다.(의료자원의 활용에 의료인의 관심이 증대되어 경제적 진료를 유도) • 부분적으로도 적용이 가능하다.(병용) • 진료의 표준화를 유도한다.(입원·처치·퇴원까지)
단점	• 과소진료의 우려, 서비스의 최소화 경향이 있다. • 행정직이 진료직에 대하여 지나친 간섭요인이 증가한다. • 합병증 발생시에는 적용하기 곤란하다. • 신규 의학 기술에는 비용이 포함되지 않아 적용이 곤란하다.

073
2009. 지방

진료비 지불방법에 대한 설명으로 옳지 않은 것은?

① 행위별 수가제 하에서는 질병예방이 소홀하다.
② 인두제는 첨단의료기술의 도입을 유도한다.
③ 포괄수가제는 처방의 범위와 종류를 제한한다.
④ 봉급제는 의료의 관료화를 초래할 수 있다.

정답 ②

요점

• 행위별 수가제는 의료의 자본주의화로 인해 예방보다 치료에 치중하는 경향이 있다.
• 포괄수가제는 환자가 어떤 질병의 진료를 위하여 입원했었는가에 따라 의사에게 환자나 진료일당 또는 병원별 단가를 정하여 보상하기 때문에 처방의 범위와 종류가 제한된다.
• 봉급제는 의료인의 능력에 의한 지급방식으로 서비스 양이나 제공받는 사람의 수에 상관없이 일정 기간에 따라 보상받는 방식이다. 따라서 보건의료서비스의 관료화를 초래할 수 있다.

인두제(Capitation)
① 영국의 일반 가정의에서 적용하는 방식이다.
② 의료인이 맡고 있는 일정 지역의 주민 수에 일정금액(1인당 기준수가 적용)을 곱하여 이에 상응하는 보수를 의료인측에 지급하는 방법이다.
③ 단순한 1차 의료에만 적용이 가능하므로 1·2·3차로 분류되는 의료전달체계의 확립이 되어 있어야 가능하다.

장점	• 진료의 지속성이 증대되어 상대적으로 저렴하게 예방에 치중하게 된다. • 행정적 업무 절차가 간편하여 행정비용이 감소된다. • 의료인 수입의 평준화를 유도한다.
단점	• 환자의 선택권이 제한되어 다른 병원 이용이 어렵다. • 서비스의 양을 최소화하고, 과소진료의 우려가 있다. • 전문의료에는 부적합하고 의사의 자율성도 저하되어 있다. • 의료서비스에 대해 가격 경쟁이 없다.

074 2017. 지방

다음 〈보기〉에 해당하는 진료비 지불방식은?

> 보기
> - 예방에 보다 많은 관심을 갖게 한다.
> - 환자의 선택권이 제한된다.
> - 환자의 후송·의뢰가 증가하는 경향이 있다.

① 총액계약제
② 행위별 수가제
③ 포괄수가제
④ 인두제

정답 ④

요점

- **총액계약제** : 보험자 측과 의사단체(보험의 협회) 간에 1년 간의 진료비 총액을 협의하여 진료측의 단체는 그 총액의 범위 내에서 진료를 담당하고, 지불자는 진료비에 구애받지 않고 보건의료서비스를 이용하는 제도이다.
- **포괄수가제** : 한 가지 치료행위가 기준이 아니고, 환자가 어떤 질병의 진료를 위하여 입원했었는가에 따라 의사에게 환자나 진료일당 또는 병원별 단가를 정하여 보상하는 방식으로 경제적인 진료수행을 유도하여 의료비 상승을 통제할 수 있다.
- **인두제** : 등록환자에 따라 일정액을 보상받는 방식으로 진료행위가 예방측면에 초점을 맞출 수 있어 국민 총 의료비 억제효과를 기대할 수 있다.

행위별 수가제(FFS ; Fee For Service)
① 한국, 일본, 미국 등
② 진료에 소요된 약제나 재료비를 별도로 산정하고, 의료인이 제공한 진료행위의 하나하나에 일정한 값을 정하여 진료비를 결정하는 것으로, 가장 흔한 지불방법이다.
③ 지불기준 : 단위 서비스의 가격×서비스의 양으로 진료행위 그 자체가 기준이 된다.

장점	· 좋은 의료를 비싼 값에 많이 제공하면서 의료서비스의 양과 질이 극대화된다. · 의사의 재량권이 커지고, 환자에 대한 진료책임이 극대화된다. · 첨단 의학과 기술의 발달 유도가 쉽다. · 전문적인 의료의 수가 결정에 적합하다.
단점	· 과잉진료로 인한 국민의료비가 상승한다. · 진료비의 청구·심사·지불이 복잡하다.(보험심사가 까다로움) · 의료인과 보험자의 마찰요인이 된다.(심사기준에 미치지 못할 경우 청구금액을 못받음) · 예방보다 치료에 집중한다.

075 2012. 경북교육청

진료비 지불방식은 형태에 따라 의료비 증가의 요인으로 크게 작용하고 있다. 다음에서 설명하는 의료보수 지불방식은?

> - 의사의 자율성이 보장된다.
> - 전문의 보수 지불에 적합한 방식이다.
> - 의료서비스의 양과 질을 최대화하는 경향이 있다.

① 봉급제
② 인두제
③ 총괄계약제
④ 포괄수가제
⑤ 행위별 수가제

정답 ⑤

요점 **행위별 수가제(FFS ; Fee For Service)**
① 한국, 일본, 미국 등
② 진료에 소요된 약제나 재료비를 별도로 산정하고, 의료인이 제공한 진료행위의 하나하나에 일정한 값을 정하여 진료비를 결정하는 것으로, 가장 흔한 지불방법이다.
③ 지불기준 : 단위 서비스의 가격×서비스의 양으로 진료행위 그 자체가 기준이 된다.

076

2014. 서울7급

다음의 설명은 진료비 지불보상제도의 유형 중 어느 유형에 해당하는가?

- 사람당 일정액을 보상하는 지불방법
- 비용절감 효과가 큼
- 의료의 질이 저하될 우려가 있음

① 포괄수가제
② 행위별 수가제
③ 봉급제
④ 인두제
⑤ 총액계약제

정답 ④

요점 인두제(Capitation)
① 영국의 일반 가정의에서 적용하는 방식이다.
② 의료인이 맡고 있는 일정 지역의 주민 수에 일정금액(1인당 기준 수가 적용)을 곱하여 이에 상응하는 보수를 의료인측에 지급하는 방법이다.
③ 단순한 1차 의료에만 적용이 가능하므로 1·2·3차로 분류되는 의료전달체계의 확립이 되어 있어야 가능하다.

077

2013. 서울

진료비 상환방법에 대한 설명 중 옳은 것은?

① 행위별 수가제는 환자 진료의 경제성이 제고된다.
② 포괄수가제는 행정적으로 복잡하다.
③ 봉급제는 의료관료화, 의료생산성 저하 등의 단점을 가지고 있다.
④ 인두제는 환자의 의료기관 선택권이 다양하다.
⑤ 총액예산제는 의료의 질을 높인다.

정답 ③

요점
- 행위별 수가제는 과잉진료의 우려가 크다.
- 포괄수가제는 행정적으로 간편하다.
- 인두제는 환자의 의료기관 선택권이 제한된다.
- 총액예산제는 신의료기술 도입과 의료의 질 향상을 위한 동기가 저하된다.

078

2018. 충북

우리나라의 보건의료체계에서 이루어지는 의료제공형태는 무엇인가?

① 제3자 지불제도
② 변이형
③ 상환형
④ 현금 급여형

정답 ①

요점 현물급여형(제3자 지불제도, 의료서비스 급여형)
① 의료보험 적용자는 필요시 의료서비스를 이용하고 의료공급자가 제2자인 보험공단이나 질병금고에 환자를 진료한 진료비를 청구하며, 제3자 지불자인 보험공단이나 질병금고는 청구된 진료비를 심사하여 의료공급자(병원)에 직접 지불한다.
② 사회보험제도를 채택하는 대부분의 나라인 우리나라, 일본, 독일에서 적용한다.

장점	• 의료이용시 본인부담액 외에는 진료비 청구가 없어 필요한 의료서비스가 억제되지 않아 저소득층의 의료이용도 수월해진다. • 의료기관이 진료비를 보험공단이나 질병금고에 청구하여 지불받기 때문에 상환제에 비하여 편리하다. • 의료공급체계의 합리화가 촉진된다.
단점	• 의료이용 후의 진료비 지불자가 제3자가 되어 의료이용자는 과다이용의 가능성이 있다. • 공급자인 의료기관은 과잉진료와 부당청구의 가능성이 있다.

079

2017. 인천

환자가 진료를 받을 때 진료비 전액을 의료기관에 먼저 지불하고 난 후에 보험자에게 청구하여 진료비를 환불받는 의료제공형태는 무엇인가?

① 변이형
② 현물급여형
③ 현금급여형
④ 제3자 지불형

정답 ③

요점 현금급여형(현금배상형, 상환형, 환불제)
① 의료보장의 적용자가 자유의사에 따라 의료기관을 이용하고 진료비를 지불한 후 영수증을 보험공단이나 질병금고에 청구하여 진료비를 환불받는 제도이다.
② 미국의 민영 보험회사가 흔히 사용하는 제도로 프랑스, 벨기에, 스위스에서 적용한다.

장점	• 환자가 진료비 전액을 직접 지불하기 때문에 의료남용이나 과잉진료를 억제할 수 있다. • 부당청구를 방지하고 피보험자의 의료기관의 선택권을 보장한다.
단점	• 의료 수요자는 진료 후 진료비 전액을 별도로 지불하고 다시 상환을 받아야 하므로 번거롭다. • 돈이 없을 경우 필요한 의료가 억제될 수 있다.

080 2017. 대구

피보험자가 의료서비스를 이용하고 의료공급자가 보험공단이나 질병금고에 진료비를 청구하면 공단이나 질병금고가 심사 후 직접 비용을 지불하는 방법의 의료제공형태는 무엇인가?

① 변이형
② 제3자 지불제도
③ 상환제
④ 현금급여형

정답 ②

요점

• **현물급여형(제3자 지불제도, 의료서비스 급여형)**
의료보험 적용자는 필요시 의료서비스를 이용하고 의료공급자가 제2자인 보험공단이나 질병금고에 환자를 진료한 진료비를 청구하며, 제3자 지불자인 보험공단이나 질병금고는 청구된 진료비를 심사하여 의료공급자(병원)에 직접 지불한다.

• **변이형(혼합형, 직접제공형)**
보험공단이 보험료를 징수함과 동시에 직접 의료시설을 건립하여 적용자에게 보험공단이 직영하는 병원이나 진료소를 통하여 서비스를 제공한다.(영국, 뉴질랜드, 스웨덴 등에서 국가의 재정으로 국민들에게 의료를 제공한다.)

장점	• 진료비 심사가 필요없다. • 행정 절차가 간편하다.
단점	• 의료인과 보험자 간 갈등이 발생한다. • 피보험자의 의료기관 선택권이 제한된다. • 의료서비스 제공량이 최소화된다.

081 2018. 경남

우리나라 의료보장제도의 특징으로 옳지 않은 것은?

① 기본이 되는 급여는 현물급여이고, 보충적으로 현금급여를 실시하고 있다.
② 법정급여를 시행하고 있으며, 부가급여를 추가적으로 실시하고 있다.
③ 사회보험제도를 기반으로 의료보장제도를 시행하고 있으며 일부는 공공부조제도의 적용을 받는다.
④ 임의가입을 기본으로 하고 있으며, 일부 대상에 대해서는 강제가입을 적용하고 있다.

정답 ④

요점

• 기본이 되는 급여는 현물급여로 요양급여, 건강검진이 있고 보충적으로는 현금급여(요양비, 장애인 보조 기기 급여비 등)를 실시하고 있다.
• 법정급여로는 요양급여, 건강검진, 요양비 등이 있고, 부가급여로 임신·출산진료비가 있다.
• 사회보험제도를 기반으로 의료보장제도(건강보험제도)를 시행하고 있으며, 일부는 공공부조제도(의료급여)의 적용을 받는다.
• 우리나라는 강제가입을 기본으로 하고 있다.

082 2019. 인천

우리나라의 건강보험제도에서 현금급여에 해당하지 않는 것은?

① 장애인 보조 기기 급여비
② 임신·출산 진료비
③ 건강검진
④ 본인부담금 상한제

정답 ③

요점 현금급여와 현물급여
① 현금급여 : 요양비, 장애인 보조 기기 급여비, 임신·출산 진료비, 본인부담 상한제
② 현물급여 : 요양급여, 건강검진

083 2018. 대전

우리나라의 건강보험제도에 대한 설명으로 옳지 않은 것은?

① 현물급여로는 요양급여와 건강검진이 있다.
② 현금급여로는 요양비, 장애인보조기기 급여비가 있다.
③ 지역가입자의 보험료는 소득과 재산에 보험료율을 곱하여 산정하는 정률제이다.
④ 사업장 근로자의 보수월액보험료는 근로자와 사용자가 50%씩 부담한다.

정답 ③

요점
① 지역가입자의 보험료는 소득과 재산으로 보험부과 점수를 산정하고, 그 점수에 점수당 금액을 곱하여 산정한다.
② 직장가입자의 보험료는 보수월액에 보험료율을 곱하여 산정하는 정률제에 해당한다.

084
2017. 복지부7급

국민건강보험의 보험급여 내용 중 부가급여에 해당하는 것은?

① 요양급여
② 건강검진
③ 본인부담금 상한제
④ 임신·출산 진료비
⑤ 장애인 보조 기기 급여비

정답 ④

요점 법정급여와 부가급여
① 법정급여 : 법률에 의해서 지급이 의무화되어 있는 급여로 요양급여, 건강진단, 요양비, 장애인 보조 기기 급여비가 있다.
② 부가급여 : 법률이 정한 급여 이외의 급여로 공단이 대통령령이 정하는 바에 의하여 지급하는 급여로 임신·출산진료비, 장제비, 상병수당이 있으며, 현재는 임신·출산 진료비만 있다.

CHAPTER 3 우리나라의 의료보장제도

085
2021. 서울

「국민건강보험법」상 우리나라의 건강보험에 대한 설명으로 가장 옳지 않은 것은?

① 본인부담액의 연간 총액이 개인별 상한액을 넘는 경우 건강보험심사평가원에서 초과액을 환급하며, 이를 '본인부담금환급금제도'라고 한다.
② 공단은 임신·출산 진료비 등 부가급여를 실시할 수 있으며, 해당 비용을 결제할 수 있는 이용권을 발급할 수 있다.
③ 경제성 또는 치료효과성이 불확실하여 추가적인 근거가 필요하거나 경제성이 낮아도 가입자와 피부양자의 건강 회복에 잠재적 이득이 있는 경우, 선별급여로 지정하여 실시할 수 있다.
④ 「의료법」 제35조에 따라 개설된 부속의료기관은 요양기관에서 제외할 수 있다.

정답 ①

요점 「국민건강보험법」 제44조 제2항
본인이 연간 부담하는 본인일부부담금의 총액이 대통령령으로 정하는 금액을 초과한 경우에는 공단이 그 초과 금액을 부담하여야 한다. 이를 '본인부담보상금제도'라고 한다.

086　2012. 서울

다음은 「국민건강보호법」의 목적에 해당하는 내용이다. (　) 안에 들어갈 알맞은 말은?

> 국민의 (　　), 부상에 대한 예방·진단·치료·재활과 출산·(　　) 및 건강증진에 대하여 (　　)를 실시함으로써 국민보건 향상과 사회보장 증진에 이바지함을 목적으로 한다.

① 부상, 사망, 보험급여
② 질병, 부상, 보험급여
③ 질병, 사망, 질병급여
④ 부상, 사망, 질병급여
⑤ 질병, 사망, 보험급여

정답 ⑤

요점 국민건강보호법

이 법은 국민의 질병, 부상에 대한 예방·진단·치료·재활과 출산·사망 및 건강증진에 대하여 보험급여를 실시함으로써 국민보건 향상과 사회보건 증진에 이바지함을 목적으로 한다.

087　2014. 경기의료기술

우리나라 건강보험의 특징으로 옳지 않은 것은?

① 강제가입이 원칙이다.
② 국민의료비의 증가를 억제하기 위한 기능이 취약하다.
③ 보험급여는 기여금에 따른 차등급여를 원칙으로 적용한다.
④ 재원은 수익자부담의 원칙이다.

정답 ③

요점

보험료는 피보험자의 경제적 능력에 비례하여 차등부과하지만, 보험급여는 균등급여를 원칙으로 한다.

우리나라 건강보험제도의 특성

① 모든 국민은 보험법에 근거하여 강제로 가입시킴으로써 가입과 탈퇴의 자유선택권이 없다.(역선택 방지)
② 보험료는 경제적인 능력에 비례하여 부과하는 반면에, 보험급여는 모든 국민에게 동일하게 주어지도록 형평성을 유지하고 있다.
③ 보험료 부과방식은 근로소득자(직장가입자)와 지역가입자로 이원화되어 있다.
　㉠ 직장가입자의 보험료 : 표준보수월액에 보험료율을 곱하여 산정
　㉡ 지역가입자의 보험료 : 소득, 재산 등을 고려하여 부과표준소득을 정하여 점수로 나타내고 적용 점수당 금액을 곱하여 산정
④ 모든 의료기관을 건강보험 요양기관으로 지정하여 단일 보험자 체체(통합주의)로 운영하여, 국민의 의료 접근성을 쉽게 하고 있다.
⑤ 진료 보수의 경우 행위별 수가제도를 적용하며, 제3자 지불방식으로 운영하고 있다.
⑥ 단기보험으로 예산이 1년 단위로 지정된다.
⑦ 예방보다 치료중심의 급여제도이다.

088
2022. 서울

「국민건강보험법」에서 규정하고 있는 요양급여에 해당하지 않는 것은?

① 이송
② 예방·재활
③ 진찰·검사
④ 간병·간호

정답 ④

요점
간병은 요양급여에 해당하지 않는다.

급여의 종류

구분		내용
요양급여		가입자의 피부양자의 질병·부상·출산 등에 대하여 요양급여를 실시 ㉠ 진찰·검사 ㉡ 약제·치료 재료의 지급 ㉢ 처치·수술 및 그 밖의 치료 ㉣ 입원 ㉤ 예방·재활 ㉥ 간호 ㉦ 이송
건강검진	일반 건강검진	직장가입자·세대주인 지역가입자, 20세 이상의 지역가입자 및 20세 이상인 피부양자
	암검진	제1호에 따른 대상자 중 암종별 특성을 고려하여 검진이 필요한 자로서 보건복지부장관이 정하여 고시하는 자
	영유아 건강검진	6세 미만의 가입자 및 피부양자
부가급여		㉠ 임신·출산(유산 및 사산 포함) 진료비 ㉡ 지원대상 • 임신·출산한 가입자 또는 피부양자 • 2세 미만인 가입자 또는 피부양자(2세 미만 영유아)의 법정대리인(출산한 가입자 또는 피부양자가 사망한 경우에 한정) ㉢ 이용권으로 결제할 수 있는 금액의 상한은 다음과 같다. • 하나의 태아를 임신·출산한 경우 : 100만원 • 둘 이상의 태아를 임신·출산한 경우 : 140만원

089
2017. 울산

국민건강보험에서 법정급여가 아닌 것은?

① 요양급여
② 건강검진
③ 요양비
④ 임신·출산진료비

정답 ④

요점 법정급여와 부가급여

① 법정급여 : 법률에 의해서 지급이 의무화되어 있는 급여 – 요양급여, 건강진단, 요양비, 장애인 보조 기기 급여비
② 부가급여 : 법률이 정한 급여 이외의 급여로 공단이 대통령령이 정하는 바에 의하여 지급하는 급여 – 임신·출산진료비, 장제비, 상병수당이 있으나 현재는 임신·출산진료비만 있다.

090　2021. 강원

건강보험의 급여 중 현물급여에 해당하는 것은?

① 건강검진
② 요양비
③ 상병수당
④ 장제비

정답 ①

요점 현물급여와 현금급여

현물급여	요양기관 등으로부터 본인이 직접 제공받는 의료서비스 일체를 말한다.(요양급여, 건강검진)
현금급여	가입자 및 피부양자의 신청에 의하여 공단에서 현금으로 지급하는 것을 말한다.(요양비, 장애인 보조 기기 급여비, 임신·출산 진료비, 본인부담상한제)

091　2015. 부산

「국민건강보험법」상 국민건강보험공단의 업무 범위에 해당하지 않는 것은?

① 보험료의 부과·징수
② 보험급여 비용의 지급
③ 가입자 및 피부양자의 자격관리
④ 요양급여의 적정성 평가

정답 ④

요점

요양급여의 적정성 평가는 건강보험심사평가원의 업무이다.

국민건강보험공단의 업무범위
국민건강보험공단의 업무(「국민건강보험법」 제14조)
2000년 7월 1일 기존의 건강보험 관리운영 조직을 통합한 국민건강보험공단은 보험자로서 국민건강보험법에 근거하여 설립된 위탁집행형 준정부기관이다.
① 가입자 및 피부양자의 자격관리
② 보험료와 그밖에 「국민건강보험법」에 따른 징수금의 부과, 징수
③ 보험급여의 관리
④ 가입자 및 피부양자의 질병의 조기발견, 예방 및 건강관리를 위하여 요양급여 실시 현황과 건강검진 결과 등을 활용하여 실시하는 예방사업으로서 대통령령으로 정하는 사업
⑤ 보험급여 비용의 지급(제3자 지불제도)
⑥ 자산의 관리·운영 및 증식사업
⑦ 의료시설의 운영(일산병원 운영)
⑧ 건강보험에 관한 조사연구 및 국제협력
⑨ 건강보험에 관한 교육훈련 및 홍보
⑩ 이 법에서 공단의 업무로 정하는 있는 사항
⑪ 「국민연금법」, 「고용보험 및 산업재해보상보험의 보험료 징수 등에 관한 법률」, 「임금채권보장법」 및 「석면피해구제법」에 따라 위탁받은 업무

092

⊙에 해당하는 것은?

> 국가는 매년 예산의 범위에서 해당연도 건강보험료 예상수입액의 (⊙)에 상당하는 금액을 국고에서 공단에 지원한다.

① 100분의 12
② 100분의 14
③ 100분의 20
④ 100분의 24

정답 ②

요점
국고는 해당연도 보험료 예상 수입액의 14%, 국민건강증진기금은 해당 연도 보험료 예상 수입액의 6%에 각각 상당하는 금액을 지원한다.

「국민건강보험법」제108조에 따른 보험재정에 대한 정부지원
① 국가는 매년 예산의 범위에서 해당 연도 보험료 예상 수입액의 100분의 14에 상당하는 금액을 국고에서 공단에 지원한다.
② 공단은 「국민건강증진법」에서 정하는 바에 따라 같은 법에 따른 국민건강증진기금에서 자금을 지원받을 수 있다.
③ 공단은 제1항에 따라 지원된 재원을 다음 각 호의 사업에 사용한다.
  1. 가입자 및 피부양자에 대한 보험급여
  2. 건강보험사업에 대한 운영비
  3. 제75조 및 제110조 제4항에 따른 보험료 경감에 대한 지원
④ 공단은 제2항에 따라 지원된 재원을 다음 각 호의 사업에 사용한다.
  1. 건강검진 등 건강증진에 관한 사업
  2. 가입자와 피부양자의 흡연으로 인한 질병에 대한 보험급여
  3. 가입자와 피부양자 중 65세 이상 노인에 대한 보험급여

093

2013. 지방7급

우리나라 건강보험제도에 대한 설명으로 옳지 않은 것은?

① 요양급여비용의 계약은 2년마다 이루어진다.
② 진료비의 일부를 이용자가 부담하도록 하고 있다.
③ 건강보험심사평가원은 요양급여의 적정성을 평가한다.
④ 가입자 및 피부양자를 대상으로 건강검진을 실시하고 있다.

정답 ①

요점 「국민건강보험법」제45조(요양급여비용의 산정 등)
요양급여비용은 공단의 이사장과 대통령령으로 정하는 의약계를 대표하는 사람들의 계약으로 정한다. 이 경우 계약기간은 1년으로 한다.

094　　2021. 경기7급

우리나라의 건강보험 지불형태로 옳은 것은?

① 제3자 지불제, 행위별 수가제
② 인두제, 포괄수가제
③ 행위별 수가제, 인두제
④ 총액계약제, 상환제

[정답] ①

요점 우리나라 보건의료제도의 특징
① 의료공급 방식 : 민간주도형(대부분 민간의료기관)
② 사회보장 형태 : 사회보험방식(NHI)
③ 관리통제 형태 : 자유방임형(소비자의 의료권을 자율적으로 보장)
④ 의료비 부담방식 : 혼합형(제3자 지불방식), 행위별 수가제, 포괄수가제

095　　2018. 충북

신포괄수가제에 대한 설명으로 옳은 것은?

㉠ 현 7개 질병군에서 보장성을 더 확대한다.
㉡ 기존 포괄수가제에서 행위별 수가제를 추가한다.
㉢ 일정액 이하 비급여 항목을 추가 보장하여 범위를 확대한다.
㉣ 기존의 정액 지불과 행위별 수가가 합친 개념이다.

① ㉠, ㉢
② ㉡, ㉣
③ ㉠, ㉡, ㉢
④ ㉡, ㉢, ㉣

[정답] ④

요점
현재 7개 군에서 포괄수가제를 시행하고 있으며, 7개 군에서의 보장성을 확대하는 것이 아니라 복잡한 진료를 포함하는 질병에 대하여 확대실시하고 있다.

신포괄수가제
암, 중증질환 등 복잡한 진료를 포함하는 질병에 대해서도 적용할 수 있는 포괄수가 모형을 개발하기 위한 것으로 보건복지부는 2009년 4월부터 보험자 병원인 일산병원에서 20개 질병군에 대한 시범사업을 실시해 왔으며, 2010년 7월 1일부터 기존 20개 외에 56개 질병군을 추가하여 질병군이 총 76개로 확대되었고, 현재 567개 질병군에 대해 98개 의료기관이 신포괄수가 시범사업에 참여하고 있다.

096

2016. 서울

「국민건강보험 요양급여의 기준에 관한 규칙」상 상급종합병원에 요양급여의뢰서를 제출해야만 2단계 요양급여를 받을 수 있는 경우는?

① 분만의 경우
② 치과에서 요양급여를 받는 경우
③ 혈우병 환자가 요양급여를 받는 경우
④ 상급종합병원 근무자의 배우자가 요양급여를 받는 경우

정답 ④

요점 상급종합병원에서 1단계 요양급여를 받을 수 있는 경우 (예외적인 경우)
① 「응급의료에 관한 법률」에 해당하는 응급환자의 경우
② 분만의 경우
③ 치과에서 요양급여를 받는 경우
④ 「장애인복지법」에 따른 등록 장애인 또는 단순 물리치료가 아닌 작업치료·운동치료 등의 재활치료가 필요하다고 인정되는 자가 재활의학과에서 요양급여를 받는 경우
⑤ 가정의학과에서 요양급여를 받는 경우
⑥ 당해 요양기관에서 근무하는 가입자가 요양급여를 받는 경우
⑦ 혈우병 환자가 요양급여를 받는 경우

097

2022. 6월. 지방

「국민건강보험 요양급여의 기준에 관한 규칙」상 상급종합병원에서 1단계 요양급여를 제공 받을 수 있는 경우는?

① 혈우병 환자가 요양급여를 받을 때
② 해당 상급종합병원 직원의 직계 존·비속이 요양급여를 받는 경우
③ 정신건강의학과에서 요양급여를 받는 경우
④ 산전 진찰을 목적으로 요양급여를 받는 경우

정답 ①

요점
- 해당 상급종합병원 직원만 가능
- 정신건강의학과는 해당없음
- 산전진찰이 아닌 분만의 경우

상급종합병원에서 1단계 요양급여를 받을 수 있는 경우 (예외적인 경우)
① 「응급의료에 관한 법률」에 해당하는 응급환자의 경우
② 분만의 경우
③ 치과에서 요양급여를 받는 경우
④ 「장애인복지법」에 따른 등록 장애인 또는 단순 물리치료가 아닌 작업치료·운동치료 등의 재활치료가 필요하다고 인정되는 자가 재활의학과에서 요양급여를 받는 경우
⑤ 가정의학과에서 요양급여를 받는 경우
⑥ 당해 요양기관에서 근무하는 가입자가 요양급여를 받는 경우
⑦ 혈우병 환자가 요양급여를 받는 경우

099 2021. 울산

다음 중 우리나라의 의료전달체계에 대한 설명으로 옳지 않은 것은?

① 국민건강보험은 1단계와 2단계 요양급여로 운영된다.
② 1단계 요양급여의 이용에는 진료의뢰서가 필요없으며, 비용 전액을 본인이 부담한다.
③ 치과, 가정의학과는 1단계 요양급여를 거치지 않고, 2단계 요양급여기관에서 급여를 받을 수 있다.
④ 2단계 요양급여는 상급종합병원에서 받는 요양급여이다.

정답 ②

요점
1단계 요양급여의 비용은 본인부담률에 의해서 비용을 부담한다.
① 1단계 요양급여의 이용에는 진료의뢰서가 필요없으며, 본인부담률에 의해 비용을 부담한다.
② 요양급여 구분(국민건강보험 요양급여의 기준에 관한 규칙 제2조)

1단계 진료 (1, 2차 의료기관)		2단계 진료 (3차 의료기관)
상급종합병원을 제외한 요양기관	→ 요양급여의뢰서 →	상급종합병원

③ 치과, 가정의학과, 장애인 복지법에 따른 작업치료, 운동치료의 재활치료가 필요하다고 인정되는 자가 재활의학과에서 요양급여를 받는 경우 상급종합병원에서 1단계 요양급여를 받을 수 있다.
④ 요양급여는 1단계 요양급여와 2단계 요양급여로 구분하며, 가입자 또는 피부양자는 1단계 요양급여를 받은 후 2단계 요양급여를 받아야 한다.
⑤ 1단계 요양급여는 상급종합병원을 제외한 요양기관에서 받는 요양급여(건강진단 또는 건강검진을 포함한다)를 말하며, 2단계 요양급여는 상급종합병원에서 받는 요양급여를 말한다.

099 2017. 충북

국민건강보험의 본인부담에 대한 기준으로 옳지 않은 것은?

① 일반환자의 입원진료 본인부담률은 요양급여비용 총액의 20%로 산정한다.
② 의원급 의료기관 외래 진료시 일반환자의 본인부담률은 30%로 산정한다.
③ 희귀난치성질환자 본인부담률은 요양급여비용 총액의 5%로 산정한다.
④ 입원기간 중 식대 본인부담률은 식대의 50%로 산정한다.

정답 ③

요점
희귀난치성질환자 본인부담률은 요양급여비 총액의 10%이다.

건강보험 진료비 본인 일부부담률

구분		본인일부부담률
입원		요양급여비용 총액의 20% + 식대 50%
외래	상급 종합병원	진찰료 총액 + 나머지 진료비의 60%
	종합병원	요양급여비용 총액의 50%, 읍·면 지역 45%
	병원급	요양급여비용 총액의 40%
	의원급	요양급여비용 총액의 30% : 65세 이상 노인 15,000원 이하일 때 1,500원 정액제(방문당)
	보건기관	12,000원 초과 : 요양급여비용 총액의 30% 12,000원 이하 : 정액(진료과, 진료내역, 투약 일수 기준)
	약국	요양급여비용 총액의 30% : 65세 이상 노인 10,000원 이하일 때 1,000원
	6세 미만 아동	성인 본인부담비율의 70%(조산아는 본인부담율 10%)
산정 특례 대상자		• 중증질환자(암, 뇌혈관, 심장질환, 중증 화상, 중증 외상) : 요양급여비용 총액의 5% • 희귀질환 및 중증난치질환자 : 요양급여비용 총액의 10% • 가정간호, 말기환자 가정형 호스피스 : 요양급여비용 총액의 20% • 결핵질환자 : 요양급여비용 총액의 0%(식대 50%)

100 2017. 인천

국민건강보험제도에서 지역가입자의 보험료 부과방식에 해당하는 것은?

① 보수월액
② 보험료 부과점수
③ 소득월액
④ 인두제

정답 ②

요점 보험료 부과점수

지역가입자의 소득 및 재산을 기준으로 산정한다. 다만, 대통령령으로 정하는 지역가입자가 실제 거주를 목적으로 대통령령으로 정하는 기준 이하의 주택을 구입 또는 임차하기 위하여 금융회사로부터 대출을 받고 그 사실을 공단에 통보하는 경우에는 해당 대출금액을 대통령령으로 정하는 바에 따라 평가하여 보험료 부과점수 산정시 제외한다.

> 지역가입자가 속한 세대의 월별 보험료액
> = 보험료 부과점수 × 보험료 부과점수당 금액(208. 4원)

101 2019. 경북

「국민건강보험법」에서 직장가입자의 보험료에 대한 설명으로 옳지 않은 것은?

① 직장가입자의 월별 보험료는 보수월액보험료와 소득월액보험료로 구성된다.
② 직장가입자의 소득월액 보험료는 이자소득, 배당소득, 사업소득, 근로소득, 연금소득 등이 해당된다.
③ 직장가입자의 소득월액 보험료는 본인이 50%는 부담한다.
④ 보수월액 보험료에는 상한선과 하한선이 있다.

정답 ③

요점

직장가입자는 보수월액에 따라 보험료율을 곱하여 산정하며, 사용자 50%, 근로자 50%씩 부담한다.

직장가입자의 월별 보험료 산정
① 보수월액 보험료 : 보수월액 × 보험료율
② 직장가입자(보수월액 보험료)
  ㉠ 건강보험료보수월액 × 건강보험료율(7.09%, 2023년도)
  ㉡ 장기요양보험료건강보험료 × 장기요양보험료율(12.81%, 2023년도)

보수월액	「국민건강보험법」 제70조 • 직장가입자가 지급받는 보수를 기준으로 산정한다. • 휴직이나 그 밖의 사유로 보수의 전부 또는 일부가 지급되지 않는 직장가입자의 보수월액 • 보험료는 해당 사유가 생기기 전 달의 보수월액을 기준으로 산정한다.
보험료율	「국민건강보험법」 시행령 제44조, 제73조 • 보험료율은 1만분의 699로 한다. • 국외에서 업무에 종사하고 있는 직장가입자에 대한 보험료율은 위 보험료율의 100분의 50으로 한다.

• 보수월액은 동일 사업장에서 당해 연도에 지급받는 보수총액을 근무월수로 나눈 금액을 말한다.
③ 보험료 징수기간 : 보험료는 직장가입자의 자격을 취득한 날이 속하는 달의 다음 달부터 가입자의 자격을 잃은 날의 전날이 속하는 달까지 징수하되, 가입자의 자격을 매월 1일에 취득한 경우 또는 유공자 등 의료보호대상자 중 건강보험 적용 신청으로 가입자의 자격을 취득하는 경우에는 그 달부터 징수한다.

102　　　　　　　　　　　　　　2020. 대구

「국민건강보험법」에 따라 가입자가 납부하는 보험료에 대한 내용으로 옳지 않은 것은?

① 지역가입자는 소득, 재산, 자동차의 등급별 점수를 합산한 후 보험료부과 점수에 점수당 단가를 곱하여 산정한다.
② 직장가입자의 보수월액보험료는 보수월액에 보험료율을 곱하여 보험료를 산정한다.
③ 사립학교에 근무하는 교원은 본인 50%, 학교 20%, 정부 30%를 각각 부담한다.
④ 직장가입자의 월별 보험료는 보수월액보험료와 소득월액보험료를 합친 금액이다.

정답 ③

요점

사립학교에 근무하는 교원은 본인 50%, 학교경영자 30%, 국가 및 지방자치단체 20%를 각각 부담한다. 직장가입자는 7.09%의 보험료를 부담하며, 장기요양보험료는 12.81% 부담한다. 지역가입자의 부과점수당 금액은 208.4원이다.(2023년)

보험료의 부담(제76조)

구분	직장가입자		지역가입자
	직장	공무원·교직원	
보험료	• 보수월액×보험료율 • 소득월액×보험료율	보수월액×보험료율	보험료 부과점수×점수당 금액
부담주체	근로자 50%, 사용자 50%	공무원 : 공무원, 정부가 각각 50% 교직원 : 교직원 50%, 학교경영자 30%, 국가 및 지방자치단체 20%	세대구성원 일부 정부가 부담
징수방법	사용자가 원천징수 납부	기관장 등이 원천징수 납부	월별고지, 개별납부
납기일	익월 10일까지		

• 사립학교 교원 : 가입자(교직원) 50%, 사용자(학교경영자) 30%, 국가 20% 부담

103　　　　　　　　　　　　　　2021. 경북

「국민건강보험법」에 따라 보험료 경감의 대상이 되는 가입자로 옳지 않은 것은?

① 65세 이상인 사람
② 「장애인 복지법」에 따라 등록한 장애인
③ 실업급여를 받는 사람
④ 섬·벽지·농어촌에 거주하는 사람

정답 ③

요점

실업급여를 받는 경우에는 해당되지 않으며, 휴직자는 해당된다.

「국민건강보험법」 제75조 보험료 경감
① 섬·벽지·농어촌 등 대통령령으로 정하는 지역에 거주하는 사람
② 65세 이상인 사람
③ 「장애인 복지법」에 따라 등록한 장애인
④ 「국가유공자 및 예우 및 지원에 관한 법률」에 따른 국가유공자
⑤ 휴직자
⑥ 그 밖에 생활이 어렵거나 천재지변 등의 사유로 보험료를 경감할 필요가 있다고 보건복지부장관이 정하여 고시하는 사람
⑦ 보험료 납부의무자가 다음 각 호의 어느 하나에 해당하는 경우에는 대통령령으로 정하는 바에 따라 보험료를 감액하는 등 재산상의 이익을 제공할 수 있다.
　㉠ 보험료의 납입 고지를 전자문서로 받는 경우
　㉡ 보험료를 계좌 또는 신용카드 자동이체의 방법으로 내는 경우

104　　　　　　　　　　　　　　2018. 지방

건강보험 심사평가원의 업무로 옳지 않은 것은?

① 요양급여비용의 심사
② 보험료의 부과·징수
③ 요양급여의 적정성 평가
④ 심사 기준 및 평가 기준의 개발

105　　　　　　　　　　　　　　2018. 서울

요양급여와 관련하여 비용을 심사하고 급여의 적정성을 평가하는 기관으로 가장 옳은 것은?

① 보건복지부
② 국민건강보험공단
③ 건강보험심사평가원
④ 보건소

정답 ②

요점
보험료의 부과 및 징수는 국민건강보험공단의 업무이다.

건강보험심사평가원의 업무(「국민건강보험법」 제63조)
① 요양급여비용의 심사
② 요양급여의 적정성 평가
③ 심사기준 및 평가기준의 개발
④ 다른 법률에 따라 지급되는 급여비용의 심사 또는 의료의 적정성 평가에 관하여 위탁받은 업무
⑤ 건강보험과 관련하여 보건복지부장관이 필요하다고 인정한 업무
⑥ 그 밖에 보험급여 비용의 심사와 보험급여의 적정성 평가와 관련하여 대통령령으로 정하는 업무
　㉠ 요양급여 비용의 심사청구와 관련된 소프트웨어의 개발·공급·검사 등 전산관리
　㉡ 요양비 중 보건복지부령으로 정하는 기관에서 받은 요양비에 대한 심사
　㉢ 요양급여의 적정성 평가 결과의 공개
　㉣ 환자분류체계의 개발·관리·교육·홍보

정답 ③

요점
요양급여와 관련하여 비용을 심사하고 급여의 적정성을 평가하는 기관은 건강보험심사평가원이다.

106   2021. 부산

건강보험심사평가원에서 실시하는 심사평가제도의 효과로 옳지 않은 것은?

① 적정진료를 유도한다.
② 과도한 치료를 예방한다.
③ 도덕적 해이를 예방한다.
④ 항생제 과다사용을 유도한다.

정답 ④

요점

항생제 사용에 대한 적절성을 평가함으로써 항생제의 과다사용을 자제할 수 있다.

건강보험심사평가원의 업무(「국민건강보험법」 제63조)
① 요양급여비용의 심사
② 요양급여의 적정성 평가
③ 심사기준 및 평가기준의 개발
④ 다른 법률에 따라 지급되는 급여비용의 심사 또는 의료의 적정성 평가에 관하여 위탁받은 업무
⑤ 건강보험과 관련하여 보건복지부장관이 필요하다고 인정한 업무
⑥ 그 밖에 보험급여 비용의 심사와 보험급여의 적정성 평가와 관련하여 대통령령으로 정하는 업무
   ㉠ 요양급여 비용의 심사청구와 관련된 소프트웨어의 개발·공급·검사 등 전산관리
   ㉡ 요양비 중 보건복지부령으로 정하는 기관에서 받은 요양비에 대한 심사
   ㉢ 요양급여의 적정성 평가 결과의 공개
   ㉣ 환자분류체계의 개발·관리·교육·홍보

107   2014. 서울

건강보험정책에 관한 사항을 심의·의결하기 위하여 보건복지부장관 소속으로 있는 건강보험정책심의위원회에 관한 설명으로 가장 옳은 것은?

① 심의위원회 위원의 임기는 2년이다.
② 심의위원회의 운영 등에 필요한 사항은 보건복지부령으로 정한다.
③ 심의위원회의 위원장은 보건복지부장관이다.
④ 근로자단체 및 사용자단체가 추천하는 위원은 각 3명이다.
⑤ 위원장 1명과 부위원장 1명을 포함하여 25명의 위원으로 구성한다.

정답 ⑤

요점
심의위원회 위원의 임기는 3년, 심의위원회 운영 등에 필요한 사항은 대통령령으로 정한다. 심의위원회 위원장은 보건복지부 차관이고, 근로자 단체 및 사용자 단체가 추천하는 위원은 각 2명이다.

건강보험정책심의위원회(「국민건강보험법」제4조)
① 건강보험정책에 관한 다음 각 호의 사항을 심의·의결하기 위하여 보건복지부장관 소속으로 건강보험정책심의위원회(이하 "심의위원회"라 한다)를 둔다.
 ㉠ 종합계획 및 시행계획에 관한 사항(심의에 한정한다)
 ㉡ 요양급여의 기준
 ㉢ 요양급여비용에 관한 사항
 ㉣ 직장가입자의 보험료율
 ㉤ 지역가입자의 보험료부과점수당 금액
 ㉥ 그 밖에 건강보험에 관한 주요사항으로서 대통령령으로 정하는 사항
② 심의위원회는 위원장 1명과 부위원장 1명을 포함하여 25명의 위원으로 구성한다.
③ 심의위원회의 위원장은 보건복지부차관이 되고, 부위원장은 위원장이 지명하는 사람이 된다.
④ 심의위원회의 위원은 다음 각 호에 해당하는 사람을 보건복지부장관이 임명 또는 위촉한다.
 ㉠ 근로자단체 및 사용자단체가 추천하는 각 2명
 ㉡ 시민단체, 소비자단체, 농어업인 단체 및 자영업자단체가 추천하는 각 1명
 ㉢ 의료계를 대표하는 단체 및 약업계를 대표하는 단체가 추천하는 8명
 ㉣ 다음 각 목에 해당하는 8명
  ㉮ 대통령령으로 정하는 중앙행정기관 소속 공무원 2명
  ㉯ 국민건강보험공단의 이사장 및 건강보험심사평가원의 원장이 추천하는 각 1명
  ㉰ 건강보험에 관한 학식과 경험이 풍부한 4명
⑤ 심의위원회 위원의 임기는 3년으로 한다. 다만, 위원의 사임 등으로 새로 위촉된 위원의 임기는 전임위원 임기의 남은 기간으로 한다.
⑥ 심의위원회의 운영 등에 필요한 사항은 대통령령으로 정한다.

참고 우리나라 건강보험제도 관리운영 체계
보건복지부와 국민건강보험공단, 건강보험심사평가원, 진료심사 평가위원회로 구분한다.
① 보건복지부 : 건강보험의 관장자로서 건강보험 관련 정책을 결정하고 건강보험 업무 전반을 총괄
② 국민건강보험공단 : 건강보험급여 비용의 지급, 가입자 및 피부양자 자격관리, 건강보험 관련 교육훈련, 가입자 건강유지증진을 위한 예방사업 등
③ 건강보험심사평가원 : 요양급여비용의 심사, 요양급여의 적정성 평가, 심사기준 및 평가기준의 개발, 다른 법률에 따라 지급되는 급여비용의 심사 등
④ 진료심사 평가위원회 : 건강보험심사평가원의 업무를 효율적으로 수행하기 위하여 건강보험심사평가원에 진료심사 평가위원회를 둠

108 □□□ 2016. 서울

「암관리법 시행령」상 국민건강보험공단에서 실시하는 6대 암검진에 관한 내용으로 옳은 것은?

① 대장암 – 50세 이상 남녀, 1년마다 주기적 검진
② 위암 – 50세 이상 남녀, 2년마다 주기적 검진
③ 자궁경부암 – 30세 이상 여성, 2년마다 주기적 검진
④ 간암 – 40세 이상 B형 간염 바이러스 양성자, 1년마다 주기적 검진

정답 ①

요점 6대 암검진(「암관리법 시행령」)

암의 종류	검진 주기	연령 기준 등
위암	2년	만 40세 이상의 남·여
간암	6개월	만 40세 이상의 남·여 중 간암발생 고위험군
대장암	1년	만 50세 이상의 남·여
유방암	2년	만 40세 이상의 여성
자궁경부암	2년	만 20세 이상의 여성
폐암	2년	만 54세 이상 만 74세 이하의 남·여 중 폐암 발생 고위험군

※ 비고
1. '간암 발생 고위험군'이란 간경변증, B형 간염 항원 양성(감염자), C형 간염 항체양성(보균자), B형, C형 간염 바이러스에 의한 만성 간질환 환자를 말한다.
2. '폐암발생 고위험군'이란 30갑년[하루 평균 담배소비량(갑)×흡연 기간(년)]을 가진 현재 흡연자와 폐암 검진의 필요성이 높아 보건복지부장관이 정하여 고시하는 사람을 말한다.

109

2017. 전북

「암관리법 시행령」에 의해 시행되는 암검진사업의 암 종별 검진 대상자 연령이 다른 것은?

① 위암
② 대장암
③ 간암
④ 유방암

정답 ②
요점
대장암 : 만 50세 이상의 남·여(1년마다)

110

2017. 대구

「암관리법 시행령」에 따른 검진대상 암이 아닌 것은?

① 대장암
② 자궁경부암
③ 위암
④ 갑상선암

정답 ④
요점
갑상선암은 6대 검진에 속하지 않는다.
6대 암검진
- 위암
- 간암
- 대장암
- 유방암
- 자궁경부암
- 폐암

111　2014. 서울

우리나라 건강보험의 연혁에서 직장가입자와 지역가입자의 재정통합 연도와 노인장기요양보험 실시 연도가 순서대로 바르게 연결된 것은?

① 1989년 - 2000년　② 2000년 - 2003년
③ 2000년 - 2008년　④ 2003년 - 2008년
⑤ 2003년 - 2011년

정답 ④

요점 우리나라의 건강보험의 역사

연도	내용	비고
1963. 12. 16	「의료보험법」 제정(300인 이상 사업장)	임의적용방식으로 사회여건에 맞지않아 명무실 하였음
1977. 7. 1	강제적용 의료보험 급여 개시(500인 이상 사업장)	당연 적용으로 강제가입
1977. 12. 31	공무원 및 사립학교교직원 의료보험법 재정	
1979. 1. 1	공무원 및 사립학교교직원 의료보험 실시	강제가입
1988. 1	농어촌지역 의료보험 실시	노인이 많아 의료시설 이용률이 많아 가입 용이 하였음
1988. 7. 22	5인 이상 사업장 근로자 당연적용	
1989. 7. 1	도시지역 의료보험 전면 실시	모든 국민 강제가입(지역, 직장, 공무원·사립교직원으로 각각 운영)
1989. 10. 1	약국 의료보험 전국 확대	
1998. 10. 1	1차 의료보험 통합(공무원 및 사립학교 교직원 의료보험 및 227개 지역 의료보험 통합)	국민의료보험공단 설립하여 통합하여 운영함 (지역과 직장 통합운영)
2000. 7. 1	• 국민건강보험법 실시 • 국민건강보험공단 및 건강보험심사평가원의 업무 개시 • DRG 전면 확대 실시 • 의약분업 전면실시(처방전으로 약 구입)	국민건강보험공단 일산병원 개설
2003. 7. 1	근로자 1인 이상의 모든 사업장 당연적용, 건강보험재정 지역·직장 통합 운영	
2008. 7	노인장기요양보험 시행	노인장기요양문제를 정부와 사회가 공동으로 부담

112　2015. 전북

우리나라 건강보험제도의 변천 순서를 순서대로 바르게 나열한 것은?

가. 농어촌 지역주민 의료보험 실시
나. 국민건강보험법 시행
다. 500인 이상 사업장 근로자 대상 실시
라. 도시지역주민 의료보험 실시
마. 공무원 및 사립학교 교직원 의료보험 실시

① 가 → 나 → 다 → 라 → 마
② 나 → 다 → 마 → 가 → 라
③ 다 → 마 → 가 → 라 → 나
④ 다 → 가 → 마 → 라 → 나

정답 ③

요점
- 1977년 : 500인 이상 사업장 의료보험
- 1979년 : 공무원 및 사립학교 교직원 의료보험
- 1988년 : 농촌지역 의료보험
- 1989년 : 도시지역 의료보험
- 2000년 : 국민건강보험법 시행(1999년 제정)

113　　　2018. 지방

건강보험의 재정수입 대비 지출이 적정해야 한다는 건강보험의 요건은?

① 접근성
② 효율성
③ 형평성
④ 지속가능성

정답 ④
요점 건강보험이 갖추어야 할 기본요건
① 접근성 : 건강보험 급여를 개인의 지불능력과 상관없이 언제 어디서나 필요에 따라 제공받을 수 있는 기회가 모든 국민에게 보장되어야 한다.
② 효율성의 확보 : 효율성이란 투입대비 결과인 능률성과 목표달성도인 효과성을 포함한 의미로 건강보험의 주어진 성과목표를 달성하기 위해 한정된 자원(재원, 인력, 장비, 물품, 시설 등)을 적절히 활용해야 한다. 최소한의 비용으로 최대의 산출을 추구하는 비용 효율성과 건강보험제도가 궁극적 목표를 달성할 수 있도록 자원이 최적 배분되는 배분적 효율을 충분히 고려해야 한다.
③ 형평성의 확보 : 보험료 부담 및 급여 혜택에 있어서 건강보험 가입자간 소득수준 등 부담능력에 따라 공평하게 차등부과하고 필요에 따른 의료이용이 보장되어야 한다.
④ 지속가능성의 확보 : 보험 수지 상등의 원칙에 입각하여 건강보험의 재정수입 대비 지출이 적정수준을 유지함으로써 제도가 지속적으로 유지되어야 한다. 지속가능성을 위해 건강보험 재원은 양적으로 일정수준 확보되어 안정적인 동시에, 미래의 수요변화에도 충분히 대응할 수 있어야 한다.

114　　　2017. 서울

다음 글에서 노인장기요양보험에 대한 설명으로 옳은 것을 모두 고르면?

> 가. 장기요양급여에는 재가급여, 시설급여, 현금급여가 있다.
> 나. 재가급여의 본인부담금은 당해 장기요양급여 비용의 100분의 20이다.
> 다. 장기요양보험의 보험자는 국민건강보험공단이다.
> 라. 신청대상은 60세 이상의 노인 또는 60세 미만의 자로서 치매, 뇌혈관질환 등 대통령령으로 정하는 노인성 질병을 가진 자이다.

① 가, 나
② 가, 다
③ 가, 나, 다
④ 가, 나, 다, 라

정답 ②
요점
① 우리나라의 장기요양보험제도는 65세 이상의 노인 또는 65세 미만의 자로서 치매·뇌혈관성 질환 등 노인성 질환을 가진 자 중 6개월 이상 동안 혼자서 일상생활을 수행하기 어렵다고 인정되는 자를 그 수급대상자로 하고 있다. 다만, 65세 미만자의 노인성 질병이 없는 일반적인 장애인은 제외된다.
② 본인 및 일부부담금(「노인장기요양보호법」 제40조) 및 재가 및 시설 급여비용 중 수급자의 본인 일부부담금
　㉠ 재가급여 : 당해 장기요양급여 비용의 100분의 15
　㉡ 시설급여 : 당해 장기요양급여 비용의 100분의 20
　㉢ 「국민기초생활보장법」에 따른 의료급여 수급자 : 본인 일부부담금 전액 면제

115　　　2012. 서울교육청

노인의료 요구의 특징에 해당하지 않는 것은?

① 노인질병의 장기간 관리 필요
② 보건의료 요구는 낮고 가정의 의료비 부담은 높음
③ 가족에게 인생의 종말을 대비한 관리
④ 노인환자의 현저하게 많은 수발이 필요

정답 ②

요점

보건의료 요구는 높고, 가정의 의료비 부담은 낮다.

노인장기요양보험의 필요성
① 의료의 기술 발전 및 저출산에 의한 빠른 고령화 시대
② 고령화와 더불어 치매, 중풍 등 요양보호가 필요한 노인이 급격히 증가
③ 핵가족화, 여성의 사회참여 증가 등으로 가정에서의 요양보호가 어려워짐
④ 중산층, 서민층 노인이 이용할 수 있는 시설이 부족하고, 유료시설의 비용 부담이 커짐
⑤ 만성질환 노인의 수가 많아짐으로써 노인의료비가 급증하여 건강보험 재정악화를 초래하므로 건강보험과 분리된 새로운 형태의 사회보험 체계가 필요

116　　　2018. 서울

고령화에 따른 주요 노인보건관리에 대한 설명으로 옳지 않은 것은?

① 기존 가족구조의 변화가 노인부양 문제를 일으킨다.
② 노인은 한 가지 이상의 만성질환을 가지는 경우가 많아서 의료비가 급증한다.
③ 노인장기요양보험 도입으로 65세 이상의 저소득층 노인에 한하여 장기요양서비스를 제공하고 있다.
④ 노인인구집단에 대한 소득보장 및 사회복지서비스 확대에 따른 재정지출이 증가하고 있다.

정답 ③

요점

노인장기요양보험제도의 급여대상은 65세 이상 노인 또는 65세 미만의 자로서 치매, 중풍, 파킨슨병 등 노인성 질병으로 6개월 이상의 기간 동안 혼자서 일상생활을 수행하기 어려운 사람이며, 소득수준은 고려하지 않는다.

117

2021. 울산

「노인장기요양보호법」에 따른 장기요양보험제도에 대한 설명으로 옳은 것은?

① 재원은 건강보험료에 포함되어 통합고지하고 통합징수한다.
② 의사소견서 제출제외자는 장기요양등급 1~3등급을 받을 것으로 예상되는 자이다.
③ 발급의뢰서를 통하여 의사소견서를 받는 경우 「국민기초생활보장법」에 따른 의료급여 수급자의 발급비용은 본인이 10%, 국가와 지방자치단체가 90%를 부담한다.
④ 장기요양기본계획의 내용에는 장기요양요원의 처우에 관한 사항이 포함되어 있다.

정답 ④

요점 노인장기요양보험제도

① 장기요양보험료의 징수 : 장기요양보험 가입자는 건강보험 가입자와 동일하며, 장기요양보험료는 건강보험료액에 장기요양보험료율을 곱하여 부과징수한다. 공단은 건강보험료와 장기요양보험료를 통합징수하되, 이를 구분하여 고지한다.
② 의사소견서 제출 제외자
   ㉠ 신청인의 심신상태나 거동상태 등이 보건복지부령으로 정하는 기준에 따라 현저하게 불편한 자로서 공단소속 직원이 이를 확인한 자
   ㉡ 보건복지부 장관이 정하여 고시하는 도서, 벽지 지역에 거주하는 자로 장기요양 1등급 또는 장기요양 2등급을 받을 것으로 예상되는 자로서 보건복지부장관이 정하여 고시하는 거동불편자에 해당하는 자는 의사소견서를 제출하지 아니할 수 있다.
③ 의사소견서 발급비용
   ㉠ 의사소견서의 발급비용은 의료기관의 종류에 따라 보건복지부장관이 정하여 고시하는 금액으로 한다.
   ㉡ 발급의뢰서를 통하여 의사소견서를 발급받는 경우 그 발급비용은 다음 각 호와 같이 부담한다.
      • 65세 이상의 노인이나 65세 미만의 자로서 노인성 질병을 가진 자 – 100분의 20은 본인이, 100분의 80은 공단이 부담한다.
      • 「의료급여법」에 따른 의료급여를 받는 사람 – 지방자치단체가 부담한다.
④ 장기요양기본계획(노인장기요양보호법 제6조)
   보건복지부장관은 노인등에 대한 장기요양급여를 원활하게 제공하기 위하여 5년 단위로 다음 각 호의 사항이 포함된 장기요양기본계획을 수립·시행하여야 한다.
   ㉠ 연도별 장기요양급여 대상인원 및 재원조달 계획
   ㉡ 연도별 장기요양기관 및 장기요양전문인력 관리 방안
   ㉢ 장기요양요원의 처우에 관한 사항
   ㉣ 그 밖에 노인등의 장기요양에 관한 사항으로서 대통령령으로 정하는 사항

118 　　　　　　　　　　　　　　　　2019. 경북

다음 중 노인장기요양보험제도에 대한 설명으로 옳은 것은?

① 65세 이상의 노인 또는 65세 미만의 자로서 노인성질병을 가진 자 중 1년 이상 동안 혼자서 일상생활을 수행하기 어렵다고 인정되는 자를 수급대상자로 한다.
② 급여의 종류로는 재가급여, 시설급여, 특별현금급여가 있으며, 시설급여에는 주·야간보호와 단기보호 등이 있다.
③ 55세 파킨슨병 환자는 노인장기요양보험에 해당하지 않는다.
④ 등급판정위원회는 신청자격요건을 충족하고 6개월 이상 동안 혼자서 일상생활을 수행하기 어렵다고 인정하는 경우에는 장기요양1등급 ~ 5등급, 인지지원등급 중에 판정한다.

정답 ④

요점
① 우리나라의 장기요양보험제도는 65세 이상의 노인 또는 65세 미만의 자로서 치매·뇌혈관성 질환 등 노인성 질환을 가진 자 중 6개월 이상 동안 혼자서 일상생활을 수행하기 어렵다고 인정되는 자를 그 수급대상자로 하고 있다. 다만, 65세 미만자의 노인성 질병이 없는 일반적인 장애인은 제외된다.
② 급여의 종류 : 재가급여, 시설급여, 특별현금급여가 있다.
　주·야간 보호, 단기보호 : 재가급여에 해당한다.
③ 55세 파킨슨병은 노인장기요양보험에 해당된다.

119 　　　　　　　　　　　　　　　　2021. 서울

의료비의 상승원인 중 의료수요를 증가시키는 요인에 해당하지 않는 것은?

① 사회간접시설의 확충
② 의료인력 임금의 상승
③ 인구의 노령화
④ 건강보험의 확대

정답 ②

요점
의료인력 임금의 상승은 의료공급 측면에서의 상승요인이다.

120

2009. 지방

국민의료비의 상승을 억제하기 위한 대책으로 옳지 않은 것은?

① 환자의 본인 일부부담금을 줄인다.
② 포괄수가제를 확대 실시한다.
③ 고가 의료장비의 도입을 억제한다.
④ 공공의료비 비중을 높인다.

정답 ①

요점 환자의 본인 일부부담금을 줄이게 되면 불필요한 의료 수요의 증가로 인해 국민의료비가 상승하게 된다.

121

2013. 인천

국민건강보험 가입자의 자격상실 시기로 옳은 것은?

① 사망한 날
② 국적을 잃은 날
③ 수급자가 된 날
④ 국내에 거주하지 아니하게 된 날

정답 ③

요점 피보험자의 자격상실 시기

자격을 잃은 경우 직장가입자의 사용자와 지역가입자의 세대주는 그 명세를 보건복지부령으로 정하는 바에 따라 자격을 잃은 날부터 14일 이내에 보험자에게 신고하여야 한다.
① 사망한 날의 다음 날
② 국적을 잃은 날의 다음 날
③ 국내에 거주하지 아니하게 된 날의 다음 날
④ 직장가입자의 피부양자가 된 날(가입자가 아닌 피부양자가 된 날)
⑤ 수급권자가 된 날(기초생활보장법에 따른 수급권자에게 의료급여 혜택)
⑥ 건강보험을 적용받고 있던 사람이 유공자 등 의료보호대상자가 되어 건강보험의 적용배제신청을 한 날(의료보호대상자가 의료급여 대상이 아닌 건강보험 대상을 하겠다고 신청한 날)

122

2013. 인천

건강보험에서 가입자의 자격상실 시기로 알맞은 것은?

① 직장가입자의 피부양자가 된 날의 다음 날
② 사망한 날
③ 국적을 잃은 날
④ 의료급여 수급권자가 된 날

정답 ④

요점
① 직장가입자의 피부양자가 된 날의 다음 날 → 직장가입자의 피부양자가 된 날(가입자가 아닌 피부양자가 된 날)
② 사망한 날 → 사망한 날의 다음 날
③ 국적을 잃은 날 → 국적을 잃은 날의 다음 날

123

2013. 전국 교육청

공단이 제3자의 행위로 보험급여 사유가 생겨 가입자 또는 피부양자에게 보험급여를 한 경우 그 급여에 들어간 비용 한도에서 그 제3자에게 손해배상을 청구할 권리는?

① 수급권
② 배상권
③ 차입권
④ 구상권

정답 ④

요점 「국민건강보험법」 제58조(구상권)
① 공단은 제3자의 행위로 보험급여 사유가 생겨 가입자 또는 피부양자에게 보험급여를 한 경우에는 그 급여에 들어간 한도에서 그 제3자에게 손해배상을 청구할 권리를 얻는다.
② 제1항에 따라 보험급여를 받은 사람이 제3자로부터 이미 손해배상을 받은 경우에는 공단은 그 배상액 한도에서 보험급여를 하지 아니한다.

참고 수급권
정부로부터 연금, 의료비, 기초생활비, 보험금 등을 지급받을 권리

CHAPTER 4 우리나라의 의료급여제도

124　　　　　　　　　　　　　　　2016. 지방7급
우리나라 의료급여제도에 대한 설명으로 옳지 않은 것은?

① 세금으로 재원을 조달하는 공공부조제도이다.
② 1종 수급권자의 입원과 외래 진료 모두 급여비용총액을 의료급여기금에서 부담한다.
③ 2종 수급권자의 입원과 외래 진료 모두 급여비용총액의 일부를 본인이 부담한다.
④ 수급권자의 결정은 거주지를 관할하는 특별자치시장·특별자치도지사·시장·군수·구청장이 행한다.

정답 ②

요점
의료급여의 진료비는 조세와 기금으로 충당하며 급여비용의 재원을 충당하기 위하여 시·도에 의료급여기금을 설치한다. 의료급여를 실시한 기관은 보건복지부장관이 정하는 요양비 명세서 또는 요양의 명세서를 적은 영수증을 요양을 받은 사람에게 내주어야 하고, 요양을 받은 사람은 시장·군수·구청장에게 제출하여야 한다.
① 1종 수급권자 의료급여 본인부담
　㉠ 외래진료 : 1차 의료기관 1,000원, 2차 의료기관 1,500원, 3차 의료기관 2,000원, 약국은 처방당 500원 부과
　㉡ 입원진료 : 식대 20%(본인부담)를 제외하고는 본인부담 없음
② 2종 수급권자 의료급여 본인부담
　㉠ 외래진료 : 1차 의료기관 1,000원, 2차 또는 3차 의료급여기관의 총 진료비 중 15%, 약국 500원을 본인부담
　㉡ 입원진료 : 총진료비의 10%(식대 20%)를 본인부담

125　　　　　　　　　　　　　　　2018. 지방
의료급여제도에 대한 설명으로 옳지 않은 것은?

① 조세가 재원이 된다.
② 대상자는 외래진료가 모두 무료이다.
③ 기초생활수급자들이 이에 해당된다.
④ 지자체인 시·군·구청장이 수급자를 관리하고 있다.

정답 ②

요점
의료급여 수급권자도 아래와 같이 본인부담이 있다.

의료급여 수급권자 본인부담제도

구분	1종 수급권자	2종 수급권자
입원	식대 20%(본인부담)을 제외하고는 본인부담 없음	총진료비의 10%(식대 20%)를 본인부담한다.
외래	의원(1,000원) 병원 및 종합병원(1,500원) 상급종합병원(2,000원)	의원(1,000원) 병원 및 종합병원(급여비용의 15%) 상급종합병원(급여비용의 15%)
약국	500원(처방전 1매당)	500원(처방전 1매당)

126 | 2020. 울산

우리나라의 의료급여제도에 대한 설명으로 옳지 않은 것은?

① 의료급여 수급권자 중 「국민기초생활보장법」에 따른 수급자는 근로능력 유무에 따라 1종과 2종으로 구분한다.
② 독립유공자, 국가유공자, 보훈대상대상자와 그 가족은 2종 수급권자에 해당한다.
③ 시·도는 의료급여기금의 관리·운영한다.
④ 의료급여의 진료절차는 1차, 2차, 3차 의료급여기관으로 구분하여 3단계로 이루어진다.

127 | 2019. 서울7급

우리나라의 의료급여제도에 대한 설명으로 가장 옳지 않은 것은?

① 생활유지 능력이 없거나 생활이 어려운 저소득 국민의 의료문제를 국가가 보장하는 공공부조제도이다.
② 응급시나 특수상황을 제외하고는 1차, 2차, 3차 진료기관 후송체계를 갖고 있다.
③ 수급권자의 본인부담금은 종별로 차등을 두고 있다.
④ 수급권자에 대한 급여는 원칙적으로 개인을 단위로 행하고 있다.

정답 ②
요점
② 독립유공자, 국가유공자, 보훈대상대상자와 그 가족은 1종 수급권자이다.

정답 ④
요점
의료급여 수급권자에 대한 급여는 원칙적으로 세대를 단위로 하고 있다.
① 요양급여 절차 : 1단계 요양급여(1차 의료기관, 2차 의료기관)를 받은 후 2단계 요양급여(3차 의료기관)를 받아야 한다.
② 의료급여 절차
  · 1차 의료급여기관(의원, 보건기관, 보건의료원)에서 진료 후, 의료급여 의뢰서를 가지고
  · 2차 의료급여기관(병원, 종합병원) 진료 후 의료급여 의뢰서를 가지고
  · 3차 의료급여기관(상급의료기관) 순서로 이용가능하다.

128

2017. 부산

우리나라의 의료급여제도 관리운영체계에 대한 설명으로 옳은 것은?

① 보건복지부는 의료급여기금의 관리 운용을 담당한다.
② 국민건강보험공단에서 의료급여사업의 정책개발을 한다.
③ 의료급여의 보장기관인 시·군·구에서 수급권자의 자격선정과 관리를 담당한다.
④ 건강보험심사평가원은 진료비 심사 및 진료비 지급업무를 위탁받아 수행한다.

정답 ③

요점

- **의료급여기금의 설치 및 조성(제25조)**
  ① 이 법에 따른 급여비용의 재원을 충당하기 위하여 시·도에 의료급여기금을 설치한다.
  ② 기금은 다음 각 호의 재원으로 조성한다.
    ㉠ 국고보조금
    ㉡ 지방자치단체의 출연금
    ㉢ 상환받은 대지급금
    ㉣ 징수한 부당이득금
    ㉤ 징수한 과징금
    ㉥ 기금의 결산상 잉여금 및 그 밖의 수입금
  ③ 국가와 지방자치단체는 기금 운영에 필요한 충분한 예산을 확보하여야 한다.

- **의료급여 관리운영체계**
  ① 보건복지부 : 의료급여사업의 정책개발 및 결정, 의료급여사업의 총괄적인 조정 및 지도감독 수행
  ② 지방자치단체(보장기관) - 대상을 정하고 보상함
    ㉠ 시·도는 의료급여기금의 관리·운용·보장기관에 대한 지도감독
    ㉡ 시·군·구는 수급권자의 자격선정과 관리(실제보장기관)
    ㉢ 건강보험심사평가원 : 진료비 심사 및 급여 적정성 평가
    ㉣ 국민건강보험공단 : 진료비, 지급업무, 수급권자 자격 및 개인별 급여내역의 전산관리 등을 위탁받아 수행

129

2013. 경남

의료급여 수급권자의 인정과정으로 틀린 것은?

① 수급권자가 되려는 사람은 보건복지부령으로 정하는 바에 따라 특별자치시장·특별자치도지사·시장·군수·구청장에게 수급권자 인정 신청을 하여야 한다.
② 시장·군수·구청장은 신청인을 수급권자로 인정하는 것이 타당한지를 확인하기 위하여 필요한 경우 그 신청인에게 자료 또는 정보의 제공에 동의한다는 서면을 제출하게 할 수 있다.
③ 신청에 따르는 조사, 확인조사, 금융정보 등의 제공 등에 관하여는 「국민건강보험법」을 준용한다.
④ 국가보훈처장과 문화재청장은 대통령령으로 정하는 바에 따라 수급권자로 인정할 필요가 있는 사람을 추천한다.

정답 ③

요점

신청에 따른 조사·확인조사·금융정보 등의 제공 등에 관하여는 「국민기초생활보장법」을 준용한다.

130

2013. 인천·경남

의료급여 1종 수급권자가 아닌 자는?

① 이재민, 의사자
② 독립유공자 중 의료급여가 필요하다고 인정한 자
③ 희귀난치성 질환자가 속한 세대 구성원
④ 난민자로 인정한 자

정답 ③

요점

희귀난치성 질환자가 속한 세대 구성원이 아니라 환자 당사자만 포함된다.

「의료급여법」 시행령 제3조(수급권자의 구분)

① 수급권자는 법 제3조 제3항에 따라 1종 수급권자와 2종 수급권자로 구분한다.
② 1종 수급권자는 다음 각 호의 어느 하나에 해당하는 사람으로 한다.
  1. 법 제3조 제1항 제1호 및 제3호부터 제8호까지의 규정에 해당하는 사람 중 다음 각 목의 어느 하나에 해당하는 사람
    가. 다음의 어느 하나에 해당하는 사람만으로 구성된 세대의 구성원
      1) 18세 미만인 사람
      2) 65세 이상인 사람
      3) 「장애인고용촉진 및 직업재활법」에 따른 중증장애인
      4) 질병·부상 또는 그 후유증으로 치료나 요양이 필요한 사람 중에서 근로능력평가를 통하여 특별자치시장·특별자치도지사·시장(특별자치도의 행정시장은 제외한다)·군수·구청장(구청장은 자치구의 구청장을 말하며, 이하 "시장·군수·구청장"이라 한다)이 근로능력이 없다고 판정한 사람
      5) 세대의 구성원을 양육·간병하는 사람 등 근로가 곤란하다고 보건복지부장관이 정하는 사람
      6) 임신 중에 있거나 분만 후 6개월 미만의 여자
      7) 「병역법」에 의한 병역의무를 이행중인 사람
    나. 「국민기초생활 보장법」 제32조에 따른 보장시설에서 급여를 받고 있는 사람
    다. 보건복지부장관이 정하여 고시하는 결핵질환, 희귀난치성 질환 또는 중증질환을 가진 사람
  2. 법 제3조 제1항 제2호 및 제9호에 해당하는 사람
  3. 제2조 제1호에 해당하는 수급권자
  4. 제2조 제2호에 해당하는 사람으로서 보건복지부장관이 1종 의료급여가 필요하다고 인정하는 사람
③ 제2항 제1호 가목 4)에 따른 근로능력평가의 기준, 방법 및 절차 등에 관하여 필요한 사항은 보건복지부장관이 정하여 고시한다.
④ 2종 수급권자는 다음 각 호의 어느 하나에 해당하는 사람으로 한다.
  1. 법 제3조 제1항 제1호 및 제3호부터 제8호까지의 규정에 해당하는 사람 중 제2항 제1호에 해당하지 않는 사람
  2. 제2조 제2호에 해당하는 사람으로서 보건복지부장관이 2종 의료급여가 필요하다고 인정하는 사람

「의료급여법」 제3조의 2(난민에 대한 특례)

「난민법」에 따른 난민인정자로서 「국민기초생활보장법」 제12조의 3 제2항에 따른 의료급여 수급권자의 범위에 해당하는 사람은 수급권자로 본다.

131   2013. 경남

다음 중 의료급여의 1종 수급권자에 포함되지 않는 사람은?

> 가. 이재민, 의상자
> 나. 독립유공자 중 의료급여가 필요하다고 인정한 자
> 다. 기초생활 수급자 중 희귀난치성 질환을 가진 자
> 라. 근로능력이 있는 난민 인정자

① 가, 나, 다
② 가, 다
③ 라
④ 가, 나, 다, 라

정답 ③

요점
1종 수급권자는 근로능력이 없거나 근로가 곤란하다고 인정하여 보건복지부장관이 정하는 자만으로 구성된 세대의 구성원이다.

132   2014. 서울7급

의료급여 종별 중 2종 선정의 기준에 해당하는 것은?

① 의상자 및 의사자 유족
② 18세 미만 국내입양아동
③ 국가유공자, 중요무형문화재, 이재민
④ 북한이탈주민, 5·18 민주화 운동 관련자
⑤ 국민기초생활보장법에 의한 수급자 중 근로능력이 있는 자

정답 ⑤

요점
의료급여 수급권자의 1종과 2종의 구분은 수급자 중 근로능력 여부에 따른다.

133   2012. 서울

의료분업에서 약국설치 예외지역이 아닌 것은?

① 의료기관 및 약국이 개설되지 않은 읍·면지역
② 의료기관 및 약국이 개설되지 않은 도서지역
③ 시·도에서 2km 이상 떨어져 시장·군수·구청장이 인정한 읍·면지역
④ 공단지역 내에 개설된 부속의료기관과 인근 약국이 1km 이상 떨어져 있어 해당 공단의 종사자가 부소의료기관 약국을 함께 이용하기 어려운 경우
⑤ 의료기관 또는 약국이 군사시설 통제구역 또는 개발제한구역에 위치하여 지역주민이 해당 의료기관 또는 약국을 함께 이용하기 어려운 경우

정답 ③

요점

의약분업 예외지역 지정 등에 관한 규정 제2조 1항

약사가 의사 또는 치과의사의 처방전에 의하지 아니하고 의약품을 조제할 수 있거나 의사 또는 치과의사가 의약품을 직접 조제할 수 있는 지역의 범위는 다음과 같다. 이 경우 해당 지역의 의료기관 또는 약국이 휴업상태에 있는 경우에는 개설되어 있지 않은 것으로 보며, 의료기관은 의료법에 의해 개설된 의원·병원 및 종합병원으로 하고 특정질병만을 전문으로 진료하는 정신병원·결핵병원은 제외한다.

- 의료기관 또는 약국이 개설되어 있지 않은 읍·면지역
- 의료기관 또는 약국이 개설되어 있지 않은 도서지역
- 의료기관과 약국이 개설되어 있으나 해당 의료기관과 약국이 실거리로 1km 이상 떨어져 있는 등 해당 지역주민이 의료기관과 약국을 함께 이용하기 어렵다고 시장·군수·구청장이 인정하는 읍·면 또는 도서지역
- 공단지역 내에 개설된 부속의료기관과 인근 약국이 실거리로 1km 이상 떨어져 있어 해당 공단의 종사자가 부속의료기관과 약국을 함께 이용하기 어렵다고 시장·군수·구청장이 인정하는 부속의료기관이 위치한 지역
- 의료기관 또는 약국이 군사시설통제구역 또는 개발제한구역에 위치하여 지역주민이 해당 의료기관 또는 약국을 함께 이용하기 어렵다고 시장·군수·구청장이 인정하는 지역. 다만, 군사시설통제구역 또는 개발제한구역 중에서 읍·면 또는 도서지역이 아니면서 군사시설통제구역 또는 개발제한구역 내에 보건지소와 약국이 위치한 경우에는 제외한다.

134   2008. 경남

우리나라 의약분업의 실시 시기는?

① 1989년
② 1999년
③ 2000년
④ 2003년

정답 ③

요점 의약분업의 정의

① 우리나라에서 2000년 7월부터 시행되었으며, 의사는 진료와 처방을 하고, 약사는 약의 조제만 하게 하여 의사와 약사의 업무 한계를 명확하게 하고자 하는 제도이다.
② 의사가 전문의약품의 처방전을 환자에게 주면, 약사는 의사의 처방전에 따라 약을 조제·투약하는 제도이다.

135　　　　　　　　　　　　　　2012. 지방

응급의료에 관한 법령상 응급환자의 진료비 미수금 대지급(대불)에 대한 설명으로 옳지 않은 것은?

① 미수금이란 응급환자에게 응급의료를 제공하고 그 비용을 받지 못하였을 때, 그 비용 중 환자 본인이 부담하여야 하는 금액을 말한다.
② 대지급금을 구상함에 있어 상환이 불가능한 대지급금을 결손으로 처리할 수 있다.
③ 응급환자 진료비 미수금 대불 청구서는 국민건강보험공단 이사장에게 제출한다.
④ 응급의료기금은 응급환자 진료비 미수금의 대지급에 사용할 수 있다.

정답 ③

요점

- **미수금의 대지급**
응급의료비 대불제도로 의료기관 등이 응급환자에게 응급의료를 제공하고, 그 비용을 받지 못하였을 때 보건복지부장관이 대신 지불하는 제도이다.

- **「응급의료에 관한 법률」 제22조**
① 의료기관과 구급차 등을 운용하는 응급환자에게 응급의료를 제공하고 그 비용을 받지 못하였을 때에는 그 비용 중 응급환자본인이 부담하여야 하는 금액에 대하여는 기금관리기관의 장(보건복지부장관)에게 대신 지급하여 줄 것을 청구(심평원에서 청구)할 수 있다.
② 기금관리기관의 장은 의료기관 등이 미수금에 대한 대지급을 청구하면 보건복지부령으로 정하는 기준에 따라 심사하여 그 미수금을 기금에서 대신 지급하여야 한다.
③ 국가나 지방자치단체는 대지급에 필요한 비용을 기금관리기관의 장에게 보조할 수 있다.
④ 기금관리기관의 장은 미수금을 대신 지급한 경우에는 응급환자 본인과 그 배우자, 응급환자의 1촌의 직계혈족 및 그 배우자 또는 다른 법령에 따른 진료비 부담 의무자에게 그 대지급금을 구상할 수 있다.(가족이나 배우자에게 청구하고, 못받을 시 결손처리됨)
⑤ 기금관리기관의 장은 대지급금을 구상하였으나 상환받기가 불가능하거나 소멸시효가 완성된 대지급금을 결손으로 처리할 수 있다.

136　　　　　　　　　　　　　　2018. 부산

「응급의료에 관한 법률」에 따른 응급의료기금의 사용 용도로 옳은 것은?

> ㉠ 응급환자 진료비 지불
> ㉡ 응급의료에 관한 교육·홍보사업
> ㉢ 자동심장충격기 등 응급장비 구비 지원
> ㉣ 지역응급의료시행계획의 시행 지원
> ㉤ 응급환자 진료비 청구 및 심사에 소요되는 비용 지원

① ㉠, ㉡, ㉢
② ㉡, ㉢, ㉣
③ ㉢, ㉣, ㉤
④ ㉠, ㉣, ㉤

정답 ②

요점 기금의 사용(법 제21조)
① 응급환자의 진료비 중 미수금의 대지급
② 응급의료기관 등의 육성·발전과 의료기관의 응급환자 진료를 위한 시설 등의 설치에 필요한 자금의 융자 또는 지원
③ 응급의료 제공체계의 원활한 운영을 위한 보조사업
④ 대통령령으로 정하는 재해 등이 발생하였을 때의 의료지원
⑤ 구조 및 응급처치 요령 등 응급의료에 관한 교육·홍보사업
⑥ 응급의료를 위한 조사·연구사업
⑦ 기본계획 및 지역응급의료 시행계획의 시행지원
⑧ 응급의료종사자의 양성 등 지원

137
2020. 경남

「응급의료에 관한 법률」에 따라 지역응급의료기관을 지정할 수 있는 사람은?

① 보건복지부장관
② 시·도지사
③ 시장·군수·구청장
④ 보건소장

정답 ③
요점 응급의료기관

중앙응급의료센터	보건복지부장관은 응급의료에 관한 업무를 수행하게 하기 위하여 중앙응급의료센터를 지정할 수 있다.
권역응급의료센터	보건복지부장관은 응급의료에 관한 업무를 수행하게 하기 위하여 상급종합병원 또는 300 병상을 초과하는 종합병원 중에서 권역응급의료센터를 지정할 수 있다.
전문응급의료센터	보건복지부장관은 소아환자, 화상환자 및 독극물중독환자 등에 대한 응급의료를 위하여 권역응급의료센터, 지역응급의료센터 중에서 분야별로 전문응급의료센터를 지정할 수 있다.
지역응급의료센터	시·도지사는 응급의료에 관한 업무를 수행하게 하기 위하여 종합병원 중에서 지역응급의료센터를 지정할 수 있다.
지역응급의료기관	시·군·구청장은 응급의료에 관한 업무를 수행하게 하기 위하여 종합병원 중에서 지역응급의료기관을 지정할 수 있다.

138
2016. 충남

「의료급여법」 시행규칙 상 보건복지부장관이 지정하는 제3차 의료급여기관에 해당하는 것은?

가. 보건진료소	나. 약국
다. 상급종합병원	라. 한국희귀·필수의약품 센터

① 가, 나
② 다, 라
③ 다
④ 나, 다, 라

정답 ③
요점 의료급여기관별 진료범위(제9조)
① 제1차 의료급여기관
  ㉠ 「의료법」에 따라 시장·군수·구청장에게 개설신고를 한 의료기관
  ㉡ 「지역보건법」에 따라 설치된 보건소, 보건의료원, 보건지소
  ㉢ 「농어촌 등 보건의료를 위한 특별조치법」에 따라 설치된 보건진료소
  ㉣ 「약사법」에 따라 개설등록된 약국 및 같은 법에 따라 설립된 한국희귀·필수 의약품 센터
② 제2차 의료급여기관 : 「의료법」에 따라 시·도지사가 개설허가를 한 의료기관
③ 제3차 의료급여기관 : 제2차 의료급여기관 중에서 보건복지부장관이 지정하는 의료기관(제3차 의료급여기관은 의료법에 따라 상급종합병원으로 한다)

채움 문제로 실력 향상

PART 4 사회보장과 의료보장

CHAPTER 1 사회보장

001 ☐☐☐

사회보장제도의 의의는 무엇인가?

① 국민들의 최저생활을 보장하기 위한 제도
② 고소득을 보장하여 최고수준의 생활을 보장하기 위한 제도
③ 노령으로 인한 퇴직이나 사망시 부양에 대처하기 위한 제도
④ 실업으로 인하여 수입이 중단되었을 경우에 대처하기 위한 제도
⑤ 질병 및 사고에 대처하기 위한 제도

> **정답** ①
> **요점**
> 사회보장이란 출산, 양육, 실업, 노령, 장애, 질병, 빈곤 및 사망 등의 사회적 위험으로부터 모든 국민을 보호하고 국민 삶의 질을 향상시키는데 필요한 소득서비스를 보장하는 사회보험, 공공부조, 사회서비스를 말한다. 개인에게 의료와 소득에 대한 최저수준을 보장해줌으로써 인간의 존엄성을 유지할 수 있도록 한다.

002 ☐☐☐

베버리지(Beveridge)의 사회보장의 내용으로 알맞지 않은 것은?

① 효율성과 경제성을 고려한 운영기관의 단일화
② 전 국민 대상 포괄적 적용
③ 소득상실 이전 소득액 관계없이 균일한 생계급여 지급
④ 근로자의 기여금은 각 개인의 임금, 보수 등과 비례

> **정답** ④
> **요점** 베버리지의 사회보장 6대 원칙
> ① 적용범위의 포괄성 원칙(포괄성) : 적용인구와 적용욕구의 측면에서 가능한 포괄적이어야 한다는 원칙으로 사회보장제도가 전 인구의 기본적이고 예측 가능한 모든 욕구를 보장해 주어야 한다는 것
> ② 균일한 기여금의 원칙(기여갹출의 원칙) : 근로자나 사용자가 지불하는 기여금은 소득수준에 상관없이 동일해야 함
> ③ 균일한 생계급여의 원칙(정액급여의 원칙) : 실업·장애·퇴직으로 인한 소득상실의 경우 이전 소득수준에 관계없이 보험급여의 액수가 동일해야 한다는 원칙
> ④ 급여의 적절성의 원칙(급여수준의 적정화 원칙) : 급여의 양과 시기가 적절해야 한다는 원칙으로 급여의 양은 국민 최저선을 보장하기에 충분해야 함
> ⑤ 행정적 책임의 통일화 원칙(관리 책임의 단일화 원칙) : 효율성과 경제성을 고려하여 행정체계를 단일화하는 것
> ⑥ 분류의 원칙 적용(적용대상의 계층화 원칙) : 사회보험의 적용인구를 근로자, 자영업자, 무임금노동자(주부), 아동, 노인 등으로 분류하여, 각 집단의 다양한 환경과 욕구에 알맞도록 사회보험을 조정해야 한다는 원칙

003

공적 연금보험의 소득재분배 유형은?

① 수직적 재분배
② 수평적 재분배
③ 공적 재분배
④ 세대 간 재분배

> **정답** ④
> **요점** 소득재분배 기능
> ① 수직적 재분배 : 고소득계층으로부터 저소득계층으로의 재분배 (공적부조)
> ② 수평적 재분배 : 동일 소득계층 간의 재분배로 건강한 사람으로부터 질병자에게로, 취업자로부터 실업자에게로 소득이 재분배되는 형태(사회보험)
> ③ 세대 간 재분배 : 현 세대와 미래 세대 간의 소득을 재분배하는 형태(공적연금제도로 국민연금제도)

004

우리나라 사회보장체계에서 사회보험에 해당하는 것은?

① 복지서비스
② 국민연금제도
③ 국민기초생활보장제도
④ 의료급여제도

> **정답** ②
> **요점**
>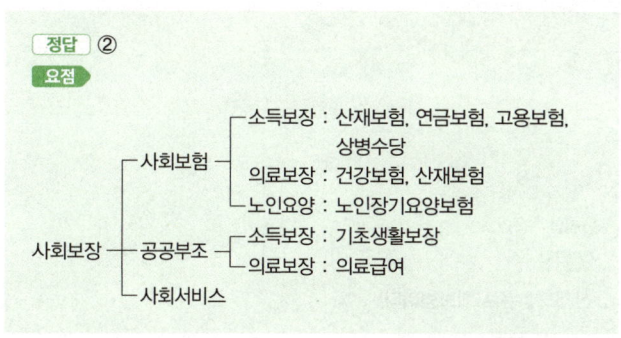

005

공공부조와 사회보험에 대한 설명으로 옳지 않은 것은?

① 사회보험은 필요한 재원조달을 가입자의 보험료를 통하여 마련한다.
② 사회보험은 국민 전체를 대상으로 한다.
③ 공공부조는 스스로 생활유지능력이 없는 사람들을 대상으로 한다.
④ 산재보험은 공공부조의 대표적인 사례이다.
⑤ 공공부조에 필요한 재원조달은 일반조세를 통하여 마련한다.

정답 ④
요점
산재보험은 사회보험이다.

006

우리나라의 공공부조 재원에 해당하는 것은?

① 보험료
② 일반조세
③ 기여금
④ 재정보조금

정답 ②
요점
공공부조는 국가와 지방자치단체의 책임 하에 생활유지 능력이 없거나 생활이 어려운 국민의 최저생활을 보장하고 자립을 지원하는 제도이다.

007

사회보험의 특징이 아닌 것은?

① 최저생계를 보장한다.
② 보험가입은 강제성을 지닌다.
③ 보험료 부담은 공동 부담이 원칙이다.
④ 사회적 형평성을 추구한다.
⑤ 보험료 지불능력이 없는 저소득층을 대상으로 한다.

정답 ⑤

요점
사회보험은 전 국민을 대상으로 하는 일종의 빈곤예방적 제도로, 보험료 지불능력이 없는 저소득층을 대상으로 하는 공공부조제도와 다르다.

008

미국의 공적의료보장제도 중 메디케어(Medicare)에 대한 설명으로 옳은 것은?

① 메디케어의 운영주체는 주정부이다.
② 메디케어 관련 세금을 납부해야 한다.
③ 저소득층이 대상이다.
④ 재원은 주정부의 예산과 연방정부 지원금으로 이루어진다.

정답 ②

요점
메디케어의 운영주체는 연방정부로서 연방정부가 65세 이상의 노인 및 장애를 보유한 사람을 대상으로 제공하고 있으며, 10년 이상 메디케어 관련 세금을 납부한 실적이 있어야 한다.

CHAPTER 2 의료보장

009

소비자의 도덕적 해이를 방지하기 위하여 의료비의 일정 비율만 보험자가 지불하고 나머지는 환자가 부담하도록 하는 본인일부부담제도는?

① 정률제
② 정액제
③ 급여상한제
④ 일정액 공제제

010

의료이용시 이용자가 의료비의 50%를 지불하는 유형의 본인일부부담제도는?

① 정액제
② 정률제
③ 일정금액 공제제
④ 급여상한제
⑤ 정액 수혜제

정답 ①

요점 본인부담정률제(정률제)

보험자(제3자 지불단체)가 의료비의 일정비율을 지불해 주고, 본인이 나머지 부분을 부담하는 방식이다.

장점	• 환자 본인의 비용 의식을 높임으로써 의료이용을 억제한다. • 의료서비스를 이용하는 사람은 가격이 상대적으로 저렴한 의료기관을 선택하여 본인부담을 줄이려고 할 것이다.
단점	• 비용의 지불로 인한 의료이용의 접근도를 제한할 수 있다. 즉, 필요한 의료서비스의 제한이 된다. • 본인부담분에 대한 부분에 대해 추가적인 민간보험을 구매할 수 있다.(실비보험)

정답 ②

요점
정률제(정률부담제)는 보험자가 의료비의 일정 비율만을 지불하고 나머지 부분을 부담하는 방식이다.

011

의료서비스 이용 건당 정해진 금액을 보험자가 부담하고 나머지는 환자 본인이 부담하는 지불방법은?

① 정률제
② 정액 부담제
③ 정액 수혜제
⑤ 급여상한제

정답 ③

요점
정액 수혜제는 의료서비스 건당 일정액만 보험자가 부담하고 나머지는 환자가 지불하는 방식으로 보험자가 일정액만 부담하기 때문에 수요억제 효과는 크지만, 보험자 부담액이 적을 경우 환자의 부담이 클 것이며, 의료서비스에 대한 접근성을 떨어뜨릴 수 있다.

012

본인일부부담제도 중 일정 금액의 상한선까지는 보장하지 않고 상한선을 넘는 비용에 대해서만 보장하는 제도는 무엇인가?

① 정률 부담제
② 급여상한제
③ 정액 부담제
④ 일정금액 공제제

정답 ④

요점
일정금액 공제제는 의료비가 일정 수준에 이르기까지는 전혀 보험급여를 해주지 않아 일정액까지는 피보험자가 그 비용을 지불하고, 그 이상의 비용만 보험급여로 인정하는 방식이다.

013

의료보장의 2대 제도인 NHI와 NHS의 차이점으로 옳지 않은 것은?

① 사회보험방식(NHI)는 '의료비에 대한 국민의 자기 책임의식'을 견지하되 이를 사회화하여 정부기관이 아닌 보험자가 보험료로써 재원을 마련하여 의료를 보장하는 방식이다.

② 국가보건서비스(NHS) 방식은 '국민의 의료문제는 국가가 책임져야 한다'는 관점에서 정부가 일반조세로 재원을 마련하여 모든 국민에게 무상으로 의료를 제공하는 국가의 직접적인 의료관장 방식이다.

③ NHI는 보험원리에 의해 1차적으로 국민의 보험료에 의해 재원을 조달하고 국가는 2차적 지원과 후견적 지도기능을 수행, 관리하는 방식이다.

④ NHS는 국가의 일반조세에 의해 재원을 조달하며, 국가가 주로 사회보장청 등으로 간접관리·운영하며 의료의 국유화를 전제로 한다.

정답 ④

요점
NHS(국가보건서비스) 방식은 일반조세에 의해 재원을 조달하며, 관리기구는 정부기관(사회보장청 등)으로 의료비 통제효과가 강하고, 모든 국민에게 포괄적이고 균등한 의료를 보장하며, 관리운영은 정부기관이 직접관리한다.

014

의료보장제도에서 사회보험 방식에 비해 국가보건서비스 방식이 갖는 특징으로 옳은 것은?

① 정부기관에서 직접관리한다.
② 국민의료비 억제기능이 취약하다.
③ 보험료로 재원을 조달한다.
④ 치료중심의 급여가 대부분이다.

정답 ①

요점
국가보건서비스 방식은 정부기관(사회보험청 등)이 관리하며, 사회보험 방식은 보험자(조합 또는 금고)가 관리한다.

015

국가보건서비스 방식에 대한 설명으로 옳지 않은 것은?

① 국가가 의료기관 직접 운영
② 의료비 통제 효과 강함
③ 첨단의료기술 발전에 긍정적
④ 조세의 의한 재원조달

정답 ③

요점
국가보건서비스(NHS) 방식은 의료의 질 저하 초래와 입원대기 환자 증가(개원의의 입원의뢰 남발)가 특징이며, 첨단의료기술 발전은 사회보험방식(NHI)이다.

016

NHI의 특징으로 옳은 것은?

① 모든 국민에게 포괄적이고 균등한 의료를 보장한다.
② 국가가 정부기관을 통해 직접 관리·운영한다.
③ 의료비 통제효과가 강하다.
④ 재원조달이 보험료 형태로 부과되기 때문에 조세저항이 없다.

정답 ④

요점
사회보험(NHI) 방식은 의료비에 대한 국민의 자기 책임의식을 견지하되 이를 사회화하여 정부기관이 아닌 보험자가 보험료로써 재원을 마련하는 의료 보장 방식이다.

017

공적인 의료보장(NHS)의 특징으로 옳은 것은?

① 치료중심의 급여
② 의료비에 대한 국민의 자기책임의식 견지
③ 의료비 억제기능 취약
④ 조세에 의한 재원조달

> **정답** ④
> **요점** 국가보건서비스 방식(NHS)
> 예방중심의 급여, 의료비에 대한 국가책임의식 견지, 의료비 억제기능 강함

018

건강보험 진료보수 지불방법에 관한 설명으로 옳지 않은 것은?

① 인두제 : 비용이 상대적으로 저렴하다.
② 총괄계약제 : 첨단의료서비스 도입에 유리하다.
③ 포괄수가제 : 의료기관의 생산성을 증가시킬 수 있다.
④ 행위별 수가제 : 과다진료로 의료비 증가 가능성이 있다.

> **정답** ②
> **요점** 총액계약제(Negotiation System)
> 공단과 의료기관이 일정 기간의 예산총액을 정해서 계약을 맺고 일괄적으로 비용을 지불하는 제도이다.
>
> | | |
> |---|---|
> | 장점 | • 과잉진료와 과잉청구가 감소하여 총 의료비의 억제가 가능하다.
• 의료비 지출의 사전 예측이 가능하여 보험재정이 안정적으로 운영된다. |
> | 단점 | • 매년 진료비 계약을 둘러싼 교섭의 어려움으로 의료공급의 혼란을 초래할 우려가 있다.
• 의료서비스가 과소진료, 규격화로 의료의 질 관리가 어렵다. |

019

행위별 수가제에 대한 설명으로 옳지 않은 것은?

① 의료비 규제효과가 강하다.
② 의료서비스의 양과 질이 높다.
③ 의료인의 재량권이 최대화된다.
④ 의료인과 보험자의 마찰이 발생한다.

020

동일 질병이나 동일 case인 경우에는 입원일수나 주사·검사 종류 및 횟수에 관계없이 미리 정해진 일정액의 진료비를 적용하는 진료비 지불방식은?

① 총액계약제
② 포괄수가제
③ 봉급제
④ 인두제

정답 ①

요점 행위별 수가제(FFS ; Fee For Service)

진료에 소요된 약제나 재료비를 별도로 산정하고, 의료인이 제공한 진료행위의 하나하나에 일정한 값을 정하여 진료비를 결정하는 것으로, 가장 흔한 지불방법이다.

장점	• 좋은 의료를 비싼 값에 많이 제공하면서 의료서비스의 양과 질이 극대화된다. • 의사의 재량권이 커지고, 환자에 대한 진료책임이 극대화된다. • 첨단 의학과 기술의 발달 유도가 쉽다. • 전문적인 의료의 수가 결정에 적합하다.
단점	• 과잉진료로 인한 국민의료비가 상승한다. • 진료비의 청구·심사·지불이 복잡하다.(보험심사가 까다로움) • 의료인과 보험자의 마찰요인이 된다.(심사기준에 미치지 못할 경우 청구금액을 못받음) • 예방보다 치료에 집중한다.

정답 ②

요점 포괄수가제(DRG)

입원하는 환자를 대상으로 입원에서 퇴원할 때까지 발생하는 진료에 대하여 질병마다 미리 정해진 금액을 내는 제도이다.

장점	• 행정적으로 간편하여 행정비용이 절감된다. • 의료기관의 생산성을 증대시킨다.(의료자원의 활용에 의료인의 관심이 증대되어 경제적 진료를 유도) • 부분적으로도 적용이 가능하다.(병용) • 진료의 표준화를 유도한다.(입원·처치·퇴원까지)
단점	• 과소진료의 우려, 서비스의 최소화 경향이 있다. • 행정직이 진료직에 대하여 지나친 간섭요인이 증가한다. • 합병증 발생시에는 적용하기 곤란하다. • 신규 의학 기술에는 비용이 포함되지 않아 적용이 곤란하다.

021

진료보수 지불제도 중 경제적 진료를 유도하지만, 서비스의 규격화, 최소화의 문제가 우려되는 제도는?

① 행위별 수가제
② 포괄수가제
③ 인두제
④ 총액계약제

022

병원을 방문하는 중증환자나 위험환자에 대한 회피의 문제가 발생할 수 있는 진료보수지불제도는?

① 행위별 수가제
② 포괄수가제
③ 인두제
④ 총액계약제

정답 ②

요점

포괄수가제는 의료자원의 활용에 의료인의 관심이 증대되어 경제적 진료를 유도한다.

정답 ③

요점 인두제(Capitation)

의료인이 맡고 있는 일정 지역의 주민 수에 일정금액(1인당 기준 수가 적용)을 곱하여 이에 상응하는 보수를 의료인 측에 지급하는 방법이다.

장점	• 진료의 지속성이 증대되어 상대적으로 저렴하게 예방에 치중하게 된다. • 행정적 업무 절차가 간편하여 행정비용이 감소된다. • 의료인 수입의 평준화를 유도한다.
단점	• 환자의 선택권이 제한되어 다른 병원 이용이 어렵다. • 서비스의 양을 최소화하고, 과소진료의 우려가 있다. • 전문의료에는 부적합하고 의사의 자율성도 저하되어 있다. • 의료서비스에 대해 가격 경쟁이 없다.

023

진료비 보상방식을 행위별 수가제에서 포괄수가제로 변경 시 발생할 수 있는 장점으로 옳은 것은?

① 진료비 심사 및 청구에 따른 행정절차의 간편화
② 의료인과 환자간의 신뢰감 향상
③ 의사의 자율성 보장
④ 예방위주의 의료서비스 확대

> 정답 ①
> 요점 **포괄수가제**
> ① 우리나라 7개 질병군, 미국에서 의료비의 급격한 상승 억제를 위한 지불 제도를 사용한다.
> ② 우리나라 포괄수가제 적용 질환(4개 진료과, 7개 질병군)
>   • 안과 : 수정체 수술(백내장 수술)
>   • 이비인후과 : 편도 및 아데노이드 수술
>   • 일반외과 : 항문 및 항문주위 수술(치질수술), 서혜 및 탈장 수술, 충수돌기염 수술(맹장염 수술)
>   • 산부인과 : 자궁 및 자궁부속기 수술(악성종양 제외), 제왕절개분만

024

의료비가 서비스의 내용과 서비스의 양에 따라 결정되는 방식은?

① 행위별 수가제
② 상환제
③ 봉급제
④ 포괄수가제

> 정답 ①
> 요점
> 행위별 수가제는 단위 서비스의 가격×서비스의 양으로 진료행위 그 자체가 기준이 된다.

025

우리나라 민영보험에서 운영되는 실손형 급여보상 방법은?

① 국민보건서비스
② 지방보건서비스
③ 제3자 지불제도
④ 상환제

정답 ④

요점 ▶ 현금 급여형(현금 배상형, 상환형, 환불제)

의료보장의 적용자가 자유의사에 따라 의료기관을 이용하고 진료비를 지불한 후 영수증을 보험공단이나 질병금고에 청구하여 진료비를 환불받는 제도이다.

장점	• 환자가 진료비 전액을 직접 지불하기 때문에 의료남용이나 과잉진료를 억제할 수 있다. • 부당청구를 방지하고 피보험자의 의료기관의 선택권을 보장한다.
단점	• 의료 수요자는 진료 후 진료비 전액을 별도로 지불하고 다시 상환을 받아야 하므로 번거롭다. • 돈이 없을 경우 필요한 의료가 억제될 수 있다.

026

건강보험제도의 특성으로 옳지 않은 것은?

① 강제성 원칙
② 재원의 수익자 부담원칙
③ 사전예방의 원칙
④ 예산의 균형적 원칙

정답 ③

요점 ▶ 사후치료의 원칙

건강보험은 적극적 의미의 건강관리, 즉 질병예방이 아닌 사후치료적 영역에 속한다.

CHAPTER 3 우리나라의 의료보장제도

027

우리나라의 건강보험제도에 대한 설명으로 옳지 않은 것은?

① 요양급여와 건강검진은 현물급여이다.
② 국민건강보험공단이 건강보험을 관리·운영한다.
③ 보험료 부과방식은 직장가입자와 지역가입자가 다르다.
④ 본인부담금 상한제는 불필요한 의료이용을 줄이기 위한 제도이다.

정답 ④
요점
본인부담금 상한제는 건강보험제도에서 본인일부부담금의 금액이 과중해지는 것을 완화하기 위한 제도이다.

028

국민건강보험제도 운영에 대한 설명으로 옳지 않은 것은?

① 보험료 부과기준은 보건복지부가 정한다.
② 요양급여와 건강검진은 현물급여이다.
③ 요양비와 장애인 보조기기 급여는 현금급여이다.
④ 지역가입자의 보험료는 소득비례정률제로 한다.

정답 ④
요점
- 보험료 부과 및 징수, 가입자 자격관련 정책의 수립 및 조정은 보건복지부 건강보험정책국의 보험정책과에서 담당한다.
- 지역가입자의 보험료 : 보험료 부과점수 × 보험료 부과점수당 금액
- 보험료 부과점수 : 세대의 보험료 부담능력 표시 점수로 소득 및 재산을 기준으로 산정한다.

현물급여	요양기관 등으로부터 본인이 직접 제공받는 의료서비스 일체를 말한다.(요양급여, 건강검진)
현금급여	가입자 및 피부양자의 신청에 의하여 공단에서 현금으로 지급하는 것을 말한다.(요양비, 장애인 보조 기기 급여비, 임신·출산 진료비, 본인부담상한제)

029

건강보험 가입자 또는 피부양자는 1단계 요양급여를 받은 후 2단계 요양급여를 받아야 하는 절차의 예외에 해당하는 경우는?

① 혈우병 환자
② 단순 물리치료환자
③ 요양기관에 근무하는 가입자의 배우자
④ 자궁수술환자

정답 ①

요점 상급종합병원에서 1단계 요양급여를 받을 수 있는 경우 (예외적인 경우)
① 「응급의료에 관한 법률」에 해당하는 응급환자의 경우
② 분만의 경우
③ 치과에서 요양급여를 받는 경우
④ 「장애인복지법」에 따른 등록 장애인 또는 단순 물리치료가 아닌 작업치료·운동치료 등의 재활치료가 필요하다고 인정되는 자가 재활의학과에서 요양급여를 받는 경우
⑤ 가정의학과에서 요양급여를 받는 경우
⑥ 당해 요양기관에서 근무하는 가입자가 요양급여를 받는 경우
⑦ 혈우병 환자가 요양급여를 받는 경우

030

국민건강보험제도의 요양급여에 해당하지 않는 것은?

① 진찰·검사
② 예방·재활
③ 입원
④ 간병

정답 ④

요점 요양급여(「국민건강보호법」 제41조)
① 진찰·검사
② 약제·치료 재료의 지급
③ 처치·수술 및 그 밖의 치료
④ 예방·재활
⑤ 입원
⑥ 간호
⑦ 이송

031

국민건강보험의 재원 조달을 위해 정부에서 지원하는 기준은 해당연도 보험료 예상수입의 얼마에 해당하는가?

① 11%
② 12%
③ 13%
④ 14%

정답 ④
요점 국민건강보험의 재원은 피보험자가 납부하는 보험료와 국고의 일부 지원(보험료 예상수익의 14%), 국민건강증진기금(보험료 예상수익의 6%)에서의 지원으로 이루어진다.

032

「국민건강보험법」에 의해 보험료 면제대상이 되는 경우에 해당하지 않는 것은?

① 국외에 체류하는 자 중 국내에 피부양자가 있는 사람
② 현역병
③ 교도소에 수용되어 있는 사람
④ 국외에 체류하는 자 중 국내에 피부양자가 없는 사람

정답 ①
요점 급여의 정지(제54조)
보험급여를 받을 수 있는 사람이 다음에 어느 하나에 해당하면 그 기간에는 보험급여를 하지 아니한다.
① 국외에 체류하는 경우(국내에 입국시 가능)
② 「병역법」에 따른 현역병(지원에 의하지 아니하고 임용된 하사를 포함한다) 전환 복무된 사람 및 군간부 후보생에 해당하는 경우
③ 교도소, 그 밖에 이에 준하는 시설에 수용되어 있는 경우

033

「국민건강보험법령」상 건강검진제도에 대한 설명으로 옳지 않은 것은?

① 세대주인 지역가입자는 일반건강검진 대상이다.
② 6세 미만의 가입자 및 피부양자는 영유아건강검진 대상이다.
③ 건강검진의 대상·횟수·절차는 보건복지부령으로 정한다.
④ 사무직 종사자가 아닌 직장가입자의 일반건강검진은 1년에 1회 실시한다.

정답 ③

요점

건강검진의 대상·횟수·절차는 대통령령으로 정한다.

건강검진(제52조)

건강검진의 목적은 가입자와 피부양자에 대하여 질병을 조기발견함으로써 국민의료비 절감이다. 건강검진 사업에는 일반건강검진, 암검진, 영유아건강검진으로 구분한다.
일반건강검진 대상자는 직장가입자, 세대주인 지역가입자, 20세 이상인 지역가입자 및 20세 이상인 피부양자를 대상으로 한다.

① 건강검진은 2년마다 1회 이상 실시하되, 사무직에 종사하지 아니하는 직장 가입자에 대해서는 1년에 1회 이상 실시한다.

구분	대상	실시주기
직장가입자	• 비사무직 : 근로자 전체 • 사무직 : 근로자 중 격년제 실시에 따른 대상자	• 비사무직 : 1년에 1회 • 사무직 : 2년에 1회
지역가입자	세대주 및 만 20세 이상 세대원	2년에 1회
직장피부양자	만 20세 이상 피부양자	2년에 1회
의료급여 수급권자	만 19세~64세 세대주 및 세대원	2년에 1회

② 영유아 건강검진(6세 미만의 가입자 및 피부양자) : 유아건강검진은 영유아의 나이 등을 고려하여 보건복지부장관이 정하여 고시하는 바에 따라 검진주기와 검진횟수를 다르게 할 수 있다. 「모자보건법」에 따라 시행한다.

034

국민건강보험의 재원조달방법에 대한 설명으로 옳지 않은 것은?

① 국민건강보험의 주요 재원은 보험료, 국고, 국민건강증진기금이다.
② 직장가입자 본인은 보수월액보험료의 50%를 부담한다.
③ 지역가입자의 보험료는 소득과 상관없이 재산에 비례한다.
④ 국고는 해당연도 보험료 예상 수입액의 14%, 국민건강증진기금은 해당연도 보험료 예상 수입액의 6%에 각각 상당하는 금액을 지원한다.

정답 ③

요점 지역가입자의 월별 보험료 산정

① 지역가입자가 속한 세대의 월별 보험료액=보험료 부과점수×보험료 부과점수당 금액
② 지역가입자의 소득 및 재산을 기준으로 산정하며, 지역가입자의 부과점수당 금액은 208.4원으로 한다.(2023년도)
   [소득 및 재산의 종류와 범위]
   보험료 부과점수 산정시 고려하는 소득에 따른 다음의 소득(비과세 소득은 제외)을 말한다.
   • 이자소득
   • 배당소득
   • 사업소득
   • 근로소득(근로소득공제는 적용하지 않음)
   • 연금소득
   • 재산세의 과세대상이 되는 토지, 건축물, 주택, 선박 및 항공기(다만, 공동의 목적으로 사용하는 건축물 및 토지는 제외)
   • 주택을 소유하지 않은 지역가입자의 경우에는 임차주택에 대한 보증금 및 월세금액
   • 승용자동차(단, 사용연수가 9년 이상인 경우, 차량의 가액이 4천만원 미만인 경우, 국가유공자, 보훈·보상대상자로서 상이등급을 판정받은 사람이 소유하는 자동차, 장애인이 소유한 자동차, 지방세특례제한에 따른 과세하지 않는 자동차, 영업용 자동차는 제외된다)
③ 장기요양보험료=건강보험료×장기요양보험료율(12.81%, 2023년도)

035

「국민건강보험법」에서 상병수당, 장제비, 임신·출산 진료비에 해당하는 것은?

① 법정급여
② 부가급여
③ 현물급여
④ 요양급여
⑤ 의료급여

> **정답** ②
> **요점**
> - 법정급여 : 법률에 의해서 지급이 의무화되어 있는 급여 – 요양급여, 건강진단, 요양비, 장애인 보조기기 급여비
> - 부가급여 : 법률이 정한 급여 이외의 급여로 공단이 대통령령이 정하는 바에 의하여 지급하는 급여 – 임신·출산 진료비, 장제비, 상병수당이 있으나 현재는 임신·출산 진료비만 있다.

036

우리나라 암 검진 대상 중 1년 주기인 것은?

① 위암
② 유방암
③ 대장암
④ 자궁경부암

> **정답** ③
> **요점** 6대 암검진(「암관리법 시행령」)
>
> | 암의 종류 | 검진 주기 | 연령 기준 등 |
> |---|---|---|
> | 위암 | 2년 | 만 40세 이상의 남·여 |
> | 간암 | 6개월 | 만 40세 이상의 남·여 중 간암발생 고위험군 |
> | 대장암 | 1년 | 만 50세 이상의 남·여 |
> | 유방암 | 2년 | 만 40세 이상의 여성 |
> | 자궁경부암 | 2년 | 만 20세 이상의 여성 |
> | 폐암 | 2년 | 만 54세 이상 만 74세 이하의 남·여 중 폐암 발생 고위험군 |

037

노인장기요양보험제도에 대한 설명으로 가장 옳지 않은 것은?

① 가입자는 65세 이상 노인이다.
② 신청대상은 65세 이상 노인 또는 노인성 질환을 가진 자 중 6개월 이상 혼자서 일상생활을 수행하기 어렵다고 인정된 65세 미만자이다.
③ 장기요양보험료는 국민건강보험료와 통합징수된다.
④ 수혜대상이 된 자는 일부 급여비용을 부담하기도 한다.

정답 ①

요점
우리나라의 장기요양보험제도는 65세 이상의 노인 또는 65세 미만의 자로서 치매·뇌혈관성 질환 등 노인성 질환을 가진 자 중 6개월 이상 동안 혼자서 일상생활을 수행하기 어렵다고 인정되는 자를 그 수급대상자로 하고 있다. 다만, 65세 미만자의 노인성 질병이 없는 일반적인 장애인은 제외된다.

038

노인의 일상생활능력 평가를 위한 ADL의 항목에 해당하는 것은?

① 목욕하기
② 은행가기
③ 전화받고 걸기
④ 물건사기

정답 ①

요점
- **노인의 일상생활수행 능력(ADL)**
목욕하기, 옷입기, 화장실 이용하기, 기동하기(침상에서 나오거나 의자로 이동), 소변 조절하기(요실금), 식사하기, 세수

- **수단적 일상생활 수행능력(IADL)**
머리빗질, 손발톱 깎기, 화장 또는 면도하기, 집안일, 청소하기, 식사 준비하기(음식재료를 준비하고, 요리하고 밥상을 차리는 일), 빨래하기, 걸어서 외출하기(가까운 거리 외출하기), 교통수단 이용하기(원거리 외출하기), 물건사기, 금전 관리하기, 전화받고걸기, 약 복용하기

039

노인장기요양보험제도에서 재가급여가 아닌 것은?

① 단기보호
② 방문간호
③ 방문요양
④ 시설급여

정답 ④

요점
- 재가급여 : 방문요양, 방문목욕, 방문간호, 주·야간 보호, 단기보호, 기타 재가급여
- 시설급여 : 장기요양 기관에 장기간 동안 입소하여 신체활동 지원 및 심신기능의 유지·향상을 위한 교육·훈련 등을 제공하는 장기요양급여

CHAPTER 4 우리나라의 의료급여제도

040

우리나라 의료급여제도에 대한 설명으로 옳지 않은 것은?

① 급여의 비용부담은 정부가 담당한다.
② 급여의 대상은 근로능력 여부에 따라 구분된다.
③ 정부의 임의로 급여항목을 변경하는 부가급여에 대한 규정이 있다.
④ 의료를 보장하는 공공부조제도이다.

정답 ③

요점
부가급여에 대한 규정은 국민건강보험법에 있다.

041

의료급여제도에서 진료비의 적정성 평가기관은?

① 시·군·구 보건소
② 질병관리청
③ 건강심사평가원
④ 건강보험공단

정답 ③

요점 의료급여 관리운영체계
① 보건복지부 : 의료급여사업의 정책개발 및 결정, 의료급여사업의 총괄적인 조정 및 지도감독 수행
② 지방자치단체 (보장기관) – 대상을 정하고 보상함
  ㉠ 시·도는 의료급여기금의 관리·운영·보장기관에 대한 지도감독
  ㉡ 시·군·구는 수급권자의 자격선정과 관리(실제보장기관)
  ㉢ 건강보험심사평가원 : 진료비 심사 및 급여 적정성 평가
  ㉣ 국민건강보험공단 : 진료비, 지급업무, 수급권자 자격 및 개인별 급여내역의 전산관리 등을 위탁받아 수행

042

의료급여에 대한 설명으로 옳지 않은 것은?

① 의료급여기금은 시·군·구에 설치한다.
② 의료급여기관은 1차, 2차, 3차로 구분한다.
③ 수급권자는 1종과 2종으로 구분한다.
④ 식대는 따로 계산하며 본인부담률은 종별 관계없이 20%이다.
⑤ 보건복지부, 시·도 및 시·군·구에 각각 의료급여심의위원회를 둔다.

정답 ①

요점
의료급여기금은 시·도에 설치한다.

의료급여 수급권자 본인부담제도

구분	1종 수급권자	2종 수급권자
입원	식대 20%(본인부담)을 제외하고는 본인부담 없음	총진료비의 10%(식대 20%)를 본인부담한다.
외래	의원(1,000원) 병원 및 종합병원(1,500원) 상급종합병원(2,000원)	의원(1,000원) 병원 및 종합병원(급여비용의 15%) 상급종합병원(급여비용의 15%)
약국	500원(처방전 1매당)	500원(처방전 1매당)

043

의료급여 수급권자에 해당하지 않는 경우는?

① 국가유공자
② 북한 이탈주민
③ 만성병 환자인 실업자
④ 국가 무형문화재

정답 ③

요점

만성병 환자인 실업자가 아닌 보건복지부장관이 정하여 고시하는 결핵질환, 희귀난치성 질환 또는 중증질환을 가진 사람이 해당된다.

• **1종 수급권자**
① 이재민, 의상자 및 의상자 유족, 국내에 입양된 18세 미만의 아동, 독립유공자, 국가유공자, 보훈대상대상자와 그 가족, 중요무형문화재의 보유자와 그 가족, 북한 이탈주민과 그 가족, 5·18 민주화 운동 관련자 보상을 받는 사람과 그 가족, 노숙인 난민법에 따른 난민인정자
② 1종과 2종을 구분하는 근거는 근로능력의 유무이다.

• **의료급여 대상자(수급권자의 구분)**

1종 수급권자	① 「국민기초생활보장법」에 의한 수급자 중 다음 각 목의 어느 하나에 해당하는 자 ㉠ 다음 각 항목의 어느 하나에 해당하는 자 또는 근로능력이 없거나 근로가 곤란하다고 인정하여 보건복지부장관이 정하는 자만으로 구성된 세대의 구성원 • 18세 미만인 자 • 65세 이상인 자 • 「장애인고용촉진 및 직업재활법」 제2조 제2호에 해당하는 중증장애인 • 질병, 부상 또는 그 후유증으로 치료나 요양이 필요한 중에서 근로능력평가를 통하여 시장·군수·구청장이 근로능력이 없다고 판정한 사람 • 임신 중에 있거나 분만 후 6개월 미만의 여자 • 「병역법」에 의한 병역의무를 이행 중인 자 ㉡ 「국민기초생활보장법 시행령」 제32조에 따른 보장시설에서 급여를 받고 있는 자 ㉢ 보건복지부장관이 정하여 고시하는 결핵질환, 희귀난치성 질환 또는 중증질환을 가진 사람 ② 법 제3조 제1항 제2호부터 제9호까지의 규정에 해당하는 자 ③ 일정한 거소가 없는 사람으로서 경찰관서에서 무연고자로 확인된 사람 중 보건복지부장관이 1종 의료급여가 필요하다고 인정하는 자 ④ 난민법에 따른 난민인정자
2종 수급권자	2종 수급권자는 다음 각 호의 어느 하나에 해당하는 자로 한다. ① 「국민기초생활보장법」에 의한 수급자 중 1종 수급주에 해당하지 아니하는 자 ② 보건복지부 장관이 2종 의료급여가 필요하다고 인정하는 자

044

의약분업의 필요성을 기술한 내용으로 옳지 않은 것은?

① 의약인력의 효율적인 활용
② 의약품의 오·남용 방지
③ 약제비 절감
④ 제약산업의 발전도모

정답 ④

요점 의약분업의 목적

① 의사·약사 사이에 환자치료 역할 분담으로 불필요하거나 잘못된 투약 방지
② 무분별한 의약품의 오남용 방지 및 처방·투약의 합리화
③ 의약품의 유통비리 근절 및 유통구조 개혁
④ 건강보험재정 안정화에 기여
⑤ 환자의 알 권리 증진

PART

5

재무행정과 보건경제

CHAPTER 1 재무행정

CHAPTER 2 보건예산

CHAPTER 3 보건경제

새로 나오는 용어 정리

✓ PART 5는 어려운 용어가 많습니다. 용어 정리를 통해 쉽게 개념을 이해하고, 문제를 풀어 보세요!

1	재무행정	행정조직의 목표를 달성하기 위한 조직 관리 및 인력 관리와 더불어 행정적 요소로서 국가나 그 밖의 행정주체가 본연의 임무를 수행하는 데 필요한 재원을 조달·배분·관리·사용하는 일체의 활동
2	재정	국가 또는 지방공공단체가 공적 권력작용이나 경제적 행위 등에 의하여 금전을 획득하고 이를 공공 목적에 지출해 나가는 과정
3	예산	금전활동을 규율하기 위한 경제의 예정적 계획
4	예산편성	행정부가 국회에 제출할 전체 예산안을 준비하는 과정
5	예산심의	의회가 행정 감독권을 행사하여 행정부가 작성한 예산안을 사전에 검토하여 예산액을 확정하는 것
6	예산집행	예산편성과 예산심의 과정을 통해 확정된 예산을 실행하는 것
7	예산 결산	예산집행이 완료된 후 수입·지출 실적에 대한 정부의 사후적 재정보고 활동
8	회계검사	예산의 합법적 집행을 확인·검증하기 위하여 회계의 기록과 장부 등을 체계적으로 검사하는 활동
9	예산개혁	예산 제도를 바람직한 상태로 변화시키기 위한 노력
10	신임예산	의회가 예산의 총액만 정해주고 그 예산의 구체적 용도는 행정부가 결정하여 지출하도록 하는 제도로, 예측할 수 없는 신규사업을 위한 예산은 즉시 마련해야 하기 때문에 행정부 재량에 맡김
11	순계예산	예산을 계상함에 있어 경비를 공제한 순 세입 또는 순 세출만을 계상하는 것
12	추가경정예산	코로나, 산불 등 예산이 추가적으로 부득이하게 드는 경우에 사용되는 예산
13	이용	장·관·항·간의 상호 융통을 말하며, 국회의 승인을 얻는 것에 한함
14	전용	행정 과목인 세항·목 사이의 상호 융통을 말하며, 국회의 사전 승인까지는 필요하지 않으나 기획재정부 장관의 승인을 요함
15	예비비	예측할 수 없는 예산 외의 지출 또는 예산초과 지출에 충당하기 위해서 계상된 경비로서 총액으로, 국회의 의결을 받아야 함
16	이월	당해 연도 내에 사용하지 못한 예산을 다음 연도의 예산으로 넘겨 사용하는 것
17	계속비	완성에 수년을 요하는 공사나 제조 및 연구개발 사업에서는 경비의 총액을 정하여 미리 국회의 의결을 얻은 범위 내에서 수년도에 걸쳐 지출할 수 있는 경비
18	사고이월	비용이 남았을 경우 그 사업에 추가로 이어서 비용을 사용함

19 영기준 예산 예산을 편성할 때 전년도 예산에 기초하지 않고 영(0)을 기준으로 원점에서 재검토한 뒤 예산을 편성하는 방법

20 X이론 인간은 본래 일하기를 싫어하고 지시받은 일밖에 실행하지 않으므로 경영자는 금전적 보상을 유인으로 사용하고 엄격한 감독, 상세한 명령으로 통제를 강화해야 한다는 이론

21 Y이론 인간에게 노동은 놀이와 마찬가지로 자연스러운 것이며, 인간은 노동을 통해 자기의 능력을 발휘하고 자아를 실현하고자 하므로 경영자는 자율적이고 창의적으로 일할 수 있는 여건을 제공해야 한다는 이론

22 재무제표 재무회계의 과정을 통해 수집·처리된 정보를 정기적으로 이용자에게 전달하는 방법

23 손익계산서 기업이 어떤 활동을 통하여 발생된 이익과 그 이익을 발생하게 한 수익과 비용을 알기 쉽게 기록한 재무제표

24 정보의 비대칭성 (소비자 무지) 질병발생시 치료방법이나 의약품 등에 대한 지식과 정보가 매우 전문적이므로 의료인력을 제외하고 소비자는 거의 알지 못하는 경우가 대부분임

25 외부효과 공급자의 이익이나 손해와는 관계없이 타인에게 이익을 주거나 손해를 주는 것

26 외부 순효과 어느 경제 주체의 생산이나 소비 행위가 다른 경제 주체에게 긍정적인 결과를 나타내는 경우
예 과수원의 과일생산이 양봉업자에는 외부효과

27 외부 역효과 다른 경제 주체에게 부정적 결과를 발생시키는 생산이나 소비행위의 효과
예 아파트에서 큰 소리로 노래를 들으면 이웃주민에게는 역효과

28 U자형 가설 신생아기 및 유아기에는 높은 의료이용을 보이다가 나이와 함께 이용량이 하락하여 10대 후반에서 20대 초반에 가장 낮은 이용률을 나타내고, 20대 후반부터 나이와 함께 수요가 꾸준히 증가하는 경향을 보임

29 탄력성 변동의 크기를 나타내는 개념

30 소득 탄력성 소득이 1% 증가하였을 때 수요는 몇 % 증가하는가를 나타내는 수치를 말함
예 소득이 증가하면 아파서 병원은 가지 않지만 미용이나 성형에는 비용이 증가됨

31 도덕적 해이 감추어진 행동이 문제가 되는 상황에서 정보를 가진 측이 정보를 가지지 못한 측의 이익에 반하는 행동을 취하는 경향

32 경상진료비 경상의료비=개인의료비+집합의료비 – 보건의료서비스와 재화의 소비를 위한 국민 전체의 1년간의 지출 총액(실질적으로 사용된 의료비)로 국제적 비교를 위한 국가 간의 약속

기출 문제로 요점 확인

PART 5 재무행정과 보건경제

CHAPTER 1 재무행정

001
2017. 서울

다음 중 전통적 예산의 원칙 중 정부는 국민들에게 필요 이상의 돈을 거두어서는 안되며, 계획대로 명확하게 지출해야 한다는 원칙은?

① 공개성의 원칙
② 완전성의 원칙
③ 통일성의 원칙
④ 정확성의 원칙

정답 ④

요점 전통적 예산의 원칙(Neumark의 원칙)

입법부 우위의 예산원칙으로서, 행정부의 재량권 통제를 위해 중시된 통제지향적 예산원칙을 의미한다.

① 공개성의 원칙(Pubicity)
  ㉠ 예산의 전 과정을 국민에게 공개하여야 한다는 원칙이다.(행정부처 홈페이지에 공개되어 있음)
  ㉡ 정부의 투명성 확보를 위한 원칙이다.
  ㉢ 국방비, 정보비 등 그 내역을 공개적으로 밝힐 수 없는 전시·안전 보장의 이유로 행정부에 부여하는 신임 예산의 경우는 공개성 원칙의 예외이다.
② 완전성(Comprehensiveness)의 원칙(포괄성·총괄성의 원칙)
  ㉠ 모든 국가의 세입과 세출은 예산에 계산되어야 한다는 원칙으로 예산 전체를 명료하게 할 뿐 아니라 예산에 대한 국회와 국민의 통제를 용이하게 한다는 데 목적이 있다.
  ㉡ 예외로는 순계예산과 기금이 있다.
  ※ 순계예산 : 예산을 계상함에 있어 경비를 공제한 순 세입 또는 순 세출만을 계상하는 것
③ 통일성의 원칙(Non Affection)
  ㉠ 모든 수입은 한 곳으로 합쳐지고 지출은 계획에 따라야 한다.
  ㉡ 특정의 세입을 특정 세출에 충당하여서는 안된다는 것이다.
  ㉢ 예외로 목적세, 특별회계예산, 기금이 있다.
④ 엄밀성(정확성)의 원칙(Exact)
  ㉠ 예산추계가 가능한 한 정확해야 하고, 정부는 국민들에게 필요 이상의 돈을 거두어서는 안되며 계획대로 정확히 지출해야 한다.
  ㉡ 예산은 사전예측이 불가능해 예산이 결산과 완전히 일치할 수는 없지만 예산과 결산이 지나치게 불일치해서는 안된다.

002
2018. 경남

다음 중 입법부 우위의 예산원칙이 아닌 것은?

① 예산 공개의 원칙
② 예산 사전 의결의 원칙
③ 예산 한정성의 원칙
④ 예산 책임의 원칙

정답 ④

요점
예산 책임의 원칙은 현대적 예산의 원칙이다.

003 2017. 인천

다음의 예산원칙 중 예산은 주어진 목표, 규모, 기간에 따라서 집행되어야 한다는 전통적 예산원칙은?

① 단일성의 원칙
② 한계성의 원칙
③ 공개성의 원칙
④ 분리성의 원칙

정답 ②

요점 한계성의 원칙(Definition)

① 사용하는 목적, 범위 및 기간에 있어서 명확한 한계가 있어야 한다. 따라서 목적 외 사용금지, 계상된 금액 이상의 지출금지, 회계 연도 경과지출 금지 등을 주된 내용으로 한다.
② 예외로는 목적외 사용으로 이용과 전용이 있으며, 계상된 범주를 이탈한 사용으로 예비비, 회계 연도 독립의 법칙의 예외로 이월, 계속비가 있다.

004 2012. 서울

예산의 원칙과 그 예외로 옳지 않은 것은?

① 통일성의 원칙 – 특별회계, 기금, 수입대체경비
② 사전의결의 원칙 – 예비비, 사고이월, 이체, 이용, 전용
③ 한정성의 원칙 – 이월, 이용, 전용, 예비비, 추가경정예산
④ 예산총계주의의 원칙 – 국가의 현물출자, 전대차입, 수입대체경비

정답 ②

요점 전통적 예산 원칙과 예외

전통적 예산 원칙	예외
공개성의 원칙	국방비, 정보비로 그 내역을 공개적으로 밝힐 수 없는 전시, 안전 보장의 이유로 행정부에 부여하는 신임예산이 있음
완전성의 원칙	순계예산(예산을 계상함에 있어 경비를 공제한 순세입 또는 순세출만을 계상하는것)과 기금이 있음
명료성의 원칙	총액계상예산(예산을 계상할때 구체적 항목 설정없이 총액으로 계상하는 제도), 안전보장 관련 예비비 등이 있음
단일성의 원칙	추가경정예산(코로나, 산불 등 추가적으로 예산이 부득이하게 드는 경우에 사용되는 예산으로 예산의 확정후 집행과정에서의 변경을 가하는 예산), 특별회계(특수한 목적을 위해 수입, 지출을 일반회계로부터 분리해 독립적으로 경리하는 회계), 기금이 있음
한정성의 원칙	목적외 사용으로 이용(장, 관, 항 간의 상호 융통을 말하며 국회의 승인을 얻는 것)과 전용(행정 과목인 세항, 목 사이의 상호융통으로 국회의 사전승인까지는 필요하지 않으나 기획재정부장관의 승인이 필요함)이 있으며, 계상된 범주를 이탈한 사용으로 예비비(예측할 수 없는 예산외의 지출 또는 예산초과 지출에 충당하기 위해서 계상된 경비), 회계연도 독립의 법칙의 예외로 이월(당해 연도 내에 사용하지 못한 예산을 다음 연도의 예산으로 넘겨 사용), 계속비(수년에 걸쳐 지출할 수 있는 경비)가 있음
사전 승인의 원칙	사고이월(국가나 지방자치단체 예산 중 해당 회계연도 안에 지출하지 못한 비용을 다음 연도로 넘기는 것), 준예산, 전용, 예비비 등이 있음
통일성의 원칙	목적세(특정경비에 충당하기 위하여 과징되는 조세), 특별회계예산, 기금, 수입대체경비 등이 있음
엄밀성의 원칙	적자 또는 불용액(배정된 금액에서 지출이 되고 남아있는 금액, 예산을 편성해 놓았으나 쓰지 않은 금액)의 발생 등이 있음

005 _2020. 경남_

현대적 예산원칙 중에서 합법성보다는 효과성에 치중한 예산운용을 강조하는 원칙은 무엇인가?

① 행정부 사업계획의 원칙
② 행정부 재량의 원칙
③ 행정부 책임의 원칙
④ 다원적 절차의 원칙

정답 ②

요점 현대적 예산의 원칙(H. Smith의 원칙)

행정부 우위의 예산원칙으로 행정부의 책임과 신축적인 운영이 강조되는 관리지향, 계획지향적인 예산원칙을 의미한다.

① 행정부 사업계획의 원칙
  ㉠ 입법부의 통제보다는 행정부의 국가운영에 대한 사업계획이 우선되어야 한다는 원칙이다.
  ㉡ 행정부가 국민적 여망에 부응하는 사업계획을 스스로 수립하기 위해 활용해야 하는 수단이 예산이라는 것이다.
② 행정부 재량의 원칙 : 행정부는 합법성보다는 효과성에 치중한 예산운영을 할 필요가 있다는 것이 행정부 재량의 원칙이다.
  ㉠ 보고의 원칙 : 예산의 편성·심의·집행은 각 행정 기관의 재무보고·업무보고에 근거를 두어야 한다.(정확한 정보와 현실성 있는 상황을 토대로 한 원칙이다)
  ㉡ 적절한 예산 수단의 원칙 : 예산 책임을 수행하는 데 필요한 예산기관과 예산배정 제도, 예비비 제도 등 제도적 수단을 갖추어야 한다는 원칙이다.
  ㉢ 다원적 절차의 원칙 : 지나치게 전통적인 예산의 원칙이나 관습에 얽매이지 말고 보다 신축적으로 대응하기 위해 다양한 절차를 활용해야 한다는 원칙이다.
  ㉣ 시기 신축성의 원칙 : 예산은 정책이나 사업의 성격상 예산기간의 신축적 운영이 필요하다. 3~5년 정도 걸쳐 편성되는 계속비가 그러한 예이다.
  ㉤ 상호 교류적 예산 기구의 원칙 : 중앙 예산기관과 각 행정기관의 예산 담당자들이 정보와 상호교류 및 업무의 협조를 통한 예산 운용을 해야 한다는 원칙이다.
③ 행정부 책임의 원칙
  ㉠ 행정부는 국회의 의도를 충분히 반영시켜 예산을 경제적으로 집행할 책임이 있다는 원칙이다.
  ㉡ 행정부가 스스로에게 책임을 지는 것을 의미하며, 이는 재량에는 반드시 책임이 수반된다는 논리에서 나온 것이다.
  ㉢ 현대적 예산 원칙 중 가장 중요한 원칙이라고 할 수 있다.

006 _2021. 부산_

현대적 예산원칙 중에서 합법성보다 효과성에 치중한 예산 운영이 필요하다는 원칙은?

① 행정부 책임의 원칙
② 행정부 재량의 원칙
③ 적절한 수단구비의 원칙
④ 행정부 계획의 원칙

정답 ②

요점 행정부 재량의 원칙

행정부는 합법성보다는 효과성에 치중한 예산운영을 할 필요가 있다는 것이 행정부 재량의 원칙이다.

007　　　2016. 울산

예산에 대한 설명으로 옳지 않은 것은?

① 일반회계는 조세수입을 주 재원으로 하여 일반적인 정부활동에 관한 총수입과 총지출을 망라하여 편성한 예산이다.
② 특별회계는 특정한 수입으로 특정한 목적을 위하여 지출이 이루어지는 회계의 예산이다.
③ 기금은 일반회계나 특별회계와 달리 예산 외로 운영이 가능하다.
④ 특별회계의 여유재원을 기금으로 진출하는 것은 원칙적으로 허용되지 아니한다.

[정답] ④
회계 및 기금 상호간에 여유재원을 전입 또는 전출하여 통합적으로 활용할 수 있다.

[요점] **회계형태에 따른 분류**
① 일반회계
　㉠ 정부의 강제적 수입원인 조세수입을 주재원으로 한다.
　㉡ 일반적인 정부활동에 관한 총수입과 총지출을 망라하여 편성한 예산을 말한다. 흔히, 예산하면 일반회계를 의미한다.
　㉢ 일반회계 예산은 국가의 고유기능을 수행하기 위해 필요한 예산이므로 그 세입은 원칙으로 조세수입을 재원으로 하고 그 밖의 과태료 등 세외 수입과 이월금, 차입금 등이 포함된다.
② 특별회계
　㉠ 특정한 세입으로 특정한 목적을 위하여 지출이 이루어지는 회계의 예산(능률성이 있을 것으로 확실시 되는 경우에 설치되는 예산)이다.
　㉡ 예산 단일의 원칙, 예산 동일의 원칙에 대한 예외이다.
　㉢ 법률로 설치하며 국회의 심의를 받는다.
　㉣ 원칙적으로 이를 설치한 소관부처가 관리한다.
　㉤ 보건복지부의 경우에는 농어촌 구조 개선 특별회계, 국가 균형 발전 특별회계가 있다.
③ 기금
　㉠ 사업운영상 필요할 때 법률로서 정하는 경우에 한해 별도의 기금설치가 가능하다.
　㉡ 일반회계나 특별회계와는 달리 예산 외로 운영할 수 있다.
　㉢ 보건복지부 소관 기금 : 국민연금기금, 국민건강증진기금, 응급의료기금 등

008　　　2017. 서울

다음 글에서 설명하는 것으로 옳은 것은?

> 예산안이 국회를 통과하여 예산이 성립된 이후 예산에 변경을 가할 필요가 있을 때에 이를 수정·제출하여 국회의 심의를 거쳐 성립되는 예산

① 본예산
② 잠정예산
③ 수정예산
④ 추가경정예산

[정답] ④
[요점] **추가경정예산**
① 예산안이 국회를 통과하여 예산이 성립된 이후 예산에 변경을 가할 필요가 있을 때에 이를 수정·제출하여 국회의 심의를 거쳐 성립되는 예산이다.
② 추가경정예산은 예산이 국회를 통과하여 성립된 다음에 변경하는 것인데 비해, 수정예산은 예산이 국회를 통과하기 전에 수정하는 제도이다.
③ 본예산을 집행하는 과정에서 예산 변경의 사유가 발생하였을 때 편성한다는 점과 국회의 심의·의결을 받아야 한다는 특징이 있다. 본예산과 별개로 성립·집행되므로 단일성 원칙의 예외가 된다.
④ 추가경정예산안의 편성
　㉠ 전쟁이나 대규모 재해가 발생한 경우
　㉡ 경기침체, 대량실업, 남북관계의 변화, 경제협력과 같은 대내외 여건에 중대한 변화가 발생하였거나 발생할 우려가 있는 경우
　㉢ 법령에 따라 국가가 지급하여야 하는 지출이 발생하거나 증가하는 경우 등

009

2023. 6월 지방

다음에서 설명하는 예산제도는?

> 새 회계연도가 개시되었음에도 불구하고, 국회에서 예산안이 의결되지 못한 경우 예산안이 의결될 때까지 정부가 일정한 범위 내에서 전년도 예산에 준하는 경비를 집행할 수 있다.

① 가예산
② 준예산
③ 수정예산
④ 추가경정예산

정답 ②

요점 예산 불성립시의 분류

회계연도 개시 전까지 예산이 국회에서 의결되지 못할 경우에 사용하는 예산제도
① 가예산 : 회계연도 개시 이전에 예산이 국회의 의결을 거치지 못할 경우 최초 1개월분의 예산을 국회의 의결로 집행할 수 있도록 하는 제도이다.(프랑스)
② 잠정예산 : 회계연도 개시 전까지 예산이 국회에서 의결되지 못했을 때, 몇 개월분(4~5개월분)에 해당하는 일정한 금액을 국고로부터 지출할 수 있도록 허가해 주는 제도이다.(영국, 캐나다, 일본)
③ 준예산 : 새로운 회계연도가 개시될 때까지 예산이 국회에서 의결되지 못하면 정부가 국회에서 예산안이 의결될 때까지 전년도 예산에 준하는 경비를 지출할 수 있게 하는 제도이다.(우리나라, 독일)

010

2017. 울산

회계연도 개시 전까지 예산이 국회에서 의결되지 못한 경우 집행 가능한 제도에 대한 설명으로 옳지 않은 것은?

① 가예산은 회계연도 개시 이전에 3개월의 예산을 국회 의결로 집행할 수 있도록 하는 제도이다.
② 잠정예산은 몇 개월분에 해당하는 금액을 국회 의결로 지출할 수 있도록 한다.
③ 준예산은 예산안이 의결될 때까지 전년도 예산에 준하는 경비를 국회의결 필요없이 지출할 수 있게 하는 제도이다.
④ 현재 우리나라는 준예산 제도를 따르고 있다.

정답 ①

요점 가예산의 정의

회계연도 개시 이전에 예산이 국회의 의결을 거치지 못할 경우 최초 1개월분의 예산을 국회의 의결로 집행할 수 있도록 하는 제도이다. (프랑스)

011 2018. 호남권

회계연도 개시 전에 예산이 국회의 의결을 거치지 못할 경우 몇 개월분의 예산을 국회의 의결로 집행할 수 있는 제도는?

① 잠정예산
② 가예산
③ 수정예산
④ 준예산

정답 ①

요점 잠정예산, 준예산, 가예산의 비교

구분	잠정예산	준예산	가예산
기간 제한	몇 개월(4~5개월)	제한 없음	1개월
국회 의결	필요함	필요없음	필요함
지출 항목	전반적	전년도에 준해서 한정적	전반적
채택 국가	영국, 캐나다, 일본	한국, 독일	프랑스

012 2018. 인천

회계형태에 따른 예산의 종류가 아닌 것은?

① 일반회계
② 특별회계
③ 수정예산
④ 기금

정답 ③

요점

• **회계형태에 따른 분류**
① 일반회계 : 일반적인 정부활동에 관한 총수입과 총지출을 망라하여 편성한 예산을 말한다.
② 특별회계 : 특정한 세입으로 특정한 목적을 위하여 지출이 이루어지는 회계의 예산(능률성이 있을 것으로 확실시 되는 경우에 설치되는 예산)이다.
③ 기금 : 사업운영상 필요할 때 법률로서 정하는 경우에 한해 예산 외로 운영하는 별도의 기금설치가 가능하다.

• **예산의 성립 시기에 따른 분류**
① 본예산(당초예산) : 정기국회에서 다음 회계연도 예산에 대해 의결·확정한 예산
② 수정예산 : 예산안이 국회에 제출된 이후 본예산이 성립되기 이전에 부득이한 사유로 인하여 그 내용의 일부를 변경하고자 할 경우는 국무회의의 심의를 거쳐 대통령의 승인을 얻어 수정 예산안을 국회에 제출하고 이를 확정시키는 예산이다.
③ 추가경정예산 : 예산안이 국회를 통과하여 예산이 성립된 이후 예산에 변경을 가할 필요가 있을 때에 이를 수정·제출하여 국회의 심의를 거쳐 성립되는 예산이다.

• **예산 불성립시의 분류**
① 잠정예산 : 회계연도 개시 전까지 예산이 국회에서 의결되지 못했을 때, 몇 개월분(4~5개월분)에 해당하는 일정한 금액을 국고로부터 지출할 수 있도록 허가해 주는 제도이다.
② 가예산 : 회계연도 개시 이전에 예산이 국회의 의결을 거치지 못할 경우 최초 1개월분의 예산을 국회의 의결로 집행할 수 있도록 하는 제도이다.
③ 준예산 : 새로운 회계연도가 개시될 때까지 예산이 국회에서 의결되지 못하면 정부가 국회에서 예산안이 의결될 때까지 전년도 예산에 준하는 경비를 지출할 수 있게 하는 제도이다.

013

2019. 서울

정부가 법률로 정하여 특정 사업이 지속적, 안정적으로 운영되도록 마련한 것으로, 국민연금, 응급의료 및 국민건강증진에 특별히 마련된 자금의 형태는?

① 기금
② 본예산
③ 특별회계
④ 추가경정예산

정답 ①

요점 기금
① 사업운영상 필요할 때 법률로서 정하는 경우에 한해 별도의 기금 설치가 가능하다.
② 일반회계나 특별회계와는 달리 예산 외로 운영할 수 있다.
③ 보건복지부 소관 기금 : 국민연금기금, 국민건강증진기금, 응급의료기금 등

014

2021. 부산

다음 중 기금에 설명으로 옳지 않은 것은?

① 예산 외로 운영이 가능하다.
② 자금의 효율적인 운영과 관리를 위해 설치한다.
③ 보건복지부 소속 기금으로는 국민연금기금, 장애인기금, 국민건강증진기금이 있다.
④ 특정수입과 지출의 연계가 강하다.

정답 ③

요점
장애인기금은 보건복지부소속 기금에 포함되지 않는다.

• **기금**
① 사업운영상 필요할 때 법률로서 정하는 경우에 한해 별도의 기금 설치가 가능하다.
② 일반회계나 특별회계와는 달리 예산 외로 운영할 수 있다.
③ 보건복지부 소관 기금 : 국민연금기금, 국민건강증진기금, 응급의료기금 등

• **기금과 예산의 비교**

구분	기금	예산
재원	일반회계로부터 전입금, 정부출연금 유상적 급부	조세수입 무상적 급부
운용방식	국회의 통제없고, 대통령의 승인 일반회계예산·특별회계예산과는 별도로 운영	국회의 의결이 필요함
예산통일의 원칙	적용배제됨	적용됨

015 2023. 6월 지방

보건복지부 소관의 기금이 아닌 것은?

① 국민연금기금
② 노인복지기금
③ 응급의료기금
④ 국민건강증진기금

정답 ②

요점 보건복지부 소관 기금
국민연금기금, 국민건강증진기금, 응급의료기금 등이 있다.

016 2016. 서울

다음 중 예산에 대한 설명으로 옳지 않은 것은?

① 예산의 전용이란 행정과목인 세항, 목 사이의 상호융통을 의미한다.
② 순계예산과 기금은 전통적 예산원칙 중 완전성의 예외 항목에 해당한다.
③ 예산의 집행은 배정 → 지출원인행위 → 재배정 → 지출의 순서로 행해진다.
④ 준예산은 신회계연도가 개시되었는 데도 예산이 입법부를 통과하지 못할 경우의 예산운영을 대비한 제도이다.

정답 ③

요점

① 전용 : 행정 과목인 세항·목 사이의 상호 융통을 말하며, 국회의 사전 승인까지는 필요하지 않으나 기획재정부 장관의 승인을 요한다.
② 완전성(Comprehensiveness)의 원칙(포괄성·총괄성)
  ㉠ 모든 국가의 세입과 세출은 예산에 계산되어야 한다는 원칙으로 예산 전체를 명료하게 할 뿐 아니라 예산에 대한 국회와 국민의 통제를 용이하게 한다는 데 목적이 있다.
  ㉡ 예외로는 순계예산과 기금이 있다.
③ 준예산 : 새로운 회계연도가 개시될 때까지 예산이 국회에서 의결되지 못하면 정부가 국회에서 예산안이 의결될 때까지 전년도 예산에 준하는 경비를 지출할 수 있게 하는 제도이다.

예산의 집행절차

① 예산의 배정 : 기획재정부장관 → 각 중앙관서(전체에서 각각 예산을 배정)
  ㉠ 사업계획의 실현을 위하여 자금을 할당하는 절차
  ㉡ 기획재정부장관이 예산배정계획과 자금계획을 수립해 국무회의의 심의와 대통령의 승인을 얻은 후 예산 집행
  ㉢ 각 중앙관서의 장은 예산이 확정된 후 사업운영계획 및 이에 따른 세입·세출·예산 등이 포함된 예산배정요구서를 기획재정부장관에게 제출
② 예산의 재배정 : 각 중앙관서 → 산하기관
  ㉠ 중앙관서에 대한 예산배정이 끝나면 이어서 중앙관서의 장은 예산배정의 범위 안에서 예산지출권한을 산하기관에 위임
  ㉡ 각 중앙관서의 장이 각 산하기관의 예산집행상황을 감독·통제하고 재정적 한도를 엄수하는 데 목적이 있음
③ 지출원인행위 : 지출이 원인이 되는 계약 또는 기타의 행위로 예산의 금액 내에서 실시해야 한다.
④ 지출 : 부담한 채무를 이행하기 위해서 수표를 발행하고 현금을 지급하기까지의 행위를 말한다.
※ 예산의 집행 : 예산의 배정 → 예산의 재배정 → 지출원인행위 → 지출

017

2021. 경기

다음 중 예산에 대한 설명으로 옳은 것은?

① 수정예산은 우리나라에서 제출된 바가 없다.
② 기금은 일종의 예산으로 회계연도 내에 모두 지출된다.
③ 현재 우리나라는 예산이 국회를 통과하지 못한 때를 대비하여 가예산 제도를 취하고 있다.
④ 추가경정예산은 예산안이 국회를 통과하여 예산이 성립된 이후 예산에 변경을 가할 필요가 있을 때 수정 제출하고 국회심의를 거쳐 성립된다.

정답 ④

요점
① 수정예산은 정부가 국회에 예산안을 제출한 이후 예산이 아직 최종 의결되기 전에 국내외의 사회·경제적 여건의 변화로 예산안의 내용 중 일부를 변경할 필요성이 있을 때 편성하는 예산이다.(예산 성립 전 변경)
　우리나라는 1970년과 1981년도 예산의 경우 수정예산이 제출된 바 있다.
② 기금은 사업운영상 필요할 때 법률로서 정하는 경우에 한해 별도의 기금설치가 가능하다. 일반회계나 특별회계와는 달리 예산 외로 운영할 수 있다.
③ 우리나라는 예산이 국회를 통과하지 못한 때를 대비하여 준예산 제도를 취하고 있다.

018

2020. 서울7급

특별회계예산에 대한 설명으로 가장 옳은 것은?

① 국회의 결산심의와 승인을 받는다.
② 특정한 수입과 특정한 지출의 연계가 배제된다.
③ 예산의 세입과 세출을 단일의 회계로 통일한다.
④ 합목적성 차원에서 집행절차가 상대적으로 자율적이고 탄력적이다.

정답 ①

요점 특별회계
① 특정한 세입으로 특정한 목적을 위하여 지출이 이루어지는 회계의 예산(능률성이 있을 것으로 확실시 되는 경우에 설치되는 예산)이다.
② 예산 단일의 원칙, 예산 동일의 원칙에 대한 예외이다.
③ 법률로 설치하며 국회의 심의를 받는다.
④ 원칙적으로 이를 설치한 소관부처가 관리한다.
⑤ 보건복지부의 경우에는 농어촌 구조 개선 특별회계, 국가 균형 발전 특별회계가 있다.
⑥ 집행절차는 일반회계와 동일하여 합법성에 입각하여 엄격히 통제되고 예산의 목적 외 사용은 금지된다.

CHAPTER 2 보건예산

019 □□□   2019. 경기

다음 중 예산의 과정을 바르게 나열한 것은?

① 예산심의 – 예산편성 – 예산집행 – 예산결산 및 회계검사
② 예산편성 – 예산심의 – 예산집행 – 예산결산 및 회계검사
③ 예산심의 – 예산편성 – 예산결산 및 회계검사 – 예산집행
④ 예산편성 – 예산심의 – 예산결산 및 회계검사 – 예산집행

> [정답] ②
> [요점] **예산안 편성과정**
> 예산편성(행정부) → 예산심의(입법부·국회) → 예산집행(행정부) → 예산결산·회계검사(입법부)

020 □□□   2016. 전남

예산과정 중 행정부가 주체인 과정은?

① 예산편성
② 예산심의
③ 예산의결
④ 예산결산

> [정답] ①
> [요점] **예산의 편성**
> ① 정부가 다음 회계 연도에 수행할 정책·사업을 금액으로 표시한 계획을 작성하는 과정을 말한다.
> ② 예산총액은 주로 예산편성 과정에서 확정되므로 다양한 정치 집단들은 이 과정에서 보다 많은 예산을 확보하기 위한 정치적 투쟁을 전개한다.
> ③ 예산안 편성과정
>   ㉠ 사업계획서 제출 : 각 중앙관서에서 → 기획재정부장관에게 사업계획서 제출
>   ㉡ 예산편성 지침과 기금운영계획 작성지침 통보 : 기획재정부장관 → 각 중앙관서에게 통보
>   ㉢ 예산요구서의 작성 및 제출 : 각 중앙관서에서 작성하여 → 기획재정부장관에게 제출
>   ㉣ 기획재정부의 예산의 사정
>   ㉤ 정부예산안의 확정 및 국회제출(회계년도 개시 120일 전) 기획재정부 → 국무회의를 통해 예산확정 → 대통령 → 국회

021 2017. 서울

예산과정 중 조직의 재정적 활동 및 그 수입·지출의 결과에 관하여 사실을 확증·검증하는 행위로 마지막 단계에서 수행되는 것으로 옳은 것은?

① 예산편성
② 예산집행
③ 회계검사
④ 회계결산

정답 ③

요점 회계검사(감사원)
① 예산과정 중 마지막으로 수행되는 과정으로 조직의 재정적 활동 및 수입·지출의 결과에 관하여 사실을 확증·검증하는 행위를 의미한다.
② 회계검사는 회계기록을 대상으로 하고, 제3자가 하여야 하며, 회계기록의 정확성 여부에 관한 검증절차이며, 회계 기록의 적정성 여부에 관한 비판적 검증으로써 검사자의 의견이 표시되어야 한다.
③ 회계검사는 예산집행에 대한 사후통제지만, 가장 강력하고 본격적인 통제이다.
④ 회계검사를 하는 목적
  ㉠ 지출의 합법성 확보
  ㉡ 회계장부의 비위 및 부정의 적발·시정
  ㉢ 능률성과 효과성의 확보
  ㉣ 재정 낭비의 방지

022 2010. 지방

보건행정에서 계획의 작성, 프로그램의 작성, 예산편성의 과정으로 구성된 제도는?

① 계획 예산제도(PPBS)
② 프로그램 평가 검토기법(PERT)
③ 체계분석(SA)
④ 성과주의 예산제도(PBS)

정답 ①

요점 계획 예산제도(PPBS ; Planning Programiming Budgeting System)
① 개념 : 단기적인 예산과 장기적인 계획을 합리적으로 결합(통상 3~5년)시켜 합리주의적 의사결정의 일원성을 확보함으로써 예산의 절약과 능률성 같은 자원배분의 최적을 기하려는 기획 중심의 예산제도이다.
② 특징
  ㉠ 다년간에 걸친 목표와 정책을 중시하고, 사업재정계획을 쉽게 하는 장기적 시계를 갖고 있으며, 목표를 분명의 정의하고, 이를 달성한 사업계획이나 각종 대안을 체계적으로 검토해 수립한다.
  ㉡ 부서별로 예산을 배정하는 것이 아니라 정책별로 예산을 배분하며, 최고관리자 층을 중시(계획기능의 집권화·하향적)하는 계획지향성을 가지며, 기획·사업분석·예산기능을 단일의 의사결정으로 통합한다.
  ㉢ 체제분석·운영분석 등 계량적·경제학적 기법을 도입하고, 예산기관의 정책의 결정역할을 중시하는 과학적·객관성을 중시한다.

023
2013. 경기

예산설정 방법 중 장기적인 계획수립과 단기적인 예산편성을 중기적인 프로그램 작성을 통하여 유기적으로 결합시킴으로써 자원 분배에 관한 의사결정을 일관성 있고 합리적으로 행하려는 제도는?

① PPBS(계획 예산)
② PBS(성과주의 예산)
③ LIBS(품목별 예산)
④ ZBB(영기준 예산)

정답 ①
요점 계획 예산제도
장기적인 계획수립과 단기적인 예산편성을 프로그램 작성을 통하여 유기적으로 연계시킨다.

024
2014. 대구

영기준 예산제도의 특징으로 옳지 않은 것은?

① 예산팽창을 방지할 수 있다.
② 시간이 적게 걸린다.
③ 하위관리자를 예산편성에 참여시킨다.
④ 예산정책의 일관성이나 지속성이 유지되기 힘들다.

정답 ②
요점
영기준 예산제도는 점증주의를 극복하기 위해 새롭게 예산을 편성하기 때문에 시간이 오래걸리는 단점이 있다.

영기준 예산제도(ZBB ; Zero Base Budgeting)
① 개념 : 정부기관의 모든 사업활동에 전 회계 연도의 예산을 고려하지 않는 '0'의 기준상태에서 계속사업·신규사업을 막론하고 근본적인 재평가를 바탕으로 검토하여 우선순위에 의해 예산을 편성하는 총제적·상향적 예산결정(하의상달식 의사전달) 방식이다.
② 특징
  ㉠ 계속사업과 신규사업을 비교하여 조직의 모든 사업활동에 대하여 '0'의 수준에서 재평가하여 효과성과 효율성 등을 체계적으로 분석하고 그에 따라 우선순위가 높은 사업활동을 결정하고 예산을 편성하는 예산제도이다.
  ㉡ 영기준이란 예산안을 편성함에 있어서 전 회계 연도 예산과 정치적인 우선순위의 기준으로 예산액을 점증 또는 점감적으로 편성하는 것이 일반적 현상이라는 점증주의적 방법(기존에 하던 방법을 그대로 하거나 수정하는 방법)을 극복하기 위하여 0의 수준에서 새로이 출발하여야 한다는 것이다.
  ㉢ 따라서, 영기준 예산제에서는 계속사업이라도 결과와 산출을 중시하기 때문에 0의 수준에서 신규사업과 같이 새로이 분석하고 평가하여 사업의 우선순위를 정하고 그에 따라 예산을 편성하게 된다.

025 2013. 울산

영기준 예산의 장점이 아닌 것은?

① 재산분배의 합리성
② 소규모 조직 사업에 유리
③ 관리자의 참여 확대
④ 재정운영, 자금배정의 탄력성

정답 ②

요점 영기준 예산제도의 장점과 단점

장점	㉠ 합리적인 의사결정과 재원배분으로 예산의 낭비와 예산 팽창을 억제할 수 있음 ㉡ 관리자의 참여 확대(의사결정 패키지의 작성과 우선순위 결정과정에 조직구성원의 참여가 이루어짐) ㉢ 재정운영, 자금배정의 탄력성(신속한 예산조정 등 변동 대응성, 유연성, 신축성 향상됨) ㉣ 관리자들의 의사결정능력을 향상시킴 ㉤ 계획기능의 분권화된 관리체계로 각각 부서가 계획을 수립함
단점	㉠ 과다한 노력과 시간이 소요됨 ㉡ 공공부문의 경직성 업무와 법령상 계약으로 사업축소 및 폐지가 곤란함 ㉢ 공무원의 업무부담 가중으로 인해 관료의 저항적 형태가 발생하며, 정치적 힘이 약한 소규모 조직의 경우 우선순위가 낮게 책정될 수 있음 ㉣ 현시점 위주의 분석으로 단기적(1년)이며, 장기적 안목이 결여됨 ㉤ 점증주의로 귀결되는 경우가 대부분임(점증주의를 해소하기 위함이었지만, 결국은 신종사업보다는 기존 사업에 치중하게 됨)

026 2021. 경북

다음 중 영기준 예산제도의 특징으로 옳은 것은?

① 계획지향적인 예산제도이다.
② 다년간에 걸친 장기적 관점의 예산제도이다.
③ 투입된 예산에 의한 성과에 관심을 기울인 예산제도이다.
④ 사업에 대한 평가와 예산배경에 초점을 두는 예산제도이다.

정답 ④

요점

① 계획지향적인 예산제도 : 계획 예산제도(PPBS)
② 다년간에 걸친 장기적 관점의 예산제도 : 계획 예산제도(PPBS)
③ 투입된 예산에 의한 성과에 관심을 기울인 예산제도 : 성과주의 예산제도(PBS)

027   2013. 전북

전년도 예산을 기준으로 하여 점진적인 예산편성에 따르는 문제점을 시정하기 위한 예산제도는 무엇인가?

① 영기준 예산제도
② 자본 예산제도
③ 성과주의 예산제도
④ 목표관리 예산제도

정답 ①

요점
영기준 예산제도(ZBB ; Zero Base Budgeting)
모든 예산항목에 대하여 기득권을 인정하지 않고 매년 '제로'를 출발점으로 하고, 과거의 실적이나 효과, 정책의 우선순위를 엄격히 심사하여 예산을 편성하는 제도이다.

028   2014. 대구

영기준 예산제도에 대한 설명으로 옳지 않은 것은?

① 점증주의적 방법을 극복하기 위한 예산제도이다.
② 시간과 노력이 적게 드는 장점이 있다.
③ 하위관리자의 참여를 확대하여 관리자들의 의사결정능력을 향상시킨다.
④ 정치적 힘이 약한 소규모 조직의 경우 우선순위가 낮게 책정될 수 있다.

정답 ②

요점
영기준 예산제도는 시간과 노력이 많이 소요된다.

029　2016. 지방

구체적인 지출 항목별로 예산을 분류하는 방법으로 투입지향적 예산이며 사업의 성과나 예산 운영방식보다는 비용에 대해 초점을 맞추는 예산편성 방법은?

① 품목별 예산제도
② 영기준 예산제도
③ 계획 예산제도
④ 총괄 예산제도

정답 ①

요점 품목별 예산제도(LIBS ; Line Item Budgeting System)
① 개념 : 예산을 지출대상(품목)별로 분류해 편성하는 예산제도(인건비, 물건비, 자본지출비 등)
② 특징
　㉠ 지출대상별로 예산액을 명확히 배정함으로써 관료의 권한과 재량을 제한하는 투입지향적 · 통제지향적 예산제도
　㉡ 성과보다는 비용에 초점을 두었음
　㉢ 입법부 우위의 예산제도로 통제지향적임
　㉣ 모든 예산편성의 기초로 '장 – 관 – 항 – 세항 – 목'에서 '목'이 기본단위임

030　2016. 충북

국가정책사업이나 활동별로 예산을 편성하는 제도로 업무단위의 원가와 양을 계산하여 편성하는 제도는?

① 품목별 예산제도
② 성과주의 예산제도
③ 계획 예산제도
④ 영기준 예산제도

정답 ②

요점 성과주의 예산제도(PBS ; Performance Budgeting System)
① 예산을 사업별 · 활동별로 분류해 편성하는 예산제도로, 업무단위의 원가와 양을 계산하여 편성한다.
② 사업을 중심으로 편성함으로써 사업 또는 정책의 성과에 관심을 기울인 예산제도로, 행정부의 사업 계획 수립이 용이하다.

031

2017. 전북

예산을 사업 또는 활동별로 편성하여 정부의 사업을 쉽게 이해할 수 있고 투입되는 예산의 성과를 파악하기 수월한 예산편성방법은?

① 품목별 예산제도
② 성과주의 예산제도
③ 계획 예산제도
④ 영기준 예산제도

정답 ②

요점 성과주의 예산제도의 장점
① 업무단위와 업무량 측정 등 계량화를 가능하게 하여 관리의 효율성과 능률성을 향상시킨다.
② 사업이나 활동별로 예산이 편성되므로 정부가 무슨 사업을 하는지 국민이 이해하기 용이하다.
③ 투입되는 예산의 성과를 파악할 수 있으며, 성과평가를 통해 행정통제를 합리화할 수 있다.

032

2014. 인천

특정 행정기관이나 사업이 일정기간(3~7년)이 지나면 국회의 재보증을 얻지 못하는 한, 자동적으로 폐지되게 하는 법률이나 예산을 의미하는 것은?

① PPBS(계획 예산)
② SLB(일몰법)
③ 성과주의 예산제도
④ 영기준 예산제도

정답 ②

요점 일몰 예산제도(SLB ; Sunset Law Budgeting)
① 영기준 예산제도의 효과적 운영을 위한 제도로, 특정한 행정기관이나 사업이 일정기간(3~7년)이 지나면 자동적으로 폐쇄되게 하는 예산제도를 말한다.
② 영기준 예산제도와의 비교
  ㉠ 유사점
    • 사업의 계속 여부를 검토하기 위한 재심사를 실시한다.
    • 자원의 합리적 배분에 기여하며 감축 관리의 일환이 된다.
  ㉡ 차이점
    • 영기준 예산(ZBB)은 행정부의 예산편성 과정에서 주로 행해지나, 일몰법(SLB)에 의한 심사는 입법부에서 시행한다.
    • 일몰법(SLB)에 의한 심사는 법률에 의한 것으로, 예산의 유효기간을 의미하는 회계연도와는 별도로 진행한다.
    • 영기준 예산(ZBB)는 중하위 계층까지도 심사가 이루어지고, 매년 검토하지만, 일몰법(SLB)은 행정의 최상위 계층의 주요정책 심사로 이루어지고, 검토주기가 3~7년이다.

033　2017. 서울보건직

보건조직의 목표관리(MBO)에 관한 설명으로 가장 옳지 않은 것은?

① 직무 만족도와 생산성의 동시 향상
② 객관적 업무 평가 기준 제공
③ 역할의 모호성과 갈등 감소
④ 조직의 장기적 목표 설정

정답 ④

요점 보건조직의 목표관리 예산제도(MBO ; Management By Objective)

① 조직 목표와 개인 목표를 명확하게 설정함으로써 각자의 능력을 개발하고 의욕을 높이며, 또한 각자의 힘을 조직력으로 집중 발휘시킴으로써 효율적인 경영활동을 가능하게 하는 관리 경영 기법 및 경영 이념이다.
② 필요에 따라서는 목표를 수정함으로써 외부의 변화에 신속하게 대응하는 다이내믹한 조직 활동이 가능하다.

장점	㉠ 조직목표와 개인목표의 조화(Y이론적 관리방식) ㉡ 관료제의 역기능 보완(조직의 변화와 쇄신 추구로 조직 동태화에 기여) ㉢ 역할의 모호성과 갈등이 감소 ㉣ 평가ㆍ환류 기능을 중시 ㉤ 조직목표 명료화로 조직활동에 집중하고 조직의 효과성을 높임 ㉥ 조직 내 의사소통 활성화, 구성원 간 이해 증진, 조직 내부 갈등의 건설적 해결 중시 ㉦ 참여 관리를 통한 조직의 인간화를 도모하며 조직 구성원의 사기와 직무 만족을 높임(직무만족도와 생산성의 동시 향상) ㉧ 객관적 업무평가 기준 제공
단점	㉠ 장기적ㆍ질적 목표보다 단기적ㆍ양적ㆍ유형적 목표에 치중함 ㉡ 폐쇄체계적인 성격으로 환경이 불확실하고 유동적인 곳에서는 효용이 제약됨 ㉢ 권위주의적ㆍ집권적 조직에서는 업무 분담이나 참여관리가 곤란함 ㉣ 시간ㆍ노력의 과다한 소모 ㉤ 목표의 명확한 설정 및 성과측정 곤란 ㉥ 지나치게 세밀한 서류 작업의 번거로움 ㉦ 비신축성으로 관리자가 목표변경을 주저함

034　2019. 경북

예산제도와 특성의 연결이 옳은 것은?

① 관리중심 - PBS
② 감축중심 - PPBS
③ 계획중심 - LIBS
④ 투입중심 - ZBB

정답 ①

요점

① 관리중심 - 성과주의 예산제도(PBS) : 정부가 구입하는 물품보다 정부가 수행하는 업무에 중점을 두는 관리지향적 예산제도이다.
② 감축중심 - 영기준 예산제도(ZBB) : 계속사업이라도 결과와 산출을 중시하기 때문에 0의 수준에서 신규사업과 같이 새로이 분석하고 평가하여 사업의 우선순위를 정하고 그에 따라 예산을 편성하게 된다.
③ 계획중심 - 계획 예산제도(PPBS) : 다년간에 걸친 목표와 정책을 중시하고, 사업재정계획을 쉽게 하는 장기적 시계를 갖고 있으며, 목표를 분명히 정의하고, 이를 달성한 사업계획이나 각종 대안을 체계적으로 검토해 수립한다.
④ 투입중심 - 품목별 예산제도(LIBS) : 지출대상별로 예산액을 명확히 배정함으로써 관료의 권한과 재량을 제한하는 투입지향적ㆍ통제지향적 예산제도이다.(성과보다는 비용에 초점을 두었음)

035　2016. 지방7급

「의료기관 회계기준 규칙」에 대한 설명으로 옳은 것은?

① 50병상 이상의 의료기관에 적용된다.
② 적용 대상 병원의 병상 수는 직전 회계연도의 종료일을 기준으로 산정한다.
③ 법인이 여러 개의 병원을 운영하는 경우 각 병원의 회계를 합쳐서 작성한다.
④ 개인이 개설한 병원은 기본금변동계산서를 작성하여야 한다.

정답 ②

요점
① 100병상 이상의 의료기관에 적용한다.
③ 법인이 여러 개의 병원을 운영하는 경우 각 병원마다 회계를 구분하여야 한다.
④ 개인이 개설한 병원은 기본금변동계산서 작성 대상에서 제외한다.

「의료기관 회계기준 규칙」
[제1조(목적)]
의료기관의 개설자가 준수하여야 하는 의료기관 회계기준을 정함으로써 의료기관 회계 의 투명성을 확보함을 목적으로 한다.
[제2조(의료기관 회계기준의 준수대상)]
• 2022년 회계연도 : 300병상(종합병원의 경우에는 100병상) 이상의 병원급 의료기관
• 2023년 회계연도 : 200병상(종합병원의 경우에는 100병상) 이상의 병원급 의료기관
• 2024년 회계연도 이후 : 100병상 이상의 병원급 의료기관
[제3조(회계의 구분)]
병원의 개설자인 법인의 회계와 병원의 회계는 이를 구분하여야 한다. 법인이 2 이상의 병원을 설치·운영하는 경우에는 각 병원마다 회계를 구분하여야 한다.
[제4조(재무제표)]
병원의 재무상태와 운영성과를 나타내기 위하여 작성하여야 하는 재무제표는 다음과 같다.
- 재무상태표, 손익계산서, 기본금변동계산서(병원의 개설자가 개인인 경우를 제외), 현금흐름표

036　2015. 경기

의료기관의 회계기준 규칙상 재무제표의 종류로 틀린 것은?

① 대차대조표
② 손익계산서
③ 이익 잉여금 처분 계산서
④ 현금흐름표

정답 ③

요점
재무제표에는 재무상태표(대차대조표), 손익계산서, 현금흐름표가 있다.

재무제표
① 회계순환 과정을 거쳐 생성되는 최종적인 산물
② 일정 기간 동안 기록된 모든 거래들을 요약한 보고서
③ 한 기업이 경영 흐름을 압축한 형태로 파악하려면 '재무상태표(대차대조표), 손익계산서, 현금흐름표'와 같은 3가지 주요한 재무제표를 읽고 이해할 수 있어야 한다.
 ㉠ 재무상태표(대차대조표)의 구성요소
  • 자산 : 기업이 사업의 미래 이익을 위하여 소유하는 자원 (부채 + 자본 = 자산)
  • 부채 : 차입금이나 빌린 것을 변제하기 위해 화폐로 표시된 의무와 다른 기업에 재화나 용역을 제공해야 하는 의무
  • 자본 또는 소유주 지분 : 소유주가 기업에 투자한 누적 화폐가치로서, 소유주에 의한 투자자금은 현금, 기타 자산 또는 기업의 재투자 잉여금의 형태를 갖는다.
 ㉡ 손익계산서
  • 특정 기간 동안 발생한 거래활동의 결과 및 그 흐름을 보여주는 도표
  • 한 해 동안 발생한 모든 경영활동의 결과를 기록한 재무제표
  • 재무상태표(대차대조표)가 특정 시점의 대차 균형을 보여주는 반면(정태적 재무제표), 손익계산서는 특정 기간 동안 발생하는 거래와 활동의 흐름을 보여준다.(동태적 재무제표) 기간은 1개월, 1분기 또는 1년이 될 수 있다.
  • 영업이익 − 지급이자 − 법인세 = 순이익 (순이익은 특정기간 동안에 이루어진 매출에서 비용을 차감한 결과)
 ㉢ 현금흐름표
  • 기업의 현금흐름을 나타내는 표
  • 현금의 변동내용을 명확하게 보고하기 위하여 당해 회계 기간에 속하는 현금의 유입과 유출 내용에 관한 정보를 제공할 목적으로 작성된다.

037

2017. 전북

다음 중 재무회계의 기본 재무제표에 해당하는 것은?

① 직급명세서
② 직무기술서
③ 재무상태표
④ 손익분기표

> 정답 ③
> 요점 ▶ 재무제표
> 재무회계의 과정을 통해 수집·처리된 정보를 정기적으로 이용자에게 전달하는 방법이다.

CHAPTER 3 보건경제

038

2020. 충남

의료이용의 욕구(want), 필요(need), 수요(demand)에 대한 설명으로 틀린 것은?

① 욕구(want)는 일반인이 느끼는 필요이다.
② 필요(need)는 의료전문가가 판단하는 의료서비스의 양이다.
③ 수요(demand)는 소비자가 특정 가격 수준에서 구입하고자 하는 서비스의 양이다.
④ 수요(demand)는 의료이용의 형평성 여부를 판단하는 중요한 잣대가 된다.

> 정답 ④
> 요점
> 수요는 의료이용의 형평성 여부를 판단하는 중요한 잣대가 된다.
>
> **의료에 대한 필요, 요구, 수요의 이해**
> ① 필요 : 규범적 필요, 생물학적 필요, 의학적 필요
>   - 건강을 보장하기 위하여 특정 기간에 사람들이 이용해야 한다고 보건의료 전문가 판단 하는 의료서비스의 양으로 일반적 필요는 전문가에 의해 판단된 필요를 말한다.
>   - 의료전문가가 판단하는 필요가 반드시 사회적 필요와 일치하는 것은 아니다.(예를 들면, 학생이 아파서 학교를 결석했다고 해서 반드시 의학적으로 필요하지 않아도 결석할수 있기 때문이다.)
>   - 자원은 한정되어 있으므로, 의학적 필요는 오로지 생물학적 기준에서만 판정되므로 의료 이용의 형평성 여부를 판단하는 중요한 잣대가 된다.
> ② 욕구 : 인지된 필요
>   - 일반인이 느끼는 필요로 욕구와 의학적 필요사이에 차이가 발생하는데 이것은 정보의 비대칭성 때문이다. 일반인은 지식이 없으므로 전문인처럼 판단할 수 없기 때문이다.
> ③ 수요
>   - 소비자들이 특정 가격수준에서 구입하고자 하는 재화나 서비스의 양을 의미한다.
>   - 보건의료서비스에서의 수요는 시장에서 소비자가 실제로 구입하는 서비스이므로 측정이 쉽다. 하지만, 필요함에도 수요가 생기지 않는 경우는 돈이 없어서 이용하지 못하게 되므로 의료자원의 배분기준으로 삼을 경우 형평성에 저해 받게 된다.

039 2020. 서울

앤더슨 모형(Anderson model)에 따른 개인의 의료이용에 영향을 미치는 요인 중 의료인력과 분포, 건강보험과 같이 의료서비스를 이용할 수 있도록 하는 요인으로 가장 옳은 것은?

① 소인성 요인(predisposing factor)
② 가능성 요인(enabling factor)
③ 강화 요인(reinforcing factor)
④ 필요 요인(need factor)

> **정답** ②
> **요점** 앤더슨(Anderson) 모형
> ① 필요 요인
>   ㉠ 환자가 느끼는 필요 욕구
>   ㉡ 전문가가 판단한 생물학적 의학적 필요
>   ㉢ 의료 이용을 가장 직접적으로 결정하는 요인
> ② 소인 요인(내가 가진 개인적 특성들)
>   ㉠ 의료서비스 이용에 관련되는 개인적 특성들
>   ㉡ 성, 연령, 결혼상태, 가족구조 등 인구학적인 변수
>   ㉢ 직업, 교육수준, 인종 등 사회구조적 변수
>   ㉣ 개인의 건강 및 의료에 대한 믿음
> ③ 가능 요인(가능하게 하는 요인과 가능하지 못하게 하는 요인들)
>   ㉠ 소득, 건강보험, 주치의 유무 등 개인과 가족의 자원
>   ㉡ 의료인력과 시설의 분포, 의료전달체계의 특성, 의료비 등 지역사회 자원

040 2016. 경기

앤더슨(Anderson)이 제시한 개인의 의료서비스 이용을 결정하는 요인 중 가능요인에 해당하는 것은?

① 결혼상태
② 연령
③ 소득
④ 성별

> **정답** ③
> **요점**
> 결혼상태, 연령, 성별 – 소인요인

041
2014. 부산

보건의료서비스에서 공급자의 도덕적 해이에 해당하는 것은?

① 환자가 필요 이상으로 병원을 방문한다.
② 의사가 필요 이상으로 검사, 수술, 투약을 늘린다.
③ 보험가입자가 자신의 과거병력을 숨기고 의료보험에 가입한다.
④ 1차 의료기관이 환자를 필요 이상으로 상급병원으로 후송한다.

> **정답** ②
> **요점** 도덕적 해이
> 도덕적 불성실로 수요자는 의료보험 적용대상자가 필요 이상으로 의사 방문 횟수를 늘리거나 비싼 서비스를 요구, 건강증진을 위한 노력을 게을리하는 행태이며, 공급자는 단순한 증상에도 비싼 고가의 의료 검사를 권유하는 경우를 말한다.
> ※ 도덕적 해이 : 감추어진 행동이 문제가 되는 상황에서 정보를 가진 측이 정보를 가지지 못한 측의 이익에 반하는 행동을 취하는 경향을 말한다.

042
2017. 서울

다음 중 경상의료비의 구성 항목으로 옳은 것을 모두 고르면?

> ㉠ 자본형성   ㉡ 개인의료비   ㉢ 집합보건의료비

① ㉠, ㉡
② ㉠, ㉢
③ ㉡, ㉢
④ ㉠, ㉡, ㉢

> **정답** ③
> **요점** 경상 의료비
> 질병의 진료, 치료, 예방, 건강을 유지·증진시키기 위해 지출되는 총비용을 말한다. 보건의료 재화와 서비스에 대한 최종 소비로써, 개인의료비와 집합보건의료비로 구성된다.
> ① 개인 의료비 : 개인에게 직접 주어지는 서비스나 재화에 대한 지출을 의미하고, 흔히 병의원 등이 의료기관이나 약국 등에서 이루어지는 서비스와 재화에 대한 지출로 보통의 의료비는 이러한 개인 의료비를 지칭한다.
> ② 집합보건 의료비 : 공중을 대상으로 하는 보건의료 관련 지출로 크게 예방 및 공중보건 사업이나 보건행정 관리비로 구분한다.

043　　　　　　　　　　　　2019. 경북

국민의료비와 경상의료비에 대한 설명으로 옳지 않은 것은?

① 국민의료＝경상의료비＋고정자본
② 경상의료＝개인의료비＋집합보건의료비
③ 개인의료＝입원서비스＋외래서비스＋기타서비스＋의료재화
④ 국민보건계정은 국제비교를 위해 국민의료비를 산출한다.

> **정답** ④
>
> **요점**
>
> 국민보건계정은 의료비의 재원, 기능, 공급자별 흐름을 정리해서 보여주는 국가 단위 의료비 지출의 총합표라고 할 수 있으며, 우리나라 국민이 지출한 의료비가 얼마인지, 우리나라 국민의 의료이용 특성을 파악할 수 있는 정보로 국민이 지출한 전체 의료비의 가계부라고 할 수 있으며, 보건의료와 건강보장 등의 국내정책수립을 위한 근거로 작용하게 된다.
> ① 국민의료비(전 국민적 비용 측면) : 질병의 진료·치료·예방 그리고 건강을 유지·증진시키기 위해 지출되는 총비용을 말한다.
> ② 경상의료비 : 보건의료 재화와 서비스에 대한 최종 소비로써, 개인의료비와 집합보건의료비로 구성된다. 보건의료서비스와 재화의 소비를 위한 국민 전체의 1년간의 지출 총액(실질적으로 사용된 의료비)으로 국제적 비교를 위한 국가 간의 약속이다.

044　　　　　　　　　　　　2012. 지방

보건의료서비스 수요의 탄력성에 대한 설명으로 옳은 것은?

① 급성 맹장수술에 대한 수요의 가격탄력성은 탄력적이다.
② 개인 건강검진서비스 수요의 소득탄력성은 일반적으로 0보다 작다.
③ 의약품 A와 의약품 B가 보완재 관계에 있을 때, A의 가격이 오르면 B의 수요량은 증가한다.
④ 의약품 A와 의약품 B가 대체재 관계에 있을 때, A의 가격이 오르면 B의 수요량은 증가한다.

> **정답** ④
>
> **요점**
>
> - 의약품 A와 의약품 B가 대체재 관계에 있을 때 : A의 가격이 오르면 사람들은 오른 A를 대체할 수 있는 B를 수요하므로 수요량은 증가한다.
> - 급성 맹장수술은 가격과 상관없이 수술을 해야 하므로 가격에 비탄력적이다.
> - 개인 건강검진서비스의 수요는 일반적으로 소득이 늘어날수록 수요가 증가하므로 일반적으로 0보다 크다.
> - 의약품 A와 의약품 B가 보완재 관계에 있을 때, A의 가격이 오르면 A재에 대한 수요가 줄어들기 때문에 보완재인 B의 수요가 함께 줄어들게 된다.
>
> **● 소득탄력성**
> ① 소득탄력성이란 소득의 변화에 따른 수요량의 변화를 의미한다.
> ② 수요의 소득탄력성은 소득이 변함에 따라 수요량이 얼마나 민감하게 변하는지를 아는 데 유용하다.
>
> | 정상재 | 소득이 늘어남에 따라 수요량이 늘어나는 상품 |
> |---|---|
> | 열등재 | 소득이 늘어나면 수요량이 줄어드는 상품 |
>
> **● 가격탄력성**
> ① 가격탄력성은 가격 변화에 대한 수요량 변화의 반응 정도를 나타내는 수치이다
> ② 만일 가격이 1% 올라갈 때에 수요량이 2% 줄었다면 이 재화의 수요의 가격탄력성은 2가 된다. 수요의 가격탄력성은 수요량의 변동률을 가격의 변동률로 나눈 것이다. 수요의 가격탄력성이 높으면 높을수록 수요가 가격에 민감하게 반응함을 뜻한다. 농산물과 같은 생활필수품은 가격탄력성이 일반적으로 낮고, 자동차와 같은 고가품은 가격탄력성이 크다.(가격이 올라가면 사람들은 소비하지 않는다)
>
> **● 수요의 교차탄력성**
> ① 만일 두 개의 재화가 서로 관련이 있다면 어떤 한 재화의 가격이 변할 때 다른 재화의 수요량이 영향을 받게 될 것이다.
> ② 수요의 교차탄력성은 바로 연관된 두 개의 재화 중 한 개의 가격이 변할 때 다른 재화의 수요량이 얼마나 변동하는가를 나타내는 지표이다.
>
> | 대체재 | A의 값이 내리면? B를 좋아해도 A를 구매함 |
> |---|---|
> | 보완재 | 가격이 오를 때 A뿐 아니라 B도 올랐다면? 둘 다 구매 안함 |

045 기출변형

홍역예방접종 의료수가를 1,000원에서 500원으로 인하하였더니 수요가 1,000명에서 1,400명으로 늘었다면 가격탄력성(E)은?

① 0.5
② 0.8
③ 1.0
④ 1.5

정답 ②

요점 **가격탄력성**

가격탄력성

$$= \frac{\text{수요량의 변화율}}{\text{가격의 변화율}} = \frac{\frac{Q_a - Q_b}{Q_a}}{\frac{P_a - P_b}{P_a}} = \frac{\frac{1000 - 1400}{1000}}{\frac{1000 - 500}{1000}} = \frac{\frac{400}{1000}}{\frac{500}{1000}} = \frac{\frac{2}{5}}{\frac{1}{2}}$$

$$\frac{2}{5} \div \frac{1}{2} = \frac{4}{10} \div \frac{5}{10} = \frac{4}{10} \times \frac{10}{5} = \frac{4}{5} = \frac{8}{10} = 0.8$$

046 2016. 지방

보건의료서비스의 수요에 대한 설명으로 옳은 것은?

① 소비자 단독에 의해 수요가 발생한다.
② 소득탄력성이 0보다 작은 열등재이다.
③ 질병예방보다는 급성질환에 관한 의료서비스의 가격탄력성이 낮다.
④ 의약품 A와 B가 대체재 관계일 때 A의 가격이 오르면 B의 수요가 감소한다.

정답 ③

요점
- 질병예방은 필수적인 아니므로 예방접종의 경우 가격이 상승하면 덜 맞게 되고, 가격이 낮아지면 맞게 되므로 가격의 탄력성이 크다. 반면, 급성질환은 가격과 관계없이 치료받아야 하므로 가격탄력성이 낮다.
- 의료수요는 정보의 비대칭(소비자 무지)에 의하여 의사의 과잉진료를 유발하므로 소비자 단독으로만 발생하지는 않는다.
- 대체재 관계는 A의 가격이 오르면 A의 수요를 줄이고, 대체재인 B를 찾게 되므로 B의 수요가 증가한다.

047

2016. 지방

국민의료비는 지속적인 증가 추세에 있는 데 반해, 국민의 부담능력이 의료비 증가속도를 따라가기 어려울 것으로 전망됨으로 인해 의료비 증가에 따른 여러 가지 대책이 마련되고 있는데, 다음 중 국민의료비 증가 요인이 아닌 것은?

① 인구구조 및 유병양상의 변화
② 의료보장성의 강화
③ 의료서비스의 종류 및 수익 증가
④ 대체의료인력의 증가

정답 ④

요점 ▶ 국민의료비의 증가 원인
① 의료 수요의 증가
  ㉠ 의료보장의 확대 : 건강보험 실시
  ㉡ 소득의 증가 : 저소득층의 의료수요가 증가하는 것은 건강상태가 상대적으로 열악하기 때문이며, 일정수준 이상으로 소득이 증가하면 건강에 대한 관심이 높아져 의료 수요가 증가한다.
  ㉢ 인구 구조의 변화 : 인구의 고령화
  ㉣ 사회간접시설의 확충 : 교통과 통신의 발달은 소비자의 의료에 대한 접근을 용이하게 해주고 있다.
② 의료 생산비용의 증가
  ㉠ 임금의 상승 : 보건의료서비스는 노동집약적 성격이 강해 아무리 자동화가 된다고 하더라고 근본적인 서비스는 인력에 의존할 수 밖에 없다. 따라서 의료산업의 인건비가 차지하는 비율은 매우 크다. 하지만, 의료산업의 인력생산성은 그리 높지 않은 반면에 임금은 생산성의 증가보다 높은 수준으로 증가하고 있다.
  ㉡ 보건의료서비스 생산에 투입되는 요소 가격의 상승 : 재료비, 금융비용 등의 보건의료서비스 요소 가격의 인상에 정부나 의료기관, 개인은 감수할 수 밖에 없다.
  ㉢ 의학 기술의 발전 : 고가 의료장비의 사용과 새로운 진단, 치료 기술의 개발과 이용 등으로 의료의 생산 비용을 증가시키고, 결국 의료 가격의 인상을 초래한다.

048

2013. 인천

국민의료비의 증가 요인 중에서 수요자 측 관련 요인은?

① 의료기술의 발달
② 의사 수의 증가
③ 인구구조의 고령화
④ 행위별 수가제

정답 ③

요점
- 국민의료비 공급자 측면에서의 증가요인은 의료기술의 발달, 의사 수의 증가, 행위별 수가제, 전국민의료보험 제도, 고가의료장비의 도입 등이 있다.
- 의료비 증가 요인으로 노령화, 핵가족화(가족 지지체에서 사회적 지지체로의 이전에 따른 사회부담 증가) 등이 있다.

049 2013. 인천

소비자 입장에서 의료비 증가 요인은?

① 노인인구 증가
② 전 국민건강보험 제도
③ 행위별 수가제
④ 고가의료장비 도입

정답 ①
요점
- 전국민의료보험 제도, 행위별수가제, 고가의료장비 도입은 공급자 측면에서의 의료비 증가 요인이다.
- 인구의 증가, 노령화, 소득의 증가, 건강보험의 실시 등은 의료비의 증가원인이다.

050 2017. 9급

보건의료서비스에 대한 국가의 개입이 정당화되는 이유로 옳은 것을 모두 고르면?

㉠ 시장기능의 실패
㉡ 건강의 총체적 특성
㉢ 의료의 공공재적 특성
㉣ 건강권의 대두

① ㉠, ㉢
② ㉡, ㉣
③ ㉠, ㉡, ㉢
④ ㉠, ㉡, ㉢, ㉣

정답 ④
요점 보건의료 시장의 실패와 정부의 개입
보건의료는 여러 가지 고유한 특성으로 인해 자유경쟁시장 원리에 적합하지 않아 시장실패의 원인이 되기 쉽다. 따라서 이와 같은 보건의료시장의 실패로 인해 정부의 개입이 이루어지게 된다.
① 시장기능의 실패 : 보건의료를 개인의 영역에만 맡겨놓으면 과도한 의료비의 지출, 고수익 보건의료서비스에만 비효율성 자원의 배분 등이 발생하므로 국가의 개입이 필요하다.
② 건강의 총체적 특성 : 많은 종류의 활동이 건강과 연관되어 있으며 건강은 모든 활동의 출발점이 되기도 한다.
③ 다차원적 필요 : 건강 문제는 정치적, 경제적, 사회적, 물리적, 개인적 요인에 의해 영향을 받고 있다.
④ 건강권의 대두 : 현대 복지국가에서 생존적 기본권의 하나로 건강권의 개념이 대두되었다.
⑤ 의료의 공공재적 특성 : 보건의료는 공공재적 성격이므로 시장에 맡겨둘 경우 시장실패할 가능성이 높으므로 정부가 개입하여 시장실패를 막아야 한다.

051 2019. 대구

국민의료비의 증가를 억제하기 위한 방안 중 장기적인 대책이 될 수 있는 것은?

① 본인부담금 인상
② 의료수가 억제
③ 급여의 적정성 평가
④ 진료비 지불방식 개편

정답 ④

요점 국민의료비 억제방안

① 수요 억제
   ㉠ 본인 일부 부담제도
   ㉡ 1단계 의료이용 및 공공의료 이용 강화(꼭 필요할 때 3단계 의료이용)
   ㉢ 보험급여 범위 확대를 억제하여 의료에 대한 과잉 수요를 줄임
② 공급 억제
   ㉠ 건강관리기구(HMO) : 조직의 가입자에게 포괄적인 의료서비스 제공
   ㉡ 고가 의료기술의 도입 및 사용을 억제하여 도입된 장비의 공동사용 방안 등을 강구하면서 의료비 증가폭을 줄임
   ㉢ 심평원에서 진료비 내역을 검사하는 이용도 검사(UR) 실시
   ㉣ 행정절차의 효율적 관리 운영으로 의료비 상승 억제, 의료전달체계의 강화(인두제, 포괄수가제를 부분 활용하여 의료수가 상승을 억제)
③ 국가의 통제
   ㉠ 공공부문 의료서비스의 확대 및 의료의 사회화, 공공성의 확대
   ㉡ 공급자를 통제하는 방법으로 진료시설의 표준화
   ㉢ 다양한 보건의료 전문가의 양성으로 효율적인 인력관리
   ㉣ 의료장비 구입의 통제(고가의 의료장비는 의료비 상승을 일으킴)

052 2019. 전북

의료공급자의 의료비 절감을 유도하기 위한 방법으로 해당하지 않는 것은?

① IRC
② DRG
③ HMO
④ PSRO

정답 ①

요점
① IRC : 인터넷으로 실시간에 대화를 나눌 수 있는 대화방
② DRG : 포괄수가제
③ HMO : 건강관리기구. 미국의 민간보험사로 보험회사가 가진 의료기관을 통해서 의료를 제공하여 의료비를 절약함
④ PSRO : 의료수준검토기구

채움 문제로 실력 향상

PART 5 재무행정과 보건경제

CHAPTER 1 재무행정

001 ☐☐☐

방만한 재정운영의 방지를 위하여 정부에서는 특별회계와 기금에 대한 대폭적인 축소를 단행하였다. 또한 예산운영 상태를 주기적으로 관리하고 미흡할 시에 특별회계, 기금의 폐지까지도 염두에 두고 있다면, 이때 정부가 강화하고자 하는 예산의 원칙으로 가장 적절한 것은?

① 단일성의 원칙
② 공개성의 원칙
③ 정확성의 원칙
④ 완전성의 원칙

정답 ①
요점 단일성의 원칙(Unity)
① 예산은 구조면에서 모든 재정활동을 포괄하는 단일 예산으로 편성되어야 한다.
② 예외로는 추가경정예산, 특별회계, 기금이 있다.

002 ☐☐☐

전통적 예산원칙 중 사전승인의 원칙에 예외에 해당하지 않는 것은?

① 준예산
② 예비비
③ 관리비
④ 사고이월

정답 ③
요점 사전승인의 원칙(Prior Authorization)
① 예산이 집행되기 전에 입법부에 의하여 먼저 심의·의결되어야 한다는 원칙이다.
② 예외로는 사고이월, 준예산, 전용, 예비비 등이 있다.

003

예산에 대한 설명으로 옳지 않은 것은?

① 수정예산이란 예산안이 국회 통과하여 예산이 성립된 이후 예산에 변경을 가할 필요가 있을 때 수정 제출되는 예산이다.
② 가예산은 회계연도 개시 이전에 최초 1개월분의 예산을 국회의 의결로 집행할 수 있도록 하는 제도이다.
③ 준예산은 정부가 국회에서 예산안이 의결될 때까지 전년도 예산에 준하는 경비를 지출할 수 있게 하는 제도이다.
④ 추가경정예산에서는 본예산 심의할 때 삭감된 항목의 부활이 가능하다.

정답 ①

요점
① 수정예산 : 예산안이 국회에 제출된 이후 본예산이 성립되기 이전에 부득이한 사유로 인하여 그 내용의 일부를 변경하고자 할 경우는 국무회의 심의를 거쳐 대통령의 승인을 얻어 수정 예산안을 국회에 제출하고 이를 확정시키는 예산이다.(예산 성립 전 변경)
② 추가경정예산 : 예산안이 국회를 통과하여 예산이 성립된 이후 예산에 변경을 가할 필요가 있을 때에 이를 수정·제출하여 국회의 심의를 거쳐 성립되는 예산이다.(예산 성립 후 변경) 일반적으로 약식으로 심의되어 본예산을 심의할 때 삭감된 항목의 부활이 가능하다.

004

우리나라에서 운용되고 있는 기금에 대한 설명으로 옳지 않은 것은?

① 사업운영상 필요할 때 법률로서 정하는 경우에 한해 별도의 기금을 설치하는 것이 가능하다.
② 일반회계나 특별회계와 같이 예산으로서 회계연도 내의 세입이 그 해에 모두 지출되어야 한다.
③ 특정수입과 지출의 연계가 강하다.
④ 보건복지부의 소관기금으로는 국민연금기금, 국민건강증진기금, 응급의료기금이 있다.

정답 ②

요점 기금
① 사업운영상 필요할 때 법률로서 정하는 경우에 한해 별도의 기금 설치가 가능하다.
② 일반회계나 특별회계와는 달리 예산 외로 운영할 수 있다.
③ 보건복지부 소관기금 : 국민연금기금, 국민건강증진기금, 응급의료기금 등

005

예산이 회계연도 개시 전까지 국회에서 의결되지 못하여 예산이 성립되지 못할 때 활용하는 예산 종류에 해당하지 않는 것은?

① 추가경정예산
② 잠정예산
③ 가예산
④ 준예산

정답 ①

요점

• **추가경정예산**
예산안이 국회를 통과하여 예산이 성립된 이후 예산에 변경을 가할 필요가 있을 때에 이를 수정·제출하여 국회의 심의를 거쳐 성립되는 예산이다.

• **추가경정예산안의 편성 「국가재정법」 제89조**
① 전쟁이나 대규모 재해가 발생한 경우
② 경기침체, 대량실업, 남북관계의 변화, 경제협력과 같은 대내외 여건에 중대한 변화가 발생하였거나 발생할 우려가 있는 경우
③ 법령에 따라 국가가 지급하여야 하는 지출이 발생하거나 증가하는 경우 등

006

예산에 대한 설명으로 옳지 않은 것은?

① 본예산은 회계연도 개시 120일(9월 31일) 전까지 국회에 제출하고 국회는 회계연도 개시(매년 1월 1일) 30일 전까지 이를 의결해야 한다.
② 특별회계는 특정한 세입으로 특정한 세출에 충당함으로써 일반회계와 구분하는 것이 예산운영에 능률성이 있을 것으로 확실시되는 경우에 설치되는 예산이다.
③ 기금은 일반회계나 특별회계와 같이 예산으로 운영된다.
④ 기금은 조성된 자금을 회계연도 내에 운용해 남는 자금을 계속 적립해 나간다.

정답 ③

요점

• **본예산(당초예산)**
① 정기국회에서 다음 회계연도 예산에 대해 의결·확정한 예산
② 본예산은 회계연도 개시 120일(9월 31일) 전까지 국회에 제출하고 국회는 회계연도 개시(매년 1월 1일) 30일 전까지 이를 의결해야 한다.
③ 예산이 성립된 후에 불가피한 사유로 의해서 집행상 수정이 필요한 경우를 대비하여 생겨난 예산이 수정예산과 추가경정예산이다.

• **특별회계**
① 특정한 세입으로 특정한 목적을 위하여 지출이 이루어지는 회계의 예산(능률성이 있을 것으로 확실시 되는 경우에 설치되는 예산)이다.
② 예산 단일의 원칙, 예산 동일의 원칙에 대한 예외이다.
③ 법률로 설치하며 국회의 심의를 받는다.
④ 원칙적으로 이를 설치한 소관부처가 관리한다.
⑤ 보건복지부의 경우에는 농어촌 구조 개선 특별회계, 국가 균형발전 특별회계가 있다.

• **기금**
① 사업운영상 필요할 때 법률로서 정하는 경우에 한해 별도의 기금 설치가 가능하다.
② 일반회계나 특별회계와는 달리 예산 외로 운영할 수 있다.
③ 보건복지부 소관기금 : 국민연금기금, 국민건강증진기금, 응급의료기금 등

CHAPTER 2 보건예산

007

예산집행 과정 중 중앙예산기관으로부터 배정된 예산을 각 중앙 부처의 장이 그 하부기관에게 나누어 주는 것은?

① 예산의 편성
② 예산의 배정
③ 예산의 재배정
④ 지출원인행위

정답 ③

요점 예산의 집행절차

① 예산의 배정 : 기획재정부장관 → 각 중앙관서(전체에서 각각 예산을 배정)
  ㉠ 사업계획의 실현을 위하여 자금을 할당하는 절차
  ㉡ 기획재정부장관이 예산배정계획과 자금계획을 수립해 국무회의 심의와 대통령의 승인을 얻은 후 예산 집행
  ㉢ 각 중앙관서의 장은 예산이 확정된 후 사업운영계획 및 이에 따른 세입·세출·예산 등이 포함된 예산배정요구서를 기획재정부장관에게 제출
② 예산의 재배정 : 각 중앙관서 → 산하기관
  ㉠ 중앙관서에 대한 예산배정이 끝나면 이어서 중앙관서의 장은 예산배정의 범위 안에서 예산지출권한을 산하기관에 위임
  ㉡ 각 중앙관서의 장이 각 산하기관의 예산집행상황을 감독·통제하고 재정적 한도를 엄수하는 데 목적이 있음
③ 지출원인행위 : 지출이 원인이 되는 계약 또는 기타의 행위로 예산의 금액 내에서 실시해야 한다.
④ 지출 : 부담한 채무를 이행하기 위해서 수표를 발행하고 현금을 지급하기까지의 행위를 말한다.
※ 예산의 집행 : 예산의 배정 → 예산의 재배정 → 지출원인행위 → 지출

008

〈보기〉에서 설명하는 예산제도는?

───── 보기 ─────
미국의 Pyhrr(파이어)에 의해 창안되어 1969년 텍사스 인스트루먼츠에서 처음 도입된 제도로 카터 대통령에 의해 1977년부터 미연방정부에 도입하게 되었으나 레이건 행정부 때 폐기되었다. 각 부서에서 추진해오던 사업이나 과거의 관행을 전혀 고려하지 않기 때문에 점증주의적 예산편성방식에서 벗어날 수 있으며, 조직구성원 모두의 참여를 유도할 수 있다.

① 계획 예산제도
② 영기준 예산제도
③ 품목별 예산제도
④ 성과주의 예산제도

정답 ②

요점
① 계획 예산제도(PPBS) : 장기적인 계획수립과 단기적인 예산편성을 프로그램 작성을 통하여 유기적으로 연계시킴
② 영기준 예산제도(ZBB) : 모든 예산항목에 대하여 기득권을 인정하지 않고 매년 '제로'를 출발점으로 하고, 과거의 실적이나 효과, 정책의 우선순위를 엄격히 심사하여 예산을 편성
③ 품목별 예산제도(LIBS) : 예산을 지출대상(품목)별로 분류해 편성하는 예산제도(인건비, 물건비, 자본지출비 등)
④ 성과주의 예산제도(PBS) : 예산을 사업별·활동별로 분류해 편성하는 예산제도로, 업무단위의 원가와 양을 계산하여 편성한다.

009

다음 중 손익분기점을 의미하는 것은?

① 일정 기간의 매출액과 그 매출액을 실현하기 위해서 지출된 총비용이 증가하는 시점의 매출액을 말한다.
② 일정 기간의 매출액과 그 매출액을 실현하기 위해서 지출된 총비용이 일치하는 시점의 매출액을 말한다.
③ 일정 기간의 매출액과 그 매출액을 실현하기 위해서 지출된 총비용이 하강하는 시점의 매출액을 말한다.
④ 일정 기간의 매출액과 그 매출액을 실현하기 위해서 지출된 총비용이 불일치하는 시점의 매출액을 말한다.

정답 ②
요점 손익분기점
일정 기간의 매출액과 매출로 인하여 발생하는 총 비용이 일치하는 지점으로 소비된 총비용을 회수할 수 있는 매출액을 나타낸다.
- 손익분기점 미달 – 손실
- 손익분기점 초과 – 이익

010

예산편성 방법 중에서 장기적인 계획 수립과 단기적인 예산편성을 중기적인 프로그램 작성을 통하여 유기적으로 결합시킴으로써 자원 분배에 관한 의사결정을 일관성 있고 합리적으로 행하려는 제도는?

① PPBS(계획 예산)
② PBS(성과주의 예산)
③ LIBS(품목별 예산)
④ ZBB(영기준 예산)

정답 ①
요점
다년간에 걸친 목표와 정책을 중시하고, 사업재정계획을 쉽게 하는 장기적 시계를 갖고 있으며, 목표를 분명의 정의하고, 이를 달성한 사업계획이나 각종 대안을 체계적으로 검토해 수립한다.

011

성과주의 예산제도에 대한 설명으로 옳지 않은 것은?

① 세부적인 지출에 초점을 둔다.
② 사업별로 단위원가와 업무량을 산출하여 편성한다.
③ 국민과 의회가 정부사업을 쉽게 이해할 수 있다.
④ 예산심의가 간편하고, 예산집행도 신축적이다.

정답 ①

요점
세부적인 지출에 초점을 두는 것은 품목별 예산제도(LIBS)이다.

성과주의

장점	㉠ 업무단위와 업무량 측정 등 계량화를 가능하게 하여 관리의 효율성과 능률성을 향상시킨다. ㉡ 사업이나 활동별로 예산이 편성되므로 정부가 무슨 사업을 하는지 국민이 이해하기 용이하다. ㉢ 투입되는 예산의 성과를 파악할 수 있으며, 성과평가를 통해 행정통제를 합리화 할 수 있다.
단점	㉠ 행정업무상 업무단위의 선정이 곤란한 것이 대다수이며, 성과주의 예산을 적용할 업무단위 선정·단위원가의 계산이 어렵다. ㉡ 성과지표로서의 업무단위가 중간산출물에 불과한 경우가 많아 예산 성과의 질적 측면을 파악하기 어렵다. ㉢ 전략적인 목표의식이 결여되어 장기적인 계획과 연계보다는 단위사업만을 중시한다.

012

예산집행의 신축성 유지방안 중에서 행정조직의 변경으로 행정책임소관이 변경되는 것은?

① 이용
② 이체
③ 전용
④ 이월
⑤ 전월

정답 ②

요점 예산집행 과정에서 신축성 유지 방안

① 총괄예산 : 분야별로 총괄적인 규모로 재원을 배분한 다음에 각 부처가 자율적으로 편성·집행할 수 있도록 하는 예산제도이다.
② 예산의 이용과 전용 : 사업계획이나 여건 변동에 따라 예산집행을 탄력적으로 운용함으로써 사업을 보다 효율적으로 추진하고 예산의 적정한 사용을 도모하기 위한 제도로, 예산회계법이 규정하는 목적 외 예산사용금지의 예외적인 제도라고 할 수 있다.
  ㉠ 예산의 이용 : 입법과목 간에 예산을 상호 융통해서 사용하는 것
  ㉡ 예산의 전용 : 행정과목인 세항 또는 세항 내의 목간에 상호 융통해서 사용하는 것
     예산의 이용과 전용은 사업내용과 시행방법상의 신축성을 부여하기 위한 제도이다.
③ 예산의 이체 : 행정조직의 개편으로 인해 그 직무권한에 변동이 있을 때 예산도 이에 따라 변경시키는 것을 말한다.
④ 예산의 이월 : 회계연도 독립의 원칙에 대한 예외로서 한 회계연도의 세출예산의 일정액을 다음 연도에 넘겨서 사용할 수 있도록 함으로써 시기적인 신축성을 유지해 주는 제도이다.

CHAPTER 3 보건경제

013

의료비의 상승 원인 중 의료수요를 증가시키는 요인에 해당하지 않는 것은?

① 사회간접시설의 확충
② 의료인력 임금의 상승
③ 인구의 노령화
④ 건강보험의 확대

> 정답 ②
> 요점
> 의료인력 임금의 상승은 의료 생산비용의 증가로 의료비의 증가원인이다.

014

국민의료비에 대한 국가의 제도적 통제정책으로서 진료과정에 대한 통제에 해당하지 않는 것은?

① 의료수가의 통제
② 서비스의 양 통제
③ 의료의 질 관리
④ 의료장비 구입의 통제

> 정답 ④
> 요점
> 의료장비 구입의 통제는 투입자원 통제이다.
>
> • **진료과정에 대한 통제**
> · 서비스의 양 통제
> · 의료의 질 관리
> · 의료수가의 통제
>
> • **투입자원 통제**
> · 진료시설의 표준화
> · 의료인력의 통제
> · 예산통제
> · 의료장비 구입의 통제

015

공급자에 의한 의료비 상승을 억제하기 위한 지불방식에 해당하지 않는 것은?

① 사전보상제
② 사후보상제
③ 포괄수가제
④ 총괄계약제

정답 ②
요점 사후보상제도
행위별수가제(의료비 상승)

016

수요자 입장에서 국민의료비 증가 요인은?

① 고가의료장비 도입
② 의료기술 발달
③ 행위별수가제
④ 노인인구 증가

정답 ④
요점
인구의 증가, 노령화, 소득의 증가, 건강보험의 실시 등은 의료비의 증가원인이다.

017

보건의료서비스에서 가격탄력성의 예시로 옳은 것은?

① 응급환자가 감기환자보다 수요의 가격탄력성이 낮다.
② 입원환자가 외래환자보다 수요의 가격탄력성이 높다.
③ 본인부담률 20%인 경우가 80%인 경우보다 수요의 가격탄력성이 높다.
④ 미용, 피부, 성형수술의 가격탄력성은 매우 낮다.

정답 ①

요점
- 수요의 가격탄력성 : 가격탄력성은 가격 변화에 대한 수요량 변화의 반응 정도를 나타내는 수치이다. 그러므로 응급환자는 수요의 가격탄력성이 낮다.
- 입원환자는 의료서비스가 반드시 필요한 경우이며, 의료인의 판단에 의해 입원이 결정되기 때문에 외래환자보다 가격탄력성이 낮다.
- 본인부담률이 높을수록 의료기관 이용시 지출이 커지므로 본인부담률이 낮은 경우보다는 가격탄력성이 높을 수 있다.
- 미용, 피부, 성형수술은 비교적 가격탄력성이 높은 서비스에 해당된다.

018

앤더슨의 의료이용 모형 중 가능성 요인에 해당하지 않는 것은?

① 질병과 보건의료에 대한 태도
② 소득
③ 의료기관까지의 거리
④ 의료보험 가입 여부

정답 ①

요점
질병과 보건의료에 대한 태도는 의료 이용을 직접적으로 결정하는 요인이므로 필요요인에 해당된다.
가능 요인(가능하게 하는 요인과 가능하지 못하게 하는 요인들)
- 소득, 건강보험, 주치의의 유무 등 개인과 가족의 자원
- 의료인력과 시설의 분포, 의료전달체계의 특성, 의료비 등 지역사회 자원

019

의료수요의 탄력성에 관한 설명으로 틀린 것은?

① 가격 변화에 대한 구매자의 반응 또는 민감도를 말한다.
② 소비자들이 가격 변화에 매우 민감할 때 그들의 수요를 탄력적이라고 하며, 반대로 소비자들이 가격 변화에 민감하지 않을 때 비탄력적이라고 한다.
③ 소득의 가격탄력성은 재화의 상대가격을 일정하다고 보고 실질 국민소득의 변화에 따른 수요량, 기타 고용량, 수입량 등의 변화관례를 탄력성 계수로 나타낸 것으로, 생활필수품의 소득탄력성은 낮고, 반대로 사치품의 경우는 소득탄력성이 높다.
④ 교차탄력성은 어떤 상품의 가격이 변화하는 데 대한 다른 상품의 수요량의 반응을 나타내는 지표로 0보다 크면 대체재, 0보다 작으면 보완재에 속한다.
⑤ 수요의 가격탄력성은 어떤 재화의 가격이 변할 때 그 재화의 수요량이 얼마나 변하는가를 나타내는 지표로 가격의 변화율/수요량의 변화율이다.

정답 ⑤

요점 수요의 가격탄력성

$$\text{수요의 가격탄력성} = \frac{\text{수요량의 변화율}}{\text{가격의 변화율}}$$

- 탄력성<0 : 전혀 소비자들은 가격에 민감하지 않기 때문에 '비탄력적'이다.
- 1<탄력성 : 소비자들이 가격의 변화에 민감하게 반응하는 '탄력적'이다.

PART

6

보건의료조직

CHAPTER 1　보건행정조직

CHAPTER 2　병원조직의 관리

CHAPTER 3　관계법규 쏙쏙 정리

기출 문제로 요점 확인

PART 6 보건의료조직

CHAPTER 1 보건행정조직

001 ☐☐☐ 2017. 전남

우리나라 지방보건행정조직의 특성으로 옳은 것은?

① 지역 보건의료사업은 시·도에서 주도적으로 관장한다.
② 시·군·구 보건행정조직으로 보건소가 설치되어 있다.
③ 보건소는 보건복지부의 직접적인 지휘·감독을 받는다.
④ 보건소는 의료 취약지역에 대한 보건의료서비스 제공을 주된 기능으로 한다.

정답 ②
요점
① 시·도는 중앙정부의 보건행정사업을 시·군·구에 지휘·감독하거나 전달하는 수준에 머무르는 경우가 많다. 지역보건의료사업을 주도하는 일선 행정기관은 시·군·구의 보건소이다.
② 보건소는 시장·군수·구청장의 지휘·감독을 받는다. 보건복지부는 보건소에 대해 기술지원 및 사업감독의 권한을 갖는다.
③ 의료 취약지역에 대한 보건의료서비스 제공을 주된 기능으로 하는 지방보건행정조직은 보건진료소이다.

002 ☐☐☐ 2019. 호남

다음 중 보건의료조직의 특징으로 옳지 않은 것은?

① 다양한 목표를 가진다.
② 업무수행상 다양한 직종의 상호의존성이 강하다.
③ 군대조직과 같은 수직체계의 조직이어서 통제와 조정이 잘 이루어진다.
④ 자본집약적이며, 투자회수율이 낮은 편이다.

정답 ③
요점 보건의료조직의 특징
① 인간이 주된 서비스의 대상 : 윤리적인 문제가 발생하고, 서비스에 대한 객관적 평가가 어렵기 때문이다.(최선의 서비스에도 인간은 사망할 수 있기 때문이다)
② 다양한 목표 : 병원의 목표는 환자의 진단과 치료, 의학·의료기술의 연구, 의료인력의 교육과 훈련, 공중보건기능 등 다양하다. 또한 병원의 이해관계집단의 요구를 수용하기 위해 환자에게는 양질의 의료를 제공하고, 병원 직원에게는 직업생활의 질을 보장하며, 경영자에게는 설립목적의 달성과 투입자본의 안전성을 보장하면서, 지역사회 또는 국가에 대해서는 의학발전, 의료인 공급, 의료제도 개선 등의 임무를 수행해야 하는 다양한 목적달성에 이바지해야 한다.
③ 다양한 직종 : 의사, 간호사, 약사, 의료기사, 일반관리직, 단순노무직 등 다양한 직종이 있으며, 그로 인해 갈등이 상존하며 전문직의 권한이 우위에 있다.
④ 보건의료서비스 제공자와 소비자의 갈등대립과 갈등, 의료의 응급성 및 긴급성, 소비자의 무지가 존재한다.
⑤ 상호의존성 : 환자진료에 있어 의사와 간호사의 협력 및 의존, 간호사와 약사, 의료기사, 원무과, 행정직 간의 상호의존성은 업무수행상 필수적이다.
⑥ 통제와 조정의 어려움 : 의료조직은 응급성, 위기관리의 특성 등으로 인해 군대조직과 같은 일사분란한 수직체계가 오래전부터 존재하였다. 또한 병원은 공식적 명령계통 외에 수평적 협력관계가 동시에 존재하는 매트릭스 조직이기 때문에 병원조직의 구성원들은 전문인들의 특성인 고도의 자율성을 추구하고, 민주지향적이다.
⑦ 높은 자본비중 : 병원은 건물, 설비 고가의료장비 등 투자비용이 높은 자본집약적 조직이므로 투자결정에 고도의 전문성이 요구된다. 또한 막대한 시설투자를 하여야 하나, 투자회수율은 대체로 낮은 편이다. 대부분의 서비스는 전문적인 보건의료인력의 노동력에 의존하고 있다.

003
2013. 서울

우리나라 보건행정체계에 대한 설명으로 올바른 것은?

① 중앙보건행정기관과 지방보건행정기관 간에 직접적인 조직적 연계가 있다.
② 우리나라 보건행정체계는 주로 민간 보건조직체계가 담당하고 있다.
③ 우리나라 공중보건사업의 주체는 중앙정부, 지방자치단체이다.
④ 보건진료소는 시·군·구 보건행정조직을 대표하여 보건의료사업을 수행하는 핵심조직이다.

정답 ③

요점 우리나라 보건행정조직의 특징

① 민간주도의 상업적, 보건의료의 다중성
  ㉠ 의원급 의료기관도 병상을 소유하게 되었다.
  ㉡ 전문의의 자유 개업으로 인해 의료전달체계상 혼란을 초래하였다.
  ㉢ 의료 자원의 대도시 집중 현상을 조장하였다.
② 공공 보건의료의 취약성으로 민간이 주로 공급하게 되었다.
③ 보건행정관리의 이원적 구조로 인한 권한 및 책임 불일치(행정안전부와 보건복지부)
④ 의료기관 상호간 및 보건의료체계 간의 기능적 단절성으로 공공의료와 민간의료의 연계가 미흡하고, 민간의료기관 간 연계도 미흡하게 되었다.
⑤ 의료인력 공급의 이원화로 의료인의 면허발급은 보건복지부, 인력정원은 교육부가 담당하고 있다.
⑥ 경쟁적 민간 보건의료 공급체계로 의료수가 왜곡, 저효율성, 지역간 대립과 갈등이 발생하였다.
⑦ 보건의료부문과 사회부문이 혼합되어 있다.
  ㉠ 행정안전부 : 시·군·구의 사회복지 담당
  ㉡ 보건소 : 보건행정 담당(행정안전부 소속)
  ㉢ 보건복지부 : 사회·복지·보건 관련 부문 통합 담당

004
2022. 서울

COVID-19와 같은 신종 및 해외유입 감염병에 대한 선제적 대응, 효율적 만성질환 관리, 보건의료 R&D 및 연구인프라 강화가 주된 임무인 보건행정조직은?

① 국립재활원
② 질병관리청
③ 국립검역소
④ 한국보건산업진흥원

정답 ②

요점

- **질병관리청 직무**

질병관리청은 방역·검역 등 감염병에 관한 사무 및 각종 질병에 관한 조사·시험·연구에 관한 사무를 관장한다.

- **보건복지부와 질병관리청의 기능조정 변경 내용**

	기존 내용	개편 내용
감염병	• 보건복지부 : 정책법령 기능 • 질병관리본부 : 집행(관리) 기능	감염병에 관한 사무는 질병관리청 전담 (정책＋집행 기능)
감염병 외 질병관리	• 보건복지부 소관(정책＋집행) • 조사·연구·사업 기능은 질병관리본부에 위임함	• 보건복지부 : 정책 기능 • 질병관리청 : 집행 기능
건강증진 기능	• 보건복지부 소관(정책＋집행) • 조사·연구·사업 기능은 질병관리본부에 위임함	• 보건복지부 : 정책 기능 • 질병관리청 : 집행 기능
장기, 조직, 혈액 관리	질병관리본부 소관	보건복지부로 이관됨

005　　　2017. 서울보건직

질병관리청의 주요기능에 해당하는 것은?

① 장기기증 지원 및 이식 관리
② 국민건강증진사업의 지원 및 평가
③ 감염병 질병 관리
④ 만성질환, 희귀 난치성 질환 및 손상질환에 관한 정책

> **정답** ③
> **요점** 질병관리청(KDCA)
> 방역, 검역 등 감염병에 관한 사무 및 각종 질병에 관한 조사·시험·연구에 관한 사무를 관장하기 위하여 보건복지부장관 소속으로 질병관리청을 둔다.

006　　　2004. 전남

질병관리청의 임명권자는 누구인가?

① 대통령
② 보건복지부장관
③ 행정안전부장관
④ 서울시장

> **정답** ①
> **요점**
> 질병관리청장은 차관급 정무직으로 대통령이 임명한다.

007　　　　　　　　　　　　2020. 충남

질병대응센터와 국립검역소, 국립보건연구원 등이 소속되어 있는 기관은?

① 보건복지부
② 질병관리청
③ 행정안전부
④ 국무총리

정답 ②

요점
- **질병관리청 소속기관**
국립보건연구원, 질병대응센터, 국립마산병원(결핵안심병원), 국립목포병원(결핵안심병원)
- **하부조직**
질병관리청에 운영지원과 · 감염병정책국 · 감염병위기대응국 · 감염병진단분석국 · 의료안전예방국 및 만성질환관리국을 둔다.

008　　　　　　　　　　　　2021. 경기7급

다음 중 질병관리청의 핵심사업에 해당하지 않는 것은?

① 국가금연정책 지원을 위한 조사 및 흡연 폐해 연구
② 공공보건의료에 관한 임상진료지침의 개발과 보급
③ 신종 및 해외 유입 감염병에 대한 선제적 위기 대응 체계 강화
④ 만성질환 예방과 건강행태 개선을 위한 건강통계 생산 및 근거 정보 지원

정답 ②

요점
공공보건의료에 관한 임상진료지침의 개발과 보급 – 국립중앙의료원의 주요 사업

질병관리청 핵심사업
① 감염병으로부터 국민보호 및 안전사회 구현
　㉠ 신종 및 해외 유입 감염병에 대한 선제적 위기 대응 체계 강화
　㉡ 결핵, 인플루엔자, 매개체 감염병 등 철저한 감염병 관리 예방
　㉢ 국가예방접종 지원 확대 및 이상 반응 검사 등 안전관리
　㉣ 고위험병원체 안전 관리를 통한 생물 안전 보장
　㉤ 의료감염 관리 및 항생제 내성 예방
② 효율적 만성질환 관리로 국민 질병부담 감소
　㉠ 만성질환 예방과 건강행태 개선을 위한 건강통계 생산 및 근거 정보 지원
　㉡ 고혈압, 당뇨병 등 심뇌혈관질환, 알레르기 질환 등 만성질환 예방관리
　㉢ 국가 금연정책 지원을 위한 조사 및 흡연 폐해 연구
　㉣ 국가관리 대상 희귀질환 지정 지원
　㉤ 장기기증자 등 예우 지원 강화와 생명 나눔 인식 제고
　㉥ 미세먼지 건강 영향 감시, 취약계층 보호 대책 마련
　㉦ 기후변화(폭염, 한파 등) 건강 피해 예방
③ 보건의료 연구개발 및 연구 인프라 강화로 질병 극복
　㉠ 감염병 연구개발을 선도하는 컨트롤 타워
　㉡ 건강수명연장을 위한 만성질환 연구 강화
　㉢ 보건 의료 연구 지원 공유 · 개방
　㉣ 4차 산업혁명 대비 첨단 의료 연구 강화

009
2012. 서울

우리나라 중앙보건조직 중 다음에서 설명하는 조직의 비전과 미션에 해당하는 조직은?

> 식의약 안전으로 세계 최고수준의 국민건강확보를 주요 비전으로 하며, 또한 국민건강보호증진과 식의약 안전확보를 위한 예방, 대응, 지원을 하는 것이 주요 미션이다.

① 식품의약품안전처
② 질병관리청
③ 국립중앙의료센터
④ 보건복지부
⑤ 식품안전평가원

정답 ①

요점
① 식품의약품안전처 : 식품·건강기능식품·의약품·마약류·화장품·의약외품·의료기기 등의 안전에 관한 사무를 관장하는 중앙행정기관으로 국무총리실 산하기관에 속해 있다.
② 질병관리청(KDCA) : 방역·검역 등 감염병에 관한 사무 및 각종 질병에 관한 조사·시험·연구에 관한 사무를 관장한다.

010
2023. 6월 지방

보건복지부 산하 공공기관이 아닌 것은?

① 한국장애인개발원
② 한국노인인력개발원
③ 한국사회보장정보원
④ 한국보건사회연구원

정답 ④

요점
한국보건사업진흥원은 산하 공공기관에 속한다.

보건복지부 산하 공공기관
국민건강보험공단, 국민연금공단, 건강보험심사평가원, 한국보건사업진흥원, 국립중앙의료원, 국립암센터, 대한적십자사, 한국노인인력개발원, 한국사회보장정보원, 한국보건복지인재원, 한국보건의료인국가시험원, 한국장애인개발원, 한국국제보건의료재단, 한국사회복지협의회, 한국교육진흥원, 한국건강증진개발원, 한국의료분쟁조정중재원, 한국보건의료연구원, 오송첨단의료산업진흥재단, 의료기관평가인증원, 아동권리보장원, 한국보건의료정보원, 한국장기조직기증원, 한국한의약진흥원, 아동권리보장원, 한국자활복지개발원

011
2020. 서울

<보기> 중 보건복지부의 소속기관을 모두 고른 것은?

---보기---
㉠ 국립재활원
㉡ 국립암센터
㉢ 국립중앙의료원
㉣ 건강보험분쟁조정위원회 사무국

① ㉠, ㉢
② ㉠, ㉣
③ ㉡, ㉢
④ ㉡, ㉣

012
2019. 제주

국립장기조직혈액관리원을 운영하는 기관은?

① 국립중앙의료원
② 보건복지부
③ 국민건강보험공단
④ 한국보건의료연구원

정답 ②

요점 보건복지부 소속·관련기관

소속기관	• 국립정신건강센터, 국립나주병원, 국립부곡병원, 국립춘천병원, 국립공주병원, 국립소록도병원, 국립재활원 • 국립장기조직혈액관리원, 오송생명과학단지지원센터, 국립망향의동산 관리원, 건강보험분쟁조정위원회 사무국, 첨단재생의료 및 첨단바이오 의약품 심의위원회
산하 공공기관	국민건강보험공단, 국민연금공단, 건강보험심사평가원, 한국보건사업진흥원, 국립중앙의료원, 국립암센터, 대한적십자사, 한국노인인력개발원, 한국사회보장정보원, 한국보건복지인재원, 한국보건의료인국가시험원, 한국장애인개발원, 한국국제보건의료재단, 한국사회복지협의회, 한국교육진흥원, 한국건강증진개발원, 한국의료분쟁조정중재원, 한국보건의료연구원, 오송첨단의료산업진흥재단, 의료기관평가인증원, 아동권리보장원, 한국보건의료정보원, 한국장기조직기증원, 한국한의약진흥원, 아동권리보장원, 한국자활복지개발원

정답 ②

요점 보건복지부 소속기관

• 국립정신건강센터, 국립나주병원, 국립부곡병원, 국립춘천병원, 국립공주병원, 국립소록도병원, 국립재활원
• 국립장기조직혈액관리원, 오송생명과학단지지원센터, 국립망향의동산 관리원, 건강보험분쟁조정위원회사무국, 첨단재생의료 및 첨단바이오 의약품 심의위원회

013　　2019. 대전

다음 중 보건복지부 산하 공공기관을 모두 고른 것은?

> ㉠ 국민건강보험공단　㉡ 국민연금공단
> ㉢ 근로복지공단　㉣ 한국산업인력공단

① ㉠, ㉡
② ㉠, ㉡, ㉢
③ ㉠, ㉢, ㉣
④ ㉠, ㉡, ㉢, ㉣

정답 ①

요점 보건복지부 산하 공공기관

국민건강보험공단, 국민연금공단, 건강보험심사평가원, 한국보건사업진흥원, 국립중앙의료원, 국립암센터, 대한적십자사, 한국노인인력개발원, 한국사회보장정보원, 한국보건복지인재원, 한국보건의료인국가시험원, 한국장애인개발원, 한국국제보건의료재단, 한국사회복지협의회, 한국교육진흥원, 한국건강증진개발원, 한국의료분쟁조정중재원, 한국보건의료연구원, 오송첨단의료산업진흥재단, 의료기관평가인증원, 아동권리보장원, 한국보건의료정보원, 한국장기조직기증원, 한국한의약진흥원 아동권리보장원, 한국자활복지개발원

014　　2018. 서울

정부 조직상 서울시 각 자치구에 위치되어 있는 보건소는 어느 조직 소속인가?

① 행정안전부
② 보건복지부
③ 질병관리청
④ 식품의약처 안전처

정답 ①

요점 중앙과 지방의 주요 보건조직

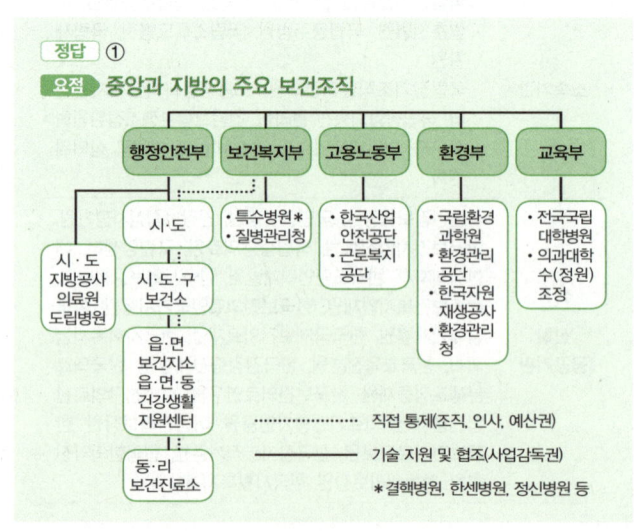

015

2009. 지방

보건복지부의 업무로 옳지 않은 것은?

① 아동·청소년 정책 및 보육 정책의 수립
② 국민연금 및 기초노령연금 정책의 수립
③ 저출산 인구정책 및 고령사회 정책의 수립
④ 산업재해보상보험 및 국민건강보험 정책의 수립

정답 ④
요점 제39조(보건복지부)
① 보건복지부장관은 생활보호·자활지원·사회보장·아동(영·유아 보육을 포함한다)·노인·장애인·보건위생·의정(의정) 및 약정(약정)에 관한 사무를 관장한다.
② 방역·검역 등 감염병에 관한 사무 및 각종 질병에 관한 조사·시험·연구에 관한 사무를 관장하기 위하여 보건복지부장관 소속으로 질병관리청을 둔다.

016

2017. 복지부7급

보건복지부 조직도에서 건강정책국에 소속된 과는?

① 보건의료정책과
② 질병정책과
③ 정신건강정책과
④ 의료자원정책과
⑤ 공공의료과

정답 ③
요점 건강정책국
• 건강정책과, 건강증진과, 구강정책과
• 정신건강정책관 : 정신건강정책과, 정신건강관리과, 자살예방정책과

017   2018. 지방

우리나라 보건행정 조직구조 및 운영에 대한 설명으로 옳은 것은?

① 보건복지부 직제에 노인 정책국이 있다.
② 보건복지부 직제에 장애인 정책국이 있다.
③ 보건복지부 보건소 직원에 대한 인사권이 있다.
④ 보건복지부 보건소 사업 운영에 대한 예산권이 있다.

정답 ②

요점

- 보건복지부 직제 : 4실(기획조정실, 보건의료정책실, 사회복지정책실, 인구정책실), 5국(건강보험정책국, 건강정책국, 보건산업정책국, 장애인정책국, 사회보장위원회사무국)
- 행정안전부는 보건소 직원에 대한 인사권이 있다.
- 행정안전부는 보건소 사업운영에 대한 예산권이 있다.

보건복지부 조직도(2023)

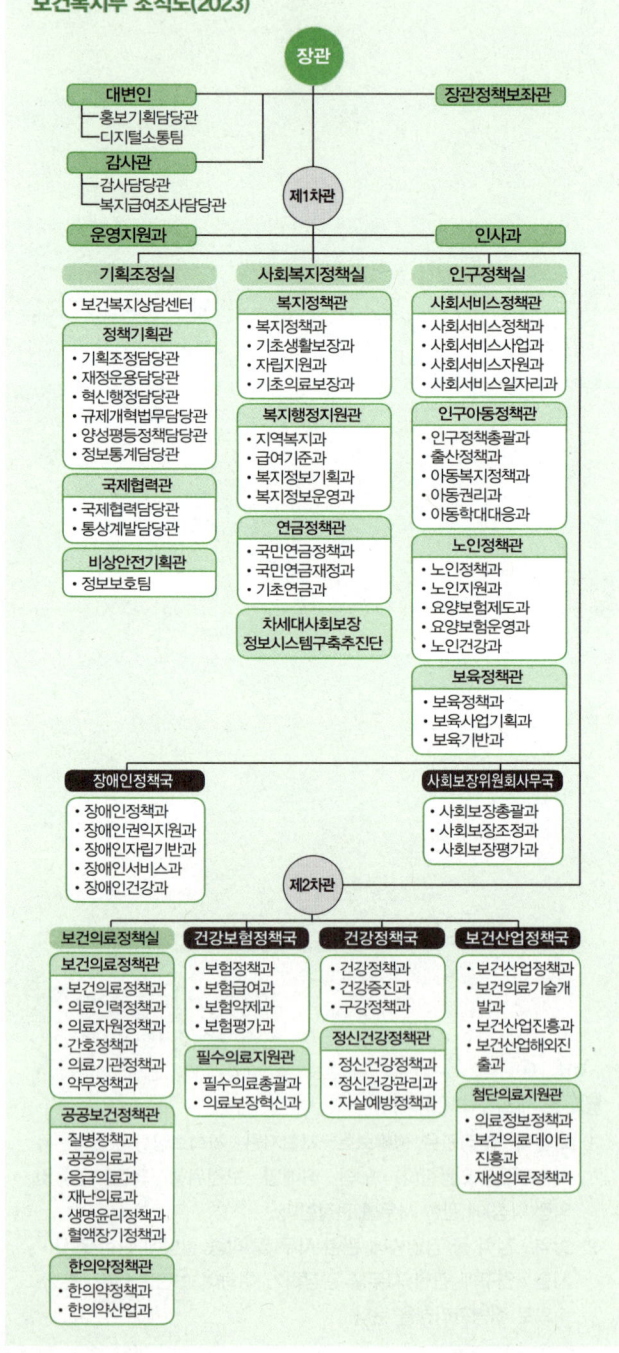

018　2018. 지방

국립중앙의료원의 주요 기능으로 옳지 않은 것은?

① 노인성 질환의 예방 및 관리
② 국제 보건의료 관련 국내외 협력
③ 장기 기증 및 이식 관리
④ 공공보건의료에 관한 임상진료 지침의 개발 및 보급

정답 ③

요점 「국립중앙의료원의 설립 및 운영에 관한 법률」 주요사업
① 공공보건의료에 관한 임상진료지침의 개발과 보급
② 노인성 질환의 예방 및 관리
③ 희귀난치질환 등 국가가 특별히 관리할 필요가 있다고 인정되는 질병에 대한 관리
④ 감염병 및 비감염병 또는 재난으로 인한 환자의 진료 등의 예방과 관리
⑤ 남북의 보건의료 협력과 국제 보건의료 관련 국내외 협력
⑥ 진료 및 의학계, 한방진료 및 한의학계 관련 연구
⑦ 전공의의 수련 및 의료인력의 훈련
⑧ 「응급의료에 관한 법률」 제25조에 따른 응급의료에 관한 각종 사업 지원
⑨ 민간 및 공공보건의료기관에 대한 기술 지원
⑩ 「공공보건의료에 관한 법률」 제21조에 따른 공공보건의료에 관한 각종 업무의 지원
⑪ 그 밖에 공공보건의료에 관하여 보건복지부장관이 위탁하는 사업

019　2020. 부산

다음 중 보건소의 역사로 옳지 않은 것은?

① 영국의 래스본이 시작한 방문보건사업이 오늘날의 보건소 제도의 효시가 되었다.
② 최초의 보건소 조직은 1946년 서울 및 각 대도시에 모범보건소가 설립된 것이다.
③ 1956년에 「보건소법」이 제정되어 명실상부한 보건소 조직이 이루어지고 실질적인 의미의 보건소가 설치되었다.
④ 1962년에 「보건소법」을 전면 개정하여 시·군에 보건소를 두도록 하였다.

정답 ③

요점
1956년에 「보건소법」이 제정되어 도지사 또는 서울시장이 보건소를 설치할 수 있도록 하였으나, 명실상부한 보건소 조직이 이루어지지 못하고 폐지되었다.

보건소 역사

연도	중요사항
1946	보건소의 시초인 '모범보건소'가 설치됨
1951. 9	「국민의료법」 제정
1955	16개의 보건소와 515개의 보건지소가 설치됨
1956. 12	「보건소법」 제정
1958. 6	「보건소법 시행령」 공포
1962. 9	구 「보건소법」 전면 개정 – 시·군 보건소로 이관과 (보건소 업무 13가지 규정) – 실질적인 의미의 보건소라 할 수 있으며, 이때부터 시·군에 보건소를 두도록 함
1980. 12	「농어촌 보건의료를 위한 특별조치법」
1988~1989	의료취약지역 군 보건소와 병원화 사업추진(15개 보건의료원 설립)
1991. 3	「보건소법」제정(보건지소 설치근거 마련 및 보건소 업무 보완)
1995	보건소의 「지역보건법」으로 전면 개정
2015	「지역보건법」 전부 개정

020　　　2021. 서울

「지역보건법」에서 제시된 보건소의 기능 및 업무에 해당하지 않는 것은?

① 난임의 예방 및 관리
② 감염병의 예방 및 관리
③ 지역보건의료정책의 기획, 조사·연구 및 평가
④ 보건의료 수요의 측정

정답 ④

요점 보건소의 기능 및 업무(「지역보건법」 제11조 제1항)
① 건강 친화적인 지역사회 여건의 조성
② 지역보건의료정책의 기획, 조사, 연구 및 평가
　㉠ 지역보건의료계획 등 보건의료 및 건강증진에 관한 중장기 계획 및 실행계획의 수립·시행 및 평가에 관한 사항
　㉡ 지역사회 건강실태조사 등 보건의료 및 건강증진에 관한 조사·연구에 관한 사항
　㉢ 보건에 관한 실험 또는 검사에 관한 사항
③ 보건의료인 및 「보건의료기본법」에 따른 보건의료기관 등에 대한 지도·관리·육성과 국민보건 향상을 위한 지도·관리
　㉠ 의료인 및 의료기관에 대한 지도 등에 관한 사항
　㉡ 의료기사·보건의료정보관리사 및 안경사에 대한 지도 등에 관한 사항
　㉢ 응급의료에 관한 사항
　㉣ 「농어촌 등 보건의료를 위한 특별조치법」에 따른 공중보건의사·보건진료전담공무원 및 보건진료소에 대한 지도 등에 관한 사항
　㉤ 약사에 관한 사항과 마약·향정신성의약품의 관리에 관한 사항
　㉥ 공중위생 및 식품위생에 관한 사항
④ 보건의료 관련 기관·단체·학교·직장 등과의 협력체계 구축
⑤ 지역주민의 건강증진 및 질병예방·관리를 위한 다음의 지역보건의료서비스의 제공
　㉠ 국민건강 증진·구강건강·영양관리 사업 및 보건교육
　㉡ 감염병의 예방 및 관리
　㉢ 모성과 영유아의 건강 유지·증진
　㉣ 여성·노인·장애인 등 보건의료 취약계층의 건강유지·증진
　㉤ 정신건강 증진 및 생명 존중에 관한 사항
　㉥ 지역주민에 대한 진료, 건강검진 및 만성질환 등의 질병관리에 관한 사항
　㉦ 가정 및 사회복지시설 등을 방문하여 행하는 보건의료사업
　㉧ 난임의 예방 및 관리

021　　　2021. 울산

다음 중 「지역보건법」에 따른 보건소의 기능 및 업무로 옳은 것은?

㉠ 감염병 예방 및 관리
㉡ 지역보건의료정책의 기획, 조사, 연구 및 평가
㉢ 건강 친화적 지역사회 여건 조성
㉣ 난임의 예방 및 관리

① ㉠, ㉡, ㉢
② ㉠, ㉢
③ ㉡, ㉣
④ ㉠, ㉡, ㉢, ㉣

정답 ④

요점 보건소의 기능 및 업무(「지역보건법」 제11조 제1항)
① 건강 친화적인 지역사회 여건의 조성
② 지역보건의료정책의 기획, 조사, 연구 및 평가
③ 보건의료인 및 「보건의료기본법」에 따른 보건의료기관 등에 대한 지도·관리·육성과 국민보건 향상을 위한 지도·관리
④ 보건의료 관련 기관·단체·학교·직장 등과의 협력체계 구축
⑤ 지역주민의 건강증진 및 질병예방·관리를 위한 다음의 지역보건의료서비스의 제공
　㉠ 국민건강 증진·구강건강·영양관리 사업 및 보건교육
　㉡ 감염병의 예방 및 관리
　㉢ 모성과 영유아의 건강 유지·증진
　㉣ 여성·노인·장애인 등 보건의료 취약계층의 건강유지·증진
　㉤ 정신건강 증진 및 생명 존중에 관한 사항
　㉥ 지역주민에 대한 진료, 건강검진 및 만성질환 등의 질병관리에 관한 사항
　㉦ 가정 및 사회복지시설 등을 방문하여 행하는 보건의료사업
　㉧ 난임의 예방 및 관리

022　2018. 서울

정부 조직상 서울시 각 자치구에 위치해 있는 보건소는 어느 조직 소속인가?

① 행정안전부
② 보건복지부
③ 질병관리청
④ 식품의약품 안전처

정답 ①
요점
보건소는 중앙정부조직인 보건복지부에서 보건행정과 보건의료사업의 기능을 지도·감독을 받고, 행정안전부에서 인력·예산·조직 지원을 받는 하부행정 단위로서 이원화된 지도·감독 체제로 이루어져 있으며, 행정안전부 소속기관에 해당된다.

023　2020. 강원

「지역보건법」에 따라 징수되는 보건소의 진료비에 대한 규정이다. ㉠, ㉡에 들어갈 내용으로 옳은 것은?

> ① 지역보건의료기관은 그 시설을 이용한 자, 실험 또는 검사를 의뢰한 자 또는 진료를 받은 자로서 수수료 또는 진료비를 징수할 수 있다.
> ② ①에 따른 수수료와 진료비는 (㉠)로 정하는 기준에 따라 (㉡)로 정한다.

	㉠	㉡
①	대통령령	보건복지부장관 고시
②	보건복지부령	해당 지방자치단체 조례
③	대통령령	해당 지방자치단체 조례
④	보건복지부령	보건복지부장관 고시

정답 ②
요점 보건소 진료비 징수(「지역보건법」 제25조, 시행규칙 제10조)
① 지역보건의료기관은 그 시설을 이용한 자, 실험 또는 검사를 의뢰한 자 또는 진료를 받은 자로부터 수수료 또는 진료비를 징수할 수 있다.
② 제1항에 따른 수수료와 진료비는 보건복지부령으로 정하는 기준에 따라 해당 지방자치단체의 조례로 정한다.
③ 지역보건의료기관에서 징수하는 수수료와 진료비는 「국민건강보험법」에 따라 보건복지부장관이 고시하는 요양급여비용 명세의 기준(건강보험에서 정한 수가에 따라 정한 기준)에 따라 지방자치단체의 조례로 정한다.

024 _2023. 6월 지방_

농어촌 등 보건의료를 위한 특별조치법령상 보건진료 전담 공무원에 대한 설명으로 옳지 않은 것은?

① 보수교육기간은 매년 21시간 이상으로 한다.
② 특별자치시장·별자치 도지사, 시장·군수·군수 또는 구청장이 근무 지역을 지정하여 임용한다.
③ 간호사·조산사 면허를 가진 사람으로서 보건복지부장관이 실시하는 16주 이상의 직무교육을 받은 사람이어야 한다.
④ 근무지역으로 지정받은 의료 취약지역에서 질병·부상의 악화 방지를 위한 처치 등의 경미한 의료행위를 할 수 있다.

> **정답** ③
> **요점** 보건진료전담 공무원
> 보건진료 전담공무원은 간호사, 조산사 면허를 가진 사람으로서 보건복지부장관이 실시하는 24주 이상의 직무교육을 받은 사람이어야 하며, 보수교육은 매년 21시간 이상으로 한다.

025 _2021. 경북_

우리나라의 보건진료소 관리 및 운영에 대한 설명으로 옳지 않은 것은?

① 보건진료소는 농어촌 보건의료 취약지역에 대하여 보건의료서비스 이용의 접근성을 높이고 포괄적인 일차보건의료서비스 제공을 위하여 설치되었다.
② 보건진료소에는 공중보건의사를 배치한다.
③ 의료취약지역을 인구 500명 이상 5천명 미만을 기준으로 하나 또는 여러 개의 리·동에 설치한다.
④ 보건진료전담공무원을 배치하여 의료행위를 하게 하기 위한 시설이다.

> **정답** ②
> **요점** 설치근거
> ① 1978년 소련의 알마아타회의 : 1차 보건의료의 중요성 인식
> ② 1980년 농어촌 등 보건의료를 위한 특별조치법 : 벽·오지에 보건진료소를 배치하고 읍·면지역 보건지소에 공중보건의를 배치
> **참고**
> 보건진료소장은 보건진료전담공무원(보건진료원)으로 간호사, 조산사로 24주 이상 직무교육을 받은 사람임

026

2020. 대전

「농어촌 등 보건의료를 위한 특별조치법」에 따라 배치되는 보건진료전담 공무원에 대한 설명으로 옳지 않은 것은?

① 간호사·조산사 면허를 가진 자로서 시·도지사가 실시하는 24주 이상의 직무교육을 받은 자에게 자격이 있다.
② 지방공무원으로 하며, 특별자치시장·특별자치도지사, 시장·군수 또는 구청장이 근무지역을 지정하여 임용한다.
③ 관할 구역 이탈금지 명령을 위반하여 허가 없이 연속하여 7일 이상 관할 구역을 이탈할 경우 징계할 수 있다.
④ 근무지역으로 지정받은 의료취약지역에서 질병·부상상태를 판별하기 위한 진찰·검사를 할 수 있다.

정답 ①

요점
- 보건진료 전담공무원은 간호사, 조산사 면허를 가진 사람으로서 보건복지부장관이 실시하는 24주 이상의 직무교육을 받은 사람이어야 한다.
- 보건진료 전담공무원은 지방공무원으로 하며, 특별자치시장·특별자치도지사·시장·군수 또는 구청장이 근무 지역을 지정하여 임용한다.
- 특별자치시장·특별자치도지사·시장·군수 또는 구청장은 보건진료 전담공무원이 다음의 어느 하나에 해당하는 경우에는 그 보건진료 전담공무원을 징계할 수 있다.
  - 정당한 이유없이 지정받은 근무 지역 밖에서 의료행위를 한 경우, 제19조에 따른 범위를 넘어 의료행위를 한 경우, 제20조에 따른 관할구역 이탈금지 명령을 위반하여 허가 없이 연속하여 7일 이상 관할 구역을 이탈한 경우
- 보건진료전담공무원은 의료행위시 보건복지부장관이 정하는 환자 진료지침을 따라야 한다.
- 보수교육은 매년 21시간 이상으로 한다.

027

2019. 충북

「농어촌 등 보건의료를 위한 특별조치법」에 따른 보건진료전담공무원의 업무로 옳지 않은 것은?

① 의료취약지역에서 대통령령으로 정하는 경미한 의료행위
② 만성병 환자의 요양지도 및 관리
③ 응급조치가 필요한 환자에 대한 응급수술
④ 예방접종

정답 ③

요점
응급조치는 가능하나 수술은 업무에 포함되지 않는다. 수술을 위해 환자를 이송하는 업무를 한다.

보건진료 전담공무원의 업무(제14조)
① 의료행위
  ㉠ 질병·부상 상태를 판별하기 위한 진찰·검사
  ㉡ 환자의 이송
  ㉢ 외상 등 흔히 볼 수 있는 환자의 치료 및 응급조치가 필요한 환자에 대한 응급처치
  ㉣ 질병·부상의 악화 방지를 위한 처치
  ㉤ 만성병 환자의 요양 지도 및 관리
  ㉥ 정상 분만 시의 분만도움
  ㉦ 예방접종
  ㉧ 의료행위에 따른 의약품 투여
② 의료행위 외의 업무
  ㉠ 환경 위생 및 영양 개선에 관한 업무
  ㉡ 질병 예방에 관한 업무
  ㉢ 모자 보건에 관한 업무
  ㉣ 주민의 건강에 관한 업무를 담당하는 사람에 대한 교육 및 지도에 관한 업무
  ㉤ 주민의 건강증진에 관한 업무
③ 보건진료전담공무원은 의료행위시 보건복지부장관이 정하는 환자진료지침을 따라야 한다.

028 2021. 경북

다음 중 보건의료원의 설치근거 법령과 설치요건으로 옳은 것은?

① 「의료법」, 의원의 요건을 갖춘 시설
② 「의료법」, 지방자치단체가 운영하는 병원급 의료기관
③ 「지역보건법」, 30개 이상의 병상을 갖춘 보건소
④ 「지역보건법」, 읍·면 단위로 설치되고 전문의가 상주하는 시설

정답 ③
요점 「지역보건법」 제12조(보건의료원)
「의료법」상 병원의 요건을 갖춘 보건소는 보건의료원이라는 명칭을 사용할 수 있다. 의료시설이 부족하고 지역적으로 열세에 있는 군과 시를 2~4개 통합하여 1개씩의 보건의료원을 설립하였다.

029 2018. 복지부7급

「지역보건법」에 따라 지방자치단체가 특별히 지역주민의 만성질환 예방 및 건강한 생활습관 형성을 지원하기 위하여 읍·면·동에 설치하는 지역 보건의료기관은?

① 건강생활지원센터
② 보건소
③ 보건지소
④ 보건진료소

정답 ①
요점 건강생활지원센터
① 건강생활지원센터의 설치 : 지방자치단체는 보건소의 업무 중에서 특별히 지역주민의 만성질환 예방 및 건강한 생활습관형성을 지원하는 건강생활지원센터를 대통령령으로 정하는 기준에 따라 읍·면·동에 1개소씩 해당 지방자치단체의 조례로 설치할 수 있다.(보건소가 설치된 읍·면·동은 제외한다)
② 설치배경
  ㉠ 도시지역 주민의 보건의료서비스 필요 미충족
  ㉡ 도시 보건지소의 확충 사업에 지자체의 참여 저조
  ㉢ 도시 보건지소의 큰 규모로 인한 진료 기능 유인의 효과로 인한 민간 의료기관과의 갈등 유발(의료행위보다는 예방에 중점을 두었음)
  ㉣ 설치 규모 및 방식 등을 효율화하여 지역 밀착형 건강관리 전담기관으로서 '건강생활지원센터' 전환 추진

030
2020. 인천

공중보건의의 근무처가 아닌 곳은?

① 사회복지시설
② 공공병원
③ 공공의료연구원
④ 보건소 및 보건지소

정답 ③

요점

- 공중보건의사의 배치기관 및 배치시설(「농어촌 등 보건의료를 위한 특별 조치법」 제5조의 2)
  ㉠ 보건소 또는 보건지소
  ㉡ 국가·지방자치단체 또는 공공단체가 설립·운영하는 병원으로서 보건복지부장관이 정하는 병원(공공병원)
  ㉢ 공중보건의료연구기관
  ㉣ 공중보건사업의 위탁사업을 수행하는 기관 또는 단체
  ㉤ 보건의료정책을 수행할 때에 공중보건의사의 배치가 필요한 기관 또는 대통령령으로 정하는 기관 또는 시설

- 공중보건의사 제도
  1. 농어촌 등 보건의료 취약지역의 주민에게 보건의료를 제공하기 위해 1978년 12월 「국민보건의료를 위한 특별조치법」의 제정으로 시행되었다.
  2. 「병역법」에 의거 공중보건의사로 편입된 의사, 치과의사, 한의사로 채용되는 제도이다.
  3. 시장·군수·구청장 또는 배치기관의 장이 공중보건의사의 복무에 관하여 관할지역 또는 당해 기관에 근무하는 공중보건의사를 지도·감독하고 있다.

031
2018. 지방

공중보건의가 근무하지 않는 기관은?

① 보건지소
② 보건진료소
③ 국공립병원
④ 교정시설

정답 ②

요점 보건진료소

농어촌 등 보건의료를 위한 특별조치법에 따라 산간오지에 설치하며, 보건진료 전담공무원(보건진료원)을 임용한다.

032

「농어촌 등 보건의료를 위한 특별조치법」에서 규정하고 있는 보건의료기관 및 인력에 해 당하지 않는 것은?

① 공중보건의사
② 보건진료전담공무원
③ 보건진료소
④ 보건지소

정답 ④
요점
보건지소는 「지역보건법」에 따라 읍·면에 설치한다.

033

보건관련 지방행정조직에 대한 설명으로 옳지 않은 것은?

① 보건진료소의 설치 근거 법령은 「농어촌 등 보건의료를 위한 특별조치법」이다
② 보건소 중 「의료법」상 병원의 요건을 갖춘 보건소는 보건의료원이라는 명칭을 사용할 수 있다.
③ 보건지소에 보건지소장 1명을 두되, 지방의무직 공무원 또는 임기제 공무원을 보건지소장으로 임용한다.
④ 시.도지사 또는 시장·군수·구청장은 지역보건의료시행계획을 4년마다 수립하여야 한다.

정답 ④
요점
지역보건의료계획은 4년마다 수립하여야 한다. (지역보건의료시행계획이 아니므로 오답이다.)

034
2021. 경남

「지역보건법」에 따른 지역보건의료계획의 내용으로 옳지 않은 것은?

① 시·도지사 또는 시장·군수·구청장은 지역보건의료계획을 3년마다 수립하여야 한다.
② 지역보건의료계획의 내용에는 보건의료 수요의 측정에 관한 사항이 포함되어야 한다.
③ 지역보건의료계획의 내용에는 보건의료자원의 조달 및 관리에 관한 사항이 포함되어야 한다.
④ 지역보건의료계획의 내용에는 지역보건의료에 관련된 통계의 수집 및 정리에 관한 사항이 포함되어야 한다.

정답 ①

요점

- **지역보건의료계획의 수립(지역보건법 제7조)**
  시·도지사 또는 시장·군수·구청장은 지역보건의료계획을 4년마다 수립하여야 한다.
- **지역보건의료계획의 포함되어야 할 공통적인 내용**
  ㉠ 보건의료 수요의 측정
  ㉡ 지역보건의료서비스에 관한 장기·단기 공급대책
  ㉢ 인력·조직·재정 등 보건의료자원의 조달 및 관리
  ㉣ 지역보건의료서비스의 제공을 위한 전달체계 구성 방안
  ㉤ 지역보건의료에 관련된 통계의 수집 및 정리

035
2013. 지방7급

「지역보건법」에서 제시된 지역보건의료계획에 대한 설명으로 옳지 않은 것은?

① 시·도지사 또는 시장·군수·구청장은 지역보건의료계획을 4년마다 수립하여야 한다.
② 시장·군수·구청장은 당해 시·군·구의 지역보건의료계획을 수립한 후 당해 시·군·구의회의 의결을 거쳐 특별시장·광역시장·도지사에게 제출하여야 한다.
③ 지방자치단체 간 지역보건의료계획의 내용에 현저한 불균형이 있는 경우 조정권고가 필요하다.
④ 시·군·구 지역보건의료계획에는 의료기관의 병상수급 및 정신질환 등의 치료를 위한 전문 치료시설의 수급에 관한 사항이 포함되어야 한다.

정답 ④

요점 지역보건의료계획

① 시장·군수·구청장은 지역건의료계획을 계획시행 연도 1월 31일까지 시·도지사에게 제출하여야 한다.
② 시·도지사는 지역보건 의료계획을 계획시행 연도 2월 말일까지 보건복지부장관에게 제출하여야 한다.
③ 시·도지사는 지역 내 인구의 급격한 변화 등 예측하지 못한 보건의료 환경 변화에 따라 지역보건의료계획을 변경할 필요가 있는 경우에는 시·도 위원회의 심의를 거쳐 변경한 후 시·도 의회에 변경사실 및 변경내용을 보고하고, 보건복지부장관에게 지체없이 변경사실 및 변경내용을 제출하여야 한다.
④ 시·도지사 또는 시장·군수·구청장은 매년 지역보건의료계획에 따라 연차별 시행계획을 수립하여야 한다.
  - 시장·군수·구청장은 시·군·구의 지역보건의료계획 수립 후 시·도지사에게 제출
  - 시·도지사는 시·도의 지역보건의료계획 수립 후 보건복지부장관에게 제출
⑤ 조정권고
  - 보건복지부장관은 특별자치시장·특별자치도지사 또는 시·도지사에게 조정을 권고할 수 있다.
  - 시·도지사는 시장·군수·구청장에게 조정을 권고할 수 있다.
⑥ 보건복지부장관은 특별자치시·특별자치도 또는 시·도의 지역보건의료계획의 시행결과를, 시·도지사는 시·군·구의 지역보건의료계획의 시행 결과를 평가할 수 있다.

036 2021. 경기

다음 중 「지역보건법」에 따른 지역보건의료심의위원회의 기능과 역할로 옳지 않은 것은?

① 지역주민들의 건강증진에 사용할 재원조달 계획에 관한 사항
② 지역사회 건강실태조사 후 지역보건의료의 실태조사에 관한 사항
③ 지역보건의료계획 및 연차별 시행계획의 수립·시행 및 평가에 관한 사항
④ 지역보건의료계획의 효율적 시행을 위하여 보건의료 관련기관·단체·학교·직장 등과의 협력이 필요한 사항

정답 ①

요점 지역보건의료심의위원회(「지역보건법」 제6조)
① 지역보건의료에 관한 다음 각 호의 사항을 심의하기 위하여 특별시·광역시·도 및 특별자치시·특별자치도·시·군·구에 지역보건의료심의위원회를 둔다.
  ㉠ 지역사회 건강실태조사 등 지역보건의료의 실태조사에 관한 사항
  ㉡ 지역보건의료계획 및 연차별 시행계획의 수립·시행 및 평가에 관한 사항
  ㉢ 지역보건의료계획의 효율적 시행을 위하여 보건의료 관련 기관·단체·학교·직장 등과의 협력이 필요한 사항
  ㉣ 그 밖에 지역보건의료시책의 추진을 위하여 필요한 사항
② 위원회는 위원장 1명을 포함한 20명 이내의 위원으로 구성하며, 위원장은 해당 지방자체단체의 부단체장이 된다.
③ 위원회의 위원은 지역주민 대표, 학교보건 관계자, 산업안전·보건 관계자, 보건의료 관련기관·단체의 임직원 및 관계 공무원 중에서 해당 위원회가 속하는 지방자치단체의 장이 임명하거나 위촉한다.
④ 위원회는 그 기능을 담당하기에 적합한 다른 위원회가 있고, 그 위원회의 위원이 자격을 갖춘 경우에는 시·도 또는 시·군·구의 조례에 따라 위원회의 기능을 통합하여 운영할 수 있다.

037 2020. 경남

「지역보건법」에 따른 지역보건의료심의위원회 심의사항으로 옳지 않은 것은?

① 지역사회 건강실태조사 등 지역보건의료의 실태조사에 관한 사항
② 지역보건의료계획 및 연차별 시행계획의 수립·시행 및 평가에 관한 사항
③ 지역보건의료사업에 대한 인사 및 예산에 관한 사항
④ 지역보건의료계획의 효율적 시행을 위하여 보건의료 관련 기관·단체·학교·직장 등과의 협력이 필요한 사항

정답 ③

요점 지역보건의료심의위원회 심의사항
① 지역사회 건강실태조사 등 지역보건의료의 실태조사에 관한 사항
② 지역보건의료계획 및 연차별 시행계획의 수립·시행 및 평가에 관한 사항
③ 지역보건의료계획의 효율적 시행을 위하여 보건의료 관련 기관·단체·학교·직장 등과의 협력이 필요한 사항
④ 그 밖에 지역보건의료시책의 추진을 위하여 필요한 사항

CHAPTER 2 병원조직의 관리

038 2013. 경기

병원조직의 특성에 대한 설명으로 옳은 것은?

① 투자회수율이 높다.
② 직원의 통제 관리가 용이하다.
③ 서비스의 품질관리나 업적평가가 용이하다.
④ 업종 간 상호의존도가 높다.

정답 ④
요점
- 병원조직은 폐쇄적·자율적·분권적 조직으로 의료전문가와 일반 직원의 지배구조가 이원성이 존재하여 통제관리가 어렵다.
- 의료서비스에 대한 품질관리나 업적평가가 곤란하며, 나은 의료서비스를 위한 업종 간 상호의존도는 높다.

병원조직의 특성

경영체로서의 특성	병원조직 요소의 특성
· 고도로 자본집약적이면서도 노동집약적인 경영체이다. · 다양한 사업목적을 가진 조직체이다. · 복잡한 전환 과정을 거쳐 서비스를 생산하는 조직체이다. · 생산된 서비스의 품질관리나 업적 평가가 극히 곤란한 조직체이다. · 업무의 연속성과 응급성이 있다. · 막대한 시설 투자를 하여야 하나, 투자 회수율은 대체로 낮은 편이다.	· 병원 경영은 의료서비스와 병원의 이익 추구를 동시에 추구한다. · 조직 구성의 다양성 : 다양한 전문 직종의 집합 - 갈등요인이 상존한다.(높은 전문인력의 비중) · 진료결과의 불확실성으로 결과 산출 측정이 곤란하다. · 의료전문가에 의한 지배권과 일반 직원에 의한 일반관리체계로 지배구조의 이원성이 존재한다.(의료인이면서 관리자) · 24시간 운영체계로 교대근무 시스템이 존재한다.

039 2015. 서울

새로운 장비나 기술에 대한 투자결정에 있어서 해당 의료장비나 의료기술이 가져다 줄 이윤에 대한 전망보다는 새로운 고객의 확보, 병원의 명성, 고급기술을 이용한다는 자부심 등을 더 중요하게 고려한다는 병원형태 모형은?

① 이윤 극대화 모형
② New house 비영리 모형
③ 수입 극대화 모형
④ 격차 극소화 모형

정답 ④
요점 병원관리이론

① 이윤 극대화 모형(순이익을 극대화하는 이론)
영리를 추구하는 병원은 이윤 극대화를 위해 설비에 투자하고 가격을 책정하며 생산량을 정한다. 이들 병원은 각자가 일정한 독점력을 갖게 되는데, 이것은 각 병원마다 생산하는 보건의료서비스의 질이 서로 다르고, 어느 정도 전문화되어 있으며, 일반적으로 일정한 지역을 혼자 담당하기 때문이다.

② 뉴하우스 비영리 모형(많은 양과 좋은 질을 제공)
보건의료서비스의 양과 질을 동시에 추구하는 모형으로 보건경제학자인 뉴하우스가 1970년에 발표한 비영리병원의 형태에 관한 경제모형이다. 비영리병원의 운영책임자는 두 개의 성취목적을 동시에 추구하는데, 바로 진료서비스의 질과 양이다. 예산이 허락하는 범위 안에서 좋은 질의 서비스를 가능한 많이 제공하고자 하지만, 한정된 예산으로 질과 양은 서로 상충관계에 놓이게 되는데, 질을 높이자면, 양이 줄여야 하고 그 반대의 상황도 성립되기 때문이다

③ 수입 극대화 모형(총매출에 중점을 두어 병원시장률을 높임)
현재의 순이익보다 장기적인 관점에서 전체적인 수입을 증가하여 병원시장률을 높여 발전을 도모하는 모형이다. 병원들이 수입 극대화를 추구하는 이유로는 병원산업이 한 현실, 즉 수가통제 등의 외적 요인도 있겠으나 내적으로는 수입이 이윤과 어느 정도의 관련을 맺는다는 점과 수입의 감소는 병원규모의 감소와 함께 내원 환자 수의 감소를 초래할 수 있다는 점에서 기인한다.

④ 격차 극소화 모형(병원의 명성과 자부심을 중요하게)
리(Lee)의 격차 극소형 모형은 병원들이 새로운 장비나 기술에 대한 투자결정에서 해당 장비나 기술이 가져다 줄 이윤에 대한 전망보다는 새로운 고객의 확보나 병원 명성의 증가, 혹은 고급 기술을 사용한다는 전문의료인으로서의 자부심을 더 중요한 고려대상으로 삼는다는 현실을 설명하고자 만들어졌다.

CHAPTER 3 관계법규 쏙쏙 정리

040 □□□
2006. 경기

다음 중 보건소에서 지역사회보건사업을 위해 할 수 있는 일로 옳지 않은 것은?

① 지역주민을 대상으로 하는 보건교육을 강화한다.
② 지역사회에 맞는 사업을 추진한다.
③ 필수사업과 전문화 사업을 통합한다.
④ 지역의 모자보건 및 가족계획사업을 추진한다.

정답 ③

요점 보건소의 기능 및 업무(「지역보건법」 제11조 제1항)
① 건강 친화적인 지역사회 여건의 조성
② 지역보건의료정책의 기획, 조사, 연구 및 평가
  - 지역보건의료계획 등 보건의료 및 건강증진에 관한 중장기 계획 및 실행계획의 수립·시행 및 평가에 관한 사항
  - 지역사회 건강실태조사 등 보건의료 및 건강증진에 관한 조사·연구에 관한 사항
  - 보건에 관한 실험 또는 검사에 관한 사항
③ 보건의료인 및 「보건의료기본법」에 따른 보건의료기관 등에 대한 지도·관리·육성과 국민보건 향상을 위한 지도·관리
  - 의료인 및 의료기관에 대한 지도 등에 관한 사항
  - 의료기사·보건의료정보관리사 및 안경사에 대한 지도 등에 관한 사항
  - 응급의료에 관한 사항
  - 「농어촌 등 보건의료를 위한 특별조치법」에 따른 공중보건의사·보건진료전담공무원 및 보건진료소에 대한 지도 등에 관한 사항
  - 약사에 관한 사항과 마약·향정신성의약품의 관리에 관한 사항
  - 공중위생 및 식품위생에 관한 사항
④ 보건의료 관련 기관·단체·학교·직장 등과의 협력체계 구축
⑤ 지역주민의 건강증진 및 질병예방·관리를 위한 다음의 지역보건의료서비스의 제공
  - 국민건강 증진·구강건강·영양관리 사업 및 보건교육
  - 감염병의 예방 및 관리
  - 모성과 영유아의 건강 유지·증진
  - 여성·노인·장애인 등 보건의료 취약계층의 건강유지·증진
  - 정신건강 증진 및 생명 존중에 관한 사항
  - 지역주민에 대한 진료, 건강검진 및 만성질환 등의 질병관리에 관한 사항
  - 가정 및 사회복지시설 등을 방문하여 행하는 보건의료사업
  - 난임의 예방 및 관리

041 □□□
2007. 서울

다음 중 보건소의 업무로 옳지 않은 것은?

① 공중·식품위생
② 학교보건의 청소년 지도·관리
③ 응급의료
④ 모자보건사업 및 가족계획사업
⑤ 약사의 향정신성 약품, 마약의 관리

정답 ②

요점
학교보건의 청소년 지도·관리는 보건소의 업무에 속하지 않는다.

보건소의 기능 및 업무(「지역보건법」 제11조 제1항)
① 건강 친화적인 지역사회 여건의 조성
② 지역보건의료정책의 기획, 조사, 연구 및 평가
  - 지역보건의료계획 등 보건의료 및 건강증진에 관한 중장기 계획 및 실행계획의 수립·시행 및 평가에 관한 사항
  - 지역사회 건강실태조사 등 보건의료 및 건강증진에 관한 조사·연구에 관한 사항
  - 보건에 관한 실험 또는 검사에 관한 사항
③ 보건의료인 및 「보건의료기본법」에 따른 보건의료기관 등에 대한 지도·관리·육성과 국민보건 향상을 위한 지도·관리
  - 의료인 및 의료기관에 대한 지도 등에 관한 사항
  - 의료기사·보건의료정보관리사 및 안경사에 대한 지도 등에 관한 사항
  - 응급의료에 관한 사항
  - 「농어촌 등 보건의료를 위한 특별조치법」에 따른 공중보건의사·보건진료전담공무원 및 보건진료소에 대한 지도 등에 관한 사항
  - 약사에 관한 사항과 마약·향정신성의약품의 관리에 관한 사항
  - 공중위생 및 식품위생에 관한 사항
④ 보건의료 관련 기관·단체·학교·직장 등과의 협력체계 구축
⑤ 지역주민의 건강증진 및 질병예방·관리를 위한 다음의 지역보건의료서비스의 제공
  - 국민건강 증진·구강건강·영양관리 사업 및 보건교육
  - 감염병의 예방 및 관리
  - 모성과 영유아의 건강 유지·증진
  - 여성·노인·장애인 등 보건의료 취약계층의 건강유지·증진
  - 정신건강 증진 및 생명 존중에 관한 사항
  - 지역주민에 대한 진료, 건강검진 및 만성질환 등의 질병관리에 관한 사항
  - 가정 및 사회복지시설 등을 방문하여 행하는 보건의료사업
  - 난임의 예방 및 관리

042

2006. 경기

다음 중 보건소의 건강증진사업에 해당하는 것끼리 바르게 짝지어진 것은?

> ㉠ 보건교육   ㉡ 영양개선
> ㉢ 건강교실   ㉣ 구강건강관리

① ㉠, ㉡
② ㉡, ㉣
③ ㉣
④ ㉠, ㉡, ㉣
⑤ ㉠, ㉡, ㉢, ㉣

정답 ⑤

요점 「국민건강증진법」 제18조(건강증진사업 등)
① 국가 및 지방자치단체는 국민건강증진사업에 필요한 요원 및 시설을 확보하고, 그 시설의 이용에 필요한 시책을 강구하여야 한다.
② 시장·군수·구청장은 지역주민의 건강증진을 위하여 보건복지부령이 정하는 바에 의하여 보건소장으로 하여금 다음 각 호의 사업을 할 수 있다.
  ㉠ 보건교육 및 건강상담
  ㉡ 영양관리
  ㉢ 신체활동장려
  ㉣ 구강건강의 관리
  ㉤ 질병의 조기발견을 위한 검진 및 처방
  ㉥ 지역사회의 보건문제에 관한 조사·연구
  ㉦ 기타 건강교실의 운영 등 건강증진사업에 관한 사항
③ 보건소장이 제2항의 규정에 의하여 제2항 제1호 내지 제5호의 업무를 행한 때에는 이용자의 개인별 건강상태를 기록하고 유지·관리하여야 한다.

043

2009. 5. 지방

「국민건강증진법」 제17조에 명시된 보건교육의 내용에 포함되지 않는 것은?

① 금연·절주 등 건강생활의 실천에 관한 사항
② 만성퇴행성질환 등 질병의 예방에 관한 사항
③ 영양 및 식생활에 관한 사항
④ 호흡기 질환의 예방에 관한 사항

정답 ④

요점 「국민건강증진법」 제12조, 제17조(보건교육의 내용과 실시 등)
① 국가 및 지방자치단체는 모든 국민이 건강생활을 실천할 수 있도록 그 대상이 되는 개인 및 집단의 특성·건강상태·건강의식 수준 등에 따라 적절한 보건교육을 실시한다.
② 국가 또는 지방자치단체는 국민건강증진사업관련 법인 또는 단체 등이 보건교육을 실시할 경우 이에 필요한 지원을 할 수 있다.
③ 보건교육에는 다음 각 호의 사항이 포함되어야 한다.
  ㉠ 금연·절주 등 건강생활의 실천에 관한 사항
  ㉡ 만성 퇴행성 질환 등 질병의 예방에 관한 사항
  ㉢ 영양 및 식생활에 관한 사항
  ㉣ 구강건강에 관한 사항
  ㉤ 공중위생에 관한 사항
  ㉥ 건강증진을 위한 체육활동에 관한 사항
  ㉦ 기타 건강증진사업에 관한 사항

044 2010. 5. 지방

국민건강보험 가입자의 보험료 일부를 경감될 수 있는 자로 옳지 않은 것은?

① 도서·벽지·농어촌 등 대통령령이 정하는 지역에 거주하는 자
② 60세 이상인 자
③ 「장애인 복지법」에 따라 등록한 장애인
④ 휴직자

> **정답** ②
> **요점** 보험료 경감(제75조)
> 다음의 어느 하나에 해당하는 가입자 중 보건복지부령으로 정하는 가입자에 대하여는 그 가입자 또는 그 가입자가 속한 세대의 보험료의 일부를 경감할 수 있다.
> ① 섬·벽지·농어촌 등 대통령령으로 정하는 지역에 거주하는 사람
> ② 65세 이상인 사람
> ③ 「장애인복지법」에 따라 등록한 장애인
> ④ 「국가유공자 등 예우 및 지원에 관한 법률」에 따른 국가유공자
> ⑤ 휴직자
> ⑥ 그 밖에 생활이 어렵거나 천재지변 등의 사유로 보험료를 경감할 필요가 있다고 보건복지부장관이 정하여 고시하는 사람

045 2010. 5. 지방

보건복지부장관의 면허 취득 대상자가 아닌 자는?

① 안경사
② 의무기록사
③ 간호조무사
④ 방사선사

> **정답** ③
> **요점** 면허취득과 자격인정
> ① 의료인(의료법) : 의사·치과의사, 한의사, 조산사 및 간호사 - 보건복지부장관의 면허
> ② 의료기사 등(의료기사 등에 관한 법률) : 보건의료정보관리사, 안경사, 의료기사(방사선사, 물리치료사, 작업치료사, 임상병리사, 치과기공사, 치과위생사) - 보건복지부장관의 면허
> ③ 약사(약사법) - 보건복지부장관의 면허
> ④ 간호조무사(의료법) - 보건복지부장관의 자격인정
> ⑤ 의료유사업자(의료법) : 접골사, 침사, 구사 - 시·도지사의 자격인정
> ⑥ 한지의료인(의료법) : 한지의사, 한지치과의사, 한지한의사 - 보건복지부장관의 면허
> ⑦ 안마사(의료법) - 시·도지사의 자격인정
> ⑧ 응급구조사(응급의료에 관한 법률) - 보건복지부장관의 자격인정

046　　　　　　　　　　　　　　2010. 5. 지방

종합병원에 대한 설명으로 옳은 것은?

① 종합병원은 의사, 치과의사, 한의사가 개설할 수 있다.
② 종합병원은 입원환자 30인 이상 수용할 수 있는 시설을 갖추어야 한다.
③ 종합병원의 진료과목은 300병상을 초과할 경우 내과 및 치과 등을 포함한 9개 이상 갖추어야 한다.
④ 종합병원은 진료과목마다 전속하는 일반 의사를 갖추어야 한다.

정답 ③

요점 종합병원(제3조의 3)

종합병원은 다음의 요건을 갖추어야 한다.
① 100개 이상의 병상을 갖출 것
② 100병상 이상 300병상 이하인 경우 : 내과·외과·소아청소년과·산부인과 중 3개 진료과목, 영상의학과, 마취통증의학과와 진단검사의학과 또는 병리과를 포함한 7개 이상의 진료과목을 갖추고 각 진료과목마다 전속하는 전문의를 둘 것
③ 300병상을 초과하는 경우 : 내과·외과·소아청소년과·산부인과·영상의학과·마취통증의학과·진단검사의학과 또는 병리과, 정신건강의학과 및 치과를 포함한 9개 이상의 진료과목을 갖추고 각 진료과목마다 전속하는 전문의를 둘 것

047　　　　　　　　　　　　　　2011. 5. 지방

우리나라 보건의료기관 설치기준에 대한 설명으로 옳은 것은?

① 종합병원은 병상이 80개 이상이어야 한다.
② 읍·면 단위별로 보건진료소가 설치되어야 한다.
③ 병원과 치과병원의 병상은 30개 이상이어야 한다.
④ 300병상을 초과하는 종합병원에는 정신건강의학과와 치과가 개설되어야 한다.

정답 ④

요점 우리나라 보건의료기관 시설과 인력

- 상급종합병원은 20개 이상의 진료과목이 개설되어야 한다.
- 치과병원은 30병상이 아니어도 된다.
- 300병상을 초과하는 종합병원에서는 반드시 치과, 정신건강의학과가 포함되어야 한다.

048

2010. 5. 지방

우리나라 의료법에 규정된 의료기관에 해당하는 것을 모두 고르면?

보기
㉠ 요양병원　　㉡ 보건소
㉢ 조산원　　㉣ 노인병원

① ㉠, ㉡, ㉢
② ㉠, ㉢
③ ㉡, ㉣
④ ㉣

정답 ②

요점 「의료법」에 의한 의료기관
① 의원급 의료기관 : 의사·치과의사 또는 한의사가 주로 외래환자를 대상으로 각각 그 의료행위를 하는 의료기관으로서 그 종류는 다음과 같다.
　－ 의원, 치과의원, 한의원
② 조산원 : 조산사가 조산과 임산부 및 신생아를 대상으로 보건활동과 교육·상담을 하는 의료기관을 말한다.
③ 병원급 의료기관 : 의사·치과의사 또는 한의사가 주로 입원환자를 대상으로 의료행위를 하는 의료기관으로서 그 종류는 다음과 같다.
　－ 병원, 치과병원, 한방병원, 요양병원, 정신병원, 종합병원

049

2011. 5. 지방

건강보험심사평가원의 업무가 아닌 것은?

① 요양급여 비용의 심사
② 심사 및 평가기준의 개발
③ 건강생활 실천율의 모니터링
④ 조사 연구 및 국제협력

정답 ③

요점
건강생활 실천율의 모니터링은 건강생활지원센터에서 지원하는 업무이다. 건강생활지원센터는 공공보건의료기관으로 지역주민의 만성질환 예방 및 건강한 생활습관 형성을 지원하는 업무를 하고 있다.

건강보험심사평가원의 업무
① 요양급여 비용의 심사
② 요양급여의 적정성 평가
③ 심사기준 및 평가기준의 개발
④ 다른 법률에 따라 지급되는 급여비용의 심사 또는 의료의 적정성 평가에 관하여 위탁받은 업무
⑤ 건강보험과 관련하여 보건복지부장관이 필요하다고 인정한 업무
⑥ 그 밖에 보험급여 비용의 심사와 보험급여의 적정성 평가와 관련하여 대통령령으로 정하는 업무
　㉠ 요양급여 비용의 심사청구와 관련된 소프트웨어의 개발·공급·검사 등 전산관리
　㉡ 요양비 중 보건복지부령으로 정하는 기관에서 받은 요양비에 대한 심사
　㉢ 요양급여의 적정성 평가 결과의 공개
　㉣ 환자분류체계의 개발·관리·교육·홍보

050　　　　　　　　　　　　　　2011. 5. 지방

「의료법」제3조의 4의 상급종합병원에 대한 설명으로 옳지 않은 것은?

① 중증질환에 대하여 난이도가 높은 의료행위를 전문적으로 하는 종합병원을 말한다.
② 보건복지부는 3년마다 기관에 대한 평가를 직접 시행해야 한다.
③ 보건복지부령으로 정한 전문과에는 반드시 전속 전문의가 배치되어야 한다.
④ 질병군 별 환자구성 비율이 보건복지부령으로 정하는 기준을 충족해야 한다.

정답 ②

요점

보건복지부장관은 상급종합병원으로 지정받은 종합병원에 대하여 3년마다 평가를 실시하여 재지정하거나 취소할 수 있으며, 평가업무를 관계 전문기관 또는 단체에 위탁할 수 있다.

「의료법」제3조의 4(상급종합병원의 지정)
① 보건복지부장관은 다음 각 호의 요건을 갖춘 종합병원 중에서 중증질환에 대하여 난이도가 높은 의료행위를 전문적으로 하는 종합병원을 상급종합병원으로 지정할 수 있다.
　㉠ 보건복지부령으로 정하는 20개 이상의 진료과목을 갖추고 각 진료과목마다 전속하는 전문의를 둘 것
　㉡ 제1항에 따라 전문의가 되려는 자를 수련시키는 기관일 것
　㉢ 보건복지부령으로 정하는 인력·시설·장비 등을 갖출 것
② 보건복지부장관은 제1항에 따른 지정을 하는 경우 제1항 각 호의 사항 및 전문성 등에 대하여 평가를 실시하여야 한다.
③ 보건복지부장관은 제1항에 따라 상급종합병원으로 지정받은 종합병원에 대하여 3년마다 제2항에 따른 평가를 실시하여 재지정하거나 지정을 취소할 수 있다.
④ 보건복지부장관은 제2항 및 제3항에 따른 평가업무를 관계 전문기관 또는 단체에 위탁할 수 있다.
⑤ 상급종합병원 지정·재지정의 기준·절차 및 평가업무의 위탁 절차 등에 관하여 필요한 사항은 보건복지부령으로 정한다.

051　　　　　　　　　　　　　　2014. 6. 서울

예방접종을 통하여 예방 및 관리가 가능하여 국가예방접종사업의 대상이 되는 감염병으로 바르게 연결된 것은?

① 파상풍, 장출혈성 대장균 감염증
② 레지오넬라증, 유행성 이하선염
③ 폴리오, b형 헤모필루스 인플루엔자
④ 일본뇌염, 페스트
⑤ 성홍열, 디프테리아

정답 ③

요점

- 폴리오 : 2, 4, 6개월, 추가 만4~6세
- b형 헤모필루스 인플루엔자 : 2, 4, 6개월, 추가 12~15개월
- MMR(홍역, 유행성이하선염, 풍진) : 12~15개월, 4~6세
- 일본뇌염 : 12개월 이후
- DPT(디프테리아, 백일해, 파상풍) : 2, 4, 6개월, 12~18개월, 4~6세

필수 예방접종(제24조)
① 필수예방접종의 실시 : 시·도지사 또는 시·군·구청장은 다음의 질병에 대하여 관할 보건소를 통하여 '필수예방접종'을 실시하여야 한다.
　디프테리아, 폴리오, 백일해, 홍역, 파상풍, 결핵, B형 간염, 유행성 이하선염, 풍진, 수두, 일본뇌염, b형 헤모필루스 인플루엔자, 폐렴구균, 사람유두종 바이러스 감염증, A형 간염, 그 밖에 질병관리청장이 예방을 위하여 필요하다고 인정하여 지정하는 감염병
② 필수예방접종의 위탁 : 시·도지사 또는 시·군·구청장은 필수예방접종업무를 대통령령으로 정하는 바에 따라 관할구역 안에 있는 「의료법」에 따른 의료기관에 위탁할 수 있다.
③ 사전 통지 : 시·도지사 또는 시·군·구청장은 필수예방접종 대상 아동 부모에게 보건복지부령으로 정하는 바에 따라 필수예방접종을 사전에 알려야 한다. 이 경우「개인정보 보호법」에 따른 고유식별정보를 처리할 수 있다.

052

2015. 6. 서울

고의 또는 테러 등을 목적으로 이용된 병원체에 의하여 발생된 감염병이 바르게 연결된 것은?

① 페스트, 두창, 야토병
② 황열, 웨스트나일열, 폴리오
③ 탄저병, 공수병, 큐열
④ 콜레라, 탄저병, 신종전염병증후군

정답 ①
요점 감염병의 예방 및 관리에 관한 법률 제2조 제9호
생물테러 감염병으로는 탄저, 보툴리눔독소증, 페스트, 마버그열, 에볼라열, 라싸열, 두창, 야토병이 있다.

053

2015. 6. 서울

「국민건강증진법」에서 규정하는 금연을 위한 조치사항에 해당하지 않는 것은?

① 지정된 금연구역에서는 누구든지 흡연을 하면 안된다.
② 담배판매자는 담배자동판매기에 성인인증장치를 부착하여야 한다.
③ 지방자치단체는 관할 구역 안의 일정장소를 금연구역으로 지정할 수 있다.
④ 공중이 이용하는 시설 전체가 금연구역이므로 지정되면 흡연실을 설치할 수 없다.

정답 ④
요점 국민건강증진법 제9조(금연을 위한 조치) 제4항
공중이 이용하는 시설의 소유자·점유자 또는 관리자는 해당 시설의 전체를 금연구역으로 지정하고 금연구역을 알리는 표지를 설치하여야 한다. 이 경우 흡연자를 위한 흡연실을 설치할 수 있으며, 금연구역을 알리는 표지와 흡연실을 설치하는 기준·방법 등은 보건복지부령으로 정한다.

054 2017. 3. 서울

「감염병의 예방 및 관리에 관한 법률」에서 규정하는 '감염병 위기관리대책'에 해당하지 않는 것은?

① 재난 및 위기상황의 판단, 위기경보 결정 및 관리체계
② 의료용품의 비축방안 및 조달방안
③ 예방접종
④ 해외신종감염병 유입에 대한 대응체계 및 기관별 역할

정답 ③
요점 감염병 위기관리대책의 수립·시행(제34조)
① 수립·시행의 목적: 보건복지부장관 및 질병관리청장은 감염병의 확산 또는 해외 신종감염병의 국내 유입으로 인한 재난 상황에 대처하기 위하여 위원회의 심의를 거쳐 "감염병 위기관리 대책"을 수립·시행하여야 한다.
② 감염병 위기관리 대책에 포함되어야 하는 사항
  ㉠ 재난상황 발생 및 해외 신종감염병 유입에 대한 대응체계 및 기관별 역할
  ㉡ 재난 및 위기상황의 판단, 위기 경보 결정 및 관리 체계
  ㉢ 감염병 위기 시 동원하여야 할 의료인 등 전문인력, 시설, 의료기관의 명부 작성
  ㉣ 의료·방역 물품의 비축방안 및 조달방안
  ㉤ 재난 및 위기상황별 국민행동요령, 동원 대상 인력, 시설, 기관에 대한 교육 및 도상연습 등 실제 상황대비 훈련

055 2017. 3. 서울

다음 중 「의료법 시행규칙」에서 규정하는 진료에 관한 기록 보존 연한으로 옳지 않은 것은?

① 환자 명부 – 5년
② 검사소견기록 – 5년
③ 간호기록부 – 5년
④ 처방전 – 5년

정답 ④
요점 진료기록부 등의 보존(시행규칙 제15조)
의료인이나 의료기관 개설자는 진료기록부 등을 다음 각 호에 정하는 기간 동안 보존하여야 한다. 다만, 계속적인 진료를 위하여 필요한 경우에는 1회에 한정하여 다음 각 호에 정하는 기간의 범위에서 그 기간을 연장하여 보존할 수 있다.
㉠ 환자 명부 : 5년
㉡ 진료 기록부 : 10년
㉢ 처방전 : 2년
㉣ 수술 기록 : 10년
㉤ 검사 내용 및 검사소견 기록 : 5년
㉥ 방사선 사진(영상물을 포함) 및 그 소견서 : 5년
㉦ 간호기록부 : 5년
㉧ 조산기록부 : 5년
㉨ 진단서 등의 부본(진단서·사망진단서 및 시체검안서 등을 따로 구분하여 보존할 것) : 3년

056

의사가 시체를 검안하여 변사한 것으로 의심되는 때의 조치는?

① 시장, 군수, 구청장에게 신고
② 시·도지사에게 신고
③ 보건소장에게 신고
④ 경찰서장에게 신고

정답 ④

요점
의사, 치과의사, 한의사 및 조산사는 시체를 검안하여 변사한 것으로 의심되는 때에는 시체의 소재지를 관할하는 경찰서장에게 신고하여야 한다.

057

「의료법 시행규칙」상 주로 요양이 필요한 자로서 원칙적으로 요양병원 입원대상이 아닌 자는?

① 감염병 환자
② 만성질환자
③ 외과적 수술 후 또는 상해 후 회복기간에 있는 자
④ 노인성 질환자

정답 ①

요점
요양병원의 입원 대상은 노인성 질환자, 만성질환자, 외과적 수술 후 또는 상해 후 회복기간에 있는 자이며, 감염병의 예방 및 관리에 관한 법률에 따라 감염병 의사환자 또는 병원체 보유자에 해당되는 자는 요양병원의 입원대상으로 하지 않는다.

058 2018. 6. 서울

〈보기〉의 운영기준을 준수해야 하는 기관은?

보기
- 의사는 연평균 1일 입원환자 80명까지는 2명, 80명 초과 입원환자는 매 40명마다 1명이 근무하여야 함(한의사 포함)
- 간호사는 연평균 1일 입원환자 6명마다 1명이 근무하여야 함
- 간호조무사는 간호사 정원의 범위에서 근무 가능함

① 요양원
② 병원
③ 한방병원
④ 요양병원

정답 ④

요점 의료기관에 두는 의료인의 정원(제38조) – 요양원

의사	연평균 1일 입원환자 80명까지는 2명으로 하되, 80명을 초과하는 입원환자는 매 40명마다 1명을 기준으로 함(한의사를 포함하여 환산함). 외래환자 3명은 입원환자 1명으로 환산함
치과의사	추가하는 진료과목당 1명(치과 진료과목 설치시)
한의사	연평균 1일 입원환자를 40명마다 1명을 기준으로 함 (의사를 포함하여 환산함) 외래환자 3명은 입원환자 1명으로 환산함
간호사	연평균 1일 입원환자를 6명마다 1명을 기준으로 함(단, 간호조무사는 간호사 정원의 3분의 2 범위 내에서 둘 수 있음) 외래환자 12명은 입원환자 1명으로 환산함

CHAPTER 1 보건행정조직

001 ☐☐☐

보건소의 역할이 아닌 것은?

① 공중보건의사, 보건진료 전담공무원 및 보건진료소에 대한 지도 등에 관한 사항
② 지역사회 건강실태조사 등 보건의료 및 건강증진에 관한 통제·예산에 관한 사항
③ 보건에 관한 실험 또는 검사에 관한 사항
④ 의료기사·보건의료정보관리사 및 안경사에 대한 지도 등에 관한 사항

> **정답** ②
>
> **요점** 보건소의 기능 및 업무
> ① 건강 친화적인 지역사회 여건의 조성
> ② 지역보건의료정책의 기획, 조사, 연구 및 평가(지역사회 건강실태조사 등 보건의료 및 건강증진에 관한 조사·연구에 관한 사항)
> ③ 보건의료인 및 「보건의료기본법」에 따른 보건의료기관 등에 대한 지도·관리·육성과 국민보건 향상을 위한 지도·관리
> ④ 보건의료 관련 기관·단체·학교·직장 등과의 협력체계 구축
> ⑤ 지역주민의 건강증진 및 질병예방·관리를 위한 다음의 지역보건의료서비스의 제공

002 ☐☐☐

다음 중 지역보건의료계획에 포함되어야 할 내용이 아닌 것은?

① 보건의료수요 측정
② 보건의료에 관한 장단기 공급대책
③ 인력·조직·재정 등 보건의료자원의 조달 및 관리
④ 보건의료의 전달체계
⑤ 지역응급의료센터의 지정

> **정답** ⑤
>
> **요점** 지역보건의료계획
> ① 의미 : 지역주민의 건강을 유지·향상시키기 위하여 활용할 수 있는 의료자원과 재정을 조직적으로 배치 및 운용하려고 하는 계획을 말한다.
> ② 지역보건의료계획의 포함되어야 할 공통적인 내용
>   ㉠ 보건의료 수요의 측정
>   ㉡ 지역보건의료서비스에 관한 장기·단기 공급대책
>   ㉢ 인력·조직·재정 등 보건의료자원의 조달 및 관리
>   ㉣ 지역보건의료서비스의 제공을 위한 전달체계 구성 방안
>   ㉤ 지역보건의료에 관련된 통계의 수집 및 정리
> ③ 지역보건의료계획의 수립(지역보건법 제7조)
>   시·도지사 또는 시장·군수·구청장은 지역보건의료계획을 4년마다 수립하여야 한다.

003

보건진료소의 설치에 대한 내용으로 틀린 것은?

① 보건진료소의 설치는 의료 취약지역을 인구 500명 이상 5천명 미만을 기준으로 한다.
② 군수는 인구 500명 미만인 의료취약지역 중 보건진료소가 필요시 보건복지부장관 승인으로 보건진료소를 설치할 수 있다.
③ 보건진료소를 설치한 때에는 지체없이 관할 시장, 군수, 구청장을 거쳐 시·도지사에게 보고하여야 한다.
④ 보건진료소의 설치는 농어촌 등 보건의료를 위한 특별조치법에 의한다.

정답 ③

요점
- 보건진료소는 의료취약지역을 인구 500명 이상(도서지역은 300명 이상) 5천명 미만을 기준으로 구분한 하나 또는 여러 개의 리·동을 관할구역으로 하여 주민이 편리하게 이용할 수 있는 장소에 설치한다. 다만, 군수는 인구 500명 미만(도서지역은 300명 미만)인 의료취약지역 중 보건진료소가 필요하다고 인정되는 지역에 있는 경우에는 보건복지부장관의 승인을 받아 그 지역에 보건진료소를 설치할 수 있다.
- 군수는 보건진료소를 설치한 때에는 지체 없이 관할 시·도지사를 거쳐 보건복지부장관에게 보고하여야 한다.
- 보건진료소 관할 인구의 $\frac{2}{3}$ 이상이 교통시간 30분 이내에 보건진료소에 접근 가능하도록 설치한다.(접근성)

004

다음 중 보건복지부 소속기관에 해당하는 것은?

㉠ 국립정신건강센터 ㉡ 국립중앙의료원
㉢ 국립재활원   ㉣ 국립암센터

① ㉠, ㉡
② ㉠, ㉢
③ ㉡, ㉢
④ ㉡, ㉣

정답 ②

요점 보건복지부 소속기관
- 국립정신건강센터, 국립나주병원, 국립부곡병원, 국립춘천병원, 국립공주병원, 국립소록도병원, 국립재활원
- 국립장기조직혈액관리원, 오송생명과학단지지원센터, 국립망향의동산 관리원, 건강보험분쟁조정위원회사무국, 첨단재생의료 및 첨단바이오 의약품 심의위원회

005

다음 중 질병관리청의 소속기관에 해당하지 않는 곳은?

① 질병대응센터
② 국립마산병원
③ 건강보험심사평가원
④ 국립보건연구원

> **정답** ③
> **요점** 질병관리청의 소속기관
> 국립보건연구원, 질병대응센터, 국립마산병원(결핵안심병원), 국립목포병원(결핵안심병원)

CHAPTER 2 병원조직의 관리

006

보건의료조직의 특징으로 틀린 것은?

① 노동과 자본집약적인 조직이다.
② 전환과정이 단순하다.
③ 다양한 목적과 다양한 서비스가 제공된다.
④ 생산과 교육의 공동생산물 조직이다.

> **정답** ②
> **요점**
> 보건의료서비스는 투입요소가 결과물로 만들어지는 전환과정이 매우 복잡하다.

007

다음 보건제도에 관한 내용 중 잘못된 것은?

① 공공보건기관은 주로 예방서비스에 중점을 둔다.
② 보건의료원은 2차 진료기관이다.
③ 민간의료기관은 경제적 이익이 발생할 때 활발하다.
④ 보건소는 1차 진료기관으로 주로 기본적인 진료서비스를 제공한다.

정답 ②

요점 의료전달체계 기준 분류
① 1차 기관(70~80%) : 외래 또는 1~2일 정도의 최단기 입원으로 진단과 치료가 가능하면서 난이도가 낮은 진료를 하는 기관(의원, 보건소, 보건지소, 보건지료소, 보건의료원)
② 2차 기관(20~25%) : 입원이 필요하며 난이도가 중간 정도인 진료(병원, 종합병원 등)
③ 3차 기관(5%) : 진단과 치료의 난이도가 높고 고가의 의료장비가 필요한 진료(대형종합병원, 대학병원)

008

새로운 장비나 기술에 대한 투자결정에 있어서 해당 의료장비나 의료기술이 가져다 줄 이윤에 대한 전망보다는 새로운 고객의 확보, 병원의 명성, 고급기술을 이용한다는 자부심 등을 더 중요하게 고려한다는 병원관리 모형은?

① 격차 극소형 모형
② 이윤 극대화 모형
③ 수입 극대화 모형
④ New house 비영리 모형

정답 ①

요점
① 격차 극소화 모형 : 새로운 고객의 확보나 병원 명성의 증가, 혹은 고급기술을 사용한다는 전문의료인으로서의 자부심을 더 중요한 고려대상으로 삼는다는 현실을 설명한다.
② 이윤 극대화 모형 : 이윤 극대화를 위해 설비에 투자하고 가격을 책정하며 생산량을 정하여 순이익을 극대화한다.
③ 수입 극대화 모형 : 현재의 순이익보다 장기적인 관점에서 전체적인 수입을 증가하여 병원시장률을 높여 발전을 도모하는 모형이다. 수입의 감소(수가 통제)는 병원규모의 감소와 함께 내원 환자 수의 감소를 초래할 수 있다는 점에서 기인한다.
④ New house 비영리 모형 : 보건의료서비스의 양과 질을 동시에 추구하는 모형으로 비영리 병원의 형태에 관한 경제모형이다.

CHAPTER 3 관계법규 쏙쏙 정리

009 ☐☐☐
지역사회 건강실태조사 실시의 근거가 되는 법령은?

① 보건의료기본법
② 공공보건의료에 관한 법률
③ 국민건강증진법
④ 지역보건법

010 ☐☐☐
「지역보건법」에 따른 보건소의 진료비 징수결정은 어떻게 이루어지는가?

① 대통령령으로 정하는 기준에 따라 해당 지방자치단체의 조례로 정한다.
② 대통령령으로 정하는 기준에 따라 해당 지방자치단체의 규칙으로 정한다.
③ 보건복지부령으로 정하는 기준에 따라 해당 지방자치단체의 조례로 정한다.
④ 보건복지부령으로 정하는 기준에 따라 해당 지방자치단체의 규칙으로 정한다.

정답 ④

요점
질병관리청장은 보건복지부장관과 협의하여 매년 지방자치단체의 장에게 협조를 요청하여 실시한다. 지방자치단체의 장은 지역사회 건강실태조사의 결과를 질병관리청장에게 통보하여야 한다.

지역사회 건강실태조사(지역보건법 제4조)
① 질병관리청장과 특별자치시장·특별자치도지사·시장·군수·구청장(구청장은 자치구의 구청장을 말하며, 이하 "시장·군수·구청장"이라 한다)은 지역주민의 건강 상태 및 건강 문제의 원인 등을 파악하기 위하여 매년 지역사회 건강실태조사를 실시하여야 한다. [개정 2023.3.28]
② 질병관리청장은 제1항에 따라 지역사회 건강실태조사를 실시할 때에는 미리 보건복지부장관과 협의하여야 한다. [신설 2023.3.28]
③ 제1항에 따른 지역사회 건강실태조사의 방법, 내용 등에 관하여 필요한 사항은 대통령령으로 정한다. [개정 2023.3.28]

정답 ③

요점 보건소 진료비 징수(지역보건법 제25조, 동법 시행규칙 제10조)
① 지역보건의료기관은 그 시설을 이용한 자, 실험 또는 검사를 의뢰한 자 또는 진료를 받은 자로부터 수수료 또는 진료비를 징수할 수 있다.
② 제1항에 따른 수수료와 진료비는 보건복지부령으로 정하는 기준에 따라 해당 지방자치단체의 조례로 정한다.
③ 지역보건의료기관에서 징수하는 수수료와 진료비는 「국민건강보험법」에 따라 보건복지부장관이 고시하는 요양급여비용 명세의 기준에 따라 지방자치단체의 조례로 정한다.

011

「지역보건법」에 의거하여 국가와 서울시는 지역사회 건강실태 조사를 실시하고 있다. 이에 대한 설명으로 가장 옳지 않은 것은?

① 지방자치단체의 장은 매년 보건소를 통해 조사를 실시한다.
② 조사 항목에는 건강검진, 예방접종 등 질병 예방에 관한 내용이 포함된다.
③ 일반적으로 표본조사이지만, 필요시 전수조사를 실시할 수 있다.
④ 건강검진은 실측을 통해 통상 2년에 1회 실시하나, 사무직이 아닐 경우 1년에 1회 실시한다.

정답 ④

요점

건강검진은 국민건강보험법에 의해 시행된다.

- **「지역보건법」 제4조(지역사회 건강실태조사)**
  ① 질병관리청장과 특별자치시장·특별자치도지사·시장·군수·구청장(구청장은 자치구의 구청장을 말하며, 이하 "시장·군수·구청장"이라 한다)은 지역주민의 건강 상태 및 건강 문제의 원인 등을 파악하기 위하여 매년 지역사회 건강실태조사를 실시하여야 한다. [개정 2023.3.28]
  ② 질병관리청장은 제1항에 따라 지역사회 건강실태조사를 실시할 때에는 미리 보건복지부장관과 협의하여야 한다. [신설 2023.3.28]
  ③ 제1항에 따른 지역사회 건강실태조사의 방법, 내용 등에 관하여 필요한 사항은 대통령령으로 정한다. [개정 2023.3.28]

- **「지역보건법 시행령」 제2조(지역사회 건강실태조사의 방법 및 내용)**
  ① 보건복지부장관은 지역보건법 제4조 제1항에 따른 지역사회 건강실태조사를 매년 지방자치단체의 장에게 협조를 요청하여 실시한다.
  ② 제1항에 따라 협조 요청을 받은 지방자치단체의 장은 매년 보건소(보건의료원을 포함한다)를 통하여 지역주민을 대상으로 지역사회 건강실태조사를 실시하여야 한다. 이 경우 지방자치단체의 장은 지역사회 건강실태조사의 결과를 질병관리청장에게 통보하여야 한다.
  ③ 지역사회 건강실태조사는 표본조사를 원칙으로 하되, 필요한 경우에는 전수조사를 할 수 있다.
  ④ 지역사회 건강실태조사의 내용에는 다음 각 호의 사항이 포함되어야 한다.
    1. 흡연, 음주 등 건강 관련 생활습관에 관한 사항
    2. 건강검진 및 예방접종 등 질병예방에 관한 사항
    3. 질병 및 보건의료서비스 이용 실태에 관한 사항
    4. 사고 및 중독에 관한 사항
    5. 활동의 제한 및 삶의 질에 관한 사항
    6. 그 밖에 지역사회 건강실태조사에 포함되어야 한다고 보건복지부장관이 정하는 사항

012

다음 중 공중보건의사가 배치되어 있지 않은 곳은?

① 보건지소
② 국공립병원
③ 보건진료소
④ 교정시설

정답 ③

요점

보건진료소에는 보건진료원인 간호사, 조산사가 배치되어 있다.

- **「농어촌 등 보건의료를 위한 특별 조치법」 제5조의 2(공중보건의사의 배치기관 및 배치시설)**
  ㉠ 보건소 또는 보건지소
  ㉡ 국가·지방자치단체 또는 공공단체가 설립·운영하는 병원으로서 보건복지부장관이 정하는 병원(공공병원)
  ㉢ 공중보건의료연구기관
  ㉣ 공중보건사업의 위탁사업을 수행하는 기관 또는 단체
  ㉤ 보건의료정책을 수행할 때에 공중보건의사의 배치가 필요한 기관 또는 대통령령으로 정하는 기관 또는 시설

- **시행령 제6조의 2(공중보건의사의 배치기관 또는 시설)**
  1. 병원선 및 이동진료반
  2. 군지역 및 의사확보가 어려운 중소도시의 민간병원 중 정부의 지원을 받는 병원으로서 보건복지부장관이 정하는 병원
  3. 그 밖에 「사회복지사업법」에 따른 사회복지시설, 「형의 집행 및 수용자의 처우에 관한 법률」에 따른 교정시설 내의 의료시설, 「응급의료에 관한 법률」에 따른 응급의료에 관련된 기관 또는 단체 등 보건복지부장관이 국민보건의료를 위하여 공중보건의사의 배치가 특히 필요하다고 인정하는 기관 또는 시설

013

「지역보건법」에 따른 보건소의 기능 및 업무 중 지역주민의 건강증진 및 질병예방·관리를 위한 지역보건의료서비스의 제공에 해당하지 않는 것은?

① 감염병의 예방 및 관리
② 응급의료에 관한 사항
③ 지역주민에 대한 진료
④ 보건의료 취약계층의 건강유지 및 증진

정답 ②

요점

보건소의 기능 및 업무 중 지역주민의 건강증진 및 질병예방·관리를 위해 제공되는 지역보건의료서비스는 다음과 같다.
- 국민건강증진·구강건강·영양관리사업 및 보건교육
- 감염병의 예방 및 관리
- 모성과 영유아의 건강유지.증진
- 여성·노인·장애인 등 보건의료 취약계층의 건강유지·증진
- 정신건강증진 및 생명존중에 관한 사항
- 지역주민에 대한 진료, 건강검진 및 만성질환 등의 질병관리에 관한 사항
- 가정 및 사회복지시설 등을 방문하여 행하는 보건의료사업
- 난임의 예방 및 관리

memo

PART

7

보건기획과 보건의료정책이론

CHAPTER 1   보건기획의 이해

CHAPTER 2   보건기획의 의사결정 방법의 이해

CHAPTER 3   보건의료정책이론

CHAPTER 4   정책과정의 단계(정책과정의 순서)

기출 문제로 요점 확인

PART 7 보건기획과 보건의료정책이론

CHAPTER 1 보건기획의 이해

001 □□□ 2015. 경북

보건기획의 특성 및 목적에 대한 설명으로 옳지 않은 것은?

① 합리적 의사결정을 위한 상황분석
② 각종 요구를 충족시키기 위해서 희소자원을 효과적으로 배분
③ 현재의 활동계획을 시행하는 과정
④ 이해대립의 조정 및 결정

정답 ③

요점
불확실한 미래에 대비하는 과정이다.

보건기획의 목적
① 보건사업을 위한 조직의 개선으로 보건사업의 질적 향상을 도모한다.
② 신규 사업의 개발 촉진과 기존사업의 강화 및 활용을 추진하여 불확실한 미래에 대비한다. 이때, 불필요한 사업계획은 중지한다.
③ 정부와 민간기관 간의 사업중복 회피로 보건인력의 효율적 이용을 도모한다.
④ 보건사업의 지역간 배분을 개선하고, 보건의료 요구와 문제점을 파악하여 신규 사업의 우선순위를 결정한다.
⑤ 새로운 보건지식을 신속하게 응용하여 지역사회 발전을 위한 종합적 계획을 세운다.

002 □□□ 2013. 경북

보건기획의 특성이 아닌 것은?

① 계층적이다.
② 복합적인 결정을 대상으로 한다.
③ 하나의 과정이다.
④ 현재지향성이다.

정답 ④

요점
현재지향성이 아닌 미래지향적이다.

보건기획의 특성

미래지향적	기획은 과거의 경험과 현실 분석을 바탕으로 불확실한 미래에 대한 활동 계획을 준비하는 예측과 판단을 하는 과정이다.
목표지향적	기획은 장래에 달성하고자 하는 목표가 어느 정도 수립되어야 하기 때문에 기획에서 매우 구체적이고 명확한 목표가 제시되어야 한다.
행동지향적	기획은 실천과 행동을 통한 문제해결과 현실의 개선에 목적이 있기 때문에 더 나은 방향으로 실현하고자 하는 노력이다.
과정지향적	기획은 하나의 계획을 작성하고, 결과를 평가하여 차기 계획에 반영하는 계속적이고 순환적인 활동이다.
계층적	기획은 단일의 결정을 대상으로 하는 것이 아니라 한 묶음의 결정을 다룬다는 점에서 의사 결정 혹은 결정과 차이가 있다. 즉, 다양한 계획이 조직 내에서 만들어진다
의도적	기획은 의도적이면서, 합리적(목표달성을 위한 최적의 수단을 추구함)이고, 목적적 과정이다.
다차원적	기획은 하나의 시스템으로서 많은 차원을 가지고 있다. 즉, 시간·조직·기능·영역 등의 차원을 가지고 있다. 이러한 특성 때문에 일관성을 상실하기 쉽다. 기획의 일관성이 상실되면 설정된 정책 목표가 달성되기 어렵다.

003　　　2017. 서울

메르스(MERS)에 대한 예방 및 관리 대책을 기획할 때 지켜야 할 원칙은?

① 불분명하지만 포괄적인 목적이 제시되어야 한다.
② 불필요한 수정은 피하고 일관성이 있도록 해야 한다.
③ 전문적인 용어를 많이 사용하는 것이 더 좋은 기획이 된다.
④ 기획 수립에는 가능한 한 모든 자원을 동원하고, 경제성을 고려하지 말아야 한다.

정답 ②

요점 ▶ 보건기획의 원칙

1. 목적성의 원칙 : 보건기획은 그 실시과정에 있어서 비능률과 낭비를 피하고 그 효과를 높이기 위해 명확하고 구체적인 목적이 제시되어야 한다.
2. 단순성의 원칙 : 보건기획은 간결해야 하고, 난해하거나 전문적인 용어는 피해야 한다.
3. 표준화의 원칙 : 보건기획의 대상이 되는 예산, 서비스, 사업방법 등의 표준화를 통하여 용이하게 보건기획을 수립해야 한다.
4. 신축성(탄력성)의 원칙 : 유동적인 보건행정 상황에 신속하게 대응할 수 있어야 한다.
5. 안전성의 원칙 : 보건기획의 목적 달성을 위하여 고도의 안전성이 요구되는데, 이때 불필요한 수정을 피하고 일관성과 안정감이 있도록 해야 한다.
6. 경제성의 원칙 : 보건기획에는 막대한 물적·인적 자원과 시간이 소요되므로 가능한 한 현재 사용가능한 자원을 활용한다.
7. 장래예측성의 원칙 : 보건기획에서의 예측은 미래를 가능한 한 정확하게 예측할 수 있어야 한다.
8. 계속성(계층성)의 원칙 : 기획은 조직 전체에서 하나의 흐름이고 과정이기 때문에 조직의 계층에 따라 연결되고 계속되어야 한다. 즉, 기획은 반드시 하위 계층으로 내려감에 따라 구체적이고 세분화된 기획으로 분류되어 조직 단위별로 업무가 배분되어야 한다.
9. 기획우선의 원칙과 일반성의 원칙 : 기획은 모든 관리활동에 선행되어야 하는 활동이며, 어떤 관리계층만의 독특한 기능이 아니고 모든 관리 계층의 기능이 되어야 한다.

004　　　2020. 서울

보건기획의 원칙으로 가장 옳지 않은 것은?

① 기획은 간단, 명료해야 하며 가능한 한 난해하고, 전문적인 술어는 피해야 한다.
② 불확실한 환경의 변화에 대응하여 수정될 수 있도록 작성하여야 한다.
③ 소기의 목적을 달성하기 위하여 고도의 안전성이 요구되므로 빈번한 기획의 수정이 필요하다.
④ 기획의 실시과정에서 비능률성을 피하고 효과성을 높이기 위해 명확한 목적을 제시하여야 한다.

정답 ③

요점 ▶ 안전성의 원칙

보건기획의 목적 달성을 위하여 고도의 안전성이 요구되는데, 이때 불필요한 수정을 피하고 일관성과 안정감이 있도록 해야 한다.

005

보건기획 수립상의 제약요인에 해당하지 않는 것은?

2021. 서울

① 미래 예측의 곤란성
② 개인적 창의력 위축
③ 기획의 경직화 경향
④ 자료·정보의 부족과 부정확성

• **기획수립상의 제약요인**

기획의 그레샴의 원칙	특별한 노력이 요구되지 않은 정형화된 기획에 주력하고 비정형정적 기획을 기피하는 경향이 있다.(기존에 하던 기획을 반복하고, 새로운 기획을 기피함)
자료·정보의 부족과 부정확성	정확한 자료가 있어야 정확한 수립과 분석을 할 수 있지만 자료의 입수가 어렵고 정확한 분석의 어려움이 있다. 특히 개발도상국의 경우에는 정확한 정보가 없어 정보가 왜곡되거나 변질되는 경우가 많다.
기획목표 설정상의 갈등과 대립	기획 목표를 설정할 때 기획당사자와 이해 당사자간에 이해가 대립되고, 정치적으로나 경제적으로 명확한 목표설정이 어려워 목표설정부터 대립이 발생한다.
미래예측의 곤란, 비용과 시간	미래에 대한 정확한 예측 자체가 곤란하고, 모든 기획에는 많은 시간과 비용이 소요된다.
개인적 창의력의 위축	기획 자체가 너무 포괄적이거나 세부적인 경우, 기획의 과정이 집권적이라면 직원이나 감독자는 창의력을 통해 참신한 기획을 하기 어렵다.

• **기획집행상의 제약요인**

자원배분의 비효율성	한정된 자원을 우선순위에 따라 배분해야 하는데, 각 행정조직간의 대립·갈등으로 왜곡되면 계획 집행에 차질이 생긴다.
이해관계자의 저항	기획에 집행에 대해서 의견이 다른 일부 국민이나 관료로부터 거부당하거나 반발이 생길 수 있다.
즉흥적·권위적 결정에 의한 빈번한 수정	최고관리층이 전입자의 기획을 법적 구속력이 없다는 이유로 즉흥적이고 권위적 결정에 의해 너무 빈번하게 수정하는 경우가 많다.
기획의 경직성	수립된 기획은 관계당사자의 압력에 의해 기획을 수정하는 것이 곤란하기 때문에 이러한 경직성은 융통성 없는 행정을 초래할 수 있고, 변동하는 사회에 대한 적응력도 약하게 된다.

• **정치적·행정적 제약요인**

기획능력 부족	후진국의 경우 기획에 관련된 경험이 부족하고, 기술도 낙후되어 기획요원의 능력이 부족한 경우가 많다.
번잡한 행정절차와 행정조직의 비효율성	신생국의 경우에는 문서주의와 관료적인 형식주의에 따라 비합리적인 사무처리절차 등으로 기획을 저해하고 있고, 이러한 사무처리 절차는 효율적인 행정조직의 결여의 발전을 저해한다.
조정의 결여	신생국의 경우 여러 행정조직의 발전기획이 서로 상호조정되지 않아 합리적인 사업진행의 어려움이 있다.
기획과정의 참여 부족	신생국의 경우 기획과정 자체에 참여가 부족한 경우가 많다 보니 대내외적으로 기획에 대한 동의나 적극적 협조를 받지 못하고 있다.

정답 ③
요점
기획의 경직화 경향은 기획집행상의 제약요인이다.

006
2014. 경기·대구

보건기획 집행상의 제약요인이 아닌 것은?

① 이해관계자들의 반발
② 그레샴 법칙
③ 기획의 경직성
④ 자원배분의 비효율성

정답 ②

요점 그레샴의 원칙

정형적 의사결정과 비정형적 의사결정에 대한 책임을 보건정책결정자가 모두 지게 된다면, 비정형적 의사결정을 무시하고 정형화된 일상적인 기획에 치중하는 것을 말한다.
'악화는 양화를 구축한다'라는 그레샴 법칙이 여러 정책결정이나 기획에 적용 또는 상황에서 쇄신적이고 발전지향적인 비정형적 결정이 이루어져야 하나, 현실적으로는 특별한 노력이 요구되지 않은 정형화된 기획, 전례를 답습하는 기획이 우선적으로 행해지고 비정형적인 기획을 기피하는 현상을 말한다.

007
2013. 경기

정형적 의사결정과 비정형적 의사결정에 대한 책임을 보건정책결정자가 모두 지게 된다면, 비정형적 의사결정을 무시하고 정형화된 일상적인 기획에 치중하는 것을 의미하는 것은?

① 기획과정에의 참여 부족
② 조정의 결여
③ 경직화 경향
④ 그래샴의 법칙

정답 ④

요점

① 기획과정에의 참여 부족 : 신생국의 경우 기획과정 자체에 참여가 부족한 경우가 많다. 그렇다 보니 대내외적으로 기획에 대한 동의나 적극적 협조를 받지 못하고 있다.
② 조정의 결여 : 신생국의 경우 여러 행정조직의 발전기획이 서로 상호조정되지 않아 합리적인 사업진행의 어려움이 있다.
③ 경직화 경향 : 수립된 기획은 관계당사자의 압력에 의해 기획을 수정하는 것이 곤란하기 때문에 이러한 경직성은 융통성 없는 행정을 초래할 수 있고, 변동하는 사회에 대한 적응력도 약하게 된다.

008　　　　　　　　　　　　　　2020. 서울

보건정책 결정과정을 순서대로 바르게 나열한 것은?

① 문제의 인지 → 정보의 수집 및 분석 → 대안의 작성 및 평가 → 대안의 선택 → 환류
② 대안의 선택 → 정보의 수집 및 분석 → 대안의 작성 및 평가 → 문제의 인지 → 환류
③ 정보의 수집 및 분석 → 문제의 인지 → 대안의 작성 및 평가 → 대안의 선택 → 환류
④ 대안의 작성 및 평가 → 정보의 수집 및 분석 → 문제의 인지 → 대안의 선택 → 환류

정답 ①
요점 보건기획의 수립과정

기획과정이란 좁은 뜻으로는 계획을 수립하는 과정을 말하고, 넓은 뜻으로는 계획을 수립하고 시행하며, 그 결과를 평가하는 과정까지 포함된다.
이와 같이 기획과정은 계획을 수립하여 집행하고 그 결과를 평가하여 다음의 계획 설정에 반영하는 환류(feed back) 작용을 하는 것이다.

문제의 인지와 확인 → 목표설정 → 상황분석(정보의 수집 및 분석) → 대안의 탐색과 평가 → 최적 대안의 선택 → 실행 → 평가 → 환류

009　　　　　　　　　　　　　　2017. 서울

보건기획의 필요성에서 사회경제적 중요성에 따라 우선순위를 결정하는 궁극적인 이유는?

① 이해대립의 조정 및 결정
② 새로운 지식과 기술 개발
③ 각종 요구와 희소자원의 효과적인 배분
④ 합리적 의사결정

정답 ③
요점

기관·개인·사회적인 기대를 충족하기 위해서 우선순위를 결정한다.

보건기획의 필요성
① 자원의 효과적인 배분과 조정 : 기관·개인·사회적인 기대를 충족하기 위해서는 인력, 시설 및 예산 등의 자원을 사회나 경제적인 중요성에 따라 우선순위를 결정하고, 그에 따라 자원을 배분하고 상호조정하여야 하기 때문에 기획이 필요하다.
② 지휘와 통제수단 : 기획은 전체적인 운영 상황을 명확하게 파악할 수 있게 하는 목표의 효과적 달성에 필요한 지휘 수단이 되며, 전체 조직의 조정과 통제를 할 수 있게 한다.
③ 합리적 의사결정 : 보건정책 과정과 희소자원의 효과적인 배분을 위한 합리적인 의사결정을 하기 위해서는 상황분석과 장래 추이 분석, 우선순위 및 목표설정 등을 통한 효율성의 원리가 기초가 되어야 한다.
④ 새로운 지식과 기술 개발 : 현대 정보사회와 같이 정보가 급속도로 발전하는 사회에서는 보건 정책에 필요한 새로운 지식과 기술을 필요로 한다. 따라서 사전에 검토나 조정 없이 새로운 지식과 기술만 도입한다면 지역사회 발전에 장애가 될 수 있다.
⑤ 의견의 조정과 결정 : 각 정책 간에 목표달성을 위한 방법과 결정 과정에서 상호상충되는 가치와 의견을 가질 수 있으므로 이러한 갈등을 해결하기 위하여 기획이 요구된다.

010   2014. 서울

다음 중 기획의 필요성으로 옳은 것을 모두 고르면?

> 가. 이해대립의 조정 및 결정
> 나. 새로운 지식과 기술개발
> 다. 자원의 효과적인 배분
> 라. 재정의 균등한 배분

① 가, 나, 다
② 가, 다
③ 나, 라
④ 라
⑤ 가, 나, 다, 라

정답 ①

요점 보건기획의 필요성
- 자원의 효과적인 배분과 조정
- 지위와 통제수단
- 합리적 의사결정
- 새로운 지식과 기술개발
- 의견의 조정과 결정

011   2014. 경기

정책의제 설정과정에서의 내부접근모형(Inside access model)에 대한 설명으로 옳지 않은 것은?

① 공중의제(공공의제)를 막는다.
② 의료보험제도, 가족계획사업 등이 있다.
③ 국민을 배제한다.
④ 권력이나 부가 집중된 나라에서 한다.

정답 ②

요점
의료보험제도, 가족계획사업은 동원형(mobilization model)에 해당한다.

구분	내용
외부주도형	• 정부 밖에 있는 집단이 압력을 가하여 사회문제를 해결해 줄 것을 요구하는 형태를 말한다. • 정부에 대하여 압박을 가할 수 있는 집단들이 발달하고 다원화되고 민주화된 선진국 정치체계에서 나타나는 유형으로, 언론기관과 정당의 역할이 매우 중요하다.
동원형	• 정부의제가 먼저 채택되고, 정부의 의도적인 노력에 의해서 공중의제로 확산되는 것이다. • 정부의 힘이 강하고 민간부문의 이익집단이 취약한 후진국에서 나타난다.
내부접근형	• 정부 내의 관료집단이나 정책결정자에게 쉽게 접근할 수 있는 외부집단에 의해 주도되어 최고정책결정자에게 접근하여 문제를 정책의제화 하는 경우이다. • 의제형성과정이 일반국민이나 집단의 참여를 배제시킨 가운데 정책담 당자들에 의해 바로 정책의제로 채택된다. • 권력이나 부가 집중된 나라에서 흔히 나타난다.

012   2020. 경기

지역보건의료계획의 기획유형에 해당하는 것은?

① 장기기획
② 중장기기획
③ 중기기획
④ 단기기획

정답 ④

요점 기간에 의한 유형

단기기획	• 1년 이내 기획으로 주요 업무가 세분화되고 구체적인 기획이다. • 계획과 현실과의 괴리가 적어 실현성이 높고 여건에 따라 수정과 변동이 가능하다. • 하지만, 구조적인 변동이나 획기적인 발전을 기대하기는 어렵다. • 각 부처의 주요 업무 계획
중기기획	• 3년에서 7년 내외의 기획으로 어떤 종류의 자원을 어디에 배정해야 할 것인지 수단과 방법에 관심이 있다. • 정치적인 변수나 기획대상의 성격과 관련하여 가장 많이 이용하는 기획이다. • 지역보건법에 의한 지역보건의료계획 수립(4년마다) • 보건의료기본법에 의한 보건의료발전계획 수립(5년마다) • 우리나라 경제개발 5개년 계획
장기기획	• 대체로 10~20년에 걸친 계획기간을 거친다. • 구체적인 프로그램보다 기본방향을 제시하거나 지침을 제시하는 데 의의가 있다. • Health Plan 2030

013   2018. 복지부7급

보건기획의 타당성 검토 시 보건계획이 집행됨으로써 혜택을 입은 것은 누구이며, 손해를 보는 것은 누구인지, 집행과정에서 주도권은 누구에게 주어져야 하는지를 검토하는 것은 어떠한 타당성을 확인하는 것인가?

① 경제적 타당성
② 정치적 타당성
③ 사회적 타당성
④ 보건학적 타당성

정답 ②

요점 보건기획의 타당성

① 보건학적 타당성 : 보건학적 문제점을 충분히 파악했는지, 그 문제점들을 해결하기 위한 수단은 기술적으로 가능하며 효과가 있는지 등을 검토한다. → 보건의료체계의 기술적 과정에 대한 기준과 규범을 주요 검토 기준으로 삼는다.
② 경제적 타당성 : 능률의 제고, 즉 자원 대 성과비의 극대화 내지 적정화에 초점을 맞춘다. → 비용편익분석, 비용효과분석을 이용한다.(투입대비 산출을 선호함)
③ 사회적 타당성 : 보건의료의 제공에 관여하는 개별이용자나 조직들 사이의 관계나 역할 및 발전에 계획된 사업이 미칠 영향과 이로 인한 변화가 계획의 집행과정 및 결과에 주게 되는 영향을 검토한다.
④ 정치적 타당성 : 보건계획이 집행됨으로써 혜택을 입은 것은 누구이며, 손해를 보는 것은 누구인지, 집행과정에서 주도권은 누구에게 주어져야 하는지를 검토대상으로 삼는다.
⑤ 기술적 타당성 : 선택한 방법 및 수단이 기술적으로 가능하고 효과적인가를 검토한다.
⑥ 교육적 타당성 : 대상자에게 얼마나 교육적이고 파급적인가, 간접적이나 교육효과가 있는가를 검토한다.
⑦ 법적 타당성 : 목표달성을 위한 행위가 법적으로 받아들여질 수 있는가를 검토한다.

CHAPTER 2 보건기획의 의사결정 방법의 이해

014 □□□ 2022. 6. 지방

다음에서 설명하는 보건의료사업의 경제성 평가방법은?

> A도에서 시·군·구 별로 심·뇌혈관 질환의 치료비용과 결과를 측정하여 비교하였다. 여기에서 결과는 질보정 생존연수(QALYs)로 측정하였다.

① 최소비용분석
② 비용 – 편익분석
③ 비용 – 효과분석
④ 비용 – 효용분석

정답 ④

요점

CBA vs CEA vs CUA 비교

비용 – 편익분석 (CBA)	• 비용과 편익을 모두 금전적 가치로 산정(화폐로 환산) • 경제적 합리성에 중점을 두었음 • 양적으로 분석하여 공공부문 적용에 한계가 있고, 형평성과 주관적 가치 문제를 다루지 못함. • 비용과 효과변동 : 비용과 편익이 함께 변동됨. (가격비용, 가격편익) • 수력발전, 교통, 인력개발, 도시개발 등의 영역에 사용
비용 – 효과분석 (CEA)	• 비용은 화폐적 가치로 산정(금전적 가치) • 효과는 산출물 단위로 산정(시장가격에 대한 의존도가 낮음) • 질적으로 분석하여 공공부문에 적용에 비교적 용이하고, 외부효과, 무형적·질적 가치 분석에 적합함 • 기술적 합리성을 강조(정책 대안의 효과성에 초점) • 비용과 효과변동 : 어느 한쪽이 고정이 되어야 함(비용고정시 효과극대화, 효과고정시 비용최소화) • 국방, 경찰, 운수, 보건 등의 영역에 사용
비용 – 효용분석 (CUA)	• 건강일수 혹은 질 보정 생존연수(QALYs)로 측정 • 주어진 자원으로부터 얻은 편익을 극대화하는 것이 일반적인 목적임 • 보건의료프로그램의 비용과 효용을 비교

최소비용분석

① 어떤 보건의료사업이나 치료의 비용을 측정하여 가장 비용이 적게 드는 대안을 찾는 방법
② 보건의료사업 시행에 소요되는 제반 비용을 추계한 후 최소의 비용이 소요되는 대안을 선택

015 □□□ 2019. 서울

비용 – 편익(CBA)와 비용 – 효과분석(CEA)에 대한 설명으로 가장 옳지 않은 것은?

① 비용 – 편익분석(CBA)은 화폐 가치로 환산이 가능해야 한다.
② 비용 – 편익분석(CBA)은 공공분야 적용에 한계가 있다.
③ 비용 – 효과분석(CEA)은 산출물이 화폐적 가치로 표시된다.
④ 비용 – 효과분석(CEA)이 추구하는 목적은 목표달성도와 관련된다.

정답 ③

요점

비용 – 효과분석(CEA)은 비용은 화폐적 가치로 산정(금전적 가치), 효과는 산출물 단위로 산정한다.

016
2011. 지방

건강증진사업의 효과를 화폐가치로 환산하여 분석하는 방법은?

① 비용 – 효과분석(CEA ; Cost – Effect Analysis)
② 비용 – 효용분석(CUA ; Cost Utility Analysis)
③ 비용 – 편익분석(CBA ; Cost Benefit Analysis)
④ 비용분담분석 (Cost Sharing Analysis)

정답 ③

요점
비용 – 편익분석(CBA ; Cost Benefit Analysis)은 경제적 타당성 검토 기준으로 결과가 화폐가치로 표시된다.

017
2017. 서울보건직

비용 – 편익분석(Cost Benefit Analysis)에서 대안 선택을 위한 판단 기준으로 가장 옳지 않은 것은?

① 순 현재가치(Net present value)
② 비용 편익비(Benefit / cost ratio)
③ 내부 수익률(Internal rato of return)
④ 질 보정 수명(Quality Adjusted Life Years)

정답 ④

요점
질 보정 수명(Quality Adjusted Life Years) : 비용 – 효용분석(CUA)이다.

비용 – 편익분석(CBA) 대안의 타당성 평가

할인율과 현재가치	• 할인율은 미래의 비용 및 편익을 현재의 가치로 환산하는 데 사용되는 이자율, 인플레이션율, 노동생산성 등을 고려하여 책정한다. • 보건사업의 효과가 사업실시와 동시에 나타나지 않으므로 비용과 편익에는 시간차가 발생하는데 미래보다는 현재를 선호하는 경향이 있으므로 미래에 발생할 비용과 편익을 할인하여 동등한 현재의 가치로 환산하여 평가에 이용하여야 한다.
순현재가치법 (NPV ; Net Present Value) (편익 – 비용 =순현재 가치법)	• 가장 자주 사용되는 방법으로 미래에 발생할 비용이나 편익을 현재가치로 할인함으로써 시간의 문제를 고려한다. • 여러 시점의 투자비용과 발생편익에 이자율 등을 고려하여 환산한 현재가치의 총합을 평가하는 것이다. • 순현재가치=총이득 – 총비용 • 순현재가치가 0보다 크면 그 사업은 비용보다는 편익이 많은 것이므로 경제적으로 타당하다고 본다.(적어도 0 이상이어야 한다.)
비용편익비 (B/C Ratio) (편익/비용 =비용편익비)	• 비용편익비를 계산할 때에는 비용과 편익을 현재가치로 환산하는 것이 전제되어야 한다. • 비용편익비= $\frac{편익의\ 총현재가치}{비용의\ 총현재가치} > 1$ • 비용편익비가 1보다 큰 경우 사업의 타당성이 있다고 보며, 편익비용비가 가장 큰 대안이 최선의 대안이 된다.
내부수익률 (IRR ; Internal Rate of Return)	• 예측한 장래의 순수익이 실현되는 것으로 가정한 경우 일정액의 투자에 관한 수익률편익과 비용을 균등화시키는 할인율을 내부수익률이라고 한다. • 내부수익률은 비용편익비(B/C Ratio)가 1 또는 순현재가치(NPV)가 0이 되는 이자율을 의미한다.(정해놓은 최저 한계선(대부분 은행금리) 이상) • 내부수익률이 클수록 그 사업을 선호한다.

018
2016. 서울

〈보기〉에 해당하는 보건기획의 분석방법은?

―― 보기 ――
- 적용이 비교적 용이
- 외부 효과와 무형적인 것을 분석하는 데 적합
- 시장 가격으로 그 가치를 측정할 수 없는 재화를 다룰 수 있음

① 비용분석
② 주공정분석
③ 비용 – 편익분석
④ 비용 – 효과분석

정답 ④
요점 비용 – 효과분석(CEA ; Cost – Effect Analysis)
① 여러 정책 대안 가운데 가장 효과적인 대안을 찾기 위해서 여러 대안을 비교 평가하여 초래할 비용과 산출 효과를 비교·분석하는 기법을 말한다. 이 기법은 특정프로젝트에 투입되는 비용들은 금적적 가치로 환산하나, 그 프로젝트로부터 얻게 되는 편익 또는 산출은 금전적 가치로 환산하지 않고, 산출물 그대로 분석에 활용하는 특징을 지닌다. 산출물을 금전적 가치로 환산하기 어렵거나 산출물이 동일한 사업의 평가에 주로 이용되고 있다.
예 공해방지를 위한 정책을 수립할 경우 – 대기오염의 감소와 같은 성과는 화폐단위로 환산하여 측정할 수 없다. 이러한 경우 대기오염의 측정단위를 기준으로 오염도를 줄이는데, 투입되는 비용이 가장 적게 드는 것이 효과적인 대안이라 할 수 있다.
② 비용 단위당 최대의 효과를 갖거나 단위 효과당 최소의 비용이 드는 대안을 선택한다.

장점	• 비용 – 편익분석(CBA)이 가지고 있는 가장 문제인 편익의 화폐화가 요구되지 않기 때문에 비용 – 효과분석(CEA)은 실제분석에서 비용 – 편익분석(CBA)보다 더 자주 이용된다. • 화폐의 비용가치 계산이 힘들거나 비용과 효과의 측정단위가 달라 화폐라는 동일한 기준으로 비교하기 힘들 때 이용되는 분석기법이다. • 공공부문의 사업대안 분석에 적용가능성이 높다.
단점	• 비용 – 효과분석(CEA)의 결과는 어떤 목표를 달성하는 데 가장 적은 비용이 드는 방법을 제시할 뿐이다. • 어떤 사업의 시행이 둘 이상의 산출을 내는 경우에는 사용하기 어렵다. • 산출이 미래에 상당 기간 계속 발생하는 경우에는 적용이 어렵다.

019
2018. 충남

동일한 예산하에서 '치매노인 의료비 지원사업'보다는 '영유아 예방접종사업'이 건강한 생존수명 연장에 더 큰 기여를 할 것으로 예측되어 '영유아 예방접종사업'을 시행하기로 결정하였다면 이러한 결정의 근거를 제시할 수 있는 분석기법은 무엇인가?

① 비용 – 편익분석(CBA)
② 비용 – 효과분석(CEA)
③ 비용 – 효용분석(CUA)
④ 사업의 우선순위 결정기준(BPRS)

정답 ③
요점 비용 – 효용분석(CUA ; Cost Utility Analysis)
비용 – 편익분석(CBA)과 유사하게 프로그램을 수행할 경우의 편익과 그에 소요되는 비용을 비교하여 프로그램의 효율성을 평가한다. 다만, 비용 – 편익분석(CBA)의 경우 화폐단위로 환산하여 비교하는 반면, 비용 – 효용분석(CUA)에서는 편익을 화폐단위로 환산하지 않고 그 효용과 직접 비교한다. 그러므로 효용은 건강일수 혹은 질 보정 생존연수(QALYs)로 측정하며, 보건의료프로그램의 비용과 효용을 비교하는 분석방법이다.

020　2017. 충북

BPRS에 대한 설명으로 옳지 않은 것은?

① 지역주민들을 대상으로 질병의 유병률이나 발생률을 조사한다.
② 보건사업을 통한 개입의 효과를 추정한다.
③ 건강문제의 심각성과 중증도에 대해 파악한다.
④ 지역주민의 관심정도를 파악한다.

정답 ④

요점

지역주민의 관심정도를 파악하는 것은 BPR을 이용한 우선순위를 결정하기 전에 해야 하는 업무이다.
지역사회의 서로 다른 건강문제의 상대적 중요성을 객관적 방식으로 제시하기 위해 Hanlon과 Pickett이 개발한 방법으로, 우선순위를 평가하기 위해 공식에 따라 점수를 계산한다.

- **BPR과 OPR**
  - BPR(Business Process Reengineering) : 기업의 활동과 업무 흐름을 분석하고 이를 최적화하는 것으로, 반복적이고 불필요한 과정들을 제거하기 위해 업무상의 여러 단계들을 통합하고 단순화하여 재설계하는 경영혁신 방법
  - OPR(Overall Priority Rating) : 최종적인 우선순위에 대한 결정

- **Hanlon과 Pickett의 우선순위 결정(BPR)**
  ① 기본적 우선순위 결정 BPR(업무재설계)=(A+2B)C/3
    - A : 문제의 크기(건강문제를 지닌 인구의 비중, 만성질환 유병률, 급성질환 발생률을 사용하여 0~10점까지 부여)
    - B : 문제의 심각도(긴급성, 경중도, 경제적 손실, 타인에의 영향을 고려하여 0~10점까지 부여)
    - C : 사업의 효과(과학적 근거를 바탕으로 문제의 해결 가능성을 0~10점까지 부여)
    ※ 사업의 효과가 전체 값에 곱해지기 때문에 그 영향이 가장 크다.
  ② 총괄적 우선순위 결정 OPR=(A+2B)C/3×D
    - D : Pearl Fcators(주요인자들) : 사업의 적정성, 경제성, 수용성, 자원 확보 가능성, 적법성을 0 또는 1점(P×E×A×R×L)
    - Pearl Fcators : BPR 계산 후 사업의 실현 가능성 여부를 판단하기 위한 잣대로 장기계획이나 사업의 우선순위가 쉽게 안 드러나는 경우에 활용
      - ㉠ P(Propriety) : 업무 범위의 적절성
      - ㉡ E(Economic Feasibility) : 경제적 타당성
      - ㉢ A(Acceptability) : 수용성
      - ㉣ R(Resources) : 충분성
      - ㉤ L(Legality) : 적법성

021　2017. 서울

다음 〈보기〉에서 설명하고 있는 조사방법으로 옳은 것은?

> **보기**
>
> 각 전문가들이 개별적으로 익명성이 보장된 설문지와 그 종합된 결과를 전달 회수라는 과정을 반복하여 독립적이고 동등한 입장에서 의견을 접근해 나간다.

① 브레인스토밍
② 델파이기법
③ 면접 조사
④ 코호트 조사

정답 ②

요점

① 브레인스토밍(Brainstorming) : 집단 토의기법으로, 참가자로 하여금 즉흥적이고 자유로운 분위기에서 독창적인 사람들의 자유분방한 아이디어를 결합하여 교체하거나 혹은 결합하여 실행 가능한 아이디어나 착상을 끌어내는 방법이다.
② 델파이기법(Delphi Technique) : 관련분야의 전문가들에게 서면으로 완전한 비공개 익명으로 자문을 의뢰하고, 그 종합된 결과를 전달 회수라는 과정을 반복하여 독립적이고 동등한 입장에서 의견을 접근해 나가면서 예측결과를 도출하는 기법이다.

022
2018. 대구

보건기획의 주요 방법에 대한 설명으로 옳지 않은 것은?

① 델파이기법은 대면을 통한 자유로운 토론이 가능하다.
② 델파이기법은 익명성을 보장한 가운데 전문가들의 만장일치를 이끌어 낸다.
③ 브레인스토밍은 상위 소수의 지배를 배제할 수 있다.
④ 브레인스토밍은 비판금지를 통해 창의적인 아이디어를 창출할 수 있다.

정답 ①
요점
델파이기법은 전문가에게 서면으로 자문의뢰하고, 서면으로 의견을 받게 된다. 익명성이 중요하다.

023
2013. 충남

보건정책과정 중 델파이기법이 적용될 수 있는 단계는?

① 문제의 인지
② 목표설정
③ 정보수집 및 분석
④ 대안선택

정답 ④
요점 델파이기법(Delphi Technique)
① 관련분야의 전문가들에게 서면으로 완전한 비공개 익명으로 자문을 의뢰하고, 그 종합된 결과를 전달 회수라는 과정을 반복하여 독립적이고 동등한 입장에서 의견을 접근해 나가면서 예측결과를 도출하는 기법이다. 전문가의 직관에 의존하게 되기 때문에 주관적이면서 질적 미래예측기법으로 볼 수 있다.
② 하지만, 최종의사결정이 이루어질 때까지 빠른 답변이 오지 않는 경우에는 많은 시간이 소비되기 때문에 빠른 의사결정이 필요한 경우에는 적용의 한계가 있다.
③ 일상적이고 단순한 의사결정문제보다는 기술혁신의 예측, 의료시장개방과 잠재시장 예측, 연구개발 경향, 미래의 보건의료시장 등 범위가 넓거나 새로운 문제와 장기적인 문제를 해결하는 데 유용하다.

024　　2016. 서울

다음에 해당하는 의사결정 방법으로 가장 적절한 것은?

- 자유로운 제안이 가능하다.
- 많은 아이디어가 나올수록 좋으므로 대량 발언을 한다.
- 여러 사람이 모여 어느 한 문제에 대한 아이디어를 공동으로 낸다.

① 델파이기법
② 대기모형
③ 브레인스토밍
④ 의사결정나무

정답 ③
요점 브레인스토밍
① 아이디어를 산출하는 단계에서는
- 자유로운 제안이 가능하다.
- 많은 아이디어가 나올수록 좋으므로 대량 발언을 한다.
- 여러 사람이 모여 어느 한 문제에 대한 아이디어를 공동으로 낸다.
- 타인들의 아이디어를 절대로 평가하거나 비판·간섭하지 않아야 한다.
- 실현가능성이 없거나 지나치게 이상적인 제안도 자유분방하게 허용한다.
- 많은 아이디어에서 좋은 아이디어를 산출하기 위해 질보다는 양을 추구한다.
- 많은 아이디어의 산출을 위해 아이디어 발표 독점을 금지한다.
② 아이디어를 평가하는 단계에서는
- 비슷하고 유사한 아이디어를 묶고, 실현 불가능한 아이디어는 제거하여 몇 가지 대안을 선정한다.

025　　2020. 서울

브라이언트(Bryant)의 건강문제 우선순위 결정기준에 해당하지 않는 것은?

① 문제의 크기
② 문제의 심각도
③ 주민의 관심도
④ 지역사회의 역량

정답 ④
요점 우선순위 결정기준
① 질병 또는 보건 문제의 유병률·발병률 등(문제의 크기)
② 보건문제의 심각도(문제의 심각도)
③ 해당 보건 문제에 대한 지역사회의 관심도(주민의 관심도)
④ 문제를 다루는 데 있어서의 난이도(문제의 난이도)

026 기출변형

브라이언트(Bryant)가 주장한 지역사회 보건계획의 우선순위 결정요인 4요소에 해당하지 않는 것은?

① 유병률
② 심각성
③ 주민관심도
④ 관리난이도
⑤ 사업효과성

정답 ⑤

요점 브라이언트(John Bryant)의 우선순위 결정기준

브라이언트는 건강문제의 우선순위 결정기준을 처음으로 체계화하여 제시하였으며, 아래 4가지 기준에 대한 측정방법이나 상대적 우선순위에 대해서는 언급하지 않았다.
① 질병 또는 보건 문제의 유병도(문제의 크기)
② 보건문제의 심각도(문제의 심각도)
③ 해당 보건 문제에 대한 지역사회의 관심도(주민의 관심도)
④ 문제를 다루는 데 있어서의 난이도(문제의 난이도)

027 2015. 경기

다음 사례에서 보건관리자가 채택하고 있는 보건관리기법은 무엇인가?

> 보건공무원인 어느 보건관리자는 '보건의 날' 행사를 일정에 맞게 차질없이 추진하기 위해 행사와 관련된 세부적인 작업활동과 단계별 상호관계, 소요시간, 경비 등을 검토하여 플로챠트(flow chart)를 작성하고 이에 따라 업무를 추진하였다.
> *플로챠트 : 문제의 처리절차를 기호로 도식화한 것

① MIS(경영정보시스템)
② MBO(목표에 의한 관리)
③ PERT(프로그램 평가검토 방법)
④ TSA(시계열 분석)

정답 ③

요점

• **사업평가 검토기법(PERT)**
① 불확실한 상태 하에서 기획과 통제를 하는 데 사용되는 모형으로, 집행계획을 일목요연하게 이행시키기 위한 계획방법이다.
② 먼저 프로젝트의 주요활동을 확인하고, 그 활동들을 진행 도표로써 순서대로 번호를 붙여 나열하고, 각 활동의 소요시간을 정한다.
③ 집행 기간이 불확실한 상황에 대하여 확률적인 접근을 통하여 평가하며, 비정형적인 의사결정 방법에 효과적이고 유용한 방법이다.
④ PERT의 기본원칙

공정 원칙	모든 행동이 반드시 완성되어야 한다.
단계의 원칙	선행 단계 성립 후 다음 단계를 착수해야 한다.
활동의 원칙	모든 활동은 선행 활동과 후속 활동을 가진다.
연결의 원칙	앞 단계로 돌아갈 수 없다는 일방 통행의 원칙이다.

• **MIS, MBO, TSA**
① MIS(경영정보시스템) : 경영내외의 관련 정보를 필요에 따라 즉각적으로, 그리고 대량으로 수집·전달·처리·저장·이용할 수 있도록 편성한 인간과 컴퓨터와의 결합시스템
② MBO(목표에 의한 관리) : 상사와 부하가 공동으로 목표를 설정한 후 목표가 달성된 정도를 측정하고 평가함으로써 경영의 효율성을 증진시키기 위한 전사적 차원의 조직관리체계
③ TSA(시계열 분석) : 과거의 변동 추세를 모아둔 시계열 데이터에 대한 분석결과를 토대로 이를 연장하여 미래를 추정하는 방법으로 경험적·귀납적 미래예측기법임

028　　　　　　　　　　　　　　2018. 제주

사업을 여러 세부작업으로 구분한 후에 각 작업의 소요시간을 결정하고 세부작업 상호 간의 작업순서를 정하여 도표로 작성하는 계획기법은?

① PERT(사업평가 검토기법)
② PPBS(계획예산기법)
③ OR(관리과학 · 운영연구)
④ SA(체계분석 · 시스템 분석)

정답 ①

요점

- **계획예산기법(계획 · 사업 · 예산체계 PPBS)**
어떤 조직이 어떤 목적을 달성하기 위해 기본적인 방침을 검토하여 구체적으로 필요한 자원이나 비용을 계산함으로써 한정된 자원을 가장 효율적으로 사용할 수 있게 하는 시스템을 말한다. 즉, 장기적인 계획과 단기적인 예산편성을 프로그램을 통해 유기적으로 연결함으로써 합리적인 자원배분을 이룩하려는 제도이다.

- **관리과학(OR ; Operation Research, 운영연구)**
① 제2차 세계대전 당시 군사작전 문제를 해결하기 위해 고안된 기법으로 해당 환경에서 살아 있는 생물체와 같이 체계, 사업, 봉사, 집행, 운영 등을 조사 · 연구하는 관리기법이다.
② 조직화된 군대 · 정부 · 상업 · 산업시스템의 정책운영 및 관리와 경영에 과학적 방법을 적용하는 방식으로, 컴퓨터 등 최적의 과학적 기법을 사용하여 의사결정을 수학적으로 하는 기법이다.

- **체계분석(SA ; System Analysis, 시스템 분석)**
시스템의 설계 및 구현에 앞서 시스템에서 수행되는 기능 및 필요한 자료를 분석하여 기술 요건과 프로그램 목적을 충족시키기 위한 대안 접근법을 평가하고, 성능 · 기능 및 실제 요건을 선정하기 위한 엄격한 정량적인 기준을 제공한다. 그 기법으로는 비용편익분석, 비용효과분석이 있다.

029　　　　　　　　　　　　2016 부산.경남, 2023 지방

보건의료사업의 우선순위 결정에 사용되는 황금다이아몬드 방법에 대한 설명으로 옳지 않은 것은?

① 형평성보다 효율성을 추구하는 방법이다.
② 미국 메릴랜드주에서 사용한 방식이다.
③ 척도의 측정을 3점 척도로 한다.
④ 자치단체별 건강지표 확보가 가능하고 과거의 주체를 확인할 수 있을 때 적합하다.

정답 ①

요점 황금다이아몬드 방식(상대적 결정기준)

① 미국의 메릴랜드주에서, 과거와 비교하여 보건지표 상대적 크기와 변화의 경향을 이용하여 우선순위를 결정한 방식이다.
② 기획 관계자들이 우선순위를 결정할 주요 건강문제를 선정하여 건강문제의 이환율과 사망률, 변화의 경향을 미국 전체와 비교하였다.
③ 상태에 따른 단계별구분 : 주가 좋음, 같음, 주가 나쁨으로 구분하고, '황금 다이아몬드' 상자에 표시하였다.(척도의 측정을 3점으로 한다.)
④ 1순위 사업은 미국 전체에 비해 주의 지표가 좋지 않고, 변화추세도 나쁜 경우이다.
⑤ 이 방법은 자치단체별 건강지표가 확보가능하고, 과거의 추세를 알 수 있다면 쉽게 우선순위를 정할 수 있으며, 형평성을 추구하는 데 매우 적합한 방법이다.

[황금 다이아몬드 방식]

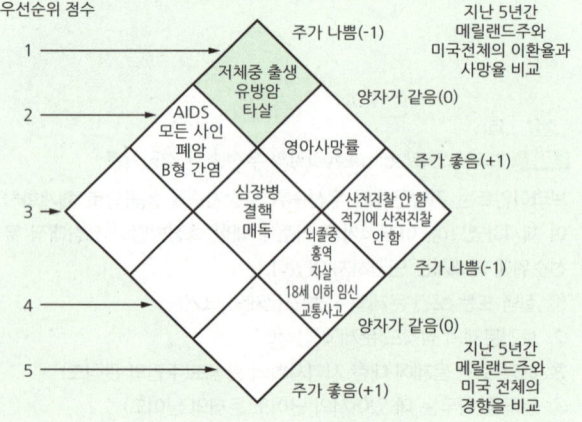

030　　　2018. 울산

보건지표의 상대적 크기와 변화의 경향으로 우선순위를 결정하는 기법은?

① Bryant's method
② BPRS
③ PEARL
④ Golden diamond method

정답 ④

요점

① Bryant's method(브라이언트 방법) : 브라이언트의 우선순위 결정방법은 유병도(문제의 크기), 심각도, 해결가능성(난이도), 주민의 관심도를 기준으로 각 요인을 1~4점 척도로 계산한 뒤 각 값을 곱하여 가장 높은 값의 보건사업에 우선순위를 둔다.
② BPRS : 문제의 크기, 문제의 심각도, 사업의 효과를 점수로 부여 후 우선순위를 결정한다.
③ PEARL : BPR 계산 후 사업의 실현 가능성 여부를 판단하기 위한 잣대로 장기계획이나 우선순위가 쉽게 안 드러나는 경우에 활용한다.(업무범위의 적절성, 경제적 타당성, 수용성, 충분성, 적법성)
④ 황금다이아몬드 방식 : 보건지표의 상대적 크기와 변화의 경향을 이용하여 우선순위를 결정한다. 대상지역을 좋음, 같음, 나쁨으로 구분하였다.

황금 다이아몬드 방식
① 미국의 메릴랜드 주에서 보건지표 상대적 크기와 변화의 경향을 이용하여 우선순위를 결정한 방식이다.
② 기획 관계자들이 우선순위를 결정할 주요 건강문제를 선정하여 건강문제의 이환율과 사망률, 변화의 경향을 미국 전체와 비교하였다.
③ 1순위 사업은 미국 전체에 비해 주의 지표가 좋지 않고, 변화추세도 나쁜 경우이다.
④ 이 방법은 자치단체별 건강지표가 확보가능하고, 과거의 추세를 알 수 있다면 쉽게 우선순위를 정할 수 있으며, 형평성을 추구하는 데 매우 적합한 방법이다.

CHAPTER 3　보건의료정책이론

031　　　2015. 경북·지방

보건의료에 대한 정책의 특징에 대한 설명으로 옳지 않은 것은?

① 국가정책에서 보건정책의 우선순위는 대체로 경제력과 비례한다.
② 정책효과의 범위가 광범위하고 파급기간도 장기간이다.
③ 인간의 생명을 다루고 있기 때문에 형평성보다는 효율성이 강조된다.
④ 일반 정책과 달리 시장경제의 원리를 적용하는 데에 어려움이 있다.

정답 ③

요점

보건정책은 인간의 생명을 다루어야 하는 위험의 절박성 때문에 효율성보다는 형평성이 강조된다.

보건정책의 특성
① 시장 경제원리의 적용의 한계가 있다.
② 국가 경제개발 단계에서 보건정책은 우선순위가 그다지 높지 못하다.(국가의 경제력과의 연관성이 밀접하다)
③ 정책 파급시 정부의 개입에 의해 보건의료서비스는 외부효과를 가지게 되면서 보건정책은 국민 모두에게 많은 영향을 끼치게 된다.
④ 보건정책은 인간의 생명을 다루어야 하는 위험의 절박성 때문에 효율성보다는 형평성이 강조된다.
⑤ 소득과 의식수준의 향상으로 인해 보건의료서비스에 대한 국민들의 요구가 급속히 증가하고 있다.
⑥ 보건의료부분은 학교 교육, 건강보험 등 구조적으로 복잡하다.

032　　　2018. 서울

일반정책과 다른 보건정책의 특성으로 가장 옳은 것은?

① 국가 경제력에 영향을 받지 않는다.
② 인간생명을 다루어야 하는 위험의 절박성 때문에 효율성이 강조된다.
③ 보건의료부문은 구조적으로 단순한 연결고리를 가진다.
④ 보건정책의 대상은 국민 모두를 포함할 정도로 정책파급 효과가 광범위하다.

> **정답** ④
> **요점**
> 정책 파급시 정부의 개입에 의해 보건의료서비스는 외부효과를 가지게 되면서 보건정책은 국민 모두에게 많은 영향을 끼치게 된다.

033　　　2017. 경남

정책의 3대 구성요소는?

① 정책목표, 정책수단, 정책평가
② 정책대상, 정책기획, 정책집행
③ 정책기획, 정책수단, 정책평가
④ 정책목표, 정책수단, 정책대상

> **정답** ④
> **요점** 정책의 구성요소
> ① 정책의 대상 : 정책집행으로 영향을 받는 집단
> ② 정책의 수단 : 정책목표를 달성하기 위한 행동방안을 말하며 정책의 실질적 내용으로서 가장 중요한 정책의 구성요소이다.
> ③ 정책의 목표 : 정책을 통해서 달성하고자 하는 바람직한 상태를 말한다.

034　　2018. 지방

정책의 성격으로 옳지 않은 것은?

① 목표지향적
② 합리성, 정치적 특성 배제
③ 행동지향적
④ 미래지향적

정답 ②

요점 정책의 특성

목표지향성	실현하고자 하는 특정 목표가 있다.
정치지향성	자원의 배분과 관련되어 정치적 성격을 지닌다.
미래지향성	목표와 가치를 실현하려는 미래의 행동대안이다.
공익지향성	정부(공공기관)가 주체가 되어 공익을 우선시한다.
행동지향성	바람직스러운 가치를 창조하고 실현하는 과정이다.
변화지향성	바람직하지 않은 상태를 바람직한 상태로 변화시킨다.
합리지향성	수단선택에서 여러 대안을 비교·검토하여 최적의 대안을 선택하여 합리성을 강조한다.

035　　2021. 경기7급

로위(Lowi)의 정책 유형 분류 중 다음 사례에 해당하는 것은?

> 질병관리본부가 질병관리청으로 승격되어 예산, 인사, 조직을 독자적으로 운영할 수 있는 실질적인 권한을 가지게 되었다.

① 재분배정책
② 규제정책
③ 배분정책
④ 구성정책

정답 ②

요점 로위(Lowi)의 정책 분류

규제정책	개인이나 일부 집단에 대해 재산권 행사나 행동의 자유를 구속·억제하여 반사적으로 많은 다른 사람들을 보호하려는 목적을 지닌 정책이다. 하지만, 비용부담의 문제로 규제의 수혜자와 피해자 사이에 갈등이 심각하다. 예 환경오염과 관련된 규제, 공공요금 규제, 기업활동 규제, 의료기관 과대광고 규제, 부동산 투기 억제책, 노점상 단속 등
배분정책 (분배정책)	국가가 국민에게 이익과 서비스를 분배해 주는 정책이다. 정부의 도로건설, 기업에 대한 수출 보조금, 하천 및 항만사업, 지방단체 국고보조금, 무의촌에 대한 보건진료, 농업장려금, 주택자금의 대출 등이 있다. 하지만, 정책 담당자의 분배원칙이 공정하지 않으면 문제가 발생할 수 있다.
재분배정책	고소득층으로부터 저소득층으로의 소득 이전을 목적으로 하는 정책이다. 공공부조제도, 누진소득세제도, 저소득층에 대한 세액 공제나 감면, 영세민 취로사업, 임대주택의 건설 등이 있다.
구성정책	사회 전체를 위한 이익과 정부 자체를 대상으로 하는 정책이다. 정부기관의 설립이나 변경, 선거구 조정 등 정부기구의 구성 및 조정과 관련된 정책, 공직자의 보수 책정, 군인퇴직연금에 관한 정책이다.

036

2014. 충북

다음 중 로위(Lowi)가 주장한 정책 유형과 그 내용의 연결이 옳지 않은 것은?

① 분배정책 - 의료취약지역 의료기관 정부보조
② 재분배정책 - 의료보험료의 차등부과
③ 규제정책 - 공중보건의 제도
④ 구성정책 - 식품의약품안전처의 승격

정답 ③
요점
공중보건의 제도 - 분배정책

037

2009. 지방

「국민건강보험법」에 따르면 직장가입자의 소득수준에 따라 보험급여에는 차이가 없으나 건강보험료는 차등부과되고 있다. 이것은 로위(Lowi)의 정책 유형 중 어디에 속하는가?

① 구성정책
② 분배정책
③ 규제정책
④ 재분배정책

정답 ④
요점 로위(Lowi)의 정책 분류
① 구성정책 : 사회 전체를 위한 이익과 정부 자체를 대상으로 하는 정책
　예 의료기관의 신설, 변경, 보건소의 조정
② 분배정책 : 국가가 국민에게 이익과 서비스를 분배해 주는 정책
　예 국가보조금 지급
③ 규제정책 : 개인이나 일부 집단에 대해 재산권 행사나 행동의 자유를 구속·억제하여 반사적으로 많은 다른 사람들을 보호하려는 목적을 지닌 정책
　예 의료기관 광고 규제
④ 재분배정책 : 고소득층으로부터 저소득층으로의 소득 이전을 목적으로 하는 정책
　예 소득수준에 따라 건강보험료 차등부과

038

2017. 경북

보건의료의 철의 삼각에 해당하는 요소가 아닌 것은?

① 형평성(Equality)
② 접근성(Access)
③ 질(Quality)
④ 비용절감(Cost Containment)

정답 ①

보건의료의 철의 삼각요소 : 접근성, 질, 비용절감

요점 의료에 있어 철의 삼각(접근도, 비용절감, 의료의 질) 해결
① 초기 : 의료의 접근도 제고를 통한 접근(접근성 중요 – 보건진료소 설치)
② 중기 : 비용을 절감하고자 함
③ 성숙기 : 접근도, 비용절감, 의료의 질 문제를 동시에 고려함

CHAPTER 4 정책과정의 단계(정책과정의 순서)

039

2020. 충북

보건정책의제 형성과정으로 옳은 것은?

① 사회문제의 인지 – 문제의 사회적 쟁점화 – 쟁점의 공중 의제화 – 쟁점의 정부 의제화
② 문제의 사회적 쟁점화 – 쟁점의 공중 의제화 – 쟁점의 정부 의제화 – 사회 문제의 인지
③ 사회 문제의 인지 – 문제의 사회적 쟁점화 – 쟁점의 정부 의제화 – 쟁점의 공중 의제화
④ 문제의 사회적 쟁점화 – 사회 문제의 인지 – 쟁점의 정부 의제화 – 쟁점의 공중 의제화

정답 ①

요점 정책의제의 형성과정

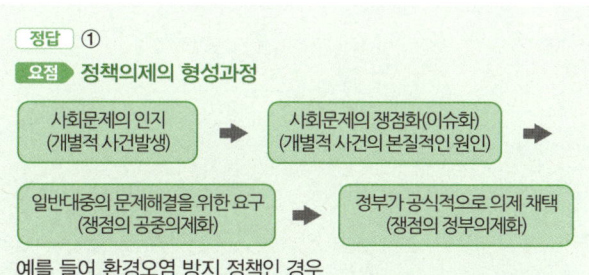

예를 들어 환경오염 방지 정책인 경우
① 기침환자 발생 급증 : 개별적 사건 발생으로 사회문제로 인식되는 것
② 공해문제 인식 : 사회적 이슈화로 부정적 견해를 가지거나 해결방법에 대해 다른 견해를 가진 다수의 집단이 나타나, 문제해결에 합의점을 찾지 못하고 갈등이 야기되는 단계임
③ 시민들의 환경개선 : 공중의제는 일반대중의 주목을 받을 가치가 있으며, 정부가 문제해결을 하는 것이 정당한 것으로 인정되는 사회문제를 다룸
④ 환경 정책의제의 채택 : 정부의제는 정부의 공식적인 의사결정에 의하여 그 해결을 심각하게 고려하기로 명백히 밝힌 문제들 채택

040

2021. 서울7급

〈보기〉의 밑줄 친 내용에 해당하는 정책결정과정의 단계는?

---보기---

지난 1년간 만 0세부터 6세의 영유아를 대상으로 의료이용 시 본인부담을 보장해주는 보장성 강화 정책에 대한 논의가 이루어져 왔다. 이 과정에서 지급대상, 수혜범위 등에 대하여 다양한 대안들이 제시되고 대립되었으나, 소득수준과 상관없이 전 영유아들을 대상으로 연간 최대 100만원까지 입원서비스에 한하여 본인부담금을 지원해 주기로 하였다.

① 정책의제 형성
② 정책결정
③ 정책집행
④ 정책평가

정답 ②

요점

① 정책의제 형성 : 정부가 공식적으로 결정한 정책문제를 정책의제로 설정하는 과정이다. 보통은 정치적 해결의 필요성을 가진 사회문제를 의미한다.
② 정책결정 : 정책의제가 설정된 후 정책 문제의 파악을 통한 목표의 설정과 수단을 마련하는 활동이다.
③ 정책집행 : 정책을 실천에 옮기는 과정이다.
④ 정책평가 : 정책집행의 결과인 정책목표 달성의 효과성과 능률성의 측정으로 사후 평가개념이다.

041

2019. 충북

콥과 로스(Cobb & Ross)의 주도집단에 의한 정책의제 설정 과정 중 외부주도형의 순서로 옳은 것은?

① 사회문제 – 사회적 이슈 – 공중의제
② 사회문제 – 공중의제 – 정부의제
③ 사회문제 – 정부의제 – 공중의제
④ 사회문제 – 공중의제

정답 ②

요점

- **외부주도형(Outside Intiative Model) : 선진국형**

  사회문제 ➡ 공중의제 ➡ 정부의제

  ① 정부 밖에 있는 집단이 압력을 가하여 사회문제를 해결해 줄 것을 요구하는 형태로 선진국에서 나타나며, 언론기관과 정당의 역할이 매우 중요하다.
  ② 대표적인 정책 : 낙동강 수질오염 개선, 금융실명제, 그린벨트 지정완화 등

- **동원형(Mobilization Model) : 후진국형**

  사회문제 ➡ 정부의제 ➡ 공중의제

  ① 정책결정자가 새로운 정책이나 사업계획을 먼저 채택하고 사후적으로 관심과 지지의 확산을 도모하는 유형이다.
  ② 정부 내의 정책결정자들이 주도하여 정부의제를 만드는 경우 사회문제가 바로 정부의제로 채택이 된다.
  ③ 주로 정부의 힘이 강하고 민간부문의 힘이 취약한 후진국에서 나타난다.
  ④ 대표적인 정책 : 새마을 운동, 행정수도 이전, 의료보험제도 실시 등

- **내부접근형(Inside Access Model) : 공중의제가 없는 음모형**

  사회문제 ➡ 정부의제

  ① 정부 내의 관료집단이나 정책결정자에게 쉽게 접근할 수 있는 외부집단이 최고정책결정자에게 접근하여 정부의제화 하는 경우
  ② 의제 형성과정에서 일반 국민이나 집단의 참여를 배제시킨 가운데 정책담당자들에 의해 바로 정책의제로 채택이 된다. 국민에게 홍보를 하지 않는 특징이 있다.
  ③ 국민이 알면 곤란한 문제를 다룰 때, 시간이 급박할 때, 의도적으로 국민을 무시하는 정부
  ④ 대표적인 정책 : 국방부의 무기 구매, 이동통신 사업자 선정, 전투 경찰대 설치 등

042　2015. 대구

정책의제 설정 중 동원형의 순서로 옳은 것은?

① 사회문제 → 공식의제 → 공중의제
② 공식의제 → 사회문제 → 공중의제
③ 사회문제 → 공중의제 → 공식의제
④ 사회문제 → 공식의제

정답 ①

요점 동원형(Mobilization Model) : 후진국형

사회문제 ➡ 정부의제 ➡ 공중의제

① 정책결정자가 새로운 정책이나 사업계획을 먼저 채택하고 사후적으로 관심과 지지의 확산을 도모하는 유형이다.
② 정부 내의 정책결정자들이 주도하여 정부의제를 만드는 경우 사회문제가 바로 정부의제로 채택이 된다.
③ 주로 정부의 힘이 강하고 민간부문의 힘이 취약한 후진국에서 나타난다.
④ 대표적인 정책 : 새마을 운동, 행정수도 이전, 의료보험제도 실시 등

043　2021. 울산

보건정책의 집행이 끝난 후 실시되며, 그 정책의 운영상태와 당초 의도한 목표달성에 대해 평가하는 유형으로 옳은 것은?

① 과정평가
② 총괄평가
③ 형성평가
④ 수행가능성 평가

정답 ②

요점 평가시기에 따른 정책평가 유형

형성평가	• 정책이 집행되는 도중, 사업계획을 형성·개발하는 과정에서 수행되는 평가로서 과정평가·도중평가·진행평가 등으로 불린다. • 정책이 집행되는 과정이 적절한지를 확인하고 정책수단에서 최종 목표까지 연계되는 인과관계가 적절한지 등 정책집행 과정에서 발생하는 문제점을 해결하려는 목적으로 수행되는 평가이다. • 정책 프로그램에 대한 피드백을 위해 주로 내부 평가자와 외부 평가자의 자문에 의해 평가를 진행하며, 그 결과는 정책집행에 환류된다.
총괄적 평가	• 정책이 집행된 후에 수행되는 평가이다. • 주로 정책이 당초 의도했던 목적을 달성했는지의 여부를 판단하는 정책효과성 평가나 능률성 평가를 목적으로 수행된다. 평가결과는 정책 프로그램의 지속, 중단, 확대 등 정책적 판단 혹은 의사결정에 활용된다. • 정책 프로그램의 최종적 성과를 확인하기 위해 주로 외부 평가자에 의해 수행된다.

044
2020. 경북

보건정책의 평가기준으로서 정책이 특정집단의 요구나 선호, 가치를 만족시키는 정도를 의미하며 정책수혜자들의 만족정도가 기준이 되는 것은 무엇인가?

① 효과성
② 대응성
③ 효율성
④ 적합성

정답 ②

요점 보건정책의 평가기준

효과성	정책의 목표나 목적에 대한 목표달성도를 의미하며, 능률성보다는 넓은 개념이다. 하지만, 계량화하기에는 많은 제약점이 수반되어 불확실성이 존재한다.
능률성	제한된 자원과 수단을 사용하여 산출을 극대화하도록 기여하는 것을 의미한다.
대응성	정책이 특정 개인과 집단의 요구나 선호, 가치에 맞게 행동하는지를 대응성이라고 한다. 이 대응성의 기준은 수혜자의 만족도를 평가하는 기준이 된다
형평성	공정하게 배분되어 있는가에 대한 기준을 말하며, 정치적 합리성을 측정하는 중요한 기준이 된다.
민주성	정책의 여러 과정에 국민의 참여를 확대시키고, 여론을 충실하게 반영시킨다.
참여성	정책결정 과정과 정책수행 과정 및 정책평가 과정에 다수의 국민들이 참여하여 그들의 요구가 참작되는 것을 의미한다.
적절성	문제 해결을 위해 사용된 수단이나 방법들이 바람직한 수준에서 이루어졌는가를 평가하는 기준이다.
적정성	문제의 해결정도를 의미하는 기준으로, 문제해결을 위한 수단의 충분성을 의미하며 적절성의 하위개념이다.

045
2021. 서울

정책결정의 합리모형(Rational Model)에 대한 설명으로 가장 옳지 않은 것은?

① 현실적으로 완전한 합리성이란 존재하지 않으며 제한된 합리성을 추구한다.
② 의사결정자는 목표나 가치를 극대화하는 대안을 선택한다.
③ 경제적 합리성을 추구한다.
④ 각 대안으로부터 나타날 모든 결과가 계산되고 예측이 가능하여 최적의 대안을 선택한다.

정답 ①

요점 합리모형(Rational Model)

특징	㉠ 오스트롬(Ostrom)이 제시하였으며, 정책결정자는 전지전능한 존재라는 가정하에 목표달성의 극대화를 위한 합리적 방안을 탐색·추구하는 이론이다. ㉡ 정책결정자는 대안 결과를 정확히 알 수 있는 예측 능력과 비용 편익을 계산할 수 있는 능력을 가지고 최선의 대안을 선택한다. ㉢ 정치적 합리성은 고려하지 않고 경제적 합리성만 추구한다.(여론이나 국민의 여론은 고려하지 않음) ㉣ 정책결정자는 목표나 가치를 극대화하는 대안을 선택한다. ㉤ 의사결정이 인간의 이성과 합리성에 근거하여 합리적으로 이루어진다고 가정하는 이론이다.
효용성	㉠ 각 대안들에 대한 객관적 평가가 가능하다. ㉡ 선례답습적 정책결정에서 탈피하여 쇄신적 정책결정을 가능하게 한다.(기존 정책을 버리고 새로운 정책 가능) ㉢ 환경변화에 대한 유연한 적응이 가능하므로 개발도상국의 정책결정을 설명하는 데 적합하다.(소수 엘리트에 의한 국가발전 도모) ㉣ 합리모형의 예산제도인 기획예산(PPBS), 영기준예산(ZBB)의 근간이 된다
한계	㉠ 인간은 완벽한 미래예측능력이 없으며 지적능력에도 한계가 있으므로 모든 대안의 탐색이 불가능하고, 미래의 정확한 예측이 곤란하다. ㉡ 완전한 대안의 선택, 발견에 많은 시간과 비용이 필요하다. ㉢ 경제적 합리성과 과학적 분석에만 주력하므로, 인간의 주관적 가치판단이 무시되어 계량화에만 집중되다보니 질적 분석은 곤란하다. ㉣ 정책결정자의 전지능성을 전제로 하여 소수에 의한 폐쇄적 결정을 가정하는 집권적 의사결정이므로 소수에 의한 엘리트 주의로 흐를 위험성이 높다.

046
2019. 경북

인간의 완전한 합리성을 전제로 근본적 결정을 하게 된다고 보는 정책결정모형은?

① 점증모형
② 합리모형
③ 최적모형
④ 혼합모형

정답 ②
요점 합리모형
의사결정자가 고도의 합리성과 이성에 따라 행동하고 결정한다. 조직의 목표를 달성하기 위한 합리적인 최적의 대안이 선택되도록 노력하는 데 중점을 둔다.(의사결정을 합리적으로 이끌 수 있는 의사결정체제가 존재한다는 것을 전제)

047
2019. 서울7급

다음에서 설명하는 정책결정 이론모형은?

- 제한된 합리성에 기초한다.
- Simon과 March가 이론을 제시하였다.
- 결정자의 개인적, 심리적 차원에 치중하여 정책을 설명하고자 하는 모형이다.

① 점증모형
② 만족모형
③ 쓰레기통 모형
④ 만족모형

정답 ④
요점 만족모형(Satisfying Model)

특징	㉠ 사이먼(Simon)과 마치(March)에 의해 접근된 이론으로써 현실적으로 모든 가능한 대안을 탐색할 수 없으므로 최적대안이 아니라 주관적으로 만족스러운 대안을 선택하게 된다. ㉡ 인간이 완전한 합리성이 아닌 제한된 합리성을 가진 존재라는 것에 기초하여 현실적으로 만족할 만한 수준에서 결정된다는 이론이다.(제한된 합리성의 만족대안을 결정함) ㉢ 인간의 주관적 만족감에 근거하여 제한된 합리성을 추구한다. 제약요인이란 활용가능성, 비용, 기술, 시간, 정보처리 과정, 선호성, 습관적 행동 등이 있다. ㉣ 최적대안의 선택은 불가능하며, 결정자를 충족시키는 만족 수준의 대안을 선택한다. 그러므로 만족모형은 여러 대안을 무작위적이고 순차적으로 탐색하여 현실적인 만족수준에 이른 대안을 발견하고 선택하는 모형이다.
한계	㉠ 만족할 만한 수준에서 대안탐색을 중단하기 때문에 중요한 대안이 무시될 수 있고, 만족화의 기준이 지나치게 주관적이다. ㉡ 일상적이고 가벼운 의사결정은 만족수준에서 이루어질 가능성이 높고, 현실에 만족할 만한 수준에서 대안이 그치므로 쇄신적이고 창조적인 정책은 고려되지 않아 보수주의에 빠질 우려가 있다.(큰 변화를 추구하지 않게 됨)

048
2018. 제주

조직의 응집성이 아주 약한 혼란상태에서 나타나는 극도로 불합리한 집단의 의사결정에 대한 대표적 결정모형은?

① 혼합주사모형
② 쓰레기통 모형
③ 회사모형
④ Allison 모형

정답 ②

요점 쓰레기통 모형(Garbage Can Model)

특징	⊙ 코헨(cohen), 마치(march), 올젠(olsen) 등이 주장한 모형으로, 조직을 급변하는 환경 속의 불안하고 유동적인 존재로 간주하여 조직의 구성단위나 구성원 사이의 혼란상태에서 불합리한 의사결정이 발생하는데, 이 불합리성을 강조하기 위해 붙여진 이름이다. ⓒ 조직의 혼란상태에서 의사결정에 필요한 4가지(문제, 해결책, 선택기회, 참여자)가 독자적으로 흘러다니다가 우연히 동시에 한 곳에 모여지게 될 때 의사결정이 성립된다고 평가하는 이론이다. ⓒ 극도로 불합리한 집단적 의사결정에 대한 대표적 모형이다. ⓔ 3不 현상시(조직화된 무정부 상태 : 환경의 불확실, 참여자의 불확실, 목표와 수단의 불확실) 우연히 점화계기(문제, 해결책 참여자, 선택 기회의 흐름이 우연히 하나의 쓰레기통에 모여짐)가 되어 정책결정이 이루어진다. ⓜ 대학과 친목 단체에서 보여지는 의사결정의 방식이다. ⓑ 동태적인 현대 사회에 적합한 의사결정의 양식이지만, 정책결정과정이 쓰레기통 모형에 의하여 이루어질 경우 정책집행은 실패하기가 쉽다.
의사결정 방식	⊙ 날치기 통과(간과) : 관련된 다른 문제들이 제기되기 전에 재빨리 의사결정을 하는 것 ⓒ 진빼기 결정(탈피) : 해결이 필요한 주된 문제가 관련 문제로 인해 결정이 이루어지지 않을 때 걸림돌이 되는 관련 문제 주장자들이 주장을 되풀이하다가 힘이 빠져 다른 기회를 찾아 떠날 때까지 기다렸다가 의사결정을 하는 것

049
2016. 충남

미래의 장기적인 사회목표를 달성하는 것보다 현재의 사회문제 개선에 초점을 두는 정책 결정모형은?

① 합리모형
② 만족모형
③ 점증모형
④ 최적모형

정답 ③

요점 점증모형(Incremental Model)

특징	⊙ 린드블룸(Lindblem)과 윌더브스키(Wildavsky) 등에 의해 제시되었다. ⓒ 정책결정과정에 있어서 기존의 질서 체계에 거의 무리 없이 받아들여진 대안들을 선택하고, 그것보다 약간 향상된 대안에 대해서만 부분적·순차적으로 탐색하여 의사결정하는 모형이다. ⓒ 정책결정자는 여러 대안을 포괄적으로 분석·평가하기보다는 현재의 수준보다 좀 더 향상된 수준에만 관심이 있고, 현재의 사회문제에 대한 개선에 중점을 두었다. ⓔ 점증주의는 경제적 합리성보다 정치적 합리성을 더 중요시하여 정치적으로 편리한 방도이다. 왜냐하면, 새로운 대안이나 정책의 결정에 수반되는 갈등과 혼란을 감소시킴으로써 정치체제 그 자체의 유지에도 유리한 점을 제공해 주기 때문이다.
효용성	⊙ 합리모형(정책결정자는 전지전능한 존재라는 가정)의 비현실성이나 분석의 복잡성을 덜어줄 수 있고, 급격한 정책의 시행으로 인한 부작용을 최소화할 수 있다. ⓒ 복잡한 환경 속에서 불확실성을 극복할 수 있는 정책적 대안 전략이 가능하다.(기존의 대안 활용) ⓒ 정치적 실현가능성을 고려할 때 현실적으로 가장 합리적이고 편하다. ⓔ 사회가 안정되고 다원화되어 있는 선진사회에 적용이 용이하다.
한계	⊙ 기존 정책이 잘못된 것이면 악순환이 초래될 수 있다. ⓒ 보수적 성격으로 급격한 변동과 쇄신이 필요한 정책은 실현이 어렵다. ⓒ 사회가치의 근본적인 재배분을 필요로 하는 정책보다 항상 정치적으로 실현가능한 임기응변적 정책을 모색하는 데 집중하게 되므로, 단기정책에만 관심을 갖게 되고 장기정책은 수립할 수 없게 된다. ⓔ 과감한 정책 변동이 요구되는 개발도상국에는 적용이 어렵다.(경제 및 사회개발이 시급할 경우는 적용 어려움)

050　2017. 경기

다음과 같은 특성을 가진 정책결정모형은?

- 질적 접근을 강조
- 합리적 요소와 초합리적 요소를 동시에 강조
- 가치, 목표, 결정기준 등의 명료화가 미흡
- 광범위한 환류과정을 강조

① 합리모형
② 만족모형
③ 점증모형
④ 최적모형

정답 ④

요점 최적모형(경제적 모형·고전적 모형, Optimal Model)

특징	⊙ 드로어(Dror)가 제시한 모형으로 질적으로 보다 나은 정책을 산출하기 위한 정책결정체제 운영에 초점을 두고 있으며, 합리성뿐만 아니라 직관이나 초합리성을 고려한 규범적 정책결정 모형이다.(경제적 합리성을 중요시하면서 질적인 요인을 추가함) ⓒ 경제적 합리적 요인(계량적 측면)과 초합리성 요인(질적 측면)을 함께 고려하여 결합한 모형이다. ⓒ 대안의 탐색이나 선택에 있어서 경제적 합리모형을 사용할 것을 강조하고, 최고 결정자는 직관력, 판단력, 창의력 같은 초합리적인 요인을 고려하는 정책이다.(최고 결정자는 엘리트 집단으로서 비민주적인 정책결정을 초래할 우려가 있음) ⓔ 정책결정 구조의 계속적인 환류기능을 강조하였다.(지속적인 환류를 통해 정책결정능력의 계속적 향상을 시도함)
효용성	⊙ 초합리성의 개념을 도입함으로써 합리모형을 보다 체계적으로 발전시키는 데 공헌하였다. ⓒ 사회적 변동 상황에서 혁신적 정책결정이 거시적(먼 미래를 내다 보는)으로 정당화될 수 있는 이론적 근거를 제시하였다.
한계	⊙ 사회적 과정에 대한 고찰이 불충분하고, 초합리성과 합리성은 본질 및 구체적인 달성방법도 명확치 않으며, 너무 이상모형에 가깝다.(추상적임) ⓒ 인간의 결정능력에는 한계가 있으므로 최적 수준의 결정이란 사실상 어렵다.

051　2020. 경북

집단적 의사결정을 유형화하여 정부의 정책결정과정을 분석한 정책모형은 무엇인가?

① 합리모형
② 점증모형
③ 최적모형
④ Allison 모형

정답 ④

요점 엘리슨(Allison) 모형

특징	⊙ 엘리슨은 조직내 집단의 응집력의 수준에 따라 조직 의사결정의 방식이 서로 달라질 수 있다고 하였다. ⓒ 조직에 대한 기본적 가정과 정책결정에 참여하는 자들 사이의 응집성에 따라 정부의 정책결정과정을 세 가지 의사결정모형(합리모형, 조직과정모형, 관료정치모형)을 통해 분석하였다.

구분	합리모형	조직과정모형	관료정치모형
조직관	조정과 통제가 잘된 유기체(하나로 뭉쳐진 조직)	느슨하게 연결된 하위 조직들의 연합체	독립적인 개별 행위자들의 집합체(개인과 개인이 모여서 조직을 이룸)
결정권	최고 관리층에게 집중	수직적 분산(하위조직들이 분산소유)	수평적 분산(개별행위의 정치적 자원에 의존하여 후원금이 많을수록 힘이 많아짐)
행위자의 목표	조직 전체의 목표로 조직행위가 하나하나에 목표가 됨	조직전체의 목표+하위 조직들의 목표(2가지 목표를 가짐)	조직 전체의 목표+하위조직들의 목표+개별행위자들의 목표(3가지 목표를 가짐)
목표 공유도	매우 강함	약함	매우 약함
정책 결정의 일관성	최고 지도자의 명령과 지시로 매우 강함	표준운영절차에 의한 정책결정으로 일관성이 자주 바뀜	정치적 게임의 규칙에 따라 타협, 흥정, 지배로 인해 매우 약함(말바꾸기)
적용 계층	조직 전반에 적용	하위계층(권력 이하의 조직)	상위계층

052　2014. 대구

혼합주사모형에 대한 설명으로 옳지 않은 것은?

① 에치오니(Etzioni)가 제시한 정책결정모형이다.
② 최적모형과 점증모형의 결합이다.
③ 비현실적인 상황을 배제한다.
④ 세부적인 결정은 점증모형을 적용한다.

정답 ②

요점 혼합주사모형(Mixed Scanning Model)

특징	㉠ 에치오니(Etzioni)가 합리모형과 점증모형을 절충하여 제시한 모형이다. ㉡ 근본적인 결정은 합리모형(정책결정자는 전지전능한 존재로 경제성만 추구)을, 세부적인 결정은 점증모형(기존의 질서 체계에 거의 무리 없이 받아들여진 대안들을 선택하는 정치적 모형)을 선별하여 융통성 있게 적용하는 모형이다. ㉢ 정책결정자가 유능할 경우는 합리모형, 무능할 경우는 점증모형으로 접근하고, 상황이 안정적일 경우에는 점증모형, 불안정하고 급변하는 경우에는 합리모형으로 접근한다.
한계	㉠ 전혀 새롭거나 독창적이지 않은 기존의 두 모형을 결합한 것이다. ㉡ 현실적으로 양 모형을 신축성 있게 전환시키면서 결정하는 것은 어려움이 있다.

053　2017. 광주

보건정책 평가시 고려사항으로 옳지 않은 것은?

① 국민들의 생산적 참여라고 하는 공동생산이라는 개념이 대두되었다.
② 보건정책의 정당성을 인정받기 위한 조작적 평가는 바람직스럽지 못하다.
③ 생산과 소비의 분리 단계에서 이제는 생산자가 소비과정에 참여하는 단계로 변하였다.
④ 종래의 권위주의적인 지배적 모형에서 이제는 국민의 적극적인 참여를 강조하고 있다.

정답 ③

요점 보건정책 평가시 고려해야 할 보건의료서비스의 특징

① 소비자의 적극적인 생산과정 참여 : 소비자의 적극적인 참여에 따른 공동생산의 개념이 도입되어야 한다.
② 서비스의 생산과 소비의 동시성 : 보건의료의 경우에는 생산과 소비가 동시에 발생한다 해도 서비스의 가치가 동시에 소멸되는 것이 아니다. 치료의 효과는 상당기간 후에 비로소 나타나는 경우가 더 많다.(합병증, 질병양상은 추후 관찰 필요)
③ 보건의료서비스 활동의 시간적 제한성 : 시간적 제약성을 가지고 있는 보건의료서비스의 수요를 충족시키기 위해서는 탄력적인 운영체제가 적극적으로 개발되고 도입되어야 한다. 예를 들면 야간진료같이 모든 시간에 보건의료서비스가 제공되어야 한다.
④ 소비자와 서비스 제공자와의 직접적인 접촉 : 보건의료사업의 효율은 보건의료서비스에 종사하는 구성원들의 자질이나 능력이나 마음가짐에 따라 크게 좌우되므로 보건의료서비스 제공자에 대한 적극적인 관리방안이 모색되어야 한다.
⑤ 서비스 선택과 평가에 대한 소비자의 불리한 위치 : 소비자는 보건의료서비스에 대한 충분한 정보를 가지고 있지 못하여 합리적인 선택을 하는 데 있어서 장애요인으로 작용하고 있다.(소비자의 무지와 정보의 비대칭성 때문임)
⑥ 서비스 산출물의 무형성 : 보건의료서비스는 그 형태가 보이지도 않고, 만져지지도 않기 때문에 서비스의 질적수준이나 생산성 등을 계량적으로 평가하고 관리하기가 무척 어렵다. 또한 보건의료서비스는 노동집약적이고 기술집약적인 성격을 띠고 있다.(의사의 숙련도에 따라 서비스가 달라질 수 있음)
⑦ 의료서비스를 표준화하기 어려움(비표준화) : 보건의료서비스는 같은 서비스라도 숙련도와 전문성에 따라 차이가 있기 때문에 서비스를 표준화하기가 무척 어렵다.

054   2014. 서울

정책과정에서 공식적인 정책 결정 참여자가 아닌 것은?

① 정당
② 국회
③ 행정부처
④ 대통령
⑤ 법원

정답 ①

요점 공공정책 결정 과정의 참여자
- 공식적 정책 결정자 : 의회, 행정 수반, 행정부, 사법부, 지방 자치 단체 등
- 비공식적 정책 결정자 : 일반 시민과 시민 단체, 정당, 이익 집단, 전문가, 언론기관 등

채움 문제로 실력 향상

PART 7 보건기획과 보건의료정책이론

CHAPTER 1 보건기획의 이해

001 ☐☐☐

보건기획의 수립단계 중 첫 번째 단계는?

① 목표를 설정한다.
② 정보를 수집하고 분석한다.
③ 현 상황을 인식한다.
④ 기획전제를 설정한다.

> **정답** ③
>
> **요점** 기획수립의 단계
> ① 문제의 인지(미래예측) : 기획의 문제를 정확하게 인지하고 미래를 예측하는 과정이다.
> ② 목표설정 : 기획의 목표를 제시하는 단계로, 달성하려고 하는 목적이 무엇인지를 규명하고 그것을 구체화한다.
> ③ 정보의 수집과 분석(상황분석) : 다양한 정보와 수집·분석으로 해결하려는 문제에 대한 상호 관련성이 있는지에 대한 상황분석의 단계로 들어간다
> ④ 기획전제의 설정 : 미래에 관한 예측이나 전망을 말하는 기획 전제의 설정이다. 기획전제란 목표달성 기간 중 상황변화에 대한 가정이나 전망을 말한다.
> ⑤ 대안(기획안)의 탐색·결과예측·비교평가 : 가용자원의 충원 가능성, 기획안의 질적 요인, 기본 정책에의 부합 여부 등을 고려하면서 대안을 비교하고 평가하여야 한다. 여러 예측기법을 통하여 필요한 여러 가지 대안을 마련하고, 제약요건 하에서 가능한 최적의 대안을 설정하는 과정이다.

002 ☐☐☐

다음 중 기획의 원칙이 아닌 것은?

① 변하는 상황에 대처할 수 있고, 하부집행기관이 창의력을 충분히 발휘할 수 있도록 탄력성을 지녀야 한다.
② 포괄적인 것보다는 구체적인 것부터 작성하여야 한다.
③ 다른 계획과 업무 사이에서 적절한 균형과 조화가 이루어져야 한다.
④ 조직의 목적을 명확하고, 구체적으로 기술하여야 한다.

> **정답** ②
>
> **요점** 보건기획의 원칙
> • 목적의 원칙 : 명확하고 구체적인 목적이 선행되어야 사업의 효과 극대화
> • 단순성의 원칙 : 기획은 간단·명료하고 난해 용어 자제
> • 표준화의 원칙 : 기획 대상인 재화, 서비스, 직무수행방법 등의 표준화
> • 유동성(신축성·탄력성)의 원칙 : 불확실한 환경의 변화와 유동적인 행정 상황에 신속히 대응
> • 안전성의 원칙 : 작성된 기획에 대한 불필요한 수정과 잦은 변경은 지양
> • 경제성의 원칙 : 기획 작성은 물적·양적·시간의 소요로 현재 사용 가능한 자원 활용
> • 장래예측의 원칙 : 예측은 목표달성에 중요한 요인이기에 과학적 방법이 필요
> • 계속성의 원칙 : 기획은 상위, 중위, 하위 계획으로 지속성 유지
> • 계층화의 원칙 : 기획은 가장 큰 것으로부터 시작하여 구체화 과정을 통해 순차적으로 기획을 파생시켜야 함

003

보건기획의 원칙에 해당하는 것을 모두 고르면?

> 가. 단순성의 원칙 나. 신축성의 원칙
> 다. 안전성의 원칙 라. 장래예측성의 원칙
> 마. 계속성의 원칙

① 가, 다, 라
② 나, 라, 마
③ 가, 다, 라, 마
④ 가, 나, 다, 라, 마

정답 ④

요점 보건기획의 원칙
- 목적의 원칙 : 명확하고 구체적인 목적이 선행되어야 사업의 효과 극대화
- 단순성의 원칙 : 기획은 간단·명료하고 난해 용어 자제
- 표준화의 원칙 : 기획 대상인 재화, 서비스, 직무수행방법 등의 표준화
- 유동성(신축성·탄력성)의 원칙 : 불확실한 환경의 변화와 유동적인 행정 상황에 신속히 대응
- 안전성의 원칙 : 작성된 기획에 대한 불필요한 수정과 잦은 변경은 지양
- 경제성의 원칙 : 기획 작성은 물적·양적·시간의 소요로 현재 사용 가능한 자원 활용
- 장래예측의 원칙 : 예측은 목표달성에 중요한 요인이기에 과학적 방법이 필요
- 계속성의 원칙 : 기획은 상위, 중위, 하위 계획으로 지속성 유지
- 계층화의 원칙 : 기획은 가장 큰 것으로부터 시작하여 구체화 과정을 통해 순차적으로 기획을 파생시켜야 함

004

다음 중 기획의 필요성으로 옳은 것을 모두 고르면?

> ㉠ 이해대립의 조정 및 결정
> ㉡ 새로운 지식과 기술 개발
> ㉢ 자원의 효과적인 배분
> ㉣ 재정의 균등한 배분

① ㉠, ㉡, ㉢
② ㉠, ㉢
③ ㉡, ㉣
④ ㉣
⑤ ㉠, ㉡, ㉢, ㉣

정답 ①

요점 보건기획의 필요성
① 자원의 효과적인 배분과 조정 : 기관·개인·사회적인 기대를 충족하기 위해서는 인력, 시설 및 예산 등의 자원을 사회나 경제적인 중요성에 따라 우선순위를 결정하고, 그에 따라 자원을 배분하고 상호 조정하여야 하기 때문에 기획이 필요하다.
② 지휘와 통제수단 : 기획은 전체적인 운영 상황을 명확하게 파악할 수 있게 하는 목표의 효과적 달성에 필요한 지휘 수단이 되며, 전체 조직의 조정과 통제를 할 수 있게 한다.
③ 합리적 의사결정 : 보건정책 과정과 희소자원의 효과적인 배분을 위한 합리적인 의사결정을 하기 위해서는 상황분석과 장래 추이 분석, 우선순위 및 목표설정 등을 통한 효율성의 원리가 기초가 되어야 한다.
④ 새로운 지식과 기술 개발 : 현대 정보사회와 같이 정보가 급속도로 발전하는 사회에서는 보건 정책에 필요한 새로운 지식과 기술을 필요로 한다. 따라서 사전에 검토나 조정없이 새로운 지식과 기술만 도입한다면 지역사회 발전에 장애가 될 수 있다.
⑤ 의견의 조정과 결정 : 각 정책 간에 목표달성을 위한 방법과 결정 과정에서 상호상충되는 가치와 의견을 가질 수 있으므로 이러한 갈등을 해결하기 위하여 기획이 요구된다.

005

정책결정자가 정형적 의사결정과 비정형적 의사결정에 대한 책임을 모두 지고 있을 때 비정형적 의사결정을 무시하고 정형화된 일상적인 기획에 치중하는 것은?

① 그레샴의 법칙
② 조정의 결여
③ 경직화 경향
④ 기획과정에의 참여 부족

정답 ①
요점 ▶ 그레샴의 원칙

의사(정책)결정 또는 기획에서 그레샴의 원칙이란 어떠한 의사(정책) 결정자가 정형적 의사결정과 비정형적 의사결정에 대한 책임을 모두 지고 있다면 비정형적 의사결정을 무시하고 정형화된 일상적인 기획에 치중하게 된다는 것이다.

006

다음 중 기획의 특징이 아닌 것은?

① 목표지향성
② 더 나은 행동을 지향
③ 의사결정과정
④ 결과지향적

정답 ④
요점 ▶ 과정지향적

기획은 하나의 계획을 작성하고, 결과를 평가하여 차기 계획에 반영하는 계속적이고 순환적인 활동이다.

미래 지향적	기획은 과거의 경험과 현실 분석을 바탕으로 불확실한 미래에 대한 활동 계획을 준비하는 예측과 판단을 하는 과정이다.
목표 지향적	기획은 장래에 달성하고자 하는 목표가 어느 정도 수립되어야 하기 때문에 기획에서 매우 구체적이고 명확한 목표가 제시되어야 한다.
행동 지향적	기획은 실천과 행동을 통한 문제해결과 현실의 개선에 목적이 있기 때문에 더 나은 방향으로 실현하고자 하는 노력이다.
과정 지향적	기획은 하나의 계획을 작성하고, 결과를 평가하여 차기 계획에 반영하는 계속적이고 순환적인 활동이다.
계층적	기획은 단일의 결정을 대상으로 하는 것이 아니라 한 묶음의 결정을 다룬다는 점에서 의사 결정 혹은 결정과 차이가 있다. 즉, 다양한 계획이 조직 내에서 만들어진다.
의도적	기획은 의도적이면서, 합리적(목표달성을 위한 최적의 수단을 추구함)이고, 목적적 과정이다.
다차원적	기획은 하나의 시스템으로서 많은 차원을 가지고 있다. 즉, 시간·조직·기능·영역 등의 차원을 가지고 있다. 이러한 특성 때문에 일관성을 상실하기 쉽다. 기획의 일관성이 상실되면 설정된 정책 목표가 달성되기 어렵다.

007

보건기획의 일반적인 성격으로 옳지 않은 것은?

① 변화지향성
② 행동지향성
③ 목표지향성
④ 현재지향성

정답 ④
요점
현재지향성이 아닌 미래지향성이다.

008

기획 수립상의 제약요인에 해당하지 않는 것은?

① 행정조직의 비효율성
② 목표설정 시 갈등
③ 비용과 시간, 자료와 정보의 부족
④ 기획의 그레샴의 법칙

정답 ①
요점
행정조직의 비효율성 – 정치적·행정적 제약요인에 해당된다.

• 기획수립상의 제약요인

기획의 그레샴의 원칙	특별한 노력이 요구되지 않은 정형화된 기획에 주력하고 비정형적 기획을 기피하는 경향이 있다.(기존에 하던 기획을 반복하고, 새로운 기획을 기피함)
자료 · 정보의 부족과 부정확성	정확한 자료가 있어야 정확한 수립과 분석을 할 수 있지만 자료의 입수가 어렵고 정확한 분석의 어려움이 있다. 특히 개발도상국의 경우에는 정확한 정보가 없어 정보가 왜곡되거나 변질되는 경우가 많다.
기획목표 설정상의 갈등과 대립	기획 목표를 설정할 때 기획당사자와 이해 당사자 간에 이해가 대립되고, 정치적으로나 경제적으로 명확한 목표설정이 어려워 목표설정부터 대립이 발생한다.
미래예측의 곤란, 비용과 시간	미래에 대한 정확한 예측 자체가 곤란하고, 모든 기획에는 많은 시간과 비용이 소요된다.
개인적 창의력의 위축	기획 자체가 너무 포괄적이거나 세부적인 경우, 기획의 과정이 집권적이라면 직원이나 감독자는 창의력을 통해 참신한 기획을 하기 어렵다.

• 기획집행상의 제약요인

자원배분의 비효율성	한정된 자원을 우선순위에 따라 배분해야 하는데, 각 행정조직간의 대립 · 갈등으로 왜곡되면 계획집행에 차질이 생긴다.
이해관계자의 저항	기획에 집행에 대해서 의견이 다른 일부 국민이나 관료로부터 거부당하거나 반발이 생길 수 있다.
즉흥적 · 권위적 결정에 의한 빈번한 수정	최고관리층이 전입자의 기획을 법적 구속력이 없다는 이유로 즉흥적이고 권위적 결정에 의해 너무 빈번하게 수정하는 경우가 많다.
기획의 경직성	수립된 기획은 관계당사자의 압력에 의해 기획을 수정하는 것이 곤란하기 때문에 이러한 경직성은 융통성 없는 행정을 초래할 수 있고, 변동하는 사회에 대한 적응력도 약하게 된다.

• 정치적 · 행정적 제약요인

기획능력 부족	후진국의 경우 기획에 관련된 경험이 부족하고, 기술도 낙후되어 기획요원의 능력이 부족한 경우가 많다.
번잡한 행정절차와 행정조직의 비효율성	신생국의 경우에는 문서주의와 관료적인 형식주의에 따라 비합리적인 사무처리절차 등으로 기획을 저해하고 있고, 이러한 사무처리 절차는 효율적인 행정조직의 결여의 발전을 저해한다.
조정의 결여	신생국의 경우 여러 행정조직의 발전기획이 서로 상호조정되지 않아 합리적인 사업진행의 어려움이 있다.
기획과정의 참여부족	신생국의 경우 기획과정 자체에 참여가 부족한 경우가 많다. 그렇다 보니 대내외적으로 기획에 대한 동의나 적극적 협조를 받지 못하고 있다.

009

기획의 기간별 유형인 단기기획, 중기기획, 장기기획에 대한 설명으로 옳지 않은 것은?

① 장기기획보다 단기기획에서 의사결정자의 책임이 커진다.
② 단기계획은 1년 내의 계획이다.
③ 보건의료기본법에 의한 보건의료발전계획의 수립은 중기기획이다.
④ 장기계획은 10년 이상의 계획이다.

정답 ①
요점
장기기획은 중단기 기획의 전제로서 필요하며, 책임의 범위가 더 크다.

010

보건기획의 원칙과 내용의 연결이 옳지 않은 것은?

① 경제성의 원칙 – 비능률과 낭비를 피하고 효과성을 높이기 위하여 구체적인 목적이 제시되어야 한다.
② 단순성의 원칙 – 기획은 간결해야 하므로 난해하거나 전문적인 용어는 피한다.
③ 표준화의 원칙 – 기획의 대상이 되는 예산, 서비스, 사업방법 등의 표준화를 통하여 용이하게 기획을 수립해야 한다.
④ 안정성의 원칙 – 불필요한 수정, 변경을 피하고 일관성과 안정감이 있어야 한다.

정답 ①
요점 보건기획의 원칙
- 목적의 원칙 : 명확하고 구체적인 목적이 선행되어야 사업의 효과 극대화
- 단순성의 원칙 : 기획은 간단·명료하고 난해 용어 자제
- 표준화의 원칙 : 기획 대상인 재화, 서비스, 직무수행방법 등의 표준화
- 유동성(신축성·탄력성)의 원칙 : 불확실한 환경의 변화와 유동적인 행정 상황에 신속히 대응
- 안전성의 원칙 : 작성된 기획에 대한 불필요한 수정과 잦은 변경은 지양
- 경제성의 원칙 : 기획 작성은 물적·양적·시간의 소요로 현재 사용 가능한 자원 활용
- 장래예측의 원칙 : 예측은 목표달성에 중요한 요인이기에 과학적 방법이 필요
- 계속성의 원칙 : 기획은 상위, 중위, 하위 계획으로 지속성 유지
- 계층화의 원칙 : 기획은 가장 큰 것으로부터 시작하여 구체화 과정을 통해 순차적으로 기획을 파생시켜야 함

CHAPTER 2 보건기획의 의사결정 방법의 이해

011

미래를 예측하는 질적 예측방법의 하나로, 여러 전문가의 의견을 되풀이해 모으고, 교환하고, 발전시켜 미래를 예측하는 방법으로, 1948년 미국랜드 연구소에서 개발한 분석방법은?

① 시계열분석(Time Series Analysis)
② 선형계획(Linear Programming)
③ 브레인스토밍(Brainstorming)
④ 델파이기법(Delphi Technique)

정답 ④
요점

① 시계열분석(Time Series Analysis)

개념	과거의 변동 추세를 모아둔 시계열 데이터에 대한 분석결과를 토대로 이를 연장하여 미래를 추정하는 방법으로, 경험적·귀납적 미래예측기법임
전제	• 지속성 : 과거의 변화 방식이 미래에도 그대로 지속될 것이라는 가정 • 규칙성 : 과거의 변화 패턴이 미래에도 규칙적으로 반복되어 나타날 것이라는 가정 • 신뢰성과 타당성 : 이용될 자료가 내적으로 일관성을 띠고 있어 신뢰할 수 있을 뿐만 아니라, 측정하고자 의도하는 것을 측정할 수 있다는 가정
특징	• 시계열분석에서의 가장 중요한 것은 예측임 • 병원의 경우 수요량을 어느 정도 정확히 예측할 수 있다면 의료물품 및 자금의 유통을 원활히 관리할 수 있으므로 합리적인 경영유도가 가능함

② 선형계획(Linear Programming)
- 비용의 최소화와 효과의 극대화를 위한 자원의 최적 적합점을 추구하는 확실한 상황에서 이루어지는 의사결정분석이다.
- 고전적이고 분석적인 방법으로 실제로 직선모양의 성질을 지니고 있는 상호관계와 과정들을 포함하는 모든 문제에 적용 가능하다.

③ 브레인스토밍(Brainstorming)
집단 토의기법으로, 참가자로 하여금 즉흥적이고 자유스러운 분위기에서 독창적인 사람들의 자유분방한 아이디어를 결합하여 교체하거나 혹은 결합하여 실행가능한 아이디어나 착상을 끌어내는 방법이다.

④ 델파이기법(Delphi Technique)
관련분야의 전문가들에게 서면으로 완전한 비공개 익명으로 자문을 의뢰하고, 그 종합된 결과를 전달 회수라는 과정을 반복하여 독립적이고 동등한 입장에서 의견을 접근해 나가면서 예측결과를 도출하는 기법이다.

012

브레인스토밍에 대한 설명으로 옳지 않은 것은?

① 독창적이고 기발한 아이디어를 필요로 할 때 주로 사용된다.
② 다른 사람의 의견을 비판하고 평가하는 것이 허용된다.
③ 다른 사람의 아이디어를 수정하거나 모방해서 의견을 발표할 수 있다.
④ 질 좋은 아이디어보다 많은 아이디어를 유도한다.

> **정답** ②
> **요점**
> 브레인스토밍은 자유분방한 아이디어 회의로, 비판이 없고 사회자도 없다.

013

금연사업의 경제성을 평가하는 기법으로 투입요소는 화폐가치로 평가하고, 결과는 금연성공률로 평가하여 분석하는 방법은?

① 비용 – 효과분석
② 비용 – 편익분석
③ 비용 – 효용분석
④ 시계열분석

> **정답** ①
> **요점**
> ① 비용 – 효과분석 : 비용 – 편익분석과는 달리 프로젝트에 의한 경제효과를 화폐평가만으로 측정하기 어려운 경우, 교육, 보건, 의료 등 인적자원개발 프로젝트 선정시 사용되는 분석방법이다.
> ② 비용 – 편익분석 : 여러 정책대안 중에서 목표달성에 가장 효과적인 대안을 찾기 위해 각 대안이 초래할 비용과 편익을 비교 분석하는 기법으로, 어떤 프로젝트와 관련된 편익과 비용들을 모두 금전적 가치로 환산한 다음, 이 결과를 토대로 프로젝트의 소망성을 평가하는 방법이다.
> ③ 비용 – 효용분석 : 편익을 화폐단위로 환산하지 않고 그 효용과 직접 비교한다. 그러므로 효용은 건강일수 혹은 질 보정 생존연수(QALYs)로 측정하며, 보건의료프로그램의 비용과 효용을 비교하는 분석방법이다.

014

보건사업의 산출에 흡연률 감소 같이 화폐단위가 아닌 지표로 경제성을 평가하는 방법은?

① 비용 – 편익분석
② 비용 – 효과분석
③ 비용 – 효용분석
④ SWOT 분석

정답 ②
요점 SWOT 분석
기업의 내부환경을 분석하여 강점과 약점을 발견하고 외부환경을 분석하여 기회와 위협을 찾아내어 마케팅 전략을 수립하는 것

015

브라이언트의 우선순위 결정기준이 아닌 것은?

① 문제의 크기
② 주민의 관심도
③ 변화가능성
④ 문제의 심각성

정답 ③
요점 브라이언트의 우선순위 결정기준
문제의 크기, 문제의 심각도, 주민의 관심도, 문제의 난이도

016

보건사업의 기획과정에서 BPRS를 적용하였을 때, 우선순위가 높은 것은?

	문제의 크기(A)	심각도(B)	효과성(C)
①	8	9	7
②	9	8	6
③	8	8	7
④	7	9	5

정답 ①

요점

기본적 우선순위 결정 BPR(업무재설계)=(A+2B)C/3
- A : 문제의 크기
- B : 문제의 심각도
- C : 사업의 효과(사업의 효과가 전체 값에 곱해지기 때문에 그 영향이 가장 크다)
- ① (8+18)×7=182
- ② (9+16)×6=150
- ③ (8+16)×7=168
- ④ (7+17)×5=125

CHAPTER 3 보건의료정책이론

017

리플리와 프랜킨(Riply & Frankin)이 분류한 정책 유형은?

① 분배정책, 규제정책, 재분배정책, 구성정책
② 분배정책, 규제정책, 추출정책, 상징정책
③ 분배정책, 경쟁적 규제정책, 보호적 규제정책, 재분배정책
④ 분배정책, 규제정책, 재분배정책, 자율규제정책

정답 ③

요점

① 분배정책, 규제정책, 재분배정책, 구성정책
  - 로위(Lowi)의 정책 분류
② 분배정책, 규제정책, 추출정책, 상징정책
  - 알몬드와 포엘(Almond & Powell)의 정책 분류
③ 분배정책, 경쟁적 규제정책, 보호적 규제정책, 재분배정책
  - 리플리와 프랜킨(Riply & Frankin)의 정책집행 기준
④ 분배정책, 규제정책, 재분배정책, 자율규제정책
  - 썰스버리(Salisbury)의 정책집행 기준

• 로위(Lowi)의 정책 분류

규제정책	개인이나 일부 집단에 대해 재산권 행사나 행동의 자유를 구속·억제하여 반사적으로 많은 다른 사람들을 보호하려는 목적을 지닌 정책이다. 하지만, 비용부담의 문제로 규제의 수혜자와 피해자 사이에 갈등이 심각하다.(환경오염과 관련된 규제, 공공요금 규제, 기업활동 규제, 의료기관 과대광고 규제, 부동산 투기 억제책, 노점상 단속 등)
배분정책 (분배정책)	국가가 국민에게 이익과 서비스를 분배해 주는 정책이다. 정부의 도로건설, 기업에 대한 수출 보조금, 하천 및 항만사업, 지방단체 국고보조금, 무의촌에 대한 보건진료, 농업장려금, 주택자금의 대출 등이 있다. 하지만, 정책 담당자의 분배원칙이 공정하지 않으면 문제가 발생할 수 있다.
재분배정책	고소득층으로부터 저소득층으로의 소득 이전을 목적으로 하는 정책이다. 공공부조제도, 누진소득세제도, 저소득층에 대한 세액 공제나 감면, 영세민 취로사업, 임대주택의 건설 등이 있다.
구성정책	사회 전체를 위한 이익과 정부 자체를 대상으로 하는 정책이다. 정부기관의 설립이나 변경, 선거구 조정 등 정부기구의 구성 및 조정과 관련된 정책, 공직자의 보수 책정, 군인퇴직연금에 관한 정책이다.

• 알몬드와 포엘(Almond & Powell)의 정책 분류

추출정책	조세, 병역 등과 같이 인적·물적 자원을 추출해 내는 산출활동과 관련된 정책이다.(토지수용과 방위성금 등)
규제정책	형벌, 의무, 면허 등 개인·집단 행동에 대하여 정부가 가하는 통제와 관련된 정책을 말한다.
배분정책	정부가 개인, 집단에게 재화나 용역, 지위, 신분, 서비스, 기회 등의 가치를 배분하는 산출활동과 관련된 정책으로 고속도로 건설이나 저수지 등을 말한다.
상징정책	정당성의 확보나 국가적 위신을 위한 정책으로 교육, 문화와 관련된 정책이다.

• 리플리와 프랜킨(Riply & Frankin)의 정책집행 기준
① 분배정책
② 경쟁적 규제정책 : 많은 이권이 걸려 있는 서비스나 용역을 특정한 개인이나 기업체, 단체에게 부여하면서 이들에게 특별한 규제장치를 부여하는 정책(적정요금수준, 운항회수, 서비스의 질에 대한 기준의 설정 등)
③ 보호적 규제정책 : 정부가 관련된 일부의 사람들을 규제함으로써 반사적으로 다수의 일반국민을 보호하기 위한 정책(공정거래법, 최저임금제, 보험수가에 의한 의료비 규제, 소비자 보호정책 등)
④ 재분배정책

• 썰스버리(Salisbury)의 정책집행 기준
① 분배정책
② 규제정책
③ 재분배정책
④ 자율규제정책 : 규제대상이 되는 당사자에게 그 소속의 활동에 대해 스스로 규제 기준을 설정하고 그 집행까지도 위임하는 경우

018

다음 중 분배정책에 대한 설명은 무엇인가?

① 관계집단 간의 갈등과 논란의 정도가 낮다.
② 인적·물적 자원을 동원하는 정책이다.
③ 개인이나 특정집단에게 허가를 해주는 정책이다.
④ 대표적으로 누진조세제도가 있다.

정답 ①

요점
소요되는 자원은 공공재원이므로 불특정 다수의 대상집단에게 혜택을 주는 것이므로 수혜자 집단과 비용부담집단 간에 갈등이 발생하지는 않는다.
분배정책의 예로는 정부의 도로건설, 무의촌 보건진료, 지방단체의 국고보조금 등이 있다.

019

다음 중 정책수혜자들에게 실질적 자원을 제공하는 것이 아니라, 상징적 의미만 부여하는 정책의 예로 옳은 것은?

① 최저임금제
② 고속도로 건설
③ 기념비 건립
④ 보건복지부 개설

정답 ③
요점 상징정책
정부가 정치체제에 대한 정당성과 신뢰성 및 국민통합성 증진을 위해 국내·외 환경에 산출시키는 이미지나 상징에 관련된 정책이다. 이로써 국민들 사이에 정치 체제 및 정부의 정통성에 대한 인식을 좋게 하거나 정부 정책에 대한 순응을 확보할 수 있다.
예 경복궁 복원, 88 서울 올림픽, 애국지사 동상 건립 등

020

보건정책의 성격으로 해당하지 않는 것은?

① 목적지향성
② 행동지향성
③ 현실지향성
④ 정치지향성

정답 ③
요점 정책의 특성

목표지향성	실현하고자 하는 특정 목표가 있다.
정치지향성	자원의 배분과 관련되어 정치적 성격을 지닌다.
미래지향성	목표와 가치를 실현하려는 미래의 행동대안이다.
공익지향성	정부(공공기관)가 주체가 되어 공익을 우선시한다.
행동지향성	바람직스러운 가치를 창조하고 실현하는 과정이다.
변화지향성	바람직하지 않은 상태를 바람직한 상태로 변화시킨다.
합리지향성	수단선택에서 여러 대안을 비교·검토하여 최적의 대안을 선택하여 합리성을 강조한다.

021

보건정책이 일반정책과 다른 특성으로 옳지 않은 것은?

① 경제력이 큰 국가일수록 보건정책에 대한 우선순위가 높은 편이다.
② 보건정책은 형평성보다 효율성이 강조된다.
③ 보건의료 분야는 구조적 연결고리가 복잡하고 다양하다.
④ 보건정책의 파급효과는 광범위하고 장기간에 걸친다.

정답 ②
요점
보건정책은 인간의 생명을 다루어야 하는 위험의 절박성 때문에 효율성보다는 형평성이 강조된다.

CHAPTER 4 정책과정의 단계(정책과정의 순서)

022

정책결정모형에 대한 설명으로 옳지 않은 것은?

① 합리모형은 목표달성의 극대화를 위해 최선의 대안 선택을 추구하는 모형이다.
② 점증모형은 미래의 사회목표 증진보다는 현재의 사회문제에 대한 개선에 중점을 둔다.
③ 만족모형은 인간이 제한된 합리성을 가진 존재라는 것에 기초하여 현설적으로 만족할 만한 수준에서 결정한다는 이론이다.
④ 혼합주사모형은 근본적 결정에는 합리모형을 적용하고 세부적 결정에는 만족모형을 적용하여 상황에 따라 융통성 있게 활용하는 모형이다.

정답 ④
요점
혼합주사모형은 정책결정의 규범적·이상적 접근방법인 합리모형과 현실적·실증적 접근방법인 점증모형의 상호 보완적으로 혼용함으로써 현실적이면서도 합리적인 결정을 할 수 있다고 주장하였다.

023

정책결정모형에 대한 설명으로 옳지 않은 것은?

① 합리모형 – 개인적이고 주관적인 의사결정모형이다.
② 만족모형 – 인간은 제한된 합리성을 가진 존재라는 것에 기초한 모형이다.
③ 점증모형 – 보수적인 결정을 조장한다.
④ 최적모형 – 계량적 측면과 질적 측면을 모두 고려하는 모형이다.

정답 ①
요점
① 개인적이고 주관적인 의사결정모형이다. – 만족모형

024

정책모형에 대한 설명으로 옳은 것은?

① 최적모형 – 합리모형과 점증모형을 결합한 모형이다.
② 합리모형 – 현실적으로 만족할 만한 대안을 선택한다.
③ 점증모형 – 정책목표나 가치를 극대화하는 대안을 선택한다.
④ 쓰레기통 모형 – 조직응집성이 약한 상태에서 이루어지는 비합리적 의사결정을 강조한다.

정답 ④
요점
- 합리모형과 점증모형을 결합한 모형이다. – 혼합모형
- 현실적으로 만족할 만한 대안을 선택한다. – 만족모형
- 정책목표나 가치를 극대화하는 대안을 선택한다. – 합리모형

025

보건정책결정 과정을 순서대로 바르게 나열한 것은?

① 문제의 인지 → 정보의 수집 및 분석 → 대안의 작성 및 평가 → 대안의 선택 → 환류
② 대안의 선택 → 정보의 수집 및 분석 → 대안의 작성 및 평가 → 문제의 인지 → 환류
③ 정보의 수집 및 분석 → 문제의 인지 → 대안의 작성 및 평가 → 대안의 선택 → 환류
④ 대안의 작성 및 평가 → 정보의 수집 및 분석 → 문제의 인지 → 대안의 선택 → 환류

> **정답** ①
> **요점** 보건정책결정 과정
> 문제의 인지 → 정보의 수집 및 분석 → 대안의 작성 및 평가 → 대안의 선택 → 환류

026

정책과정을 바르게 나열한 것은?

① 정책결정 → 정책집행 → 정책형성 → 정책평가
② 정책결정 → 정책형성 → 정책집행 → 정책평가
③ 정책형성 → 정책집행 → 정책결정 → 정책평가
④ 정책형성 → 정책결정 → 정책집행 → 정책평가

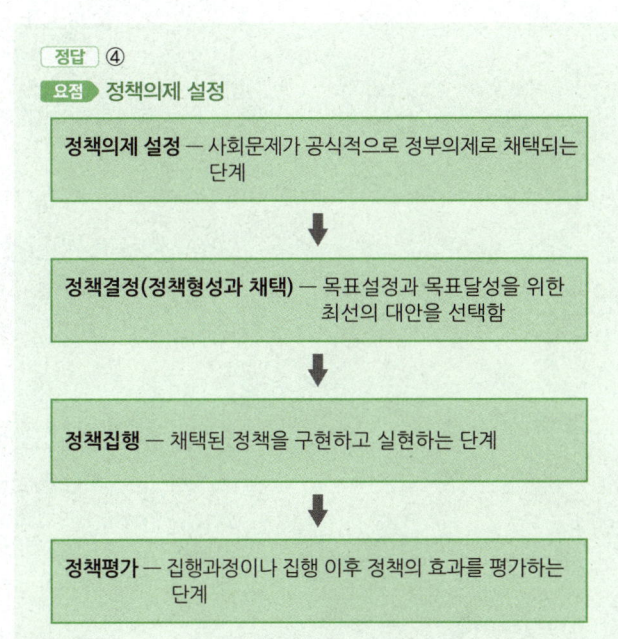

PART

8

보건행정 조직의 관리

CHAPTER 1 조직의 이해

CHAPTER 2 조직의 유형과 이론

CHAPTER 3 조직의 형태

CHAPTER 4 조직의 의사소통

CHAPTER 5 조직의 발전과 리더십

기출 문제로 요점 확인

PART 8 보건행정 조직의 관리

CHAPTER 1 조직의 이해

001 　　　　　　　　　　　　　　　　기출변형

조직의 일반적인 특성에 대한 설명으로 옳지 않은 것은?

① 조직은 목표가 있어야 한다.
② 조직은 일정한 체계를 갖추어야 한다.
③ 조직은 일정 규모 이상의 재원이 있어야 한다.
④ 조직은 주변 환경과 끊임없이 교류한다.

정답 ③

요점 조직의 일반적 특성
- 목표 : 조직은 목표가 있어야 한다.
- 구조 : 조직은 일정한 체계를 갖추어야 한다.
- 구성원 : 조직은 일정 규모의 구성원이 있어야 한다.
- 유기체 : 조직은 유기체적 성격으로 주변 환경과 끊임없이 교류한다.

002 　　　　　　　　　　　　　　　　2010. 지방7급

다른 산업조직과 비교하여 보건의료조직의 독특한 특성으로 옳지 않은 것은?

① 업무수행 과정에서 실수나 모호함을 허용할 여지가 상대적으로 작다.
② 조직의 전문화된 구성원들은 자신의 전문분야보다 조직에 더 충성적이다.
③ 조직활동의 산출(output)을 정의하고 측정하기 어렵다.
④ 많은 활동이 응급을 요하거나 미룰 수 없는 성질을 가진다.

정답 ②

요점
조직의 구성원들은 전문화되어 있으며, 구성원들은 일차적으로 조직보다는 그들의 전문분야에 더 충성을 바친다.

보건의료조직의 특징
① 복잡한 사회 시스템으로 많은 조직체 중에서 전문적인 인력과 시설로 구성된 가장 다양하고 복잡한 자본집약적이면서 노동집약적인 조직이다.
② 산출을 정의하고 측정하기가 어렵다.
③ 작업이 다른 조직에 비해 더 가변적이고 복잡하다.
④ 많은 직업이 응급을 요하거나 미룰 수 없는 성질의 것이고, 작업이 모호함이나 실수를 허용할 여지가 없다.
⑤ 작업은 아주 높은 수준의 전문성을 요구한다.
⑥ 작업활동이 매우 상호의존적이며, 다양한 전문직업인들 사이의 높은 수준의 조화된 협동을 요구한다.
⑦ 조직의 구성원들은 전문화되어 있으며, 구성원들은 일차적으로 조직보다는 그들의 전문분야에 더 충성을 바친다.
⑧ 조직에서 일과 비용을 창출하는 데 가장 책임이 큰 의사들에 대한 효과적인 조직·경영상의 통제수단이 거의 없다.
⑨ 조직에는 이중의 권위구조가 존재하기 때문에 조정과 책임소재의 문제를 야기하며, 역할의 혼돈을 가져온다.

003   2015. 지방

민츠버그(H. Mintzberg)의 조직유형 분류에서 전문직 관료제에서의 조정기제는?

① 직접감독
② 기술표준
③ 산출표준화
④ 상호조절

004   2014. 충북

민츠버그(Henry Mintzberg)의 조직 분류 중 "병원"이 속하는 조직유형은?

① 기계적 관료제 조직
② 전문적 관료제 조직
③ 대형지부 조직
④ 임시특별 조직

정답 ②

요점 민츠버그(Henry Mintzberg)의 분류

민츠버그는 각 부문별로 나름대로 조직구성을 위한 힘을 발휘하여 각각 자기 쪽으로 조직을 움직이려는 경향이 있다고 주장하였다.(조직의 규모와 복잡성의 정도를 기준으로 분류)

조직 유형	조직의 정의	조직의 예시
단순구조 조직	구조는 간단하고 소규모 조직이며, 조직환경은 동태적이면서 조직기술은 정교하지 않은 조직(최고관리자에게 권한이나 통제수단이 집중되어 있는 조직)	독재조직, 위기에 처한 조직, 자동차 딜러, 신생조직 등
기계적 관료 조직	조직규모가 크고, 조직환경도 안정되어 있으며 절차가 표준화되어 업무수행되는 조직(권한 및 통제수단이 조직적 분화와 작업의 표준화가 되어 있는 조직)	은행, 우체국, 항공사 등
전문적 관료 조직	전문적·기술적 전문적 조직 구성원이 표준화된 업무를 수행함으로써 전문가 중심의 분권화된 조직으로 조직환경이 안정되고 외부통제가 없는 조직(권한 및 통제수단의 수평적 분화와 기술의 표준화)	종합병원, 대학, 사회복지기관, 컨설팅 회사 등
대형지부 조직	대규모 조직 내에 소규모 독자적 구조를 가진 분립된 구조로 각 사업부서가 책임을 지고 자율적인 활동을 하는 조직(권한 및 통제수단이 하부 단위로 준자율적이며, 산출의 표준화	대기업의 자회사, 대학분교, 지역병원을 가진 병원조직 등
임시특별 조직	고정된 계층구조와 공식화된 규칙이나 표준화된 운영절차가 없는 조직으로, 매우 유동적이며 복잡한 연구개발 조직(권한 및 통제수단의 수평적 분화와 상호조절)	광고회사, 첨단 기술 연구소, 우주센터 등

정답 ②

요점 전문적 관료 조직

① 정의 : 전문적·기술적 전문적 조직 구성원이 표준화된 업무를 수행함으로써 전문가 중심의 분권화된 조직으로 조직환경이 안정되고 외부통제가 없는 조직(권한 및 통제수단의 수평적 분화와 기술의 표준화)
② 예시 : 종합병원, 대학, 사회복지기관, 컨설팅 회사 등

005　2017. 울산

Katz & Kahn의 조직유형에 해당하지 않는 것은?

① 생산 조직
② 적응 조직
③ 관리 조직
④ 규범 조직

정답 ④

요점 Katz & Kahn의 조직유형

parsons의 사회적 기능을 근거로 조직의 기본적 기능을 목표 달성, 유형 유지, 적응, 통합 등 먼저 1차적 조직유형으로 분류하였다.

조직의 기본적 기능	조직의 중분류	조직의 소분류
목표 달성	생산 조직	민간기업 등
유형 유지	유지 조직	교육기관, 종교단체, 병원 등
적응	적응 조직	대학, 연구기관 등
통합	관리 조직	행정기관, 정당, 노동조합 등

006　2014. 인천

에치오니(Amitai Etzioni)의 조직분류 중 경찰서, 군대, 정신병원과 같은 조직을 설명하는 유형은?

① 규범적 조직
② 강제적 조직
③ 공리적 조직
④ 호혜적 조직

정답 ②

요점

조직구성원들이 조직의 권위에 복종하는 형태를 기준으로 분류하였다.

조직유형	조직의 정의	조직의 예시
강제적 조직 (강제적 권위)	조직구성들에게 강제로 조직의 명령에 따르도록 하는 조직으로, 구성원은 조직에 대해 소외감을 느낌(질서유지가 목표)	군대, 교도소, 강제수용소 등
공리적 조직 (보수적 권위)	조직이 구성원들에게 승진이나 보수를 통해 조직으로부터 지급되는 보상만큼 일하고, 명령에 순응하게 하는 조직(경제적 목표)	기업, 이익단체, 경제단체 등
규범적 조직 (규범적 권위)	지도자의 개인적인 영향력이나 이념을 따르도록 하는 조직으로 구성원은 조직에 헌신적이고 사명감을 지님(문화적 목표)	종교단체, 이념정당, 가족 등

007　2014. 서울7급

조직 유형 중 파슨스(Talcott Parsons)의 분류에 해당하는 것은?

① 경제 조직 : 경제적 재화의 생산과 분배에 종사하는 조직
② 기업 조직 : 소유주가 조직의 수혜자인 조직, 능률성 강조
③ 강제적 조직 : 조직의 통제수단이 강제적이고 구성원들이 고도의 소외의식을 가짐
④ 공리적 조직 : 조직이 구성원에 대하여 임금을 제공하고 구성원은 조직으로부터 지급되는 보상만큼 일한다는 입장
⑤ 호혜적 조직 : 조직구성원 일반을 위한 상호이익이 가장 중요한 목표인 조직

정답 ①

요점

조직의 사회적 기능을 기준으로 분류하였다.

조직유형	조직의 정의	조직의 예시
경제 조직 (적응기능)	사회나 구성원이 소비하는 상품을 생산하는 조직	기업, 경제조직 등
정치 조직 (목표달성기능)	사회가치를 창출하고 권력을 창출하여 배분하고 집행하는 조직	정부, 정치조직 등
통합 조직 (통합기능)	사회 구성원들 간의 갈등을 조정하고 안정을 유지하는 조직	사회복지조직, 경찰, 사법기관 등
형상유지 조직 (형상유지기능)	교육이나 문화활동을 통해 사회의 틀이 오랫동안 유지되도록 하는 조직	학교, 종교집단, 정부기관, 문화단체 등

008　2021. 강원

파슨스(Talcott Parsons)의 조직유형 중 형상유지기능을 하는 조직에 해당하는 것은?

① 기업
② 경찰
③ 학교
④ 정당

정답 ③

요점

- 기업 : 경제 조직(적응기능)
- 경찰 : 통합 조직(통합기능)
- 정당 : 정치 조직(목표달성기능)

009　　2023. 6월 지방 공중보건

다음에서 설명하는 조직의 원리는?

> 조직의 공동목적을 달성하기 위하여 행동통일 및 업무 수행을 조화롭게 배열하는 집단적 노력

① 조정의 원리
② 계층제의 원리
③ 명령통일의 원리
④ 통솔범위의 원리

정답 ①

요점 조직의 원리

① 조정의 원리 : 조직체의 공동의 목적을 달성하기 위하여 하위체계 간의 행동의 통일성과 실효를 거둘 수 있도록 집단적·협동적 노력을 질서 정연하게 결합하고 배열하는 과정을 조정이라 한다.(조직의 목표를 설정하여 관리하는 것)
② 계층제의 원리 : 계층제란 권한과 책임의 정도에 따라 직무를 등급화한 피라미드 구조이며, 이에 따라 상하 계층 간의 지휘계통과 명령계통을 확립하여 지휘·감독하는 관계를 말한다.
③ 명령통일의 원리
　㉠ 한 사람의 상관으로부터 명령을 받아 복종하여 혼란을 방지하고 책임을 분명히 하는 원리이다.
　㉡ 하나의 조직에는 한 명의 상관이 있어야 한다는 원리로 계층제의 한 원리에 속한다.
　㉢ 관료제나 군대조직 등에서 엄격히 적용되는 원리이다.
④ 통솔범위의 원리 : 통솔범위란 한 사람의 상관이 몇 사람의 부하를 직접 적절하게 감독할 수 있는가를 의미하며, 한 사람의 상관은 무제한적으로 직원을 통솔할 수 없고 지나치게 소극적으로 통솔할 경우에는 심리적·생리적으로 한계가 있다.
⑤ 전문화·분업의 원리
　㉠ 업무를 성질별, 기능별로 구분하여 한 사람이 한 가지 업무를 계속적으로 수행하여 조직의 능률성을 제고하는 원리이다.
　㉡ 분업은 가급적 세분화하고, 세분화된 직무는 가급적 동질적인 것들끼리 묶어서 조직단위를 형성해야 한다.
⑥ 예외의 원리 : 대부분의 관례적인 결정은 부하에게 위임하고, 관리자는 예외적인 사항만 취급해야 한다는 원리를 말한다. 이때, 관리자는 부하에게 일상적이고 관례적인 것은 위임할 수 있지만, 조직의 장래문제나 정책 문제는 위임할 수 없다는 것이 원칙이다.

010　　2011. 지방

조직의 원리에 해당하지 않는 것은?

① 계층제의 원리
② 형평의 원리
③ 명령통일의 원리
④ 통솔범위의 원리

정답 ②

요점

형평의 원리는 조직의 원리에 해당하지 않는다.
① 계층제의 원리 : 계층제란 권한과 책임의 정도에 따라 직무를 등급화시킨 피라미드 구조이며, 이에 따라 상하 계층간의 지휘계통과 명령계통을 확립시켜 지휘·감독하는 관계를 말한다.
③ 명령통일의 원리 : 한 사람의 상관으로부터 명령을 받아 복종하여 혼란을 방지하고 책임을 분명히 하는 원리이다.
④ 통솔범위의 원리 : 한 사람의 상관이 몇 사람의 부하를 직접 적절하게 감독할 수 있는가를 의미하며, 한 사람의 상관은 무제한적으로 직원을 통솔할 수 없고 지나치게 소극적으로 통솔할 경우에는 심리적·생리적으로 한계가 있다.(관리한계의 원리, 관리책임의 원리)

011　2016. 지방

다음 조직의 원리 중 통솔범위의 원리와 상반관계에 있는 것은?

① 조정의 원리
② 계층제의 원리
③ 전문화의 원리
④ 명령통일의 원리

정답 ②
요점 통솔범위와 계층제의 상반관계

통솔범위는 한 사람의 상관이 몇 사람의 부하를 직접 적절하게 감독할 수 있는가를 의미하며, 계층제는 권한과 책임에 따라 등급화하여 피라미드 구조모양을 띤다. 계층제는 상하의 계층이 높을수록 정책에 대한 비정형적인 업무를 하고, 계층이 낮을수록 정형적 업무나 구체적인 업무를 담당하게 되며, 통솔범위가 넓어지면 계층의 수가 감소하고, 통솔범위가 좁아지면 계층의 수는 증가하므로 서로 상반관계에 있는 것이다.

① 조정의 원리 : 조직체의 공동의 목적을 달성하기 위하여 하위체계 간의 행동의 통일성과 실효를 거둘 수 있도록 집단적·협동적 노력을 질서 정연하게 결합하고 배열하는 과정을 조정이라 한다.(조직의 목표를 설정하여 관리하는 것)
② 계층제의 원리 : 계층제란 권한과 책임의 정도에 따라 직무를 등급화시킨 피라미드 구조이며, 이에 따라 상하 계층간의 지휘계통과 명령계통을 확립시켜 지휘·감독하는 관계를 말한다.
③ 전문화·분업의 원리 : 업무를 성질별, 기능별로 구분하여 한 사람이 한 가지 업무를 계속적으로 수행하여 조직의 능률성을 제고하는 원리이다.
④ 명령통일의 원리 : 한 사람의 상관으로부터 명령을 받아 복종하여 혼란을 방지하고 책임을 분명히 하는 원리이다.

012　2018. 서울

〈보기〉의 설명에 해당하는 조직의 원리는?

┤ 보기 ├

- 조직의 공동 목표를 달성하기 위해 하위체계 간의 노력을 통일하기 위한 과정
- 협동의 실효를 거둘 수 있도록 집단적·협동적 노력을 질서 있게 배열하는 것
- 자신이 소속된 기관의 이익만을 중심으로 생각하는 할거주의 해소에 필요함
- 조직의 목표를 설정하여 관리하는 것

*할거주의 : 관료제의 구조적 특성 때문에 조직 구성원들이 자신이 소속된 기관과 부서만을 생각하고 다른 부서에 대해 배려하지 않는 편협한 태도를 취하는 현상

① 전문화의 원리
② 조정의 원리
③ 계층제의 원리
④ 명령통일의 원리

정답 ②
요점 조정·통합의 원리

① 개념
　㉠ 조직체의 공동의 목적을 달성하기 위하여 하위체계 간의 행동의 통일성과 실효를 거둘 수 있도록 집단적·협동적 노력을 질서 정연하게 결합하고 배열하는 과정을 조정이라 한다.(조직의 목표를 설정하여 관리하는 것)
　㉡ 무늬(Mooney)는 조정의 원리를 현대조직의 최고·제일의 원리라고 주장하였다.

② 조정의 중요성
　㉠ 조직의 갈등을 극복하고 화합과 통합을 가져오기 위해 조정이 중요하다.
　㉡ 자신의 소속된 기관의 이익만을 중심으로 생각하는 할거주의 해소에 조정이 필요하다.
　㉢ 조직 전체가 하나의 유기체로서 움직이기 위해서는 세분화되고 전문화된 각 기능을 전체의 목표에 따르도록 조정하고 통합하는 것이 필요하다.

조정의 저해요인	조정의 방법
• 조직규모의 거대화로 권한 책임이 불분명과 의사전달의 미흡 • 업무의 다양화·이질화·복잡화·행정의 전문화의 필요성이 증대됨 • 이익단체의 압력과 행정기관 간 비협조적 할거주의 • 관리자나 조직 구성원의 조직 목표나 이해관계의 차이로 조정능력 부족	• 명백하게 조직의 목표와 설정을 하여 관리함 • 각자의 권한과 책임의 한계 및 상호관계를 분명히 규명 • 상관의 명령과 중재. 계층제가 갖는 권위를 통해 조정(계층제를 이용한 방법) • 이해관계 조정을 위해서 정책결정이나 기획에 참여

013

2020. 서울

〈보기〉에서 설명하는 조직의 원리로 가장 옳은 것은?

---보기---
- 한 사람의 상관이 몇 사람의 부하를 직접 적절하게 감독할 수 있는가의 문제이다.
- 직무의 성질, 시간적·공간적 요인, 인적 요인을 고려한다.

① 통솔범위의 원리
② 조정의 원리
③ 명령통일의 원리
④ 전문화의 원리

정답 ①

요점 통솔범위의 원리

① 개념 : 통솔범위란 한 사람의 상관이 몇 사람의 부하를 직접 적절하게 감독할 수 있는가를 의미하며, 한 사람의 상관은 무제한적으로 직원을 통솔할 수 없고 지나치게 소극적으로 통솔할 경우에는 심리적·생리적으로 한계가 있다.(관리한계의 원리, 관리책임의 원리)
② 통솔범위에 관한 이론
  ㉠ 영국의 홀데인 위원회에서는 통솔가능한 부하가 10~12명이 적정하다고 주장하였다.
  ㉡ 다비스(Davis)는 육체활동의 통솔범위는 10~30명, 정신활동의 통솔범위는 3~9명이 적합하다고 주장하였다
③ 통솔범위의 결정요인

시간적 요인	신설조직보다는 오래된 조직, 안정된 감독자가 좀 더 많으면 더 많은 부하직원을 통솔할 수 있다.
공간적 요인	공간적으로 분산되어 있는 경우보다는 동일 장소에 집중되어 있을 때 통솔범위가 확장된다.(동일 장소에 피감독자가 있지 않은 경우에는 인원수를 제한)
직무의 성질	직무의 내용이 비교적 동질적이고 단순한 것은 많은 인원을 감독할 수 있다.
감독자와 부하의 능력	감독자의 통솔능력이 뛰어나고 부하들이 유능하고 잘 훈련되어 있는 경우 통솔범위가 확장된다.
의사전달 기술의 발달	교통·통신 기술 및 과학 기술 등 의사전달 기술이 발달하면 통솔범위가 확장된다.

014

2019. 서울

〈보기〉에서 계층제의 역기능에 대한 설명으로 옳은 것을 모두 고른 것은?

---보기---
㉠ 내부통제수단　㉡ 서열주의 강조
㉢ 권한배분의 기준　㉣ 갈등 및 대립의 조정수단
㉤ 비 민주적 관리　㉥ 의사소통의 왜곡

① ㉠, ㉤, ㉥
② ㉡, ㉢, ㉣
③ ㉣, ㉤, ㉥
④ ㉡, ㉤, ㉥

정답 ④

요점
- 내부통제수단, 조직 내의 분쟁이나 갈등 및 대립의 조정수단
  - 계층제의 순기능
- 권한과 책임의 배분을 통하여 업무처리의 신중을 기할 수 있다.
  - 계층제의 순기능

계층제의 특징
① 관료제의 전형이며, 명령일원화의 체계로 조직의 수직적 차원에서 적용 가능하다.
② 통솔범위가 넓어지면 계층의 수는 감소되고, 통솔범위가 좁아지면 계층의 수는 증가한다.
③ 계층수준이 높을수록 정책에 대한 비정형적인 업무를 하고, 계층수준이 낮을수록 정형적 업무나 구체적인 운영을 담당한다.
④ 조직의 대규모, 전문화, 업무의 다양성과 구성원의 수가 증가할수록 조직의 계층도 증가한다.

장점	• 지휘·감독을 통한 질서와 통일성 확보가 쉽다. • 상의하달식 의사전달로 신속한 정책 결정이 가능하다. • 조직의 통솔·통합·조정 및 갈등을 해결하는 데 있어 내부통제 수단이 된다. • 업무 분담 및 권한위임으로 행정 책임의 한계가 명확하다. • 승진을 통해 구성원의 사기를 올려주어 능률성을 올려준다.(승진의 통로)
단점	• 조직의 경직화와 계층간의 불신이 생기면서 상하간의 권력 불균형이 생길 수 있다.(근무의욕이 저하됨) • 계층이 많아져 의사전달이 늦거나 왜곡되어 정책결정이나 목표설정에 지장을 줄 수 있다. • 기관장의 독재화가 발생하면 민주성 확보가 곤란해지고 새로운 창의성을 요구하는 업무나 위험부담을 수반하는 일을 하기 어렵다. • 조직구성원의 의견수렴이 어려워져 환경변화에 신축적으로 적용하기 곤란한 경우도 있다.

015　2017. 경기

계층제의 장점에 해당하지 않는 것은?

① 갈등의 조정
② 조직구성원의 원활한 의견수렴
③ 권한위임의 통로
④ 지휘·감독을 통한 통일성 강화

정답 ②

요점 계층제의 장점과 단점

장점	• 지휘·감독을 통한 질서와 통일성 확보가 쉽다. • 상의하달식 의사전달로 신속한 정책 결정이 가능하다. • 조직의 통솔·통합·조정 및 갈등을 해결하는 데 있어 내부통제가 수단이 된다. • 업무 분담 및 권한위임으로 행정 책임의 한계가 명확하다. • 승진을 통해 구성원의 사기를 올려주어 능률성을 올려준다.(승진의 통로)
단점	• 조직의 경직화와 계층간의 불신이 생기면서 상하간의 권력 불균형이 생길 수 있다.(근무의욕이 저하됨) • 계층이 많아져 의사전달이 늦거나 왜곡되어 정책결정이나 목표설정에 지장을 줄 수 있다. • 기관장의 독재화가 발생하면 민주성 확보가 곤란해지고 새로운 창의성을 요구하는 업무나 위험부담을 수반하는 일을 하기 어렵다. • 조직구성원의 의견수렴이 어려워져 환경변화에 신축적으로 적용하기 곤란한 경우도 있다.

016　2012. 경북교육청

조직이론에 대한 설명으로 옳지 않은 것은?

① 신고전적이론은 인간관계의 중요성을 강조하였다.
② 고전적이론은 조직 내에서 인간보다는 구조에 초점을 맞추고 있다.
③ 생태이론은 조직의 생존이 환경의 선택에 따른다고 주장하고 있다.
④ 자원의존론은 요구하는 모든 자원을 조직이 자급자족할 수 있다고 강조하고 있다.
⑤ 상황이론은 외부 환경의 변화에 맞추어 변화할 수 있는 조직이 가장 잘 적응한다는 것이다.

정답 ④

요점 자원의존론

① 페퍼와 살란시크(Pfefier & Salancik) 교수는 기본 분석단위는 조직이며, 조직과 조직간의 관계 및 조직 간 자원의 흐름에 초점을 둔다. 어떤 조직도 외부환경으로부터 모든 자원을 획득할 수 없음을 전제로 한다.
② 조직관리자의 핵심적 희소자원 확보를 위한 전략적 선택이 강조되고, 조직은 스스로의 이익을 위해 적극적으로 환경에 대처한다.

017 2020. 인천

테일러(Taylor)가 개척한 과학적 관리론에 대한 설명으로 옳지 않은 것은?

① 기업의 생산성 향상에 크게 기여한 이론이다.
② 기계적 인간관에 기초하는 이론이다.
③ 외부환경요인을 고려한 개방적 행정이론이다.
④ 명확한 목표를 세우고, 직무를 분석하여 각 직무마다 표준화된 작업방법을 개발하고 반복적 훈련을 강조하였다.

정답 ③

요점
과학적 관리론은 외부환경적 요인을 고려하지 않은 폐쇄적 행정이론이다.

테일러(Taylor)의 과학적 관리론
- 최소한의 노동과 비용으로 최대의 생산효과를 확보할 수 있는 최선의 방법을 찾아내기 위한 관리이론으로, 기업관리의 합리화를 위해 경영학자들에 의해 개발되어 기업생산성 향상에 크게 기여하였다.
- 구성원들을 기계의 부속품으로 취급한다고 해서 기계적 인간관 또는 합리적 경제인관에 기초하는 이론이며, 개개의 작업을 가장 간단한 요소동작으로 분해하고 각 요소동작의 형태, 순서, 소요시간을 시간연구와 동작연구로 표준화하여 하루의 공정한 작업량, 즉 과업을 설정하고 과업을 기준으로 하는 관리의 과학화를 성취해야 한다는 것이다.

018 2021. 경북

테일러(Taylor)가 개척한 과학적 관리론에 대한 설명으로 옳지 않은 것은?

① 경영합리화를 추구한 이론이다.
② 공식구조 중심의 관리기술을 연구하는 관리이론이다.
③ 사회적 인간관을 전제로 한다.
④ 기계적 능률성을 중시한다.

정답 ③

요점
구성원들을 기계의 부속품으로 취급한다고 해서 기계적 인간관 또는 합리적 경제인관에 기초하는 이론이다.

019　　　　　　　　　　2012. 지방7급

구성원의 동기부여 및 비공식적 측면과 의사소통, 민주적 리더십, 참여의 중요성을 강조하는 조직이론은?

① 과학적 관리론
② 상황이론
③ 인간관계론
④ 체계이론

정답 ③

요점

신고전적 조직이론(인간관계론, 1930~1950년)

과학적 관리법의 한계점을 보완하는 개념으로 과학적 관리론과 달리 인간을 사회적 유인에 따라 움직이는 존재로 파악하고, 사회적 능률을 향상시킬 수 있는 관리방법을 탐구한 접근방법이다.

〈메이요(Mayo)가 호손 공장(Hawthorme Studies, 1924~1932) 실험을 진행〉

- 첫 번째 실험: 조명실험 조명을 어둡게 할수록 작업효율이 높아진다는 가설과 다르게 조명을 어둡게 하거나 밝게 해도 작업효율은 똑같았음
- 두 번째 실험: 전화 중계기 조립실험 반복작업을 하는 여성노동자를 감독하는 현장 관리자가 없이 스스로 원하는 속도로 작업을 하도록 하면서, 휴식횟수를 늘리고, 간식을 지급하고, 작업시간을 단축했는데 생산량이 증가하였다. 생산성을 높게 하는 요인을 작업자들과 함께 의논하고, 서로 도움을 주고받으며 즐겁게 일하는 것이었기 때문에 임금, 휴식, 간식, 방의 온도와 습도 등은 생산성에 크게 변화가 없다고 하였다
- 세 번째 실험: 면접조사 연구자가 듣고 싶은 얘기가 아니라, 작업자가 말하고 싶은 내용을 파악하는 것이 중요하다고 생각하고 현장관리자, 작업환경, 피로, 업무효율 등에 대하여 자신들의 의견과 불만을 이야기했고, 그에 대해 어떤 후속조치를 하지 않았음에도 직원들은 감사하다고 하였다. 그것은 인간을 기계가 아닌 감정을 지닌 사회적 존재로 바라보는 중요한 전환점이 된 것이다.
- 네 번째 실험: 배선관찰실험 노동자의 각자의 업무와 숙련도에 따라서 개인별로 시간당 임금을 다르게 하고, 실적에 따라 추가 수당을 지급하였다. 실험과정에서 작업집단은 회사에서 정한 생산목표를 제대로 달성하지 않았고, 실적 보고도 정확하지 않았다. 더 많은 급여를 받을 수 있었으나 큰 변화가 없었던 이유는 담당 작업을 임의로 변경하거나 다른 사람의 작업을 도와주었기 때문이었다. 그 원인은 작업자들이 비공식 조직을 형성하였기 때문이었으며, 노동자 자기들만의 표준 작업량을 정했기 때문이었다.

- **실험내용의 결론**
  ㉠ 지나친 인간의 기계화, 작업세분화는 오히려 작업의 능률을 저하시키며, 조직구성원의 감정과 대인관계의 중요성을 보여주었다.
  ㉡ 노동자의 생산력을 결정하는 요인은 물리적·경제적·육체적 조건보다는 인간관계의 사회심리적 요인이 더욱 중요하다는 것이다.

020　　　　　　　　　　2013. 서울

하버드대학 메이오(Mayo) 교수의 호손 공장실험을 통한 조직관리에 대한 주장을 〈보기〉에서 모두 고른 것은?

―― 보기 ――
㉠ 지나친 인간의 기계화, 작업 세분화는 오히려 작업의 능률 저하를 보였다.
㉡ 조직구성원의 감정과 대인관계의 중요성을 보여주었다.
㉢ 업무배분을 통한 전문화의 성과로 과학적 관리론의 중요성을 보여주었다.
㉣ 최소한의 비용과 노동으로 최대의 생산효과를 찾는 것을 거부하였다.

① ㉠
② ㉠, ㉡
③ ㉠, ㉡, ㉢
④ ㉠, ㉡, ㉢, ㉣

정답 ②

요점

㉢ 과학적 관리론
㉣ 호손실험과 관련 없음

021

2014. 지방

다음 중 신고전적 조직이론에 대한 설명으로 옳지 않은 것은?

① 조직과 내부환경의 상호관계를 중요시하였다.
② 효율성 중심의 고전적 조직이론에 대한 비판으로 나타났다.
③ 실험 초기에는 공장 내의 조명의 강도와 작업능률이 관계가 있을 것으로 예측했다.
④ 조직을 개방체계로 파악하고 조직과 사회적 관계를 강조하였다.

정답 ④

요점

조직을 개방체계로 파악하고 조직과 사회적 관계를 강조하였다.
- 현대적 조직이론

신고전적 조직이론의 특성과 문제점

특성	• 구성원의 능력은 육체적인 면보다 사회적 요인으로 동기유발이 된다. • 사회적 욕구의 충족 등 비경제적 보상을 중시한다.(임금에 대한 보상이 아닌 일체감, 대인관계, 집단사기나 인간의 심리적 만족감이 생산성을 결정) • 인간중심의 유연한 관리가 강조된다.(구성원을 개체가 아닌 집단의 일원으로 인식하여 인간중심적 리더십, 집단적 유인구조, 비공식적 의사전달망 등을 중시) • 비공식 집단 중심의 사기 형성이 중요하다.(생산성을 좌우하는 것은 비공식의 사회적 규범)
문제점	• 실험을 의식하며 진행된 실험이므로 공장의 생산성에 대한 실험이 정확하지 않다. • 기계적 능률성은 무시된다. • 보다 세련된 착취방법으로 만족한 젖소가 더 많은 우유를 생산해 내듯 만족한 근로자들이 더 많은 생산을 한다는 식의 논리를 주장한다는 측면에서는 비판적이다.

022

2017. 부산

인간관계론에 대한 설명으로 옳지 않은 것은?

① 사회적 능률성, 조직구성원의 만족도가 조직의 생산성 향상에 기여한다.
② 비공식구조를 통한 사기제고가 생산성 향상에 기여한다.
③ 비경제적 보상인 대인관계나 집단 사기가 생산성 향상에 기여한다.
④ 명확한 목표를 세우고, 직무를 분석을 통한 표준화된 작업방법 개발이 생산성 향상에 기여한다.

정답 ④

요점

명확한 목표를 세우고, 직무를 분석을 통한 표준화된 작업방법 개발이 생산성 향상에 기여한다. - 과학적 관리론

023　2014. 경남

작업의 과학화를 통해 표준화된 작업을 관리하여 생산성 향상을 도모하려 했던 조직이론은?

① 과학적 관리론
② 인간관계론
③ 체제이론
④ 상황이론

정답 ①

요점 고전적 조직이론(과학적 관리론, 폐쇄-합리적 조직이론)
① 고전적 조직이론은 과학적 관리론, 고전적 행정이론, 관료제 이론 등의 조직에 관한 이론을 통틀어 일컫는 이론으로 조직을 마치 기계와 같은 것으로 보고 조직 내의 구성원들을 한낱 기계의 부품으로 생각하는 입장에서 조직의 능률성을 추구한 점이 특징이다.
② 테일러의 과학적 관리론은 조직관리에 과학적 이론을 도입한 것으로 공정관리론, 시간과 동작의 연구, 과학적 관리법의 원리 등이 포함된다. 테일러는 생산공정에 있어서의 개개의 작업을 요소동작으로 분리하고, 각 요소동작의 형태·순서·소요시간을 시간연구와 동작연구에 의하여 표준화함으로써 1일의 작업량을 설정하고 그 과업을 기준으로 관리의 과학화를 시도함으로써 생산성 향상을 도모하려 하였다.

024　2013. 서울

조직의 목적이 다르면 그에 따른 리더도 달라지고 조직구성원들이 어떤 사람들로 구성되는가 하는 것도 중요한 고려사항이 된다는 현대관리이론은?

① 인간관계론
② 상황이론
③ 행정조직론
④ 과학적 관리론
⑤ 조정이론

정답 ②

요점 상황이론
① 모든 상황에 맞는 보편적이고 최선의 조직관리 전략은 없다는 전제에서 출발한다.
② 상황에 따라 다양한 이론을 적용시킬 수 있으며, 때로는 고전적 조직이론, 때로는 신고전적 조직이론을 적절히 활용해야 한다는 논리이다.
③ 가장 훌륭한 조직화 전략은 결국 보편적 관리 원칙이 아닌 조직구조와 그것의 환경간의 적합여부에 달려 있다는 이론이다.

025
2018. 경기

외부환경으로부터 투입물을 받아들여 내부변환 과정을 거쳐 산출물을 만들어내는 일련의 과정으로 조직의 기능을 설명한 현재조직이론은?

① 체계이론
② 상황이론
③ 자원의존론
④ 생태론

정답 ①

요점 어느 한 분야만 이해할 수 없다고 생각하고, 여러 학문 분야를 통합하여 이해할 수 있는 통합적 사고와 연구의 틀을 찾기 시작하여 시스템이론이 생기게 되었다.

CHAPTER **2** 조직의 유형과 이론

026
2013. 지방7급

맥클리랜드(McClelland)의 동기이론이 제시하는 욕구가 아닌 것은?

① 성취욕구
② 안전욕구
③ 친화욕구
④ 권력욕구

정답 ②

요점 맥클리랜드(McClelland)의 성취동기이론

욕구와 학습의 개념을 결합한 이론으로 모든 사람이 비슷한 욕구와 계층을 가지고 있다는 매슬로(Maslow)의 욕구계층이론을 비판하였다. 개인의 동기는 사회문화와 상호작용하는 과정에서 취득되고 학습되는 것으로 개인마다 욕구의 계층에 차이가 있다고 하였다.

권력욕구	다른 사람들에 대해 영향을 미치기를 원하고, 타인을 지도하고자 하는 사람이다. 타인의 행동에 영향력을 미치거나 통제하려는 욕구가 있다.
친교욕구	다른 사람들과 감정적인 관계를 설정하고 유지하려는 욕구가 있으며, 경쟁보다는 협조적인 상황을 선호한다. 타인과 따뜻하고 친근한 관계를 유지하는 욕구가 있다.
성취욕구	타인과의 경쟁에서 이기고 싶어하고, 남보다 잘하고자 한다. 어려운 일을 성취하려는 욕구, 장애를 극복하고 높은 수준을 유지하려는 욕구, 성공적 기업가가 되게 하는 요인이다. 하지만, 일상적인 문제는 집중을 하지 않는다.

027
2020. 서울

동기부여이론 중 내용이론이 아닌 것으로 가장 옳은 것은?

① 매슬로우(Maslow)의 욕구단계이론
② 아지리스(Argyris)의 미성숙-성숙이론
③ 브룸(Vroom)의 기대이론
④ 허즈버그(Herzberg)의 2요인이론

정답 ③

요점

브룸(Vroom)의 기대이론 : 과정이론
[동기부여이론의 구분]

구분	특징	대표적인 이론
내용이론	'인간의 동기를 유발하는 내용'을 설명하는 이론으로, 인간의 욕구와 욕구에서 비롯되는 충동, 욕구의 배열, 유인 또는 달성하려는 목표 등을 분석하는 이론이다.	• 허즈버그(Herzberg)의 2요인이론 (동기위생이론, 욕구충족이론) • 아지리스(Argyris)의 성숙-미성숙이론 • 맥클리랜드(McClelland)의 성취동기이론
과정이론	인간의 행동이 어떤 과정을 통해 동기유발이 되는가를 설명하는 이론으로, 사람들이 어떠한 방법을 통해 욕구를 충족시키고, 욕구 충족을 위한 여러 가지 행동 대안 중 어떤 방법으로 행동 선택을 하는가에 중점을 두었다.	• 브룸(Vroom)의 VIE기대이론 • 포터와 로울러(Porter & Lawler)의 업적-만족이론 • 아담스(Adams)의 공평성(형평성)이론

028
2015. 서울

매슬로우(Maslow)의 욕구이론 중 자신의 잠재력을 극대화시키려는 욕구단계는?

① 사회적 욕구
② 자아실현의 욕구
③ 존경의 욕구
④ 생리적 욕구

정답 ②

요점 매슬로우(Maslow)의 욕구계층이론

① 동기를 중요성에 따라 욕구를 5가지 계층으로 분류하였다.
→ 생리, 안전, 사회적, 존중, 자아실현의 욕구
② 각 단계의 욕구가 순차적으로 유발되며, 인간의 행동을 작동시키는 동기를 이해하고 조직 구성원들 개인의 문제를 해결하는 데 개념적 틀을 제시한다.

구분	욕구의 내용	관리전략
생리적 욕구	인간의 가장 생존에 필요한 기본적인 욕구로써 반드시 충족되고자 한다.(의식주)	보수체계의 적정화, 휴가제도 등
안전의 욕구	생명에 대한 위기로부터 자신을 보호하고 방어하는 욕구로 사고, 전쟁, 질병, 경제적 불안 등으로부터 해방하고자 한다.(안전, 방어)	고용, 신분의 안전성, 연금제도, 작업환경의 안전성
사회적 욕구	여러 사람으로부터 인정받는 사회에서의 소속감을 느끼고 상호관계를 유지하고자 한다.(우정, 친교활동)	의사전달의 활성화, 갈등제지, 비공식 조직의 인정, 인간화 등
존중의 욕구	자신에 대한 긍지를 가지며, 자신을 높게 평가 받으면서 존경받고자 한다.(명예, 지위, 인정받고자 함)	참여 촉진, 교육훈련 평가, 승진 등
자아실현의 욕구	자신의 가능성, 잠재력을 발휘하여 자신의 이상과 목적을 성취하고자 하는 욕구이다.(성취, 능력발전)	도전적 직무, 창의력을 발휘할 수 있는 기회, 자신이 정한 목표 달성 등

029

Maslow의 욕구 5단계를 낮은 단계에서 높은 단계로 나열한 것을 고르면?

① 생리적 욕구 – 안전욕구 – 사회적 욕구(소속 욕구) – 존경의 욕구 – 자아실현 욕구
② 생리적 욕구 – 안전욕구 – 사회적 욕구(소속 욕구) – 자아실현 욕구 – 존경의 욕구
③ 생리적 욕구 – 사회적 욕구(소속 욕구) – 안전 욕구 – 자아실현 욕구 – 존경의 욕구
④ 생리적 욕구 – 안전욕구 – 존경의 욕구 – 사회적 욕구(소속 욕구) – 자아실현 욕구

> **정답** ①
> **요점**
> 하위 욕구부터 고차원적 욕구가 순차적으로 발현된다는 이론이다.

030

매슬로우의 5단계 욕구단계이론의 문제점을 수정하여 대안으로 나온 이론은?

① 공정성이론
② 기대이론
③ ERG이론
④ XY이론

> **정답** ③
> **요점** 앨더퍼(Alderfer)의 ERG이론과 매슬로우(Maslow)의 5단계 욕구단계이론과 차이점
> ① 인간의 욕구란 항상 저차원의 욕구에서만 출발하는 것이 아니라고 보았다.
> ② 동시에 몇 가지의 욕구가 함께 작용할 수 있다고 보았다.
> ③ 욕구의 후진적·퇴행적 진행을 제시하였다.(매슬로우는 욕구 충족시 욕구가 최하급의 생리적 욕구에서부터 자아실현의 욕구까지 진행과정만을 제시한 반면, 앨더퍼는 욕구좌절로 인한 후진적·하향적 퇴행을 제시함)
> ④ 만족진행 가설에 따라 하위욕구 충족시 상위욕구를 갈구하게 되고, 좌절퇴행 가설에 따라 상위욕구가 좌절되면 하위욕구를 갈구하게 된다.

031
2012. 지방7급

ERG이론에 대한 설명으로 옳지 않은 것은?

① 인간의 욕구를 생존, 관계, 성장이라는 3요소로 설명하였다.
② 하위욕구가 반드시 충족되어야 상위욕구로 이행된다는 가정을 수용한다.
③ 욕구구조가 신축적이며 개인 차이를 인정하고 있다.
④ 동기이론 중 앨더퍼가 주장한 욕구이론이다.

정답 ②

요점
② 하위욕구가 충족되어야 상위욕구가 충족된다는 이론은 매슬로우 이론이다.

앨더퍼(Alderfer)의 ERG이론
① 욕구충족을 위한 행동이 얼마나 추상적인가를 기준으로 존재(Existence), 인간관계(Relatedness), 성장(Growth)의 3단계로 분류한다.
② 앨더퍼(Alderfer)는 매슬로우(Maslow) 인간욕구 5단계설을 수정하여 3가지로 제시하였다.

Alderfer (앨더퍼)	존재의 욕구	인간관계의 욕구		성장의 욕구	
Maslow (매슬로우)	생리적 욕구	안전의 욕구	사회적 욕구	존중의 욕구	자아실현의 욕구

032
2019. 서울

조직에서 인간의 동기를 설명하는 허즈버그(Herzberg)의 이론에 대한 설명으로 가장 옳지 않은 것은?

① 사람의 욕구를 만족과 불만족의 2요인으로 설명하고 있다.
② 욕구를 단계적으로 보고 하위욕구가 충족되면 다음 단계의 욕구가 동기부여를 할 수 있다.
③ 임금에 대한 불만족을 제거하여야 하지만 이를 통해 동기에 부여되는 것은 아니다.
④ 성취감, 승진 등의 동기요인이 만족되면 적극적인 태도로 유도될 수 있다.

정답 ②

요점
② 욕구를 단계적으로 보고 하위욕구가 충족되면 다음 단계의 욕구가 동기부여를 할 수 있다. - 매슬로우의 욕구계층이론

허즈버그(Herzberg)의 이론
허즈버그(Herzberg)는 인간은 이원적 욕구를 가져왔으며, 욕구는 불만과 만족의 감정에 대하여 별개의 차원에서 작용함으로써 불만족요인과 만족요인은 서로 다르다는 이원적 욕구이론을 제시하였다.
① 욕구의 이원적 구조 : 인간의 기본적 욕구는 만족과 불만족의 2가지 요인으로 구별하였다.
② 위생요인 : 충족되지 않으면 불만족을 가져올 수 있는 요인들(기본적 급여, 상사의 관리나 통제, 직원간 관계, 작업장의 안전, 회사의 정책이나 지침 등) → 이러한 요소들이 충족되지 않으면 극단적인 불만족을 가져오지만, 충족된다고 직원들이 만족하지는 않음
③ 동기부여요인 : 충족될 경우 만족과 동기부여가 가능한 요인들(직무의 성취, 사내안정, 개인의 학습과 성장, 승진 등) → 이러한 경험들을 통해 만족하고 동기부여가 되는 것이지만, 이런 경험이 없어도 직무에 불만족하지는 않음

033

2015. 서울

동기부여이론 중 사람들의 욕구는 단계적으로 이루어져 있지 않으며, 불만족과 만족 증진은 서로 별개의 차원으로 이루어져 있다고 주장한 학자는?

① 맥그리거
② 아지리스
③ 브룸
④ 허즈버그

정답 ④

요점 허즈버그(Herzberg)의 2요인 이론
(동기위생이론, 욕구충족이론)

[위생요인과 동기부여요인의 구별]

위생요인(불만족요인, X이론)	동기부여요인(만족요인, Y이론)
• 인간의 본능적인 측면으로, 충족시 불만이 되는 요소이다. • 위생요인의 충족은 불만을 줄여주는 소극적 효과이며, 직무행태에는 단기적 영향에 불과하다. • 작업자의 환경범주와 관련된 것으로써 정책과 관리, 감독기술, 근무조건, 개인상호 간의 관계, 임금, 인간관계, 안전문제 등을 들고 있다. **예** 임금의 불만족 요인이 제거되어도 동기가 부여되는 것은 아니다.	• 충족시 생산성이 향상되는 요소이다. • 동기요인의 증대는 인간의 자기실현 욕구에 자극을 주고 직무수행의 동기를 유발한다. • 직무 자체와 관련된 심리적 욕구로써 성취감, 안정감, 승진, 직무 자체에 대한 만족감, 보람있는 일, 능력신장 등 정신적 측면을 언급하였다. **예** 성취감, 승진 등의 동기부여요인이 만족되면 적극적인 태도로 유인될 수 있다.

034

2006. 서울

인간을 긍정적, 부정적으로 보는 동기부여이론에 해당하는 것은?

① 맥그리거의 XY이론
② 맥클리랜드의 성취이론
③ 알더퍼의 ERG이론
④ 브룸의 기대이론
⑤ 허즈버그의 2요인이론

정답 ①

요점 맥그리거(McGregor)의 X, Y이론

맥그리거(McGregor)는 상반되는 인간본질에 대한 가정을 중심으로 X, Y이론을 제기하였다.

구분	X이론(전통적 인간관)	Y이론(현대적 인간관)
인간관	• 본질적으로 일을 싫어하며 가능하면 일을 하지 않고, 야망도 없으며, 책임지기를 싫어한다. • 안전을 원하고 변동에 저항한다. • 자기중심적이고 책임지기를 싫어하며, 조직의 문제 해결시 창의력이 없다. • 생리적 요구 또는 안전의 욕구(하급욕구)에 자극을 주는 금전적 보상과 제재 등에 반응한다.	• 본질적으로 일을 싫어하는 것은 아니며, 자아실현 인간관을 가지고 있어 자기 행동의 방향을 스스로 정하고, 자율적으로 자기 규제를 할 수 있는 존재이다. • 조직의 문제 해결시 비교적 높은 수준의 창의력과 상상력을 발휘한다. • 이기적으로만 행동하는 것이 아니라 같은 사회 내의 타인을 위해 행동하기도 한다. • 존중의 욕구, 자아실현의 욕구(고급욕구)가 직무동기이다.
관리전략	• 당근과 채찍이론을 활용한다.(유연한 접근과 강경한 접근을 교환적으로 활용) • 경제적 보상과 제재를 이용한다. • 권위주의적 리더십의 확립으로 엄격한 감독과 통제도의 확립이 필요하다.	• 민주적 리더십을 통해 조직목표와 개인목표의 통합을 추진한다. • 분권화와 권한을 위임한다. • 자기평가제도, 자체평가제도를 활성화한다. • 비공식 조직을 활용한다.

035　2018. 서울

맥그리거(McGregor)의 Y이론에 대한 설명으로 가장 옳은 것은?

① 구성원은 처벌과 통제를 해야 한다.
② 조직구성원들의 경제적 욕구 추구에 대응한 경제적 보상 체계가 확립되어야 한다.
③ 자기통제와 자기지시를 행할 수 있다.
④ 인간은 자기중심적이고 책임지는 것을 싫어한다.

정답 ③

요점
Y이론은 인간의 본성은 일을 싫어하지 않고 사람은 조직의 목표 달성을 위하여 자율적으로 자기 규제를 할 수 있으며, 조직목표에 헌신적 인간을 가정한다.
조직목표에 헌신하는 동기는 자기실현 욕구나 존경 욕구의 충족이 가장 중요한 보상이며, 조직문제 해결에 있어 창의력과 상상력을 발휘할 수 있다는 것을 전제한다.
Y이론에서의 관리자의 관리전략은 개인목표와 조직목표를 조화될 수 있도록 하며, 관리자는 직무를 통하여 욕구가 충족되고 개인이 발전할 수 있는 운영방침을 채택하는 것이다.

036　2017. 서울

브룸(Vroom)의 기대이론에 대한 설명으로 옳지 않은 것은?

① 유의성은 보상에 대한 객관적 선호의 정도이다.
② 전체 동기부여 수준은 0의 값을 가질 수 있다.
③ 수단성은 성과가 보상을 가져올 것이라는 믿음이다.
④ 기대감은 자신의 노력이 일정한 성과를 달성한다는 기대이다.

정답 ①

요점
- 유의성은 보상에 대한 주관적 선호의 정도이다.
- 브룸의 기대이론은 즉각적인 보상보다는 성과를 낸 후 보상을 받게 될 것이라는 기대감이 있으면 동기부여가 된다는 이론이다.

사람이 행위를 선택하는 데 영향을 미치는 요인
① Valence(유의성) : 행위의 결과로 얻어지는 보상에 대한 주관적 선호의 강도
② Instrumentality(수단성) : 성과가 보상을 가져올 것이라는 믿음
③ Expectancy(기대감) : 자신의 노력이 일정한 성과를 달성한다는 기대

동기부여는 기대감, 수단성, 유의성의 세 가지 변수가 모두 높을 때 동기부여의 수준이 가장 높으며, 세 가지 변수 가운데 한 가지만 낮아도 동기부여의 수준이 낮아진다.(동기력은 기대, 수단성, 유의성을 곱하여 결정되는데 세 가지 요소 중 한 가지 요소라도 0이면 전체가 0이 된다.)

037

2012. 지방

브룸(Vroom)의 기대이론에 대한 설명으로 옳지 않은 것은?

① 어떤 방법으로 동기를 불러일으킬 수 있는가에 초점을 둔 과정이론이다.
② 수단성(Instrumentality)은 개인 활동의 성과와 그에 따른 보상의 관계를 나타낸다.
③ 기대감(Expectancy)은 특정행위를 통해 달성된 성과의 객관적 확률이다.
④ 유의성(Valence)은 특정한 보상에 대한 한 개인의 선호도이다.

정답 ③

요점

즉각적인 보상보다는 성과를 낸 후 보상을 받게 될 것이라는 기대감이 있으면 동기부여가 된다는 이론이다.
- Expectancy(기대감) : 자신의 노력이나 능력을 투입하면 성과가 있을 것이라는 주관적인 것으로, 이것은 내용이론과 과정이론의 가장 중요한 변별기준이다.
- Valence(유의성) : 행위의 결과로 얻어지는 보상에 대한 주관적 선호의 강도
- Instrumentality(수단성) : 성과가 보상을 가져올 것이라는 믿음

038

2012. 서울

동기부여이론에는 내용이론과 과정이론이 있다. '인간의 어떤 행동이 어떤 과정을 통해 동기유발이 되는가'를 설명하는 이론에 해당하는 것은?

① 허츠버그의 2요인이론
② 브룸의 기대이론
③ 아지리스의 성숙 – 미성숙이론
④ 동기부여의 전통이론
⑤ 맥그리거의 XY이론

정답 ②

요점

브룸의 기대이론은 과정이론이다.

내용이론과 과정이론

구분	특징	대표적인 이론
내용이론	'인간의 동기를 유발하는 내용'을 설명하는 이론으로, 인간의 욕구와 욕구에서 비롯되는 충동, 욕구의 배열, 유인 또는 달성하려는 목표 등을 분석하는 이론이다.	• 매슬로우(Maslow)의 욕구계층이론 • 맥그리거(McGregor)의 X, Y이론 • 앨더퍼(Alderfer)의 ERG이론 • 허즈버그(Herzberg)의 2요인이론 (동기위생이론, 욕구충족이론) • 아지리스(Argyris)의 성숙–미성숙이론 • 맥클리랜드(McClelland)의 성취동기이론
과정이론	인간의 행동이 어떤 과정을 통해 동기유발이 되는가를 설명하는 이론으로, 사람들이 어떠한 방법을 통해 욕구를 충족시키고, 욕구 충족을 위한 여러 가지 행동 대안 중 어떤 방법으로 행동 선택을 하는가에 중점을 두었다.	• 브룸(Vroom)의 VIE기대이론 • 포터와 로울러(Porter & Lawler)의 업적–만족이론 • 아담스(Adams)의 공평성(형평성)이론

039　2017. 경남

동기부여이론 중 내용이론에 해당하는 것은?

① 브룸의 기대이론
② 애덤스 공정성이론
③ 아지리스 성숙 – 미성숙이론
④ 포터와 로울러의 업적 – 만족이론

정답 ③

요점

- 내용이론은 인간의 동기를 유발하는 내용을 설명하는 이론으로, 인간의 욕구와 욕구에서 비롯되는 충동, 욕구의 배열, 유인 또는 달성하려는 목표 등을 분석한다.
- 과정이론은 인간의 행동이 어떤 과정을 통해 동기유발이 되는가를 설명하는 이론으로, 사람들이 어떠한 방법을 통해 욕구를 충족시키고 욕구충족을 위한 여러 가지 행동대안 중 어떤 방법으로 행동선택을 하는가에 중점을 둔다.

아지리스(Argyris)의 성숙 – 미성숙이론

① 인간은 미성숙에서 성숙의 단계로 발전하며, 조직관리자는 조직 구성원을 성숙한 인간으로 관리하여야 한다고 주장하였다.
② 인간을 미성숙 상태로 고정시키거나 조장하는 고전적 관리전략을 대체할 관리전략으로 모든 구성원들이 스스로 욕구를 충족시키고 성장·성숙의 기회를 얻을 수 있는 분위기를 조장해야 함을 강조하였다.
③ 미성숙인
  ㉠ 관료적 가치체계를 따르는 조직으로, X이론에 근거하여 인간을 부정적이고 미성숙한 존재로 인식하였다.
  ㉡ 인간은 의심이 많아 대인관계 능력을 저하시키고, 집단 간 갈등을 야기하는 존재라 하였다.
④ 성숙인
  ㉠ 인간적 가치체제를 따르는 조직으로, Y이론에 근거하여 인간을 긍정적이고 성숙한 인간으로 취급하였다.
  ㉡ 인간은 긍정적이고 성숙한 존재이므로 신뢰하는 인간관계 속에서 대인관계 능력을 증가시키고, 협동·융통성을 통한 관계를 유지하는 존재라 하였다.

040　2016. 서울

다음 중 동기부여이론의 제안자와 이론 및 그 특성을 바르게 조합한 것은?

① 허즈버그(Herzberg) – 2요인이론 – 불만족 요인의 해소가 만족요인을 증대시킴
② 브룸(Vroom) – 기대이론 – 동기수준은 달성가능성과 욕구의 크기 등에 의해 결정됨
③ 맥그리거(McGregor) – XY이론 – X이론에서 인간은 조직 문제 해결에 창의적임
④ 매슬로우(Maslow) – ERG이론 – 인간의 욕구를 존재욕구, 안전욕구, 성장욕구로 구분함

정답 ②

요점

① 허즈버그(Herzberg) : 욕구는 불만과 만족의 감정에 대하여 별개의 차원에서 작용함으로써 불만족 요인과 만족요인은 서로 다르다는 이원적 욕구이론을 제시(만족요인에 영향을 주는 요인을 '동기요인', 불만족 요인을 '위생요인'이라고 부르고, 위생요인이 충족되는 것은 단지 불만족 요인을 제거하는 것일 뿐이며, 만족요인에는 영향을 주지 못하므로, 직무만족에 영향을 주려면 동기요인을 강화해야 한다고 주장함)
② 맥그리거(McGregor) : X이론에서의 관리자의 관리전략은 직원들의 행동을 감독·통제하고 시정하는 책임을 지며 처벌·통제·위협 등을 선호한다고 가정함. 문제해결에 창의적인 것은 Y이론이다.
③ 매슬로우(Maslow) : 동기를 중요성에 따라 욕구를 5가지 계층으로 분류하였다. → 생리, 안전, 사회적, 존중, 자아실현의 욕구
④ 앨더퍼(Alderfer)의 ERG이론 : 욕구충족을 위한 행동이 얼마나 추상적인가를 기준으로 존재(Existence), 인간관계(Relatedness), 성장(Growth)의 3단계로 분류하고, 하위욕구가 충족될수록 상위욕구에 대한 욕망이 커지고, 반대로 상위욕구가 좌절되면 하위욕구가 더 커질 수 있음을 주장하였다.

041

2017. 서울

아담스(Adams)의 공정성(공평성)이론에 대한 설명으로 옳지 않은 것은?

① 비교집단과 투입 – 산출의 비율에 대한 비교를 통해 공정하다고 느낄 때 인간은 행동한다.
② 형평성의 비교과정을 투입에 대한 산출의 비율로 설명한다.
③ 투입에는 직무수행에 동원한 노력, 기술, 교육수준, 사회적 지위 등이 포함된다.
④ 산출에는 개인이 받게 되는 보수, 승진, 작업안정성, 사회적 상징, 책임 등이 포함된다.

> **정답** ①
>
> **요점**
> 아담스의 공정성이론은 투입과 산출에 대한 비교를 통해 공정함을 느낄 수 있을 정도까지만 자신의 노력과 노동을 줄이게 되면서 갈등과 대립이 생긴다.(공정하다고 느낄 때 행동하기보다는 공정함을 느낄 수 있을 정도까지만 행동한다)
>
> **아담스(Adams)의 공평성(형평성)이론**
> ① 노력과 직무만족은 업무상황의 지각된 공정성에 의해서 결정된다고 보는 이론이다.
> ② 본인이 생각하는 적절한 보상을 회사로부터 받았다고 생각하는 사람이라도 동등한 노력을 했는데도 다른 사람과 비교해 상대적으로 대우를 받지 못해 불공평하다고 느끼게 되면, 공정함을 느낄 수 있을 정도까지 자신의 노동과 노력을 줄이면서 조직 내 갈등과 대립이 생기게 된다.
>
> | | 개인이 직무에 투여하는 개인적인 특성 |
> |---|---|
> | 투입 | • 개인이 습득한 것 : 기술, 노력, 경험, 교육수준, 사회적 지위 등
• 개인의 속성 : 나이, 성별, 인종 등 |
> | 산출 | 개인이 직무수행의 결과로 받는 것
예 보수, 승진, 직업 안정성, 사회적 상징, 책임 등 |

042

2010. 지방

보건의료인력은 보건의료서비스를 제공하는 데 필요한 인력자원이다. 인력자원의 동기부여에 관한 이론과 그 설명이 옳지 않은 것은?

① 욕구단계이론 : 인간의 욕구 중 사회적 욕구는 기본적인 의식주 및 안전의 욕구가 충족되었을 경우 비로소 실현하고자 하는 욕구를 가지게 된다.
② XY이론 : 일을 싫어하고 수동적인 인간형인 경우는 보상과 제재에 의한 관리가 가장 적합하며, 일을 좋아하고 적극적인 인간형의 경우는 민주적 리더십과 권한의 위임 등이 적합하다.
③ 2요인이론: 불만요인과 만족요인은 별개의 차원으로 구성되지 않으며, 불만요인이 사라지면 바로 만족을 하게 된다.
④ 미성숙 – 성숙이론 : 인간은 미성숙 단계에서 성숙한 단계로 나아가며, 조직의 관리방법은 이러한 과정에 영향을 끼치게 된다.

> **정답** ③
>
> **요점 허즈버그(Herzberg) 2요인이론**
> 위생요인이 충족되는 것은 단지 불만족 요인을 제거하는 것일 뿐이며, 만족요인에는 영향을 주지 못하므로, 직무만족에 영향을 주려면 동기요인을 강화해야 한다고 주장하였다.

CHAPTER 3 조직의 형태

043 □□□ 2013. 경남

관료제의 특징으로 맞지 않는 것은?

① 높은 분권성
② 물정적 합리성
③ 법규에 의한 직위 권한
④ 계층제

정답 ①

요점
관료제는 권한이 최고관리자에게 집중되어 있는 집권성이다.

근대적 관료제의 특징
① 권한과 책임의 법규에 따른 지배 : 관료의 권한과 직무 범위는 법규에 의해 규정되며, 관료제의 지배원리는 합리적 절차에 따라 제정된 법규 또는 규칙을 따른다.
② 계층적인 구조 : 권한의 계층이 뚜렷하게 구분되며 직위 간에는 질서정연하게 상급자의 엄격한 감독과 통제에 의해서 업무를 수행한다.
③ 문서중심의 사무처리 : 모든 직위의 권한과 임무는 문서화에 의거하여 이루어지고, 그 결과는 문서로 기록·보존된다.
④ 임무수행의 비개인화 : 관료들은 임무수행시 개인적 이익이나 특별한 사정, 상대방의 지위 등에 구애되는 일이 없이 법규에 따라 공정한 업무처리를 수행한다.
⑤ 업무의 전문화와 세분화 : 채용의 기준은 전문적 능력으로 모든 직무 수행시 전문 지식과 기술을 지닌 관료가 담당하게 되며, 관료들은 지속적인 교육훈련을 통해 전문적 능력을 기르고 관료직을 '평생의 직업'으로 여기고 전념한다.
⑥ 예측 가능성과 변동 저항적 : 관료제는 고도의 안정성을 강조하는 조직으로 목표가 주어진 상태에서 능률적으로 수행할 것이 요구된다. 이에 미래 상황을 보다 확실히 예측할 수 있다고 전제하며, 관료제가 성숙하면 파괴하기 어려운 실체가 될 수 있다.

044 □□□ 2016. 지방

공식조직과 비공식조직의 차이를 설명한 것으로 옳지 않은 것은?

① 공식조직은 수직적 관계, 비공식조직은 수평적 관계
② 공식조직은 능률성 중시, 비공식조직은 심리적 만족 중시
③ 공식조직은 과학적이고 동적인 조직, 비공식조직은 자연발생적이며 정적인 조치
④ 공식조직은 공적 성격의 목적 추구, 비공식조직은 사적 성격의 목적 추구

정답 ③

요점 공식조직과 비공식조직의 특징

구분	공식조직	비공식조직
조직의 생성	외면적, 가시적, 인위적, 제도적, 합리적 조직	내면적, 비제도적, 감정적인 조직, 자연발생적
목적	공적 목적을 추구함	사적 목적을 추구함
원리	능률과 과학적 합리성의 논리가 지배함	인간의 감정 논리가 지배함
관리기법	과학적 관리	인간관계론
특징	계층적 조직, 고전적 조직, 관료제 조직으로 영속성, 경직성, 명확성을 가짐	자생적 조직으로 비영속성, 동태성, 불명료성을 가짐

045

2013. 경기

공식조직과 비공식조직에 대한 옳은 설명은?

> ㉠ 공식조직은 인위적 조직이다.
> ㉡ 비공식적 조직은 부분질서를 강조한다.
> ㉢ 비공식조직은 공식조직보다 조직에 미치는 영향이 크다.
> ㉣ 공식조직은 공식화된 계선조직이며, 인격적이다.

① ㉠, ㉡
② ㉡, ㉢
③ ㉠, ㉡, ㉣
④ ㉠, ㉡, ㉢, ㉣

정답 ①
요점
비공식조직은 공식조직보다는 조직에 미치는 영향은 크지 않으며, 인격적이다.
- 공식조직이 비공식조직보다 조직에 미치는 영향이 크다.
- 공식조직은 공식화된 라인조직이며, 제도적이다.

046

2012. 서울교육청

비공식조직의 특성에 해당하는 것은?

① 자연발생적 조직
② 능률의 논리성 강조
③ 합리적 조직
④ 비대면적 조치

정답 ①
요점 비공식조직
① 구성원간에 인간적 관계나 친근성으로 인해 자연 발생적으로 형성된 자생조직이다.
② 공식조직의 비정서적인 측면과 신축성 결여, 업무처리 지연 등으로 인해 자연스럽게 비공식조직이 발생하며 자체 규범과 리더가 존재한다.

047
2016. 서울

다음 중 공식조직의 특징으로 옳은 것은?

① 감정적 차원 존중
② 자연 발생적인 관계
③ 인위적으로 계획된 조직 구조
④ 조직 기구표에 나타나 있지 않은 소집단

정답 ③
요점
나머지는 비공식조직의 특성이다.

048
2015. 경기

보건조직의 통솔범위에 영향을 주는 요인에 대한 설명으로 옳은 것을 모두 고르면?

> 가. 복잡하고 창의성이 요구되는 보건 업무일수록 통솔범위는 좁아진다.
> 나. 부하직원이 유능하거나 교육과 훈련을 잘 받은 경우에는 통솔범위가 확대된다.
> 다. 막료조직이 있는 경우는 통솔범위를 확대할 수 있다.
> 라. 계획과 통제의 틀이 잘 갖춰져 있으면 통솔범위가 확대된다.

① 가, 다
② 나, 라
③ 가, 나, 다
④ 가, 나, 다, 라

정답 ④
요점
- 일상적이고 표준화된 업무는 통솔범위를 확대하고, 창의성이 필요한 비일상 업무의 경우에는 통솔범위를 축소한다.
- 부하의 능력이나 의욕이 높으면 통솔범위가 확대된다.
- 막료조직(비계층적 성격으로 라인(Line)은 수직조직을 말하고, 스태프(Staff)는 수평조직을 의미한다)이 있는 경우 조정, 통제, 통솔범위가 확대된다.
- 계획과 통제의 틀이 잘 갖추어져 있으면 통솔범위가 확대된다.

049

2014. 경기

조직의 원리와 그에 대한 설명으로 틀린 것은?

① 계층의 수가 늘어날수록 통솔범위는 줄어든다.
② 매트릭스 조직은 갈등의 발생소지가 많다.
③ 계층제의 원리는 권한과 책임을 명확히 해준다.
④ 명령통일의 원리가 강조될수록 참모조직의 영향력이 더욱 강화된다.

정답 ④

요점
- 계층의 수와 통솔범위는 반비례 관계에 있다. 통솔범위를 좁게 하면 계층의 수가 늘어나고(수직구조), 통솔범위를 넓게 하면 계층의 수는 줄어든다.(수평구조)
- 매트릭스 조직(복합구조 조직, 행렬조직)은 이중조직구조로 조직의 기능에 따라 수직선으로 편성된 조직에 수평적 프로젝트 조직의 모형을 부가시켜 서로 상호작용을 통해 조직의 효율성과 유연성을 동시에 높이고자 운영하는 조직모형이다.
- 계층제의 원리는 권한 위임 및 상하 간 권한 배분의 기준 및 경로를 정하므로, 권한과 책임을 명확하게 해준다.
- 명령통일의 원리가 강조될수록 계선조직(라인조직)의 영향이 강화되고, 참모조직의 영향이 약화된다.

050

2013. 경기

엽관주의(정실주의)에 대한 설명으로 옳은 것은?

① 정책수행이 용이해진다.
② 직업공무원제에 적합하다.
③ 행정의 전문성, 능률성을 확보할 수 있다.
④ 정치중립적이다.

정답 ①

요점 엽관주의

공무원의 임용이나 인사행정에서 그 기준을 당파성이나 인사권자에 대한 개인의 충성, 혈연, 학연, 학벌 등에 두는 인사제도를 뜻하며, 임용권자의 사고방식에 맞는 인물을 임용하여 강력한 리더십 행사가 가능하고 정책수행이 용이해진다.

051
2017. 경기

관료제의 구조적 특성으로 인해 조직구성원들이 자신이 소속된 기관과 부서만을 생각하고 타 부서를 배려하지 않는 현상은?

① 정실주의
② 할거주의
③ 엽관주의
④ 실적주의

정답 ②

요점

조직이 분화해 가는 과정에서 생기는 현상으로 다른 조직을 경쟁의 대상으로 인식하고 협조의 대상으로 인식하지 않는 것이다. 할거주의는 관료제 조직의 단점 중 하나이다.

관료제의 순기능과 역기능

구분	내용
순기능	• 법과 규칙에 근거를 두고 업무를 처리함으로써 객관성, 예측가능성, 일관성을 확보할 수 있다. • 공식적인 문서화된 업무절차로 직무수행의 객관성, 정확성, 공식성을 기할 수 있다. • 계층제에 따른 명확한 역할 구분과 명령 · 복종 관계와 질서가 확립된다. • 능력 원칙에 따라 공직에의 균등한 기회균등으로 진급이나 재직보장을 할 수 있다.
역기능	• 할거주의 : 본인의 소속기관과 부서만 생각하고 타부서에 대한 배려가 부족하다. • 서면주의 : 형식적인 측면을 강조하고, 형식과 절제를 내세워 업무를 지연시킨다. • 무사안일주의 : 변화에 대한 저항으로 자신의 신분보호에 몰두하여 소극적 태도로 업무에 임하고, 상급자의 권위에 의존하려는 경우가 많다. • 수단과 목표의 대치 : 지나친 규칙과 절차를 엄수하고 조직 전체의 목표달성보다는 규칙과 질서에 지나치게 집착한다. • 전문가적 무능 : 포괄적 통제적 부족으로 인해 구조적 분화에 따른 타 분야에 문외한이 되는 무능현상이 나타난다. • 인간성 상실 : 대규모 조직의 부속품처럼 기계화, 비정의화되어 인격적 관계를 상실하게 되고 갈등조정의 수단도 부족해진다.

052
2013. 충북

다음 중 명령통일의 원리가 잘 적용되는 조직은?

① 계선조직
② 막료조직
③ 참모조직
④ 위원회조직

정답 ①

요점 계선조직과 막료조직의 특징

구분	계선조직	막료조직
개념	행정조직의 목표달성에 직접 권한과 집행을 담당하는 조직	계선을 지원 · 조언하는 보조적 서비스 조직
형태	상하 명령 복종관계, 계층적이고 수직적인 조직	좌우관계, 측면적이고 수평적인 조직
기능	명령적 집행기능으로 명령 · 지휘 · 집행 · 실시를 담당함	자문적 서비스적 기능으로 권고 · 조언 · 보조의 역할을 담당함
결정권	결정권과 책임이 존재함	결정권 없음

• 계선조직 : 수직적 계층구조를 형성한 기관으로, 명령복종의 수직적 계층구조(예를 들면 장관 – 차관 – 국장 – 과장 등)를 형성하여 행정목표를 수행하고 행정조직의 근간이 되는 기관을 말한다. 조직목표를 수행하기 위해 지휘권, 명령권을 행사할 수 있다.
• 막료조직(참모조직) : 간접적으로 행정목표를 수행하고 계선기관이 효과적으로 목표를 성취하도록 보좌하는 기관(참모조직)으로 수직적 계층구조를 가진 계선기관이 원활한 업무수행을 할 수 있도록 정보 · 지식 · 기술 등에 대해 권고, 조언 등 지원을 해주는 기관이다. 차관보, 심의관, 담당관 등이 이에 해당한다.

053
2012. 서울

조직의 형태 중에서 기존 조직과 프로젝트 조직의 장점만 서로 혼합한 조직은?

① 계선조직
② 태스크포스 조직
③ 매트릭스 조직
④ 애드호크라시 조직
⑤ 라인스태프 조직

정답 ③

요점
① 계선조직 : 수직적 계층구조를 형성한 기관으로, 명령복종의 수직적 계층구조(예를 들면 장관 – 차관 – 국장 – 과장 등)를 형성하여 행정목표를 수행하고 행정조직의 근간이 되는 기관을 말한다. 조직목표를 수행하기 위해 지휘권, 명령권을 행사할 수 있다.
② 테스크포스(TF)팀(Task Force team) : 정규 조직과는 다르게, 특정 업무를 해결하거나 사업 목표를 달성하기 위해 전문적인 지식이나 능력을 가진 전문가 등을 선발하여 '임시로 편성한 조직'을 의미한다.(전담반, 과업집단, 특수집단, 임시특별팀, 대책 본부, 대책위원회, 특별 전문 위원회 등)
③ 매트릭스 조직(복합구조조직, 행렬조직)
   ㉠ 전통적인 조직기능(수직적)과 프로젝트 조직(수평적)을 합한 것이다.
   ㉡ 조직의 기능에 따라 수직선으로 편성된 조직에 수평적 프로젝트 조직의 모형을 부가시켜 서로 상호작용을 통해 조직의 효율성과 유연성을 동시에 높이고자 운영하는 조직모형이다.
   ㉢ 한 사람의 부하가 두 명의 상위자로부터 명령을 수령하는 명령통일 일원화의 원칙에 위배된다.
   ㉣ 계선조직보다 계층수가 적고 의사결정이 분권화되어 공식적 절차와 규칙에 얽매이지 않는다.
④ 애드호크라시 조직 : 일상적인 관료제에 비하여 유기성 · 동태성 · 비일상성을 강조하는 조직구조이며, 다양한 전문 기술을 가진 비교적 이질적인 전문가들이 프로젝트를 중심으로 집단을 구성하여 문제를 해결하는 변화가 빠르고 적응적이며, 일시적인 체계이다. 대표적인 것으로 태스크 포스, 위원회 조직 등이 있다.
⑤ 막료조직(Line and Staff Organization, 라인 – 스태프 조직) : 간접적으로 행정목표를 수행하고 계선기관이 효과적으로 목표를 성취하도록 보좌하는 기관(참모조직)으로 수직적 계층구조를 가진 계선기관이 원활한 업무수행을 할 수 있도록 정보 · 지식 · 기술 등에 대해 권고, 조언 등 지원을 해주는 기관이다. 차관보, 심의관, 담당관 등이 이에 해당한다.

054
2018. 지방

조직의 효율성과 유연성이 높지만 갈등이 많은 조직의 유형으로 옳은 것은?

① 라인 조직
② 행렬 조직
③ 라인스태프 조직
④ 프로젝트 조직

정답 ②

요점 매트릭스 조직(복합구조 조직, 행렬 조직)
① 조직의 기능에 따라 수직선으로 편성된 조직에 수평적 프로젝트 조직의 모형을 부가시켜 서로 상호작용을 통해 조직의 효율성과 유연성을 동시에 높이고자 운영하는 조직모형이다.
② 단점
   · 이중 지휘체계로 인해 구성원들의 역할과 관련된 갈등이 생길 수 있다.
   · 성과달성시 성과평가담당자의 결정이 어렵고, 이해관계를 가진 많은 사람들이 얽혀 있어 의사결정이 복잡하고 거대해질 수 있다.
   · 기 · 부서와 프로젝트 관리자들간에 권력투쟁이 발생할 가능성이 있다.

055
2019. 서울7급

병원조직에 대한 설명으로 가장 옳은 것은?

① 전형적인 관료제 구조의 피라미드 형태이다.
② 권한에 대한 갈등은 적다.
③ 조직의 이중성을 가지고 있다.
④ 대규모 병원조직은 프로젝트 조직이 많다.

> **정답** ③
> **요점** 매트릭스 조직의 단점
> ① 이중 지휘체계로 인해 구성원들의 역할과 관련된 갈등이 생길 수 있다.
> ② 성과달성시 성과평가담당자의 결정이 어렵고, 이해관계를 가진 많은 사람들이 얽혀 있어 의사결정이 복잡하고 거대해질 수 있다.
> ③ 기·부서와 프로젝트 관리자들간에 권력투쟁이 발생할 가능성이 있다.

056
2023.6 지방

다음 사례에 해당하는 조직구조는?

> 보건소의 각 부서에서 인원을 차출하여 가칭 '건강증진 도시팀'을 일정기간 운영하였다.

① 라인 조직
② 프로젝트 조직
③ 매트릭스 조직
④ 라인스탭 조직

> **정답** ②
> **요점** 프로젝트 조직
> ① 특정 사안을 해결하기 위하여 부서의 경계를 두지 않고 다양한 전문성을 가진 구성원을 팀으로 조직하여 그 사안이 해결될 때까지 운영되도록 하는 조직이다.
> ② 조직구성원은 수평적인 관계에서 운영되며, 전통적인 라인스태프 조직의 보완조직이다.
> ③ 프로젝트 조직은 해산을 전제로 하여 임시로 편성된 일시적 조직이며, 신규·혁신적·비일상적인 과제의 해결을 위하여 형성되는 동태적 조직이다.
> ④ 당초 계획한 사업목적이 이루어지면 그 구성원들이 다시 본래 소속되었던 부서로 돌아가게 된다.

057
2017. 서울

다음 글에서 설명하는 조직 구조로 옳은 것은?

- 전통적인 기능 조직과 프로젝트 조직의 장점을 혼합한 조직임
- 의사결정의 어려움 및 권력 투쟁의 발생 가능성이 단절됨
- 관련 분야 간 상호협력 및 조직의 유연성 제고가 장점임

① 라인스태프 조직
② 프로젝트 조직
③ 라인 조직
④ 매트릭스 조직

정답 ④

요점 매트릭스 조직

(1) 특징
① 전통적인 조직기능(수직적)과 프로젝트 조직(수평적)을 합한 것이다. (예 대규모 병원)
② 조직의 기능에 따라 수직선으로 편성된 조직에 수평적 프로젝트 조직의 모형을 부가하여 상호작용을 통해 조직의 효율성과 유연성을 동시에 높이고자 운영하는 조직모형이다.
③ 한 사람의 부하가 두 명의 상위자로부터 명령을 수령하는 명령통일 일원화의 원칙에 위배된다.
④ 계선조직보다 계층수가 적고 의사결정이 분권화되어 공식적 절차와 규칙에 얽매이지 않는다.

(2) 단점
① 이중 지휘체계로 인해 구성원들의 역할과 관련된 갈등이 생길 수 있다.
② 성과달성 시 성과평가담당자의 결정이 어렵고, 이해관계를 가진 많은 사람들이 얽혀 있어 의사결정이 복잡하고 거대해질 수 있다.
③ 기·부서와 프로젝트 관리자들 간에 권력투쟁이 발생할 가능성이 있다.

058
2021. 서울

최근 다문화가족의 이혼이 증가함에 따라 해당 문제에 대처하기 위해 보건복지부, 법무부, 여성가족부 등을 포함하여 한시적으로 '다문화가족 정책 위원회'를 운영하기로 했다. 이 조직구조의 장점에 해당하지 않는 것은?

① 인력 구성의 탄력성을 보인다.
② 목적 달성을 위해 자원을 집중할 수 있다.
③ 환경변화에 적응성이 높은 편이다.
④ 최고 관리자가 지속적으로 장기계획에 집중할 수 있다.

정답 ④

요점

임시특별조직의 위원회는 최고 관리자가 일시적으로 단기계획에 집중할 수 있다.

위원회 조직
① 개념
  ㉠ 복수의 자연인으로 구성된 합의제 형태를 지닌 막료조직 형태이다.
  ㉡ 상설적인 형태로서 소수의 인원으로 구성되어 있다.
② 순기능과 역기능

순기능	• 신중한 문제 해결에 유리하다. • 참여를 통한 민주성이 확보된다. • 할거주의를 방지한다. • 행정의 계속성, 안전성, 중립성 확보가 가능하다. • 창의적 의사결정 도모가 가능하다.
역기능	• 시간 및 비용이 과다 소모된다. • 책임 소재가 불분명하다. • 신속한 정책 결정이 곤란하다. • 최선보다는 차선 선택의 문제가 발생할 수 있다. • 타협적인 결정을 할 가능성이 있다.

CHAPTER 4 조직의 의사소통

059 □□□ 2022. 서울

공식적 의사소통 중 하의상달 방법을 옳게 짝지은 것은?

① 편람, 회람
② 품의, 제안
③ 회람, 보고
④ 회의, 결재 제도

정답 ②

요점
- 편람 – 상의하달, 회람 – 횡적
- 회람 – 횡적, 보고 – 하의상달
- 회의 – 횡적, 결재 제도 – 하의상달

060 □□□ 2017. 서울

다음 공식적 의사전달 유형 중 '횡적 의사전달' 방식은?

① 사후통지 제도
② 면접
③ 고충심사
④ 발령

정답 ①

요점
- 면접, 고충심사 – 상향식 의사전달
- 발령 – 하향식 의사전달

• **상향식 의사소통**
① 정보가 아래에서 위로 향하는 방법으로 부하가 상사에게 행하는 의사전달(하의상달)
② 방법: 보고, 면접 및 직원의견조사, 결재 제도, 고충처리 등

• **하향식 의사소통**
① 정보가 위에서 아래로 향하는 방법으로 상사가 부하에게 행하는 의사전달(상의하달)
② 방법: 지시, 규정, 명령(구두명령, 문서명령), 구내방송, 게시판 등

• **수평적 의사소통**
① 동료들 간 또는 업무상 협조를 필요로 하는 사람들 및 부서 간에 이루어지는 의사소통
② 방법: 사전심사제도(의사결정 이전에 관계부문의 의견수렴을 통하여 그들의 의사를 반영함), 사후통보(결정이 있은 후에 통지하고 주지시킴), 회의(미팅), 위원회 제도 등

061　　　2014. 충북

의사전달의 일반적 원칙에 해당하지 않는 것은?

① 적량성의 원칙
② 적시성의 원칙
③ 적응성의 원칙
④ 적합성의 원칙

정답 ④

요점 의사소통의 원칙

명료성의 원칙	수신자가 이해하기 쉽도록 명확한 용어와 평이하고 간결한 언어나 문장으로 표현해야 한다.
일관성의 원칙	전달 내용에 모순이 없어야 하며, 전후 내용에 일관성이 있어야 한다
적정성(적량성)의 원칙	의사전달의 정보와 내용은 과다·과소하지 않아야 하며 적정량이 제공되어야 한다. 내용이 너무 많으면 시간 낭비가 되고, 너무 적으면 충분한 의사전달이 되지 못한다.
적기·적시성의 원칙	시기적절하게 적시에 정보가 제공되어야 한다.
분포성(배포성)의 원칙	정보는 조직 전체에 적절하게 분포되어야 하고, 피전달자는 전달받는 사람을 명확히 확정하여 정확히 전달하여야 하며, 의사전달은 한쪽으로 치우쳐서는 안된다.
적응성의 원칙	의사전달이 너무 경직되어 있어서는 안되고, 구체적인 상황이나 급격한 상황에서 적절히 융통적·신축적으로 반응할 수 있어야 한다.
통일성의 원칙	의사전달이 전체로서 통일된 의사의 표현이 되게 하여야 한다.
관심과 수용의 원칙	의사전달은 궁극적으로 피전달자의 관심과 수용이 있어야 하므로, 의사전달에 대한 피전달자의 관심과 수용적 태도가 갖추어져 적극적 반응을 보여야 효과적인 의사전달이 이루어진다.

CHAPTER 5　조직의 발전과 리더십

062　　　2021. 부산

다음 중 MBO에 대한 설명으로 옳지 않은 것은?

① 목표는 상사와 부하직원이 협의하여 정한다.
② 상부의 목표와 하부의 목표가 상충될 때는 하부의 목표를 따른다.
③ 환류의 과정을 거친다.
④ 단기적이고 계량적인 목표를 설정한다.

정답 ②

요점

조직목표 달성을 위해 조직 구성원들에게 개별적인 목표를 부여하고, 각 목표의 유기적 관리를 통해 조직 전체의 효율성을 높이는 조직 관리의 전략을 일컫는다.

목표관리의 운영요소
① 참여적 관리 : 조직 구성원들은 목표성취를 위해 자발적으로 협조하고 합리적으로 행동하여, 목표설정부터 환류과정에 상하계층에 관계없이 공동으로 참여한다.
② 구체적인 목표를 설정 : 계량이 가능한 단기목표를 설정하고, 측정가능한 생산목표를 설정한다.
③ 운영상 상호의존성조직의 하부층과 상부층이 다 같이 참여하여 공동으로 목표를 결정하고 업적을 평가하므로 조직의 구성요소들이 상호의존하며 팀워크를 이루면서 활동한다.
④ 평가 및 환류 : 결과지향적인 관리이므로 최종 결과의 평가는 목표와 대비시키는 환류의 과정을 강조한다.

063　　　2019. 제주

목표관리제도(MBO)에 대한 설명으로 옳지 않은 것은?

① 조직구성원들은 목표성취를 위해 자발적으로 협조하고 합리적으로 행동함을 전제로 하는 제도이다.
② 목표설정에서부터 환류과정에 이르기까지 모든 조직구성원이 상하계층에 관계없이 공동으로 참여한다.
③ 하나의 목표성취를 위해 조직의 구성요소들이 상호의존적인 입장에서 팀워크를 이루면서 활동한다.
④ 개방체계적 성격을 지니고 있어 환경과 관리상황이 유동적인 경우 효율적이다.

> **정답** ④
> **요점**
> 목표관리제도는 폐쇄적 성격으로 불확실하고 유동적인 환경에서는 효용성이 떨어진다.

064　　　2017. 서울

보건조직의 목표관리(MBO)에 관한 설명으로 가장 옳지 않은 것은?

① 직무만족도와 생산성의 동시 향상
② 객관적 업무 평가 기준 제공
③ 역할의 모호성과 갈등 감소
④ 조직의 장기적 목표 설정

> **정답** ④
> **요점** MBO(목표관리)
> • 조직목표 달성을 위해 조직 구성원들에게 개별적인 목표를 부여하고, 각 목표의 유기적 관리를 통해 조직 전체의 효율성을 높이는 조직 관리의 전략을 일컫는다.
> • 경영자와 종업원들이 설정된 목표에 동의하고 그들이 조직 내에서 무엇을 해야 할지를 이해해 가는 일련의 과정을 말한다.
> • 회사의 신념과 가치가 조직내 모든 부문을 고루 거쳐 흐르며, 구성원 개개인에게까지 온전히 전달되어야 하며, 전달된 이해의 차이가 최소화되도록 노력할 필요가 있다.
> • 경영환경에 적합한 평가주기를 결정하고, 성과를 평가하는 단계가 필요없다. 하급자는 자신의 성과를 스스로 평가하고, 상급자는 하급자의 업적을 평가한다. 이때, 하급자의 능력과 태도는 평가의 대상이 아니다. 평가기간 내에 달성한 성과만을 객관적으로 평가하는 것이 목표관리이며, 목표가 장기적이어서는 곤란하다.

065　2015. 경북

조직의 외부환경에 대한 생존전략으로 마이클 포터의 틈새전략의 유형에 해당하지 않는 것은?

① 차별화 전략
② 집중화 전략
③ 원가우위 전략
④ 다양화 전략

정답 ④

요점 틈새전략

모든 소비자(시장)를 대상으로 하기보다는 조직의 장점·핵심 역량과 외부상황을 판단하여 새로운 방향으로 차별적인 전략을 수립하는 것을 틈새전략(Niche Strategy)이라고 한다.

원가우위 전략 (코스트 리더십)	가격에 의한 경쟁우위를 확보(설비규모의 유지, 경험에 의한 원가절감, 비용의 엄격한 통제, 연구개발비의 최소화, 비수익성 의료서비스의 제거, 직원 감원 등)	
	성공에 필요한 특성	· 엄격한 비용통제 · 저렴한 유통 시스템 · 지속적 자본투자 · 효율적인 설비 규모
차별화 전략	다른 제품 및 서비스와 구별되는 독특한 상품과 서비스를 창출하기 위한 전략으로 일반적으로 잘 제공되지 않는 화상진료, 노인병 진료 등으로 기술영역의 차별화	
	성공에 필요한 특성	· 고급품질과 기술 · 기술 주도권 · 창조적 재능 · 브랜드 이미지 · 고객 서비스 · 강력한 마케팅 능력
집중화 전략	좁은시장에서 경쟁우위를 확보하고자 하는 전략으로 원가우위전략과 차별화 전략을 포괄하지만, 산업 전반이 아닌 특정한 환자 분류나 서비스 분야의 경쟁력 향상에 집중하는 전략(의료시장의 세분화, 환자군 또는 의료서비스의 세분화)	
	성공에 필요한 특성	· 틈새시장 고객수요를 검토

066　2012. 지방

SWOT 분석에서 위협을 회피하고 약점을 최소화하기 위한 전략은?

① SO 전략
② WT 전략
③ WO 전략
④ ST 전략

정답 ②

요점 SWOT(Strengths, Weaknesses, Opportunities, Threats) 분석전략

① 조직의 환경분석을 통해 강점(Strength)과 약점(Weakness), 기회(Opportunity), 위협(Threat)을 규정하고, 이를 토대로 마케팅 전략을 수립하는 기법이다.
② 어떤 조직의 내부환경을 분석하여 강점과 약점을 발견하고, 외부환경을 분석하여 기회와 위협을 찾아내어 이를 토대로 강점을 살리고, 약점은 죽이고, 기회는 활용하고, 위협은 억제하는 마케팅을 수립하는 전략이다.
③ 기업 내외부를 구분하는 기준은 해당 기업이 통제할 수 있는가이다. 통제할 수 있으면 내부적 요인(강점, 약점)이고, 통제할 수 없으면 외부적 요인(기회, 위협)이다.
④ SWOT 분석을 통한 전략기법

내부요인 외부요인	강점(Strength)	약점(Weakness)
기회 (Opportunity)	※ 강점기회전략(SO) · 강점을 살려 기회를 포착하며, 기회 이익을 획득하기 위해 조직의 강점을 활용하는 전략이다. · 공격적 전략이 가능하다. · 사업구조, 영역 및 시장의 확대를 시행한다.	※ 약점기회전략(WO) · 약점을 보완하여 기회를 포착하고, 조직의 약점을 극복하기 위해 기회를 활용해야 한다. · 국면전환 전략을 통해 구조조정, 약점극복전략, 혁신전략 등을 시행한다.
위협 (Threat)	※ 강점위협전략(ST) · 나의 강점으로 상대의 위협을 최소화하고 회피하며, 위협의 극복을 위해 강점을 사용할 수 있다. · 다각화 전략을 통해 새로운 사업에 진출, 새로운 시장과 새로운 기술, 신고객 개발을 할 수 있다.	※ 약점위협전략(WT) · 나의 약점을 개선, 보완하여 위협을 최소화하고 회피한다. 위협에 대해 회피하고 약점을 보완한다. · 방어적 전략으로 사업의 축소나 폐기, 방어적 전략 등을 할 수 있다.

067　　　　　　　　　　　　　　　2022. 서울

〈보기〉의 보건의료분야 SWOT 분석에 따른 대응전략으로 가장 옳은 것은?

―― 보기 ――
- 최첨단 의료시설과 장비, 최고의 의료진
- 정부의 통제와 규제, 새로운 경쟁자의 등장

① SO 전략
② WO 전략
③ ST 전략
④ WT 전략

정답 ③
요점 강점위협전략(ST)

최첨단 의료시설과 장비, 최고의 의료진은 강점이며, 정부의 통제와 규제, 새로운 경쟁자의 등장은 위협이므로 ST 전략이다.

강점 (Strength) – 내적요인	• 최첨단 의료시설과 장비 • 최고의 의료진(개인능력의 우수함) • 지리적 접근성의 용이 • 병원명성과 다양한 시설 • 외부 전문인력의 높은 활용도
위협 (Threat) – 외적요인	• 복리 · 후생 · 임금상승으로 생산성의 악화 • 의료진과 직원들의 높은 이직률 • 직원들의 불친절 • 업무공간의 부족 • 직원이 경영진에 대한 불만과 직원 간의 갈등 • 사업의 종류가 많아 집중도가 떨어짐

068　　　　　　　　　　　　　　　2018. 충남

SWOT 분석에서 SO 전략으로 볼 수 있는 것은?

① 사업구조, 영역, 시장의 확대 등의 공격적 전략
② 새로운 사업 진출, 새로운 기술, 새로운 고객 확보 등의 다각화 전략
③ 구조조정, 혁신 운동 등의 국면전환 전략
④ 사업의 축소나 폐기 등의 방어적 전략

정답 ①
요점 강점기회전략(SO)

사업구조, 영역, 시장의 확대등의 공격적 전략은 강점기회전략(SO), 구조조정, 혁신운동등의 국면전환 전략은 약점기회전략(WO) 사업의 축소나 폐기 등의 방어적 전략은 약점위협전략(WT), 새로운 사업진출, 새로운 기술, 새로운 고객확보 등의 다각화 전략은 강점위협전략(ST)이다.

- 기획을 위해 강점 활용이 가능하다.
- 공격적 전략이 가능하다.
- 사업구조, 영역 및 시장의 확대를 시행한다.

강점 (내적요인)	• 최첨단 의료시설과 장비 • 최고의 의료진(개인능력의 우수함) • 지리적 접근성의 용이 • 병원명성과 다양한 시설 • 외부 전문인력의 높은 활용도
기회 (외적요인)	• 국민소득의 증가 • 의료수요의 증가(건강을 우선시하는 사회적 분위기) • 의료수요의 고급화 • 평균수명의 증가 • 경기회복에 따른 소비심리의 회복 • 민간 건강보험의 도입

069   2017. 충북

조직의 분석을 통해 조직 내부의 강점과 약점, 환경의 기회요인과 위협요인을 토대로 수립하는 마케팅 전략은 무엇인가?

① 틈새전략
② 벤치마킹
③ SWOT 분석
④ 다운사이징

070   2016. 경북

다음의 설명에 해당하는 조직혁신 기법은?

> 자신보다 탁월한 상대를 목표로 그 성과를 비교·분석하고 그러한 성과차이를 가져오는 운영방식을 채득하여 조직의 혁신을 도모하는 경영혁신 기법이다.
> 맥네어(C. McNair)는 이것을 "지속적인 개선을 달성하기 위해 기업 내부의 활동가 기능, 그리고 관리능력을 외부기업과 비교를 통해 평가하고 판단하는 것"이라고 정의하였다.

① 아웃소싱(Out-sourcing)
② 총체적 품질관리(TQM)
③ 벤치마킹(Benchmarking)
④ 리스트럭처링(Re-structuring)

정답 ③

요점

- 틈새전략(니치전략, Niche Strategy) : 모든 소비자(시장)를 대상으로 하기보다는 조직의 장점·핵심 역량과 외부상황을 판단하여 새로운 방향으로 차별적인 전략을 수립하는 것을 틈새전략(Niche Strategy)이라고 한다.
- 다운사이징 : 기업의 업무나 조직의 규모를 축소하는 일을 말한다.
- 벤치마킹 : 타사에서 배워오는 혁신기법으로 경쟁기업의 장·단점을 분석해 자사의 제품을 한층 업그레이해 시장 경쟁력을 높이고자 하는 개념
- SWOT : 강점, 약점, 기회, 위협의 요건에 대한 전략을 짜는 것으로, 기회는 잡고, 약점과 위협은 최소화하고, 강점은 최대화할 전략을 짜는 것이 핵심이다

정답 ③

요점

• **아웃소싱(Out-sourcing)**
기업 업무의 일부 프로세스를 경영효과 및 효율의 극대화를 위해 계약에 의한 제3자(공급업체)에게 위탁하여 처리하는 것을 말한다.

• **총체적 품질관리(TQM)**
① 생산성 향상보다 고객에 대한 서비스 품질향상을 목표로 조직 내 모든 사람들이 참여하여 지속적으로 업무수행방식을 개선하고자 하는 장기적인 관리방식이다.

장점	• 외부의 첨단기술 이용 및 학습이 가능하다. • 조직의 핵심 역량에만 집중이 가능하다. • 개발 비용과 시간을 예측할 수 있다. • 유능한 외부 전문가 활용이 가능하다.
단점	• 외부로의 정보 유출 가능성이 있다. • 공급업체에서 온 직원의 전직과 구성원과의 마찰이 생길 수 있다. • 공급업체의 미숙한 관리로 인한 구성원의 직무 혼동이 발생한다.

② 총체적 품질관리(TQM)의 원칙
  ㉠ 고객을 지향한다.(기업의 기준이 아닌 고객의 요구와 기대에 따른다)
  ㉡ 품질향상을 위한 체제적 사고(상호 관련된 여러 개의 하위체제들로 구성되어 품질향상을 위한다)
  ㉢ 작업과정의 지속적인 개선(상품과 서비스의 실수가 없을 때까지 작업과정을 지속적으로 개선한다)

• **벤치마킹(Benchmarking)**
① 1980년대 미국의 제록스사가 일본 캐논사에 의해 시장점유율이 하락한 것을 만회하기 위해 최초로 도입한 것으로, 타인으로부터 배운다는 뜻을 가졌다.
② 자신보다 탁월한 상대를 목표로 그 성과를 비교·분석하고 그러한 성과 차이를 가져온 운영방식을 채득하여 조직의 혁신을 도모하는 경영혁신기법이다.
③ 벤치마킹의 종류
  ㉠ 내부적 벤치마킹
  ㉡ 경쟁자와의 벤치마킹
  ㉢ 유사한 조직의 벤치마킹
  ㉣ 기능적 벤치마킹
④ 벤치마킹의 절차
계획단계(대상기능을 선정함) → 분석단계(종합적으로 분석함) → 실행단계(분석결과를 공유하고 벤치마킹을 모든 계층의 정규 프로세스로 정착시킴)

• **리스트럭처링(Re-structuring)**
① 급변하는 환경에 대응하고 생산력과 경쟁력을 확보하기 위해 조직구조를 혁신적으로 재구축하는 것이다.
② 투자역량을 강화, 교육환경 개선, 과감한 사업구조 조정, 불필요한 자산정리, 조직계층의 단순화 등을 포함하는 포괄적인 개념을 말한다.

071 2018. 경기

경영혁신의 기법 중 하나로 비용, 품질, 서비스의 속도와 같은 핵심적인 성과의 극적인 향상을 이루기 위해 행정 및 시스템의 프로세스를 근본적으로 재설계하는 조직혁신 기법은?

① 총체적 품질관리(TQM)
② SWOT 분석
③ 리엔지니어링
④ 전사적 자원관리

정답 ③

요점

• **비즈니스 리엔지니어링(Re-engineering)**
① 리스트럭처링의 하위개념으로 비용, 품질, 서비스 속도 같은 핵심적인 성과에서 극적인 향상을 위하여 기업이나 행정의 업무 프로세스를 근본적으로 재설계하는 것이다.
② 과거의 관행과 업무처리 방식에서 벗어나 업무수행의 새로운 규칙과 원리를 만드는 것이다.
③ 분권화, 통제의 간소화, 업무절차 간소화 등이 속한다.(미국의 국세청은 리엔지니어링 결과 행정능률과 생산성을 크게 향상시켰다고 한다)

• **전사적 자원관리(ERP ; Enterprise Resource Planning)**
① 조직활동을 쓰여지고 있는 조직 내의 모든 인적·물적 자원을 효율적으로 관리하여 궁극적으로 생산성을 극대화하는 대표적인 기업 리엔지니어링을 말한다.
② 전 부문에 걸쳐 있는 인력, 금전, 자재, 기계 등을 통합하여 하나의 체제로 재구축함으로써 생산성을 극대화하여 고객만족을 달성하고자 한다.

072 2019. 경북

조직과 기업의 이미지를 높이는 기법으로써 조직의 존속과 성장을 계속하기 위하여 조직을 둘러싸고 있는 환경을 자신에게 유리하도록 조성하는 전략은?

① SWOT
② CI(Corporate Identity)
③ MBO
④ Re-engineering

정답 ②

요점 기업이미지 통합전략(CI ; Corporate Identity)
기업의 이미지를 통합하는 작업으로 조직 스스로가 자기 확인, 자기 확신을 바탕으로 조직의 가치와 개성을 창출하고 그것을 내외부에 알림으로써 외부에서 바라보는 자기 조직의 이미지를 향상시켜 외부의 호감과 공감대를 형성시키는 조직의 전략기법이다.

073 2012. 지방

다음 상황에서 적합한 갈등 관리 유형으로 옳은 것은?

- 사안이 매우 중요하여 양보할 수 없다.
- 비상상황에서 신속하고 단호한 결정을 해야 한다.
- 조직의 질서 유지에 필수적인 법규를 시행해야 한다.

① 회피형(avoiding)
② 협동형(collaborating)
③ 타협형(compromising)
④ 압박형(forcing)

정답 ④

요점
사안이 매주 중요하여 양보할 수 없고, 비상상황에서 신속하고 단호한 결정을 해야 한다면 압박해서라도 관철시켜야 한다.

레이힘의 갈등의 유형 분류

수용형	• 논제가 다른 상대방에게 더욱 중요한 경우에 자신의 관심부분을 양보 또는 포기한다. • 다음 논제에 대해 사회적 신용을 얻어야 하는 경우 필요하다. • 수용 후 보답받는 경우에는 적절하지만, 오히려 복잡해지거나 악화되는 경우도 있다.
강요형 (지배형· 강압형)	• 신속하고 결단성 있는 행동이 요구되는 경우에 공식적인 권위를 사용하여 복종을 유도하기 때문에 받아들이기 싫은 해결책이 제시될 때 주로 쓰인다. • 비용절감이나 규칙강요를 해야 하는 경우에 사용되지만 상대방의 분노와 원망을 초래할 수 있다. • 공개적이고 참여적이나 분위기에는 부적절하다.
협조형	• 양측의 관심사가 너무 중요하며 통합적인 해결안을 발견해야 하는 경우에 양측 모두를 만족시키는 해결방안이다. • 협조는 갈등이 격화되지 않으면서 갈등 당사자들이 상대방에 대해 충분히 정보를 갖고 있을 때 가장 효과적이며, 장기적으로는 더 좋은 관계를 맺을 수 있다.
회피형	• 논제가 사소하고 다른 논제가 더 긴급할 경우 직면한 문제를 피하고자 하는 경우에 사용된다. • 사람들을 진정시키고 생각을 가다듬게 할 때나 피하는 것이 더 이익이 될 경우에는 적합하다.
타협형	• 복잡한 문제에 대해 잠정적인 해결이 필요한 경우에 당사자가 상호교환과 희생을 통해 부분적 만족을 취하는 해결방법이다. • 임기응변식 해결이 요구될 때도 적합하다. • 자신의 관심사와 상대방의 관심사 모두를 동시에 부분적으로 만족시켜주려는 해결방식이다.

074
2016. 서울

다음의 상황에서 필요한 갈등해결방법은?

- 양보할 수 없는 중요한 문제
- 신속하게 결정을 해야 하는 상황
- 조직의 질서유지에 필수적인 법규 시행

① 강요형
② 회피형
③ 협동형
④ 타협형

정답 ①
요점
양보할 수 없고, 조직의 질서유지에 필수적인 법규시행은 대립하고 경쟁해서라도 상대방에게 수긍하도록 강요해야 한다.

075
2020. 서울7급

〈보기〉에서 설명하는 갈등해소방법은?

― 보기 ―
- 단기적으로 갈등을 완화시키는 방법이다.
- 갈등을 일으킬 수 있는 의사결정을 보류한다.
- 자기주장과 양보가 모두 적다.

① 회피
② 협조
③ 수용
④ 강요

정답 ①
요점 회피형
- 논제가 사소하고 다른 논제가 더 긴급할 경우 직면한 문제를 피하고자 하는 경우에 사용된다.
- 사람들을 진정시키고 생각을 가다듬게 할 때나 피하는 것이 더 이익이 될 경우에는 적합하다.

076
2013. 지방7급

개인 간 갈등의 관리방식 중 갈등상태에 있는 당사자들 간의 상호교환과 희생을 통해 부분적인 만족을 취하는 것은?

① 수용형
② 타협형
③ 회피형
④ 협조형

> **정답** ②
> **요점** 타협형
> - 복잡한 문제에 대해 잠정적인 해결이 필요한 경우에 당사자가 상호교환과 희생을 통해 부분적 만족을 취하는 해결방법이다.
> - 임기응변식 해결이 요구될 때도 적합하다.
> - 자신의 관심사와 상대방의 관심사 모두를 동시에 부분적으로 만족시켜주려는 해결방식이다.

077
2019. 강원

사이먼과 마치(Simon & March)는 조직의 집단 간 갈등에 개입하는 방법과 개입하지 않고 집단에 맡기는 방법을 제시하였다. 다음 중 개입적 방법은?

① 설득
② 관심전환
③ 협상
④ 문제해결

> **정답** ②
> **요점** 사이먼과 마치(Simon & March)의 갈등관리전략
> 개입 여부를 기준으로 갈등관리전략을 조직이 집단 간 갈등에 개입하는 방법과 개입하지 않고 집단에게 맡겨버리는 비개입적 방법으로 나누어 제시하고 있다.
>
> | | |
> |---|---|
> | 개입적 방법 | • 무마 : 갈등이 발생하면 그것을 근본적으로 해결하기 보다는 우선 말썽만 없게 무마시킴으로써 상관이나 조직의 체면을 유지하고 화합과 단합을 과시하는 방법으로 임시방편적 방법이다.
• 강압 : 갈등이 발생하면 당사자의 입장을 듣지 않고 강압적인 방법으로 해결하는 방법이다.
• 관심전환(비방) : 갈등의 원인을 무시하고 집단들의 관심을 다른 데로 돌림으로써 갈등을 해결하는 방법이다. |
> | 비 개입적 방법 | 문제해결, 설득, 협상, 정략적 행동 |

078
2019. 울산

다음 중 집단 간 갈등의 해결방법으로 적절하지 않은 것은?

① 개별 목표 설정
② 의사소통의 활성화
③ 자원의 확충
④ 설득

정답 ①

요점 집단 간 갈등의 해결방법

설득	개별 목표의 차이에 대해 공동목표에 대한 합의가 이루어질 수 있으며 이를 위해서는 설득이 필요하다.
협상(타협)	협상은 공통된 문제에 대하여 서로 간의 합의를 형성함으로써 서로 상충되는 이익을 조정해 나가는 과정이며, 토론을 통한 협상은 갈등의 원인을 제거하는 것이 아니라 일시적으로 모면하게 하는 것이므로 잠정적인 갈등 해소법이다.
문제해결	갈등 당사자가 직접 접촉하여 공동의 노력에 의해 정보를 수집하고, 탐색활동을 통하여 새로운 대안을 제시하고, 평가를 통하여 당사자 모두를 만족시킬 수 있는 문제해결안을 모색한다.
상위목표의 제시	개별적 목표를 초월하여 공동으로 추구해야 할 상위 목표를 제시함으로써 갈등을 완화시킨다.
자원의 확충	자원이 제한될 경우 갈등이 발생되므로 자원을 늘리면 갈등을 해소할 수 있다.
의사소통의 활성화	집단 간에 의사소통이 잘 이루어 이미 발생한 갈등을 상호협상 및 타협으로 해결하도록 한다.
조직구조의 혁신(개편)	근본적인 해소를 위해 일의 흐름을 바꾸거나 조정담당 직위나 기구의 신설, 이의제도를 실시, 보상체계 마련 등을 할 수 있으며, 갈등부서끼지 직원을 교환하거나 부서 간 갈등을 중재.조정하는 상급조정자를 두는 두 집단의 갈등해결방법이다.
정치적 타결	각 갈등 당사자가 정부나 여론, 대중 등과 같은 제3자의 지지를 얻어 협상하려는 것이다. 협상과 마찬가지로 갈등의 원인은 제거되지 못하고 표출된 갈등만을 해소시키는 방법이다.
위협	• 긍정적 위협 : 새로운 불이익을 부과하는 형태(현재는 보존하도록 하여 긍정적임) • 박탈적 위협 : 이미 약속한 이익이나 보상을 유보하거나 철회하는 형태
중재자의 개입	갈등 당사자들이 직접적인 접촉에서 오는 충격을 흡수·완화하는 완충역할을 함으로써 갈등해결의 촉매역할을 한다. 이때, 중재자는 비교적 객관적인 입장에서 공평하고 합리적인 대안제시가 가능해야 한다.

079
2018. 복지부7급

공통된 문제에 대하여 서로간의 합의를 형성함으로써 서로 상충되는 이익을 조정해 나가는 집단 간 갈등해결방법은 무엇인가?

① 협상
② 설득
③ 중재자 개입
④ 정치적 타결

정답 ①

요점

협상은 공통된 문제에 대하여 서로 간의 합의를 형성함으로써 서로 상충되는 이익을 조정해 나가는 과정이며, 토론을 통한 협상은 갈등의 원인을 제거하는 것이 아니라 일시적으로 모면하게 하는 것이므로 잠정적인 갈등 해소법이다.

080
2020. 제주

갈등부서끼리 직원을 교환하거나 부서 간 갈등을 중재·조정하는 상급조정자를 두는 집단의 갈등해결방법은?

① 자원의 확충
② 의사소통의 활성화
③ 상위목표의 설정
④ 조직구조의 개편
⑤ 중재자의 개입

정답 ④

요점

① 자원의 확충 : 자원이 제한될 경우 갈등이 발생되므로 자원을 늘리면 갈등을 해소할 수 있다.
② 의사소통의 활성화 : 집단 간에 의사소통이 잘 이루어 이미 발생한 갈등을 상호협상 및 타협으로 해결하도록 한다.
③ 상위목표의 제시 : 개별적 목표를 초월하여 공동으로 추구해야 할 상위목표를 제시함으로써 갈등을 완화시킨다.
④ 조직구조의 혁신(개편) : 근본적인 해소를 위해 일의 흐름을 바꾸거나 조정담당 직원이나 기구의 신설, 이의제도를 실시, 보상체계 마련 등을 할 수 있다.

081
2010. 지방

피들러의 리더십 상황모델(contingency model)에서 강조하는 중요 상황요인을 모두 고른것은?

㉠ 리더와 구성원의 관계 ㉡ 과업구조
㉢ 리더의 직위권력 ㉣ 리더의 성격

① ㉡, ㉢
② ㉠, ㉡, ㉢
③ ㉠, ㉢, ㉣
④ ㉠, ㉡, ㉢, ㉣

정답 ②

요점 피들러(Fidler)의 상황적응적 모형

리더십의 효과성 여부는 특정 상황이 리더에게 유리한가 또는 불리한가에 의한 상황변수에 의해 결정된다.

상황변수 (중요상황요인)	• 리더의 직위권력 : 리더가 집단 구성원에게 명령을 받아들이게끔 구성원 행동에 영향을 줄 수 있는 능력으로, 공식적 권력, 직위 권력이 클수록 리더십이 더 강해진다. • 과업구조 : 과업을 수행하는 절차나 규정 등 객관적 기준이 구조화될수록 리더십이 더 유리해진다. • 리더와 부하의 관계 : 집단의 분위기가 리더와 부하 간에 신뢰감과 친밀감, 존경관계가 존재할수록 리더십이 더 유리해진다.
효과적 리더십 (리더의 스타일로 분류)	과업지향 리더십 — 리더에게 아주 유리하거나 극단적으로 불리한 경우 효과적인 리더 형태 관계지향 리더십 — 상황이 리더에게 유리하지도, 불리하지도 않은 경우 효과적인 리더 형태
결론	상황이 유리하거나 불리할 때는 과업지향형, 중간 정도의 상황에서는 관계지향형이 적합하다.

082　　　　　　　　　　　　　2014. 전북

피들러가 주장한 상황모델에서 중요한 상황변수가 아닌 것은?

① 과업구조
② 리더의 직위권력
③ 리더와 구성원 간의 관계
④ 구성원의 성숙도

정답 ④
요점 상황변수
- 리더의 직위권력 : 리더가 집단 구성원에게 명령을 받아들이게끔 구성원 행동에 영향을 줄 수 있는 능력으로, 공식적 권력, 직위 권력이 클수록 리더십이 더 강해진다.
- 과업구조 : 과업을 수행하는 절차나 규정 등 객관적 기준이 구조화될수록 리더십이 더 유리해진다.
- 리더와 부하의 관계 : 집단의 분위기가 리더와 부하 간에 신뢰감과 친밀감, 존경관계가 존재할수록 리더십이 더 유리해진다.

083　　　　　　　　　　　　　2017. 서울

리더십 유형 중 시간적 여유가 없거나 조직구성원들의 능력부족 또는 참여의식이 저조할 때 발휘되기 쉬운 리더십은?

① 서먼트 리더십
② 민주적 리더십
③ 자유방임형 리더십
④ 권위형 리더십

정답 ④
요점 리더의 행태적 특성에 따른 행태론 – 아이오와주립대학 연구

권위형	• 상의하달식 의사전달로 모든 권위와 책임을 리더가 독점함 • 업무와 책임을 부하에게 분명하게 전달함 • 신속·정확·질서와 통제가 있지만, 경직되고 수동적임
민주형	• 부하가 의사결정에 참여하지만, 최종 책임은 리더가 짐 • 쌍방향의 의사전달 • 자발적인 헌신과 참여가 있지만, 지연되는 단점이 있음
방임형	• 집단에게 완전한 자유를 주고, 리더십의 행사가 없음 • 구성원의 전문성이 뛰어나거나 의욕적일 때만 가능함 • 간섭이 없고, 자발적이나 혼란스럽거나 방향감각을 상실할 수 있음

※ 서먼트 리더십 : 부하에게 목표를 공유하고 부하들의 성장을 도모하면서, 리더와 부하 간의 신뢰를 형성시켜 궁극적으로 조직성과를 달성하게 하는 리더십

084
2012. 지방

변혁적 리더십의 특성에 대한 설명으로 옳은 것은?

① 미래지향적이며 장기적 성향을 갖고 있다.
② 수직적 의사소통이 대부분이다.
③ 변화에 저항적이다.
④ 권력의 원천은 지위에서 온다.

정답 ①

요점 ▶ 변혁적 리더십

① 조직합병을 주도하고, 신규 부서를 만들며, 조직문화를 새로 창출해 내는 등 조직에서 중요한 변화를 주도하고 관리하는 리더십 행위이다.
② 조직의 최고관리층에게 필요한 변화추구적이면서 개혁적인 리더십이다.
③ 리더는 구성원의 성장욕구를 자극하고 동기화시킴으로써 부하의 성취지향적인 행동이 유도되어 목표를 적극적으로 추진하게 된다. 부하들은 자신감이 높아져 스스로를 존중할 수 있게 된다.
④ 변혁적 리더십의 구성요인
- 카리스마 : 리더의 초자연적 능력으로 난관을 극복하고 구성원들에게 비전을 제공하고 자부심을 심어주어 존경과 신뢰를 얻는 능력
- 영감 : 부하가 도전적 목표와 임무, 미래에 대한 비전을 열정적으로 받아들이고 계속 추구하도록 격려함
- 개별적 배려 : 구성원들에게 개별적인 관심을 보여줌으로써 구성원들이 자기존중감과 자아정체감을 높일 수 있도록 도와주는 개념
- 지적 자극 : 구성원들이 새로운 시도와 스스로 문제해결을 하도록 격려하고 자극함

085
2021. 서울

변혁적 리더십의 구성요인에 해당하지 않는 것은?

① 카리스마
② 개별적 배려
③ 조건적 보상
④ 지적인 자극

정답 ③

요점 ▶ 변혁적 리더십의 구성요인

- 카리스마 : 리더의 초자연적 능력으로 난관을 극복하고 구성원들에게 비전을 제공하고 자부심을 심어주어 존경과 신뢰를 얻는 능력
- 영감 : 부하가 도전적 목표와 임무, 미래에 대한 비전을 열정적으로 받아들이고 계속 추구하도록 격려함
- 개별적 배려 : 구성원들에게 개별적인 관심을 보여줌으로써 구성원들이 자기존중감과 자아정체감을 높일 수 있도록 도와주는 개념
- 지적 자극 : 구성원들이 새로운 시도와 스스로 문제해결을 하도록 격려하고 자극함

086 2013. 대전

리더십의 유형에 관한 설명으로 옳지 않은 것은?

① 권위형 리더십은 부하에게 명령·지시하는 유형으로, 주요한 의사결정(정책결정)에 부하 참여는 배제되고 상관이 조직의 기능과 역할을 독점하고 하향적 지시 위주로 조직이 운영

② 민주형 리더십은 부하의 적극적인 참여와 자율성을 강조하며, 부하의 창의성도 적극적으로 개발할 수 있고, 조직의 기능과 역할을 상하종횡으로 서로 유기적으로 분담

③ 자유방임형 리더십은 리더가 부하에게 모든 일을 맡겨버려 창의성이나 전문성이 특징으로 나타남

④ 권위형은 상관 또는 리더의 권한이 절대적으로 많고 민주형은 상관과 부하간 권한이 균형을 유지하며, 자유방임형은 부하들의 영향력이 오히려 큼

정답 ③

요점

자유방임형은 집단에게 완전한 자유를 주고 사실상 리더십의 행사가 없으며, 구성원의 전문성이 뛰어나거나 의욕적일 때만 효과적이다.

리더십의 유형

① 권위형
  ㉠ 지도자는 주요한 결정은 혼자 결정한 후 부하가 따르도록 하는 명령과 복종을 강조하는 유형으로 행정기관에서 볼 수 있는 유형이다.
  ㉡ 시간적인 여유가 없거나, 부하들의 능력이 극히 보잘 것 없을 때, 참여에 대한 기대가 적을 때는 불가피하게 필요한 경우가 있다.
  ㉢ 단점 : 사람들을 보상과 처벌의 연속선에서 통제하기 때문에 사기를 저하시키고 조직원의 적대감이나 소외감, 경직성을 초래할 수 있어서 조직의 성과를 극히 저하시킬 우려가 있다.

② 민주형
  ㉠ 권위형과 자유방임형의 중간형태로 어떤 결정에 있어 부하들의 의견을 듣고 이들을 결정과정에 참여시킨다.
  ㉡ 부하들은 일에 대한 동기와 사명감이 증진되고, 의사소통의 경로가 개방되어 새로운 정보의 교환이 활발하게 이루어질 수 있다.
  ㉢ 민주형의 장점과 단점

장점	• 동기유발적이며 개인의 지식과 기술을 잘 활용할 수 있다. • 개인의 중요성을 강조함으로써 인간의 가치관과 신뢰 및 개방성을 형성할 수 있다. • 개방적 의사소통을 통해 많은 정보를 얻으면서 참여를 통한 개인의 기술도 발전시킬 수 있다.
단점	• 모두가 참여하려면 시간이 걸리기 때문에 긴급한 결정일 경우에는 어려움이 있다. • 구성원이 비슷한 지식과 지위가 있을 경우에 잘 이루어질 수 있다.

③ 자유방임형
  ㉠ 의사결정을 최고관리층이 아닌 부하직원들에게 위임하는 형태이다.
  ㉡ 부하 스스로 프로그램의 목표를 세우고 계획을 수립하기 때문에 특정 과업해결을 위한 전문가 중심 조직에 적합할 수 있다.
  ㉢ 구성원의 능력이 골고루 우수하고 업무의 내용이 고도로 전문직업적인 성격을 가져 자율성이 있는 경우에는 적합하지만, 규율이 제대로 없는 경우에는 일의 진전이 늦어져 성과가 저하되기 쉽다.

참고 리더십의 이론적 발달과정
• 속성론
• 행태론
• 상황론
• 현대적 리더십 이론

087
2015. 경북

리더십의 이론적 발달과정을 시대순으로 바르게 나열한 것은?

① 행태론 → 자질론 → 상황론 → 변혁적 리더십
② 자질론 → 행태론 → 상황론 → 변혁적 리더십
③ 상황론 → 자질론 → 행태론 → 변혁적 리더십
④ 자질론 → 상황론 → 행태론 → 변혁적 리더십

정답 ②

요점 리더십의 역사와 각 리더십의 특징

속성론(특성론) (1940~1950년대)	• 리더와 리더가 아닌 사람을 구별할 수 있는 특성이 반드시 존재한다는 이론이다. • 리더의 개인적인 특성과 자질을 연구한다. • "리더는 어떤 사람인가"
행태론 (1950~1960년대)	• 가장 중요한 것은 리더의 특성이 아닌 리더가 여러 상황에서 수행하는 행위로 보는 이론이다. • "리더는 어떤 행동을 하는가"
상황론 (1970년대)	• 리더의 행태는 상황에 의해서 좌우된다. • 상황에 대해 리더의 대응을 보는 이론이다.

- 속성론(특성론·자질론) : 리더의 신체적 특성, 사회적 특성, 사회적 배경, 지적 능력, 성격, 과업과 관련된 지식 등에 연구에 초점을 둔다.
- 행태론 : 리더의 행태적 특성이 조직성과에 직접적인 영향을 미친다고 가정하였으며, 행태론적 연구는 아이오와주립대학, 미시간대학, 오하이오주립대학, 블레이크와 머튼(Blake & Mouton)의 연구가 대표적이다.
- 상황론 : 행태론적 접근이 상황적 조건에 따라 효과적 리더의 행동이 달라질 수 있음을 간과하고 있다는 비판에 직면함에 따른 효과적인 리더의 특성, 행동 등을 파악하는 것이 연구의 초점이 되는 상황론적 접근법이 대두되었다. 상황론에는 상황적응적 모형, 경로목표 모형, 리더십 상황이론(생애주기론)이 있다.
- 통합적 접근론 : 현대적 리더십으로 거래적 리더십, 변혁적 리더십, 임파워먼트 리더십, 카리스마적 리더십, 서번트 리더십(봉사적 리더십) 등이 있다.

088
2019. 서울

〈보기〉의 보건행정조직에서 리더십이 강조되는 이유로 옳은 것을 모두 고른 것은?

― 보기 ―

㉠ 다양한 전문가들이 복잡한 구조로 이루어져 있어 이를 조직성과로 이끄는 데 리더십이 필요하다.
㉡ 끊임없이 변화하는 외부환경에 적절히 대응하고 적응하기 위해 리더십이 필요하다.
㉢ 새로운 기술의 도입과 같은 변화가 조직에 통합될 수 있도록 리더십이 필요하다.
㉣ 보건행정조직은 빠른 의사결정과 통합을 위해 조직의 상하 수직관계의 리더십이 더욱 강조된다.

① ㉠
② ㉠, ㉡
③ ㉠, ㉡, ㉢
④ ㉠, ㉡, ㉢, ㉣

정답 ③

요점 보건행정에서 리더십이 중요한 이유

① 보건행정조직에는 다양한 전문가들로 구성되어 있어 이를 조직성과로 이끄는 데 리더십이 필요하다.
② 끊임없이 변화하는 외부환경에 적절히 대응하고 적응하기 위해 리더십이 필요하다.
③ 새로운 기술의 도입과 같은 변화가 조직에 통합될 수 있도록 리더십이 필요하다.
④ 구성원들의 전문적 목표는 조직의 목표와 완전히 일치하지 않을 수 있다. 구성원들의 전문적 목표와 조직의 목표 사이에 가능한 많은 일치를 가져올 수 있도록 노력하는 데 리더십이 요구된다.

채움 문제로 실력 향상

PART 8 보건행정 조직의 관리

CHAPTER 1 조직의 이해

001 ☐☐☐

민츠버그(Henry Mintzberg)가 분류한 조직의 유형 연결이 옳지 않은 것은?

① 전문적 관료제 조직 - 전문가집단이 일하는 대규모 조직 - 대학·종합병원
② 기계적 관료제 조직 - 구조가 단순하며, 유동성이 강한 조직 - 자동차 딜러
③ 임시특별 조직 - 복잡한 형태이며 연구개발조직과 같은 성형의 조직 - 광고회사
④ 대형지부 조직 - 각 사업부서가 책임을 지고 자율적인 활동을 하는 조직 - 재벌기업

정답 ②

요점 민츠버그의 분류

조직 유형	조직의 정의	조직의 예시
단순구조 조직	구조는 간단하고 소규모 조직이며, 조직환경은 동태적이면서 조직기술은 정교하지 않은 조직(최고관리자에게 권한이나 통제수단이 집중되어 있는 조직)	독재조직, 위기에 처한 조직, 자동차 딜러, 신생조직 등
기계적 관료 조직	조직규모가 크고, 조직환경도 안정되어 있으며 절차가 표준화되어 업무수행되는 조직(권한 및 통제수단이 조직적 분화와 작업의 표준화가 되어 있는 조직)	은행, 우체국, 항공사 등
전문적 관료 조직	전문적·기술적 전문적 조직구성원이 표준화된 업무를 수행함으로써 전문가 중심의 분권화된 조직으로 조직환경이 안정되고 외부통제가 없는 조직(권한 및 통제수단의 수평적 분화와 기술의 표준화)	종합병원, 대학, 사회복지기관, 컨설팅 회사 등
대형지부 조직	대규모 조직 내에 소규모 독자적 구조를 가진 분립된 구조로 각 사업부서가 책임을 지고 자율적인 활동을 하는 조직(권한 및 통제수단이 하부 단위로 준자율적이며, 산출의 표준화)	대기업의 자회사, 대학분교, 지역병원을 가진 병원조직 등
임시특별 조직	고정된 계층구조와 공식화된 규칙이나 표준화된 운영절차가 없는 조직으로, 매우 유동적이며 복잡한 연구개발 조직(권한 및 통제수단의 수평적 분화와 상호조절)	광고회사, 첨단 기술 연구소, 우주센터 등

참고 조직의 유형 분류

- 민츠버그 : 조직의 규모와 복잡성으로 분류
- 에치오니 : 조직의 권위에 복종하는 형태를 기준으로 분류
- 파슨스 : 조직의 사회적 기능으로 분류
- 블라우와 스코트 : 조직의 수혜자가 누군지에 따른 분류
- 리커트 : 조직구성원의 참여 정도에 따라 분류

002

민츠버그가 제시한 조직구조 유형에 대한 설명으로 옳은 것은?

① 기계적 관료제는 막스 베버의 관료제와 비슷하다.
② 임시조직은 대개 단순하고 반복적인 문제를 해결하기 위해 생성된다.
③ 폐쇄체계적 관점에서 조직이 수행하는 기능을 기준으로 유형을 분류하였다.
④ 사업부 조직은 기능별, 서비스별, 독립성으로 인해 조직 전체의 공통관리비 감소효과가 크다.

정답 ①

요점

① 막스베버는 독일의 사회학자로, 조직을 지배하는 정당성을 기준으로 권한의 유형을 분류하였다. 전통적 권한의 카리스마적 권한, 합리적·법적 권한은 법적근거를 바탕으로 한 합법적 권위를 관료제의 기반으로 설정하였다. 즉, 관료제는 합법적 근거에 따라 제도화된 질서에 따라 구성된 계층제라고 정의하였다.
② 단순하고 반복적인 문제를 해결하기 위해 생성된다. - 기계적 관료제
임시조직은 복잡하고 비정형적인 과제에 적합하다.
③ 민츠버그 조직유형 분류의 기준 : 조직의 핵심구성부문, 조정기제, 상황요인 3가지를 기준으로 하며, 환경을 중시하는 개방체제적 관점에 근거한다.
④ 사업부 조직은 독립성으로 인한 중복적인 기능수행으로 규모의 경제를 실현하기 힘들기 때문에 조직 전체의 공통관리비를 절감하기 힘들다.

기계적 관료 조직
- 정의 : 조직규모가 크고, 조직환경도 안정되어 있으며 절차가 표준화되어 업무수행되는 조직(권한 및 통제수단이 조직적 분화와 작업의 표준화가 되어 있는 조직)
- 예시 : 은행, 우체국, 항공사 등

003

2014. 서울7급

조직유형 중 파슨스(Parsons)의 분류에 해당하는 것은?

① 경제조직 - 경제적 재화의 생산과 분배에 종사하는 조직
② 기업조직 - 소유주가 조직의 수혜자인 조직, 능률성 강조
③ 강제적 조직 - 조직의 통제수단이 강제적이고 구성원들이 고도의 소외의식을 가짐
④ 공리적 조직 - 조직이 구성원에 대하여 임금을 제공하고 구성원은 조직으로부터 지급되는 보상만큼 일한다는 입장
⑤ 호혜적인 조직 - 조직구성원 일반을 위한 상호이익이 가장 중요한 목표인 조직

정답 ①

요점

- 강제적 조직·공리적 조직 - 에치오니(Amitai Etzioni)의 복종관계에 의한 분류)
- 기업조직, 호혜적인 조직 - 블라우와 스코트(Peter Blau & Richard Scott)의 조직의 수혜자에 의한 분류

파슨스(Talcott Parsons)의 분류

사회적 시스템에 의한 분류로 아래와 같이 분류하였다.

조직유형	조직의 정의	조직의 예시
경제조직 (적응기능)	사회나 구성원이 소비하는 상품을 생산하는 조직	기업, 경제조직 등
정치조직 (목표달성기능)	사회가치를 창출하고 권력을 창출하여 배분하고 집행하는 조직	정부, 정치조직 등
통합조직 (통합기능)	사회 구성원들 간의 갈등을 조정하고 안정을 유지하는 조직	사회복지조직, 경찰, 사법기관 등
형상유지조직 (형상유지기능)	교육이나 문화활동을 통해 사회의 틀이 오랫동안 유지되도록 하는 조직	학교, 종교집단, 정부기관, 문화단체 등

004

조직 내에서 물리적·경제적·육체적 조건보다 인간의 사회적 욕구를 더욱 중요시한 조직이론은?

① 고전적 조직이론
② 신고전적 조직이론
③ 상황이론
④ 체제이론
⑤ 자원의존론

정답 ②

요점
① 고전적 조직이론 : 과학적 관리론, 고전적 행정이론, 관료제 이론 등의 조직에 관한 이론을 통틀어 일컫는 이론으로 조직을 마치 기계와 같은 것으로 보고 조직 내의 구성원들을 한낱 기계의 부품으로 생각하는 입장에서 조직의 능률성을 추구한 점이 특징이다.
② 신고전적 조직이론 : 고전적 조직이론에 대비되는 이론으로, 조직 내의 인간적 요소를 중시하는 인간관계론적 조직이론을 말한다. 동기부여의 유인으로 비경제적·사회적 유인이 더 효과적이라고 주장하였으며, 가치 기준으로는 사회적 능률성을 중시했다.
③ 상황이론 : 조직이 환경과 어떠한 관계를 맺고 있으며 그 관련성이 조직에 어떠한 영향을 미치는가에 초점을 두었다.(조직이 외부환경과 기술, 규모 등에 의해 영향을 받는다고 봄으로써 환경의 중요성을 강조함)
④ 체제이론(시스템이론) : 어느 한 분야만 이해할 수 없다고 생각하고, 여러 학문 분야를 통합하여 이해할 수 있는 통합적 사고와 연구의 틀을 찾기 시작하여 시스템이론이 생기게 되었다.

005

조직이론으로서 신고전적 조직이론의 특성에 대한 설명으로 옳지 않은 것은?

① 사회적 능률성을 중시한다.
② 공식적 구조보다 비공식적 구조에 대해 관심을 갖는다.
③ 사회적 욕구의 충족을 위한 경제적 보상을 중시한다.
④ 환경에 대한 적절히 고려를 하지 못한 폐쇄적 환경관의 이론이다.

정답 ③

요점 신고전적 조직이론
사회적 욕구의 충족을 위한 비경제적 보상을 중시하였으며, 임금에 의한 보상이 아닌 일체감, 대인관계, 집단사기나 인간의 심리적 만족감이 생산성을 결정한다고 보았다.

특성	• 구성원의 능력은 육체적인 면보다 사회적 요인으로 동기유발이 된다. • 사회적 욕구의 충족 등 비경제적 보상을 중시한다.(임금에 대한 보상이 아닌 일체감, 대인관계, 집단사기나 인간의 심리적 만족감이 생산성을 결정) • 인간중심의 유연한 관리가 강조된다.(구성원을 개체가 아닌 집단의 일원으로 인식하여 인간중심적 리더십, 집단적 유인구조, 비공식적 의사전달망 등을 중시) • 비공식 집단 중심의 사기 형성이 중요하다.(생산성을 좌우하는 것은 비공식의 사회적 규범)
문제점	• 실험을 의식하며 진행된 실험이므로 공장의 생산성에 대한 실험이 정확하지 않다. • 기계적 능률성은 무시된다. • 보다 세련된 착취방법으로 만족한 젖소가 더 많은 우유를 생산해 내듯 만족한 근로자들이 더 많은 생산을 한다는 식의 논리를 주장한다는 측면에서는 비판적이다.

006

작업의 과학화를 통해 표준화된 작업을 관리하여 생산성 향상을 도모하려 했던 조직이론은?

① 과학적 관리론
② 인간관계론
③ 체제이론
④ 상황이론

정답 ①

요점

과학적 관리론의 주요 특징
① 행정의 전문성을 강조하고, 명확한 목표와 반복적 훈련을 강조함 (작업의 표준화)
② 기계적 능률성 중시 : 투입 대비 산출로 표시되는 계량적 능률성을 중시
③ 공식구조에 대한 과학적 분석을 중시함 : 과학적 관찰과 분석을 통해 발견한 관리 원칙을 지키고, 발견 가능한 유일 최선의 방법을 찾는 데 주력함
④ 계층적인 과정 : 조직의 수직적 관계로, 명령통일, 권한과 책임의 위임 등이 따름
⑤ 새로운 보수체계의 도입 : 노동자의 생산량을 기준으로 임금을 지불하는 새로운 보수체계가 도입됨(과업 달성하면 고임금, 과업 실패시에는 저임금일 지급하는 성과급제도)
⑥ 폐쇄적인 환경관으로 조직의 외부환경을 고려하지 않음(폐쇄체제)

과학적 관리론의 문제점
① 폐쇄적인 환경으로 인해 인간성 소외현상을 초래
② 사회적 능률성 무시, 환경변수 무시, 외부문제 무시, 비공식 조직의 무시

007

조직의 원리에 대한 설명으로 옳지 않은 것은?

① 조정의 원리는 할거주의 해소를 위한 방안으로 현재조직의 최고.제일의 원리라고 할 수 있다.
② 계층제의 원리는 업무를 성질별로 구분하여 가급적 한 사람에게 한 가지 업무를 분담시키는 것이다.
③ 통솔범위의 원리는 한 사람의 상관이 몇 사람의 부하를 직접 적절하게 감독할 수 있는가를 의미한다.
④ 명령통일의 원리는 한 사람의 업무담당자는 직속상관에게만 명령을 받아 복종하여야 한다는 것으로 조직의 혼란을 방지하고 책임을 분명히 하는 원리이다.

정답 ②

요점

업무를 성질별로 구분하여 가급적 한 사람에게 한 가지 업무를 분담시키는 것 - 전문화의 원리

계층제의 특징
① 관료제의 전형이며, 명령일원화의 체계로 조직의 수직적 차원에서 적용 가능하다.
② 통솔범위가 넓어지면 계층의 수는 감소되고, 통솔범위가 좁아지면 계층의 수는 증가한다.
③ 계층수준이 높을수록 정책에 대한 비정형적인 업무를 하고, 계층 수준이 낮을수록 정형적 업무나 구체적인 운영을 담당한다.
④ 조직의 대규모, 전문화, 업무의 다양성과 구성원의 수가 증가할수록 조직의 계층도 증가한다.

008

조직의 원리에 대한 설명으로 가장 옳지 않은 것은?

① 일치의 원리 – 책임과 그 책임의 완수를 위하여 필요한 권한의 양자가 일치해야 한다.
② 예외의 원리 – 사이몬(simon)은 '계획에서의 그레샴의 법칙'이라 부른다.
③ 조정의 원리 – 무늬(Mooney)는 '제1의 원리'라고 하였다.
④ 통솔범위의 원리 – 직속상관에게만 명령을 받고 보고해야 한다.

정답 ④

요점

④ 직속상관에게만 명령을 받고 보고해야 한다. – 명령통일의 원칙 (한 사람의 상관으로부터 명령을 받아 복종하여 혼란을 방지하고 책임을 분명히 하는 원리이며, 하나의 조직에는 한 명의 상관이 있어야 한다는 원리로 계층제의 한 원리에 속한다.)

- **일치의 원리**
정해진 책임과 그 책임의 완수를 위하여 필요한 권한의 양자가 일치해야 한다는 것을 의미한다. 권한이란 자기의 직무를 공정으로 수행함에 있어 부여되는 권리 또는 힘을 말하며, 책임이란 직무상 마땅히 수행해야 할 임무를 말한다.

- **예외의 원리**
행정관리자들은 취임 초기에는 자기조직의 장래문제와 목표에 직결된 정책적 문제들을 생각하는 데 대부분의 시간을 보내게 된다. 사이몬은 이 현상을 '계획에서의 그레샴의 법칙'이라 부른다. 조직을 관리하는 행정관리자로 하여금 예외의 원칙을 철저하게 지키게 하는 일이다. 이것은 대부분 관례적인 결정. 즉 항상 동일하게 하는 똑같은 결정들은 부하들에게 대폭 위임하고 자기는 예외적인 것이며, 특별한 사건 또는 특별히 나쁜 것이나 특별히 좋은 것만 결정하도록 하라는 것이다.

- **조정의 원리**
① 조직체의 공동의 목적을 달성하기 위하여 하위체계 간의 행동의 통일성과 실효를 거둘 수 있도록 집단적·협동적 노력을 질서 정연하게 결합하고 배열하는 과정을 조정이라 한다.(조직의 목표를 설정하여 관리하는 것)
② 무늬(Mooney)는 조정의 원리를 현대조직의 최고·제1의 원리라고 주장하였다.

- **통솔범위의 원리**
통솔범위란 한 사람의 상관이 몇 사람의 부하를 직접 적절하게 감독할 수 있는가를 의미하며, 한 사람의 상관은 무제한적으로 직원을 통솔할 수 없고 지나치게 소극적으로 통솔할 경우에는 심리적·생리적으로 한계가 있다.(관리한계의 원리, 관리책임의 원리)

009

업무의 동질화를 일으켜 업무능력 발전을 저해하는 것은?

① 조정의 원리
② 전문화의 원리
③ 계층제의 원리
④ 명령통일의 원리

정답 ②

요점 전문화·분업의 원리

① 개념
  ㉠ 업무를 성질별, 기능별로 구분하여 한 사람이 한 가지 업무를 계속적으로 수행하여 조직의 능률성을 제고하는 원리이다.
  ㉡ 분업은 가급적 세분화하고, 세분화된 직무는 가급적 동질적인 것들끼리 묶어서 조직단위를 형성해야 한다.

② 분업의 유형
  ㉠ 수평적 분업 : 기능 업무의 성질별로 분업화되어 각 부처 간의 분업 또는 과별 분업
  ㉡ 수직적 분업 : 계층별로 분업화되어 중앙·각 도·시·군 등의 분업
  ㉢ 일의 전문화 : 업무를 세분화하여 반복적·기계적인 업무로 단순화시키는 것
  ㉣ 사람의 전문화 : 사람이 교육과 훈련에 의해서 전문가가 되는 것

CHAPTER 2 조직의 유형과 이론

010 □□□

브룸(Vroom)의 기대이론에 대한 설명으로 가장 옳지 않은 것은?

① 기대성, 수단성, 유의성의 세 가지 요소가 모두 높을 때 동기 부여 수준이 가장 높다.
② 수단성은 기대하는 수준의 성과를 달성하면 보상을 받을 것이라는 믿음이다.
③ 기대성은 자신의 노력이 일정한 성과를 달성한다는 기대이다.
④ 기대성의 대표적인 예로는 인센티브, 승진 등이 있다.

> **정답** ④
> **요점**
> • 기대감 : 자신의 노력이 일정한 성과를 달성한다는 기대
> • 수단성 : 성과가 보상을 가져올 것이라는 믿음
> • 유의성 : 보상에 대한 주관적 선호의 강도

011 □□□

조직 구성원의 동기부여 중 과정이론에 해당하는 것은?

① 맥그리거의 XY이론
② 브룸의 기대이론
③ 허츠버그의 2요인이론
④ 아지리스의 미성숙-성숙이론

> **정답** ②
> **요점** 내용이론과 과정이론
>
> | 구분 | 특징 | 대표적인 이론 |
> |---|---|---|
> | 내용 이론 | '인간의 동기를 유발하는 내용'을 설명하는 이론으로, 인간의 욕구와 욕구에서 비롯되는 충동, 욕구의 배열, 유인 또는 달성하려는 목표 등을 분석하는 이론이다. | • 매슬로우(Maslow)의 욕구계층이론
• 맥그리거(McGregor)의 X, Y이론
• 앨더퍼(Alderfer)의 ERG이론
• 허즈버그(Herzberg)의 2요인이론 (동기위생이론, 욕구충족이론)
• 아지리스(Argyris)의 성숙-미성숙이론
• 맥클리랜드(McClelland)의 성취동기이론 |
> | 과정 이론 | 인간의 행동이 어떤 과정을 통해 동기유발이 되는가를 설명하는 이론으로, 사람들이 어떠한 방법을 통해 욕구를 충족시키고, 욕구 충족을 위한 여러 가지 행동 대안 중 어떤 방법으로 행동 선택을 하는가에 중점을 두었다. | • 브룸(Vroom)의 VIE기대이론
• 포터와 로울러(Porter & Lawler)의 업적-만족이론
• 아담스(Adams)의 공평성(형평성)이론 |

012

동기부여이론 중 내용이론이 아닌 것으로 가장 옳은 것은?

① 매슬로우의 욕구단계이론
② 아지리스의 미성숙 – 성숙이론
③ 브룸의 기대이론
④ 허즈버그의 2요인 이론

정답 ③

요점
브룸의 기대이론은 과정이론이다.

013

동기부여이론에 대한 설명으로 가장 옳은 것은?

① 매슬로(Maslow)의 욕구계층이론에서는 상위 욕구의 충족이 좌절되면 하위욕구로의 후진적·하향적 퇴행을 설명하고 있다.
② 허즈버그(Herzberg)의 욕구충족이론에서 만족요인과 불만요인은 일직선상의 양극점에 해당하므로 불만족이 해소되면 만족감을 느끼게 된다.
③ 맥그리거(McGregor)의 XY이론에서 X이론적 인간은 본질적으로 일을 싫어하는 것이 아니고, 자율적으로 자기규제를 할 수 있는 존재이다.
④ 브룸(Vroom)의 기대이론에서 3가지 변수는 기대감, 수단성, 유의성이다.

정답 ④

요점
① 매슬로(Maslow)의 욕구계층이론 : 만족과 진행만을 설명하며 욕구의 후진, 퇴행에 대해서는 설명하지 않았다. 앨더퍼는 욕구의 좌절에 따른 후진 및 퇴행을 설명한 좌절 – 퇴행접근법을 특징으로 한다.
② 허즈버그(Herzberg)의 욕구충족이론 : 만족요인과 불만족요인은 서로 독립된 별개의 입장으로 설명하고 있다.
③ 맥그리거(McGregor)의 XY이론 : Y이론은 인간은 일을 싫어하지 않고 사람은 조직의 목표 달성을 위하여 자율적으로 자기 규제를 할 수 있으며, 조직목표에 헌신적 인간을 가정한다. X이론은 본래 일하기를 싫어하고 야망이 없고 책임지기를 싫어하며 명령에 따라가는 것을 좋아하고 변화에 저항적이고 안전을 원하며, 자기중심적이며 속기 쉽고 영리하지 못하며 사기에 잘 속는다고 가정한다.
④ 브룸(Vroom)의 기대이론 : 현재의 노력(동기유발력)은 그 결과로 인하여 미래에 발생할 성과와 보상에 의하여 결정된다는 가정을 바탕에 두고 있다. 동기부여의 3가지 변수는 다음과 같다.
  ㉠ Valence(유의성) : 행위의 결과로 얻어지는 보상에 대한 주관적 선호의 강도
  ㉡ Instrumentality(수단성) : 성과가 보상을 가져올 것이라는 믿음
  ㉢ Expectancy(기대감) : 자신의 노력이 일정한 성과를 달성한다는 기대

014

아지리스(Argyris)의 미성숙 – 성숙이론에 대한 설명으로 옳지 않은 것은?

① 인간을 미성숙한 인간과 성숙한 인간으로 설명하였다.
② 미성숙한 인간과 성숙한 인간을 구별하는 7가지의 특징을 제시하였다.
③ 비공식조직은 구성원의 미성숙 상태를 조장하고 있다고 보았다.
④ 관료제 조직은 구성원이 성숙 상태로 발전하는 데 장애가 된다고 보았다.

정답 ③

요점

인간이 미성숙에서 성숙의 단계로 발전하며, 공식조직에 초점을 맞춘 고전적 관리전략은 인간을 미성숙 상태로 조장한다고 비판한다.

7가지 특징

미성숙인	성숙인
• 수동적 활동	• 능동적 활동
• 의존적 행동	• 독립적 행동
• 한정된 행동 능력	• 다양한 행동능력
• 변덕스럽고 피상적인 관심	• 강하고 집중된 관심
• 단기적 안목	• 장기적 안목
• 종속적 지위에 만족	• 대등·우월적 지위
• 자아의식의 결여	• 자아의 의식과 통제

015

맥클리랜드가 제시한 동기부여이론에 대한 설명으로 옳지 않은 것은?

① 개인의 동기는 사회문화와 상호작용하는 과정에서 학습되는 것이다.
② 개인마다 욕구의 계층에 차이가 있다.
③ 욕구의 유형은 안전욕구, 권력욕구, 성취욕구로 분류하였다.
④ 조직 내에서 동기를 유발하는 욕구는 성취욕구이다.

정답 ③

요점

개인의 동기는 사회문화와 상호작용하는 과정에서 취득되고 학습되는 것으로 개인마다 욕구의 계층에 차이가 있다고 하였다.

권력욕구	다른 사람들에 대해 영향을 미치기를 원하고, 타인을 지도하고자 하는 사람이다. 타인의 행동에 영향력을 미치거나 통제하려는 욕구가 있다.
친교욕구	다른 사람들과 감정적인 관계를 설정하고 유지하려는 욕구가 있으며, 경쟁보다는 협조적인 상황을 선호한다. 타인과 따뜻하고 친근한 관계를 유지하는 욕구가 있다.
성취욕구	타인과의 경쟁에서 이기고 싶어하고, 남보다 잘하고자 한다. 어려운 일을 성취하려는 욕구, 장애를 극복하고 높은 수준을 유지하려는 욕구, 성공적 기업가가 되게 하는 요인이다. 하지만, 일상적인 문제는 집중을 하지 않는다.

016

다음의 내용에 해당하는 동기부여이론은?

- 일을 싫어하는 사람에게는 엄격한 감독과 통제를 통한 관리가 필요하다.
- 일을 좋아하는 사람에게는 권한의 위임, 목표에 의한 관리가 적합하다.

① XY이론
② 미성숙 – 성숙이론
③ 욕구충족이론
④ 성취동기이론

정답 ①

요점

맥그리거의 XY이론

구분	X이론(전통적 인간관)	Y이론(현대적 인간관)
인간관	• 본질적으로 일을 싫어하며 가능하면 일을 하지 않고, 야망도 없으며, 책임지기를 싫어한다. • 안전을 원하고 변동에 저항한다. • 자기중심적이고 책임지기를 싫어하며, 조직의 문제 해결시 창의력이 없다. • 생리적 요구 또는 안전의 욕구(하급욕구)에 자극을 주는 금전적 보상과 제제 등에 반응한다.	• 본질적으로 일을 싫어하는 것은 아니며, 자아실현 인간관을 가지고 있어 자기 행동의 방향을 스스로 정하고, 자율적으로 자기 규제를 할 수 있는 존재이다. • 조직의 문제 해결시 비교적 높은 수준의 창의력과 상상력을 발휘한다. • 이기적으로만 행동하는 것이 아니라 같은 사회 내의 타인을 위해 행동하기도 한다. • 존중의 욕구, 자아실현의 욕구(고급욕구)가 주무동기이다.
관리전략	• 당근과 채찍이론을 활용한다.(유연한 접근과 강경한 접근을 교환적으로 활용) • 경제적 보상과 제제를 이용한다. • 권위주의적 리더십의 확립으로 엄격한 감독과 통제제도의 확립이 필요하다.	• 민주적 리더십을 통해 조직목표와 개인목표의 통합을 추진한다. • 분권화와 권한을 위임한다. • 자기평가제도, 자체평가제도를 활성화한다. • 비공식 조직을 활용한다.

017

동기부여이론 중 Alderfer(앨더퍼)의 욕구이론에서 제시된 욕구의 내용이 아닌 것은?

① 존재
② 관계
③ 성장
④ 안전

정답 ④

요점 매슬로우(Maslow)와의 차이점

① 인간의 욕구란 항상 저차원의 욕구에서만 출발하는 것이 아니라고 보았다.
② 동시에 몇 가지의 욕구가 함께 작용할 수 있다고 보았다.
③ 욕구의 후진적·퇴행적 진행을 제시하였다.(매슬로우는 욕구 충족시 욕구가 최하급의 생리적 욕구에서부터 자아실현의 욕구까지 진행과정만을 제시한 반면, 앨더퍼는 욕구좌절로 인한 후진적·하향적 퇴행을 제시함)
④ 만족진행 가설에 따라 하위욕구 충족시 상위욕구를 갈구하게 되고, 좌절퇴행 가설에 따라 상위욕구가 좌절되면 하위욕구를 갈구하게 된다.

Alderfer (앨더퍼)	존재의 욕구		인간관계의 욕구		성장의 욕구
Maslow (매슬로우)	생리적 욕구	안전의 욕구	사회적 욕구	존중의 욕구	자아실현의 욕구

018

조직변화를 설명하는 레윈(Lewin)의 이론에 대한 설명으로 가장 옳지 않은 것은?

① 조직변화를 위한 준비단계를 해빙기라고 한다.
② 변화기에는 문제해결을 통해 변화하고자 하는 동기를 갖는다.
③ 변화 영역에 변화를 주고자 하는 단계를 변화기라고 한다.
④ 재결빙기가 있으면 안정화된다.

정답 ②

요점 레윈의 3단계 변화관리모델
① 해빙기 : 조직변화를 위한 준비단계이며, 문제해결을 통해 변화하고자 하는 필요성과 동기를 갖는 단계이다.
② 변화기 : 구체적으로 변화하는 단계로 다양한 방법으로 변화를 시도하는 단계이다.
③ 재결빙기 : 변화를 지속시키기 위한 단계로 변화가 조직 내에서 자리 잡게 하여 안정화시키는 단계이다.

CHAPTER 3 조직의 형태

019

관련부서 직원들이 어떤 목적 달성을 위하여 파견되어 구성되는 임시조직에 해당하는 조직은?

① 라인 조직
② 라인스태프 조직
③ 프로젝트 조직
④ 매트릭스 조직

정답 ③

요점 프로젝트 조직(project organization)의 특징
① 특정 사안을 해결하기 위하여 부서의 경계를 두지 않고 다양한 전문성을 가진 구성원을 팀으로 조직하여 그 사안이 해결될 때까지 운영되도록 하는 조직이다.
② 조직구성원은 수평적인 관계에서 운영되며, 전통적인 라인스태프 조직의 보완조직이다.
③ 프로젝트 조직은 해산을 전제로 하여 임시로 편성된 일시적 조직이며, 신규·혁신적·비일상적인 과제의 해결을 위하여 형성되는 동태적 조직이다.
④ 당초 계획한 사업목적이 이루어지면 그 구성원들이 다시 본래 소속되었던 부서로 돌아가게 된다.

020

매트릭스 조직에 대한 설명으로 가장 옳지 않은 것은?

① 구성원의 능력과 재능을 최대한 활용할 수 있다.
② 강력한 추진력으로 의사결정을 신속하게 할 수 있다.
③ 고객의 요구나 시장의 변화에 신속하게 대응할 수 있다.
④ 구성원들의 역할과 관련된 갈등이나 모호성이 발생할 수 있다.

정답 ②

요점 매트릭스 조직(복합구조조직, 행렬조직)

① 특징
- 전통적인 조직기능(수직적)과 프로젝트 조직(수평적)을 합한 것이다.
- 조직의 기능에 따라 수직선으로 편성된 조직에 수평적 프로젝트 조직의 모형을 부가시켜 서로 상호작용을 통해 조직의 효율성과 유연성을 동시에 높이고자 운영하는 조직모형이다.
- 한 사람의 부하가 두 명의 상위자로부터 명령을 수령하는 명령통일 일원화의 원칙에 위배된다.
- 계선조직보다 계층수가 적고 의사결정이 분권화되어 공식적 절차와 규칙에 얽매이지 않는다.

② 단점
- 이중 지휘체계로 인해 구성원들의 역할과 관련된 갈등이 생길 수 있다.
- 성과달성시 성과평가담당자의 결정이 어렵고, 이해관계를 가진 많은 사람들이 얽혀 있어 의사결정이 복잡하고 거대해질 수 있다.
- 기·부서와 프로젝트 관리자들 간에 권력투쟁이 발생할 가능성이 있다.

021

라인스태프 조직에 관한 설명으로 옳지 않은 것은?

① 능률적인 업무수행이 가능하고 신속한 의사결정이 이루어진다.
② 라인과 스태프의 권한과 책임이 분명하여 갈등이 발생하지 않는다.
③ 스태프의 지원을 받는 상층관리자의 통솔범위가 넓어진다.
④ 라인은 스태프로부터 조언과 권고를 받을 수 있어 추진업무에 전념할 수 있다.

정답 ②

요점 막료조직(Line and Staff Organization, 라인스태프 조직)

장점	• 전문적 지식과 경험에 의한 합리적이고 창의적인 결정을 통해 업무수행이 능률적으로 이루어진다. 그로 인해 의사결정은 신속하게 결정되고, 강력한 통솔력과 안전성을 확보할 수 있다. • 대규모 조직에 적합하며, 기관장의 통솔범위가 확대되고 전문지식을 활용할 수 있으며 객관적·합리적 의사결정이 가능해진다. • 라인은 스태프로부터 유익한 조언과 권고를 받을 수 있는 신축성을 가지게 되며, 추진업무에 전념할 수 있다.(스태프는 라인의 합리적인 의사결정을 도울 수 있다)
단점	• 계선과 막료간 책임 전가 문제가 발생할 수 있다.(라인과 스태프 간의 권한과 책임의 소재가 불분명할 수 있다.) • 복잡한 조직에서는 업무량이 과중될 수 있고, 유능한 인재를 잃게 되면 조직의 기능이 마비될 수 있다. • 스태프 조직 내의 인사관계가 복잡해지고, 권한과 책임을 둘러싼 라인과 스태프 간의 갈등과 압력이 커지면서 행정의 지연과 의사소통의 혼란이 초래될 수 있다. • 참모기관에 소요되는 경비가 과다하다.

022

조직의 유형 중 매트릭스 조직의 특성으로 옳지 않은 것은?

① 수직선으로 편성된 조직과 수평적인 조직이 결합된 모형이다.
② 계선조직보다 계층수가 많다.
③ 명령통일의 원칙에 위배된다.
④ 민주적 의사결정이 조직의 동력으로 작용한다.

정답 ②

요점

매트릭스 조직은 계선조직보다 계층수가 적고, 의사결정이 분권화되고, 공식적 절차와 규칙에 얽매이지 않는다.

023

비공식조직의 순기능으로 옳지 않은 것은?

① 공식조직의 경직성 완화
② 공식적 리더십 보완
③ 신중한 의사결정이 가능
④ 공식적 의사소통의 결함 보완

정답 ③

요점

비공식조직은 공식적조직의 경직성 완화와 의사소통의 결함을 보완하는 장점이 있으며, 신중한 의사결정은 공식조직의 순기능이라 할 수 있다.

공식조직과 비공식조직의 특징

구분	공식조직	비공식조직
조직의 생성	외면적, 가시적, 인위적, 제도적, 합리적 조직	내면적, 비제도적, 감정적인 조직, 자연발생적
목적	공적 목적을 추구함	사적 목적을 추구함
원리	능률과 과학적 합리성의 논리가 지배함	인간의 감정의 논리가 지배함
관리기법	과학적 관리	인간관계론
특징	계층적 조직, 고전적 조직, 관료제 조직으로 영속성, 경직성, 명확성을 가짐	자생적 조직으로 비영속성, 동태성, 불명료성을 가짐

024

어떤 특수한 과업을 수행하기 위해 일반적으로 다른 부문들과는 독립적으로 설치되어 한 사람의 전문적인 관리자의 책임 아래 관리되는 조직 유형으로 태스크포스 조직이라고도 불리는 조직은?

① 계선조직
② 프로젝트 팀
③ 매트릭스 조직
④ 막료조직

정답 ②
요점 프로젝트 팀
특정 사안을 해결하기 위하여 부서의 경계를 두지 않고 다양한 전문성을 가진 구성원을 팀으로 조직하여 그 사안이 해결될 때까지 운영되도록 하는 조직이다.

CHAPTER 4 조직의 의사소통

025

의사전달 유형의 연결이 틀린 것은?

① 수레바퀴형 - 집단 내 중심적 리더가 존재하는 형이다.
② 원형 - 집단 구성원 간에 서열이나 지위가 분명한 형이다.
③ Y자형 - 집단 내에서 중심적 위치를 차지하고 있는 리더가 존재한다.
④ 개방형 - 집단 내의 모든 구성원들이 자유롭게 정보를 교환하는 형태이다.

정답 ②
요점 의사전달의 유형

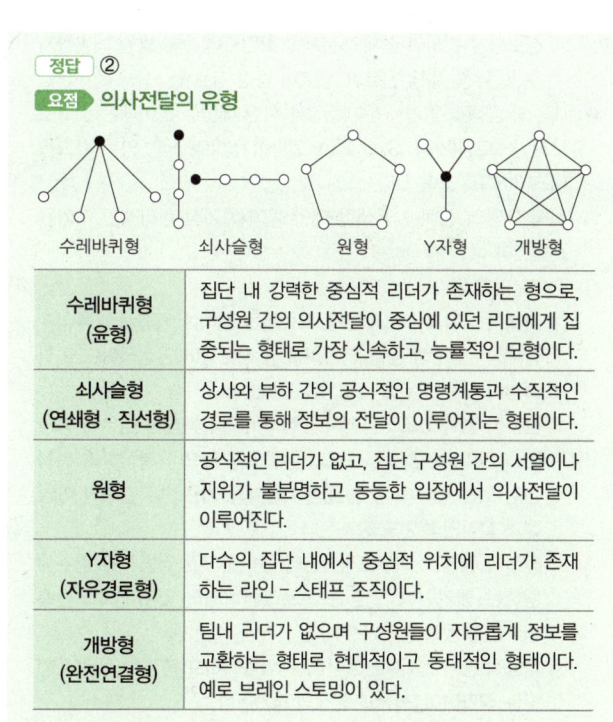

수레바퀴형 (윤형)	집단 내 강력한 중심적 리더가 존재하는 형으로, 구성원 간의 의사전달이 중심에 있던 리더에게 집중되는 형태로 가장 신속하고, 능률적인 모형이다.
쇠사슬형 (연쇄형·직선형)	상사와 부하 간의 공식적인 명령계통과 수직적인 경로를 통해 정보의 전달이 이루어지는 형태이다.
원형	공식적인 리더가 없고, 집단 구성원 간의 서열이나 지위가 불분명하고 동등한 입장에서 의사전달이 이루어진다.
Y자형 (자유경로형)	다수의 집단 내에서 중심적 위치에 리더가 존재하는 라인 - 스태프 조직이다.
개방형 (완전연결형)	팀내 리더가 없으며 구성원들이 자유롭게 정보를 교환하는 형태로 현대적이고 동태적인 형태이다. 예로 브레인 스토밍이 있다.

026

의사결정의 과정으로 옳은 것은?

① 문제의 인지와 확인 → 대안의 탐색과 평가 → 최적 대안의 선택 → 선택된 대안의 집행 → 집행결과의 평가 → 환류
② 대안의 탐색과 평가 → 문제의 인지와 확인 → 최적 대안의 선택 → 선택된 대안의 집행 → 집행결과의 평가 → 환류
③ 문제의 인지와 확인 → 대안의 탐색과 평가 → 최적 대안의 선택 → 집행결과의 평가 → 선택된 대안의 집행 → 환류
④ 문제의 인지와 확인 → 대안의 탐색과 평가 → 집행결과의 평가 → 최적 대안의 선택 → 선택된 대안의 집행 → 환류

정답 ①

요점

① 문제의 인지와 확인
  ㉠ 설정된 목표의 바람직한 기대치와 실제 달성한 결과치의 차이를 밝힌다.
  ㉡ 정보를 취합하여 현재의 문제를 확인한다. 예 병원 내원환자 수 및 유형, 일당 진료비, 진료비 증감 자료 등
② 대안의 탐색과 평가 : 문제해결을 위한 대안을 찾아내는 것으로 브레인스토밍(Brain Storming), 델파이기법(Delphi), 명목적 그룹 테크닉(NGT) 등이 있다.
③ 최적 대안의 선택 : 탐색한 대안 중에서 가장 합리적인 대안을 선택한다
④ 집행결과의 평가
  ㉠ 기계적 평가 : 프로그램화, 표준화된 절차에 의해서 능률성·경제성·일관성 등을 평가하며, 조직환경이 안정적이고 불확실성이 낮은 경우에 주로 사용된다.
  ㉡ 판단적 평가 : 조직환경이 안정적이거나 복잡한 경우에 행하는 평가이며, 결정은 프로그램화 되어 있으나 복잡하여 위험성이 있는 경우이다. 능률성이 평가의 기준이나 결과의 다양성과 질적인 측면도 강조된다.
  ㉢ 타협적 평가 : 외부조직환경이 단순하지만 역동적인 경우에 행하는 평가이며, 결정은 프로그램화되어 있지 않고, 신축성·안정 등이 평가기준이다.
  ㉣ 적응적 평가 : 외부환경이 매우 역동적이고 복잡한 경우에 행하는 평가이며, 혁신과 성장의 평가이다.

CHAPTER 5 조직의 발전과 리더십

027
2023.6 지방

임파워먼트 리더십의 주요 개념에 해당하는 것만을 모두 고르면?

㉠ 업적에 따른 보상
㉡ 핵심적 권한의 공유
㉢ 섬김과 솔선수범

① ㉠
② ㉡
③ ㉠, ㉡
④ ㉡, ㉢

정답 ②

요점

- 업적에 따른 보상 − 거래적 리더십(과업수행과정에서 리더에 대한 복종의 대가로 부하들에게 보상을 지급하는 일종의 거래관계로 목표달성시 보상을 받는다.)
- 핵심적 권한의 공유 − 임파워먼트 리더십(관리자들의 권한을 실무자에게 이양하고, 책임범위를 확대하여 직원들의 잠재능력 및 창의력을 최대한 발휘하도록 한다.)
- 섬김과 솔선수범 − 서번트 리더십(봉사적 리더십.섬김리더십) : 타인을 위한 봉사에 초점을 두고, 자신보다 구성원의 이익을 우선시하는 리더십으로 부하에 대한 인격존중과 헌신적 봉사를 통해 그들로 하여금 스스로 자기능력을 발휘하도록 이끌어주는 리더십이다.)

028

구성원을 성공적으로 임파워먼트 시키기 위한 전략으로 옳지 않은 것은?

① 전략을 통해 비전과 목표를 명확하게 제시한다.
② 능력이 없는 구성원들을 참여시키기 위해 참여적 리더십으로 관리한다.
③ 위험을 감수하고 실패했을 때는 격려하고 지지해 준다.
④ 임파워먼트를 성공하기 위해서는 구성원들이 각자 자신의 역할을 분명히 하는 것이 중요하다.

정답 ②

요점 임파워먼트 리더십(Empowerment Leadership)

① 정의
조직구성원에게 업무와 관련된 자율권 보장과 구성원의 잠재력을 극대화시키는 리더십으로, 관리자들이 지니고 있는 권한을 실무자에게 이양하여 그들의 책임범위를 확대함으로써 직원들이 보유하고 있는 잠재능력 및 창의력을 최대한 발휘하도록 하는 방법이다.

② 특징
- 인간본성에 대한 Y이론적(자아실현 인간관을 가지고 있어 자기 행동의 방향을 스스로 정하고, 자율적으로 자기 규제를 할 수 있는 존재) 인간관을 기초로 한다.
- 임파워먼트는 협동, 나눔으로 권력을 발전시킨다.
- 임파워먼트는 권력의 분산화를 꾀하고, 개인, 집단, 조직이 상호작용한다.

③ 임파워먼트의 효과
- 관료화의 병폐를 제거한다.
- 참여관리와 신뢰관리를 촉진하여 창의적 업무수행을 촉진한다.
- 관리의 집행을 권한중심 주의에서 임무중심 주의로 전환시킨다.
- 조직은 조정, 통제에 필요한 인력과 비용을 절감할 수 있다.
- 최고관리자의 권력을 버림으로써 업무 관리자들의 권력은 오히려 늘어나게 된다.

※ 임파워먼트(Empowerment) : 자율권, 권한위임

029

다음은 피들러(Fiedler)의 상황적합성이론에 대한 설명이다. 옳지 않은 것은?

① 리더의 효과성은 상황에 의해 결정된다고 본다.
② 리더십의 유형은 과업지향적 리더와 관계지향적 리더로 분류된다.
③ 리더의 유형에 영향을 주는 상황변수는 리더와 부하의 관계, 과업구조, 직위권력이다.
④ 상황변수에 의해 결정되는 상황이 리더에게 유리한 경우 관계지향적 리더십이 적합하다.

정답 ④

요점 피들러(Fidler)의 상황적응적 모형

- 리더십의 효과성 여부는 특정 상황이 리더에게 유리한가 또는 불리한가에 의한 상황변수에 의해 결정된다.
- 상황변수에 의해 결정되는 상황이 리더에게 유리하거나 불리한 것은 과업지향형이다.

상황변수		• 리더의 직위권력 : 리더가 집단 구성원에게 명령을 받아들이게끔 구성원 행동에 영향을 줄 수 있는 능력으로, 공식적 권력, 직위 권력이 클수록 리더십이 더 강해진다. • 과업구조 : 과업을 수행하는 절차나 규정 등 객관적 기준이 구조화될수록 리더십이 더 유리해진다. • 리더와 부하의 관계 : 집단의 분위기가 리더와 부하 간에 신뢰감과 친밀감, 존경관계가 존재할수록 리더십이 더 유리해진다.
효과적 리더십 (리더의 스타일로 분류)	과업지향 리더십	리더에게 아주 유리하거나 극단적으로 불리한 경우 효과적인 리더 형태
	관계지향 리더십	상황이 리더에게 유리하지도, 불리하지도 않은 경우 효과적인 리더 형태
결론		상황이 유리하거나 불리할 때는 과업지향형, 중간 정도의 상황에서는 관계지향형이 적합하다.

030

블레이크와 머튼(Blake & Mouton)의 리더십 모형에 대한 설명으로 옳지 않은 것은?

① 리더십 상황이론에 해당하는 이론이다.
② 생산에 대한 관심과 인간에 대한 관심을 기준으로 리더십 유형을 5가지로 분류하였다.
③ 무관심형 리더는 생산과 인간관계에 대한 관심이 모두 낮은 형태로 리더 자신의 직분을 유지하는 데 필요한 최소의 노력을 투입하는 유형이다.
④ 단합형 리더는 인간과 생산에 대한 관심이 모두 높아 직원의 신뢰를 유지하면서 과업 달성도 강조하는 이상적인 리더십이다.

정답 ①

요점

- 블레이크와 머튼의 이론은 리더십 행태이론에 해당된다.
- 상황론 : 행태론적 접근이 상황적 조건에 따라 효과적 리더의 행동이 달라질 수 있음을 간과하고 있다는 비판에 직면함에 따른 효과적인 리더의 특성, 행동 등을 파악하는 것이 연구의 초점이 되는 상황론적 접근법이 대두되었다. 상황론에는 상황적응적 모형, 경로목표 모형, 리더십 상황이론(생애주기론)이 있다.
- 행태론 : 리더의 행태적 특성이 조직성과에 직접적인 영향을 미친다고 가정하였으며, 행태론적 연구는 아이오와주립대학, 미시간대학, 오하이오주립대학, 블레이크와 머튼(Blake & Mouton)의 연구가 대표적이다.

블레이크와 머튼의 연구

생산에 대한 관심과 인간에 대한 관심을 기준으로 리더십 유형을 다섯 가지로 분류하였다.

① 무관심형(생산관심 1 : 인간에 대한 관심 1) : 리더의 직분유지를 위해 최소한의 노력만 투입함
② 친목형(생산관심 1 : 인간에 대한 관심 9) : 구성원의 만족한 관계와 친밀한 관계를 조성하는 데 주력함
③ 과업중심형(생산관심 9 : 인간에 대한 관심 1) : 인간적인 요소보다는 과업의 달성을 최고로 중요시함
④ 중간형·타협형(생산관심 5 : 인간에 대한 관심 5) : 생산과 관계의 유지에 중간 정도의 관심을 기울임
⑤ 팀형·단합형(생산관심 9 : 인간에 대한 관심 9) : 직원의 자아실현 욕구를 만족시켜 주고, 신뢰와 지원의 분위기를 이루며, 한편으로는 과업달성을 강조하는 가장 이상적인 유형임

031

보건의료조직의 리더십과 관련된 내용을 설명한 것으로 옳지 않은 것은?

① 자유방임형 리더십은 부하들이 제멋대로 하도록 완전히 내버려 두는 유형이다.
② 전략적 리더십은 주요한 의사결정에 부하의 참여는 배제하고 상관이 스스로 결정하고 관리한다.
③ 권위형 리더십은 상관이 조직의 기능과 역할을 독점하고 하향적 지시위주로 조직이 운영된다.
④ 민주적 리더십은 상관과 부하가 모두 적극적으로 참여하여, 이에 따라 부하들의 창의성도 적극적으로 개발할 수 있다.
⑤ 변혁적 리더십은 새로운 비전을 제시하고 구성원들이 그 비전을 향해 혼신의 노력을 쏟도록 커다란 변화를 창조해 내는 영향력을 말한다.

정답 ②

요점

- 권위형 리더십 : 주요한 의사결정에 부하의 참여는 배제하고 상관이 스스로 결정하고 관리한다.
- 전략적 리더십 : 조직목표를 창조하고 신념의 추진력을 가지고 장기적 생존을 위한 리더십이다.

032

의사결정권을 부하직원에게 위임하는 형태로, 자율권을 존중하는 전문가 중심의 조직에 적합한 리더십 유형은?

① 권위형
② 민주형
③ 자유방임형
④ 참여형

정답 ③

요점 **자유방임형**
① 의사결정을 최고관리층이 아닌 부하직원들에게 위임하는 형태이다.
② 부하 스스로 프로그램의 목표를 세우고 계획을 수립하기 때문에 특정 과업해결을 위한 전문가 중심 조직에 적합할 수 있다.
③ 구성원의 능력이 골고루 우수하고 업무의 내용이 고도로 전문직업적인 성격을 가져 자율성이 있는 경우에는 적합하지만, 규율이 제대로 없는 경우에는 일의 진전이 늦어져 성과가 저하되기 쉽다.

033

경로 - 목표모형 리더십의 유형에서 부하가 의사결정 등에 참여함으로써 과업과 역할기대를 학습하도록 하는 유형은?

① 지시적
② 지원적
③ 참여적
④ 성취지향적

정답 ③

요점 **하우스와 에반스(House & Evans)의 경로목표모형**
부하가 업무목표와 개인목표의 연계성을 지각하는 데 미치는 리더의 영향을 중요시하고 그 상황 적응성을 설명하는 이론이다.

상황변수	• 근무환경의 특성 : 과업의 구조화 정도, 직업 집단의 특성, 조직 내 규칙 및 절차 • 부하의 특성 : 능력, 성격, 동기 등
효과적 리더십 (상황에 따른 분류)	• 지시적 리더십 : 부하들의 활동을 계획, 조정, 통제하여 역할이 모호할 경우 적합 • 지원적 리더십 : 작업환경의 부정적 측면을 최소화하여 부하가 원활하게 작업할 수 있게 해주는 역할로, 부하들의 자신감이 결여되고 실패에 대한 공포가 높을 때 적합 • 참여적 리더십 : 부하가 의사결정에 참여함으로써 과업과 역할기대를 할 수 있도록 하는 역할로써 부하들이 구조화되지 않은 과업을 수행시 필요한 리더십 유형임 • 성취지향적 리더십 : 부하들의 성과에 대한 확신을 나타내는 유형으로, 부하들이 구조화되지 않은 과업을 수행시 필요한 리더십 유형임
결론	리더는 부하가 바라는 보상(목표)을 받게 해 줄 수 있는 행동(통로)을 명확하게 해주어야 부하의 성과를 높일 수 있다.

PART

9

인사행정

CHAPTER 1　인사행정의 개념

CHAPTER 2　공직의 분류

CHAPTER 3　채용모집과 임용

기출 문제로 요점 확인

PART 9 인사행정

CHAPTER 1 인사행정의 개념

001
2013. 경기

엽관주의나 정실주의에 대한 설명으로 옳은 것은?

① 정책수행이 용이하다.
② 직업공무원제에 적합하다.
③ 행정의 전문성과 능률성을 확보할 수 있다.
④ 정치에 관하여 중립적이다.

정답 ①

요점

- **엽관주의의 특징**
① 공무원을 정당관계, 개인적인 충성심, 혈연, 지연 등으로 임명하여 행정과 정치를 연결하는 역할을 하였으나 임기가 없고, 직업 보장도 되지 않았다.
② 행정에서는 정치적 민주주의 이념을 추구하기 위하여 채택하였다.
③ 업무는 비전문가 중심으로 충원되었다.

- **엽관주의의 장점**
① 공직개방으로 민주통제 및 행정의 민주화가 가능하여 민주통제가 강화된다.(공직 개방)
② 민주정치의 기초가 되는 정당제도 발달과 유지에 기여한다.(정당의 충성도)
③ 선거를 통한 정치 지도자로 국정지도력이 강화되고, 국민요구를 적극적으로 행정에 반영함으로써 관료적 대응성이 향상된다.(선거에서의 다수당으로 공약이나 정책수용 향상)

- **엽관주의의 단점**
① 신분이 보장되지 않음으로써 정치적·행정적으로 부패를 초래할 수 있다.
② 공직의 사유화, 상품화로 정치·행정적 부패가 만연하다
③ 행정 전문성과 능률성 요구에 부응하지 못한다.
④ 빈번한 교체로 행정의 안정성과 일관성이 없고, 불필요한 직위의 남발과 예산의 낭비를 초래한다.
⑤ 행정의 공정성 문제가 발생한다.(상사에 대한 충성심이 과함)
⑥ 복잡·다원화로 정당의 국민 대표성 문제가 발생한다.

002
2016. 부산

인사제도에서 엽관주의의 장점으로 옳지 않은 것은?

① 민주정치 발전에 공헌
② 국민 요구에 대한 대응 증대
③ 행정의 능률성에 기여
④ 정치적 리더십 강화

정답 ③

요점 엽관주의의 장점과 단점

장점	• 공직개방으로 민주통제 및 행정의 민주화가 가능하여 민주통제가 강화된다. • 행정에 대한 민주통제가 강화된다. • 선거를 통한 정치 지도자로 국정지도력이 강화되고, 국민 요구를 적극적으로 행정에 반영함으로써 관료적 대응성이 향상된다.
단점	• 신분이 보장되지 않음으로써 정치적·행정적으로 부패를 초래할 수 있다. • 공직의 사유화, 상품화로 행정 능률은 떨어지고, 국민에 대한 책임성이 저하된다. • 빈번한 교체로 행정의 안정성과 일관성이 없고, 불필요한 직위의 남발과 예산의 낭비를 초래한다.

003 2020. 인천

공직임용의 기준을 당파성이나 정실, 혈연, 학벌, 지연 등이 아닌 개인의 능력, 자격, 실적에 두는 제도는 무엇인가?

① 엽관주의
② 실적주의
③ 정실주의
④ 할거주의

정답 ②

요점
① 엽관주의 : 정치적 이념이나 신조, 정당관계 등을 임용기준으로 한다.
② 실적주의 : 개인의 능력, 자격, 성적, 실적에 의하여 공직에 임용되는 제도를 말한다.
③ 정실주의 : 공직임용은 개인의 능력이나 일정한 자격을 기준으로 하는 것이 원칙이나 인사권자가 개인적 친분 관계를 임용기준으로 하는 인사기준을 말한다.
④ 할거주의 : 조직구성원들이 자신이 소속된 기관과 부서만을 생각하고 다른 부서에 대해 배려하지 않는 편협한 태도를 취하는 현상으로 한 조직내에서 파벌을 조성하는 주의(출신지역이나 학교, 개인적인 친분 등을 기반으로 하나의 집단이나 세력권을 형성하여 다른 집단과 대립한다)

004 2012. 지방7급

인적자원 충원방식 중 실적주의와 엽관주의에 대한 설명으로 옳지 않은 것은?

① 엽관주의는 평등원칙 및 기회균등의 원칙에 위배되나 행정의 능률성을 높일 수 있는 방법이다.
② 엽관주의는 선거를 통해 집권한 정당에 정부관료제를 예속시킴으로써 정책변동에 대한 대응성이 강한 장점이 있다.
③ 실적주의의 행정부패가 감소되나 행정의 형식화와 경직성을 초래할 수 있다.
④ 실적주의는 직업공무원 제도 수립에 도움이 된다.

정답 ①

요점 **엽관주의**
① 공무원의 인사 관리나 공직 임용에 있어 그 기준을 당파성이나 개인적 충성에 두는 제도를 말한다. 선거에서 승리한 정당이 공직을 차지하는 권한을 차지함으로써 정당에의 충성도와 공헌도를 관직의 임용기준으로 삼는 인사행정제도이다.
② 엽관주의는 관직이 선거결과에 좌우되므로 특권화가 방지되며, 관직이 개방됨으로써 특정계층의 공직 독점을 타파하고, 민주주의의 평등이념에 부합하며, 업무는 비전문가 중심으로 충원되어 모든 사람이 처리할 수 있는 업무로써 행정의 능률성을 높일 수는 없다.

005　　　　　　　　　　　　　　　2020. 대구

다음 중 엽관주의에 대한 설명으로 옳은 것은?

① 인사관리는 능력, 자격, 실적을 기준으로 한다.
② 부당한 정치적 영향력으로부터 신분의 위협을 받지 않는다.
③ 인사행정의 소극성, 경직성, 비능률성이 문제가 된다.
④ 국민요구에 대한 관료적 대응성이 향상된다.

정답 ④

요점
① 인사관리는 능력, 자격, 실적을 기준으로 한다. – 실적주의
② 부당한 정치적 영향력으로부터 신분의 위협을 받지 않는다.
　– 실적주의
③ 인사행정의 소극성, 경직성, 비능률성이 문제가 된다.
　– 실적주의

한국에서의 엽관주의
① 과거 집권여당은 집권근거의 공고화를 위해, 공무원의 여당화와 인사행정의 정실주의화를 행하였으나, 정치이념의 실현과 거리가 멀고 불법적 성격(낙하산식 인사)을 보이면서 합리성이 결여되었다.
② 엽관주의는 선거를 통해 국민에게 책임을 지는 선출적 정치지도자들의 직업공무원들에 대한 통제를 용이하게 해 준다. 따라서 국민에 대한 관료적 대응성을 높이기 위해서는 엽관주의가 필요하다.
③ 현재는 예전처럼 많이 이용되지는 않지만, 정책 결정을 담당하는 고위직이나 특별한 신임을 요하는 직위 등에 한하여 한정적으로 허용되고 있다.

006　　　　　　　　　　　　　　　2013. 서울

공공부문 인적자원관리에 있어서 실적주의에 대한 설명으로 옳지 않은 것은?

① 직업공무원제의 확립에 기여한다.
② 엽관주의의 단점을 극복하기 위해 도입되었다.
③ 신분보장에만 역점을 둘 경우에는 관료주의를 초래할 수 있다.
④ 공직임용의 기준을 개인의 능력과 자격에 둔다.
⑤ 정치적 중립의 보장과는 관계가 없다.

정답 ⑤

요점 실적주의의 특징
① 공직임용의 기회균등과 공개경쟁시험 : 공직은 모든 국민에게 개방되어야 하며, 성별, 신앙, 사회적 신분, 학벌 등의 이유로 차별을 받지 않게 하기 위해 공개경쟁시험은 필수적으로 필요하다.
② 능력과 자격주의 : 공무원 임용의 인사관리는 능력, 자격, 실적을 기준으로 하며 학벌이나 혈연, 당파성 등은 배제된다.
③ 불편부당한 정치적 중립 : 공무원은 어떤 정당이 집권하던지 전문적 지식과 경험에 의해 공평하게 봉사하고 공익을 위하여야 한다.
④ 정치적 해고로부터 공무원의 신분보장 : 공무원은 법령에 위배하지 않는다면 부당한 정치세력의 영향력으로부터 신분위협을 받지 않고 보장받는다.
※ 관료주의 : 관료 정치 이래에 있는 관청이나 사회집단에서 흔히 볼 수 있는 독특한 행동 양식과 의식상태. 상급자에 대하여는 약하고, 하급자에 대하여는 거만하며, 자기 업무의 범위 이외의 일에는 눈을 감으려 하며, 독선적이고 책임에 대하여는 애매한 태도를 취하는 등의 특성을 이른다.

007

2018. 복지부7급

공직임용의 기준을 개인의 능력, 자격, 실적에 두며, 과학적·능률적인 인사행정으로 관리보다는 기술성을 중시하지만 인사행정의 형식화 및 비인간화를 초래하는 것은?

① 엽관주의
② 실적주의
③ 기술주의
④ 정실주의
⑤ 대표관료제

정답 ②

요점

- 실적주의 : 개인의 능력, 자격, 성적, 실적에 의하여 공직에 임용되는 제도를 말한다.
- 기술주의 : 기술의 가치에 중심을 두는 주의이다.
- 대표관료제 : 사회를 구성하는 주요집단으로부터 인구비례에 따라 관료를 충원함으로써 정부 관료제가 그 사회의 모든 계층과 집단에 공평하게 대응하도록 하는 인사제도이다. **예** 지역할당제, 여성고용할당제, 장애인 의무 고용할당제 등

실적주의의 장점과 단점

장점	• 공개경쟁 시험제도를 통하여 공직 취임의 기회균등이라는 민주적 요청을 충족시킨다. • 공직에의 기회균등으로 인한 인종, 지역, 종교, 학력 등의 차별을 배제한다. • 실적을 기준으로 공무원을 임용하므로 행정능률의 향상과 행정의 합리화, 과학화, 객관화를 지향할 수 있다. • 공무원의 신분보장이 확립되어 행정의 중립성, 안전성, 계속성을 확보할 수 있다.
단점	• 공직 인사행정의 지나친 소극성과 경직성, 비능률성을 가져올 수 있다. • 채용시험의 내용과 직무수행 능력과의 직접적인 연계성이 부족할 수 있다. • 정치에 대해 불신하고 비협조적이며, 정치적 중립의 요구로 인해 국민의 요구에는 둔감한 폐쇄집단이 될 우려가 있다. • 강력한 신분보장으로 인해 정치지도자의 공무원에 대한 통제가 확보되지 않을 수 있다.

008

2020. 서울

공무원의 임용방식 중 실적주의의 특성으로 가장 옳지 않은 것은?

① 기회의 균등
② 정치적 중립
③ 공무원 신분의 보장
④ 정실주의, 자격주의

정답 ④

요점 능력과 자격주의

공무원 임용의 인사관리는 능력, 자격, 실적을 기준으로 하며 학벌이나 혈연, 당파성 등은 배제된다. – 자격주의는 맞지만, 정실주의는 아니다.

009

2016. 대구

실적주의에 대한 설명으로 옳지 않은 것은?

① 행정의 양적 확대와 질적 분화현상이 나타나면서 실적주의가 필요해졌다.
② 민주정치 발전과 행정의 민주화에 기여하였다.
③ 공직은 모든 국민에게 개방되어야 하며, 성별, 신앙, 사회신분, 출신지역, 학벌 등에 의한 차별을 받지 않는다.
④ 공무원의 정치적 중립성이 보장된다.

[정답] ②
[요점]
민주정치 발전과 행정의 민주화에 기여하였다. – 엽관주의

010

2020. 부산

다음 중 직업공무원제의 특징으로 옳은 것만 고른 것은?

㉠ 정치적 중립을 통해 행정의 안정성과 계속성 확보
㉡ 신분보장과 폐쇄형 계급제
㉢ 장기적인 발전가능성과 잠재력 강조
㉣ 업무를 중심으로 한 공직 분류
㉤ 외부의 전문가 양성 및 확보 가능

① ㉠, ㉡, ㉢
② ㉡, ㉢, ㉣
③ ㉢, ㉣, ㉤
④ ㉠, ㉢, ㉤

[정답] ①
[요점]
㉣ 업무를 중심으로 한 공직 분류 – 직위분류제로 실적주의
㉤ 외부의 전문가 양성 및 확보 가능 – 직업공무원제도는 외부의 전문가 양성 및 확보가 곤란하다.

직업공무원제도의 특징
① 정치적 중립으로 행정의 안정성과 계속성 유지 : 직업 공무원제는 의회나 정당정치에 영향을 받지 않고 행정의 안정성·중립성을 확보한다.
② 계급제·폐쇄형 인력보충, 공무원의 신분보장의 강화 : 직업공무원제는 계급제를 기반으로 하는 폐쇄형을 채택하고 있는 한국, 영국, 독일, 일본 등에서 발달하였으며, 공무원의 신분보장의 성향이 강하다.
③ 직업의식과 사명감을 강조하고, 장기적인 발전가능성과 잠재력을 강조하였다.

011

2021. 경북

젊은 인재들을 공직에 유치해 그들이 공직에 근무하는 것을 명예롭게 생각하면서 일생 동안 공무원으로 근무하도록 직업공무원제의 단점으로 옳지 않은 것은?

① 외부의 전문가 양성 및 확보가 곤란하다.
② 행정의 안정성·일관성이 저해된다.
③ 관료주의화를 초래할 우려가 있다.
④ 공직자에 대한 민주적 통제가 어려워질 수 있다.

정답 ②

요점

행정의 안정성·일관성이 저해된다. - 엽관주의제도의 단점

직업공무원제도의 장점과 단점

장점	• 행정의 정치적 중립성과 공무원의 장기근속으로 안정성·계속성을 확보한다. • 유능한 인재를 공직에 유치하는 데 도움을 준다. • 공무원의 성장과 발전의 동기부여가 되며, 더 나아가 성 공감의 충족과 사기 및 능률의 제고에 도움을 준다. • 직업공무원은 뚜렷한 전문직업의식을 가지므로 단체정신과 공직에 대한 충성심이 강화된다.
단점	• 폐쇄적 인사행정으로 외부의 전문가 양성과 확보가 곤란하다. • 동태적 환경에 적응력이 약하고, 변동이나 발전에 대하여 무관심하여 저항하는 경향으로 인해 공직사회의 침체를 가져올 수 있다. • 자격요건의 엄격한 제한(학력, 나이 등)은 공직임용에의 기회균등을 저해하여 민주주의적 평등원칙에 위배된다. • 공직자에 대한 민주적 통제를 어렵게 하여 특권집단화(다른 집단보다 특별하게 권력이나 이익을 누리는 집단), 관료주의화(고급공무원이 하위계급을 우선시하기보다 상위계급을 우선시함)를 초래할 우려가 있다. • 공무원은 정부에서만 필요한 인력으로 육성되므로 직업을 전환하기가 어렵다.

012

2020. 강원

다음 중 직업공무원제에 대한 설명으로 옳지 않은 것은?

① 직위분류제를 기반으로 한 개방형 인력보충
② 확실한 신분보장
③ 직업의식과 사명감 강조
④ 정치적 중립을 통한 행정의 안정성과 계속성

정답 ①

요점

직위분류제를 기반으로 한 개방형 인력보충 - 실적주의

※ 직위분류제 : 직무에 따른 시험이나 임용, 보수지급 등으로 인사행정이 이루어지는 수평적 폐쇄성을 가졌으며, 외부충원 허용이 자유롭기 때문에 신분보장의 안정성이 저해되어 직업공무원제도의 장애가 된다.

• **직업공무원제도**
① 공직이 유능하고 젊은 인재들을 유치함(학력·연령제한 가능성, 기회불균형의 개방)으로써 명예롭게 생각하면서 일생 동안 공무원으로 근무하도록 운영하는 제도이다.
② 공개경쟁시험(신분을 보장하고 정치적 중립성을 보장함)을 거치고 업적과 능력에 따라 승진할 기회를 제공한다.

• **직업공무원제와 실적주의의 비교**

직업 공무원제	• 공직은 계급제로 인간중심에 중점을 두었다. • 한국, 영국, 독일, 일본 등의 나라에서 채택하고 있다. • 승진은 폐쇄형이며, 급여는 생활급으로 지급된다.
실적주의	• 공직은 직위분류제로 직무중심에 중점을 두었다. • 미국, 캐나다, 필리핀 등의 나라에서 채택하고 있다. • 승진은 개방형(외부인재의 유입)이며, 직무급여를 제공한다.

CHAPTER 2 공직의 분류

013
2022. 서울

직무의 종류는 유사하나 그 곤란도, 책임의 정도가 상이한 직급의 군은?

① 직렬
② 직류
③ 직군
④ 직위

014
2018. 교육청

직위분류제의 구성요소에 대한 설명으로 옳은 것은?

① 직류는 직무의 성질이 유사한 직렬의 군이다.
② 직군은 동일한 직렬 내에서 담당분야가 유사한 직위의 군이다.
③ 직급은 직무의 종류, 곤란성과 책임도가 유사한 직위의 군이다.
④ 직렬은 직무의 종류는 상이하지만 곤란도와 책임도가 유사한 직위의 군이다.

정답 ①

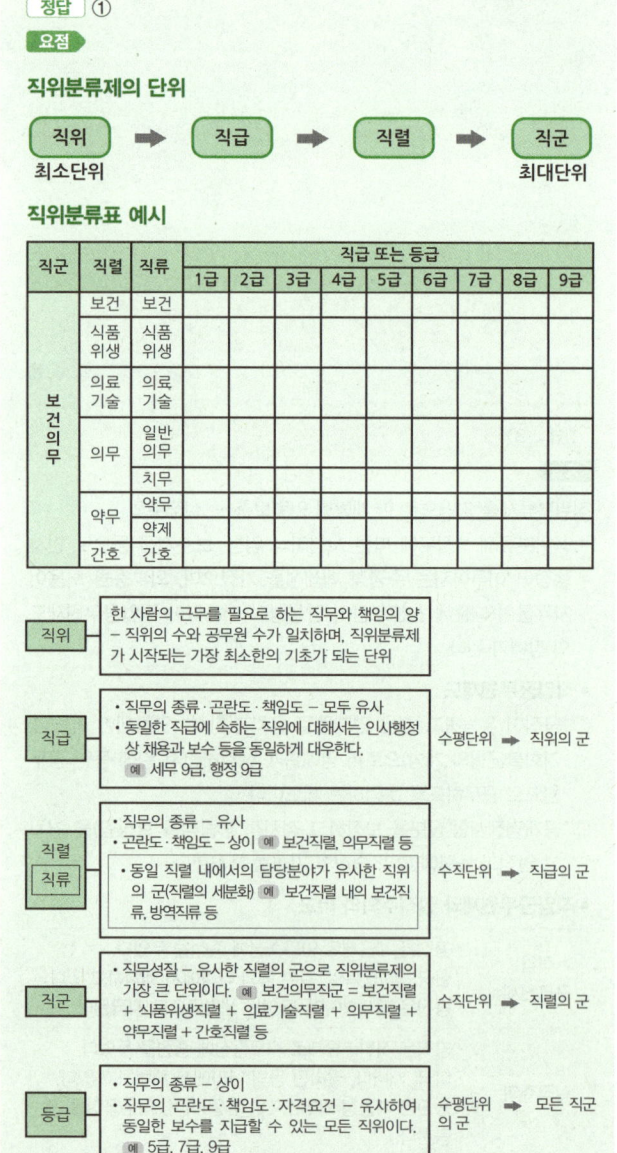

정답 ③

요점

① 직위 : 1명의 공무원에게 부여할 수 있는 직무와 책임으로 일반적으로 직위의 수와 공무원의 수는 일치한다. (가장 최소 단위)
② 직류 : 동일한 직렬 내에서의 담당분야가 유사한 직위의 군이다. (직렬의 세분화)
③ 직렬 : 직무의 종류가 유사하나 그 곤란도, 책임의 정도가 상이한 직급의 군이다.
④ 직군 : 직무의 성질이 유사한 직렬의 군이다. (직위분류제의 가장 큰 단위)
⑤ 직급 : 동일한 직급에 속하는 직위에 대해서는 인사행정상 채용과 보수 등을 동일하게 한다. (예 세무 9급, 행정 9급)
⑥ 등급 : 직무의 종류는 상이하지만, 직무의 곤란도, 책임도와 자격요건이 유사하여 동일한 보수를 지급할 수 있는 모든 직위이다. (예 5급, 7급, 9급)

015　　　　　　　　　　　　　2017. 지방7급

인사행정에서 계급제의 장점은?

① 사람중심의 분류이므로 공무원 신분보장 강화
② 개방형 인사제도에 의한 적임자 선발
③ 직위가 요구하는 직무의 성질이나 내용에 맞는 객관적인 인사배치
④ 동일직무의 장기근무로 행정의 전문화·분업화

정답 ①

요점 계급제

① 공무원의 자격·학력, 신분을 기준의 사람 중심적으로 공직을 분류하여 일정한 신분·자격에 의해 9급, 7급 혹은 5급으로 계급에 따라 직무를 부여하는 제도이다.(행정적 권위를 중요시 함)
② 계급제의 장점과 단점

장점	• 일반적 교양과 능력 있는 자의 채용으로 유능한 일반 행정가의 양성이 가능하다. • 장기간의 근무로 공무원의 능력발전 및 환경대응능력 향상으로 충성심을 고양시키고, 계급제가 사람 중심적의 분류이므로 공무원의 신분도 보장이 강화된다. • 계급이 동일하면 전직과 전보가 가능하여 인사배치의 신축성과 융통성을 도모한다. • 장기간의 근무가 가능하여 장기적인 행정계획수립이 용이하다.
단점	• 직무가 명확하지 않아 갈등의 소지가 있고 직무를 다른 사람에게 전가할 가능성이 있다. • 인사관리의 객관적 합리화 및 객관적 기준 설정이 어려우며, 인력수급계획이 곤란하다. • 신분보장과 폐쇄적 인사관리로 관료주의화를 초래한다. • 강한 서열의식으로 상하간 의사소통의 장애를 초래한다.

016　　　　　　　　　　　　　2018. 대구

직위분류제에 대한 설명으로 옳은 것은?

① 신축적인 인사이동이 어렵다.
② 유능한 일반행정가를 양성한다.
③ 상하 간·수평 간 권한과 책임의 한계가 불명확하다.
④ 인사관리의 객관적 합리화가 어렵다.

정답 ①

요점 직위분류제의 특징

① 개인의 업무수행능력과 지식·기술을 중시한 채용(일 중심의 과학적이고 능률적인 인사행정으로 전문성 확보가 중요)을 한다.
② 인사행정의 능률성과 합리화를 위해 정확한 평가를 통해 적합한 인물을 임용하는 개방형 인사제도를 하고 있다.
③ 동일직무, 동일보수로 보상의 공정성(직무급)을 추구한다.
④ 신분보장은 미약하다.

참고 개방형

공직의 모든 계층에 대한 신규채용을 허용, 공직의 상위나 중간계층은 외부에서 신규채용으로 충원함

017　　　2016. 경기

다음 중 직위분류제에 대한 설명으로 옳지 않은 것은?

① 개방형 인사제도
② 일반행정가 중시
③ 합리적인 보수제도 확립을 위한 직무분석, 직무평가가 촉진됨
④ 공직을 일 중심으로 분류하는 제도

정답 ②
요점
인사행정의 능률성과 합리화를 위해 정확한 평가를 통해 적합한 인물을 임용하는 개방형 인사제도를 하고 있다.(직위분류제는 전문행정가를 중시하고, 계급제는 일반행정가를 중시한다)

018　　　2016. 경북

직무의 난이도와 책임의 경중에 따라 직위의 상대적 수준과 등급을 구분하는 직위분류제의 수립절차는?

① 직무조사
② 직무분석
③ 직무평가
④ 직급명세서 작성

정답 ③
요점 직무평가
① 직위들을 각 직위가 내포하고 있는 상대적 수준 또는 등급별로 구분하는 방법이다.
② 같거나 유사한 직위의 직무라도 직무수행의 곤란성, 책임성, 복잡성 그리고 직무를 수행하는 데 필요한 자격요건 등에 차이가 있을 수 있다. 이러한 차이를 기초로 하여 직위의 상대적 수준과 등급을 구분하는 작업이다.
③ 직위의 곤란도, 책임도에 따라 상대적인 가치를 평가하는 것으로, 직위의 횡적인 분류방법으로 등급을 정하는 행위이다.

019

2020. 경기

직무수행의 곤란성, 책임성 등에 따른 상대적 수준과 등급을 횡적으로 분류하는 직위분류제의 수립절차는?

① 직무조사
② 직무분석
③ 직무평가
④ 직급명세

정답 ③

요점 직위분류제의 수립절차

① 기초단계(준비작업) : 직위분류작업 이전의 단계
  ㉠ 필요한 법적 근거를 마련한다.
  ㉡ 분류담당 기관을 선정한다.
  ㉢ 분류대상 직위의 범위를 설정한다.
  ㉣ 직위분류제에 대한 공보활동 등이 필요하다.
② 직무조사(직무기술서 작성)
  ㉠ 개념 : 직위 분류에 필요한 구체적인 자료, 즉 직위에 배정된 직무의 내용, 책임과 권한, 자격요건 등에 관한 것을 수집하여 직무기술서를 작성하는 단계이다.
  ㉡ 직무조사의 방법
    • 질문지법 : 특정 직무에 관한 정보를 단답식 문항으로 작성하여 이에 대한 답을 그 직무를 담당하고 있는 사람들로 하여금 기입하도록 하는 방법이다.
    • 면접법 : 작업장 또는 면접사무실에서 직원들의 업무와 책임에 관하여 질문하는 방법이다.
    • 관찰법 : 직원이 직무를 수행하는 장소에서 직무를 관찰하는 방법이다. 관찰자는 질문지 또는 면접지에서 볼 수 있는 문항들과 유사한 항목으로 구성된 직무관찰지에 관찰한 내용을 기록하는 방법이다.
③ 직무분석 : 직무조사에서 얻은 직무에 관한 정보를 토대로 직무를 그 종류(보건, 공안, 행정, 공업, 농림, 외무 등)에 따라 직류, 직렬, 직군으로 분류하는 것이다.
④ 직무평가 : 같거나 유사한 직위의 직무라도 직무수행의 곤란성, 책임성, 복잡성 그리고 직무를 수행하는 데 필요한 자격요건 등에 차이가 있을 수 있다. 이러한 차이를 기초로 하여 직위의 상대적 수준과 등급을 구분하는 작업이다.
⑤ 직급명세서 작성
  ㉠ 지급명세서에는 각 직급별 특성을 설명한 것으로 직급명칭, 직무개요, 직무 수행의 예시, 최저 자격요건, 보수액 등을 명시한다.
  ㉡ 직급명세서는 직위분류 계획의 기본이 되는 문서이며, 공무원 채용, 교육훈련, 근무성적 평정 등에 기준이 되는 문서이다.
⑥ 정급 : 지금까지의 자료와 추가정보를 수집하여 각 직위를 해당 직급에 배치하는 것이다.
⑦ 사후평가와 유지관리 : 직위분류제가 수립된 후 사후평가를 통해 제반의 문제점을 발견하여 시정·보완하고, 유지·관리한다.

020

2021. 서울

다음 내용에 해당하는 직무평가 방법으로 가장 옳은 것은?

> • 직무에 등급을 매기는 방법이다.
> • 간편하고 이용도가 높다는 장점이 있다.
> • 많은 직무 중 직군을 등급으로 매겨서 비교적 유사 혹은 동질적인 직무를 한 등급으로 평가한다.
> • 이 방법은 강제적으로 배정하는 특성이 있으므로 정부기관에서 널리 사용되는 경향이 있다.

① 서열법(ranking method)
② 직무분류법(job classification method)
③ 점수법(point rating method)
④ 요소비교법(factor comparisons method)

정답 ②
요점

직무분류법

① 등급 기준이 될 등급표를 미리 만들어 놓고 각 직위를 하나하나 비교하여 판단하는 것으로 비계량적인 방법(절대평가)
② 미리 정한 등급표가 만들어졌다는 점에서 서열법과 구별됨
③ 많은 직무 중 직군을 등급으로 매겨서 비교적 유사 혹은 동질적인 직무를 한 등급으로 평가함
④ 강제적으로 배정하는 특성이 있으므로 정부기관에서 많이 사용

장점	절차가 비교적 간단하고, 직무내용이 표준화되어 있지 않은 경우 다른 방법보다 적용이 용이함
단점	등급기준표 작성이 어려우며, 서열법과 같이 직무가 복잡하고 수가 많으면 적용이 어려움

021

2023. 6월 지방

다음에서 설명하는 직무평가 방법은?

- 비계량적 방법으로 직무와 직무를 비교한다.
- 직무를 종합적으로 평가하여 상대적 중요도를 결정한다.

① 서열법
② 점수법
③ 요소비교법
④ 직무분류법

정답 ①

요점 ▶ 직무평가방법

㉠ 비계량적인 방법(질적방법)

구분	특징	
서열법	• 직무와 직무를 비교하여 평가하는 비계량적 방법 • 직위 분류 담당자들로 하여금 직무의 책임도와 곤란도에 따라 직위의 서열을 나열하고 이를 통합하여 평균한 것으로 직위의 순위를 정함(상대평가)	
	장점	평가작업이 단순하고 신속한 직무평가
	단점	직위가 복잡하고 수가 많으면 적용이 어려우며, 직위가 피상적으로 평가될 수 있음
직무분류법	• 사전에 작성된 등급기준표에 따라 직무의 책임과 곤란도 등을 파악하는 방법으로, 서열법보다 다소 세련된 방법이며 정부 부문에서 많이 사용하고 있는 비계량적인 방법(절대평가) • 미리 정한 등급표가 만들어졌다는 점에서 서열법과 구별됨 • 많은 직무 중 직군을 등급으로 매겨서 비교적 유사 혹은 동질적인 직무를 한 등급으로 평가함 • 강제적으로 배정하는 특성이 있으므로 정부기관에서 많이 사용	
	장점	절차가 비교적 간단하고, 직무내용이 표준화되어 있지 않은 경우 다른 방법보다 적용이 용이함
	단점	등급기준표 작성이 어려우며, 서열법과 같이 직위가 복잡하고 수가 많으면 적용이 어려움

㉡ 계량적인 방법(양적방법)

구분	특징	
점수법	• 직무평가기준표에 따라 평가대상직무의 구성요소별로 비중에 따라 점수를 매기고 총합을 구하는 방식(절대평가)	
	장점	• 직무평가기준표를 사용하기 때문에 평가 결과의 타당성과 신뢰성이 인정되며 관계인들이 평가 결과를 쉽게 수용 • 직무급(동일노동에 대한 동일임금)을 직위의 점수 차이에 의해 쉽게 결정
	단점	고도의 기술과 많은 시간 및 노력이 요구됨
요소비교법	• 직무와 기준직무의 평가요소를 상호비교하여 분석하는 방식(상대평가) • 많은 사람들이 가장 타당하다고 인정하는 대표적인 기준 직위를 선정하여 기준 직위의 평가요소에 부여된 수치에 평가하려는 직위의 각 요소를 대비시켜 평정을 함으로써 그 직위의 상대적 가치를 결정하는 방법(직무분석에서 가장 많이 사용하는 직무평가방법)	
	장점	• 점수법보다 객관적인 방식이 될 수 있음 • 평가의 범위가 넓어 분류대상 직위가 많은 경우에도 활용가능
	단점	• 대표직위 선택이 잘못된 경우 직위의 평가가 잘못될 수 있음 • 점수법처럼 기술·시간·노력 필요

CHAPTER 3 채용모집과 임용

022 □□□ 2021. 부산

공무원 시험의 점수가 높은 사람이 실제 근무에서도 높은 성과를 보인다면 높다고 판단할 수 있는 시험의 측정기준은 무엇인가?

① 타당도
② 신뢰도
③ 객관도
④ 예측도

정답 ①

요점 시험측정기준

① 신뢰도
  ㉠ 시험시기, 장소 등 여건에 따라 점수가 영향을 받지 않는 정도
  ㉡ 동일한 내용의 시험을 반복 시행할 때 그 결과가 비슷해야 함 (일관성)
② 타당도
  ㉠ 측정하고자 하는 내용의 정확한 측정 여부
  ㉡ 근무성적과 시험성적의 비교
③ 객관도 : 채점의 공정성
④ 난이도
  ㉠ 쉬운 문제와 어려운 문제의 조화
  ㉡ 득점차 분포의 광범위 여부
⑤ 실용도 : 시험의 경제성, 채점의 용이성, 이용가치

023 □□□ 2019. 서울

직장 내 교육훈련(OJT ; On the Job Training)에 대한 설명으로 가장 옳지 않은 것은?

① 교육훈련이 실제적이다.
② 다수의 직원을 임시에 교육할 수 있다.
③ 직원의 습득도와 능력에 따라 교육할 수 있다.
④ 상사나 동료간 이해와 협동정신을 강화시킨다.

정답 ②

요점

직장 내 교육훈련(On-JT)

① 훈련을 받은 자가 실제 직위에 앉아 일을 하면서 상관으로부터 지도훈련을 받는 것
② 좁은 분야의 일을 집중적으로 훈련하여 전문성과 정밀성을 요구함
③ 장점과 단점

장점	• 실질적인 훈련이며, 구성원의 동기유발이 가능함 • 대상자의 습득도와 능력에 맞게 훈련할 수 있음 • 전문적인 고도의 기능을 전달하기에 적합함 • 훈련을 하면서 일을 할 수 있어 비용이 적게 듦
단점	• 우수한 상관이 우수한 교관은 아님 • 일과 훈련 모두를 소홀히 할 가능성이 있음 • 많은 구성원을 동시에 훈련시킬 수 없음

024
2014. 복지부

피훈련자가 현장에서 직책을 정상적으로 수행하면서 담당 업무의 수행능력을 향상시키기 위하여 상관이나 선임자로부터 지도·훈련을 받는 방법의 교육훈련기법은?

① ON-JT
② OFF-JT
③ 심포지엄
④ 감수성 훈련
⑤ 사례연구

정답 ①

요점

- **직장 내 교육훈련(On-JT)**
① 훈련을 받은 자가 실제 직위에 앉아 일을 하면서 상관으로부터 지도훈련을 받는 것
② 좁은 분야의 일을 집중적으로 훈련하여 전문성과 정밀성을 요구함
③ 장점과 단점

장점	• 실질적인 훈련이며, 구성원의 동기유발이 가능함 • 대상자의 습득도와 능력에 맞게 훈련할 수 있음 • 전문적인 고도의 기능을 전달하기에 적합함 • 훈련을 하면서 일을 할 수 있어 비용이 적게 듦
단점	• 우수한 상관이 우수한 교관은 아님 • 일과 훈련 모두를 소홀히 할 가능성이 있음 • 많은 구성원을 동시에 훈련시킬 수 없음

- **직장 밖 교육훈련(Off-JT)**
① 직무 현장을 떠나 별도 훈련장소에 모여서 훈련을 받는 형태
② 직속상사 이외의 사람이나 상사에게 지식, 기술, 태도에 대해서 교육훈련을 받음
③ 장점과 단점

장점	• 많은 구성원을 동시에 교육할 수 있음 • 전문적인 교관이 실시하며, 계획한 대로 수행할 수 있음 • 대상자는 업무 분담에서 벗어나 훈련에 전념하므로 교육의 효과가 높음
단점	• 교육결과를 현장에 즉시 활용하기 곤란함 • 부서에 남아 있는 직원의 업무 부담이 증가함 • 외부 전문 교관, 시설에 대한 비용이 많이 듦

025
2013. 경기

어떤 문제에 대하여 몇 명의 전문가가 단상에 올라가서 자유롭게 토론하고 청중과 질의응답하는 것은?

① 패널토의 ② 심포지엄
③ 버즈세션 ④ 역할극

정답 ②

요점 교육훈련의 방법

직장 내 교육훈련 (On-JT)		• 훈련을 받은 자가 실제 직위에 앉아 일을 하면서 상관으로부터 지도훈련을 받는 것 • 좁은 분야의 일을 집중적으로 훈련하여 전문성과 정밀성을 요구함
	장점	• 실질적인 훈련이며, 구성원의 동기유발이 가능함 • 대상자의 습득도와 능력에 맞게 훈련할 수 있음 • 전문적인 고도의 기능을 전달하기에 적합함 • 훈련을 하면서 일을 할 수 있어 비용이 적게 듦
	단점	• 우수한 상관이 우수한 교관은 아님 • 일과 훈련 모두를 소홀히 할 가능성이 있음 • 많은 구성원을 동시에 훈련시킬 수 없음
직장 밖 교육훈련 (Off-JT)		• 직무 현장을 떠나 별도의 훈련장소에 모여서 훈련을 받는 형태 • 직속상사 이외의 사람이나 상사에게 지식, 기술, 태도에 대해서 교육훈련을 받음
	장점	• 많은 구성원을 동시에 교육할 수 있음 • 전문적인 교관이 실시하며, 계획한 대로 수행할 수 있음 • 대상자는 업무 분담에서 벗어나 훈련에 전념하므로 교육의 효과가 높음
	단점	• 교육결과를 현장에 즉시 활용하기 곤란함 • 부서에 남아 있는 직원의 업무 부담이 증가함 • 외부 전문 교관, 시설에 대한 비용이 많이 듦

강의	• 한 사람의 훈련관이 일시에 많은 지식을 전달하는 방법으로, 가장 보편적인 교육방법이다. 주로 대상자가 교육주제에 대해 기본지식이 없을 때 지식을 전달하기 위해 많이 이용됨 • 경제적이며, 체계적이지만 일방적인 지식 전달과 피훈련자의 이해 반응을 알 수 없는 단점이 있음
패널토의 (배심토의)	• 어떤 주제에 대한 전문가 4~6명이 서로 상반된 견해나 주장을 가지고 있을 경우, 다수의 청중 앞에서 사회자의 안내에 따라 집단토의를 하는 방법 • 각각의 전문가들은 미리 정해진 시간 내에 자신의 견해를 발표한 후 청중과의 질의응답을 통해 청중의 참여를 촉진(청중은 비전문가)
심포지엄	• 동일한 주제에 대해 전문적인 지식을 가진 2~3명을 선정하여 10~20분 발표하게 한 후 사회자의 진행에 따라 청중과의 질의·응답을 통해 공개토론을 함 • 해당분야의 전문가인 사회자가 각 발표자의 발표내용에 대하여 간단히 요약한 후 질문과 답변·토의가 진행되도록 이끎(모두가 전문가)
2022 지방 신디케이트 (분임토의)	• 피훈련자를 몇 개의 반으로 나누고 분반별로 주어진 과제에 대해서 연구나 토의를 하며, 그 결과를 전원에게 보고하고 비판이나 토의하는 방식 • 버즈세션과 같은 방식(버즈세션은 같은 주제를 분단별로 나누고, 신디케이트는 각각 분단별로 다른 주제를 토의하는 부분이 다르다.)
현장훈련	• 훈련을 받은 자가 현장의 실제 직위에서 상관으로부터 일에 대한 지도 훈련을 받는 것 • 좁은 분야의 일을 집중적으로 훈련하는 방법이므로 고도의 기술적 전문성과 정밀성을 요구하는 훈련에는 적합하지만, 다수인을 훈련할 수 없음
사례연구 (Case study)	• 구체적이고 실제적인 사례를 중심으로 교육하는 것 • 피훈련자의 능동적인 참여를 유도하고 응용력이나 문제해결 능력을 기를 수 있지만, 적당한 사례를 준비하는 데 많은 시간과 비용이 소요되고 상황이 변할 경우 적용이 어려울 수 있음
감수성 훈련	• 태도변화의 훈련방법으로 피훈련자들이 외부와 격리된 장소에서 인간관계를 매개로 하여 자유로운 토론을 함으로써 자기와 다른 사람의 태도에 대한 자각과 감수성을 기르는 훈련방법 • 자신의 가치관에 변화를 가져오게 하여 행동을 개선하며, 대인관계 기술을 기르게 하는 1~2주의 걸친 변화 과정에 중점을 두는 방법 • 리더십이나 사회자는 존재하지 않음
분단토의 (버즈섹션)	참가자가 많은 경우 참가자들을 6~8명으로 나누어 토의한 후 다시 전체회의에서 종합하는 방법(모든 대상자에게 참여기회가 주어지며, 어떤 문제를 다각적으로 분석·해결할 수 있다.)

026 □□□ 2020. 경북

외부환경으로부터 차단된 상황에서 집단 내에서 자기의 입장과 대인관계를 이해하게 됨으로써 인간관계의 개선과 태도변화를 이룩하기 위한 교육기법은?

① 사례연구
② 심포지엄
③ 감수성 훈련
④ 신디케이트

정답 ③

요점 감수성 훈련
① 태도변화의 훈련방법으로 피훈련자들을 외부와 격리된 장소에서 인간관계를 매개로 하여 자유로운 토론을 함으로써 자기와 다른 사람의 태도에 대한 자각과 감수성을 기르는 훈련방법
② 자신의 가치관에 변화를 가져오게 하여 행동을 개선하며, 대인관계 기술을 기르게 하는 1~2주의 걸친 변화 과정에 중점을 두는 방법
③ 리더십이나 사회자는 존재하지 않음

027 2017. 서울

다음 〈보기〉에 해당하는 보건교육 방법은?

> **보기**
> - 비교적 적은 비용으로 짧은 시간에 많은 사람들에게 교육할 수 있다.
> - 대상자의 적극적인 참여 없이도 이루어질 수 있다.
> - 내용에 관해서 대상자가 기본 지식이 없을 때 많이 이용된다.
> - 교육 효과 측면에서 기대치가 가장 낮다.

① 강의
② 역할극
③ 모의 실험극
④ 분단토의

정답 ①

요점

- **강의**
  ① 한 사람의 훈련관이 일시에 많은 지식을 전달하는 방법
  ② 경제적이며, 체계적이지만 일방적인 지식 전달과 피훈련자의 이해 반응을 알 수 없는 단점이 있음
- **분단토의(버즈세션)**
  참가자가 많은 경우 참가자들을 6~8명으로 나누어 토의 후 다시 전체회의에서 종합하는 방법(모든 대상자에게 참여기회가 주어지며, 어떤 문제를 다각적으로 분석·해결할 수 있다)

028 2017. 지방

다음은 근무성적 평가방법 중 무엇을 설명한 것인가?

> 피평가자의 직무와 관련되는 중요한 행동이나 사건들을 나열해 주고 각각의 행동들에 대하여 자주하는지 전혀 안하는지의 척도를 매기게 하여 총점을 계산한다. 업무와 직결되는 행동이라 평가하기도 쉽고, 피평가자가 좋은 점수를 받기 위해 구체적으로 어떤 행동을 해야 하는지를 제시해 줄 수 있는 장점도 있다.

① 중요사건 서술법
② 평가센터법
③ 목표관리법
④ 행위기준 평가법

정답 ④

요점

- **행위기준 평가법(BARS ; Behaviorally Acchored Rating Scales)**
  ① 도표식 평정척도법과 중요사건 기록법의 장점을 통합한 것이다.
  ② 피평가자의 직무와 관련되는 중요한 행동이나 사건들을 나열해 주고, 각각의 행동들에 대하여 '자주' 하는지 '전혀' 안하는지의 척도를 매기게 하여 총점을 계산한다.
  ③ 업무와 직결되는 행동이라 평가하기도 쉽고, 피평가자가 좋은 점수를 위해 구체적으로 어떤 행동을 해야 하는지를 제시해 줄 수 있다.
- **중요사건 서술법**
  ① 피평정자의 근무실적에 큰 영향을 주는 중요사건들을 평정자로 하여금 서술하게 하거나, 해당되는 사건에 표시하도록 하는 방법이다.
  ② 피평정자와 상담할 때 유용하며 사실에 초점을 두고 있다는 장점이 있지만, 이례적인 행동을 지나치게 강조할 위험이 있다.
- **평가센터법(Assessment Center)**
  새로운 경영자로서의 자질을 평가하는 목적으로 다양한 활동을 통해 직무 관련의 강점과 약점을 파악하는 것이다. 오늘날 대기업에서 많이 사용하는 방법으로 직속상사가 지명한 종업원을 행위 평가에 숙달된 평가자들이 2일에서 3일 정도 밀접하게 관찰한다.
- **목표관리법(MBO)**
  업무 담당자가 조직의 상위자와 협의하여 목표를 설정하고, 정해진 기준에 따라 조직 단위들의 활동과 구성원의 기여도를 측정, 평가하는 총체적인 과정이다.

029　2012. 서울교육청

인사제도의 평가방법인 근무성적 평정방법에서 도표식 평정척도법과 중요사건 기록법을 혼합한 방법은 무엇인가?

① 강제 선택법
② 체크리스트 법
③ 행태기준 척도법
④ 다면 평가법

정답 ③

요점

- **행위기준 평가법**
① 도표식 평정척도법과 중요사건 기록법의 장점을 통합한 것이다.
② 피평가자의 직무와 관련되는 중요한 행동이나 사건들을 나열해 주고, 각각의 행동들에 대하여 '자주' 하는지 '전혀' 안하는지의 척도를 매기게 하여 총점을 계산한다.
③ 업무와 직결되는 행동이라 평가하기도 쉽고, 피평가자가 좋은 점수를 위해 구체적으로 어떤 행동을 해야 하는지를 제시해 줄 수 있다.

- **강제 선택법**
① 2개 또는 4~5개 항목으로 구성된 각 기술 항목의 조 가운데서 피평정자의 특성에 가까운 것을 강제적으로 골라 표시하도록 하는 방법이다.
② 평정자의 편견을 배제하고 신뢰성과 타당성이 높다.
③ 하지만, 평정 기술항목들을 만들기 어렵고, 작성 비용도 많이 든다. 또한 평정자들은 어떤 조의 기술항목들 중 하나를 반드시 선택해야 한다.

- **체크리스트 평정법**
① 공무원을 평가하는 데 적절하다고 판단되는 표준행동 목록을 미리 작성해 두고 이 목록에 단순히 체크를 표시하는 방법을 통해 공무원을 평가하는 방법이다.
② 평정요소가 명확하여 질문항목마다 체크하기는 쉽지만, 평정요소에 관한 평정항목을 만들기가 힘들고 질문항목이 많을 경우 평정자가 체크하기 곤란하다.

- **다면 평가법**
기존의 상사 위주의 일방적 평가와 달리, 피고과자를 상사·동료·부하·내외부 고객 등 여러 각도에서 전방위적으로 평가·피드백하고 피고과자를 지원·개발하는 제도이다.

030　2017. 충북

근무성적 평정 방법 중 한편에 근무실적, 능력, 태도 등의 평정요소를 나열하고, 다른 한편에 이를 판단하는 등급을 표시하는 척도를 나열하여 수치화함으로써 점수의 합계로 평정하는 방법은?

① 도표식 평정 척도법
② 강제 배분법
③ 산출 기록법
④ 체크리스트 평정법

정답 ①

요점

- **도표식 평정 척도법**
① 가장 많이 이용되고 있는 방법으로, 한편에는 평정하고자 하는 평정요소를 나열하고, 다른 편에는 평정요소별로 평정하기 위한 등급이나 숫자로 표시해 놓은 도표를 작성해 놓고, 평정요소별로 점수를 낸 후 전체 합계로 평정 점수를 계산하는 방법이다.
② 일시에 다수인원을 신속히 평정할 수 있으며, 평정표의 작성이 간단하고 평정이 용이하다. 하지만, 합리적 평정요소의 선정이 곤란하고, 등급의 비교 기준이 모호하다.

- **강제 배분**
① 근무성적을 평정한 결과 피평정자들의 성적 분포가 과도하게 집중되거나 관대화되는 것을 막기 위해 즉, 평정상의 오류를 방지하기 위해 평정 점수의 분포비율을 획일적으로 미리 정해놓는 방법이다.
② 평정대상 전원이 무능하거나 유능한 경우에도 일정 비율만이 우수하거나 열등하다는 평정을 받게 되어 현실을 왜곡하는 부작용이 초래될 수 있다.

- **산출 기록법**
공무원이 달성한 작업량을 평가의 대상으로 하는 방법이다. 공무원이 일정한 시간당 수행한 작업량을 측정하거나 또는 일정한 작업량을 달성하는 데 소요된 시간을 계산하여 그 성적을 평가한다.

- **체크리스트 평정법**
① 공무원을 평가하는 데 적절하다고 판단되는 표준행동 목록을 미리 작성해 두고, 이 목록에 단순히 체크를 표시하는 방법을 통해 공무원을 평가하는 방법이다.
② 평정요소가 명확하여 질문항목마다 체크하기는 쉽지만, 평정요소에 관한 평정항목을 만들기가 힘들고 질문항목이 많을 경우 평정자가 체크하기 곤란하다.

031　　　2017. 인천

평가요소를 대변하는 직무와 관련된 구체적인 사례 항목들을 제시한 뒤 항목 중 피평가자의 행동이라 여겨지는 것들에 표기하도록 하며, 표기된 항목마다 가중치를 합산하는 방식의 직무수행평가방법은 무엇인가?

① 강제 선택법
② 중요사건 기록법
③ 형태기준 평정 척도법
④ 체크리스트 법

032　　　2017. 대구

상관, 동료, 하급자, 민원인 등이 참여하여 평가하는 근무성적평정 방법은?

① 서열법
② 다면 평가법
③ 평가센터법
④ 강제 선택법

정답 ④
요점

- **체크리스트 평정법**
① 공무원을 평가하는 데 적절하다고 판단되는 표준행동 목록을 미리 작성해 두고 이 목록에 단순히 체크를 표시하는 방법을 통해 공무원을 평가하는 방법이다.
② 평정요소가 명확하여 질문항목마다 체크하기는 쉽지만, 평정요소에 관한 평정항목을 만들기가 힘들고 질문항목이 많을 경우 평정자가 체크하기 곤란하다.

- **강제 선택법**
① 2개 또는 4~5개 항목으로 구성된 각 기술 항목의 조 가운데서 피평정자의 특성에 가까운 것을 강제적으로 골라 표시하도록 하는 방법이다.
② 평정자의 편견을 배제하고 신뢰성과 타당성이 높다.
③ 하지만, 평정 기술항목들을 만들기 어렵고, 작성 비용도 많이 든다. 또한 평정자들은 어떤 조의 기술항목들 중 하나를 반드시 선택해야 한다.

- **중요사건 서술법**
① 피평정자의 근무실적에 큰 영향을 주는 중요사건들을 평정자로 하여금 서술하게 하거나, 해당되는 사건에 표시하도록 하는 방법이다.
② 피평정자와 상담할 때 유용하며 사실에 초점을 두고 있다는 장점이 있지만, 이례적인 행동을 지나치게 강조할 위험이 있다.

- **행위기준 평가법**
① 도표식 평정척도법과 중요사건 기록법의 장점을 통합한 것이다.
② 피평가자의 직무와 관련되는 중요한 행동이나 사건들을 나열해 주고, 각각의 행동들에 대하여 '자주' 하는지 '전혀' 안하는지의 척도를 매기게 하여 총점을 계산한다.
③ 업무와 직결되는 행동이라 평가하기도 쉽고, 피평가자가 좋은 점수를 위해 구체적으로 떤 행동을 해야하는지를 제시해 줄 수 있다.

정답 ②
요점

다면 평가법
기존의 상사 위주의 일방적 평가와 달리, 피고과자를 상사·동료·부하·내외부 고객 등 여러 각도에서 전방위적으로 평가·피드백하고 피고과자를 지원·개발하는 제도이다.

033
2014. 서울

사람에 대한 경직된 편견이나 고정관념에 의한 오차를 의미하는 것으로, 직원에 대한 평가가 그가 속한 사회적 집단에 대한 지각을 기초로 해서 이루어지는 것으로 보는 근무성적 평정상의 오류는?

① 상동적 오차
② 대비 오차
③ 후광효과
④ 총계적 오차
⑤ 집중화 경향

정답 ①

요점 근무평가상의 오류

후광효과 (헤일로효과, 연쇄효과)	피평가자의 긍정적 인상에 기초하여 평가시 어느 특정 요소의 평정결과가 다른 평가요소에도 영향을 미치는 것 **예** 용모가 단정하면 책임감 있고 유능할 것이라는 평가자의 주관적인 판단이 개입될 수 있음
혼 효과 (horns effects)	• 피평정자의 어느 특정 요소가 '부족하다'는 인상을 갖게 되면 다른 요소도 막연히 '부족하다'고 평가해 버리는 경향을 말함 • 후광효과와 반대로 피평정자의 부정적 인상에 기초하여 평정을 하게 되어 실제능력보다 과소평가되기 쉬움
역산제	근무성적에 따라 공정하게 평정하지 않고 장기근속자 등을 우선으로 높게 평정함
관대화 경향 (엄격화)	피평정자가 거둔 업무성과나 실적과는 상관없이 평정결과 점수의 분포가 실제보다 높거나 낮은 쪽에 집중되는 경향(평정자의 성향에 따라 지나치게 관대하거나, 지나치게 엄격하거나)
대비 오차	한 피평자의 능력이 특히 탁월한 경우에, 제대로 파악이 되지 않아 수행 조건을 충족시킴에도 불구하고 낮은 평정 점수를 받게 될 가능성
규칙적 오차 (총체적 착오)	• 한 평정자가 다른 평정자에 비해 항상 너무 높거나 너무 낮게 점수를 주는 것 • 총체적 착오는 평정자의 평가기준이 일정치 않아서 관대화, 엄격화 경향이 불규칙하게 나타나는 것을 말함
상동적 오차 (고정관념)	• 피평정자에 대한 편향적인 견해나 선입견 또는 고정관념에 의한 오차 • 특정 지역의 출신이나 특정 학교 출신이기 때문에 당연히 어떠할 것이라고 판단하는 경우
근접 착오 (시간적 오류)	• 피평정자의 최근 실적이나 능력만을 중심으로 평정하는 데서 발생하는 오류 • 피평정자의 평소 행동을 메모해 두었다가 나중에 반영하는 것도 좋은 방법임

034
2017. 인천

사람이나 배경에 대한 편견이나 고정관념과 관련된 근무평성의 오류는?

① 연쇄효과
② 규칙적 오류
③ 상동적 오류
④ 대비 오류

정답 ③

요점

① 연쇄효과(후광효과, 베일로효과) : 피평가자의 긍정적 인상에 기초하여 평가시 어느 특정 요소의 평정결과가 다른 평가요소에도 영향을 미치는 것
② 규칙적 오류(총체적 착오) : 한 평정자가 다른 평정자에 비해 항상 너무 높거나 너무 낮게 점수를 주는 것, 총체적 착오는 평정자의 평가기준이 일정치 않아서 관대화, 엄격화 경향이 불규칙하게 나타나는 것을 말함
③ 상동적 오류(고정관념) : 피평정자에 대한 편향적인 견해나 선입견 또는 고정관념에 의한 오차, 특정 지역의 출신이나 특정 학교 출신이기 때문에 당연히 어떠할 것이라고 판단하는 경우
④ 대비 오류 : 한 피평자의 능력이 특히 탁월한 경우에, 제대로 파악이 되지 않아 수행 조건을 충족시킴에도 불구하고 낮은 평정 점수를 받게 될 가능성

035 2014. 서울

사람에 대한 경직된 편견이나 고정관념에 의한 오차를 의미하는 것으로, 직원에 대한 평가가 그가 속한 사회적 집단에 대한 지각을 기초로 해서 이루어지는 것으로 보는 근무성적 평정상의 오류는?

① 상동적 오차
② 대비 오차
③ 후광효과
④ 총계적 오차
⑤ 집중화 경향

> 정답 ①
> 요점 **상동적 오차(고정관념)**
> 피평정자에 대한 편향적인 견해나 선입견 또는 고정관념에 의한 오차, 특정 지역의 출신이나 특정 학교 출신이기 때문에 당연히 어떠할 것이라고 판단하는 경우

036 2013. 충남

한 가지 요소가 연쇄적으로 다른 요소에 영향을 주어 발생하는 평정오류는?

① 후광효과
② 근접 오차
③ 대비 오차
④ 상동적 오차

> 정답 ①
> 요점 **후광효과(연쇄효과)**
> 한 평정요소에 대한 평정자의 판단이 연쇄적으로 다른 요소의 평정에도 영향을 주는 오류이다. 피평정자가 성실한 경우, 그런 인상이 창의성·지도력 등 전혀 성격이 다른 요소의 측정에도 영향을 미쳐 좋은 점수를 부여하게 되는 현상이다.

037 2017. 인천

입사 후 첫해의 평가에서 성실하고 근면한 태도로 좋은 인상을 받은 피평정자에 대해 이후 실적 평가에서도 그 영향을 받아 후한 점수를 줌으로써 발생하는 근무성적 평정의 오류는?

① 대비 오차
② 근접 오차
③ 후광효과
④ 관대화 경향

정답 ③

요점
① 대비 오차 : 한 피평자의 능력이 특히 탁월한 경우에, 제대로 파악이 되지 않아 수행 조건을 충족시킴에도 불구하고 낮은 평정 점수를 받게 될 가능성
② 근접 오차(시간적 오류) : 피평정자의 최근 실적이나 능력만을 중심으로 평정하는 데서 발생하는 오류
③ 후광효과 : 피평가자의 긍정적 인상에 기초하여 평가시 어느 특정 요소의 평정결과가 다른 평가요소에도 영향을 미치는 것
  예 용모가 단정하면 책임감 있고 유능할 것이라는 평가자의 주관적인 판단이 개입될 수 있음
④ 관대화 경향(엄격화) : 피평정자가 거둔 업무성과나 실적과는 상관없이 평정결과 점수의 분포가 실제보다 높거나 낮은 쪽에 집중되는 경향(평정자의 성향에 따라 지나치게 관대하거나, 지나치게 엄격하거나)

038 2017. 울산

보건직 공무원의 인사평가에서 발생할 수 있는 오류에 대한 설명으로 옳지 않은 것은?

① 평정 결과를 공개하면 관대화 경향을 줄일 수 있다.
② 최근의 실적이나 능력을 중심으로 평가하는 근접 오차가 발생할 수 있다.
③ 총계적 오류는 발생 시 점수의 사후적 조정이 불가능하다.
④ 평정 대상자를 다른 피평정자와 비교하여 평정하게 되면 대비 오차가 발생한다.

정답 ①

요점
평정 결과를 공개하면 관대화 경향이 더 나타날 수 있다.

관대화 경향(엄격화)
피평정자가 거둔 업무성과나 실적과는 상관없이 평정결과 점수의 분포가 실제보다 높거나 낮은 쪽에 집중되는 경향(평정자의 성향에 따라 지나치게 관대하거나, 지나치게 엄격하거나)

039

2012. 서울교육청

공무원의 보수 지급에 관한 특징으로 특히, 곤란도, 책임도에 따라 봉급을 제공하는 제도는?

① 연공급
② 직능급
③ 능력급
④ 직무급

정답 ④

요점 공무원 보수의 체계

① 직무급
  ㉠ 동일한 직무에는 동일한 보수를 지불하는 것을 원칙으로 한다.
  ㉡ 직무의 중요성과 난이도에 따라 직무의 질과 양에 대한 상대적 가치를 평가하여 보수를 결정한다.
  ㉢ 직무급을 위해서는 직무에 대한 과학적 분석(직무분석, 직무평가, 직무의 표준화, 합리적 인사관리)가 선행되어야 한다.

② 연공급(근속급)
  ㉠ 근로자의 학력, 연령, 성별 등의 개인적 요소를 고려하여 근속 연수를 중심으로 보수 수준을 결정한다.
  ㉡ 근속 연수가 증가할수록 임금이 증가하는 제도이다.

③ 직능급(능력급)
  ㉠ 직무수행 능력을 중심으로 인적요소를 반영하는 보수체계이다.
  ㉡ 능력에 따라 승진하며, 연공(여러 해 동안 근무한 공로)에 따라 호봉이 상승하는 제도이다.

④ 생활급
  생계비를 기준으로 결정하는 보수체계로, 공무원과 그 가족의 생활을 보장하기 위한 것으로서 연령과 가족상황이 기준이 된다.

⑤ 연봉제
  ㉠ 개별직원의 능력, 실적 및 공헌도에 따라 임금보상을 선별적으로 하는 업적승급과 인센티브를 적용하는 임금체계이다.
  ㉡ 1년 단위로 매년 개인의 업무 성과에 따라 임금을 차별화하여 계약하는 능력주의형 임금제도이다.

⑥ 성과급
  근로자의 작업에 대한 노력 및 능률의 정도를 고려하여 높은 능률의 근로자에게는 높은 임금을 지급함으로써 그들의 생활을 보장하는 동시에 노동 생산성을 향상시키고자 하는 임금제도이다.

040

2017. 충남

직무의 중요성과 난이도를 보수결정의 중요 기준으로 삼는 보수체계는?

① 연공급
② 직무급
③ 직능급
④ 성과급

정답 ②

요점 직무급

① 동일한 직무에는 동일한 보수를 지불하는 것을 원칙으로 한다.
② 직무의 중요성과 난이도에 따라 직무의 질과 양에 대한 상대적 가치를 평가하여 보수를 결정한다.
③ 직무급을 위해서는 직무에 대한 과학적 분석(직무분석, 직무평가, 직무의 표준화, 합리적 인사관리)가 선행되어야 한다.

041
2018. 충북

학력, 성별, 연령 등 인적요소를 중심으로 근속연수가 증가할수록 임금이 증가하는 것은?

① 연공급
② 연봉제
③ 직능급
④ 직무급

정답 ①

요점 연공급(근속급)
① 근로자의 학력, 연령, 성별 등의 개인적 요소를 고려하여 근속 연수를 중심으로 보수 수준을 결정한다.
② 근속 연수가 증가할수록 임금이 증가하는 제도이다.

042
2016. 울산

동일한 직렬 내에서 다른 직위로 이동하는 횡적·수평적 인사이동은?

① 승진
② 전직
③ 전보
④ 파견

정답 ③

요점 내부임용(인사이동)과 배치전환
① 승진 : 하위직급에서 상위직급으로 상향적 이동하며, 동일직급이나 등급 내에서 호봉만 올라가는 승급과는 다르다.
② 전직 : 동일한 직급으로 직무의 종류와 내용을 달리하는 수평적 인사이동을 하는 것으로, 업무의 성격이 다르기 때문에 전직시험에 합격해야 가능하다. **예** 인사국장 → 보건복지국장
③ 전보 : 동일한 직급·직종·직렬 내에서 직위만 바뀌는 수평적 이동으로, 보직변경을 의미한다. **예** 인사국장 → 총무국장
④ 파견근무 : 공무원을 다른 기관으로 일정 기간 이동시켜 근무하게 하는 것으로, 소속은 바뀌지 않고 보수도 원래대로 받으며 타 기관이나 국가기관 이외 기관 및 단체에서 근무하게 하는 것이다. **예** 보건복지부 직원 → 월드컵 조직위원회에서 한시적으로 근무
⑤ 겸임 : 한 사람의 공무원이 직무내용이 유사한 둘 또는 그 이상의 직위를 부여하는 것으로 일종의 잠정적인 결원 보충방법이다. **예** 인사국장과 총무국장의 겸임
⑥ 직무대리(직무대행) : 공무원의 직급 배정은 변경하지 않고, 다른 직급의 업무를 수행하게 하는 것으로 일종의 잠정적인 임용방법이다. **예** 보건소 총무과장이 보건소장 업무를 대행함

채움 문제로 실력 향상

PART 9 인사행정

CHAPTER 1 인사행정의 개념

001 ☐☐☐

직업공무원제와 실적주의에 대한 내용으로 옳지 않은 것은?

	직업공무원제	실적주의
① 승진	폐쇄형	개방형
② 인사배치	소극적	신축적
③ 행정인	일반행정가	전문행정가
④ 모집방법	최하위 모집	직급별 모집

정답 ②

요점 직업공무원제와 실적주의의 비교

직업공무원제의 인사배치는 인간중심으로 젊은 인재들을 유치하는 신축적 배치를 하며, 실적주의는 직위에 맞는 지식과 기술을 가진 사람을 임용하므로 비용통성을 가진 소극적 배치를 한다.

- 직업공무원제 : 공직에 유능하고 젊은 인재들을 유치함(학력·연령제한 가능성, 기회불균형의 개방)으로써 공직을 명예롭게 생각하면서 일생 동안 공무원으로 근무하도록 운영하는 제도이다
- 실적주의 : 개인의 능력, 자격, 성적, 실적에 의하여 공직에 임용되는 제도를 말한다.

[직업공무원제와 실적주의의 비교]

직업공무원제	• 공직은 계급제(수직적 폐쇄형. 직무 간 엄격한 경계가 있음)로 인간중심에 중점을 두었다. • 한국, 영국, 독일, 일본 등의 나라에서 채택하고 있다. • 승진은 폐쇄형이며, 급여는 생활급으로 지급된다.
실적주의	• 공직은 직위분류제(직위가 가지고 있는 객관적인 직무를 분석·평가하고 거기에 적합한 지식과 기술을 가진 사람을 임용·근무하게 한다. 수평적 폐쇄성으로 인하여 수평적 이동이 제한되어 인사관리가 경직적으로 이루어지며, 외부충원의 허용이 자유롭기 때문에 신분보장의 안정성이 저하되어 직업공무원제의 장애가 된다.)로 직무중심에 중점을 두었다. • 미국, 캐나다, 필리핀 등의 나라에서 채택하고 있다. • 승진은 개방형(외부인재의 유입)이며, 직무급여를 제공한다.

분류	직업공무원제	실적주의
사회배경	농업사회	산업사회
인사배치	인사배치의 신축성 (신축적)	인사배치의 비용통성 (소극적)
행정인	경력중시(일반행정가)	경력무시(전문행정가)
모집방법	계급의 최하위 모집	모든 직급별 모집
공통점	정치적 중립, 자격이나 능력에 의한 인사행정 운영, 신분보장, 공개경쟁시험(공직취임에의 기획균등)	

[임용기준 요점정리]

엽관주의	정치적 이념, 신조, 정당 관계
실적주의	개인의 능력, 자격, 실적, 성적
정실주의	개인적인 친분
할거주의	출신지역이나 학교, 개인적인 친분 등을 기반으로 하나의 집단이나 세력권을 형성
기술주의	기술의 가치에 중심을 두고 있음
대표관료제	사회를 구성하는 주요집단으로부터 인구비례에 따라 관료를 충원하므로 정부 관료제가 그 사회의 모든 계층과 집단에 공평하게 대응하도록 함 예 지역할당제, 여성고용할당제, 장애인 의무고용할당제 등

002

직업공무원제도의 장점이 아닌 것은?

① 행정의 정치적 중립성과 공무원의 장기근속으로 안정성·계속성을 확보한다.
② 공무원의 성장과 발전의 동기부여가 되며, 더 나아가 성공감의 충족과 사기 및 능률의 제고에 도움을 준다.
③ 자격요건의 엄격한 제한(학력, 나이 등)은 공직임용에의 기회균등을 저해하여 민주주의적 평등원칙에 위배된다.
④ 직업공무원은 뚜렷한 전문직업의식을 가지므로 단체정신과 공직에 대한 충성심이 강화된다.

정답 ③

요점

③은 직업공무원제의 단점이다.

직업공무원제의 장점과 단점

장점	• 행정의 정치적 중립성과 공무원의 장기근속으로 안정성·계속성을 확보한다. • 유능한 인재를 공직에 유치하는 데 도움을 준다. • 공무원의 성장과 발전에 동기부여가 되며, 더 나아가 성공감의 충족과 사기 및 능률의 제고에 도움을 준다. • 직업공무원은 뚜렷한 전문직업의식을 가지므로 단체정신과 공직에 대한 충성심이 강화된다.
단점	• 폐쇄적 인사행정으로 외부의 전문가 양성과 확보가 곤란하다. • 동태적 환경에 적응력이 약하고, 변동이나 발전에 대하여 무관심하여 저항하는 경향으로 인해 공직사회의 침체를 가져올 수 있다. • 자격요건의 엄격한 제한(학력, 나이 등)은 공직임용에의 기회균등을 저해하여 민주주의적 평등원칙에 위배된다. • 공직자에 대한 민주적 통제를 어렵게 하여 특권집단화(다른 집단보다 특별하게 권력이나 이익을 누리는 집단), 관료주의화(고급공무원이 하위계급을 우선시하기보다 상위계급을 우선시함)를 초래할 우려가 있다. • 공무원은 정부에서만 필요한 인력으로 육성되므로 직업을 전환하기가 어렵다.

003

인사행정의 실적주의와 직위분류제에 대한 설명으로 옳은 것은?

① 실적주의는 공직취임의 기회균등이라는 민주적 요청을 충족시켜 주었다.
② 직위분류제는 전문행정가 양성이 어렵다.
③ 실적주의는 정치적 중립이 보장되지 않는다.
④ 직위분류제는 인사운용이 탄력적으로 이루어질 수 있다.

정답 ①

요점

② 직위분류제는 일반행정가 양성이 어렵다.
③ 실적주의는 정치적 중립을 보장한다.
④ 직위분류제는 동일직렬에 따라 승진과 전보가 이루어지기 때문에 인사배치의 신축성이 결여된다.

004

다음 중 엽관주의에 대한 설명으로 옳지 않은 것은?

① 행정의 능률성 향상
② 정당정치의 발달에 기여
③ 예산을 낭비하기 쉬움
④ 정권에 대한 충성심 상승

정답 ①

요점 행정의 능률성 향상 - 실적주의 제도

엽관주의는 정당에 대한 충성도 및 공헌도(정치적 정실)에 의하여 관직임용을 하는 제도로 행정의 부패를 초래할 수 있고, 정권이 바뀔 때마다 인력교체가 이루어지므로 행정의 계속성, 일관성, 안정성이 훼손되는 단점이 있다.

005

인종, 성별, 직업, 신분, 계층, 지역 등 여러 기준에 의하여 분리되는 모든 사회집단들이 한 나라의 전체 인구에서 차지하는 수적비율에 맞게 적용되는 관료제는 무엇인가?

① 대표관료제(비례할당제)
② 직업공무원제
③ 실적주의
④ 엽관주의

정답 ①

요점

공직 구성의 비례에 대비해 임용할당제(임용을 적절하게 나눔)에 의해 임용되며, 실질적이고 적극적인 평등이 특징적이다.

대표관료제의 장점과 단점

장점	사회적인 형평성과 기본권리를 존중하여 민중을 통제한다.
단점	수적비율에 맞는 임용으로 인해 실적제에 저해될 수 있으며, 개인의 능력에 대한 역차별 될 수 있다.

006

적극적 인사행정의 설명으로 틀린 것은?

① 적극적인 모집을 통해 가장 유능하고 의욕적인 인재를 공직에 확보한다.
② 공무원의 행정능력, 잠재력의 개발 등을 위해 교육훈련, 승진, 근무성적평정제도 등을 실시하여 능력 발전과 공동의식을 고취시킨다.
③ 개방형 임용제의 특별채용을 확대하고, 정치적 임용제의 허용으로 상위직의 엽관주의의 요소를 도입하여 민주성과 책임성을 갖게 됨으로써 계급제를 적절하게 가미하여 전체적으로 융통성 있고 능률적인 인사제도를 수립한다.
④ 중앙인사기관의 인사권을 분리·분권화하여 각 부처의 인사기능을 강화한다.
⑤ 공무원의 업무를 중점적으로 강조한다.

> **정답** ⑤
>
> **요점**
>
> 공무원의 인간적 욕구 및 가치를 존중함으로써 사기를 올리고, 인간관계 개선을 강조한다.(인간관계를 중시함)

007

개방형 임용제도와 관련이 없는 것은?

① 정책의 효율성과 전문성 제고
② 공직내부 또는 외부에서 전문가 영입
③ 계급 정년제 폐지
④ 공개경쟁시험 강화

> **정답** ③
>
> **요점**
>
> 개방형 임용제도란 정책의 효율성과 전문성을 위하여 공직내부 또는 외부에서 전문가를 영입하려는 것으로 계급 정년제 폐지와는 무관하다.

CHAPTER 2 공직의 분류

008 □□□

공직의 분류방법 중 직위분류제의 장점으로 옳지 않은 것은?

① 인사배치의 객관적 기준마련
② 행정의 전문화, 분업화 가능
③ 인력수급계획 수립 용이
④ 인사배치의 신축적 운영가능

009 □□□

다음 중 직위분류제의 수립절차에 대한 설명으로 옳은 것은?

① 직무조사의 방법에는 면접법, 관찰법이 있다.
② 직무기술서에는 직무의 개요, 내용, 수행에 요구되는 자격요건이 포함된다.
③ 직무평가는 직무수행의 곤란성, 책임성, 직무를 수행하는 데 필요한 자격요건 등의 상대적 가치를 평가한다.
④ 서열법, 분류법은 계량적인 평가방법이고, 점수법, 요소비교법은 비계량적인 평가방법이다.

정답 ④

요점 직위분류제의 장점과 단점

장점	① 동일직무에 동일보수를 따르는 직무급 실현이 가능하다.(보수체계의 합리화) 그러나 보수체계의 세분화로 보수 관리는 복잡하다. ② 직위가 요구하는 직무의 성질이나 내용에 맞는 인사배치의 객관적 기준마련이 가능하다. ③ 동일직무의 장기근무로 행정의 전문화, 분업화가 가능하다 ④ 교육훈련 수요 파악에 용이하여 전문행정가 육성이 가능하다. ⑤ 직책의 내용파악으로 근무성적평정의 자료제공이 가능하다.(직무기술서 작성) ⑥ 상하간 수평적인 권한·한계의 명확화로 행정 능률이 향상된다. ⑦ 행정의 민주화(공직의 모든 직무가 분석·평가·명세화 되어 있어 국민의 공직에 대한 통제가 용이함) ⑧ 정원관리의 효율화와 인력수급계획 수립이 용이하다. ⑨ 중복업무의 억제로 인해 예산관리의 능률화가 가능하다.
단점	① 유능한 일반 행정가의 확보와 양성이 곤란하다. ② 동일직렬에 따라 전보·승진이 이루어지므로 인사배치의 신축성이 결여된다. ③ 직위가 없어지면 자신의 신분도 없어지므로 신분의 불안이 발생한다. ④ 신분보장이 잘 되지 않고, 결원 충원시 개방형을 특징으로 하므로 직업공무원제 확립이 곤란하다. ⑤ 지나친 전문성과 인사이동의 곤란으로 인해 장기적·다방면적 능력발전이 곤란하다. ⑥ 지나친 세분류로 조정이 곤란하다. ⑦ 조직구성원의 관계가 사무중심으로 이루어져 사무적 인간관계를 지닌다.

정답 ④

요점

• **직위분류제**
① 직무의 종류와 곤란성, 책임성을 기준으로 한 객관적인 직무중심의 공적분류방법으로, 행정을 과학적이고 능률적으로 실시하며, 동일한 업무에 동일한 보수를 지급하지만 보수체계의 세분화로 보수관리는 복잡하다.(직무급)
② 엽관주의의 폐해를 극복하고 실적주의가 강조되는 상황에서 과학적 관리론의 영향으로 발전되었다.

• **직무조사 방법**
① 질문지법 : 특정 직무에 관한 정보를 단답식 문항으로 작성하여 이에 대한 답을 그 직무를 담당하고 있는 사람들로 하여금 기입하도록 하는 방법이다.
② 면접법 : 작업장 또는 면접사무실에서 직원들의 업무와 책임에 관하여 질문하는 방법이다.
③ 관찰법 : 직원이 직무를 수행하는 장소에서 직무를 관찰하는 방법이다. 관찰자는 질문지 또는 면접지에서 볼 수 있는 문항들과 유사한 항목으로 구성된 직무관찰지에 관찰한 내용을 기록하는 방법이다.
 ㉠ 직무기술서 : 직위 분류에 필요한 구체적인 자료, 즉 직위에 배정된 직무의 내용, 책임과 권한, 자격요건 등에 관한 것을 수집하여 직무기술서를 작성하는 단계이다.
 ㉡ 직무평가 : 같거나 유사한 직위의 직무라도 직무수행의 곤란성, 책임성, 복잡성 그리고 직무를 수행하는 데 필요한 자격요건 등에 차이가 있을 수 있다. 이러한 차이를 기초로 하여 직위의 상대적 수준과 등급을 구분하는 작업이다.(직위의 곤란도, 책임도에 따라 상대적인 가치를 평가하는 것으로, 직위의 횡적인 분류방법으로 등급을 정하는 행위이다)

• **직무평가 방법**

구분		특징
비계량적인 방법	서열법	직위 분류 담당자들로 하여금 직무의 책임도와 곤란도에 따라 직위의 서열을 나열하고 이를 통합하여 평균한 것에 의하여 직위의 순위를 정함(상대평가)
	직무 분류법	사전에 작성된 등급기준표에 따라 직무의 책임과 곤란도 등을 파악하는 방법으로 서열법보다 다소 세련된 방법으로 정부 부문에서 많이 사용
계량적인 방법	점수법	직무평가기준표에 따라 평가대상직무의 구성요소별로 비중에 따라 점수를 매기고 총합을 구하는 방식(절대평가)
	요소 비교법	많은 사람들이 가장 타당하다고 인정하는 대표적인 기준 직위를 선정하여 기준 직위의 평가요소에 부여된 수치에 평가하려는 직위의 각 요소를 대비시켜 평점을 함으로써 그 직위의 상대적 가치를 결정하는 방법

010

공직구조를 형성하는 대표적인 방식인 계급제와 직위분류제에 대한 설명으로 옳지 않은 것은?

① 계급제는 일반행정가를 양성한다.
② 직위분류제는 인사배치의 객관적인 기준을 마련한다.
③ 계급제는 인사배치의 신축성이 결여된다.
④ 직위분류제는 계급제에 비해 신분보장이 미약하다.

정답 ③

요점

계급제는 탄력적 인사배치가 가능하다.
① 직위분류제는 직무의 종류와 곤란성, 책임성을 기준으로 한 객관적인 직무중심의 공적분류방법으로, 행정을 과학적이고 능률적으로 실시된다.
② 직위분류제는 인사행정의 능률성과 합리화를 위해 정확한 평가를 통해 적합한 인물을 임용하는 개방형 인사제도로 신분보장은 미약하다.

계급제의 장점
① 일반적 교양과 능력 있는 자의 채용으로 유능한 일반 행정가의 양성이 가능하다.
② 장기간의 근무로 공무원의 능력발전 및 환경대응능력 향상으로 충성심을 고양시키고, 계급제가 사람 중심적인 분류이므로 공무원의 신분도 보장이 강화된다.
③ 계급이 동일하면 전직과 전보가 가능하여 인사배치의 신축성과 융통성을 도모한다.
④ 장기간의 근무가 가능하여 장기적인 행정계획수립이 용이하다.

011

직무의 종류는 유사하나 곤란도와 책임의 정도가 상이한 직급의 군을 가리키는 것은?

① 직위
② 직류
③ 직군
④ 직렬
⑤ 등급

정답 ④

요점 직위분류제

직군	직렬	직류	직급 또는 등급								
			1급	2급	3급	4급	5급	6급	7급	8급	9급
보건의무	보건	보건									
	식품위생	식품위생									
	의료기술	의료기술									
	의무	일반의무									
		치무									
	약무	약무									
		약제									
	간호	간호									

- **직위**: 한 사람의 근무를 필요로 하는 직무와 책임의 양
  - 직위의 수와 공무원 수가 일치하며, 직위분류제가 시작되는 가장 최소한의 기초가 되는 단위

- **직급**:
  - 직무의 종류·곤란도·책임도 – 모두 유사
  - 동일한 직급에 속하는 직위에 대해서는 인사행정상 채용과 보수 등을 동일하게 대우한다.
  - 예) 세무 9급, 행정 9급
  - 수평단위 → 직위의 군

- **직렬 / 직류**:
  - 직무의 종류 – 유사
  - 곤란도·책임도 – 상이 예) 보건직렬, 의무직렬 등
  - 동일 직렬 내에서의 담당분야가 유사한 직위의 군(직렬의 세분화) 예) 보건직렬 내의 보건직류, 방역직류 등
  - 수직단위 → 직급의 군

- **직군**:
  - 직무성질 – 유사한 직렬의 군으로 직위분류제의 가장 큰 단위이다. 예) 보건의무직군 = 보건직렬 + 식품위생직렬 + 의료기술직렬 + 의무직렬 + 약무직렬 + 간호직렬 등
  - 수직단위 → 직렬의 군

- **등급**:
  - 직무의 종류 – 상이
  - 직무의 곤란도·책임도·자격요건 – 유사하여 동일한 보수를 지급할 수 있는 모든 직위이다. 예) 5급, 7급, 9급
  - 수평단위 → 모든 직군의 군

012

직위분류제 수립 과정에서 직위분류에 필요한 자료인 과업과 책무가 포함되는 것은?

① 직무기술서
② 직급명세서
③ 직무분석서
④ 직무평가서

정답 ①

요점

① 직무기술서: 직위 분류에 필요한 구체적인 자료, 즉 직위에 배정된 직무의 내용, 책임과 권한, 자격요건 등에 관한 것을 수집하여 구체적으로 정리·기록한 문서를 말한다.
② 직급명세서: 직위분류 계획의 기본이 되는 문서이며, 공무원 채용, 교육훈련, 근무성적 평정 등에 기준이 되는 문서이다.

직무기술서와 직무명세서의 구분

	직무기술서	직급명세서
정의	직무 분석의 결과에 의거하여 직무수행과 관련된 과업 및 직무 행동을 일정한 양식에 기술한 문서를 말하며, 과업 요건에 초점을 둔 것이다.	직무 분석의 결과에 의거하여 특정 목적의 관리 절차를 구체화하는 데 편리하도록 정리하는 것으로, 인적요건(종업원의 행동, 기능·능력, 지식 등)에 초점을 두었다.
내용	• 직무명칭 • 직무 활동과 절차, 수행되는 과업 • 작업조건, 사회적 환경 • 고용조건, 작업시간, 임금구조 등을 포함한다.	• 직무명칭 • 육체적 특성과 교육 • 지적 능력 • 특수한 지식과 기능 • 과거의 작업 경험 등을 포함한다.
작성시 유의사항	• 표현이 명료하고, 범위를 명시해야 하며, 구체적이어야 한다. • 감독 책임을 나타내며, 단순하고 직무담당자의 재검토가 있어야 한다.	

013

다음에서 설명하는 직무설계 방법은?

> 한 사람이 맡아서 수행하는 직무를 다양하게 부여하여 작업 수와 종류를 증가시키는 것으로, 직무에 대한 흥미와 만족도를 높일 수 있으나 새로운 업무를 학습하기 위한 비용이 많이 든다.

① 직무순환
② 직무확대
③ 직무충실화
④ 직무단순화

정답 ②

요점 직무설계 방법
① 직무순환
  ㉠ 작업자들이 여러 가지 직무를 수행하도록 하는 방법이다.
  ㉡ 업무의 지루함을 상쇄시킬 수 있으나 전문성이 떨어질 수 있다.
② 직무확대
  ㉠ 수평적으로 직무의 범위를 늘리고 다양성을 증가시키는 방법이다.
  ㉡ 직무에 대한 흥미와 만족도를 높일 수 있으나 새로운 직무에 대한 교육비용이 증가한다.
③ 직무충실화
  ㉠ 직무를 수직적으로 늘려 직무내용을 깊이 있게 하는 방법이다.
  ㉡ 의사결정의 자율성이 증가하고 전문성이 향상된다.
④ 직무단순화
  ㉠ 작업자들이 좁은 범위의 몇 가지 일을 담당하도록 하는 방법이다.
  ㉡ 교육이 용이하지만 직무에 대한 무료감을 느낄 수 있다.

CHAPTER 3 채용모집과 임용

014

다음에서 설명하는 훈련방법은?

> • 피훈련자가 책임을 정상적으로 수행하면서 해당 업무의 수행 능력을 향상시키기 위하여 상관으로부터 훈련 받는 방법이다.
> • 실제적 훈련을 통해 직무수행 능력을 제고하고, 인간관계를 개선하는 데 유용하다.

① 현장훈련(on the job training)
② 연기기법(role playing)
③ 사례연구(case study)
④ 감수성 훈련(sensitivity training)

정답 ①

요점

• **직장 내 교육훈련(On-JT)**
① 훈련을 받은 자가 실제 직위에 앉아 일을 하면서 상관으로부터 지도훈련을 받는 것
② 좁은 분야의 일을 집중적으로 훈련하여 전문성과 정밀성을 요구함
③ 장점과 단점

장점	• 실질적인 훈련이며, 구성원의 동기유발이 가능함 • 대상자의 습득도와 능력에 맞게 훈련할 수 있음 • 전문적인 고도의 기능을 전달하기에 적합함 • 훈련을 하면서 일을 할 수 있어 비용이 적게 듦
단점	• 우수한 상관이 우수한 교관은 아님 • 일과 훈련 모두를 소홀히 할 가능성이 있음 • 많은 구성원을 동시에 훈련시킬 수 없음

• **직장 밖 교육훈련(Off-JT)**
① 직무 현장을 떠나 별도 훈련장소에 모여서 훈련을 받는 형태
② 직속상사 이외의 사람이나 상사에게 지식, 기술, 태도에 대해서 교육훈련을 받음
③ 장점과 단점

장점	• 많은 구성원을 동시에 교육할 수 있음 • 전문적인 교관이 실시하며, 계획한 대로 수행할 수 있음 • 대상자는 업무 분담에서 벗어나 훈련에 전념하므로 교육의 효과가 높음
단점	• 교육결과를 현장에 즉시 활용하기 곤란함 • 부서에 남아 있는 직원의 업무 부담이 증가함 • 외부 전문 교관, 시설에 대한 비용이 많이 듦

015

근무성적 평정의 집중화, 엄격화, 관대화 오류를 방지할 수 있는 평정방법은?

① 강제 선택법
② 도표식 평정 척도법
③ 강제 배분법
④ 직무기준법

정답 ③

요점

- **강제 배분법**
  ① 근무성적을 평정한 결과 피평정자들의 성적 분포가 과도하게 집중되거나 관대화되는 것을 막기 위해 즉, 평정상의 오류를 방지하기 위해 평정 점수의 분포비율을 획일적으로 미리 정해놓는 방법이다.
  ② 평정대상 전원이 무능하거나 유능한 경우에도 일정 비율만이 우수하거나 열등하다는 평정을 받게 되어 현실을 왜곡하는 부작용이 초래될 수 있다.

- **강제 선택법**
  ① 2개 또는 4~5개 항목으로 구성된 각 기술 항목의 조 가운데서 피평정자의 특성에 가까운 것을 강제적으로 골라 표시하도록 하는 방법이다.
  ② 평정자의 편견을 배제하고 신뢰성과 타당성이 높다.
  ③ 하지만, 평정 기술항목들을 만들기 어렵고, 작성 비용도 많이 든다. 또한 평정자들은 어떤 조의 기술항목들 중 하나를 반드시 선택해야 한다.

016

근무성적 평정방법 중 도표식 평정 척도법의 주관성을 배제하고, 중요사건 기록법의 상황 비교위 곤란성을 극복하고 평정의 타당성을 높이기 위하여 두 개의 방식을 통합한 방법은?

① 체크리스트 평정법
② 강제 선택법
③ 행태기준 평정 척도법
④ 직무기준법

정답 ③

요점 행태기준 평정 척도법
① 도표식 평정 척도법과 중요사건 기록법의 장점을 통합한 것이다.
② 피평가자의 직무와 관련되는 중요한 행동이나 사건들을 나열해 주고, 각각의 행동들에 대하여 '자주' 하는지 '전혀' 안하는지의 척도를 매기게 하여 총점을 계산한다.
③ 업무와 직결되는 행동이라 평가하기도 쉽고, 피평가자가 좋은 점수를 위해 구체적으로 어떤 행동을 해야 하는지를 제시해 줄 수 있다.

017

주제에 따라 2~5명의 전문가가 순서대로 발표하고, 사회자의 진행에 따라 청중들과 질의응답을 진행하는 방법으로 청중도 전문분야의 사람들로 구성되는 교육기법은?

① 심포지엄
② 패널토의
③ 버즈세션
④ 공개토론

정답 ①

요점
① 심포지엄 : 특정 문제에 관해 전문가들마다 각각의 주제를 발표하며, 전문가들이 각자의 입장과 견해를 발표함
② 패널토의 : 다른 분야의 전문가들이 하나의 주제를 가지고 공동으로 토론하는 것을 참가자들이 듣는 방식
③ 버즈세션(분단토의) : 참가자가 많은 경우 참가자들을 6~8명으로 나누어 토의 후 다시 전체회의에서 종합하는 방법(모든 대상자에게 참여기회가 주어지며, 어떤 문제를 다각적으로 분석·해결할 수 있다)
④ 공개토론 : 발표자가 간단히 주제를 발표하면 참가자들은 이에 관련되는 질문과 의견, 평가, 건의 등을 제시하는 토의 방법으로서, 특정 문제에 대해 깊은 의견을 나눌 수 있음

018

직무수행능력을 중심으로 하고 인적 요소를 반영한 보수체계는?

① 연공급
② 직무급
③ 직능급
④ 연봉제

정답 ③

요점
직능급은 직무수행 능력을 중심으로 인적요소를 반영하는 보수체계이며, 능력에 따라 승진하며, 연공(여러 해 동안 근무한 공로)에 따라 호봉이 상승하는 제도이다.

019

연공급의 특징으로 가장 옳은 것은?

① 조직에 대한 귀속의식이 높다.
② 직무 중심의 합리적인 인사관리가 가능하다.
③ 직무평가 및 관리의 객관성이 이루어져야 한다.
④ 임금관리의 효율성과 효과성이 증대된다.

[정답] ①
[요점]
연공급은 근로자의 학력, 연령, 성별 등의 개인적 요소를 고려하여 근속 연수를 중심으로 보수 수준을 결정한다. 근속 연수가 증가할수록 임금이 증가하는 제도이다.

020

다음 설명에 해당하는 보수체계는?

- 동일한 직무에는 동일한 보수를 지불하는 원칙을 기본으로 한다.
- 직무의 중요도·난이도·기여도에 따라 직무의 결과 양에 대한 상대적 가치를 평가하여 보수를 결정한다.
- 적용을 위해서는 직무에 대한 과학적 분석이 선행되어야 한다.

① 연공급
② 직무급
③ 직능급
④ 성과급

[정답] ②
[요점] 직무급
① 동일한 직무에는 동일한 보수를 지불하는 것을 원칙으로 한다.
② 직무의 중요성과 난이도에 따라 직무의 질과 양에 대한 상대적 가치를 평가하여 보수를 결정한다.
③ 직무급을 위해서는 직무에 대한 과학적 분석(직무분석, 직무평가, 직무의 표준화, 합리적 인사관리)가 선행되어야 한다.

memo

PART

10

지역사회보건학과 보건사업

CHAPTER 1 　지역사회보건학

CHAPTER 2 　지역보건법 쏙쏙 정리

CHAPTER 3 　보건통계

CHAPTER 4 　건강증진(Health Promotion)

CHAPTER 5 　건강증진사업 모형

CHAPTER 6 　보건교육

CHAPTER 7 　건강도시(Health City)

CHAPTER 8 　우리나라의 건강증진사업

CHAPTER 9 　국민건강증진법 쏙쏙 정리

기출 문제로 요점 확인

PART 10 지역사회보건학과 보건사업

CHAPTER 1 지역사회보건학

001 ☐☐☐
2012. 서울

지역사회보건에 관한 설명으로 틀린 것은?

① 지역사회 변화를 위하여 특히 강조되어야 할 것은 지역사회 주민참여의 문제이다.
② 대학이나 연구기관에 의한 건강증진 프로그램이 성공을 거두지 못하는 이유는 흔히 건강증진 프로그램의 시행자가 지역사회가 가지고 있는 문제해결능력에 대한 진정한 존중과 신뢰를 가지고 있지 않기 때문이라고 지적되고 있다.
③ 국가나 대학에서 보건사업을 기획하고 실행하는 과정에서 주민이 참여하기 시작하는 시기는 이미 기획된 사업계획을 실행하는 단계가 대부분이다.
④ 지역주민은 보건사업에 대하여 주인의식을 느끼게 되면 당연히 적극적인 참여가 이루어지지 않는다.
⑤ 지역사회 참여를 이끌어 내기 위해서는 건강증진사업의 기획단계에서부터 가능한 한 빨리 그 지역의 주민을 참여시켜서 그들 자신의 요구를 파악하게 하고, 그들이 사업의 우선순위를 결정하게 하며, 자기들의 사업을 기획하도록 하여야 한다.

정답 ④
요점 지역사회보건의 일반적 정의
의사, 보건의료원, 지역사회 등의 조정되고 조화된 행동에 의하여 종합적이고 총괄적인 보건의료서비스를 지역 주민에게 제공하고자 하는 것이 지역사회 의학이다.

002 ☐☐☐
2020. 경기

보건사업에 대한 설명으로 옳은 것은?

① 주민참여는 보건사업의 매우 중요한 운영전략이다.
② 보편적 건강문제가 대상이므로 전 국민에게 동일한 내용의 서비스를 제공해야 한다.
③ 지역 중심의 밀접서비스를 제공해야 하기 때문에 지방정부만 보건사업의 주체가 되어야 한다.
④ 특수한 건강문제 관리를 위해 통합보건사업 유형이 적합하다.

정답 ①
요점 지역사회보건학의 특성
① 지역사회 주민의 건강을 유지하기 위해서는 필수적으로 지역주민 스스로 참여하는 것이 가장 중요하다.
② 지역사회보건은 모든 보건인력이 하나의 팀을 구성하여 총괄적인 보건의료를 제공하면 그 효과가 더 좋아진다.
③ 보건의료인의 책임과 의무가 예방·치료·재활 등의 포괄적 보건의료로 더욱 확대되었다.
④ 제한된 의료자원은 지역사회의 보건문제를 해결하기 위하여 효율성의 개념이 도입되는 특성이 있다.

003　2017. 서울

보건사업과 관련하여 지역사회진단을 실시하는 목적에 해당하지 않는 것은?

① 지역사회의 보건문제나 보건요구도를 구체적으로 파악하여 사업의 우선순위를 결정하기 위한 것
② 지역사회의 보건상태를 명확히 파악하기 위하여 필요한 기초자료를 만드는 것
③ 건강과 질병에 영향을 미치는 지역사회의 제반 요소 및 가용자원 등 전반적인 상황을 파악하기 위한 것
④ 지역사회에 거주하고 있는 특정 집단의 경제상태와 보건상태를 구체적으로 파악하여 경제적 문제와 보건문제를 해결하기 위한 것

> **정답** ④
> **요점**
> 지역사회에 거주하고 있는 특정 집단의 경제상태와 보건상태가 아닌 지역사회에 거주하고 있는 일반 집단의 경제상태와 보건상태를 파악하는 것이다.

004　2023.6월 지방

서치만(Suchman)의 보건사업 평가 항목 중 다음 사례에 해당하는 것은?

> • 금연사업을 통한 흡연율 감소
> • 결핵관리사업을 통한 결핵 환자 발견 건수 증가

① 성과
② 과정
③ 노력
④ 효율성

> **정답** ①
> **요점** 서치만(Suchman)의 평가기준
> ① 업무량/노력(Effort)평가 : 사업 활동량 및 질을 포함하는 투입에 너지와 투입량을 의미하는 것이다.
>   예) 결핵환자 발견사업에서 방사선 관찰을 몇 명 했는가? 보건간호사가 가정방문을 몇 건 했는가?
> ② 성과(Perpormance)평가 : 투입된 노력의 결과로 나타나는 측정된 효과를 의미한다.
>   예) 예방접종 건수, 결핵환자 발견 건수
> ③ 성과의 충족량(Adiquacy of Performance) 평가 : 효과있는 사업 활동이 얼마나 수요를 충족했는가를 보는 것이다. 실제로 기대 또는 요구되는 목표량에 대한 실적량의 비율이 클수록 충족량은 높다고 평가한다.
>   예) 결핵발견을 위한 관찰대상자 중 실제 관찰을 한 대상자의 비율은 지역사회의 결핵 발생률을 감소시키기에 충분한가라는 시각에서 점검
> ④ 효율성(Efficiency) 평가 : 투입된 인력, 비용, 시간 등 여러 가지 측면에서 각 대안들을 비교, 검토하는 방법이다. 이 평가는 투입된 노력이 과연 적절한 것이었던가를 측정하려는 데 있다. 즉, 투입된 인력, 예산, 시간 등을 고려하여 단위당 얻은 결과가 최대일 때 효율성이 가장 높다고 할 수 있다.
>   예) 한 사람의 결핵환자 발생을 예방하는 데 비용이 얼마나 들었으며 나아가 이만큼의 비용을 쓸 가치가 있는지를 가늠하는 것. 한 사람의 결핵발생 예방에 든 비용이 두 결핵환자를 완치하는 데 드는 비용보다 더 늘었다면 이 결핵발견사업은 그만두어야 한다.

005
2021. 경북

국가 금연사업의 성과를 평가하기 위하여 시스템적 과정에 따라 구조 – 과정 – 결과평가로 구분할 때 구조평가의 내용으로 옳은 것은?

① 금연교육을 위한 시설 및 인력
② 금연교육 참석자 수
③ 대상자의 금연에 대한 태도 변화
④ 사업 후 흡연율의 변화

정답 ①

요점
- 금연교육 참석자 수 – 과정평가
- 대상자의 금연에 대한 태도 변화, 사업 후 흡연율의 변화 – 결과평가

보건사업은 투입 – 전환 – 산출의 시스템적 과정을 따른다. 보건사업도 이러한 과정을 준용하여 구분할 수 있는데 투입부문에 해당하는 구조평가, 전환과정에 해당하는 과정평가, 산출에 해당하는 결과평가로 구분할 수 있다.

구조평가	• 투입되는 자원의 적절성 평가 • 사업인력, 시설 및 장비의 적절성에 대한 평가
과정평가	• 사업을 실행하는 과정 중 평가 • 사업계획과 진행정도를 비교함으로써 목표달성이 가능하도록 사업 조정 • 목표달성을 저해하는 요인을 조기에 발견하여 시정하는 한편 목표달성을 촉진하는 요인은 강화
결과평가	사업의 종료시 사업효과를 측정함으로써 사업의 지속이나 확대 여부를 판단하기 위하여 실시한다.

006
2016. 지방7급

보건사업의 과정평가에 해당하는 요소가 아닌 것은?

① 지역사회 보건문제의 해결 여부
② 계획에 따른 사업의 실행여부
③ 참여 구성원들의 수행 절차 준수 여부
④ 투입된 자원의 적시 사용 여부

정답 ①

요점
지역사회 보건문제의 해결 여부 – 결과평가

CHAPTER 2 지역보건법 쏙쏙 정리

007 □□□ 2017. 서울

「지역보건법」상 지역보건의료계획에 필수적으로 포함해야 할 내용으로 옳지 않은 것은?

① 응급의료에 관한 사항
② 지역보건의료서비스의 제공을 위한 전달체계 구성 방안
③ 보건의료자원의 조달 및 관리
④ 보건의료 수요의 측정

정답 ①
요점 제7조 〈지역보건의료계획의 수립 등〉
응급의료에 관한 사항은 보건소의 업무에 속하며, 지역보건의료계획에는 포함되지 않는다.
① 특별시장·광역시장·도지사 또는 특별자치시장·특별자치도지사·시장·군수·구청장은 지역주민의 건강증진을 위하여 다음 각 호의 사항이 포함된 지역보건의료계획을 4년마다 수립하여야 한다.
 1. 보건의료 수요의 측정
 2. 지역보건의료서비스에 관한 장기·단기 공급대책
 3. 인력·조직·재정 등 보건의료자원의 조달 및 관리
 4. 지역보건의료서비스의 제공을 위한 전달체계 구성방안
 5. 지역보건의료에 관련된 통계의 수집 및 정리

008 □□□ 2015. 경기

지역보건법에 의한 지역보건의료계획의 내용으로 가장 거리가 먼 것은?

① 보건의료 수요측정
② 보건의료에 관한 장·단기 공급대책
③ 보건의료 자원의 조달 및 관리
④ 질병의 조기발견을 위한 검진계획

정답 ④
요점 지역보건의료 계획의 수립 등
질병의 조기발견을 위한 검진계획은 보건소의 업무에 속하며, 지역보건의료 계획과는 거리가 멀다.
특별시장·광역시장·도지사 또는 특별자치시장·특별자치도지사·시장·군수·구청장은 지역주민의 건강증진을 위하여 다음 각 호의 사항이 포함된 지역보건의료계획을 4년마다 수립하여야 한다.
1. 보건의료 수요의 측정
2. 지역보건의료서비스에 관한 장기·단기 공급대책
3. 인력·조직·재정 등 보건의료자원의 조달 및 관리
4. 지역보건의료서비스의 제공을 위한 전달체계 구성방안
5. 지역보건의료에 관련된 통계의 수집 및 정리

009

2016. 지방

다음 중 보건소의 업무내용이 아닌 것은?

① 건강 친화적인 지역사회 여건의 조성
② 보건의료인 및 보건의료기본법에 따른 보건의료기관 등에 대한 지도, 관리, 육성
③ 지역주민의 질병 치료
④ 지역주민의 건강증진 및 질병예방, 관리를 위한 지역보건의료서비스의 내용

정답 ③

요점

- **보건소의 기능과 업무**
① 보건소는 해당 지방자치단체의 관할 구역에서 다음 각 호의 기능 및 업무를 수행한다.
  1. 건강 친화적인 지역사회 여건의 조성
  2. 지역보건의료정책의 기획, 조사·연구 및 평가
  3. 보건의료인 및 「보건의료기본법」에 따른 보건의료기관 등에 대한 지도·관리·육성과 국민보건 향상을 위한 지도·관리
  4. 보건의료 관련기관·단체, 학교, 직장 등과의 협력체계 구축
  5. 지역주민의 건강증진 및 질병예방·관리를 위한 다음 각 목의 지역보건의료서비스의 제공
     가. 국민건강증진·구강건강·영양관리사업 및 보건교육
     나. 감염병의 예방 및 관리
     다. 모성과 영유아의 건강유지·증진
     라. 여성·노인·장애인 등 보건의료 취약계층의 건강유지·증진
     마. 정신건강증진 및 생명존중에 관한 사항
     바. 지역주민에 대한 진료, 건강검진 및 만성질환 등의 질병관리에 관한 사항
     사. 가정 및 사회복지시설 등을 방문하여 행하는 보건의료 및 건강관리사업
     아. 난임의 예방 및 관리

- **보건소의 업무 및 세부사항**
① 지역보건의료정책의 기획, 조사·연구 및 평가의 세부사항은 다음 각 호와 같다.
  1. 지역보건의료계획 등 보건의료 및 건강증진에 관한 중장기 계획 및 실행계획의 수립·시행 및 평가에 관한 사항
  2. 지역사회 건강실태조사 등 보건의료 및 건강증진에 관한 조사·연구에 관한 사항
  3. 보건에 관한 실험 또는 검사에 관한 사항
② 보건의료인 및 「보건의료기본법」에 따른 보건의료기관 등에 대한 지도·관리·육성과 국민보건 향상을 위한 지도·관리의 세부사항은 다음 각 호와 같다.
  1. 의료인 및 의료기관에 대한 지도 등에 관한 사항
  2. 의료기사·보건의료정보관리사 및 안경사에 대한 지도 등에 관한 사항
  3. 응급의료에 관한 사항
  4. 「농어촌 등 보건의료를 위한 특별조치법」에 따른 공중보건의사, 보건진료 전담공무원 및 보건진료소에 대한 지도 등에 관한 사항
  5. 약사에 관한 사항과 마약·향정신성의약품의 관리에 관한 사항
  6. 공중위생 및 식품위생에 관한 사항
③ "대통령령으로 정하는 업무"란 난임시술 주사제 투약에 관한 지원 및 정보제공을 말한다.

참고 보건소의 설치 기준

시·군·구별로 1개소씩 설치하며, 시·군·구의 인구가 30만 명을 초과하는 등 지역주민의 보건의료를 위하여 필요하다고 인정할 때 추가 설치가 가능하다.

010

2021. 울산

「학교급식법」에서 규정하고 있는 학교급식의 위생안전관리 기준에 대한 내용으로 옳지 않은 것은?

① 해동은 냉장해동(10도 이하), 전자레인지 해동 또는 흐르는 물(21도 이하)에서 실시하여야 한다.
② 조리작업자는 6개월에 1회 건강진단을 실시하여야 한다.
③ 식품 취급 등의 작업은 바닥으로부터 50cm 이상의 높이에서 실시하여 식품의 오염을 방지하여야 한다.
④ 급식시설에서 조리한 식품은 온도관리를 하지 아니하는 경우에는 조리 후 2시간 이내에 배식을 마쳐야 한다.

정답 ③

요점

식품취급 등의 작업은 바닥으로부터 60cm 이상의 높이에서 실시하여 식품의 오염을 방지하여야 한다.

학교급식의 위생·안전관리 기준(「학교급식법 시행규칙」 제6조 제1항)

1. 시설관리
   가. 급식시설, 설비, 기구 등에 대한 청소 및 소독계획을 수립·시행하여 항상 청결하게 관리하여야 한다.
   나. 냉장·냉동고의 온도, 식기세척기의 최종 헹굼수 온도 또는 식기소독보관고의 온도를 기록·관리하여야 한다.
   다. 급식용수로 수돗물이 아닌 지하수를 사용하는 경우 소독 또는 살균하여 사용하여야 한다.
2. 개인위생
   가. 식품취급 및 조리작업자는 6개월에 1회 건강진단을 실시하고, 그 기록을 2년간 보존하여야 한다. 다만, 폐결핵 검사는 연 1회 실시할 수 있다.
   나. 손을 잘 씻어 손에 의한 오염이 일어나지 않도록 하여야 한다. 다만, 손 소독은 필요시 실시할 수 있다.
3. 식재료 관리
   가. 잠재적으로 위험한 식품 여부를 고려하여 식단을 계획하고, 공정관리를 철저히 하여야 한다.
   나. 식재료 검수시「학교급식 식재료의 품질관리기준」에 적합한 품질 및 신선도와 수량, 위생상태 등을 확인하여 기록하여야 한다.
4. 작업위생
   가. 칼과 도마, 고무장갑 등 조리기구 및 용기는 원료나 조리과정에서 교차오염을 방지하기 위하여 용도별로 구분하여 사용하고 수시로 세척·소독하여야 한다.
   나. 식품 취급 등의 작업은 바닥으로부터 60cm 이상의 높이에서 실시하여 식품의 오염이 방지되어야 한다.
   다. 조리가 완료된 식품과 세척·소독된 배식기구, 용기 등은 교차오염의 우려가 있는 기구·용기 또는 원재료 등과 접촉에 의해 오염되지 않도록 관리하여야 한다.
   라. 해동은 냉장해동(10도 이하), 전자레인지 해동 또는 흐르는 물(21도 이하)에서 실시하여야 한다.
   마. 해동된 식품은 즉시 사용하여야 한다.
   바. 날로 먹는 채소류, 과일류는 충분히 세척·소독하여야 한다.
   사. 가열조리 식품은 중심부가 75도(패류는 85도) 이상에서 1분 이상 가열되고 있는지 온도계로 확인하고, 그 온도를 기록·유지하여야 한다.
   아. 조리가 완료된 식품은 온도와 시간관리를 통하여 미생물 증식이나 독소 생성을 억제하여야 한다.
5. 배식과 검식
   가. 조리된 음식은 안전한 급식을 위하여 운반 및 배식기구 등을 청결히 관리하여야 하며, 배식 중에 운반 및 배식기구 등으로 인하여 오염이 일어나지 않도록 조치하여야 한다.
   나. 급식실 외의 장소로 운반하여 배식하는 경우 배식용 운반기구 및 운송차량 등을 청결히 관리하여 배식시까지 식품이 오염되지 않도록 하여야 한다.
   다. 조리된 식품에 대하여 배식하기 직전에 음식의 맛, 온도, 조화, 이물, 불쾌한 냄새, 조리상태 등을 확인하기 위한 검식을 실시하여야 한다.
   라. 급식시설에서 조리한 식품은 온도관리를 하지 아니하는 경우에는 조리 후 2시간 이내에 배식을 마쳐야 한다.
   마. 조리된 식품은 매회 1인분 분량을 씨서 영하 18도 이하에서 144시간 이상 보관해야 한다.
6. 세척 및 소독 등
   가. 식기구는 세척·소독 후 배식 전까지 위생적으로 보관·관리하여야 한다.
   나. 「감염병의 예방 및 관리에 관한 법률 시행령」에 따라 급식시설에 대하여 소독을 실시하고 소독필증을 비치하여야 한다.
7. 안전관리
   가. 관계규정에 따른 정기안전검사(소방, 가스, 전기안전, 보일러, 압력용기, 덤웨이터 검사 등)을 실시하여야 한다.
   나. 조리기계·기구의 안전사고 예방을 위하여 안전작동방법을 게시하고 교육을 실시하며, 관리책임자를 지정, 그 표시를 부착하고 철저히 관리하여야 한다.
   다. 조리장 바닥은 안전사고 방지를 위하여 미끄럽지 않게 관리하여야 한다.
8. 기타 : 이 기준에서 정하기 않은 사항에 대해서는 식품위생법령의 위생·안전관련 기준에 따른다.

CHAPTER 3 보건통계

011 2017. 서울

다음 중 보건통계의 기능에 대한 설명으로 가장 적합하지 않은 것은?

① 보건통계는 개인이나 집단의 건강에 관한 지식, 태도, 행위를 바람직한 방향으로 변화시키는 데 목적이 있다.
② 보건통계는 보건사업의 필요성을 결정하고, 사업의 기획과 과정 및 평가에 이용된다.
③ 보건통계는 보건입법을 촉구하고 공공지원을 유도하는 효과가 있다.
④ 보건통계는 보건사업의 성패를 결정하는 자료가 된다.

정답 ①

요점
보건교육 : 개인이나 집단의 건강에 관한 지식, 태도, 행위를 바람직한 방향으로 변화시키는 데 목적이 있다.

- **보건통계의 정의**
① 인간집단의 건강상태를 파악·평가하기 위한 각종 자료를 분석·통계한다.
② 출생·사망·질병·인구 변동 등 인구의 특성을 연구하여 일과 생명, 건강, 질병, 의료 등 보건에 관련된 여러 가지 현상과 대상물을 측정·계측, 정리·분석하여 특성을 밝히는 것이다.

- **보건통계의 역할과 중요성**
① 지역사회나 국가의 보건수준 및 보건상태를 나타내어 준다.
② 보건사업의 필요성을 결정하여, 우선순위를 결정하며 보건사업의 절차, 분류 등의 기술발전에 도움을 준다.
③ 보건에 관한 법률의 개정이나 재정을 촉구하여 보건사업의 행동 활동의 지침이 될 수 있다.
④ 보건사업의 기초자료가 되어 사업의 성패를 결정하는 자료로 쓰인다.
⑤ 보건사업의 자료를 기초로 하여 공공지원을 촉구할 수 있도록 한다.

012 2009. 지방

의료기관의 관리지표에 대한 설명으로 옳지 않은 것은?

① 병상 수는 병원의 규모를 설명하는 변수이다.
② 병상 이용률은 병원인력 및 시설의 활용도를 보여준다.
③ 병상 회전율은 의료기관의 수입에 반비례한다.
④ 평균 재원일수는 의료기관 또는 진료과별 환자의 특성을 반영한다.

정답 ③

요점 병상회전율
- 병상 회전율은 일정기간 내에 한 병상을 들어왔다가 나간 평균 환자 수를 나타낸다.

$$\frac{해당\ 기간의\ 퇴원\ 환자\ 수}{해당\ 기간의\ 가동\ 병상\ 수} \times 1,000$$

- 병상 회전율은 일정 기간 중 병원에서 평균적으로 1병상 당 몇 명의 입원환자를 수용하였는가를 의미하는 것이므로 병상 회전율이 증가할수록 병원의 수익은 올라간다.(비례)

013 2019. 대전

일정 기간 동안의 실 입원환자(퇴원환자) 수를 가동병상 수로 나눈 지표로서 병상당 입원환자를 몇 명 수용하였는지를 나타내는 병원관리 지표는?

① 병상 이용률
② 병상 회전율
③ 병원 이용률
④ 평균 재원일수

정답 ②

요점

병상 이용률	• 환자가 이용할 수 있도록 가동되는 병상이 실제 환자에 의해 이용된 비율로, 가동병상의 운영효율성을 나타낸다. • 병상 수는 병원의 규모를 가장 잘 나타내는 변수로서 인력, 의료기기, 총 비용 등 병원의 투입요소와 밀접한 관련성을 갖는다. • 병원인력과 시설의 활용도를 간접적으로 알 수 있다. $$\frac{1일\ 평균\ 재원\ 환자\ 수}{병상\ 수} \times 100$$
병상 회전율	일정기간 내에 한 병상을 들어왔다가 나간 평균 환자 수를 나타낸다. $$\frac{해당\ 기간의\ 퇴원\ 환자\ 수}{해당\ 기간의\ 가동\ 병상\ 수} \times 1,000$$
병원 이용률	환자가 실제로 병원을 이용하는 비율로 병원의 진료서비스의 양이나 투입, 시설의 활용도를 종합적으로 설명하는 지표이다.
평균 재원일수	일정기간 중에 퇴원한 환자 및 실제 환자가 평균 며칠씩 재원하였는가를 나타내는 수이다. • 평균 재원일수가 짧아지면 병상 이용률이 올라가며, 상급종합병원이나 대학병원이 병상이용률이 높은 편이다. • 평균 재원일수가 길어지면 병상 회전율이 낮아지고 병원 규모가 작은 경우가 많다. 다만, 요양병원은 평균 재원일수가 길어도 병상 이용률이 높다.

014 2021. 경북

병원의 진료실적이 〈보기〉와 같다. 병상 회전율은 얼마인가?

―― 보기 ――
• 연간 입원환자 수 70,000명
• 가동 병상 수 300개
• 총퇴원 환자 수 800명
• 평균 재원일수 15일

① 2.67
② 11.2
③ 53.3
④ 63.9

정답 ①

요점

일정기간 내에 한 병상을 들어왔다가 나간 평균 환자 수를 나타낸다.

$$\frac{해당\ 기간의\ 퇴원\ 환자\ 수}{해당\ 기간의\ 가동\ 병상\ 수} \times 1,000 = \frac{800}{300}(800 \div 300) = 2.67$$

015　　2021. 부산

병원통계 중 병원의 진료권 분석지표인 친화도에 대한 설명으로 옳은 것은?

① 특정 지역에 거주하는 주민의 총 의료이용량 중 특정 병원을 이용한 의료이용량의 비율이다.
② 특정 병원을 이용한 환자의 총이용량 중에서 특정 지역에 거주하는 환자가 이용한 비율이다.
③ 병원이 담당하고 있는 진료지역의 범위를 파악할 수 있게 해 준다.
④ 병원진료서비스의 양이나 투입, 시설의 활용도를 종합적으로 설명하는 지표이다.

정답 ①
요점
② 특정 병원을 이용한 환자의 총이용량 중에서 특정 지역에 거주하는 환자가 이용한 비율이다. – 내원환자의 지역별 구성도
③ 병원이 담당하고 있는 진료지역의 범위를 파악할 수 있게 해 준다. – 내원환자의 지역별 구성도
④ 병원진료서비스의 양이나 투입, 시설의 활용도를 종합적으로 설명하는 지표이다. – 병원 이용률

016　　2021. 서울7급

보건지표에 대한 설명으로 가장 옳지 않은 것은?

① 병상 이용률 = $\dfrac{\text{퇴원자 수}}{\text{평균가동 병상 수}} \times 1,000$

② 치명률 = $\dfrac{\text{그 질병으로 인한 사망자 수}}{\text{어떤 질병에 걸린 환자 수}} \times 100$

③ 유병률 = $\dfrac{\text{현재 이환자 수}}{\text{시점(기간)의 인구}} \times 1,000$

④ 성비 = $\dfrac{\text{남자 수}}{\text{여자 수}} \times 100$

정답 ①
요점 병상 이용률
병상이 실제 환자에 의해 이용된 비율
$\dfrac{\text{1일 평균 재원 환자 수}}{\text{병상 수}} \times 100$

017
2014. 지방

국가별 보건지표 및 지역사회의 건강상태나 모자보건사업 수준을 평가할 때 가장 많이 이용되는 대표적인 지표는?

① 영아사망률
② 모성사망률
③ 조사망률
④ 평균수명

정답 ①

요점

• **영아사망률**
① 국가별 보건지표 및 지역사회의 건강상태나 모자보건사업 수준을 평가할 때 가장 많이 이용되는 대표적인 지표이다.
② 일정 연령군(12개월)이므로 통계적 유의성이 높다.
③ 모자보건 수준이나 경제상태, 교육정도, 환경위생 수준이 영아사망률에 많은 영향을 끼친다.
④ 모성사망률과 함께 WHO의 아동건강과 모성건강의 척도로 쓰인다.

$$\frac{\text{그해 1년 미만 영아 사망자 수}}{\text{연간 총 출생아 수}} \times 1,000$$

• **모성사망률**(모성사망률은 의학에서 통상적으로 사용되며, 모성사망비는 통계청에서 공식자료로 사용되어 있음)
가임기 여성(15~49세) 100,000명에 대한 임신, 분만, 산욕의 합병증에 의한 사망자 수

$$\frac{\text{일정기간 중 임신, 분만, 산욕의 합병증에 의한 사망자 수}}{\text{15~49세 가임기 여성의 수}} \times 100,000$$

• **모성사망비**

$$\frac{\text{일정기간 중 임신, 분만, 산욕의 합병증에 의한 사망자 수}}{\text{일정 기간 출생아 수}} \times 100,000$$

• **조사망률**(보통사망률)
중앙인구(한 해의 중간 7월 1일 기준 인구) 1,000명에 대한 해당 년도의 총 사망자 수

$$\frac{\text{같은 해의 총 사망자 수}}{\text{특정 연도의 중앙인구}} \times 1,000$$

• **평균수명**(기대수명)
0세 출생자가 앞으로 생존할 것으로 기대되는 평균 생존연수를 '기대수명(Life expectancy at birth)'이라고 말한다.

018
2018. 경남

보건지표 중 WHO에서 제시한 3대 지표에 해당하지 않는 것은?

① 평균여명
② 비례사망자 수
③ 조사망률
④ 평균수명

정답 ①

요점 WHO 3대 보건지표(건강지표)

① 평균수명(기대수명) : 0세 출생자가 앞으로 생존할 것으로 기대되는 평균 생존연수를 '기대수명(Life expectancy at birth)'이라고 말한다.
② 비례사망자 수(PMI)

$$\frac{\text{50세 이상 사망자 수}}{\text{총 사망자 수}} \times 100$$

• 비례사망자 수(PMI) ⇧ : 보건수준 ⇧ 건강수준 ⇧
• 비례사망자 수(PMI) ⇩ : 보건수준 ⇩ 건강수준 ⇩ 평균수명 ⇩

③ 조사망률(보통사망률) : 중앙인구(한 해의 중간 7월 1일 기준 인구) 1,000명에 대한 해당 년도의 총 사망자 수

$$\frac{\text{같은 해의 총 사망자 수}}{\text{특정 연도의 중앙 인구}} \times 1,000$$

019

2020. 경북

알파인덱스에 대한 설명으로 옳지 않은 것은?

① 알파인덱스는 항상 1보다 크거나 같다.
② 알파인덱스는 값이 작을수록 그 지역의 보건수준이 열악하여 보건대책을 수립할 필요가 있다.
③ 알파인덱스는 영아사망 수를 신생아 사망 수로 나눈 값이다.
④ 알파인덱스는 지역의 보건수준을 나타내는 주요 지표 중 하나이다.

> **정답** ②
> **요점** 알파인덱스
> - 생후 1년 미만의 사망수(영아사망 수)를 생후 28일 미만의 사망 수(신생아 사망 수)로 나눈 값이다. 유아 사망의 원인이 선천적 원인만이라면 값이 '1'에 가깝다.
> - 알파인덱스 값이 '1'에 가까울수록 그 지역은 영아사망의 대부분이 신생아사망에 의한 것이며, 보건수준이 좋은 지역으로 판단할 수 있다.

CHAPTER 4 건강증진(Health Promotion)

020

2019. 서울

제1차 건강증진국제대회인 캐나다 오타와(Ottawa) 헌장에 명시된 건강증진을 위한 중요원칙에 해당하지 않는 것은?

① 과학적 근거의 강화
② 지원적인 환경조성
③ 건강에 좋은 공공정책 수립
④ 지역사회 행동 강화

> **정답** ①
> **요점**
>
> • **오타와 헌장(1986년)**
> ① 1986년 캐나다 오타와에서 열린 건강증진국제회의에서 "건강증진은 사람들이 스스로 자신들의 건강을 관리 또는 통제할 수 있어서, 결과적으로 건강수준을 향상시키는 것이 가능하도록 하는 과정이다."라는 내용을 발표하였다.
> ② 개인 및 지역사회 등 대상 집단이 사업의 주체로서 적극적으로 참여하고 건강증진활동이 가능하도록 하는, 즉 사람들의 건강문제 해결능력 함양이 가장 중요함을 강조하였다.
>
> • **건강증진의 주요 활동 영역**
> ① 건강지향적인 공공정책의 수립 : 정책이 사람들의 건강에 어떠한 영향을 미치는가를 생각하여 건강에 좋은 공공정책을 수립하도록 하여야 한다.
> ② 지원적인 환경의 조성 : 지원적인 환경의 조성은 건강에 좋은 환경을 만드는 것이다. 건강에 대한 바람직한 환경을 만들기 위해서는 사회적·생태학적 접근이 요구된다.
> ③ 지역사회 활동 강화 : 지역사회 자원을 조직화하고 건강 관련 활동을 더욱 활발하게 하는 것이다. 이 과정에서 가장 중요한 것은 지역사회의 역량을 높이는 것이다. 지역사회 활동으로는 지역사회에 존재하는 가용한 인적·물적 자원을 찾아내서 조직화하는 것, 지역사회의 건강문제를 해결하기 위한 개인적, 집단적 의사결정에 주민들의 적극적인 참여, 건강정보의 제공 및 교육, 건강증진 사업활동에 필요한 재원 마련 등이 포함된다.
> ④ 개인의 건강기술 개발 : 건강에 대한 정보를 제공하고, 교육을 실시하여 각 개인들이 자신의 건강증진에 필요한 기술을 갖도록 하는 것이다. 이러한 활동들은 가정, 학교, 직장 및 지역사회 중심으로 촉진되어야 한다.
> ⑤ 보건의료서비스의 방향 재설정 : 건강서비스에 대한 요구가 질병 치료를 위한 보건의료서비스를 넘어서 평소의 건강상태 향상부터 재활서비스 등 질병의 1차, 2차 및 3차 예방 전 범주에 걸쳐서 다양화 되었다. 지역사회 주민의 요구에 알맞은 보건서비스를 개발하고, 건강추구에 기여하는 보건의료체계 구축이 필요하다. 또한 보건부문의 역할을 임상 치료의 영역을 넘어서 건강증진을 지향하여야 하며, 전문인력 교육훈련에 건강증진을 포함하여야 한다.

021

2012. 서울교육청

국제건강증진회의의 슬로건 중에서 건강증진 개발 및 수행 역량 격차 해소를 강조하는 회의는?

① 케냐 - 나이로비 회의
② 스웨덴 - 선즈볼 회의
③ 인도네시아 - 자카르타 회의
④ 멕시코 - 멕시코시티 회의

정답 ①

요점 건강증진을 위한 국제회의 총정리

1차 캐나다의 오타와 (1986년)	㉠ 삶의 자원으로서의 건강 : 건강은 단지 신체적인 능력뿐만 아니라 개인과 사회의 중요한 자원이므로 건강증진은 보건의료뿐만 아니라 사회 여러 분야에서 책임을 나누어야 하며, 건강한 생활 실천을 넘어서 삶의 질 차원의 안녕수준까지 달성해야 한다. ㉡ 건강증진 기본 접근 전략 • 옹호 : 건강의 중요성을 널리 일리고 옹호 또는 지지함으로써 건강에 영향을 주는 생활여건들을 건강 지향적으로 만들어진다. • 가능화 : 건강증진은 모든 사람들이 자신의 최대 건강 잠재력을 달성할 수 있도록 현재의 건강수준의 차이를 줄이도록 노력하고 동등한 기회와 자원을 제공한다. • 조정 : 건강수준 향상을 위해서는 그 활동이 여러 수준 및 여러 분야 간에 통합되고 조정되어야 하므로, 보건의료인력 및 관련 전문 집단은 사회 내 서로 다른 집단 간의 이해를 조정할 중요한 책임을 가진다. ㉢ WHO 1989년 제네바 건강증진 실무회의의 구체적인 운동 방향 • 옹호 : 건강에 대한 대중의 관심을 불러 일으키고, 보건의료의 수요를 충족시킬 수 있는 구체적인 운동 방향을 제시하였다. • 역량강화 : 본인과 가족의 건강을 유지하는 것을 그들의 권리로서 인정하며, 이를 위해 보건관리에 적극 참여하여야 한다는 책임을 느끼도록 한다. • 연합 : 모든 사람의 건강을 위한 발전이 계속되도록 보건의료에 영향을 미치는 경제계·언론계·교육계 등을 포함한 모든 분야의 전문가들이 연합하고 협력하는 것이 필요하다.
2차 호주의 애들레이드 (1988년)	㉠ 주요의제 : 건강한 공공정책 수립 ㉡ 우선순위 정책 : 여성보건을 지원, 영양정책, 알코올·금연정책, 환경과 관련된 정책
3차 스웨덴의 선즈볼 (1991년)	㉠ 주요의제 : 보건 지원 환경 구축의 중요성을 강조 ㉡ 건강과 물리적인 환경 간의 필수적인 관계에 초점 • 교육 • 식품과 영양 • 가정과 이웃 • 업무 • 운송 • 사회적 지지와 돌봄
4차 인도네시아의 자카르타 (1997년)	㉠ 주요의제 : 건강증진은 가치 있는 투자 ㉡ 건강을 위한 사회·경제발전의 중요성을 강조하고 보건교육과 보건정보에 대한 접근성도 강조함
5차 멕시코의 멕시코시티 (2000년)	㉠ 주요의제 : 건강증진의 형평성 제고를 위한 계층 간 격차해소 ㉡ 건강에 대한 사회적 형평성 제고와 보건조직과 보건서비스의 재구성 강조
6차 태국의 방콕 (2005년)	㉠ 주요의제 : 세계화 시대의 건강증진 ㉡ WHO 방콕 헌장 : 급속하게 변화하는 사회 환경 속에서 새롭게 출현하고 변화하는 건강 결정요인에 적절하게 대처하기 위한 건강증진 활동 전략 및 서약 등을 세계적 합의로서 제시함
7차 케냐의 나이로비 (2009년)	주요의제 : 건강증진 개발 및 수행역량 격차 해소 (건강수준 격차를 줄이고 건강한 사회를 발달시키는 계기가 되었다.)
8차 핀란드의 헬싱키 (2013년)	주요의제 : 〈모든 정책에서 보건〉을 주제로 모든 공공정책의 의사결정시 건강을 향상시키기 위해 건강에 미치는 영향을 살펴보고 시너지 효과를 고려하며 건강에 위해한 부분을 피하는 국가적 노력이 필요함을 주장하였다.
9차 중국의 상하이 (2016년)	주요의제 : 지속가능한 개발목표 달성을 위한 보건영역의 역할 〈모든 사람에게 건강을, 모든 것은 건강을 위해〉 건강과 웰빙이 지속가능성의 필수조건이라 하였다.

022　　2014. 서울

1986년 WHO 제1차 국제건강증진회의(오타와, 캐나다)에서 발표한 건강증진사업 5대 영역이 아닌 것은?

① 건강한 공공정책 구축
② 지원적 환경 창출
③ 지역사회 활동 강화
④ 건강에 대한 사회의 책임 제고
⑤ 보건서비스의 방향 재설정

> 정답 ④
> 요점 오타와 헌장의 건강증진사업 5대 영역
> ① 건전한 공공정책의 수립
> ② 지원환경의 조성
> ③ 지역사회 활동의 강화
> ④ 개인 기술의 개발(자기 건강 돌보기 육성)
> ⑤ 보건의료의 방향 재설정(보건서비스 개혁)

023　　2021. 경기

세계보건기구의 건강증진 국제회의 중 제5차 회의의 주체 국가와 회의주제로 옳은 것은?

① 태국 - 건강형평성 및 파트너십
② 멕시코 - 계층간, 지역사회 건강불균형의 해소
③ 중국 - 건강증진과 수행역량 격차 해소
④ 핀란드 - 모든 정책에 건강시스템 활용

> 정답 ②
> 요점 제5차 국제 건강증진회의
> ① 2000년 6월 멕시코의 멕시코시티에서 개최되었다.
> ② 건강증진의 형평성 제고를 위한 계층 간 격차해소가 주요 의제였으며, 건강을 위한 사회적 책임의 증진으로 인한 사회적 형평성을 제고, 건강증진을 위한 과학적 근거의 확보, 건강증진을 위한 파트너십의 구축을 강조하였다.

024

2015. 서울

다음과 같은 슬로건과 지속가능한 발전을 강조한 국제 건강증진회의의 개최지는?

> '모든 사람에게 건강을, 모든 것은 건강을 위해'

① 케냐 - 나이로비
② 중국 - 상하이
③ 인도네시아 - 자카르타
④ 태국 - 방콕

CHAPTER 5 건강증진사업 모형

025

2018. 복지부7급

PRECEDE - PROCEED 모형의 단계 중 삶의 질에 영향을 미치는 구체적인 건강문제를 찾아내고 우선순위가 가장 높은 건강문제를 확인하는 단계는?

① 사회적 진단 단계
② 역학적 진단 단계
③ 교육적 진단 단계
④ 생태학적 진단 단계
⑤ 환경적 진단 단계

정답 ②

요점 국제 건강증진회의 슬로건

- 1차(캐나다. 오타와) - 건강증진 실천 전략
- 2차(호주. 애들레이드) - 건강한 공공정책 수립
- 3차(스웨덴, 썬즈볼) : 건강을 위한 지지적 환경 구축
- 4차(인도네시아, 자카르타) : 건강을 위한 사회·경제발전의 중요성 강조
- 5차(멕시코, 멕시코시티) : 계층 및 지역 간 건강불균형 해소
- 6차(태국, 방콕) - 글로벌 시대 건강증진 전략 강조
- 7차(케냐, 나이로비) - 건강증진과 개발 - 수행역량 격차 해소
- 8차(핀란드, 헬싱키) - '모든 정책에서 건강'이라는 슬로건
- 9차(중국, 상하이) - '모든 사람에게 건강을, 모든 것은 건강을 위해'라는 슬로건, 지속가능한 발전 목표

정답 ②

요점 역학적 진단

구체적 건강문제를 규명하여 제한된 자원을 사용할 가치가 가장 큰 건강문제를 찾아내는 단계로서 사망률, 질병 이환율 등 보건지표를 활용하여 건강문제의 중요도를 확인할 수 있다.

026 2016. 지방

PRECEDE – PROCEED 모형에서 규명된 특정 건강행위에 영향을 주는 소인요인, 강화요인, 촉진요인을 사정하는 단계는?

① 사회적 진단단계
② 역학적 진단단계
③ 행동적 진단단계
④ 교육적 진단단계

정답 ④

요점 PECEDE – PROCEED 모형의 단계와 주요 내용

PRECEDE의 의미	• Predisposing, Reinforcing and Enabling Constructs in Educational Diagnosis and Evaluation • 건강에 영향을 주는 다양하고 넓은 범위의 요인들을 파악하여 보건교육사업의 우선순위를 결정하기 위한 진단단계
PROCEED의 의미	• Policy, Regulatory and Organizational Constructs in Educational and Enviromental Development • 정책, 규제, 조직 차원을 포함하여 건강증진 정책 수립과 보건교육 수행과정과 내용, 평가대상과 기준을 제시하는 과정

① 1단계 사회적 사정(진단) : 지역사회를 이해하기 위해 다양한 정보수집 활동을 하는 단계이다.
② 2단계 역학, 행위 및 환경적 사정(진단) : 구체적 건강문제를 규명하여 제한된 자원을 사용할 가치가 가장 큰 건강문제를 찾아내는 단계로서 사망률, 질병 이환율 등 보건지표를 활용하여 건강문제의 중요도를 확인할 수 있다.
③ 3단계 교육 및 생태학적 사정(진단) : 다양한 건강결정요인들을 범주화해서 우선순위에 따라 중요 요인을 선정한다.

소인성 요인 (성향요인)	• 동기유발에 영향을 주는 요인 • 행동변화에 대한 의향을 만드는 요인(태도, 가치, 지식, 의견, 주관적 요구 등)
가능성 요인	• 동기의 실현에 영향을 주는 요인 • 행동변화 실천을 위한 조건(보건의료기관이나 건강 관련 프로그램, 지역사회자원의 접근성 및 이용가능성, 건강지향적인 정책방향 등)
강화 요인 (촉진요인)	• 변화된 행동의 지속에 영향을 주는 요인 • 행동변화 후 지속하도록 도와주는 요인(사회적 지지, 친구나 동료의 반응, 사회적인 이득, 스스로 느끼는 신체적·정신적 편안함 등)

④ 4단계 행정 및 정책적 사정(진단) : PREECEDE에서 PROCEED로 넘어가는 단계이며, 사업의 목표를 설정한 후에는 목표 달성을 위해 구체적인 중재 내용과 방법 등 중재 프로그램을 개발하고 프로그램 수행 관련 상황 등을 사정해서 중재 계획을 세운다.
⑤ 5단계 사업수행 단계 : 사업을 수행한다.
⑥ 6단계 과정평가 단계 : 사업수행이 잘 이루어지는지 과정 평가를 실시하는 단계로, 문제를 발견하면 수정할 수 있다.
⑦ 7단계 영향평가 단계 : 사업수행의 즉각적·단기적 효과를 평가한다.

단기효과	소인성 요인, 가능성 요인, 강화요인을 개선
중기효과	행동과 환경을 개선

⑧ 8단계 성과(결과)평가 단계 : 사업수행의 궁극적·장기적 결과인 건강지표와 삶의 질을 평가한다.

027   2019. 전북

다음 설명에 해당하는 보건사업기획모형은?

- 미국의 질병관리예방본부가 주와 지역사회 보건소 및 지역단체들과의 협력으로 개발한 건강증진사업 기획모형이다.
- "지역사회에서 건강증진 및 질병예방 사업을 기획, 수행, 평가하는 하나의 과정"을 지칭하는 지역사회 보건기획모형이다.
- 지역사회자원 동원 - 자료수집과 분석 - 우선순위 선정 - 수행 - 평가의 단계로 진행된다.

① MAPP(공공 - 민간 협력의 기획과정)
② MATCH(지역사회 보건 다단계 접근)
③ PATCH(지역사회 건강에 대한 계획)
④ PRECEDE - PROCEED

정답 ③

요점

① MAPP : 해당 지역사회의 보건현황을 파악하고 보건문제에 대응하는 역량개발에 초점을 두었으며, 전략기획을 공공 - 민간 협력을 통한 건강증진 전략이다.

[MAPP 공공 - 민간 협력의 기획과정]

1단계	기획의 성공을 위한 조직화와 협력체계 개발
2단계	비전 설정 및 확립
3단계	• 4개 영역의 MAPP 사정(지역사회 현황 분석) • 지역의 건강수준 사정 • 지역사회 핵심주제와 장점 사정 • 지역보건체계 사정 • 변화와 역량 사정
4단계	전략적 과제의 선정
5단계	목적과 전략의 설정
6단계	실행(계획 - 수행 - 평가를 순환적으로 수행)

② MATCH(지역사회보건 다단계 접근) : 보건프로그램의 실행을 강조하는 모형으로, 질병과 사고의 예방을 위한 행동 및 환경적인 요인이 알려져 있고 우선순위가 정해졌을 때 적용하는 기법이다. 주로 정부나 보건 관련 정책기관들이 포괄적인 건강증진프로그램을 시행할 때 많이 사용한다.(목적설정, 중재 계획, 프로그램 개발, 실행 준비, 평가의 과정을 갖는다)

③ PATCH(지역사회 건강에 대한 계획) : PATCH란 "지역사회에서 건강증진 및 질병예방 사업을 기획, 수행, 평가하는 하나의 과정"을 지칭하는 지역사회 보건모형이다. 1980년대 미국의 질병관리센터가 지역사회의 건강증진 및 질병예방 프로그램을 기획하기 위해 개발되었다.

※ PATCH 5단계 과정
㉠ 지역사회 자원 동원
  • 사업의 대상이 되는 지역사회를 규정
  • 해당 지역사회에서 사업 참여자 모집 및 인구학적 특성 분석
  • 지역사회 단체, 운영단체, 활동단체 등을 조직
㉡ 자료 수집 및 분석 : 사망률, 유병률, 건강관련 행동, 지역사회의 다양한 의견들에 대한 자료 수집과 분석을 통해 지역사회의 주요 건강문제를 파악
㉢ 건강 우선순위 선정
㉣ 포괄적 중재 개발 · 중재 프로그램을 선정, 설계, 수행함(실행 사업과정)
㉤ PATCH 평가

④ PRECEDE - PROCEED 모형 : 건강증진 사업을 통해 효과와 효율을 증대시키려고 할 경우 투입보다는 결과인 삶의 질을 강조, 계획 수립의 단계를 삶의 질에서부터 시작해 나가는 모델이다.(건강행태 및 환경변화에 대한 생태학적 접근을 체계적이고 포괄적으로 잘 제시하고 있다)

CHAPTER 6 보건교육

028 ☐☐☐ 2021. 서울

건강형태 모형 중 건강믿음모형(HBM ; Health Belief Model)에 대한 설명으로 가장 옳지 않은 것은?

① 사람들은 어떤 질병에 걸릴 감수성을 생각한다.
② 일종의 심리적인 비용 – 편익 비교 모형이다.
③ 어떤 질병에 걸렸을 때 나타날 수 있는 질병의 심각성을 주관적으로 판단한다.
④ 올바른 지식의 축적을 통해 태도의 변화를 가져올 수 있으며, 이를 통해 바람직한 건강행태가 일어날 수 있다.

정답 ④

요점 건강신념모형(건강믿음모형)

① 질병을 예방하고 건강을 얻고자 하는 행위에 대하여 얼마만큼의 가치를 두느냐 하는 것과, 실천하고자 하는 특정 건강행동의 결과를 기대하는 수준에 따라 실천 유무를 예측할 수 있다는 개념이다.(특정 건강행동이 자신에게 이익이 된다고 판단되면 그 행위를 한다)
② 건강믿음모형의 주요개념

인지된 감수성 (민감성)	질병에 걸릴 가능성, 즉 위험이 높다고 느끼는 정도
인지된 심각성	건강행위를 하지 않았을 때 질병이 걸릴 경우 나타날 수 있는 상황이 얼마나 심각한지에 대한 개인의 생각
인지된 위협감	인지된 민감성과 인지된 심각성을 고려해서 질병에 걸릴 위험에 대한 위협을 인지함
인지된 이득 (유익성)	어떤 행동을 하여 얻을 수 있는 혜택으로서 어떤 행동이 질병에 대한 위험·심각성을 감소시킬 수 있다고 생각하는 믿음
인지된 장애요인 (재정적 및 기타비용)	건강행동을 하는 데 필요한 시간, 비용 등
행동의 계기	자신의 인식 속에 적절한 신념을 불러 일으킴으로써 건강행위에 관한 의사결정시 도움을 줌(보건교육, 매스컴, 증상, 가족 또는 친구의 발병으로 인한 행동의 계기 발생)

029 ☐☐☐ 2019. 서울

캐슬과 콥(Kas & Cobb)이 제시한 건강관련 행태 중 〈보기〉의 행태를 설명하는 것은?

┤ 보기 ├

40세 환자는 내과의사로부터 위암진단을 받아 자신의 건강을 되찾고 질병의 진행을 중지시키기 위하여 치료를 받고자 일상적인 사회 역할로부터 일탈하였다.

① 건강행태
② 질병행태
③ 환자역할 행태
④ 의료이용 행태

정답 ③

요점 캐슬과 콥(Kas & Cobb)의 건강 관련 행태

① 건강행태
  ㉠ 아무런 증상이 없을 때 질병을 예방하고 찾아내기 위한 행위
  ㉡ 건강행태와 생활양식은 중복되기도 하고, 불건강 현상의 원인 또는 위해 요소로도 작용
② 질병행태 : 증상이 있을 때 진단을 받고 적절한 치료책을 찾기 위한 행위
③ 환자역할 행태 : 이미 진단 내려진 질병이 있을 때 건강을 되찾고 질병의 진행을 중지시키기 위해 치료받는 행위

030 2019. 대구

인간의 행위가 개인, 환경, 행동의 상호작용에 의해 결정되는 것으로 설명하는 건강행위모형은?

① 계획된 행동이론
② 사회인지이론
③ 건강신념모형
④ 범이론적 모형

정답 ②

요점

• **사회인지이론**
사회인지이론은 인간의 인지 현상, 인지에 기반한 행동, 행동으로 나타난 환경의 변화 등 인간, 행동, 환경이 상호작용하여 영향을 미친다는 이론이다.

• **계획된 행동이론**
① 사회적 행동을 이해하고 예측하는 데 관심을 두고, 행위에 영향을 주고, 바람직한 방향으로 변화시키고자 하는 목적을 가지고 있으며, 행동통제를 포함시켜 인간의 다양한 사회적 행동을 설명하고자 계획된 행동이론이다.

② 결론: 태도가 호의적일수록, 주관적 규범이 존중받고 있을수록, 인지된 행동의 통제감이 클수록 그 행동을 시행할 의도가 강해지며 의도에 의해 결정되는 건강행동이 실천될 가능성이 높아진다.

• **건강신념모형**
인간의 행위는 어느 특정 개인이 특정한 결과에 대해 부여하고 있는 가치와 주어진 행위가 초래할 결과에 대한 특정 개인의 믿음에 초점을 두는 것이다.

• **범이론적 모형**
① 행동변화 과정과 행동변화 단계를 핵심으로 행동변화를 설명하는 개념이다.(행동변화를 위해서는 아래의 단계를 밟는다고 설명하는 모형)

단계	설명
계획 전 단계	• 향후 6개월 이내, 즉 가까운 미래에는 어떤 행동을 할 의도가 전혀 없는 단계 • 행동의 결과에 대한 정보가 부족하거나 없는 경우, 과거에 시도해 보았으나 포기하게 된 경우 등
계획단계	• 6개월 이내에 특정 건강행동을 할 것을 고려하는 단계로 가까운 미래에 어떤 행동을 할 의도가 있는 경우 • 손실이나 장애요소도 알고 있어서 갈등을 하거나 아직 준비가 되어 있지 않아서 결정을 내리지 못함(문제의 장단점과 해결책의 장단점을 고려)
준비단계	• 1개월 이내에 어떠한 행동을 하려고 고려하는 단계 (행동변화가 나타나기 시작한 단계) • 교육참여, 상담, 병원 방문 등 구체적인 계획을 세우는 단계
행동단계	• 최근 6개월 이내에 어떤 행동에 대해서 명백한 변화가 일어난 경우 • 건강 위험 감소를 위한 충분한 행동변화가 일어나는 단계
유지단계	• 변화된 행동이 6개월 이상 지속되는 단계로 돌아갈 수도 있음 • 하지만, 변화 이전의 단계로 돌아가고자 하는 유혹이 적고 행동을 유지할 수 있다는 자신감이 점차 증가함
종결단계	변화 이전으로 돌아갈 가능성이 없고 높은 자신감을 갖는 단계(실제로 오랜 시간이 지나도 변화 이전으로 돌아갈 가능성이 있어 이 단계를 제외하기도 함)

② 결론: 범이론적 모형을 이용한 많은 연구에서 행동변화를 위해 적절한 보건교육을 제공하고, 자기효능감과 의사결정 균형을 통해 변화된 행동을 지속·유지한다는 것이 나타났다.

031   2016. 서울

다음의 〈보기〉에 해당하는 건강행동 변화 이론은?

> **보기**
> • 반두라(Bandura) 등에 의해 제시되었다.
> • 보건교육 프로그램에서 교육대상자에게 성공 경험을 제공함으로써 자기 효능감을 갖도록 유도하였다.

① 인지조화론 ② 건강신념모형
③ 사회인지이론 ④ 합리적 행동론

정답 ③

요점

• **사회인지이론**

사회인지이론은 인간의 인지 현상, 인지에 기반한 행동, 행동으로 나타난 환경의 변화 등 인간, 행동, 환경이 상호작용하여 영향을 미친다는 이론이다.

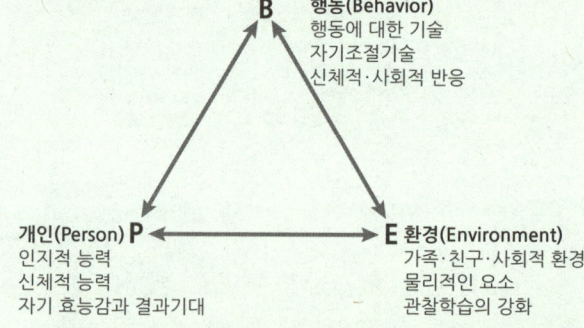

※ 자기효능감 : 행동 수행의 장애물 극복을 포함하여 특정 행동을 수행할 수 있음에 대한 확신감을 말한다. 같은 행동의 반복, 작은 단계로 나누어 각 단계별로 연습하면 향상된다.

• **지식, 태도, 실천 모형(KAP Model, 인지조화론)**

올바른 지식의 축적이 태도의 변화를 가져오고 이를 통해 바람직한 건강행태, 건강실천행동이 일어난다고 설명하였다.

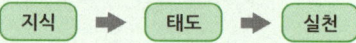

• **건강신념모형**

인간의 행위는 어느 특정 개인이 특정한 결과에 대해 부여하고 있는 가치와 주어진 행위가 초래할 결과에 대한 특정 개인의 믿음에 초점을 두는 것이다.

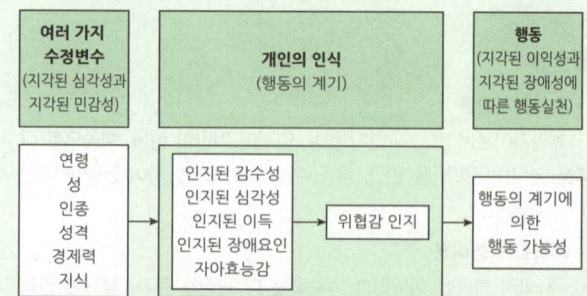

예 한 애연가가 담배의 유해성을 알고 있으나 금단이 두려워 금연을 못 하였다. 하지만, 직장동료가 폐암에 걸린 것을 보고 금연을 결심하게 되었다.

032　　　2018. 울산

개인의 태도, 주관적 규범, 지각된 행동통제에 의해 형성되는 의도가 행위를 결정한다고 보는 개인수준의 건강행위 이론은?

① 범이론적 모형
② 건강신념모형
③ 사회인지이론
④ 계획된 행위이론

정답 ④
요점 계획된 행동이론
① 사회적 행동을 이해하고 예측하는 데 관심을 두고, 행위에 영향을 주고, 바람직한 방향으로 변화시키고자 하는 목적을 가지고 있다.
② 행동통제를 포함시켜 인간의 다양한 사회적 행동을 설명하고자 계획된 행동이론이다.
③ 결론 : 태도가 호의적일수록, 주관적 규범이 존중받고 있을수록, 인지된 행동의 통제감이 클수록 그 행동을 시행할 의도가 강해지며 의도에 의해 결정되는 건강행동이 실천될 가능성이 높아진다.

033　　　2018. 강원

건강행위이론 중 인지조화론의 주요 요소에 해당하지 않는 것은?

① 지식
② 태도
③ 행동
④ 자기효능

정답 ④
요점 지식, 태도, 실천 모형(KAP Model, 인지조화론)

 ➡ ➡

① 올바른 지식의 축적이 태도의 변화를 가져오고 이를 통해 바람직한 건강행태, 건강실천행동이 일어난다고 설명하였다.
② 지식, 태도, 실천 모형(KAP Model)+신념(Belief) → KABP Model 이라고 하기도 한다.
③ 연령, 교육 수준, 소득 수준, 건강에 대한 가치관, 관심 등과 같은 요인이 모형에 다양한 영향을 미친다.
④ 제한점 : 행동의 변화에 있어서 지식의 제공이 중요하지만, 지식의 제공만으로 태도가 형성되어 건전한 건강습관을 선택하게 하는 것은 불충분하며, 지식과 실천의 중간단계에 있어서 건강습관을 선택하게 할 수 있도록 태도를 변화시킬 수 있는 별도의 방법이 제공되어야 한다.

034   2019. 울산

합리적 행위이론의 모형으로 설명이 불가능한 특성으로 계획된 행위이론에 추가된 구성요소는 무엇인가?

① 행위에 대한 태도
② 주관적 규범
③ 행위 의도
④ 지각된 행동 통제

정답 ④

요점 합리적 행위론

행동이란 그 행동을 수행하려는 의도에 영향을 받게 되며, 이 행위 의도는 자신이 지닌 행위에 대한 태도와 주위의 의미 있는 사람들이 그 행위를 어떻게 여길 것인지(주관적 규범)를 검토하여 결정된다고 설명하는 이론이다. 이 이론은 개인이 스스로 선택하는 의지적 행동에는 적합하지 않다는 단점이 있다.

※ 계획된 행위론은 합리적 행위론의 연장선상에 있으면서 의지적이지 않은 행동까지도 설명할 수 있는 이론이다. 인지된 행동통제를 포함시켜 인간의 다양한 사회적 행동을 설명하고자 계획된 행동 이론이다.

035   2019. 호남권

노인이나 저소득층을 대상으로 하는 교육을 하고자 할 때 가장 효과적인 방법은?

① 1대 1 교육
② 배심토의
③ 세미나
④ 심포지엄

정답 ①

요점

노인이나 저소득층은 개인접촉방법이 가장 효과적이다.

● 개별보건교육에 적합한 대상자
① 글자를 잘 모르는 경우
② 신체적 장애가 있는 경우
③ 심리적 어려움 등을 호소하는 경우
④ 공개적으로 다루기 어려운 질병을 겪는 경우

장점	• 집단교육보다 높은 교육효과 • 학습자의 변화유도 용이 • 대상자를 모아야 하는 시간 비교적 불필요 • 다양한 보건사업 현장에서 적용 가능
단점	• 한 번에 한 명만 교육할 수 있으므로 비효율적 • 학습자가 심리적 부담을 느낄 가능성 있음 • 다른 학습자를 통해 배울 기회 없음

● 배심토의(패널토의)

어느 하나의 문제에 대해 각 개인 또는 사회 각계의 입장이 서로 다를 때, 각자의 입장을 대표하는 전문가 또는 책임자들이 그들의 입장에서 토의하는 것이다. 4~6명의 배심의원, 청중, 그리고 사회자로 구성되며, 토의자들이 각자의 지식이나 정보등을 서로 교환함으로써 그 문제를 깊이 이해하고 앞으로의 행동 방안을 여러 각도에서 찾을 수 있다.

● 세미나

전문가나 연구자들이 선정된 주제에 대해 과학적으로 분석하기 위해 함께 모여 토의나 연구를 하는 집회

장점	• 참가자들의 관심과 흥미를 유발할 수 있다. • 참가자들의 참여를 통해 전문성 향상을 유도할 수 있다.
단점	• 참가자가 주제에 관심이나 흥미가 없을 경우 참여가 저조하다. • 참가자가 주제에 대한 전문적 지식이나 경험이 부족한 경우 비효과적이다.

● 심포지엄

특정한 문제에 대하여 두 사람 이상의 전문가가 서로 다른 각도에서 의견을 발표하고 참석자의 질문에 답하는 형식의 토론회이다.

036
2012. 서울

보건교육에 관한 설명으로 틀린 것은?

① 건강에 관한 학습경험을 베풀어 주는 과정이다.
② 인간의 건강에 관련되는 모든 생활 속에서 이루어진다.
③ 모든 생활습관을 바꾸어 주는 과정이다.
④ 건강에 관한 지식을 교육 과정을 통해서 건강한 행동 양상으로 바꾸어 놓는 것이다.
⑤ 지식이나 태도를 향상시켜 보다 건강한 생활을 하도록 하는 것이다.

정답 ③
요점
새로운 지식 또는 이미 알고 있는 지식을 통해 새로운 태도를 개발하거나 기존에 가지고 있는 태도를 강화 또는 수정하고 이를 기반으로 새로운 건강행위를 하도록 노력하고, 또 이미 활용하는 습성이나 행위를 수정하여 올바른 건강행위를 실천하는 것을 말한다.

037
2017. 경기

보건교육방법에 대한 설명으로 옳지 않은 것은?

① 강의는 대상자들의 학습정도를 파악하기 어렵다.
② 집단토론회는 학습내용에 따라 인원이 결정되므로 경제성이 높다.
③ 심포지엄의 청중, 발표자는 전문가이므로 집단 구성이 쉽지 않다.
④ 패널토의는 청중의 이해속도가 느린 단점이 있다.

정답 ②
요점 집단토의(집단토론회)
집단 내의 참가자들이 어떤 특정의 주제에 대한 의문점, 개념, 문제점에 대해 목표를 설정하고 상호 의견을 교환하면서 결론을 내리는 대화식 방법

장점	• 학습자들이 목표를 위해 능동적으로 참여할 수 있는 기회를 준다. • 토의과정을 통해 효과적인 의사소통능력을 기를 수 있다. • 반성적 사고와 태도를 형성할 수 있다. • 선입견이나 편견이 수정될 수 있다. • 자발적으로 참여하여 자율성이 향상될 수 있다. • 사회성과 집단의식을 기를 수 있다. • 학습자 스스로 자신의 지식과 경험을 활용하면서 학습동기가 강화될 수 있다.
단점	• 시간이 많이 소요된다. • 토의의 본래 목적이나 초점에서 벗어나는 경우가 많다. • 적극성을 넘어서 지배적인 참여자와 소극적인 참여자가 있을 수 있다. • 예측하지 못한 상황이 발생할 수도 있다. • 토의의 주제와 목적에 대해 충분히 파악하지 못하면 목적을 달성하기 어렵다.

038 2017. 지방

다음 〈보기〉에서 해당하는 보건교육방법은?

― 보기 ―
- 비교적 적은 비용으로 짧은 시간에 많은 사람들에게 교육할 수 있다.
- 대상자의 적극적인 참여 없이도 이루어질 수 있다.
- 내용에 관해서 대상자가 기본지식이 없을 때 많이 이용된다.
- 교육 효과 측면에서 기대치가 가장 낮다.

① 강의
② 역할극
③ 모의실험극
④ 분단토의

정답 ①

요점 강의

교육효과 측면에서는 기대치가 가장 낮은 교육방법이다.

장점	• 비교적 적은 비용으로 많은 사람들에게 교육할 수 있다. • 단시간에 많은 양의 지식이나 정보를 전달할 수 있다. • 내용에 관해서 대상자가 기본지식이 없을 때 많이 이용한다. • 대상자의 적극적인 참여 없이도 이루어질 수 있다. • 교육자가 자신이 준비한 자료를 조절하여 교육할 수 있다. • 학습자가 해당 분야에 대한 기본적 지식이 없어도 부담 없이 교육을 받을 수 있다.
단점	• 교육효과 측면에서 기대치가 가장 낮다. • 학습자의 학습동기, 교육수준, 성숙도 등 개인적 차이를 고려할 수 없다. • 단시간에 제공되는 지식이나 정보량이 너무 많아서 충분한 학습이 어렵다. • 학습자의 자발적인 참여가 없어 문제해결능력을 기르는 것이 어렵다. • 학습자의 학습수준과 학습의 진행 정도를 파악하기 어렵다.

039 2013. 경기·인천

경제성, 능률성을 고려하였을 때 가장 효과가 큰 보건교육은?

① 학교 보건교육
② 가정 보건교육
③ 개별 보건교육
④ 산업장 보건교육

정답 ①

요점

보건교육 중 학교 보건교육의 효과가 다른 보건교육에 비해 가장 효율적이다.

CHAPTER 7 건강도시(Health City)

040
2015. 서울

건강도시사업과 관련 있는 국제기구는?

① 세계보건기구(WHO)
② 국제연합(UN)
③ 유니세프(UNICEF)
④ 세계건강협의회(GHC)

정답 ①

요점

- **건강도시의 정의**
① '모든 사람들에게 건강을'이라는 세계보건기구의 알마아타 선언 이후 신공중보건운동의 시작을 기점으로 건강도시 개념이 대두되었다.
② WHO(2004년)에 의하면 '건강도시란 도시의 물리적·사회적 환경을 개선하고 지역사회의 모든 구성원이 상호협력하여 시민의 건강과 삶의 질을 향상시키기 위해 지속적으로 노력해 가는 도시'를 의미한다.

- **건강도시의 목적**
도시의 건강과 환경을 개선하여 도시 주민의 건강을 향상시키기 위함이고, 이는 지방자치단체와 지역사회의 창의성을 발휘하여 '모든 인류에게 건강을' 달성하려는 데 있다.

041
2016. 지방

다음 중 건강도시의 조건으로 옳지 않은 것은?

① 다양하고 활기 넘치는 혁신적인 경제
② 역사, 시민의 문화적 및 생물학적 유산, 타 집단 및 개인들과 연속성이 장려되는 사회
③ 이상의 특성들을 충족하며, 이를 강화시키는 도시
④ 모든 시민이 접근할 수 있는 적절한 공중보건 및 치료서비스의 최적 수준
⑤ 높은 건강수준과 높은 이환율

정답 ⑤

요점

높은 건강수준과 낮은 이환율의 도시가 건강도시이다.

건강도시의 조건
① 깨끗하고 안전하며, 질 높은 도시의 물리적 환경을 갖추어야 한다.
② 안정되고, 장기적으로 지속 가능한 생태계이어야 한다.
③ 계층 간, 부문 간 상호지원체계와 착취하지 않는 지역사회가 가능하다.
④ 개개인의 삶, 건강 및 복지에 영향을 미치는 문제에 대한 시민의 높은 참여와 통제가 필요하다.(높은 건강수준과 낮은 이환율)
⑤ 모든 시민을 위한 기본적 요구(음식, 물, 주거, 소득, 안전, 직장) 등이 충족된 상태이어야 한다.
⑥ 시민들 간의 다양한 만남, 상호작용 및 의사소통을 가능하게 하는 기회와 자원에 대한 접근성이 마련되어야 한다.

CHAPTER 8 우리나라의 건강증진사업

042
2019. 서울

건강증진에 대한 설명으로 가장 옳은 것은?

① 질병이 없는 완전한 상태이다.
② 스스로 건강을 개선하고 관리하는 과정이다.
③ 최상의 의료서비스를 제공받는 상태이다.
④ 일차, 이차, 삼차예방으로 나뉜다.

> **정답** ②
> **요점**
> 세계보건기구는 1984년 건강증진을 사람들이 건강에 대한 통제력을 보이고, 건강을 향상시킬 수 있는 과정으로 정의했다. 즉, 스스로 건강을 개선하고 관리하는 과정이라 할 수 있다.

043
2015. 서울

우리나라 국민들의 건강수준을 향상시키기 위하여 1995년 제정된 것은?

① 국민건강증진법
② 농어촌 등 보건의료를 위한 특별조치법
③ 사회보장기본법
④ 산재보험법

> **정답** ①
> **요점** 1995년 「국민건강증진법」 제정
> 「국민건강증진법」을 통해 국민건강증진사업을 위한 법적 근거와 사업의 기본 내용과 방향을 제시하였다. 개인 및 가족 건강증진의 책임을 모든 국민이 국가 및 지방자치단체와 함께 가지며 타인에 대한 건강 위해행위 금지 또한 책임인 것을 명시, 재정확보를 위한 국민건강증진기금 조성의 근거를 마련하였다.

044

2023. 6월 지방 공중보건

제4차 국민건강증진종합계획(HP 2020)과 비교하여, 제5차 국민건강증진종합계획(HP 2030)의 기본틀에서 신설된 사업분야는?

① 건강생활 실천 확산
② 감염질환 관리
③ 인구집단 건강관리
④ 건강친화적 환경구축

정답 ④

요점 **국민건강증진 종합계획의 정리**

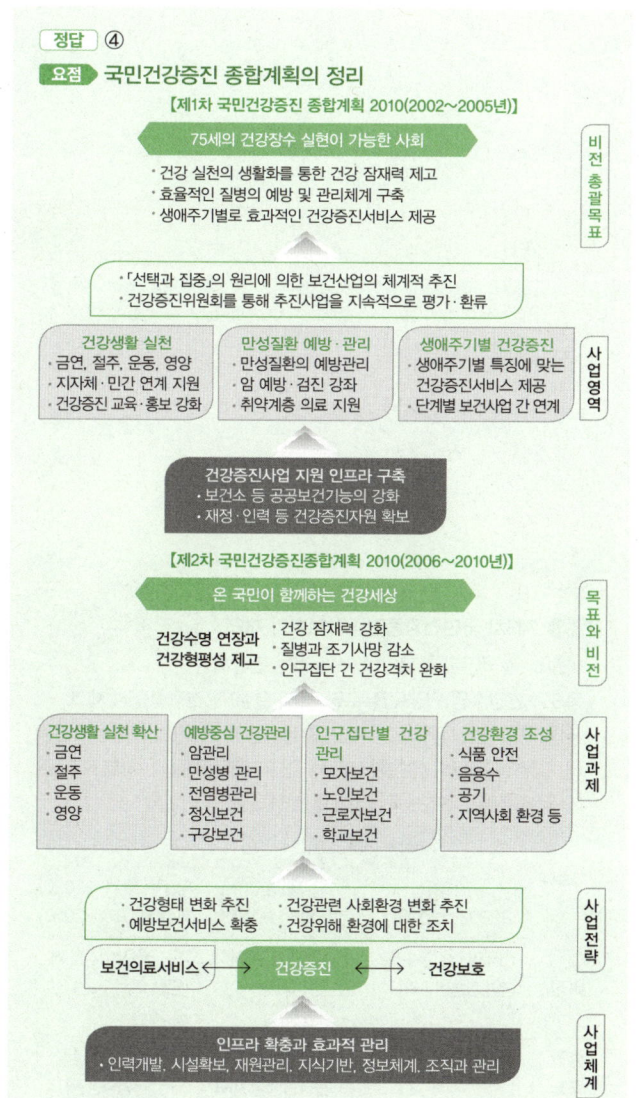

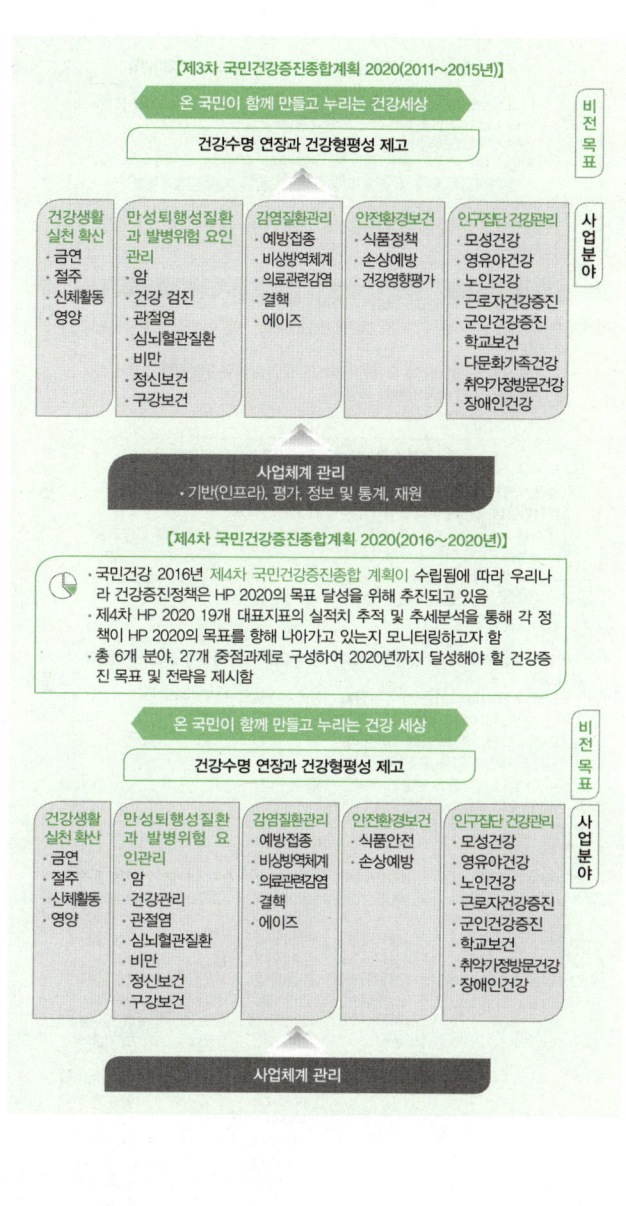

045

2014. 경기

제3차 국민건강증진종합계획(HP 2020)의 총괄목표는?

① 건강수명 연장, 건강형평성 제고
② 온 국민이 함께 하는 세상
③ 건강생활실천 확산
④ 생애주기별 건강관리

정답 ①

요점 제3차 국민건강증진종합계획의 개요

- 비전 : 온 국민이 함께 만들고 누리는 건강세상
- 목표 : 건강수명 연장(건강수명 75세 달성)과 건강형평성 제고
- 사업과제 : 건강생활실천 확산, 만성퇴행성질환과 발병위험요인관리, 감염질환관리, 안전환경보전, 인구집단건강관리, 사업체계 관리 등 6대 부문 32개 중점과제를 선정하여 추진

구분	Health Plan 2010		Health Plan 2020
	제1차 (2002~2010)	제2차 (2006~2010)	제3차(2011~2020) 제4차(2016~2020)
비전	75세의 건강장수 실현이 가능한 사회	온 국민이 함께하는 건강세상	온 국민이 함께 만들고 누리는 건강세상
총괄 목표	· 건강수명 연장	· 건강수명 연장 · 건강형평성 제고	· 건강수명 연장 · 건강형평성 제고

[제5차 국민건강증진종합계획 2030(2021~2030년)]

- '17년 : 추진체계 구축 및 현안발굴 등을 통한 국내외 동향 및 현안 분석
- '18년 : 근거마련을 위한 연구 수행, 전문가 포럼 구성 및 운영
- '19년 : HP 2030의 비전/총괄목표/기본 추진원칙 합의
- '20년 : HP 2030 기본틀 확정 및 계획 마련, 총괄목표 성과지표 등 확정, 분과위원회 위촉 및 분과별 심층토론회 등을 통한 중점과제별 세부계획(안) 작성
- '21년 1월 : 제5차 국민건강증진종합계획(Health Plan 2030, '21~'30) 발표

[비전] 모든 사람이 평생건강을 누리는 사회
- (모든 사람) 성, 계층·지역 간 건강형평성을 확보, 적용 대상을 모든 사람으로 확대
- (평생 건강을 누리는 사회) 출생부터 노년까지 전 생애주기에 걸친 건강권 보장, 정부를 포함한 사회 전체를 포괄

[총괄목표] 건강 수명 연장, 건강형평성 제고
- (건강 수명) '30년까지 건강수명 73.3세 달성('18. 70.4세 → '30. 73.3세)
- (건강형평성) 건강수명의 소득 간, 지역 간 형평성 확보
  - 소득 : 소득수준 상위 20%의 건강수명과 소득수준 하위 20%의 건강수명 격차를 7.6세 이하로 낮춘다.
  - 지역 : 건강수명 상위 20% 해당 지자체의 건강수명과 하위 20% 해당 지자체의 건강수명의 격차를 2.9세 이하로 낮춘다.

[기본원칙] 국민건강증진종합계획 수립-추진-평가 전 과정에 걸쳐 다음과 같은 원칙을 따른다.
1. 국가와 지역사회의 모든 정책 수립에 건강을 우선적으로 반영한다.
2. 보편적인 건강수준의 향상과 건강형평성 제고를 함께 추진한다.
3. 모든 생애과정과 생활터에 적용한다.
4. 건강친화적인 환경을 구축한다.
5. 누구나 참여하여 함께 만들고 누릴 수 있도록 한다.
6. 관련된 모든 부문이 연계하고 협력한다.

[중점과제]

건강생활 실천	정신건강 관리	비감염성질환 예방관리	감염 및 환경성 질환 예방관리	인구집단별 건강관리	건강친화적 환경 구축
금연 절주 영양 신체활동 구강건강	자살예방 치매 중독 지역사회 정신건강	암 심뇌혈관 질환(심뇌혈관질환, 선행질환) 비만 손상	감염병예방 및 관리(결핵, 에이즈, 의료 감염·항생제 내성, 예방 행태개선 등 포함) 감염병위기 대비 대응(검역/감시, 예방접종 포함) 기후변화성 질환	영유아 아동·청소년 여성 노인 장애인 근로자 군인	건강친화 적법제도 개선 건강정보이해력 제고 혁신적 정보 기술의 적용 재원마련 및 운용 지역사회자원(인력, 시설) 확충 및 거버넌스 구축

출처 : 보건복지부 한국건강증진 개발원

046
2020. 서울

우리나라의 제4차 국민건강증진종합계획(HP 2020)에서 학교보건과 취약가정방문건강이 포함되어 있는 사업분야는?

① 안전환경 보건
② 건강생활실천 확산
③ 인구집단 건강관리
④ 사업체계의 확충과 효과적 관리

정답 ③

요점 제4차 국민건강증진종합계획의 사업분야
- 건강생활 실천 확산 : 금연, 절주, 신체활동, 영양
- 만성퇴행성 질환과 발생위험 요인 관리 : 암, 건강검진, 관절염, 심뇌혈관 질환, 비만, 정신 보건, 구강보건
- 감염질환 관리 : 예방접종, 비상방역체계, 의료관련 감염, 결핵, 에이즈
- 인구집단 건강관리 : 모성건강, 영유아 건강, 노인건강, 근로자 건강증진, 군인 건강증진, 학교보건, 취약가정방문 건강, 장애인 건강
- 안전환경 보전 : 식품안전, 손상예방
- 사업체계 관리 : 사업체계관리(인프라, 평가, 정보·통계, 재원)

047
2021. 경북

제5차 국민건강증진종합계획의 기본원칙에 해당되지 않는 것은?

① 건강친화적인 환경 구축
② 보편적인 건강수준 향상과 건강형평성 제고를 함께 추진
③ 전문가들만 참여하여 정책 의견 수렴
④ 관련된 모든 부문이 연계하고 협력

정답 ③

요점 국민건강증진종합계획 수립 – 추진 – 평가 전 과정에 걸쳐 아래 6가지의 원칙을 따른다.
① 국가와 지역사회의 모든 정책 수립에 건강을 우선적으로 반영
  ㉠ 건강의 사회적 결정요인을 확인하고, 건강증진과 지속가능 발전을 도모하기 위한 다부처·다분야 참여를 추진
  ㉡ 모든 정책에서 건강을 우선적으로 고려하는 제도 도입 지향
② 보편적인 건강수준 향상과 건강형평성 제고를 함께 추진 : 중점과제별로 특히 취약한 집단·계층을 확인하고, 이들에게 편익이 돌아갈 수 있도록 정책 목표와 우선순위 설정
③ 모든 생애과정과 생활터에 적용 : 영유아·아동·청소년·성인·노인 등 생애주기별 단계와 학교·군대·직장 등 생활터 내에서 적절한 건강정책이 투입될 수 있도록 정책 설계
④ 건강친화적인 환경 구축 : 모든 사람이 자신의 건강과 안녕을 위한 잠재력을 최대한 발휘할 수 있는 사회적·물리적·경제적 환경 조성
⑤ 누구나 참여하여 함께 만들고 누릴 기회 보장 : 전문가, 공무원 뿐만 아니라 일반 국민의 건강정책 의견 수렴 및 주도적 역할 부여
⑥ 관련된 모든 부문이 연계하고 협력 : 지역별 건강정책과의 연계성을 확보, 지역별 신규 계획 수립시 지침으로 기능 등

048

2020. 대전

제5차 국민건강증진종합계획에서 건강생활실천의 중점과제에 해당하지 않는 것은?

① 비만
② 금연
③ 절주
③ 구강건강

정답 ①

요점
비만은 비감염성 질환 예방관리의 중점과제이다.

총괄목표 및 기본원칙

건강생활 실천	정신건강 관리
1. 금연 2. 절주 3. 영양 4. 신체활동 5. 구강건강	6. 자살예방 7. 치매 8. 중독 9. 지역사회 정신건강
비감염성 질환 예방관리	감염 및 기후변화성 질환 예방관리
10. 암 11. 심뇌혈관질환 12. 비만 13. 손상	14. 감염병 예방 및 관리 15. 감염병 위기 대비·대응 16. 기후변화성 질환
인구집단별 건강관리	건강친화적 환경구축
17. 영유아 18. 아동·청소년 19. 여성 20. 노인 21. 장애인 22. 근로자 23. 군인	24. 건강친화적 법제도 개선 25. 건강정보 이해력 제고 26. 혁신적 정보기술의 적용 27. 재원마련 및 운용 28. 지역사회 자원(인력, 시설) 확충 및 거버넌스 구축

CHAPTER 9 국민건강증진법 쏙쏙 정리

049

2019. 호남권

「국민건강증진법」의 목적으로 적절하지 않은 것은?

① 국민이 건강에 대한 가치와 책임의식을 함양하도록 한다.
② 건강에 관한 바른 지식을 보급한다.
③ 건강생활을 실천할 수 있는 여건을 조성한다.
④ 개인 또는 집단의 균형된 식생활을 통하여 건강을 개선시킨다.

정답 ④

요점 제1조(목적)
이 법은 국민에게 건강에 대한 가치와 책임의식을 함양하도록 건강에 관한 바른 지식을 보급하고 스스로 건강생활을 실천할 수 있는 여건을 조성함으로써 국민의 건강을 증진함을 목적으로 한다.

Q50 2010. 경북

「국민건강증진법」에 따라 국민건강증진종합계획을 수립하는 자는?

① 보건복지부장관
② 시·도지사
③ 보건소장
④ 질병관리청장

정답 ①

요점 제4조 국민건강증진종합계획의 수립
① 보건복지부장관은 제5조의 규정에 따른 국민건강증진정책심의위원회의 심의를 거쳐 국민건강증진종합계획(이하 "종합계획"이라 한다)을 5년마다 수립하여야 한다. 이 경우 미리 관계중앙행정기관의 장과 협의를 거쳐야 한다.
② 종합계획에 포함되어야 할 사항은 다음과 같다.
 1. 국민건강증진의 기본목표 및 추진방향
 2. 국민건강증진을 위한 주요 추진과제 및 추진방법
 3. 국민건강증진에 관한 인력의 관리 및 소요재원의 조달방안
 4. 국민건강증진기금의 운용방안
  4의 2. 아동·여성·노인·장애인 등 건강취약 집단이나 계층에 대한 건강증진 지원방안
 5. 국민건강증진 관련 통계 및 정보의 관리방안
 6. 그 밖에 국민건강증진을 위하여 필요한 사항

Q51 2020. 서울7급

국민건강증진기금과 응급의료기금을 조성하는 공통된 재원에 해당하는 것은?

① 기금의 운용 수익금
② 정부의 출연금
③ 「담배사업법」에 따른 담배부담금
④ 「도로교통법」에 따른 과태료 및 범칙금

정답 ①

요점

- **국민건강증진기금의 설치**
제22조 기금의 설치 등
① 보건복지부장관은 국민건강증진사업의 원활한 추진에 필요한 재원을 확보하기 위하여 국민건강증진기금을 설치한다.
② 기금은 다음 각 호의 재원으로 조성한다.
 1. 부담금
  담배 제조자 및 수입업자는 매월 1일부터 말일까지 제조장 또는 보세구역에서 반출된 담배의 수량과 산출된 부담금의 내역에 관한 자료를 다음 달 15일까지 보건복지부장관에게 제출하여야 한다. 제조자 및 수입판매업자는 납부고지를 받은 때부터 납부고지를 받은 달의 말일까지 납부하여야 한다.
 2. 기금의 운용 수익금

- **응급의료기금의 조성(응급의료기본법 제20조)**
① 기금은 다음 각 호의 재원으로 조성한다.
 1. 「국민건강보험법」에 따른 요양기관의 업무정지를 갈음하여 보건복지부장관이 요양기관으로부터 과징금으로 징수하는 금액 중 「국민건강보험법」에 따라 지원하는 금액
 2. 응급의료와 관련되는 기금 및 단체의 출연금 및 기부금
 3. 정부의 출연금
 4. 그 밖의 기금을 운용하여 생기는 수익금

052　2019. 경북

「국민건강증진법」에 따른 국민건강증진기금의 사용 용도에 해당하는 것은?

① 저소득층의 체육활동 지원
② 양성평등 실현을 위한 사업의 지원
③ 구조 및 응급처치 요령 등 응급의료에 관한 교육·홍보 사업
④ 건강생활의 지원사업

정답 ④
요점 제25조(기금의 사용 등)
1. 금연교육 및 광고, 흡연피해 예방 및 흡연피해자 지원 등 국민건강관리사업
2. 건강생활의 지원사업
3. 보건교육 및 그 자료의 개발
4. 보건통계의 작성·보급과 보건의료관련 조사·연구 및 개발에 관한 사업
5. 질병의 예방·검진·관리 및 암의 치료를 위한 사업
6. 국민영양관리사업
7. 신체활동장려사업
8. 구강건강관리사업
9. 시·도지사 및 시·군·구청장이 행하는 건강증진사업
10. 공공보건의료 및 건강증진을 위한 시설·장비의 확충
11. 기금의 관리·운용에 필요한 경비
12. 그 밖에 국민건강증진사업에 소요되는 경비로서 대통령령이 정하는 사업
    보건복지부장관은 기금을 사용함에 있어 아동·청소년·여성·노인·장애인 등에 대하여 특별히 배려·지원할 수 있다.

053　2015. 경남

다음 중 국민건강증진기금을 사용할 수 있는 사업이 아닌 것은?

① 정신보건관리사업
② 국민영양관리사업
③ 보건교육자료개발
④ 보건통계자료의 작성

정답 ①
요점 정신보건관리사업은 포함되지 않는다.

054

2017. 부산

「국민건강증진법」에 따라 보건소에서 시행하는 건강증진사업으로 옳은 것은?

> 가. 영양관리
> 나. 건강상담
> 다. 감염병 예방 및 관리
> 라. 자산조사를 통한 수급권자 결정
> 마. 가정을 방문하여 행하는 보건의료사업

① 가, 나
② 가, 나, 다
③ 가, 나, 다, 라
④ 가, 나, 다, 라, 마

정답 ①

요점 제19조 건강증진사업 등

① 국가 및 지방자치단체는 국민건강증진사업에 필요한 요원 및 시설을 확보하고, 그 시설의 이용에 필요한 시책을 강구하여야 한다.
② 시·도, 시·군·구청장은 지역주민의 건강증진을 위하여 보건복지부령이 정하는 바에 의하여 보건소장으로 하여금 다음 각 호의 사업을 하게 할 수 있다.
  1. 보건교육 및 건강상담
  2. 영양관리
  3. 신체활동장려
  4. 구강건강의 관리
  5. 질병의 조기발견을 위한 검진 및 처방
  6. 지역사회의 보건문제에 관한 조사·연구
  7. 기타 건강교실의 운영 등 건강증진사업에 관한 사항
③ 보건소장이 이용자의 개인별 건강상태를 기록하여 유지·관리하여야 한다.
④ 건강증진사업에 필요한 시설·운영에 관하여는 보건복지부령으로 정한다.

055

2013. 지방7급

「국민건강증진법」 제 19조에 따라 보건소장이 지역 주민의 건강증진을 위해 시행하는 사업이 아닌 것은?

① 응급환자의 진료
② 영양관리
③ 구강건강의 관리
④ 보건교육 및 건강상담

정답 ①
요점
응급환자의 진료가 아닌 질병의 조기발견을 위한 검진 및 처방이 맞다.

056   2021. 서울

「국민건강증진법」에서 제시하고 있는 건강증진사업 내용으로 가장 옳지 않은 것은?

① 보건교육 및 건강상담
② 지역사회의 보건문제에 대한 조사
③ 영양관리
④ 질병의 조기치료를 위한 조치

정답 ④
요점
질병의 조기치료를 위한 조치가 아닌 질병의 조기발견을 위한 검진 및 처방이다.

057   2021. 서울7급

「국민건강증진법」에 따라 보건소장이 실시할 수 있는 건강증진사업은?

① 영양교육사업
② 국민 보건교육 성과평가
③ 질병의 조기발견을 위한 검진 및 처방
④ 국민영양조사

정답 ③
요점 보건소장이 실시할 수 있는 건강증진사업
1. 보건교육 및 건강상담
2. 영양관리
3. 신체활동장려
4. 구강건강의 관리
5. 질병의 조기발견을 위한 검진 및 처방
6. 지역사회의 보건문제에 관한 조사·연구

058 (2019. 경기)

다음 중 담뱃갑 포장지에 표기하여야 하는 사항을 모두 고른 것은?

> ㉠ 폐암 등 질병의 원인이 될 수 있다는 내용의 경고문구
> ㉡ 타르 흡입량은 흡연자의 흡연습관에 따라 다르다는 내용의 경고문구
> ㉢ 금연상담전화의 전화번호
> ㉣ 담배에 포함된 발암성 물질

① ㉠, ㉡, ㉢
② ㉠, ㉢
③ ㉡, ㉣
④ ㉠, ㉡, ㉢, ㉣

정답 ④

요점 제9조의 2【담배에 관한 경고문구 등 표시】
① 「담배사업법」에 따른 담배의 제조사 또는 수입판매업자는 담배갑포장지 앞면·뒷면·옆면 및 대통령령으로 정하는 광고에 다음 각 호의 내용을 인쇄하여 표기하여야 한다. 다만, 제1호의 표기는 담배갑포장지에 한정하되 앞면과 뒷면에 하여야 한다.
  1. 흡연의 폐해를 나타내는 내용의 경고그림
  2. 흡연이 폐암 등 질병의 원인이 될 수 있다는 내용과 다른 사람의 건강을 위협할 수 있다는 내용의 경고문구
  3. 타르 흡입량은 흡연자의 흡연습관에 따라 다르다는 내용의 경고문구
  4. 담배에 포함된 다음 각 목의 발암물질
    가. 나프틸아민
    나. 니켈
    다. 벤젠
    라. 비닐 크롤라이드
    마. 비소
    바. 카드뮴
  5. 보건복지부령으로 정하는 금연상담전화의 전화번호

059 (2021. 경북)

「국민건강증진법」에 의해 실시하는 보건교육에 대한 내용으로 옳지 않은 것은?

① 국가 및 지방자치단체는 개인 또는 집단의 특성·건강상태·건강의식 수준 등에 따라 적절한 보수교육을 실시한다.
② 보건교육의 내용은 보건복지부령으로 실시한다.
③ 건강증진을 위한 체육활동에 관한 사항을 교육하여야 한다.
④ 만성퇴행성질환 등 질병의 예방에 관한 사항을 교육하여야 한다.

정답 ②

요점 보건교육의 내용은 대통령령으로 정한다.

제12조【보건교육의 실시 등】
① 국가 및 지방자치단체는 모든 국민이 올바른 보건의료의 이용과 건강한 생활습관을 실천할 수 있도록 그 대상이 되는 개인 또는 집단의 특성·건강상태·건강의식 수준 등에 따라 적절한 보건교육을 실시한다.
② 국가 또는 지방자치단체는 국민건강증진사업관련 법인 또는 단체등이 보건교육을 실시할 경우 이에 필요한 지원을 할 수 있다.
③ 보건복지부장관, 시·도지사 및 시·군·구청장은 보건교육을 실시하는 국민건강증진 사업관련 법인 또는 단체 등에 대하여 보건교육의 내용은 대통령령으로 정한다.

> 【보건교육의 내용】
> 법 12조에 따른 보건교육에는 다음 각 호의 사항이 포함되어야 한다.
> 1. 금연·절주 등 건강생활의 실천에 관한 사항
> 2. 만성퇴행성질환 등 예방에 관한 사항
> 3. 영양 및 식생활에 관한 사항
> 4. 구강건강에 관한 사항
> 5. 공중위생에 관한 사항
> 6. 건강증진을 위한 체육활동에 관한 사항
> 7. 그 밖에 건강증진사업에 관한 사항

채움 문제로 실력 향상

PART 10 지역사회보건학과 보건사업

CHAPTER 1 지역사회보건학

001 □□□

A시에서 감염병을 퇴치하기 위하여 추진한 예방접종 사업의 구조평가 항목으로 옳은 것은?

① 유병률
② 항체형성률
③ 백신확보율
④ 예방접종 실시 중 문제점

> **정답** ③
> **요점** 구조평가
> 투입되는 자원의 적절성 평가, 사업인력, 시설 및 장비의 적절성에 대한 평가
> - 유병률, 항체형성률 – 결과평가
> - 예방접종 실시 중 문제점 – 과정평가

002 □□□

보건사업의 평가원칙으로 옳지 않은 것은?

① 분명한 목적으로 실시되어야 한다.
② 측정기준이 명확하고 객관적이어야 한다.
③ 평가는 사업이 끝나고 난 뒤 진행되어야 한다.
④ 발생되는 문제점과 그 해결방안을 함께 기술하여야 한다.

> **정답** ③
> **요점** 보건사업의 평가원칙
> - 보건사업의 평가는 사업이 시작되기 전, 진행되는 과정, 사업이 끝나고 난 뒤까지 보건사업의 전 과정 걸쳐 지속적으로 행해져야 한다.
> - 명확한 목적 아래 시행되어야 한다.
> - 계획에 관련된 사람, 사업에 참여한 사람, 평가에 영향을 받게 될 사람에 의하여 행해져야 한다.
> - 보건사업의 전 과정에 걸쳐 지속적으로 행해져야 한다.
> - 측정 기준이 명확하고, 객관적이어야 한다.
> - 사업의 기획단계부터 최종결과까지를 포괄하여야 한다.
> - 장점과 단점이 지적되어야 한다.
> - 미래지향적이며, 활동중심적으로 시행되어야 한다.
> - 목표를 달성하는 데 발생하는 문제점을 기술하고, 이 문제점을 해결하기 위한 방안이 마련되어야 한다.
> - 그 결과가 사업의 향상과 성장을 위하여 환류되어야 한다.
> - 의사결정을 돕는 데 핵심적인 역할을 하여야 한다.
> - 습득의 경험 자료로 사용되어야 한다.
> - 방법과 결과보고서는 누구든지 알 수 있게, 쉽게 사용되도록 마련되어야 한다.

003

보건사업과 관련하여 지역사회진단을 실시하는 목적에 해당하지 않는 것은?

① 지역사회의 보건문제나 보건요구도를 구체적으로 파악하여 사업의 우선순위를 결정하기 위한 것
② 지역사회의 보건상태를 명확히 파악하기 위하여 필요한 기초자료를 만드는 것
③ 건강과 질병에 영향을 미치는 지역사회의 제반요소 및 가용자원 등
④ 지역사회에 거주하고 있는 특정 집단의 경제상태와 보건상태를 구체적으로 파악하여 경제적 문제와 보건문제를 해결하기 위한 것

> **정답** ④
> **요점** 지역사회 보건사업을 시행하기 전 지역사회 진단을 실시하는 목적
> ① 요구도 파악 및 우선순위 설정 : 지역사회의 보건문제와 보건요구도를 파악하여 사업의 우선순위를 결정하기 위해서 실시한다.
> ② 보건상태 파악 : 지역사회의 인구·사회학적 자료를 근거로 해당 지역의 보건 상태를 구체적으로 파악하기 위해서 실시한다.
> ③ 가용자원의 파악 : 건강과 질병에 영향을 미치는 가정, 지역사회의 제반요소 및 가용자원 등에 대한 상황을 파악하기 위해서 실시한다.

004

서치만(Suchman)의 사업평가 기준에 해당하지 않는 것은?

① 업무량
② 사업의 부수적 효과
③ 성과평가
④ 과정평가

> **정답** ②
> **요점** 서치만(Suchman)의 사업평가 기준
> ① 업무량/노력(Effort)평가 : 사업 활동량 및 질을 포함하는 투입에너지와 투입량을 의미하는 것이다.
> ② 성과(Perpormance)평가 : 투입된 노력의 결과로 나타나는 측정된 효과를 의미한다.
> ③ 성과의 충족량(Adiquacy of Performance)평가 : 효과있는 사업활동이 얼마나 수요를 충족했는가를 보는 것이다. 실제로 기대 또는 요구되는 목표량에 대한 실적량의 비율이 클수록 충족량은 높다고 평가한다.
> ④ 효율성(Efficiency)평가 : 투입된 인력, 비용, 시간 등 여러 가지 측면에서 각 대안들을 비교·검토하는 방법이다. 이 평가는 투입된 노력이 과연 적절한 것이었던가를 측정하려는 데 있다. 즉, 투입된 인력, 예산, 시간 등을 고려하여 단위당 얻은 결과가 최대일 때 효율성이 가장 높다고 할 수 있다.

CHAPTER 2 지역보건법 쏙쏙 정리

005 ☐☐☐

지역사회 건강실태조사의 방법과 내용에 관한 내용으로 틀린 것은?

① 국가와 지방자치단체는 지역주민의 건강 상태 및 건강 문제의 원인 등을 파악하기 위하여 4년마다 지역사회 건강실태조사를 실시하여야 한다.
② 지역사회 건강실태조사는 표본조사를 원칙으로 하되, 필요한 경우에는 전수조사를 할 수 있다.
③ 지역사회 건강실태조사의 결과를 질병관리청장에게 통보하여야 한다
④ 지역사회 건강실태조사에 흡연, 음주 등 건강관련 생활습관에 관한 사항이 포함된다.

정답 ①

요점 지역사회 건강실태조사의 방법과 내용

① 질병관리청장은 보건복지부장관과 협의하여 「지역보건법」에 따른 지역사회 건강실태조사를 매년 지방자치단체의 장에게 협조를 요청하여 실시한다.
② 제1항에 따른 협조 요청을 받은 지방자치단체의 장은 매년 보건소(보건의료원을 포함한다)를 통하여 지역주민을 대상으로 지역사회 건강실태조사를 실시하여야 한다. 이 경우 지방자치단체의 장은 지역사회 건강실태조사의 결과를 질병관리청장에게 통보하여야 한다.
③ 지역사회 건강실태조사는 표본조사를 원칙으로 하되, 필요한 경우에는 전수조사를 할 수 있다.
④ 지역사회 건강실태조사의 내용은 다음 각 호의 사항이 포함되어야 한다.
　1. 흡연, 음주 등 건강관련 생활습관에 관한 사항
　2. 건강검진 및 예방접종 등 질병예방에 관한 사항
　3. 질병 및 보건의료서비스 이용 실태에 관한 사항
　4. 사고 및 중독에 관한 사항
　5. 활동의 제한 및 삶의 질에 관한 사항
　6. 그 밖에 지역사회 건강실태조사에 포함되어야 한다고 질병관리청장이 정하는 사항

- 표본조사 : 집단의 특성을 알고자 할 때 집단의 일부를 조사하여 집단 전체의 특성을 추정하는 방법
- 전수조사 : 집단에 속하는 사례를 전부 조사

006 ☐☐☐

지역보건의료계획의 시행결과의 평가 내용으로 틀린 것은?

① 시·군·구청장은 지역보건의료계획 시행 결과의 평가를 위하여 해당 시·군·구 지역 보건의료계획의 연차별 시행계획에 따른 시행 결과를 매 시행연도 다음 해 1월 31일까지 시·도지사에게 제출하여야 한다.
② 시·도지사는 지역보건의료계획 시행 결과의 평가를 위하여 해당 시·도 지역보건의료계획의 연차별 시행계획에 따른 결과를 매 시행연도 다음 해 2월 말일까지 보건복지부장관에게 제출하여야 한다.
③ 지역보건의료계획 시행 결과의 목표달성도는 평가기준에 해당된다.
④ 의료기관의 병상수급에 대하여 평가한다.

정답 ④

요점
보건복지부장관 또는 시·도지사는 제출받은 지역보건의료계획의 연차별 시행계획에 따른 시행결과를 평가하려는 경우에는 다음 각 호의 기준에 따라 평가하여야 한다.
1. 지역보건의료계획 내용의 충실성
2. 지역보건의료계획 시행 결과의 목표달성도
3. 보건의료자원의 협력 정도
4. 지역주민의 참여도와 만족도
5. 그 밖에 지역보건의료계획의 연차별 시행계획에 따른 시행 결과를 평가하기 위하여 보건복지부장관이 필요하다고 정하는 기준

CHAPTER 3 보건통계

007

보건통계의 기능으로 옳지 않은 것은?

① 한 나라 또는 한 지방의 보건상태를 파악하는 데 있다.
② 보건사업을 직접 실행한다.
③ 보건사업의 우선순위를 결정한다.
④ 보건사업의 행정활동에 지침이 될 수 있다.
⑤ 보건사업의 성패를 결정하는 자료가 되며, 보건사업의 기초 자료가 된다.

정답 ②

요점 보건통계
① 보건통계 : 인간집단의 건강상태를 파악, 평가하기 위한 지표가 되는 각종 자료의 총칭(출생·사망·사산·혼인·이혼 등의 인구동태 통계, 국민건강조사, 환자조사, 국민영양조사도 중요한 자료이다)
② 보건통계의 목적
 • 보건사업 결과의 평가, 지역사회 주민의 건강지수 결정
 • 보건사업 우선순위 결정, 보건행정 활동의 자료 제공
 • 보건사업 필요성 강조, 보건사업의 성패 평가
 • 보건사업 입법을 촉구하는 자료

008

보유중인 병상이 얼마나 가동되었는지를 분석할 수 있는 지표는?

① 병상 이용률
② 병원 이용률
③ 병상 회전율
④ 평균 외래환자 수
⑤ 평균 재원일수

정답 ①

요점 병상 이용률
① 환자가 이용할 수 있도록 가동되는 병상이 실제 환자에 의해 이용된 비율로, 가동병상의 운영효율성을 나타낸다.
② 병상 수는 병원의 규모를 가장 잘 나타내는 변수로서 인력, 의료기기, 총 비용 등 병원의 투입요소와 밀접한 관련성을 갖는다.
③ 병원인력과 시설의 활용도를 간접적으로 알 수 있다.

$$\frac{1일\ 평균\ 재원\ 환자\ 수}{병상\ 수} \times 100$$

예 6월 병상 이용률 구하기 - 병상 수 100, 재원환자 연 인원 수 2,500명 $= \frac{2,500}{100 \times 30일} \times 100$

009

어떤 일정한 기간 내에 발생한 환자의 수를 인구당의 비율로 나타낸 것은?

① 발생률
② 유병률
③ 발병률
④ 치명률
⑤ 이환율

> **정답** ⑤
> **요점** 이환율
> 일정기간 내에서 이환자 수의 특정인구에 대한 비율(병에 걸리는 비율)

010

보건지표 중 '동일한 대상을 동일한 방법으로 측정한 결과가 나와야 한다'는 조건은?

① 이용가능성
② 일반성
③ 수용성
④ 재현성
⑤ 정확성

> **정답** ④
> **요점** WHO에서 보건지표의 필요조건
> ① 이용가능성(Availability) : 주기적으로 생산되어 쉽게 이용 가능해야 한다.
> ② 일반화(Universality) : 모든 인구집단에 적용 가능해야 하며, 특정 집단인 경우 별도 표시를 해야 한다.
> ③ 수용성(Acceptance) : 개발방법이 타당하여 결과를 받아들일 수 있어야 한다.
> ④ 재현성(Reproducibility) : 동일한 대상을 동일한 방법으로 측정 시 동일한 결과가 나와야 한다.
> ⑤ 특이성(Specificity) : 측정하고자 하는 현상만을 반영하여야 한다.
> ⑥ 민감성(Sensitivity) : 측정하고자 하는 현상의 변화 정도(크기)를 나타낼 수 있어야 한다.
> ⑦ 정확성(Validity) : 측정하고자 하는 현상을 정확히 나타내어야 한다.

CHAPTER 4 건강증진(Health Promotion)

011 □□□

오타와 선언에서 채택한 건강증진의 정의를 옳게 서술한 것은?

① 건강증진은 건강의 잠재력을 최대한 발휘할 수 있도록 건강평등의 실현에 주안점을 두는 것이다.
② 건강증진은 적극적 의미의 건강을 향상하고 나아가 불건강을 예방하기 위한 노력을 경주하는 것이다.
③ 건강증진은 질병을 예방하고 수명을 연장하며, 신체와 정신의 효율을 증진하는 학문이다.
④ 건강증진은 삶의 가능성을 향상시키는 프로그램으로 예방의학적, 환경적, 행동과학적 수단을 활용한다.

> **정답** ①
> **요점**
> ① 오타와 헌장 : 건강의 잠재력을 최대한 발휘할 수 있도록 건강평등의 실현에 주안점을 두는 것이다. "건강증진은 사람들이 스스로 자신들의 건강을 관리 또는 통제할 수 있어서, 결과적으로 건강수준을 향상시키는 것이 가능하도록 하는 과정이다."라는 내용을 발표하였다.
> ② 태너힐의 건강증진 모델 : 적극적 의미의 건강을 향상하고 나아가 불건강을 예방하기 위한 노력을 경주하는 것이다.
> ③ 윈슬로가 주장한 공중보건의 정의 : 질병을 예방하고 수명을 연장하며, 신체와 정신의 효율을 증진하는 학문이다.
> ④ 브레슬로우의 정의 : 삶의 가능성을 향상시키는 프로그램으로 예방의학적, 환경적, 행동과학적 수단을 활용한다.

012 □□□

다음 중 오타와 헌장에서 채택된 건강증진의 3대 접근전략으로 옳지 않은 것은?

① 옹호
② 협동
③ 가능화
④ 조정

> **정답** ②
> **요점** WHO 주최 개발도상국가 건강증진을 위한 3대 원칙(1989년 10월 제네바)
>
> | | |
> |---|---|
> | 옹호
(Advocacy) | 건강의 중요성을 널리 알리고 주장함으로써, 건강에 대한 대중의 관심을 불러일으키고 정책입안자나 행정가들에게는 보건의료수요를 충족시킬 수 있는 보건정책 수립의 필요성을 강력히 촉구하는 것(건강에 미치는 생활여건을 건강지향적으로 만들어가야 한다) |
> | 역량강화
(Empowerment) | 건강잠재력을 달성하기 위한 가능화로 본인과 가족의 건강을 유지할 수 있게 하는 것을 권리로 인정하며 스스로 건강관리에 적극 참여하여 자기의 행동에 책임을 느끼게 하여야 한다. 즉, 건강증진은 모든 사람의 건강평등 실현에 초점을 두어 건강잠재력을 최대한 발휘할 수 있도록 동등한 기회와 자원을 제공해야 한다. |
> | 연합
(Alliance) | 연합은 부분간 통합과 조정으로 모든 사람들이 건강하도록 건강에 영향을 미치는 경제, 언론, 학교 등 모든 관련 분야 전문가들이 협조해야 한다는 것이다. 즉, 건강수준을 향상하기 위해서는 여러 수준과 분야를 통합하고 조정해야 한다. |

013

다음 중 오타와 회의에 대한 내용으로 옳지 않은 것은?

① 오타와 헌장에서는 1978년부터 2000년까지 모든 인류에게 일차보건의료를 제공하기 위한 선언이 이루어졌다.
② 회의에서 강조한 건강과 관련한 접근을 위하여 각 국가가 우선적으로 해야 할 활동을 명시하였다.
③ 건강증진에 대한 정의가 이루어졌다.
④ 기본접근전략으로 옹호, 가능화, 조정을 강조하였다.

정답 ①

요점
- WHO 오타와 헌장(1986년)에서 채택된 헌장으로 건강증진에 대한 정의와 함께 건강증진활동의 중요성을 강조하였다.
- 1978년부터 2000년까지 모든 인류에게 일차보건의료를 제공하기 위한 선언이 이루어졌다. — 1978년 알마아타 회의에서 이루어진 알마아타 선언임

014

건강증진에 대한 설명으로 가장 옳은 것은?

① 질병이 없는 완전한 상태이다.
② 스스로 건강을 개선하고 관리하는 과정이다.
③ 최상의 의료서비스를 제공받는 상태이다.
④ 일차, 이차, 삼차 예방으로 나뉜다.

정답 ②

요점 건강증진(Health Promotion)의 정의
건강을 저해하는 인자를 제외해서 건강상태를 유지할 뿐만 아니라 영양, 체력 등을 고려해서 적극적으로 건강상태의 수준을 향상시키는 것이다

CHAPTER 5 건강증진사업 모형

015 ☐☐☐

보건교육을 기획할 때 사회적 사정, 역학적 사정, 교육적 사정의 단계를 통해 프로그램을 개발하는 모형은?

① PRECEDE - PROCEED 모형
② 사회적 마케팅 이론
③ MATCH(지역사회보건 다단계 접근)
④ PATCH(지역사회 건강에 대한 계획)

정답 ①

요점 PRECEDE - PROCEED 모형

PRECEDE의 의미	• Predisposing, Reinforcing and Enabling Constructs in Educational Diagnosis and Evaluation • 건강에 영향을 주는 다양하고 넓은 범위의 요인들을 파악하여 보건교육사업의 우선순위를 결정하기 위한 진단단계
PROCEED의 의미	• Policy, Regulatory and Organizational Constructs in Educational and Enviromental Development • 정책, 규제, 조직 차원을 포함하여 건강증진 정책 수립과 보건교육 수행과정과 내용, 평가대상과 기준을 제시하는 과정

① 1단계 사회적 사정(진단) : 지역사회를 이해하기 위해 다양한 정보수집 활동을 하는 단계이다.
② 2단계 역학, 행위 및 환경적 사정(진단) : 구체적 건강문제를 규명하여 제한된 자원을 사용할 가치가 가장 큰 건강문제를 찾아내는 단계로서 사망률, 질병 이환율 등 보건지표를 활용하여 건강문제의 중요도를 확인할 수 있다.
③ 3단계 교육 및 생태학적 사정(진단) : 다양한 건강결정요인들을 범주화해서 우선순위에 따라 중요 요인을 선정한다.

소인성 요인 (성향요인)	• 동기유발에 영향을 주는 요인 • 행동변화에 대한 의향을 만드는 요인(태도, 가치, 지식, 의견, 주관적 요구 등)
가능성 요인	• 동기의 실현에 영향을 주는 요인 • 행동변화 실천을 위한 조건(보건의료기관이나 건강관련 프로그램, 지역사회자원의 접근성 및 이용가능성, 건강지향적인 정책방향 등)
강화 요인 (촉진요인)	• 변화된 행동의 지속에 영향을 주는 요인 • 행동변화 후 지속하도록 도와주는 요인(사회적 지지, 친구나 동료의 반응, 사회적인 이득, 스스로 느끼는 신체적·정신적 편안함 등)

④ 4단계 행정 및 정책적 사정(진단) : PREECEDE에서 PROCEED로 넘어가는 단계이며, 사업의 목표를 설정한 후에는 목표 달성을 위해 구체적인 중재 내용과 방법 등 중재 프로그램을 개발하고 프로그램 수행 관련 상황 등을 사정해서 중재 계획을 세운다.
⑤ 5단계 사업수행 단계 : 사업을 수행한다.
⑥ 6단계 과정평가 단계 : 사업수행이 잘 이루어지는지 과정 평가를 실시하는 단계로, 문제를 발견하면 수정할 수 있다.
⑦ 7단계 영향평가 단계 : 사업수행의 즉각적·단기적 효과를 평가한다.

단기효과	소인성 요인, 가능성 요인, 강화요인을 개선
중기효과	행동과 환경을 개선

⑧ 8단계 성과(결과)평가 단계 : 사업수행의 궁극적·장기적 결과인 건강지표와 삶의 질을 평가한다.

016

지역사회의 건강증진사업을 PRECEDE – PROCEED 모형에 따라 수행하는 경우 다음 〈보기〉에서 설명하는 진단 단계는?

---- 보기 ----
건강행위에 영향을 미치는 소인성요인, 강화요인, 가능요인을 사정하여 어느 요인이 건강행위에 우선적으로 영향을 미치는지 파악한다.

① 사회적 진단 단계
② 역학적 진단 단계
③ 교육적 진단 단계
④ 행정 및 정책 단계

정답 ③
요점 교육적 진단(교육적·생태학적 진단)
소인성요인(성향요인), 촉진요인(가능요인), 강화요인을 사정하여 어느 요인이 건강 행위에 우선적으로 영향을 미치는지 파악한다.

CHAPTER 6 보건교육

017

보건교육의 방법 중 개인접촉 방법에 대한 설명으로 옳지 않은 것은?

① 강연, 연설 방식으로도 이루어진다.
② 취약계층에게 적용시 효과가 높다.
③ 의사와 환자 관계에서 이루어진다.
④ 가장 효과적인 방법이지만 비경제적인 방법이기도 하다.

정답 ①
요점
강의, 시범, 직무간훈련(OJT), 전시관람, 집단토의, 분단토의, 집단토의, 현장학습, 세미나, 브레인스토밍, 역할극 등은 집단보건교육에 속한다.
① 집단이 갖추어야 하는 조건
  • 공통의 목표를 가지고 있어야 한다.
  • 상호작용이 잘 이루어져야 한다.
  • 공통된 목표와 상호작용이 일정 시간 지속되어야 한다.
  • 물리학적 시간과 함께 충분한 심리학적 시간을 확보해야 한다.
② 효과적인 교육을 위한 교육환경 조건
  • 학습자 수에 맞는 적절한 크기의 장소 마련
  • 주의집중을 방해할 소음의 원인 제거
  • 적당한 온도유지를 위한 냉난방 시설 확보
  • 적당한 채광 확보 및 눈부심 등 차단
  • 활용 가능한 기자재 확보 및 점검
  • 중간 정도로 딱딱한 의자나 방석 마련

018

보건교육계획의 추진방법으로 옳지 않은 것은?

① 전체 보건사업계획이 수립된 후에 보건교육이 계획되어야 한다.
② 사전 지역사회 진단이 필요하며, 주민에 대한 연구도 실시한다.
③ 보건교육 계획에 주민들이 참여하여야 한다.
④ 지역사회의 인재와 자원에 관한 실태를 파악하고 지도자를 발견한다.
⑤ 지역 개업의의 협력을 얻어야 하며, 다른 기관(공공기관, 행정관청, 교회, 등)의 협조도 얻어야 한다.

정답 ①
요점
보건교육은 전체 보건사업계획의 일부로서 처음부터 함께 계획되어야 한다.

019

보건소에서 자궁암 검진을 위해 주민들에게 편지를 보내는 것은 건강믿음모형의 어떤 요인을 중요하게 이용한 것인가?

① 이익
② 민감성
③ 행동 계기
④ 심각성

정답 ③
요점 건강믿음모형
질병을 예방하고 건강을 얻고자 하는 행위에 대하여 얼마만큼의 가치를 두느냐 하는 것과, 실천하고자 하는 특정 건강행동의 결과를 기대하는 수준에 따라 실천 유무를 예측할 수 있다는 개념이다.(특정 건강행동이 자신에게 이익이 된다고 판단되면 그 행위를 한다)

인지된 감수성 (민감성)	질병에 걸릴 가능성, 즉 위험이 높다고 느끼는 정도
인지된 심각성	건강행위를 하지 않았을 때 질병이 걸릴 경우 나타날 수 있는 상황이 얼마나 심각한지에 대한 개인의 생각
인지된 위협감	인지된 민감성과 인지된 심각성을 고려해서 질병에 걸릴 위험에 대한 위협을 인지함
인지된 이득 (유익성)	어떤 행동을 하여 얻을 수 있는 혜택으로서 어떤 행동이 질병에 대한 위험·심각성을 감소시킬 수 있다고 생각하는 믿음
인지된 장애요인 (재정적 및 기타비용)	건강행동을 하는 데 필요한 시간, 비용 등
행동의 계기	자신의 인식 속에 적절한 신념을 불러 일으킴으로써 건강행위에 관한 의사결정시 도움을 줌(보건교육, 매스컴, 증상, 가족 또는 친구의 발병으로 인한 행동의 계기 발생)

020

건강행태 모형 중 건강믿음모형(HBM ; Health Belief Model)에 대한 설명으로 가장 옳지 않은 것은?

① 사람들은 어떤 질병에 걸릴 감수성을 생각한다.
② 일종의 심리적인 비용 - 편익 비교 모형이다.
③ 어떤 질병에 걸렸을 때 나타날 수 있는 질병의 심각성을 주관적으로 판단한다.
④ 올바른 지식의 축적을 통해 태도의 변화를 가져올 수 있으며, 이를 통해 바람직한 건강행태가 일어날 수 있다.

정답 ④

요점 건강신념모형(HBM ; Health Belief Model)
질병을 예방하고 건강을 얻고자 하는 행위에 대하여 얼마만큼의 가치를 두느냐 하는 것과 실천하고자 하는 특정 건강행동의 결과를 기대하는 수준에 따라 실천 유무를 예측할 수 있다는 개념이다.

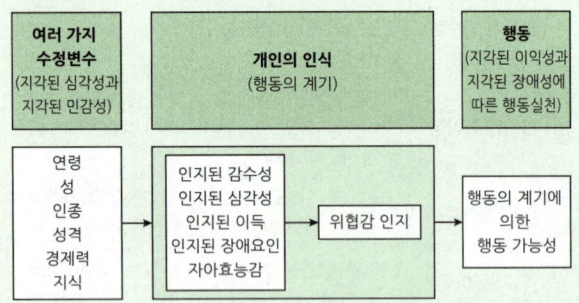

① 질병을 예방하고 건강을 얻고자 하는 행위에 대하여 얼마만큼의 가치를 두느냐 하는 것과, 실천하고자 하는 특정 건강행동의 결과를 기대하는 수준에 따라 실천 유무를 예측할 수 있다는 개념이다.(특정 건강행동이 자신에게 이익이 된다고 판단되면 그 행위를 한다)
② 건강행동에 대한 가치와 결과에 대한 기대가 얼마만큼인지에 따라 건강행동의 실천이 달라질 수 있다고 보았다.

021

사람은 자신의 지식, 태도, 행동이 조화를 이루고 있는 상태를 선호하기 때문에 보건교육을 통해 새로운 지식을 습득하면 태도와 행동의 변화를 유도할 수 있다고 보는 건강행태 이론은 무엇인가?

① 인지조화론
② 사회인지이론
③ 건강신념모형
④ 변화단계이론

정답 ①

요점 지식, 태도, 실천 모형(KAP Model, 인지조화론)
올바른 지식의 축적이 태도의 변화를 가져오고 이를 통해 바람직한 건강행태, 건강실천행동이 일어난다고 설명하였다.

022

한 아이의 엄마가 예방접종의 부작용에 대한 걱정으로 인해 아이의 예방접종 시행을 거부하고자 한다면 이는 건강신념모형의 어떠한 요인과 관련된 행동인가?

① 지각된 민감성
② 지각된 심각성
③ 기각된 유익성
④ 지각된 장애요인

정답 ④

요점 건강신념모형의 주요 개념

인지된 감수성 (민감성)	질병에 걸릴 가능성, 즉 위험이 높다고 느끼는 정도
인지된 심각성	건강행위를 하지 않았을 때 질병이 걸릴 경우 나타날 수 있는 상황이 얼마나 심각한지에 대한 개인의 생각
인지된 위협감	인지된 민감성과 인지된 심각성을 고려해서 질병에 걸릴 위험에 대한 위협을 인지함
인지된 이득 (유익성)	어떤 행동을 하여 얻을 수 있는 혜택으로서 어떤 행동이 질병에 대한 위험·심각성을 감소시킬 수 있다고 생각하는 믿음
인지된 장애요인 (재정적 및 기타비용)	건강행동을 하는 데 필요한 시간, 비용 등
행동의 계기	자신의 인식 속에 적절한 신념을 불러 일으킴으로써 건강행위에 관한 의사결정시 도움을 줌(보건교육, 매스컴, 증상, 가족 또는 친구의 발병으로 인한 행동의 계기 발생)

CHAPTER 7 건강도시(Health City)

023

건강도시 프로젝트의 특징으로 틀린 것은?

① 1년 단위의 프로젝트
② 각 분야 간의 협력
③ 적극적인 시민들의 참여
④ 생활터전의 활동적 통합
⑤ 건강 프로필과 지역활동 계획의 개발

정답 ①

요점

장기적인 지속가능성의 특징을 가진다.

건강도시 프로젝트의 특징
① 강력한 정치적 자원
② 각 분야 간의 협력
③ 적극적인 시민들의 참여
④ 생활터전의 활동적 통합
⑤ 건강 프로필과 지역활동 계획의 개발
⑥ 주기적인 모니터링과 평가
⑦ 참여적 연구와 분석
⑧ 정보 공유
⑨ 대중매체의 참여
⑩ 사회 모든 집단의 취합
⑪ 지속 가능성
⑫ 인적 자원과 사회의 개발의 연계
⑬ 국가와 국제적 네트워크

024

건강도시의 역사로 틀린 것은?

① 서양의 건강도시 역사로는 1984년 캐나다 '건강의료를 넘어' 회의가 개최되었다.
② 1987년 캘리포니아 건강도시 프로젝트를 시작으로 건강도시가 출범하였다.
③ 우리나라는 2004년 6월 국내최초로 서태평양지역 건강도시연맹에 창립 회원도시로 서울이 가입하였다.
④ 2008년 일본에서 개최된 제3회 WHO 건강도시연맹 총회에서 WHO 최우수상을 수상한 지역은 원주시이다.

> **정답** ③
> **요점**
> 창원시 : 2004년 6월 국내최초로 WHO 서태평양지역 건강도시연맹에 창립 회원도시로 가입함

CHAPTER 8 우리나라의 건강증진사업

025

제2차, 제3차, 제4차, 제5차 공동 Health Plan(HP)의 목표인 것은?

① 온 국민이 함께 만들어 누리는 건강한 세상
② 건강수명 연장, 건강형평성 제고
③ 모든 국민이 건강하고 질병이 없는 상태
④ 모든 사람이 평생 건강을 누리는 건강사회

> **정답** ②
> **요점** Health Plan(HP) 총괄목표
> • 제1차 : 건강수명 연장
> • 제2차 : 건강수명 연장, 건강형평성 제고
> • 제3차 및 제4차 : 건강수명 연장, 건강형평성 제고
> • 제5차 : 건강수명 연장, 건강형평성 제고

026

제5차 국민건강증진종합계획의 사업분야에 해당되지 않는 것은?

① 건강생활실천
② 정신건강관리
③ 안전환경보건
④ 건강친화적 환경 구축

정답 ③

요점 총괄목표 및 기본원칙

건강생활 실천	정신건강 관리
1. 금연 2. 절주 3. 영양 4. 신체활동 5. 구강건강	6. 자살예방 7. 치매 8. 중독 9. 지역사회 정신건강
비감염성 질환 예방관리	감염 및 기후변화성 질환 예방관리
10. 암 11. 심뇌혈관질환 12. 비만 13. 손상	14. 감염병 예방 및 관리 15. 감염병 위기 대비·대응 16. 기후변화성 질환
인구집단별 건강관리	건강친화적 환경구축
17. 영유아 18. 아동·청소년 19. 여성 20. 노인 21. 장애인 22. 근로자 23. 군인	24. 건강친화적 법제도 개선 25. 건강정보 이해력 제고 26. 혁신적 정보기술의 적용 27. 재원마련 및 운용 28. 지역사회 자원(인력, 시설) 확충 및 거버넌스 구축

027

우리나라의 제5차 국민건강증진종합계획(HP 2030)에서 학교보건과 취약 가정건강이 포함되어 있는 사업분야는?

① 비감염성질환 예방관리
② 건강생활 실천 확산
③ 인구집단별 건강관리
④ 건강친화적 환경 구축

정답 ③
요점
인구집단별 건강관리 - 영유아, 아동·청소년, 여성, 노인, 장애인, 근로자, 군인

CHAPTER 9 국민건강증진법 쏙쏙 정리

028 ☐☐☐

「국민건강증진법」에 의한 보건소의 건강증진사업에 해당하지 않는 것은?

① 보건교육 및 건강상담
② 노인보건사업
③ 질병 조기발견을 위한 검진처방
④ 지역사회 보건문제 조사 연구

정답 ②

요점 제19조【건강증진사업 등】
① 국가 및 지방자치단체는 국민건강증진사업에 필요한 요원 및 시설을 확보하고, 그 시설의 이용에 필요한 시책을 강구하여야 한다.
② 시·도, 시·군·구청장은 지역주민의 건강증진을 위하여 보건복지부령이 정하는 바에 의하여 보건소장으로 하여금 다음 각 호의 사업을 하게 할 수 있다.
  1. 보건교육 및 건강상담
  2. 영양관리
  3. 신체활동장려
  4. 구강건강의 관리
  5. 질병의 조기발견을 위한 검진 및 처방
  6. 지역사회의 보건문제에 관한 조사·연구
  7. 기타 건강교실의 운영 등 건강증진사업에 관한 사항
③ 보건소장이 이용자의 개별 건강상태를 기록하여 유지·관리하여야 한다.
④ 건강증진사업에 필요한 시설·운영에 관하여는 보건복지부령으로 정한다

029 ☐☐☐

「국민건강증진법」에서 규정하는 금연을 위한 조치사항에 해당하지 않는 것은?

① 지정된 금연구역에서는 누구든지 흡연을 하면 안된다.
② 담배판매자는 담배자동판매기에 성인 인증장치를 부착하여야 한다.
③ 지방자치단체는 관할구역 안의 일정장소를 금연구역으로 지정할 수 있다.
④ 공중이 이용하는 시설 전체가 금연구역으로 지정되면 흡연실을 설치할 수 없다.

정답 ④

요점 제9조【금연을 위한 조치】
① 「담배사업법」에 의한 지정소매인 기타 담배를 판매하는 자는 대통령령이 정하는 장소 외에서 담배자동판매기를 설치하여 판매하여서는 아니된다.
② 대통령령이 정하는 장소에 담배자동판매기를 설치하여 담배를 판매하는 자는 보건복지부령이 정하는 바에 따라 성인인증장치를 부착하여야 한다.
③ 다음 각 호의 공중이 이용하는 시설의 소유자·점유자 또는 관리자는 해당 시설의 전체를 금연구역으로 지정하고 금연구역을 알리는 표지를 설치하여야 한다. 이 경우 흡연자를 위한 흡연실을 설치할 수 있으며, 금연구역을 알리는 표지와 흡연실을 설치하는 기준·방법 등은 보건복지부령으로 정한다.

030

「국민건강증진법」의 목적으로 알맞은 것은?

① 국민보건 향상과 사회보장 증진에 이바지함을 목적으로 한다.
② 보건의료의 발전과 국민의 보건 및 복지의 증진에 이바지하는 것을 목적으로 한다.
③ 국민에게 건강에 대한 가치와 책임의식을 함양하도록 한다.
④ 국민보건의 향상과 사회복지의 증진에 이바지함을 목적으로 한다.

정답 ③

요점 「국민건강증진법」

제1조【목적】
이 법은 국민에게 건강에 대한 가치와 책임의식을 함양하도록 건강에 관한 바른 지식을 보급하고 스스로 건강생활을 실천할 수 있는 여건을 조성함으로써 국민의 건강을 증진함을 목적으로 한다.

제2조【정의】
이 법에서 사용하는 정의는 다음과 같다.
1. "국민건강증진사업"이라 함은 보건교육, 질병예방, 영양개선, 신체활동장려, 건강관리 및 건강생활의 실천 등을 통하여 국민의 건강을 증진시키는 사업을 말한다.
2. "보건교육"이라 함은 개인 또는 집단으로 하여금 건강에 유익한 행위를 자발적으로 수행하도록 하는 교육을 말한다.
3. "영양개선"이라 함은 개인 또는 집단이 균형된 식생활을 통하여 건강을 개선시키는 것을 말한다.
4. "신체활동장려"란 개인 또는 집단이 일상생활 중 신체의 근육을 활용하여 에너지를 소비하는 모든 활동을 자발적으로 적극 수행도록 장려하는 것을 말한다.
5. "건강관리"란 개인 또는 집단이 건강에 유익한 행위를 지속적으로 수행함으로써 건강한 상태를 유지하는 것을 말한다.
6. "건강친화제도"란 근로자의 건강증진을 위하여 직장 내 문화 및 환경을 건강친화적으로 조성하고, 근로자가 자신의 건강관리를 적극적으로 수행할 수 있도록 교육, 상담 프로그램 등을 지원하는 것을 말한다.

PART

11

부록 - 감염병 예방법

기출 문제로 법규 정리

PART 11 부록–감염병 예방법

001　　　　　　　　　　　　　　　2023. 6월 지방 공중보건

검역법령상 검역감염병 접촉자에 대한 최대 격리기간으로 옳지 않은 것은?

① 황열 6일
② 동물 인플루엔자 인체감염증 10일
③ 에볼라 바이러스병 14일
④ 콜레라 5일

정답 ③

요점 검역 감염병과 감시 또는 격리기간

에볼라 바이러스병은 21일의 격리기간을 갖는다.

검역 감염병	최대 잠복기간
콜레라	5일
페스트	6일
황열	6일
중증급성호흡기증후군(SARS)	10일
동물 인플루엔자 인체 감염증	10일
중동호흡기증후군(MERS)	14일
에볼라바이러스병	21일

002　　　　　　　　　　　　　　　2020. 서울7급

제1급 감염병부터 제4급 감염병까지 순서대로 바르게 나열한 것은?

① 페스트 – 폴리오 – 렙토스피라증 – 클라미디아감염증
② 브루셀라증 – 매독 – 두창 – 야토병
③ 콜레라 – 디프테리아 – 한센병 – 요충증
④ 결핵 – 수두 – 일본뇌염 – 말라리아

정답 ①

요점

② 브루셀라증(3급) – 매독(4급) – 두창(1급) – 야토병(1급)
③ 콜레라(2급) – 디프테리아(1급) – 한센병(2급) – 요충증(4급)
④ 결핵(2급) – 수두(2급) – 일본뇌염(3급) – 말라리아(3급)

● **감염병**

제1조 【목적】
이 법은 국민 건강에 위해가 되는 감염병의 발생과 유행을 방지하고, 그 예방 및 관리를 위하여 필요한 사항을 규정함으로써 국민 건강의 증진 및 유지에 이바지함을 목적으로 한다.

제2조 【정의】
이 법에서 사용하는 용어의 뜻은 다음과 같다.
1. "감염병"이란 제1급 감염병, 제2급 감염병, 제3급 감염병, 제4급 감염병, 기생충 감염병, 세계보건기구 감시대상 감염병, 생물테러 감염병, 성매개 감염병, 인수공통감염병 및 의료관련감염병을 말한다.

● **법정 감염병 분류체계**

① 제1급 감염병 : 생물테러감염병 또는 치명률이 높거나 집단 발생 우려가 커서 발생 또는 유행 즉시 신고하여야 하고, 음압격리와 같은 높은 수준의 격리가 필요한 감염병(17종)

종류	1. 에볼라바이러스병　2. 마버그열 3. 라싸열　4. 크리미안콩고출혈열 5. 남아메리카출혈열　6. 리프트밸리열 7. 두창　8. 페스트 9. 탄저　10. 보툴리눔독소증 11. 야토병 12. 신종감염병 증후군 13. 중증급성호흡기증후군(SARS) 14. 중동호흡기증후군(MERS) 15. 동물인플루엔자 인체감염증 16. 신종인플루엔자　17. 디프테리아		
신고 주기	즉시		

② 제2급 감염병 : 전파가능성을 고려하여 발생 또는 유행 시 24시간 이내에 신고하여야 하는 감염병(22종)

종류	1. 결핵 2. 수두 3. 홍역 4. 콜레라 5. 장티푸스 6. 파라티푸스 7. 세균성이질 8. 장출혈성대장균감염증 9. A형 간염 10. 백일해 11. 유행성이하선염 12. 풍진 13. 폴리오 14. 수막구균 감염증 15. b형 헤모필루스인플루엔자 16. 폐렴구균 감염증 17. 한센병 18. 성홍열 19. 반코마이신내성황색포도알균(VRSA) 감염증 20. 카바페넴내성장내세균속균종(CRE) 감염증서 21. E형 간염 22. 원숭이두창(감염병 예방법에 따라 질병관리청장이 보건복지부 장관과 협의하여 지정하는 감염병의 종류-원숭이 두창(엠폭스)
신고 주기	24시간 이내

③ 제3급 감염병 : 발생을 계속 감시할 필요가 있어 발생 또는 유행 시 24시간 이내에 신고하여야 하는 감염병(26종)

종류	1. 파상풍 2. B형 간염 3. 일본뇌염 4. C형 간염 5. 말라리아 6. 레지오넬라증 7. 비브리오패혈증 8. 발진티푸스 9. 발진열 10. 쯔쯔가무시증 11. 렙토스피라증 12. 브루셀라증 13. 공수병(恐水病) 14. 신증후군출혈열 15. 후천성면역결핍증(AIDS) 16. 크로이츠펠트-야콥병(CJD) 및 변종크로이츠펠트-야콥병(vCJD) 17. 황열 18. 뎅기열 19. 큐열 20. 웨스트나일열 21. 라임병 22. 진드기매개뇌염 23. 유비저 24. 치쿤구니야열 25. 중증열성혈소판감소증후군(SFTS) 26. 지카바이러스 감염증
신고 주기	24시간 이내

④ 제4급 감염병 : 제1급 감염병부터 제3급 감염병까지의 감염병 외에 유행 여부를 조사하기 위하여 표본감시 활동이 필요한 감염병(24종)

종류	1. 인플루엔자 2. 매독 3. 회충증 4. 편충증 5. 요충증 6. 간흡충증 7. 폐흡충증 8. 장흡충증 9. 수족구병 10. 임질 11. 클라미디아감염증 12. 연성하감 13. 성기단순포진 14. 첨규콘딜롬 15. 반코마이신내성장알균(VRE) 감염증 16. 메티실린내성황색포도알균(MRSA) 감염증 17. 다제내성녹농균(MRPA) 감염증 18. 다제내성아시네토박터바우마니균(MRAB) 감염증 19. 장관감염증 20. 급성호흡기감염증 21. 해외유입기생충감염증 22. 엔테로바이러스감염증 23. 사람유두종바이러스 감염증 24. 코로나바이러스 감염증-19
신고 주기	7일 이내

003　　　2020. 서울

「감염병의 예방 및 관리에 관한 법률」에 따른 제1급 감염병에 대한 설명으로 가장 옳은 것은?

① 발생 또는 유행 시 24시간 이내에 신고하여야 한다.
② 결핵, 홍역이 제1급 감염병에 해당한다.
③ 발생 또는 유행 즉시 신고하여야 한다.
④ 표본감시 활동이 필요한 감염병이다.

정답 ③

요점

• 법정감염병 분류체계

구분	특성
제1급 감염병	생물테러감염병 또는 치명률이 높거나 집단 발생의 우려가 커서 발생 또는 유행 즉시 신고. 음압격리와 같은 높은 수준의 격리가 필요한 감염병
제2급 감염병	전파가능성을 고려하여 발생 또는 유행 시 24시간 이내에 신고. 격리가 필요한 감염병
제3급 감염병	발생을 계속 감시할 필요가 있어 발생 또는 유행 시 24시간 이내 신고하여야 하는 감염병
제4급 감염병	유행 여부를 조사하기 위하여 표본감시 활동이 필요한 감염병

• 기타 감염병 분류

구분	정의	종류
기생충 감염병	기생충에 감염되어 발생하는 감염병(7종)	1. 회충증 2. 편충증 3. 요충증 4. 간흡충증 5. 폐흡충증 6. 장흡충증 7. 해외유입기생충감염증
세계보건기구 감시대상 감염병	세계보건기구가 국제공중보건의 비상사태에 대비하기 위하여 감시대상으로 정한 질환(9종)	1. 두창 2. 폴리오 3. 신종인플루엔자 4. 중증급성호흡기증후군(SARS) 5. 콜레라 6. 폐렴형 페스트 7. 황열 8. 바이러스성 출혈열 9. 웨스트나일열
생물테러 감염병	고의 또는 테러 등을 목적으로 이용된 병원체에 의하여 발생된 감염병(8종)	1. 탄저 2. 보툴리눔독소증 3. 페스트 4. 마버그열 5. 에볼라바이러스병 6. 라싸열 7. 두창 8. 야토병
성매개 감염병	성접촉으로 전파되는 감염병(7종)	1. 매독 2. 임질 3. 클라미디아 감염증 4. 연성하감 5. 성기단순포진 6. 첨규콘딜롬 7. 사람유두종바이러스 감염증
인수공통 감염병	동물과 사람 간에 서로 전파되는 병원체에 의하여 발생되는 감염병(11종)	1. 장출혈성대장균감염증 2. 일본뇌염 3. 브루셀라증 4. 탄저 5. 공수병 6. 동물인플루엔자 인체감염증 7. 중증급성호흡기증후군(SARS) 8. 변종크로이츠펠트-야콥병(vCJD) 9. 큐열 10. 결핵 11. 중증열성혈소판감소증후군(SFTS)
의료관련 감염병	환자나 임산부 등이 의료행위를 적용받는 과정에서 발생한 감염병(6종)	1. 반코마이신내성황색포도알균(VRSA) 감염증 2. 반코마이신내성장알균(VRE) 감염증 3. 메티실린내성황색포도알균(MRSA) 감염증 4. 다제내성녹농균(MRPA) 감염증 5. 다제내성아시네토박터바우마니균(MRAB) 감염증 6. 카바페넴내성장내세균속균종(CRE) 감염증
검역 감염병	외국에서 발생하여 국내로 들어올 우려가 있거나 우리나라에서 발생하여 외국으로 번질 우려가 있어 검역법에서 검역 대상감염병으로 지정한 감염병	1. 콜레라 2. 페스트 3. 황열 4. 중증급성호흡기증후군(SARS) 5. 동물인플루엔자 인체감염증 6. 신종인플루엔자 7. 중동호흡기증후군(MERS) 8. 에볼라바이러스병 9. 그 외 보건복지부장관이 긴급 검역조치가 필요하다고 인정하여 고시하는 감염병 – 급성출혈열증상, 급성호흡기증상, 급성설사증상, 급성황달증상 또는 급성신경증상을 나타내는 신종감염병증후군 – 세계보건기구가 공중보건위기관리 대상으로 선포한 감염병

004

2019. 호남권

다음 중 「감염병의 예방 및 관리에 관한 법률」에 따른 우리나라의 필수예방접종에 해당하지 않는 것은?

① 결핵
② B형 간염
③ 백일해
④ 콜레라

정답 ④

요점

- 결핵 : 4주 이내 (피내주사)
- B형 간염 : 0, 1, 6개월
- 디프테리아/파상풍/백일해(DPT) : 2, 4, 6개월
- 콜레라 : 경구용 백신이며, 6세 이상은 1~6주 간격의 기초접종 2회와 2년 간격으로 1회씩 추가접종하는 것을 권고하고 있으며, 2~5세는 1~6주 간격의 기초접종 3회와 6개월 간격으로 추가접종하는 것을 권고하고 있다. 국내에서는 2023년 기준 인천공항, 부산, 인천, 평택, 군산, 목포, 여수, 마산, 김해공항, 울산, 포항, 동해, 제주 총 13개의 검역소와 국제공인예방접종지정 의료기관에서 접종할 수 있으며, 공식적으로 콜레라 예방접종을 요구하는 국가는 없다.

신생아·소아 국가예방접종

나이	예방접종종류	참고사항
0~4주	결핵(BCG 피내용)	생후 4주 이내 접종
0~6개월	B형 간염	3회 접종(0, 1, 6개월)
2~15개월	뇌수막염(Hib)	3회 접종(2, 4, 6개월), 추가접종(12~15개월)
2개월~만 6세	소아마비(폴리오)	3회 접종(2, 4, 6개월), 추가접종(만 4~6세)
2~59개월	폐렴구균(단백결합백신 10가, 13가)	3회 접종(2, 4, 6개월), 추가접종(12~15개월)
2개월~만 12세	디프테리아/파상풍/백일해(DPT)	3회 접종(2, 4, 6개월) 추가접종(15~18개월, 만 4~6세, 만 11~12세)
2개월~만 6세	디프테리아/파상풍/백일해＋폴리오(콤보 백신)	3회 접종(2, 4, 6개월), 추가접종(만 4~6세)
12~15개월	수두	1회 접종(12~15개월), 추가접종(만 4~6세)
12~15개월	홍역/유행성이하선염/풍진(MMR)	1회 접종(12~15개월), 추가접종(만 4~6세)
12~35개월	일본뇌염(생백신)	1회 접종(12~24개월), 추가접종(12개월 후)
12개월~만 12세	일본뇌염(사백신)	3회 접종(12~36개월), 추가접종(만 6세, 12세)
6개월~만 4세	인플루엔자	우선접종권장 대상자
24개월~만 12세	장티푸스	고위험군에 한하여 접종

※ 자료제공 : 질병관리청

005　2017. 울산

다음 중 임시예방접종이 가능한 경우를 모두 고른 것은?

> 가. 보건소장이 필요하다고 인정하는 경우
> 나. 질병관리청장이 요청한 경우
> 다. 시장·군수·구청장이 인정하는 경우
> 라. 검역소장이 요청한 경우

① 가, 나
② 가, 라
③ 나, 다
④ 나, 라

정답 ③

요점
질병관리청장과 시장·군수·구청장이 예방접종 실시할 것을 요청한 경우에 해당된다.

「감염병의 예방 및 관리에 관한 법률」 제25조(임시예방접종)
① 특별자치도지사 또는 시장·군수·구청장은 다음 각 호의 어느 하나에 해당하면 관할보건소를 통하여 임시예방접종을 하여야 한다.
　1. 질병관리청장이 감염병 예방을 위하여 특별자치도지사 또는 시장·군수·구청장에게 예방접종을 실시할 것을 요청한 경우
　2. 특별자치도지사 또는 시장·군수·구청장이 감염병 예방을 위하여 예방접종이 필요하다고 인정하는 경우
② 제1항에 따른 임시예방접종업무의 위탁에 관하여는 제24조 제2항을 준용한다.

006　2019. 호남권

우리나라의 검역대상 감염병에 해당하지 않는 것은?

① 콜레라
② 황열
③ SARS
④ 탄저

정답 ④

요점 검역감염병

탄저는 우리나라 검역대상감염병이 아니다.
외국에서 발생하여 국내로 들어올 우려가 있거나 우리나라에서 발생하여 외국으로 번질 우려가 있어 검역법에서 검역대상감염병으로 지정한 감염병
1. 콜레라
2. 페스트
3. 황열
4. 중증급성호흡기증후군(SARS)
5. 동물인플루엔자 인체감염증
6. 신종인플루엔자
7. 중동호흡기증후군(MERS)
8. 에볼라바이러스병
9. 그 외 보건복지부장관이 긴급 검역조치가 필요하다고 인정하여 고시하는 감염병
　– 급성출혈열증상, 급성호흡기증상, 급성설사증상, 급성황달증상 또는 급성신경증상을 나타내는 신종감염병증후군
　– 세계보건기구가 공중보건위기관리 대상으로 선포한 감염병

007　　2021. 경기

우리나라의 감염병 병원체 확인기관에 해당하지 않는 것은?

① 보건진료소
② 국립결핵원
③ 보건환경연구원
④ 의료기관중 진단검사의학과 전문의가 상근하는 기관

008　　2021. 경기7급

「호스피스·완화의료 및 임종과정에 있는 환자의 연명의료 결정에 관한 법률」의 내용으로 옳지 않은 것은?

① 연명의료란 임종과정에 있는 환자에게 하는 심폐소생술, 혈액투석, 항암제 투여, 인공호흡기 착용의 의학적 시술로서 치료효과 없이 임종과정의 기간만을 연장하는 것을 말한다.
② 사전연명의료의향서란 19세 이상인 사람이 자신의 연명의료중단 등 결정 및 호스피스에 관한 의사를 직접 문서로 작성한 것을 말한다.
③ 의료인은 호스피스와 연명의료 및 연명의료중단 등 결정에 관하여 정확하고 자세하게 설명할 책임이 있다.
④ 환자가 임종과정에 있는지 여부를 담당의사와 가족대표 1인이 함께 판단하여야 한다.

정답 ①

요점

「감염병 예방법」 제16조의 2(감염병 병원체 확인기관)
다음 각 호의 기관(이하 "감염병 병원체 확인기관"이라 한다.)은 실험실 검사 등을 통하여 감염병 병원체를 확인할 수 있다.
1. 질병관리청
2. 국립검역소
3. 「보건환경연구원법」 제2조에 따른 보건환경연구원
4. 「지역보건법」 제10조에 따른 보건소
5. 「의료법」 제3조에 따른 의료기관 중 진단검사의학과 전문의가 상근하는 기관
6. 「고등교육법」 제4조에 따라 설립된 의과대학 중 진단검사의학과가 개설된 의과대학
7. 「결핵예방법」 제21조에 따라 설립된 대한결핵협회(결핵환자의 병원체를 확인하는 경우만 해당된다.
8. 「민법」 제32조에 따라 한센병환자 등의 치료, 재활을 지원할 목적으로 설립된 기관(한센병 환자의 병원체를 확인하는 경우만 해당한다)
9. 인체에서 채취한 검사물에 대한 검사를 국가, 지방자치단체, 의료기관 등으로부터 위탁받아 처리하는 기관 중 진단검사의 학과 전문의가 상근하는 기관

정답 ④

요점

• 환자가 임종과정에 있는지 여부에 대한 판단(법 제16조)
담당의사는 환자에 대한 연명의료중단 등 결정을 이행하기 전에 환자가 임종과정에 있는지 여부를 해당분야의 전문의 1명과 함께 판단하고, 그 결과를 보건복지부령으로 정하는 바에 따라 기록하여야 한다.

• 연명의료중단 결정에 관한 정의 이해
「의료법」에 따른 의료인은 환자에게 최선의 치료를 제공하고, 호스피스와 연명의료 및 연명의료중단결정에 관하여 정확하고 자세하게 설명하며, 그에 따른 환자의 결정을 존중하여야 한다.

임종과정	회생가능성이 거의 희박하며, 치료에도 불구하고 회복안되며, 급속도로 증상이 악화되어 사망이 임박한 상태
임종과정에 있는자	담당의사와 해당분야 전문의 1명으로부터 '임종과정에 있다는 의학적 판단'을 받은 자
연명치료	임종과정에 있는 환자에게 하는 심폐소생술, 혈액투석, 항암제 투여, 인공호흡기 착용의 의학적 시술로서 치료효과 없이 임종과정의 기간만을 연장하는 것
사전연명 의료의향서	'19세 이상인 사람'이 '자신'의 연명의료중단 등 결정 및 호스피스에 관한 의사를 '직접' 문서(전자문서 포함)로 작성한 것
의료기관 윤리위원회	• 연명의료중단 등 결정 및 그 이행에 관한 업무를 수행하려는 의료기관은 '의료기관윤리위원회'를 설치하고 이를 보건복지부장관에게 '등록'해야 한다. • 위원장 1명 포함 5명 이상으로 구성, 해당 의료기관에 종사하는 사람으로만 구성할 수 없으며 비의료인으로서 종교계 · 법조계 · 윤리학계 · 시민단체 등의 추천을 받은 사람 2명 이상 포함하여야 한다.
연명의료 중단 등 결정의 이행	• 연명의료중단 등 결정 이행 시 통증 완화를 위한 의료행위, 영양분 공급, 물 공급, 산소의 단순 공급은 시행되지 않거나 중단되어서는 안된다. • 의료기관의 장은 연명의료중단 등 결정 및 그 이행에 대한 기록을 연명의료중단 등 결정 이행 후 10년 동안 보존해야 한다.
환자의 의사를 확인할 수 없는 경우의 연명의료 중단등 결정	• 미성년자인 환자의 법정대리인(친권자 한정)이 연명의료중단 등 결정의 의사표시를 하고 담당의사와 해당 분야 전문의 1명이 확인한 경우 • 환자가족 중 ① 배우자 ② 1촌 이내 직계존속 · 비속 / ①, ② 없는 경우, ③ 2촌 이내 직계존속 · 비속 / ①, ②, ③ 없는 경우, ④ 형제자매) 전원 합의로 연명의료중단 등 결정의 의사표시를 하고 담당의사와 해당 분야 전문의 1명이 확인한 경우
중앙 호스피스센터	보건복지부장관이(국공립 의료기관을 우선하여) 종합병원 중에서 지정한 병원

009 ☐☐☐   2021. 경남

의사가 제2급, 제3급 감염병 환자를 진단했을 때 누구에게 신고하여야 하는가?

① 질병관리청장
② 시장 · 군수 · 구청장
③ 시 · 도지사
④ 보건소장

정답 ④

요점

병원에 소속된 경우에는 소속의료기관의 장에게 보고하고, 소속되지 않은 경우에는 보건소장에게 신고한다.

「감염병의 예방 및 관리에 관한 법률」 제11조(의사 등의 신고)
의사, 치과의사 또는 한의사는 다음 각 호의 어느 하나에 해당하는 사실(제16조 제6항에 따라 표본감시 대상이 되는 제4급 감염병으로 인한 경우는 제외한다)이 있으면 소속 의료기관의 장에게 보고하여야 하고, 해당 환자와 그 동거인에게 질병관리청장은 정하는 감염방지 방법 등을 지도하여야 한다. 다만, 의료기관에 소속되지 아니한 의사, 치과의사 또는 한의사는 그 사실을 관할 보건소장에 신고하여야 한다.
1. 감염병환자 등을 진단하거나 그 시체를 검안한 경우
2. 예방접종 후 이상반응자를 진단하거나 그 시체를 검안한 경우
3. 감염병환자 등이 제1급 감염병부터 제3급 감염병까지에 해당하는 감염병으로 사망한 경우
4. 감염병환자로 의심되는 사람이 감염병 병원체검사를 거부하는 경우

010

2021. 서울7급

「감염병의 예방 및 관리에 관한 법률」상 감염병 위기시 감염병관리기관의 설치 권한이 없는 자는?

① 보건복지부장관
② 질병관리청장
③ 구청장
④ 보건소장

정답 ④

요점 감염병의 예방 및 관리에 관한 법률 제37조(감염병위기시 감염병관리기관의 설치 등)

① 보건복지부장관, 질병관리청장, 시·도지사 또는 시장·군수·구청장은 감염병 환자가 대량으로 발생하거나 제36조에 따라 지정된 감염병 관리 기관만으로 감염병환자 등을 모두 수용하기 어려운 경우에는 다음 각 호의 조치를 취할 수 있다.
   1. 제36조에 따라 지정된 감염병관리기관이 아닌 의료기관을 일정 기간 동안 감염병 관리기관으로 지정
   2. 격리소·요양소 또는 진료소의 설치·운영
② 제1항 제1호에 따라 지정된 감염병관리기관의 장은 보건복지부령으로 정하는 바에 따라 감염병관리시설을 설치하여야 한다.
③ 보건복지부장관, 질병관리청장, 시·도지사 또는 시장·군수·구청장은 제2항에 따른 시설의 설치 및 운영에 드는 비용을 감염병관리기관에 지원하여야 한다.
④ 제1항 제1호에 따라 지정된 감염병관리기관의 장은 정당한 사유 없이 제2항의 명령을 거부할 수 없다.
⑤ 보건복지부장관, 질병관리청장, 시·도지사 또는 시장·군수·구청장은 감염병 발생 등 긴급상황 발생시 감염병 관리기관에 진료개시 등 필요한 사항을 지시할 수 있다.